JN302316

最新
実務解説一問一答
民事再生法

三宅省三先生追想編集

園尾隆司
山本和彦
中島　肇
池田　靖

編

青林書院

はしがき

　民事再生法は，平成12年4月1日に施行された。
　『実務解説一問一答　民事再生法』が三宅省三，池田靖両弁護士の編集のもとに刊行されたのは，同月25日であり，まさに時宜を得たものであった。
　民事再生法解説の類書は他にも多数出版されたが，本書は倒産法分野の実務家にとって必読の書となり，私は無論のこと多くの人が座右の書として重宝している。
　同書の序において三宅弁護士は，「民事再生法は広い選択肢をもって柔軟な制度として設計されている。運用の妙を得れば素晴らしい理想的な法律となり，その成否は法施行の5年間の運用にかかっている」，と述べたが，その5年を見ることなくわずか半年後である平成12年10月17日鬼籍に入ってしまった。法施行後10年経った現在，民事再生法は関係者の努力によってその運用の妙を得て，今や倒産法の中核の地位を得たといって過言ではない。
　この度，民事再生法施行後10年，そして三宅弁護士没後10年を追想して青林書院から改定新版として『最新　実務解説一問一答　民事再生法』が出版されることとなり，三宅弁護士のパートナーとして望外の欣びとするところです。
　三宅弁護士は東京大学法学部を卒業し，昭和34年4月弁護士となり，同47年1月，「三宅・今井法律事務所（現　三宅・今井・池田法律事務所）」を設立主宰し，昭和54年頃からは，積極的に倒産法業務に取り組み，大沢商会，にっかつ，クラウンリーシング，苫小牧東部開発等の更生管財人，破産管財人等を務めてきた。更に個々の案件処理に止まらず，倒産法実務家の後進を育成するべく東京弁護士会法律研究部倒産法部会の設立運営に尽力し，更には倒産法制そのものに関心を持ち，法務省法制審議会倒産法部会委員として，実務家の立場から民事再生法の立法作業に深く関わってきた。
　私はパートナーとして33年間，三宅弁護士と苦楽を共にしてきたが，三宅

弁護士の業績を讃え，人柄を偲び，現在においても「三宅・今井・池田法律事務所」と事務所の名称に三宅の名前を冠している。

　本書の出版にあたって，編集の重責を担われた園尾隆司（東京高等裁判所判事），山本和彦（一橋大学大学院教授），中島肇（桐蔭横浜大学法科大学院教授）の各先生，また実務的に編集の中心となったパートナーの池田靖弁護士に深く感謝する次第です。

　　平成23年2月25日

三宅・今井・池田法律事務所
弁護士　今　井　健　夫

三宅省三先生追想編集

【編集者】

園尾　隆司〔東京高等裁判所部総括判事〕
山本　和彦〔一橋大学大学院法学研究科教授〕
中島　　肇〔桐蔭横浜大学法科大学院教授，中島肇法律事務所弁護士〕
池田　　靖〔三宅・今井・池田法律事務所弁護士〕

【執筆者（執筆順）】

今井　健夫〔三宅・今井・池田法律事務所弁護士〕
園尾　隆司〔編集者〕
池田　　靖〔編集者〕
鹿子木　康〔東京地方裁判所部総括判事〕
小林　信明〔小林総合法律事務所弁護士，中央大学法科大学院客員教授〕
須藤　英章〔東京富士法律事務所弁護士〕
田頭　章一〔上智大学法科大学院教授〕
相澤　光江〔ビンガム・マカッチェン・ムラセ外国法事務弁護士事務所
　　　　　　坂井・三村・相澤法律事務所（外国法共同事業）弁護士〕
中島　　肇〔編集者〕
藤縄　憲一〔長島・大野・常松法律事務所弁護士〕
浅妻　　敬〔長島・大野・常松法律事務所弁護士〕
髙木　裕康〔東京丸の内法律事務所弁護士〕
腰塚　和男〔東京まどか法律事務所弁護士〕
相羽　利昭〔三宅・今井・池田法律事務所弁護士，ニューヨーク州弁護士〕
三村　義幸〔裁判所職員総合研修所家庭裁判所調査官研修部長〕
佐藤　正八〔銀座栄光法律事務所弁護士〕
宮川　勝之〔東京丸の内法律事務所弁護士〕
三木　浩一〔慶應義塾大学大学院法務研究科教授〕
中山　孝雄〔法務省大臣官房審議官〕

瀬戸英雄〔LM法律事務所弁護士〕
島田敏雄〔LM法律事務所弁護士〕
重政伊利〔東京地方裁判所主任書記官〕
村松謙一〔光麗法律事務所弁護士〕
三森　仁〔あさひ法律事務所弁護士〕
内田博久〔仙台法務局訟務部長〕
中西　正〔神戸大学大学院法学研究科教授〕
綾　克己〔ときわ法律事務所弁護士〕
岡　正晶〔梶谷綜合法律事務所弁護士，東京大学法科大学院講師〕
山宮慎一郎〔ビンガム・マカッチェン・ムラセ外国法事務弁護士事務所
　　　　　　坂井・三村・相澤法律事務所（外国法共同事業）弁護士〕
上野　保〔元木・上野法律会計事務所弁護士〕
深山雅也〔錦織・深山法律事務所弁護士〕
酒井俊和〔ビンガム・マカッチェン・ムラセ外国法事務弁護士事務所
　　　　　坂井・三村・相澤法律事務所（外国法共同事業）弁護士〕
笠井正俊〔京都大学大学院法学研究科教授〕
進士　肇〔篠崎・進士法律事務所弁護士〕
永石一郎〔永石一郎法律事務所弁護士〕
三村藤明〔ビンガム・マカッチェン・ムラセ外国法事務弁護士事務所
　　　　　坂井・三村・相澤法律事務所（外国法共同事業）弁護士〕
田川淳一〔功記総合法律事務所弁護士〕
山本和彦〔編集者〕
松嶋英機〔西村あさひ法律事務所弁護士〕
河野玄逸〔河野法律事務所弁護士〕
井窪保彦〔阿部・井窪・片山法律事務所弁護士〕
土岐敦司〔成和明哲法律事務所弁護士〕
片山英二〔阿部・井窪・片山法律事務所弁護士〕
小島亜希子〔阿部・井窪・片山法律事務所弁護士〕
加々美博久〔西内・加々美法律事務所弁護士〕
乾　俊彦〔東京地方裁判所民事部主任書記官〕

多比羅　誠〔ひいらぎ総合法律事務所弁護士〕
髙山崇彦〔TMI総合法律事務所弁護士〕
加茂善仁〔加茂法律事務所弁護士〕
森　順子〔森法律事務所弁護士，ニューヨーク州弁護士〕
坂井秀行〔ビンガム・マカッチェン・ムラセ外国法事務弁護士事務所
　　　　　坂井・三村・相澤法律事務所（外国法共同事業）弁護士〕
永島正春〔永島・鍵尾法律事務所弁護士〕
内田　実〔虎ノ門南法律事務所弁護士〕
南　賢一〔西村あさひ法律事務所弁護士〕
蓑毛良和〔三宅・今井・池田法律事務所弁護士〕
才口千晴〔前最高裁判所判事，TMI総合法律事務所顧問弁護士〕

凡　例

1　本書の用字・用語は原則として常用漢字，現代仮名づかいによったが，法典に用いられているもの，あるいは引用文は原文通りとした。
2　法令の引用表記については，民事再生法は，原則として「法○○条（かっこ内は条文（＝○○条）のみ）」，民事再生規則は「規則○○条」とし，それ以外のものについては，次の略語によった。また，同一法令の条文番号はナカグロ（・）で，異なる法令の条文は読点（，）で区切った。

【主な法令略語】

会更	会社更生法
会社	会社法
破	破産法
非訟	非訟事件手続法
民	民法
民再	民事再生法
民執	民事執行法
民訴	民事訴訟法
民訴規	民事訴訟規則
民保	民事保全法

3　判例，判例集等の引用表記は，次の例によった。
〔例〕平成20年12月16日最高裁判所判決，最高裁判所民事判例集62巻10号2561頁
　　⇨　最判平成20年12月16日民集62巻10号2561頁

【判例集等略語】

大判（決）	大審院判決（決定）
最判（決）	最高裁判所判決（決定）
高判（決）	高等裁判所判決（決定）
地判（決）	地方裁判所判決（決定）
民録	大審院民事判決録
民集	大審院民事判例集，最高裁判所民事判例集
高民集	高等裁判所民事判例集
下民集	下級裁判所民事裁判例集
判時	判例時報
判タ	判例タイムズ
金法	金融法務事情
金判	金融・商事判例
ジュリ	ジュリスト

目　次

はしがき……………………………………………〔今井　健夫〕
凡　例

第 1 章　民事再生手続総論

1　民事再生法の制定とその後の倒産処理手続の展開………〔園尾　隆司〕… 2
　　民事再生法は何を目指して制定されたか。また，民事再生法の施行によって倒産処理手続はどのように変化したか。
2　再生手続の特徴と概要……………………………………〔池田　　靖〕… 11
　　再生手続のポイント，特に，その特徴と概要はどういうことか。
3　東京地裁における再生手続の運用と利用状況…………〔鹿子木　康〕… 20
　　東京地裁において，民事再生手続はどのように運用され，どのように利用されているのか。
4　民事再生手続と会社更生手続の相違と選択基準………〔小林　信明〕… 36
　　民事再生手続と会社更生手続の相違と両手続選択の基準は何か。
5　私的整理手続との相違と選択基準………………………〔須藤　英章〕… 48
　　私的整理手続と民事再生手続の相違と選択基準を述べよ。
6　民事再生手続と国際倒産…………………………………〔田頭　章一〕… 61
　　日本法により設立された株式会社であるA不動産株式会社は，主に大企業や金融機関から出資・融資を受けて，国内外の不動産開発を中心に事業を展開してきた。A社は，2007年には，アメリカの大規模案件が相次いだことも寄与して，同社としては最高の売上高を計上し，その内訳は，国内 3 割，海外 7 割（アメリカが全体の 6 割）という状況であった。しかし，2008年夏頃から，国内での大規模開発の失敗とアメリカの不動産不況などがきっかけとなって，資

金繰りが一気に切迫するに至った。A社は、アメリカ事業の縮小等で対応したが、2010年1月10日、ついに弁済期が到来した多額の債務の弁済資金調達の手段が絶たれたために、東京地裁に民事再生手続を申し立て、同月15日に民事再生手続開始決定を受けた。なお、A社の2009年下半期（12月まで）の売上高は、2007年に比べて3分の1程度に減っていたが、その内訳は、国内事業4割、アメリカ事業5割、他の海外事業1割であった。また、アメリカ事業については、2009年末からの信用不安のために、金融機関や取引先等からアメリカの裁判所にいくつかの強制執行の申立てがなされている状況である（以下の各問題の設例は、それぞれ独立のものである。）。

問題1　日本における取引に基づきA社に対して5000万円の債権を有するB社（日本法人）は、アメリカ支社を通じて、A社がシアトルに所有する不動産に強制執行を申し立てていたが、執行の結果、2010年2月1日に1000万円の配当を受けた。この事実は、日本の再生手続でどのように取り扱われるか。また、B社以外の再生債権者については、再生計画により10％を5年間にわたって弁済するとされたとすると、再生手続におけるB社の地位は、どのようになるか。

問題2　A社は、国内事業を中心に事業再建を考えており、すでにスポンサー候補者も確保してある。他方、アメリカ事業は、清算するしかないと判断し、2010年1月20日、シアトルの連邦倒産裁判所にいわゆる7章清算手続を申し立てた。その後、7章清算手続で選任された管財人は、2010年3月30日、東京地裁に、アメリカの7章清算手続の承認を求める申立て（承認援助17条1項参照）をした。裁判所は、この申立てに対してどのように対応すべきか。

問題3　A社は、2010年1月20日、シアトルの連邦倒産裁判所に、いわゆる7章清算手続を申し立てた。アメリカの清算手続管財人は、アメリカの財産・事業は、日本の再生手続とは基本的に区別して、清算する方針である。この場合、民事再生手続の再生債務者等（再生債務者又は管財人が選任されている場合の管財人）及び裁判所は、日米各倒産処理手続における債権の届出等について、どのように対処すべきか。また、A社の日米以外の国における事業及び財産の管理方法が問題となった場合、再生債務者等は、民事再生法上どのように対処すべきか。

7 　情報公開……………………………………………………〔相澤　光江〕… 72
　　　民事再生法では債権者などの利害関係人に対し，情報公開の制度としてどのような仕組みが考えられているか。
8 　不服申立手続………………………………………………〔中島　　肇〕… 83
　　　民事再生法における第9条の不服申立手続はどのようなものか。
9 　再生手続における事業譲渡と会社分割………〔藤縄憲一＝浅妻　敬〕… 90
　　　民事再生法に基づく再生手続において，事業譲渡と会社分割はどのように位置付けられているか。再生計画によらずに事業譲渡や会社分割を行う場合の留意点は何か。
10　プレパッケージ及びDIPファイナンス………………〔髙木　裕康〕… 102
　　　プレパッケージ型の民事再生申立てのメリットと問題点は何か。DIPファイナンスに関する留意点は何か。
11　民事再生と保証……………………………………………〔腰塚　和男〕… 112
　　　保証人が民事再生手続に入った場合，債権者の有する主債権及び保証債権は，①民事再生の開始決定，②再生計画の認可決定の確定によって，どのような取扱いを受けるか。また，③債権者の主債権及び保証債権の時効にはどのような影響があるか。主たる債務者が民事再生手続に入った場合はどうか。
12　簡易再生と同意再生………………………………………〔相羽　利昭〕… 125
　　　簡易再生手続及び同意再生手続の制度趣旨並びに各申立手続の概要はどのようなものか。現在，各手続は利用されているのか。また，その理由は何か。各手続を利用する場合には，どのような点に留意することが必要か。最近の実例にはどのようなものがあるか。
13　再生手続と個人再生手続…………………………………〔三村　義幸〕… 134
　　　再生手続と個人再生手続の相違や今後の在り方はどのようなものか。

第2章　民事再生手続の申立て

14　申立権者と被申立適格………………………………………〔佐藤　正八〕… 146

再生手続開始の申立ては，債権者にもできるか。株式会社でなくても民事再生手続を利用できるか。

15 管轄・移送 ……………………………………………〔園尾　隆司〕… 152
民事再生事件の管轄はどのように定められ，管轄に関する法改正はその後どのように進められたのか。移送についてはどのような法改正がなされたか。また，管轄・移送に関する今後の立法についてどう考えるか。

16 保全処分と商取引債権の保護 …………………………〔宮川　勝之〕… 162
保全処分が出されるとそれまでに発生していた債権は弁済してもらえないか。弁済が認められる金額はあるか。いくらの金額か。商取引債権は全額支払ってもらえることがあるか。

17 包括的禁止命令 ………………………………………〔三木　浩一〕… 172
包括的禁止命令とはどのような制度か。立法の過程で議論された自動停止制度とはどこが異なるのか。濫用防止策はどのように用意されているのか。実務では，どのように使われているのか。

18 担保権の実行手続の中止命令 …………………………〔中山　孝雄〕… 183
　　Ⅰ　担保権の実行手続の中止命令とは，どのような制度か。
　　Ⅱ　中止命令の対象となる担保権はどのようなものか。抵当権に基づく物上代位や非典型担保も対象となるのか。
　　Ⅲ　中止命令の発令要件はどのようになっているか。
　　Ⅳ　中止命令の発令手続とその効果はどのようなものか。

19 再生手続に対する債権者の対応 ……………〔瀬戸英雄＝島田敏雄〕… 197
取引先が裁判所に民事再生手続の申立てをした場合，債権者は手続の開始決定までの間，どのように対応したらよいか。

20 費用の予納 ……………………………………………〔重政　伊利〕… 207
民事再生手続においては，どの程度の予納金が必要となるのか。また，和議当時から現在までの間に予納金の運用にどのような変化があったか。

21 再生申立ての準備 ……………………………………〔村松　謙一〕… 215
再生申立ての準備に際して考慮する点は何か。

22 公告と送達 ……………………………………………〔三森　　仁〕… 227
再生手続における公告・送達は，どのような場合に，どのようにして行われる

か。

第3章　開始決定

23　開始決定の要件の審理と決定の時期……………………〔内田　博久〕…242
　　開始決定の要件は，どのような方法で審理され，開始決定は申立て後，どの程度の期間で発令されるのか。

24　再生手続開始の効力……………………………………〔中西　　正〕…249
　　再生手続開始の効力はどういうものか。

25　再生手続開始後再生債務者が行うべき事項……………〔綾　　克己〕…261
　　再生手続開始後再生債務者が行うべき事項とは何か。

26　双方未履行双務契約……………………………………〔岡　　正晶〕…272
　　民事再生法49条（双務契約）の趣旨は何か。同条をめぐる解釈論としてどのようなことが問題になっているか。請負，賃貸借，売買，雇用という典型的な契約についてどのようなことが問題になっているか。

27　賃貸借契約（及びライセンス契約）……………………〔山宮慎一郎〕…284
　　民事再生手続上，賃貸借契約及びライセンス契約はどのように取り扱われるのか。賃貸人（ライセンサー），賃借人（ライセンシー）の民事再生の場合に分けて検討されたい。

28　デリバティブ取引………………………………………〔上野　　保〕…293
　　再生債務者は，再生手続開始の申立てをした時点で，外国の銀行との間で，同銀行からの変動金利での借入れの利払いを固定化するための金利スワップ取引を行っていたが，再生手続開始の申立てをした直後に，同銀行から金利スワップ契約の中途解約の通知が届き，取引の清算後の損害金として多額の請求を受けた。再生債務者としては，このような金利スワップ取引の一方的な中途解約や，損害金の請求を認めなければならないか。なお，再生債務者と銀行との間では，金利スワップ契約を始める際にISDAマスター契約書の様式に従った基本契約が締結されており，その基本契約には一括清算ネッティング条項が定め

られていた。

29 信託と民事再生……………………………………〔深山　雅也〕…308
　　信託の当事者について民事再生手続が開始された場合，その信託に関する権利義務関係は，民事再生手続において，どのように取り扱われるか。

30 REITと再生手続……………………………………〔酒井　俊和〕…319
　　REITの再生手続は，株式会社の再生手続と比べ，どのような特殊性があるか。

31 否認権行使の要件…………………………………〔笠井　正俊〕…331
　　再生手続開始後，否認権を行使することができるのは誰か。否認権の行使の要件は，どのようになっているか。

32 否認権行使の効果等………………………………〔進士　　肇〕…340
　　否認権が行使されるとどのような効果が生じるか，①詐害行為等の財産処分行為の否認の場合と，②偏頗行為の否認の場合とに分けて，相手方の反対給付や債権はどうなるかという観点も踏まえ，検討せよ。①については，否認の登記・登録の問題についても触れよ。また，誰が否認の効果を実現できるのか検討せよ。

33 相殺と相殺禁止……………………………………〔永石　一郎〕…353
　　＜設問1＞損害保険会社Yは，平成18年3月28日，Aが代表取締役を務める株式会社Xとの間で，同社所有の本件建物について，店舗総合保険契約を締結した。Aは，同契約に係る火災保険金を詐取しようと企て，本件建物に放火し，平成19年1月16日，本件建物等を全焼させた。本件火災がAの放火によるものであることを知らなかったYは，同年2月18日，Xに対し，上記店舗総合保険契約に基づき，本件火災を原因として店舗総合保険金2000万円を支払った。Yは，本件火災がAの放火によるものであることが発覚した後，Xを被告として，保険金詐取の不法行為による損害賠償を求める訴訟を提起し，その勝訴判決が確定した。

　　Xは，平成21年2月19日，民事再生手続開始決定を受けた。債権届出期間は同年3月18日までと定められた。

　　Yは，Xとの間で，上記店舗統合保険契約とは別に積立普通傷害保険契約を締結していた。Xが民事再生手続開始決定を受けた時点において，積立普通傷害保険契約の満期は未到来であったが，Xは同年3月5日同保険契約を

解約し，その解約返戻金2000万円をYに請求した。

　Yは，平成21年3月15日，Xに対し，Xの保険金詐取の不法行為に基づく2000万円の損害賠償債権を自働債権とし，Xの積立普通傷害保険契約に基づく解約返戻金債権2000万円を受働債権として，対当額で相殺をする旨の意思表示をした。これに対して，Xは，Yに対し，民事再生手続開始決定後の解約であるから，民事再生法93条1項1号の相殺禁止に抵触するから相殺は認められないとして解約返戻金2000万円の支払を求めた。Xの主張は認められるか。

＜設問2＞X社はY銀行との間で，平成18年2月15日付けで銀行取引約定を締結し，同約定には，「X社がY銀行に対する債務を履行しなかった場合には，Y銀行は，担保およびその占有しているX社の動産，手形その他の有価証券について，かならずしも法定の手続によらず一般に適当と認められる方法，時期，価格等により取立または処分のうえ，その取得金から諸費用を差し引いた残額を法定の順序にかかわらずX社の債務の弁済に充当できるものとする」との条項（同約定4条2項。以下「本件条項」という。）が含まれていた。

　X社は平成20年2月1日，民事再生手続の開始を申し立て，同月7日に再生手続開始決定を受け，債権届出期間は同年3月10日までとされた。X社は再生手続開始の申立てに先立ち，Y銀行に対して，額面金500万円，満期を同年2月末日とする約束手形1通を取立委任のため裏書譲渡しており，Y銀行はX社の再生手続開始決定後に同手形を取り立て，同年2月末日手形取立金を受領した。X社からの手形取立金の返還請求に対し，Y銀行は，同年3月5日本件条項に基づき，当該手形取立金をY銀行がX社に対して有する貸付金債権金5000万円の一部に充当する，又は同債権の一部とX社のY銀行に対する手形取立金返還請求権と対当額で相殺する旨の意思表示をした。これに対して，X社は，Y銀行が本件手形取立金を貸付金債権に弁済充当及び相殺することは許されず，Y銀行が弁済充当ないし相殺を理由に手形取立金を支払わないことは不当利得を構成すると主張し，本件手形取立金相当額及び民法704条所定の法定利息の支払を求めて訴えを提起した。X社の主張は認められるか。

34 損害賠償の査定……………………………………〔三村　藤明〕…366
　　損害賠償請求権の査定とはどのような手続か。また査定の申立権者は誰か。
35 時　　　効………………………………………………〔田川　淳一〕…378
　　民事再生手続における再生債権等の消滅時効の中断事由，再進行時期に関し注意すべき点はあるか。
36 財産評定……………………………………………〔三村　藤明〕…391
　　再生手続における財産評定の評価基準は清算価値と継続企業価値のいずれか。会社更生における財産評定との違いは何か。

第4章　機　　関

37 再生債務者の地位………………………………〔山本　和彦〕…406
　　民事再生手続において債務者はどのような法的地位に立つのか。
38 申立代理人の立場………………………………〔松嶋　英機〕…416
　　1　再生債務者の申立代理人（以下，「申立代理人」という。）の立場は，再生手続開始決定により変化するか。
　　2　申立代理人の本来の業務と期待される役割とは何か。
　　3　申立代理人は申立てから手続開始決定までどのような点に留意すべきか。
　　4　申立代理人は手続開始決定後はどのような点に留意すべきか。
39 監督委員………………………………………………〔河野　玄逸〕…427
　　再生手続において，監督委員はどのような役割を果たしているか。
40 その他の機関（調査委員，管財人，保全管理人，代理委員，債権者委員会）
　　…………………………………………………………〔相澤　光江〕…435
　　再生手続における調査委員，管財人等の役割と選択はどのように行われるのか。

第 5 章　再 生 債 権

41　再生債権の処遇……………………………………〔中島　　肇〕… *450*
どのような債権が再生債権とされるか。再生債権とされた場合，どのように処遇されるか。

42　一般優先債権………………………………………〔井窪　保彦〕… *458*
再生手続において一般の先取特権や再生手続開始前の労働債権，租税債権はどのように扱われるか。

43　共益債権と劣後債権………………………………〔土岐　敦司〕… *467*
再生手続において，共益債権となるのはどのような債権か。共益債権は再生手続においてどのように取り扱われるか。再生計画において，劣後的に取り扱われることがある再生債権にはどのようなものがあるのか。開始後債権とはどのようなものか。

44　債権の届出……………………………〔片山英二＝小島亜希子〕… *476*
再生債権の届出にはどのような意義，効果があり，届出をしなかった場合には，再生手続上，どのように扱われるか。再生債権の届出及び別除権者の届出はどのように行うか。
また，債権届出期間経過後の届出の追完はどのような場合に認められ，届出事項等の変更の届出はどのような場合に必要となるか。

45　債権の調査と確定…………………………………〔加々美博久〕… *488*
再生債権の調査と確定はどのように行われるか。

46　再生債権者表の作成とその効力……………………〔乾　　俊彦〕… *501*
再生債権者表に記載すべき事項は何か。また，再生債権者表の記載にはどのような効力が与えられるか。

第6章 担保権等の処遇

47 担保権の処遇………………………………………〔多比羅　誠〕… 512
　　担保権はどのように取り扱われるのか。また、どのように行使するのか。
48 担保権消滅請求……………………………………〔髙山　崇彦〕… 524
　　1　民事再生手続における担保権消滅制度とは、どのような制度か。
　　2　担保権消滅の許可決定後、担保権が消滅するまでの手続はどのようになっているか。
49 動産, 債権及び手形の譲渡担保……………………〔加茂　善仁〕… 535
　　民事再生手続において, 動産, 債権及び手形の譲渡担保はどのように取り扱われるのか。
50 預金・ゴルフ会員権担保……………………………〔加茂　善仁〕… 549
　　預金, ゴルフ会員権の担保は, 民事再生手続においてどのように取り扱われるのか。
51 リース料債権について………………………………〔中島　　肇〕… 558
　　民事再生手続におけるリース料債権の扱いはどのようなものか。
52 流動化取引の取扱い…………………………………〔森　順子〕… 564
　　民事再生手続において資産の流動化取引はどのように取り扱われるか。流動化の対象となる資産の種類, 取引の態様に応じ, どのような法的問題があるか。

第7章 再生計画

53 再生計画の類型と条項………………………………〔坂井　秀行〕… 580
　　再生計画の意義, 類型, 守るべき条件は何か。
54 再生計画の決議………………………………………〔永島　正春〕… 592
　　再生計画の決議は債権者集会で行われるのか。可決の要件はどのようなもの

か。
55　再生計画の認可の要件…………………………………〔内田　実〕… 603
　　　債権者の多数が賛成しても再生計画が認可されなかったり，いったんなされた再生計画認可決定がその後の裁判で取り消されることがあるようだが，どういう場合か。
56　認可決定確定の効力……………………………………〔南　賢一〕… 615
　　　再生計画の認可決定が確定することにより，どのような効力が生じるか。
57　再生計画認可決定確定後の手続………………………〔蓑毛　良和〕… 628
　　　再生計画認可の決定が確定した後，再生計画の履行はどのようになされ，手続終結に至るのか。また，再生計画が取り消されたり，再生手続が廃止になったりするのは，どのような場合か。

感慨と追想をこめて跋文……………………………………〔才口　千晴〕… 641

　事項索引……………………………………………………………………… 645
　判例索引……………………………………………………………………… 651

第 1 章

民事再生手続総論

1 民事再生法の制定とその後の倒産処理手続の展開

民事再生法は何を目指して制定されたか。また，民事再生法の施行によって倒産処理手続はどのように変化したか。

解 説

［Ⅰ］ 民事再生法の制定と倒産処理実務の変化

1 民事再生法の制定と法的整理の常態化

　民事再生法が制定・施行されてから10年が経過した。この間，その運用は比較的順調であるが，今や民事再生法施行前の倒産処理実務を経験したことがない弁護士や裁判官が若手中堅法曹として実務を担いつつある。そこで，本稿においては，民事再生法施行前とその後の倒産処理手続を対比しつつ，民事再生法の原点を確認し，実務運用の要諦は何かについて考察したい。

　民事再生法が制定されたのは平成11年（1999年）12月であり，施行されたのは平成12年（2000年）4月である。その前後を比較してもっとも大きく変わったのは，倒産処理における法的整理の位置づけである。前世紀，すなわち，2000年以前においては，法的整理は任意整理ができない場合のやむを得ない選択であり，倒産処理手続に堪能な弁護士にとっては，任意整理こそが中心的な職務であり，法的整理をどう避けるかが腕の見せ所であった。その当時，もし大企業が法的整理手続を申し立てようものなら，それが再建型手続であっても，新聞には「○○○倒産」の見出しが踊り，関係者はスポーツ紙並みの大見出しに憤慨し，あるいは落胆したものである。しかし，民事再生法施行後10年を経た現在においては，1部上場企業が民事再生の申立てをしても一般紙に載らないことが多くなり，仮に掲載されても「○○○民事再生」とささやかに掲載されるのが一般的になった。そのため，21世紀の倒産

処理手続においては，弁護士も，任意整理と法的整理について，どちらが技術的に適しているかという冷静な判断基準により選択し，法的整理を避けるために何が何でも任意整理をと考えて労力と体力を消耗することがなくなってきた。当たり前のことが当たり前に行われるようになってきたのである。民事再生法施行前の倒産処理実務の運用は「前世紀の遺物」になりつつある。

2 原点に立ち返った検討の必要性

これまで長期間にわたって，裁判所が取り扱う倒産処理手続は，硬直的で予測可能性がなく，使いにくいとされてきた。裁判所が取り扱う民事事件の基本である民事訴訟事件は，進行が個々の裁判官の自由裁量に委ねられており，公開の法廷において厳格な様式に従って運用され，当然のことながら予測可能性もない。破産事件も和議事件も，戦前戦後を通じて，基本的には民事訴訟に準じた運用が行われたために，硬直的で予測可能性もなかったのである（園尾隆司『民事訴訟・執行・破産の近現代史』280頁（弘文堂，2009）参照）。

しかし，平成2年から4年にかけて始まったいわゆる「バブルの崩壊」により，不動産価格右肩上がりの神話が崩壊し，その後の長い経済不況の中で，不良債権処理を急がなければ我が国の経済は浮揚しないという深刻な認識が広がり，平成10年前後には，硬直的で予測可能性のない倒産事件処理の運用に対して変更を求める圧力が増大し，伝統的倒産事件処理を見直す機運が司法の世界に広がってきた。このような中で，平成11年4月，東京地裁と東京三弁護士会の合同で考案された少額管財手続と即日面接という簡素で予測可能性の高い破産手続の運用が開始され，続いて，平成12年，再建型の手続として新設されることとなった民事再生手続においても，簡素で予測可能な手続が採用されることとなった。

簡素で予測可能な手続は民事再生手続の特徴であるが，その歴史は浅く，油断をすれば，民事訴訟を手本にした硬直的で職権主義的な旧時代の運営にあと戻りする可能性がある。民事再生法施行後も民事裁判の主流は民事訴訟であり，倒産事件の経験がない裁判官・書記官はもっぱら民事訴訟の手法に親しんでおり，倒産事件の経験がある裁判官・書記官であっても「前世紀の

倒産事件」の経験しか有しないことが多く，その結果，裁判所の手続の中に無意識のうちに古い手法が復活しかねない。

あと戻りすることのない発展のためには，民事再生法施行当初の原点に立ち返った検討が必要である。そこで，民事再生法施行の前後を通じた倒産処理実務の変化の過程を，三宅省三先生（以下「三宅弁護士」と呼ばせていただく。）にご尽力いただいた思い出も交えつつ振り返り，民事再生手続の運用が開始された当初の基本原則がどのようにして生まれ，どう展開していったのかを概観するとともに，残された課題を確認し，あと戻りをすることのない倒産処理手続確立の一助にと願うものである。

［Ⅱ］ 和議事件を題材とした民事再生手続の試行

1 三宅・才口両弁護士の共同作業による新再建手続の試行

民事再生法の運用の構想が練られたのは，その立案中であった平成11年（1999年）のことである。DIP（債務者自らの管理）による再生は，当時としては誰も経験したことのない手続構想であった。和議は硬直的で予見可能性がなく使いにくいという評判であり，これを改正するため，1980年施行のアメリカ連邦倒産法において採用されたDIPの手続を採用する構想が法制審議会倒産法部会で練られつつあったが，それで実際に手続が動いていくのかどうかについて多くの委員が今ひとつ確信を持てないでいた。当時，いまだ民事再生手続の呼称は生まれておらず，「新再建手続」と呼ばれる荒削りな構想があるにすぎなかった，そんな時期である（法務省民事局参事官室「倒産法制に関する改正検討事項」（1997年）第2章第1）。

三宅弁護士は，その当時（平成11年春），法制審議会倒産法部会委員であったが，三宅弁護士が受任した中堅建設会社（株式会社Ａ建物）の和議申立てに際し，当時東京地裁破産部の裁判長であった私と協議の上，この事件を当時法制審議会倒産法部会において取りまとめ中の新再建手続に沿った形で運用してみようということになった。手続の要である整理委員には，DIP手続に理解のある弁護士がふさわしいことから，同じく法制審議会倒産法部会委員であった才口千晴弁護士（後の最高裁判事）に受任をお願いしたところ，趣

旨を快諾され，法制審議会倒産法部会メンバー三者による新再建手続の試行が始まった。

2　試行された新再建手続の内容

　和議の手続では，開始決定までに半年近くかけて整理委員が開始の可否を調査していたが，この事件については，才口整理委員の検討事項を絞り込んだ意見書に基づき，申立後1か月で開始決定をした。従来は数十頁の報告書が提出されていたが，才口整理委員は，債権者の意見聴取と債務者会社の調査結果に基づき，些事にこだわらず要点を絞り込んだＡ4紙1枚の意見書を提出して早期の開始決定を導いた。和議手続においては，「公正らしさ」を演出するため，開始決定と同時に整理委員とは別の弁護士を管財人に選任する運用であったが，手続の簡素化，迅速化のため，才口弁護士に引き続き管財人をお願いした。これも初めての試みであった。

　申立代理人である三宅弁護士の周到な準備により，申立てから半年後，すなわち開始の5か月後に債権者集会を開き，和議の可決により即日和議認可の決定をした。これが民事再生標準スケジュールの起源である。即日認可も今では当たり前であるが，従来は「慎重審理の外形」を保つため，和議の可決後2週間程度検討期間を置いてから認可決定をするのが慣例であった。和議の手続は，民事訴訟を範とした「慎重審理」と「公正らしさ」を基本として実施され，細かな手続を含め，すべてにわたって迅速性を欠いていた。

　認可決定確定後は，和議会社を裁判所が監督する手立てがなく，これも和議の大きな欠陥であるといわれていたので，和議会社と才口管財人の協定により，事件終結後も才口弁護士が3年間監督を継続することとなった。職権破産の制度はなかったが，仮に協定又は信義に反する対応があった場合には債権者に情報を開示し，破産申立てを促すことが和議会社と管財人との間で確認され，債権者集会で報告された。

　このようにして，和議法の運用によって，現在の民事再生手続とほぼ同じ手続が進められ，民事再生法が制定されれば手続は円滑に進行するという見通しが立ち，これが立法作業に自信を与えることとなった。これはひとえに三宅・才口両弁護士の先見性に満ちたご尽力の賜物であり，明治24年の旧商

法第3編破産の施行以来100年以上の歴史によって固められてきた頑強な慣例を果敢に見直す作業であった。

3　和議と民事再生の本質的相違点

　新再建手続の試行によって，和議と民事再生の両手続の本質的相違点は何かが徐々に見えてきた。和議と比較した新再建手続の本質はDIPの手続であり，そのために手続は簡素で迅速であり，予測可能性も高い。

　明治24年（1881年）の商法破産編の施行以来，旧来の倒産事件においては，倒産手続も民事訴訟の一種であるとの解釈の下に，民事訴訟と同様の手続が採られた。明治24年に商法破産編が施行されて以来，我が国の破産手続においては，債権者を原告，債務者を被告とみなし，各条文に定める要件を民事訴訟と同様に立証させる運用が1世紀以上にわたって積み重ねられてきたのである（園尾隆司「破産法の役割の変化と破産法の運用における裁判所の審理の在り方」園尾隆司＝中島肇編『新・裁判実務大系28新版破産法』7頁（青林書院，2007）参照）。和議の手続についても，大正12年に和議法が施行されて以来，基本的に同様の運用がされた。申立てがあると，裁判官・書記官は提出書類を精査して書類の追完を求め，専門的知見による補充が必要なときは整理委員（旧和21条1項）である弁護人や鑑定人（旧和21条2項）の公認会計士に鑑定書類似の意見書の提出を求める方法が採られた。そこには予測可能性や定型性が入り込む余地がなく，審理は書面審理に重きが置かれてきた。そのような運用がされたのは，倒産処理手続が民事訴訟手続に準ずると考えられてきたためであり，その結果，裁判所は倒産処理手続の社会的役割に関心を払うことがなく，和議は緩慢な手続となって，財産隠しや偏頗な財産の移転が横行し，そのために裁判所が警戒心を強くして門戸を狭くするという悪循環に陥った。

　硬直的，職権主義的で使いにくかった和議の手続も，裁判官が不真面目に取り組んだ結果ではなく，真面目に法律の文言と民事訴訟の慣行に忠実な運用を積み重ねてきた産物である。たゆまず真面目に努力しさえすれば手続が発展するということではないことに常に注意を払う必要がある。

[Ⅲ] 民事再生法施行後の倒産処理手続の進展

1 民事再生手続の特徴

　民事再生手続の特徴は,「簡素」「迅速」「予測可能」に尽きる。この特徴は,予納金の納付,保全処分の発令,監督委員選任,開始決定,公告,通知,登記嘱託,再生計画案の提出,再生計画案の決議,認可決定,履行監督,職権破産開始決定等のすべての手続に貫かれており,また,貫かれるべきものである。開始決定をする際には,債務者による任意の債権者説明会の開催を求め,その場に監督委員が臨んで観察し,反対意見がない場合は速やかに開始決定をする。決議前に事業譲渡の許可申請があった場合も,債務者に任意の説明会を開いてもらい,その場に監督委員や裁判官が臨んで債権者の意見の動向をみることとし,その反面,裁判所による個別の意見聴取や裁判所主催の債権者説明会は行わない。当然のことながら,これらの簡素化,迅速化は濫用に対する備えの存在を前提とする（後記Ⅳ1参照）。

2 民事再生法の施行が他の倒産処理手続に及ぼした影響

　民事再生手続において考案された手続の簡素化,迅速化,予測可能性の向上のための各種の手法は,民事再生手続を運用して成果が上がることが確認された後,会社更生手続に移入された。DIP の許容（38条1項,会更37条・67条3項）,事業譲渡の要件の明確化（42条・43条,会更46条）,役員の経営責任追及制度の強化（142条以下,会更99条以下）,書面決議制度の導入（169条2項2号,会更189条2項2号）などである。破産手続を中心とした他の倒産手続全般に取り入れられた手続も多い。管轄の拡大,包括的禁止命令,抗告し得る場合の限定,登記・通知の簡素化などである。その結果,倒産処理手続が統一のとれた使いやすいものとなり,再建型・清算型双方の法的整理手続が簡素化,迅速化され,予測可能性も格段に進歩した。倒産法改正の中で民事再生法制定を先行させた手法は,我が国の倒産処理法制整備を牽引した。

［Ⅳ］　民事再生手続の今後の課題

1　幅広い利用と濫用に対する備え

　民事再生手続は再建型倒産処理手続の幅広い利用を目指して制定され，その実が上がってきた。DIP の民事再生手続は，民事再生を申し立てる債務者を「信頼するに足りる機関」であるととらえ，逸脱・違法行為があった場合にのみ裁判所が介入する方法で運用され，幅広い利用を確保している。その裏返しとして，DIP の手続進行に逸脱・違法行為（財産隠し，特定の債権者への財産譲渡や担保設定等）があれば，迅速果敢に手続を停止し，職権で廃止決定及び破産手続開始決定をし，悪質事案については刑事告発をすることが必要となる（法務省の検察統計年報によると，民事再生法違反の罪で起訴された件数は，民事再生法が施行された平成12年から平成21年までで合計11件に上っている（15年4件，17年4件，19年2件，20年1件）。和議法当時の和議法違反の起訴件数は皆無であったのと対照的である。）。民事再生法施行当初から，全件について監督委員を選任するとともに，全件について監督委員が補助者として公認会計士を選任することとしたのは，違法行為を見逃さない態勢を整えるためである。

　民事再生法施行当初は，全件に監督委員を選任する東京地裁の方針に対し，一部の学者の方から管理型ではないかとのご批判をいただいたが，現実は逆である。濫用を許さない担保として全件に監督委員を選任するからこそ，申立代理人の裁判所からの自由度が増大する。裏返していうと，裁判所の不安を受け止める態勢を用意しない限り，不安を根拠とする職権主義の復活を拒み難いのである。過度の職権主義の排除を求めるならば，濫用に対する備えを怠ってはならない。

　公認会計士の選任についても同じである。公認会計士による違法行為の監視を必要としない事件が過半を占めるが，そうだからといって，その選任を選択的にすれば，甘い監視態勢につけ込む勢力の発生を誘発する。せっかく整えた全件公認会計士選任態勢が，省力化・迅速化・手続費用節約の名の下に裁判所主導で廃止される事態が周辺中小規模庁で起こったことがあるが，濫用に対する備えの重要性を見逃した省力化・迅速化である。

2 再生計画の弁済率

再生計画の弁済率が低いという問題点が指摘されるようになってきた。しかしながら、和議の当時、長期分割による高い弁済率を和議条件として示して債権者の賛成を得つつ、弁済不能のまま雲散霧消する会社が続出して、「和議は詐欺」といわれるほどに和議の評判を低めたことを忘れてはならない。弁済率をどう見るかは債権者によって異なる。零細な規模の債権者はいくらかでも高い弁済率を望むが、早期に不良債権を処理したい債権者や取引継続にメリットを感じる取引業者の意見は異なる。背伸びをして二次破綻を招く例も少なくない。大衆迎合による高い弁済率で債権者の賛成を誘っておいて、相次ぐ弁済不能と企業体の雲散霧消を招いた和議の失敗を繰り返すべきではない。

財産隠しや違法・不正な内部留保によって弁済率が低くなるようなことがないように、監督委員・補助公認会計士による監督態勢を整備して違法・不正行為排除に努めなければならないが、違法・不正行為がない限り、弁済率が高いか低いかは、債権者の多数意見によって決する問題である。その意味で、弁済率の問題は、財産隠しその他の違法・不正行為を許さない態勢の確立や、経営責任の明確化その他の債権者の納得を得る再生計画をどう立案するかと密接に関係する問題である。

3 担保権者との関係

アメリカで行われている民事再生手続（チャプター11「再建手続」）は、担保権者の権利変更が可能なものであるが、我が国の民事再生手続は、担保権に対する権利変更の権限を有しないものであり、法的整理において担保権者の権利変更が必要な場合には、会社更生手続を選択するほかない。債務者に広く再生の門戸を開く再生手続が、この代償を払うことによって債権者の理解を得て法制化されたのである。担保権者を手続外に置いたのは、従来の和議に信頼性がなかったことによるやむを得ない選択であって、少なくとも現時点においては受け入れざるを得ない。将来もこのままでよいはずはないが、そのためには、まずは民事再生手続が債権者に信頼されるものとなる必要がある。それまでの間、担保権に対する法的コントロールが必要な場合は会社

更生手続を視野に入れつつ，公正な運用を積み重ねていく必要がある。

　DIPの管理が不適当である場合に，再生事件について管財人を選任することも，業種及び事案を選んで実行されている。この場合にも，再生手続が担保権に対して支配力がないことが問題になる。再生計画を立案するに際し，担保権に対する支配力がないことから，管財人に過大な負担がかかる場合があるからであり，この問題を乗り切るためには，破産手続や会社更生手続との連携が不可欠である。

4　二次破綻についての視点

　再生計画が認可されながら，その後不払が生じて経営が破綻するいわゆる二次破綻の件数は一定数に上る。再生計画がその場しのぎである場合には，その可能性が高いので，まずは，再生計画立案の技量を高めることが必要であるが，経済の荒波の中で健全な企業も倒産することを考えると，適正な再生計画を立てて再生を図った場合にも，二次破綻をすることはあり得る。その場合に重要なことは，二次破綻を来した場合にも全債権者の納得のいく透明性の高い清算手続を行うことである。和議が評判を落としたのは，二次破綻をしながら，破産申立てをせず，経営責任をうやむやにしたためである。その教訓からすれば，やむなく二次破綻が生じた場合には，うろたえず，透明性の高い倒産処理を行うことである。その場合，債権者の理解が得られる見込みがあれば，再度の民事再生の申立ても可能であり，その例も見られるようになってきている。破産手続を選択せざるを得ない場合にも，有用な事業があるときは，当該事業を切り離して譲渡すれば，実質的に事業の再生を図ることは可能である（多比羅誠「破産手続のすすめ—事業再生の手法としての破産手続」NBL812号32頁（商事法務，2005））。事業をすべて解体せざるを得ないときは，できる限り早期に破産手続開始申立ての態勢を整える必要がある。特に，経験の少ない地方の裁判所には，2次破綻を前にして様子見が長すぎる問題がある。破産手続の進行に不安があるからである。手続開始の遅滞は債権者に損害をもたらし，問題を大きくする。適正な民事再生手続の拡大のためには，管財人の給源確保等の破産処理態勢整備の努力が欠かせない。

【園尾　隆司】

2 再生手続の特徴と概要

再生手続のポイント，特に，その特徴と概要はどういうことか。

解 説

［Ⅰ］ 再生手続の特徴

1 法制度としての特徴

民事再生法による手続（以下「再生手続」という。）の法制度としての特徴は，自主的後見的で，利用しやすく柔軟であって，迅速かつ機能的で，履行確保が期待でき，公平公正で透明性が高い，再建型倒産法制の基本手続であるということである。また利用しやすいが，約束したことは守らせ，失敗した場合には，きちんとけじめをつけるという手続である。

(1) 私的整理手続との対比

私的整理手続は，早期，低廉，高配当で，穏やかに処理できるが，不公正不公平に陥りやすく，透明性に欠け，反対者を拘束できないなどの欠点もあった。これにつき，2001年に成立した私的整理ガイドラインによって，公正公平と透明性が確保されることになり，大いに利用されるようになった。その後，事業再生 ADR，中小企業支援協議会，企業再生支援機構などの支援システムの発展により，私的整理手続は，信用性，利便性を増して，事業再生手続として有力な手続となっている。しかし，私的整理手続は，対象債権者の手続への参加を強制できず，全員同意が原則で，一社でも反対すると成立しない。

これに対して，再生手続は開始されると，再生債権は原則として再生計画によらないと弁済できず，強制執行等は中止されるなど（85条・39条），再生債権者を手続に強制的に加入させて拘束し，多数決制度を有する（172条の

3），法的手続である。

(2) 破産手続との対比

日本の法的倒産処理手続としては，再生手続の外に，破産法による破産手続，会社法（会社510条以下）による特別清算手続，及び会社更生法による更生手続がある。この内，破産と特別清算の両手続は清算型であり，再生と更生の両手続は再建型である。

破産管財人が選任される（破31条）管理型の破産手続に対する再生手続の特徴としては，開始決定後も原則として再生債務者が財産の管理処分権を維持する（38条）いわゆる DIP（Debtor In Possession）型の，自主的後見的であり，再生計画の認可決定が確定すると，多数決で債権の減免猶予をすることができる（172条の3・176条）など，再建型であることである。

もっとも，再生手続においては，営業又は事業（以下「営業等」という。）の全部譲渡をすることも認められており（42条），また直ちに清算する場合でなければ，清算を目的とする申立ても認められると解されている。

(3) 更生手続との対比

更生手続は，対象が株式会社に限られ（会更1条）開始決定と同時に必ず管財人が選任される（会更42条）管理型であり，一般債権者だけではなく担保権者，公租公課及び労働債権の一般優先債権の債権者，並びに株主等も手続への参加を強制され（会更47条・165条），更生計画により，更生債権者等の権利の変更のみならず，合併，会社分割等の組織に関する基本的事項を変更することを予定している（会更167条以下），重厚長大な手続である。

これに対して，再生手続は，株式会社以外の，自然人，一般社団法人，組合等全ての法人格を対象とする（1条），再建型倒産法制の基本手続であり，DIP 型の自主的後見的で，一般債権者は手続への参加を強制される（85条）が，担保権者や労働債権者は，手続に拘束されず，手続外で権利を行使でき（53条・122条），利害関係人の合意を重んずる，簡便かつ迅速な手続である。

もっとも，更生手続においても，2008年1月から，管財人に更生会社の取締役等を選任する，いわゆる DIP 型会社更生や，それ以前から取引債権者である更生債権の全額支払を許可するなど柔軟な運用がなされている。

(4) 和議手続との対比

2000年4月の民事再生法の施行により廃止された和議法による和議手続は，自主的で簡便な手続であったが，和議が成立しても，和議条件通り支払われないなどの不満が多く，あまり利用されなかった。

そこで，当初和議の欠点を修正する目的で，改正作業が行われたが，改正の過程において，履行確保にとどまらず，様々な制度が設けられ，結果として再建型倒産法制の基本法にふさわしい民事再生法が成立したものである。

再生手続の和議手続とは異なる主とした点は以下の通りである。

(a) 履行確保制度の工夫

和議では，和議認可決定確定と同時に裁判所の手を離れていたのを，監督委員選任事件では，再生計画認可決定確定3年後に終結決定がなされるなど (188条)，裁判所の監督期間が延長された。債権調査は，和議では議決権の調査であったのを，実体上も債権を調査し，債権者表に基づき強制執行ができ (180条3項)，届け出ないと原則免責され (178条)，失権することにした。その他，双方未履行，相殺権行使の時間的制限，否認権，担保権消滅請求 (49条・92条・127条・148条) などの履行確保に資する制度を設けた。

(b) 公正公平と透明性の確保

再生事件に関する文書の閲覧を広く認め (16条)，重要事項の周知，任意の債権者説明会の開催，財産状況の要旨の送付 (規則1条2項・61条・63条) などにより十分なディスクローズを図った。前記の否認権等の制度の外に，法人の役員の責任追及，再生計画による株式の取得 (143条・154条3項) などの制度によって，債権者間の公正公平を確保した。再生計画不履行の場合の再生計画の取消しの要件緩和，再生手続の廃止と職権破産の拡充，保全命令後の申立取下げの制限 (189条・191条・250条・32条) などにより，濫用を防止すると共に，失敗した場合にきちんとけじめをつけるようにした。

(c) 迅速化と機能化

開始原因を，和議での破産原因があることから，その生ずるおそれがあるときなどにも拡張し，管轄を拡大し，申立て時には，再生計画の提出を不要とし (21条・5条・163条)，手続のより迅速化を図った。また，前記の双方未履行などの制度の外に，許可による営業等の譲渡，再生計画の可決要件の緩

和，再生計画による募集株式を引き受ける者の募集（以下「新株の募集」という。），担保権実行中止，様々な機関，共益債権，再生計画の変更（42条・172条の3・154条4項・31条・54条ないし83条・119条・187条）など和議より大変機能的な手続となっている。

2 運用としての特徴
(1) 東京地裁の再生手続の運用

東京地裁における再生手続の運用の特徴は，本書の鹿子木康判事の論文（本書第1章，3）に記載されている通りであり，その特徴としては，迅速，簡易，予見可能性に意をもちい，原則全件監督委員を選任して，債権者に対する適宜な情報の開示を心がけて公正公平を担保するということである。

(2) 和議手続における運用との対比

ところで，東京地裁における和議手続の進行は，申立て後の保全命令の発令に一時は，債権額の3分の2以上の，後には2分の1以上の，債権を有する債権者の同意を求め，また開始決定をするには，債務者が再建できる見込みについてある程度心証が得られてから発令していたが，その間，申立て7，8件中開始決定になるのは1件というような状況であった。関西でのある調査で和議認可決定確定後，和議条件通り履行しているのは25％に過ぎないという調査があり，申立て7件中1件が開始決定になったとすると，申立件数に対し，和議条件通り履行しているのは3.6％程度ということになってしまう。これ程ではないにしても，和議が成立しても，和議条件の履行がなされず，和議法ではなく詐欺法であると揶揄され，和議手続が信用されなかったことが，裁判所の運用を厳しくし，予見可能性を低いものにしていた原因であろうと思われる。

しかし，和議条件が履行されない原因は，債権者から同意を得るために，弁済能力を超えて高い弁済率を提示していたためで，支払えるに支払われなかったということではないように思われる。また，債権者は，当時は，和議には少なくとも20％の配当がないと応じないなど，固定観念にとらわれ，破産清算との比較など，合理的な判断がなされていなかったきらいがある。そして，これらの運用を離れてみると，和議は法制度そのものとしては，根本

的な欠陥があったわけではないのである。現に，東京地裁において，民事再生法の制定論議を踏まえて，ほぼその骨子が固まってきた段階で，和議手続を再生手続的に運用し，成功した事例があることは本書の園尾隆司判事の論文（本書第1章，1）記載のとおりである。

再生手続は，法制度上も，運用上も，優れたもので，信頼されて利用され，更生手続にかわって，まさに再建型倒産法制の基本法，基本手続としての地位を確立している。また，債権者も数％の弁済率でも，合理的な判断をするようになっている。その基本は，債務者を信頼し，当事者の合意にゆだねる所にあると考える。勿論，再生手続を悪用したり，再生手続によっても失敗する事例はあるし，その場合に厳しくけじめをつける必要はあり，事案によっては，管財人を選任しなければならない場合もあり，これを厳正に行うことによって，再生手続の信用が維持され，高まると考える。和議手続の運用の状況を反省材料として，今後も是非優れたすばらしい現在の運用を維持発展していただきたいと願うものである。

[Ⅱ] 再生手続の概要

再生手続の流れは，次頁「再生手続のフローチャート」記載のとおりである。また，東京地裁における「開始決定後のスケジュール」（本書第1章．3の鹿子木康判事の論文に記載の表）を参照されたい。

1 再生手続開始の申立て

再生手続の申立ては，個人及び全ての法人について成せる。破産原因があるときだけではなく，その生ずるおそれがあるときや，事業の継続に著しい支障を来すことなく弁済期にある債務を弁済することができないときにも，申立てができる（21条）。管轄は，再生債務者の主たる営業所の所在地等を管轄する地裁の外，再生債権者の数が1000人以上であるときは，東京地裁又は大阪地裁にも申立てをすることができるなど（5条），広く認められている。

開始の申立てがあると，裁判所は，再生債権に基づく強制執行等の中止命令，弁済禁止などの保全命令などを命ずることができる（26条ないし31条）。

16　第1章　民事再生手続総論

再生手続のフローチャート

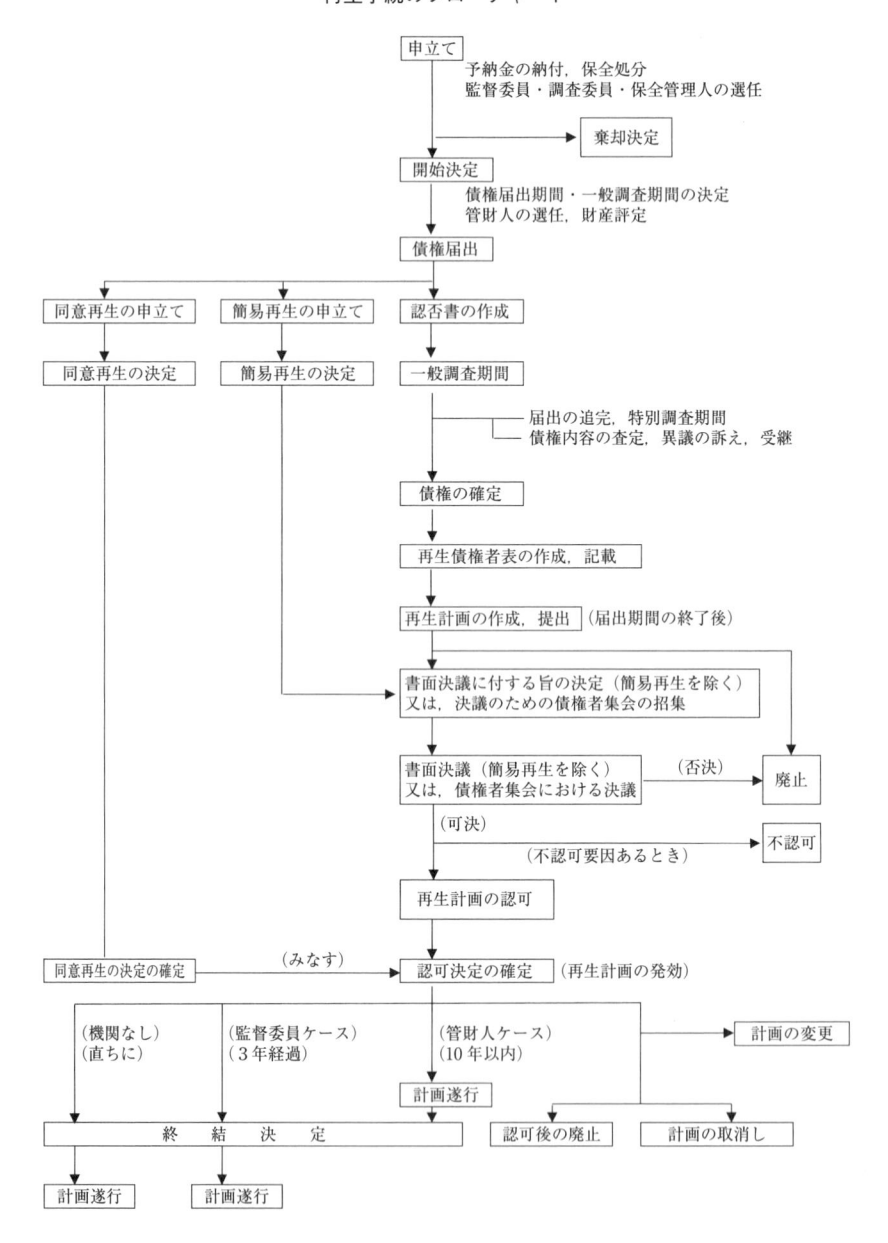

```
                         ┌─────┐
                         │申立て│──予納金の納付，保全処分
                         └──┬──┘    監督委員・調査委員・保全管理人の選任
                            │
                            ├──────────→┌──────┐
                            │            │棄却決定│
                            │            └──────┘
                         ┌──┴───┐
                         │開始決定│
                         └──┬───┘  債権届出期間・一般調査期間の決定
                            │      管財人の選任，財産評定
                         ┌──┴───┐
                         │債権届出│
                         └──┬───┘
        ┌──────────┬──────────┤
┌───────┴──┐ ┌─────┴────┐ ┌──┴──────┐
│同意再生の申立て│ │簡易再生の申立て│ │認否書の作成│
└───────┬──┘ └─────┬────┘ └──┬──────┘
┌───────┴──┐ ┌─────┴────┐ ┌──┴──────┐
│同意再生の決定│ │簡易再生の決定│ │一般調査期間│
└───────┬──┘ └─────┬────┘ └──┬──────┘
        │              │          ├── 届出の追完，特別調査期間
        │              │          └── 債権内容の査定，異議の訴え，受継
        │              │       ┌──┴──────┐
        │              │       │債権の確定│
        │              │       └──┬──────┘
        │              │  ┌───────┴───────┐
        │              │  │再生債権者表の作成，記載│
        │              │  └───────┬───────┘
        │              │  ┌───────┴───────┐
        │              │  │再生計画の作成，提出│(届出期間の終了後)
        │              │  └───────┬───────┘
        │              │  ┌───────┴───────────────┐
        │              └─→│書面決議に付する旨の決定（簡易再生を除く）│
        │                 │又は，決議のための債権者集会の招集         │
        │                 └───────┬───────────────┘
        │                 ┌───────┴───────┐      ┌────┐
        │                 │書面決議（簡易再生を除く）│─(否決)→│廃止│
        │                 │又は，債権者集会における決議│       └────┘
        │                 └───────┬───────┘
        │                     (可決)│         ┌──────┐
        │                           ├─(不認可要因あるとき)→│不認可│
        │                           │         └──────┘
        │                 ┌────────┴────┐
        │                 │再生計画の認可│
        │                 └────────┬────┘
┌───────┴────────┐(みなす) ┌──┴──────┐
│同意再生の決定の確定│────→│認可決定の確定│(再生計画の発効)
└───────┬────────┘      └──┬──────┘
                                   │                              ┌────────┐
     ┌──────┬─────────┼──────────────────→│計画の変更│
     │          │           │                              └────────┘
 (機関なし) (監督委員ケース) (管財人ケース)
 (直ちに)  (3年経過)    (10年以内)
     │          │        ┌──┴──┐
     │          │        │計画遂行│
     │          │        └─────┘
 ┌───┴──────────┴───┐      ┌──────────┐  ┌──────────┐
 │  終　結　決　定  │      │認可後の廃止│  │計画の取消し│
 └───┬──────────┬───┘      └──────────┘  └──────────┘
 ┌───┴──┐   ┌────┴─┐
 │計画遂行│   │計画遂行│
 └──────┘   └──────┘
```

また，監督命令や調査命令がなされ，特に必要があるときは保全管理人による管理命令がなされるときもある（54条・62条・79条）。

　手続が成功するためには，申立て前の準備が重要である。粉飾を排して実体を把握し，債権放棄による財務リストラにとどまらず，破綻原因の除去を含む事業リストラを行い，真に再建できる計画とその実現の方法を検討し，資金繰りを確保しなければならない。また，申立て直後のできるだけ早い時期に任意の債権者説明会を開催し，情報を開示して債権者の理解と協力を得る。そして，営業を停止しないで継続することもポイントになる。

2　再生手続開始決定
(1)　開始決定と機関

　裁判所は，再生計画案の可決等の見込みがないことが明らかであるときなどの棄却事由（25条）がなければ，再生手続開始の決定をする（33条）。開始決定と同時に，再生債権届出期間及び再生債権の調査をするための期間を定める（34条）。

　再生債務者は，再生手続開始決定後も，財産の管理処分権等を有する（38条1項，DIP制）。そして，再生手続開始後にされた登記等は効力を主張できず，双方未履行の双務契約の解除をすることができる（45条・49条）など，再生債務者は第三者性を有している。そのため，再生債務者には，債権者に対する公平かつ誠実義務が課せられる（38条2項）。

　また，全件，監督命令がなされるのが原則であり，監督委員が選任されると一定の行為について，その同意を得ないでした行為は無効となるなど制限を受ける（54条）。ただし，例外的に法人である再生債務者につき管理命令がなされると，財産の管理処分権等は，管財人に専属する（66条）。

(2)　積極財産の処分等

　再生債務者又は管財人（以下「再生債務者等」という。）は，事業を継続し，許可による営業等の譲渡（42条）の可能性を検討し，双方未履行の双務契約，取戻権（49条・52条）などの権利関係を処理し，再生債務者の財産の価額を評定して裁判所等へ報告する（124条ないし126条）。

　また，否認制度（127条以下）や，法人の役員の責任追及の制度（142条以下）

により，再生債務者の財産の回復と拡充を図る。

(3) 消極的財産の処遇等

再生手続開始決定後は，再生債権は原則再生計画の定めによらなければ，弁済等をすることができない (85条)。ただし，早期に弁済しなければ再生債務者の事業に著しい支障を来すときなどは，少額の再生債権を，裁判所の許可を得て弁済することができる (85条2項ないし6項)。

開始後の再生債務者の業務等に関する費用等の共益債権，公租公課，労働債権等の一般優先債権は，再生手続に拘束されず，随時弁済される (121条・122条)。

また，再生債務者の財産につき存する担保権は別除権とされ，再生手続によらないで行使することができる (53条) が，担保権実行手続の中止命令と担保権消滅制度がある (31条・148条ないし153条)。

相殺については，債権届出期間内にその行使を制限される外，開始後に負担した債務等による相殺が禁じられている (92条・93条・93条の2)。

再生債権については，届出，調査及び確定を経て，異議なく認められると，再生債権者表に記載され，これにより強制執行も可能となる (94条ないし113条・185条・189条8項・195条7項)。

3　再生計画

再生債務等は，定められた期間内に再生計画案を作成して裁判所に提出しなければならず，提出しないと再生手続が廃止になる (163条・191条2号)。

再建の基本方針を定めた再生計画は再生手続の核となるものであり，これを作成するについては，実現可能性を十分に検討した上，作成途中において，債権者等利害関係人の意見を取り入れ，その賛同が得られるものにすることが求められる。特に担保権者である金融機関との間では別除権協定を締結できるようにしなければならない。

再生計画案が提出されると，裁判所は不認可事由等に該当する場合等を除いて，債権者集会の開催等の決議方法を定めて，付議決定をする (169条)。再生計画案の可決には出席等した議決権者の過半数の同意と議決権者の議決権の総額の2分の1以上の議決権を有する者の同意，のいずれもが必要であ

る（172条の3）。

　再生計画案が可決された場合には，裁判所は再生計画が遂行される見込みがないときなどの不認可要件がない場合には認可し，認可決定が確定すると再生計画は効力を生じ，再生計画の定め又は民事再生法の規定によって定められた権利を除き，再生債務者は，すべての再生債権について免責され，再生債権者の権利は，再生計画の定めに従い変更される（174条ないし185条）。

4　再生計画認可決定確定後の手続

　再生計画認可決定が確定すると，再生債務者等は，速やかに再生計画を遂行しなければならず，監督委員が選任されているときは再生計画認可決定確定後3年を経過したとき，などに再生手続終結決定がなされて（188条），再生手続は目的を達成して終了する。

　再生債務者等が再生計画の債務の履行を怠ったときなどは再生計画が取り消され（189条），再生計画が遂行される見込みがないことが明らかになったときなどは再生手続が廃止され（191条ないし195条），再生手続は目的を遂げずに終了することになる。その後に，新たな再生手続又は更生手続の申立てがなされた場合を除いて，破産に移行することとなる（190条・248条ないし254条，会更248条・249条）。

5　その他の制度

　以上の通常の再生手続の外に，住宅資金貸付債権に関する，外国倒産処理手続がある場合の，簡易再生及び同意再生に関する，並びに小規模個人再生及び給与所得者等再生に関する，各特則があり（196条ないし245条），罰則が定められている（255条ないし266条）。

【池田　靖】

3 東京地裁における再生手続の運用と利用状況

東京地裁において，民事再生手続はどのように運用され，どのように利用されているのか。

解　説

［Ⅰ］　東京地裁における再生事件の利用状況

　1　東京地裁における通常再生事件申立件数の推移は，第1表のとおりであり，平成21年における通常再生事件の申立ては287件であった。
　全国における平成21年の通常再生事件の申立件数は661件であるから，全体の約43.4パーセントの申立てが東京地裁に集中しており，この割合は年々高まっているということができる。
　2　負債額別申立件数の推移は第2表のとおりであり，負債額で1億円未満の企業から1兆円を超える企業まで幅広く利用されていることが分かる。また，債権者数別申立件数の推移は第3表のとおりであり，債権者数でみても100人未満の企業から1万人を超える企業まで利用されている。さらに，株式会社の資本金別申立件数の推移は第5表のとおりであり，資本金1000万円以下の企業から資本金1000億円以上の企業まで利用されている。
　民事再生手続は，立法当初，中小企業の再生という限られた場面で，しかも，債権者数が比較的少ない事件で利用されると予想されていたが，実際には，企業再建の主要な法的手続として大企業及び大規模事件においても広く利用されているといえる。
　3　再生債務者の内訳は第4表のとおりであり，再生債務者は，株式会社，有限会社，医療法人，協同組合，外国企業など多岐にわたっている。また，個人を再生債務者とする申立ても，全申立事件の19パーセントに上り，

その大部分は会社役員が占めている。会社役員の民事再生手続の申立ては，会社の民事再生手続の申立てと同時にされる例が多い。

4　これまで申立てのあった事件全体について，その終局事由の内訳をみたのが第7表である。認可決定のあった事件から履行監督中の事件を除いた事件のうち終結した事件の占める割合は90.6パーセントである。

再生手続では，認可決定から3年が経過すると裁判所は終結決定をすることとされていることから，3年間履行を怠らなければ手続は終結となっており，必ずしも全ての終結事件について弁済が終了しているわけではないが，少なくとも，全体の9割の事件は，弁済を終了し，又は3年間履行を怠ることなく推移しているということができる。

［Ⅱ］　東京地裁における再生手続の運用

1　標準スケジュールの策定

東京地裁では，別紙のとおり，申立てから再生計画案の認可までを5か月間とする標準スケジュールを策定し，公表している。これは，標準スケジュールの策定により手続の迅速性を確保するとともに，スケジュールを公表することにより，手続の透明性を確保し，また，再生債権者ら利害関係人に対し，手続の進行に関する予測可能性を与えるためである。

2　手続の各段階における運用
(1)　再生手続開始申立て前

①債務者に破産手続開始の原因となる事実の生じるおそれがあるとき又は②債務者が事業の継続に著しい支障を来すことなく弁済期にある債務を弁済することができないときは，債務者は，裁判所に対し，再生手続開始の申立てをすることができる。

申立代理人は，申立て前に「再生事件連絡メモ（法人・個人兼用）」に必要事項を記載して，商業登記簿謄本（法人の場合）又は住民票の写し（個人の場合）とともに，東京地裁破産再生部の合議係書記官宛てにファックス送信する（遅くとも申立ての3日前までにすることが望ましい。）。連絡メモの送信を受け

ると，担当書記官は，申立代理人に電話で，事業内容，負債総額（特に一般優先債権の未払の有無及び金額），債権者数，再生申立てに至った原因，当面の資金繰り，検討中の再生スキーム，申立予定日等について，事情聴取をする。裁判所は，これらの情報に基づいて，当該事案にふさわしい適切な監督委員候補者を人選し，候補者の受任意思を確認後，再生債務者に選任予定者の氏名を伝える。

　申立て前に裁判官が申立代理人と面接をして事前相談をすることは，特に必要な場合を除き，行っていない。これは，いたずらに情報収集に時間をかけるよりも，早期に手続に乗せ，迅速な進行を図ることとする方が，事業価値の毀損を防ぎ，再生の可能性を高めることになり，ひいては債権者の利益にも資するという考えに基づいている。もっとも，学校法人，医療法人や第三セクターに関連する法人の再生事件のように，必ずしも同種事例が多くなく，手続の進行上複雑な問題が生ずることが予想される事案や，社会的影響が大きいなどの事情があって，事前に監督委員候補者との連絡調整が必要となる事案等については，事前の打合せを行っている。また，申立棄却事由の有無が問題となる事案については，調査委員による調査を命ずることもある。

　予納金について，東京地裁では，資金繰りが厳しい場合には，申立て時に6割，開始決定後2か月以内に4割の分納を認めている。

(2) 保全処分

　申立日当日ないしその直後に，監督委員との顔合わせのための進行協議期日を開催しており，その時に，弁済禁止の保全処分と監督命令を発令している。申立てと同時に発令を希望する場合には，申立て前に申立書及び添付資料をファックス送信することを求めている。

(3) 債権者説明会の開催

　ほとんどの事件で，申立て直後に，再生債務者による債権者説明会（規則61条）を開催している。債権者説明会には，監督委員に同席していただくのが原則である。工場やゴルフ場が地方に存在するため，東京以外の場所に，取引債権者やゴルフ権会員など多数の債権者が存在する場合には，現地で説明会を開催したり，金融債権者とその他の債権者の説明会を分けて開催する

例もある。

　債権者説明会では、再生債務者から、申立てに至った経緯、再生計画の大まかな方向性、民事再生手続の概要及び標準スケジュールに基づいた具体的な手続進行のスケジュール等を、資料に基づき説明している。

　債権者説明会の開催には、債権者に対する情報提供という意味のほかに、監督委員が債権者から情報提供を受けるという意味もある。裁判所は、再生手続開始の決定をするか否かに関し、民事再生法（以下「法」という。）25条所定の申立棄却事由の有無を審査することになるが、通常、主要債権者が開始決定に反対していないときには申立棄却事由が認められない場合が多いと考えられる。このような観点から、監督委員は、開始の可否について裁判所に意見を述べる際の参考にするため、債権者説明会に同席して主要債権者の発言を聴取し、問題点等が判明すれば、主要債権者から詳細な意向聴取を行っている。

　再生債務者が個人であり、債権者数も数人程度にすぎない事例では、債権者説明会の開催を省略する場合もある。この場合、監督委員は、面接や電話等の方法により、個別に主要債権者の意向を確認している。

(4) 第1回打合せ期日

　債権者説明会の直後（可能であれば当日）に、第1回打合せを行う。裁判所は、監督委員に、開始の可否に関する意見を聴き、開始相当の意見であれば、直ちに開始決定をするのが通例である。

　なお、事業再生の手法として、新設分割により事業を切り出し、スポンサーに株式を譲渡することも少なくない。これは、実質において、事業譲渡と変わらないものであり、法42条1項が事業譲渡をするには裁判所の許可を要するものとしている趣旨に照らし、東京地裁では、開始決定において、法41条1項10号に基づき「会社分割」を裁判所の要許可事項と指定することにより、会社分割についても裁判所の許可を要するものとしている。

(5) 第2回打合せ期日

　裁判所は、開始決定において、財産評定書（124条）、再生手続開始に至った事情や再生債務の業務及び財産に関する経過及び現状等を記載した報告書（125条）並びに再生計画案の草案の提出期限を定める。第2回打合せ期日は、

この提出期限に合わせて設定され，その直後に債権認否書の提出期限が定められるから，第1回打合せ期日から第2回打合せ期日までが，これらに向けた準備期間となる。その間も，再生債務者と監督委員との間で，財産評定の評価基準やスポンサーの選定等再生スキームについて，適宜協議を進めていただいているのが通常である。

第2回打合せ期日では，提出された書面について協議を行うとともに，再生計画案作成作業の進捗状況等の確認を行う。実質的な協議を可能とするため，第2回打合せ期日の2日前までに裁判所に各書面のドラフトを提出するよう求めている。

(6) **再生計画によらない事業譲渡又は会社分割**

第2回打合せ期日前後に，スポンサーを選定した上，再生計画によらない事業譲渡又は会社分割の許可申立てがされることがある。

事業譲渡について，裁判所は，再生債務者の事業の再生のために必要であると認める場合に限り，許可をすることができると定められている（42条1項）。事業譲渡は，再生計画案に定めて債権者の決議に付し，その賛同を得て実行するのが原則であり，再生計画によらない事業譲渡を行うためには，再生計画認可決定確定前に事業譲渡を行わなければならない必要性が求められる。例えば，再生申立てによって取引先に信用不安が生じており，認可決定確定を待って事業譲渡を行ったのでは，取引先との取引を継続できず，事業価値が著しく劣化し，ひいては弁済率も下落するという場合や，事業継続に多額の経費を要しているところ，早期に事業譲渡することにより相当額の経費の負担を免れることができ，ひいては弁済率が高まるという場合等がこれに該当する。

また，事業譲渡の許可申立て前に，再生債務者はスポンサーとの間で裁判所による事業譲渡の許可を停止条件とする事業譲渡契約を締結することが通常であるが，契約締結段階で事業譲渡の条件について契約内容を精査することが必要であるので，監督委員の意見を聴いた上で，監督命令において「スポンサー契約及びFAとの契約の締結」を監督委員の同意事項として指定することとしている。監督委員の同意を得る過程で，スポンサー選定過程の公正性や契約内容の適正性について，監督委員の確認を受けることになる。

再生計画によらない事業譲渡については，裁判所において債権者の意見を聴く必要がある（42条2項）。東京地裁では，許可申立ての約2週間後に意見聴取期日を指定する運用としているが，その前に，再生債務者において監督委員が同席する債権者説明会を開催することを求めている。再生債務者の主たる事業を譲渡する場合，事業譲渡の条件が再生計画による弁済をほぼ規定する重要性を有するところ，債権者が意見聴取期日において適切な意見を述べるためには，再生債務者から債権者説明会においてできる限り詳細な情報提供がされることが必要である。具体的には，事業譲渡の必要性，スポンサー選定過程の公正性，譲渡対価の適正性，事業譲渡を行った場合に再生計画案で予定する弁済の内容，当該弁済が清算配当率を上回ることについて，監督委員の確認を得た資料を作成し，これに基づき，債権者に説明することを求めている。このうち，清算配当率を上回ることを明らかにするためには，その前に財産評定についても終了し，監督委員の確認を得ていることが必要となる。

　裁判所は，意見聴取期日終了後に，事業譲渡の必要性について監督委員の意見を求め，許可の可否を判断することになる。特段の問題がない場合には，当日，許可決定を行うのが通常であるが，意見聴取期日において，再生債務者による説明が不十分である等問題点を指摘する意見が少なくない場合は，可否の判断を留保し，再度，再生債務者に説明を尽くさせた上で，監督委員に当該債権者の意見を確認してもらうこともある。

　会社分割についても，ほぼ同様の運用であるが，債権者の意見を聴く方法としては，裁判所による意見聴取期日を指定するのではなく，原則として，再生債務者において監督委員が同席する債権者説明会を開催し，その場で提出された債権者の意見を後日裁判所に報告してもらう取扱いとしている。

(7) 第3回打合せ期日

　第3回打合せ期日は，再生計画案の提出期限に合わせて設定される。第3回打合せ期日では，提出された再生計画案について協議を行うとともに，監督委員の意見書の提出期限，債権者集会の期日を打ち合わせる。実質的な協議を可能とするため，第3回打合せ期日の2日前までに裁判所に再生計画案のドラフトを提出するよう求めている。

なお，提出期限までに再生計画案を提出することができない場合には，提出期限の伸長（163条3項）を検討することになる。もっとも，再生計画案作成作業の進捗状況については，第2回打合せ期日において協議していることから，第3回打合せ期日直前になって突然作成が困難となった旨の連絡を受けることはほとんどない。東京地裁では，1回目の伸長については，再生債務者にその理由を具体的に説明した上申書の提出を求めた上で，監督委員の意見を聴き，伸長の必要性が認められると判断した場合には，1か月程度の伸張を認める運用である。しかしながら，2回目の伸長については相当厳格な審査をしている。これは，再生手続中は債権者に対する弁済を止めているのであるから，その間に財産を食いつぶして弁済減資を減少させてしまうことは避けなければならず，そのような場合には，速やかに再生手続を廃止して破産手続に移行すべきであるので，安易な伸張を認めるべきではないとの考えによるものである。

　監督委員から，通常1週間程度で，再生計画案に対する意見書が提出され，付議相当意見であれば直ちに再生計画案について付議決定を行い，付議決定から1か月ないし2か月以内の日を債権者集会の期日として指定する。なお，再生計画案の決議方法に関しては，債権者の便宜と，可決に至らなかった場合に集会を続行する余地を残す観点から，原則として，書面等投票と債権者集会による投票を併用する方法を採用している。

　債権者が，十分な情報に基づいて適切な議決権の行使を行うことができるよう，再生債務者から債権者に対して再生計画案の説明を行うことを求めており，通常は，債権者集会に先だち，再生債務者において債権者説明会を開催することが多い。

(8)　債権者集会

　決議のための債権者集会当日に議決票の集計を行い，原則として同日に認可・不認可の決定を行う。

　認可決定は，官報に掲載後2週間の即時抗告期間の経過によって確定するので，確定日は，認可決定の約4週間後である。

(9)　再生計画の履行

　認可決定確定後，再生債務者は，監督委員の監督のもとで再生計画の履行

を行う。再生債務者には，履行期に債務の履行を行う都度，監督委員及び裁判所に弁済報告書を提出することを求めている。

履行に困難を来す事情が生じたときは，再生債務者は直ちに監督委員に連絡を行い，事情を説明することが求められ，必要があれば，裁判所を含めた打合せを行い，対応策を検討することになる。一時的な弁済の遅れであれば，個別に債権者の了解を得ることになるし，構造的な問題により予定した弁済が困難なのであれば，まずは再生計画の変更を検討し，それができなければ手続を廃止し，破産手続に移行することになる。

(10) 終　　結

裁判所は，認可決定確定後3年が経過したときは，再生計画の遂行中であっても終結決定をする。3年が経過する前に再生計画による弁済が終了したときも，同様である。なお，再生計画による弁済終了前であっても，弁済が確実であって，履行監督の必要がなくなった場合には，監督命令を取り消して終結決定をすることがある。

[Ⅲ]　東京地裁における運用の特徴

1　迅速な手続進行

再生手続が広く利用されている理由の一つとして，手続が迅速であることを指摘することができる。再生手続は，再生債務者の自主再建の意欲を尊重することを基本とするDIP型の手続であり，事業を熟知した再生債務者自らが主体となって事業の再生に向けた取組みを行うため，迅速な手続の進行が可能となっている。具体的なスケジュールの例は，別紙のとおりであり，申立てから1週間で開始決定を行い，3か月で計画案が提出され，5か月で債権者集会を開催して認可決定を行うことを標準的なスケジュールとしている。平成21年中に申立てのあった事件のうち，これまで認可決定に至った230件について，申立てから認可決定までの期間の分布をみたのが第6表であり，大部分の事件が標準スケジュールに従って進行していることが分かる。

2　監督委員による監督

　再生手続が広く利用されているもう一つの理由として，監督委員により公正適正な手続進行の確保が図られていることを指摘することができる。再生手続は，再生債務者自らが主体となって手続を進行させるため，債権者の立場からすれば，再生債務者の業務遂行や手続の追行が公正に行われているかにつき不安を抱くことも多い。そこで，東京地裁では，再生債務者申立事件については全て監督委員を選任する運用としている。監督委員の活動は，債権認否，財産評定及び再生計画立案のチェックから，財産の適正な管理，認可決定後の履行監督まで手続の全般に及び，再生手続の公正適正な進行を確保し，再生手続に対する債権者の信頼を得る上でまさに中核的な役割を担っていただいている。

3　債権者に対する情報提供

　再生手続の運用にあたって，裁判所として留意している点として，監督委員の選任のほかに，債権者に対する適時適切な情報の提供がある。再生手続申立て直後に，債務者代理人において監督委員が同席する債権者説明会を行い，債権者の意向を聴取することとしているほか，再生計画案付議後にも，再生計画案についての債権者説明会を行ってもらっている。また，事業譲渡又は会社分割を行う場合には，その対価が債権者に対する弁済を実質的に決定する重要性を有することから，前記Ⅱ2(6)のとおり，再生計画案の賛否を問う場合と同程度の情報提供を求めている。さらに，再生計画案においても，権利の変更及び弁済計画のみならず，倒産に至った経緯，弁済原資の確保の方法，現在行っている責任追及の措置等についての記載を求め，各債権者に送付する監督委員の意見書でも，履行の可能性のみならず，申立て前の違反行為の有無，役員の損害賠償責任の有無等の記載を求め，再生計画案への賛否に関する債権者の判断に資する情報の提供を心がけている。

【鹿子木　康】

事件番号　　平成22年(再)第○○号
再生債務者　　○○○○株式会社

開始決定後のスケジュール

東京地方裁判所民事第20部合議係

手続	予定日	申立日からの日数
申立て・予納金納付	4月1日(木)	0日
保全処分発令	4月1日(木)	0日
監督委員選任	4月1日(木)	0日
(債務者主催の債権者説明会)	4月6日(火)	0～6日
第1回打合せ期日	4月7日(水)	1週間
開始決定	4月7日(水)	1週間
債権届出期限	5月6日(木)	1月+1週間
財産評定書・報告書提出期限	6月1日(火)	2月
計画案(草案)提出期限	6月1日(火)	2月
第2回打合せ期日	6月1日(火)	2月
認否書提出期限	6月8日(木)	2月+1週間
一般調査期間(始期)	6月15日(木)	10週間～
一般調査期間(終期)	6月22日(木)	11週間
計画案提出期限	7月1日(木)	3月
第3回打合せ期日	7月1日(木)	3月
監督委員意見書提出期限	7月8日(木)	3月+1週間
債権者集会招集決定	7月8日(木)	3月+1週間
書面投票期間	8月24日(火)	集会の8日前
債権者集会期日・認否決定	9月1日(水)	5月

30　第1章　民事再生手続総論

東京地方裁判所における民事再生事件の状況

(第1表)通常再生事件申立件数

	12年	13年	14年	15年	16年	17年
1月		27	28	29	30	28
2月		16	34	27	24	13
3月		20	22	43	16	19
4月	27	19	45	34	14	15
5月	10	16	25	24	19	13
6月	17	17	29	15	21	20
7月	35	36	50	29	16	17
8月	11	24	32	35	20	15
9月	19	66	33	22	15	15
10月	26	50	41	25	11	25
11月	15	38	27	18	11	18
12月	10	30	28	12	35	15
計	170	359	394	313	232	213
月平均	18.9	29.9	32.8	26.1	19.3	17.8
全国	662	1110	1093	941	712	646
占有率	25.68%	32.34%	36.05%	33.26%	32.58%	32.97%
大阪地裁	69	133	117	110	72	65

(第2表)負債額別申立件数

負債額	12年事件	13年事件	14年事件	15年事件	16年事件
1億円未満	5	33	20	24	18
1億円~10億円未満	53	137	158	101	75
10億~100億円未満	68	127	149	134	79
100億~500億円未満	26	47	53	44	53
500億~1000億円未満	8	11	9	5	6
1000億~5000億円未満	8	3	4	5	1
5000億~1兆円未満	2		1		
1兆円以上		1			
計	170	359	394	313	232

(第3表)債権者数別申立件数

債権者	12年事件	13年事件	14年事件	15年事件	16年事件
1人~100人未満	74	225	236	174	136
100人~500人未満	57	89	102	91	56
500人~1000人未満	6	16	22	18	16
1000人~5000人未満	26	25	30	24	22
5000人~1万人未満	4	3	2	3	
1万人~5万人未満	3	1	1	3	2
5万人以上			1		
計	170	359	394	313	232

3　東京地裁における再生手続の運用と利用状況　*31*

H21.12末現在

18年	19年	20年	21年	
14	14	25	33	
17	20	38	31	
21	28	20	49	
24	26	21	24	
22	31	19	16	
15	13	15	36	
25	13	28	18	
16	11	23	9	
15	28	47	20	
24	23	37	19	
17	24	17	22	総計
13	20	31	10	
223	251	321	287	2763
18.6	20.9	26.8	23.9	
598	654	859	661	
37.29%	38.38%	37.37%	43.42%	
41	47	90	61	

H21.12末現在

17年事件	18年事件	19年事件	20年事件	21年事件	計	
11	13	9	15	16	164	5.94%
103	74	109	138	105	1053	38.11%
65	102	112	121	136	1093	39.56%
28	28	19	32	26	356	12.88%
4	2	2	8	2	57	2.06%
2	4		5	2	34	1.23%
			1		4	0.14%
			1		2	0.07%
213	223	251	321	287	2763	

H21.12末現在

17年事件	18年事件	19年事件	20年事件	21年事件	計	
140	133	139	169	159	1585	57.37%
44	59	86	106	99	789	28.56%
13	8	7	19	22	147	5.32%
11	22	10	23	7	200	7.24%
2	1	9	4		28	1.01%
3					13	0.47%
					1	0.04%
213	223	251	321	287	2763	

32 第1章 民事再生手続総論

(第4表)再生債務者の法人・個人別内訳　20.12現在

	法人				個	
	株式会社	有限会社	医療法人	その他	会社役員	事業者
12年	153	6	1	1	7	2
13年	259	15	1	3	75	3
14年	284	18	1	4	79	6
15年	230	12	2	1	48	9
16年	135	18	2	4	57	11
17年	127	21	0	4	47	10
18年	151	12	2	3	45	6
19年	183	13	3	1	43	4
20年	228	19	4	2	64	4
21年	209	5	0	4	57	4
計	1959	139	16	27	522	59
	70.90%	5.03%	0.58%	0.98%	18.89%	2.14%

(第5表)株式会社の資本金額別申立件数(20末現在)

資本金額	12年事件	13年事件	14年事件	15年事件	16年事件
1000万円	27	63	67	40	31
1000万超～5000万円未満	46	96	96	66	41
5000万～1億円未満	31	33	52	53	25
1億～5億円未満	38	41	37	53	21
5億～10億円未満	2	5	10	9	7
10億～100億円未満	5	18	17	6	8
100億～500億円未満	4	2	5	2	2
500億～1000億円未満		1		0	
1000億円以上				1	
計	153	259	284	230	135

(第6表)
平成21年事件の認可事件に対する申立て～認可までの期間一覧
　　　　　　　　　　　　　　　　　　平22.6.22現在

2月以内	1
3月以内	3
4月以内	6
5月以内	74
6月以内	81
7月以内	41
8月以内	16
9月以内	6
10月以内	2
認可件数	230

人		計
給与生活者		
		170
	3	359
	2	394
	11	313
	5	232
	4	213
	4	223
	4	251
		321
	8	287
	41	2763

1.48%

17年事件	18年事件	19年事件	20年事件	21年事件	計	
19	35	2	3	29	316	16.13%
44	46	94	92	67	688	35.12%
30	31	45	52	56	408	20.83%
22	25	31	41	45	354	18.07%
2	7	6	9	5	62	3.16%
9	3	5	23	6	100	5.10%
1	4		8	1	29	1.48%
					1	0.05%
					1	0.05%
127	151	183	228	209	1959	

(第7表)通常再生事件の進行状況

			平成12年	平成13年	平成14年	平成15年	平成16年
申立て			170	359	394	313	232
棄却・却下			3	6	11	10	6
取下げ			7	5	0	5	15
移送等			1	0	3	1	0
開始決定			159	348	380	297	211
	開始率		93.5%	96.9%	96.4%	94.9%	90.9%
廃止(192条)			1	3	0	0	0
廃止(191条1,2号)			15	34	33	20	20
会社更生による中止等			0	15	2	0	0
付議			143	296	345	277	191
	付議率	対 開始件数	89.9%	85.1%	90.8%	93.3%	90.5%
		対 申立件数	84.1%	82.5%	87.6%	88.5%	82.3%
否決廃止(191条3号)			11	38	38	12	10
不認可			0	2	1	1	0
認可			132	256	306	264	181
	認可率	対 付議件数	92.3%	86.5%	88.7%	95.3%	94.8%
		対 申立件数	77.6%	71.3%	77.7%	84.3%	78.0%
認可後の廃止(194条)			18	39	32	19	10
終結(計画遂行)			44	66	119	110	85
終結(監督命令取消し)			2	6	4	3	2
終結(監督期間満了)			68	145	151	132	84
履行監督中			0	0	0	0	0
	終結率※		86.4%	84.8%	89.5%	92.8%	94.5%

※終結率=終結件数÷(認可件数-履行監督中件数)=終結件数÷(認可後の廃止件数+終結件数)

3　東京地裁における再生手続の運用と利用状況　35

22.1.31現在

平成17年	平成18年	平成19年	平成20年	平成21年	合計・通算	うち法人	うち個人
213	223	251	321	287	2763	2137	626
3	4	2	6	7	58	47	11
7	1	2	9	7	58	36	22
0	0	0	0	0	5	5	0
203	218	247	306	273	2642	2047	595
95.3%	97.8%	98.4%	95.3%	95.1%	95.6%	95.8%	95.0%
0	0	0	0	0	4	3	1
21	12	36	36	27	239	194	45
0	1	0	1	0	19	19	
182	205	211	266	192	2308	1765	543
89.7%	94.5%	85.4%	86.9%	70.3%	87.4%	86.3%	91.3%
85.4%	92.3%	84.1%	82.9%	66.9%	83.6%	82.6%	86.7%
10	10	16	21	4	170	73	97
0	1	1	0	0	6	3	3
172	194	194	245	168	2112	1689	423
94.5%	94.6%	91.9%	92.1%	87.5%	91.5%	95.7%	77.9%
80.8%	87.4%	77.3%	76.3%	58.5%	76.5%	79.1%	67.6%
7	10	10	8	1	154	136	18
88	110	72	50	17	761	571	190
3	5	5	0	0	30	28	2
74	45	0	0	0	699	557	142
0	24	107	187	150	468	397	71
95.9%	94.1%	88.5%	86.2%	94.4%	90.6%	89.5%	94.9%

4 民事再生手続と会社更生手続の相違と選択基準

民事再生手続と会社更生手続の相違と両手続選択の基準は何か。

解 説

[Ⅰ] はじめに

　民事再生手続と会社更生手続は，いわゆる再建型手続として，共通するところが多い。しかし，両手続は，適用対象，手続遂行主体，権利変更の対象となる権利などに相違点がある。これらの相違点とそれが両手続の選択にどのように影響するかについて，Ⅱで順次検討する。また，両手続は，同一の債務者につき同時に事件として競合（係属）する例が実務的にも少なくないが，その場合の取扱いについて，Ⅲで検討する。

[Ⅱ] 民事再生手続と会社更生手続の相違と両手続選択の基準[*1]

1　適用対象

　民事再生手続はその適用対象を限定していないが（1条），会社更生手続の適用対象は株式会社に限定されている（会更1条。ただし，「金融機関等の更生手続の特例等に関する法律」参照）。したがって，公益法人，学校法人，医療法人，協同組合等は，会社更生手続を選択することができず，民事再生手続を選択することとなる。

2　手続遂行主体

(1) DIP 型手続たる民事再生手続と管理型手続たる会社更生手続（本来型）

　民事再生手続は，再生債務者（株式会社であれば，取締役などの業務執行機関）が，再生手続が開始された後も，裁判所の後見的な監督のもとで業務遂行と財産管理処分を行うことを原則としている（38条1項・41条1項。ただし，再生債務者が法人である場合には，監督委員（54条1項）が選任される運用となっている。）。もっとも，再生債務者は，これらの権限の行使や，再生手続を追行することに関して，債権者に対し公平誠実義務を負う（38条2項）。これは，再生手続開始によって，債務者の立場が，自己の利益を追求するものから，債権者の利益代表機関として業務遂行と財産管理処分を行うべきものに変容していることに基づくものと理解されている。このような立場の債務者は DIP（Debtor In Possession）と呼ばれ，そのような形態が原則である民事再生手続は，DIP 型手続といわれる。

　これに対して，会社更生手続は，更生手続開始決定と同時に，裁判所により管財人が選任され（会更42条1項），管財人に事業経営権・財産管理処分権が専属することになる（会更72条1項）。その結果，従前の経営陣はこれらの権限を喪失することとなる。このため，会社更生手続は，管理型手続といわれる。

(2) DIP 型会社更生手続

　会社更生手続において，近時，更生会社の従前の経営陣の中から管財人を選任する運用が行われる場合があり，このような形態の会社更生手続は DIP 型会社更生手続と呼ばれる[*2]。

　DIP 型会社更生手続の運用は，客観的には会社更生手続が相応しい事案であるにもかかわらず，手続選択を判断する経営陣が，事業経営権・財産管理処分権を喪失することについて不満があるために，会社更生手続を選択しないおそれがある状況を踏まえ，現経営陣による事業経営を継続させることによって，早期の申立てを促し，もって事業価値の毀損を最小限にして，更生債権者等への弁済の極大化を図ることを目的とするものである（難波孝一ほか「会社更生事件の最近の実情と今後の新たな展開」金法1853号29頁参照）。

(3) 管理型民事再生手続

　民事再生手続は，上記のとおり，DIP型を原則とするものではあるが，裁判所は，法人である再生債務者の財産管理処分が失当であるとき，その他再生債務者の事業再生のために特に必要があると認めるときは，利害関係人の申立て又は職権により，再生手続開始決定と同時に又はその決定後に管理命令を発令して管財人を選任することができる（64条1項・2項）。かかる管理命令が発令されたときは，再生債務者の業務遂行権・財産管理処分権は，管財人に専属することとなるから（66条），従前の経営陣は，それらの権限を喪失することとなる。このような形態のものは，管理型民事再生手続と呼ばれる[*3]。

(4) 両手続の選択

　上記のとおり，民事再生手続と会社更生手続では，原則としてDIP型手続であるか，管理型手続であるか，という点に相違があり，この点は，手続選択にあたって極めて重要な判断要素となる。

(a) 民事再生手続を選択すべき事情

　債務者の事業再生にとって，経営陣による事業経営・財産管理処分が必要であるときは，原則としてDIP型である民事再生手続の申立てを選択すべき方向の事情があるといえる。

　具体的には，経営陣の信用や人脈等により受注が維持されているような，経営陣の個人的能力等に事業が依拠している場合（中小企業ではこのような例が多い。）や，事業の構造が特殊であり，又は複雑・専門的であるため，第三者である管財人による事業維持が困難と思われる場合などである。

(b) 会社更生手続を選択すべき事情

　債務者の事業再生にとって，経営陣の事業経営権・財産管理処分権を失わせ，それらを中立的第三者に与える必要があるときは，管理型手続である会社更生手続を選択すべき方向の事情があるといえる。

　具体的には，経営陣が不正行為を行っていたり，破綻原因について経営陣の明白な責任が存する場合，経営陣内部での経営方針等の対立などがあって，それが事業にとってマイナスとなっている場合や，経営陣がメインバンクや主要取引先などの信頼を失っているため経営陣の留任がこれらの債権者

(c) 管理型民事再生手続と DIP 型会社更生手続の選択

　管理型民事再生手続を選択すべき事情としては，(b)で会社更生手続を選択すべき事情として前述したことが基本的に共通し，DIP 型会社更生手続を選択すべき事情としては，(a)で民事再生手続を選択すべき事情として前述したことが基本的に共通する。
　しかし，以下の点に，留意すべきである。
　① 民事再生手続において，債務者が DIP 型を想定して申立てをした場合であっても，再生手続開始決定の際や，その後に管理命令が発令されることがある。また，会社更生手続において，DIP 型を想定して申立てをした場合であっても，更生手続開始決定の際に中立的第三者が管財人に選任されることがある。
　② DIP 型会社更生手続において，従前の経営者が管財人として，事業経営権・財産管理処分権を保有するとしても，更生計画では，新たな取締役等の選任が定められることから，従前の経営者が更生計画認可後も引き続き取締役等として留任することは基本的には想定されていない。したがって，その場合には，従前の経営者は，会社更生手続が終結して管財人としての地位を喪失すれば，事業経営権・財産管理処分権を喪失する。
　③ 民事再生手続と会社更生手続における旧株主の取扱いは，5で後述のとおりであるが，この点においては，DIP 型会社更生手続も本来型の会社更生手続と基本的に同じ取扱いであり，通常，旧株主の権利をすべて消滅させ，新たに募集株式の発行等をすることで資本（株主）構成の全面的な変更（会社法のもとでは，株主の権利と資本との直接的な関係が遮断されたが，実務ではこのスキームを慣用的に 100％増減資と呼んでいる。本稿でも，このスキームを「100％増減資」と呼ぶこととする。）が行われるから，オーナー経営者が管財人になった場合にも，通常，その保有する株式は消滅することになる。

3　権利変更の対象となる権利その 1 （担保権）
(1) 民事再生手続における取扱い

　民事再生手続においては，担保権は別除権とされ，再生手続外での実行が

可能である（53条1項・2項）。

　しかし，事業の継続に不可欠な財産について担保権が実行されてしまうと民事再生手続の目的である事業の再生を達成できなくなるおそれがある。そこで，民事再生手続においては，担保権の処理について，担保権者と再生債務者との間での合意による解決（この合意は別除権協定と呼ばれる。）を図ることが想定されている。そして，再生債務者の事業継続に欠くことのできない財産上の担保権について，別除権協定を締結できない場合には，再生債務者が担保目的財産の価額に相当する金銭を納付することによって，当該財産上のすべての担保権の消滅を裁判所に請求することができるという，担保権消滅請求制度（148条以下）が設けられている。また，別除権協定の締結や，担保権消滅請求をするための機会（時間的猶予）を与えることを目的として，担保権実行手続の中止命令（以下「中止命令」という。）の制度（31条）も設けられている。

(2) 会社更生手続における取扱い

　会社更生手続においては，担保権は，更生手続開始後はその実行が禁止され（会更2条10項・47条1項・50条1項），その被担保債権のうち担保目的物の価額が更生手続開始時の時価であるとした場合における当該担保権によって担保された範囲のものは，更生担保権として更生手続に参加しなければ弁済を受けられず（会更47条1項・138条2項），更生計画による権利変更の対象となる（会更167条1項）。そして，更生計画の定めにしたがい，更生担保権への弁済がなされれば，担保権自体も消滅することになる。

(3) 両手続の選択

　上記のとおり，担保権については，民事再生手続では基本的に別除権として再生手続外での実行が可能であるのに対し，会社更生手続では更生担保権として更生手続に取り込まれ，その実行が禁止される。したがって，債務者の事業にとって必要不可欠な資産に担保権が設定されている場合には，担保権者との間で別除権協定が成立するか，又は担保権消滅請求制度を利用できる見通しがない限り，会社更生手続を選択すべき方向の事情があるといえる。

　そして，事業にとって必要不可欠な資産に多数の担保権者により複雑に担

保権が設定されている場合などには，容易に別除権協定が締結できないし，また，設定されている担保権が非典型担保権である場合（売掛債権や在庫商品に譲渡担保が設定されている場合など）には，担保権の実行が簡易で，かつその終了時期が早いから，民事再生手続における中止命令制度や担保権消滅請求制度を利用することが事実上困難であることが多い。そのため，これらの場合には，担保権の実行を禁止することができる会社更生手続を選択することが考えられる。他方，事業継続にとって必要不可欠な資産に担保権が設定されていない場合や，このような担保権が設定されている場合であっても，担保権者との間で別除権協定が成立するか，又は担保権消滅請求制度を利用することができる見通しがある場合には，民事再生手続を選択することに支障がないことになる。

4 権利変更の対象となる権利その2（公租公課，労働債権）

(1) 民事再生手続における取扱い

民事再生手続においては，手続開始前の未払公租公課・労働債権は，一般優先債権として随時弁済すべきものとされ（税徴8条，地税14条，民306条など，民再122条），これらに基づき手続開始前に既になされている滞納処分又は強制執行（以下「強制執行等」という。）は，基本的には中止されず，また手続開始後にも新たな強制執行等が禁止されない。

(2) 会社更生手続における取扱い

会社更生手続では，手続開始前の未払公租公課・労働債権は，共益債権となる部分（会更129条・130条）を除き優先的更生債権となり，更生手続開始決定後は弁済や強制執行等が禁止される（会更47条1項，なお滞納処分につき会更50条2項参照）。そして，これらの優先的更生債権についても，更生計画による権利変更の対象となる（会更167条ないし169条）。

(3) 両手続の選択

上記のとおり，多額の未払公租公課・労働債権がある場合において，その分割支払について，債権者との間で合意が成立する見込みが乏しいときには，民事再生手続では基本的に強制執行等を禁止することができないから，債務者の資金繰り上，これらをすべて支払うことができないときには，会社

更生手続を選択すべき方向の事情があるといえる。他方，公租公課や労働債権の債権者との間で，分割支払の合意ができるときや，そのような合意ができなくとも債務者の資金繰り上すべてを支払うことができるときには，民事再生手続を選択する支障とはならないことになる。

5 権利変更の対象となる権利その3（株主の権利）
(1) 民事再生手続における取扱い

民事再生手続では，株主の権利は，権利変更の対象に含まれておらず，実務的にも株主の権利を消滅させることが原則的な運用とはされていない。そのため，再生計画によって債権の免除を受けて債務超過が解消した場合，その結果として，従来の株主が，株式価値の回復という利益を得ることが多い。

しかし，民事再生手続においても，スポンサー型の再生計画を策定する場合には，スポンサーに対し，会社の経営権・支配権を承継させるためには，事業譲渡や会社分割の手法があるが，その他に100％増減資スキームの実行が必要とされることがある。また，スポンサー型でない場合であっても，債権者が再生計画案に同意をする条件として株主責任の明確化（例えば，経営陣が保有していた株式について無償での消却や譲渡をする処置など）を要求する場合がある。

そして，このような100％増減資を会社法の定めによって行うために，株主総会決議が不可欠な場合には旧株主の協力が必要であるが，旧株主をして自らの権利を消滅させることに協力させることは困難であることが予想される。そのため，再生計画において，会社法の特例として，100％増減資の実行を容易にするために，株式会社たる再生債務者（債務超過の場合に限る。）の株式取得と新たな募集株式（譲渡制限株式に限る。）の発行等などを定めることが認められている（154条3項4項・161条・162条・183条・183条の2など）[*4]。

(2) 会社更生手続における取扱い

会社更生手続においては，更生会社の株主の権利も，債権者の権利とともに，権利変更の対象となる権利に含まれており，更生計画の効力によって，旧株式を取得して消滅させるとともに，新たに募集株式の発行等をすること

が可能である（会更167条1項1号・175条など）。そして，更生計画においては，各種権利における実体上の順位にしたがい，優先する権利は劣後する権利よりも優先的な取扱いが求められている（会更168条3項。衡平公正原則）*5から，実体法上優先する債権者の権利の減免を求める以上，それよりも実体法上の地位が劣後に置かれる株主の権利は，すべて消滅させて，100％増減資を行う例が多い。

これにより，スポンサーに更生会社（事業）を取得させることが可能となる。

(3) 両手続の選択

上記のとおり，旧株主の権利を消滅させないことを予定する場合には，会社更生手続ではなく，民事再生手続を選択すべき方向の事情があるといえる。ただし，いずれの手続を選択した場合でも，債務者の希望にかかわらず，債権者の要請などにより，スポンサー型の手続遂行を求められることや，そうでなくとも株主責任の明確化を求められることもあることに留意する必要がある。

株主の権利を消滅させることを予定する場合には，会社更生手続によるほうがその実行は容易であるから，同手続を選択する方向の事情となるものの，民事再生手続によってもその実行は可能であるから，両手続を選択することが可能である。

6　組織再編行為

民事再生手続では，原則として，再生計画において会社の組織的再編行為を定めることは想定されておらず，合併，会社分割，株式交換，株式移転などの組織再編が必要となる場合には，株主総会決議等会社法の定める手続を履行する必要がある（事業譲渡は例外であり，所定の要件のもと裁判所の許可で実行が可能である。42条・43条）。

これに対して，会社更生手続では，更生計画に定めることによって，上記組織再編行為を，株主総会決議などの会社法が定める一定の要件を履行しないで実行することが可能となる（会更167条2項・210条1項など）。

そのため，上記組織再編行為を行う必要がある場合には，更生計画に定め

ることによりその実行が容易である，会社更生手続を選択すべき方向の事情があるといえる。

もっとも，経営陣が支配株式を保有する場合など株主の協力を得られて会社法の定める要件を履行することができる場合には，それによって組織再編行為を実行することができるから，民事再生手続を選択することは排除されない。

7　計画認可までに要する期間，申立てに要する費用

民事再生手続は，東京地方裁判所の標準的スケジュールでは，再生手続開始申立てから手続開始まで1週間，計画認可決定まで約5か月と想定されている。これに対して，会社更生手続は，担保権を手続に取り込むなど，強力・かつ厳格な手続であるから，一般にその進行は，民事再生手続よりも迅速性に欠ける傾向にある。

また，民事再生手続や会社更生手続を申し立てる場合には，予納金の納付が必要である（24条，会更21条）ところ，会社更生手続は管理型手続であるから，保全管理人報酬などの原資が必要であり，それを予納金で賄うため，DIP型手続である民事再生手続よりも，予納金が高額になる。

そのため，迅速な手続や低廉な費用を求める場合には，民事再生手続のほうが有利であり，同手続を選択すべき方向の事情となる。ただし，民事再生手続においても，管理型の場合には，DIP型と比較して予納金が高額となり，会社更生手続でもDIP型の場合には，本来型と比較して予納金は低廉となる。

[Ⅲ]　民事再生手続と会社更生手続が競合した場合の取扱い

1　法的優劣

法的倒産手続のうち，民事再生手続・会社更生手続という再建型倒産手続は，破産手続・特別清算手続という清算型倒産手続に優先する。そして，民事再生手続と会社更生手続のなかでは，会社更生手続が優先する。これは，会社更生手続が，担保権を手続に取り込むなど，より強力かつ厳格な法的手

続であることや，特別手続は一般手続に優先するという原則による。

2 両手続競合の場合の法的規律

民事再生手続と会社更生手続との申立てが競合した場合については，上記の法的優劣関係にしたがって，原則として会社更生手続を優先することが定められている。すなわち，債務者について民事再生手続が開始されている場合であっても，更生手続開始申立てをすることを妨げられないが，逆に会社更生手続が開始された場合には，新たに再生手続開始申立てをすることはできず，既に開始されている民事再生手続は当然に中止し（会更50条1項），中止した民事再生手続は，更生計画認可決定により失効する（会更208条）。そして，既に民事再生手続が開始している債務者について更生手続開始申立てがあった場合，裁判所は，必要があると認めるときは，民事再生手続の中止を命ずることができ（会更24条1項1号），民事再生手続によることが債権者の一般の利益に適合する場合（なお，3参照）など更生手続開始申立棄却事由がある場合を除き，更生手続開始決定をすることとなる（会更41条1項2号）。

3 両手続が競合する場合の実務的取扱い

上記のとおり，会社更生手続が民事再生手続に優先するとされているが，他方で，民事再生手続には迅速性，低廉性など，会社更生手続に比べて特長といえる側面があるため，競合する事件のすべてが会社更生手続によることが望ましいとは限らない。

そこで，更生手続開始申立棄却事由である「再生手続が係属し，その手続によることが債権者の一般の利益に適合するとき」（会更41条1項2号）の判断において，企業の規模・形態・業種・財産状態や，先行する手続の進捗状況等から，会社更生手続を開始するよりも，民事再生手続による方が債権者に有利になるか，という点が検討されることになる。

実務的には，両手続が競合するのは，債務者がDIP型である民事再生手続開始の申立てを行った後，債権者が債務者を信頼せず，引き続き事業経営権・財産管理処分権を保有することを避けるために，債権者が管理型手続である会社更生手続開始の申立てを行う場合が多い[*6]。この場合，現経営陣と

債権者間に深刻な利害対立がある場合が通常であるから，民事再生手続が進行している場合には，民事再生手続によっては事業再建が図れない理由等について，更生裁判所が調査命令を発して情報を収集するなどして慎重に検討することとなると思われる（東京弁護士会編『入門新会社更生法』27頁以下〔永野厚郎〕（ぎょうせい，2003），西岡清一郎「東京地裁における新たな会社更生実務」判タ1132号23頁）。

【小林　信明】

* 1　「適用対象」は，法律上の要件であるから，会社更生手続を利用できる債務者は法的に限定される。その他の手続選択要素は法的要件ではないが，そのなかでは，「手続遂行主体」と「権利変更の対象となる権利（とりわけ担保権）」が重要である。
* 2　もっとも，管財人となった者は，会社法上の業務執行権限に基づいて事業経営や財産管理処分を行うわけではなく（したがって，取締役会や株主総会による監督などの会社法上の規制を受けない。），会社更生法に定める管財人の権限に基づいて，これらの権限を行使するので，正確には，DIPとは異なる。
* 3　管理命令の発令に関しては，大阪地方裁判所が比較的に積極的であり，他方で東京地方裁判所はその発令に消極的であった（西謙二＝中山孝雄編　東京地裁破産再生実務研究会著『破産・民事再生の実務［新版］（下）』183頁〔中山孝雄〕（きんざい，2008））。しかし，東京地方裁判所においても，近時は，適切な事案においては，管理命令を積極的に発令するとしており，その適切な運用が期待されるところである。なお，東京地方裁判所における管理命令発令事案としては，平成23年2月末現在で，再生債務者が予定していた事業譲渡の相当性に疑義があった例，認可された再生計画の遂行中に再生債務者の財産管理処分が失当であった例，再生債務者の大口債権者である日本振興銀行が管理命令の発令を求めた例など4件があると報告されている。
* 4　新たに募集株式の発行等をすることに関する条項を定める再生計画案は，再生債務者が提出する場合に限り許されている（166条の2第1項）。そのため，管理型民事再生手続の場合には，管財人が当該条項を内容とする再生計画案を作成できないことになるから，100％増減資の実行が困難となるおそれがある。
* 5　会社更生法上の衡平公正原則においては，優先性の意味について，上順位権利者が完全な満足を得ない限り，下順位権利者は利益を受けられないとする絶対的優先説と，上順位権利者の権利変更の程度が下順位権利者よりも少ないことを要し，かつそれで足りるとする相対的優先説がある。通説・実務は，相対的優先説によって

いる（宮脇幸彦ほか編『注解会社更生法』823頁以下〔髙木新二郎〕（青林書院，1986）参照）。

*6　特に東京地方裁判所においては，管理型民事再生手続について消極的な運用であったため，債務者が民事再生手続開始の申立てをした後に，債権者がDIP型手続に反対して，管理型手続である会社更生手続を申し立てる事例が多くみられた。しかし，今後，東京地方裁判所においても，管理型民事再生手続について積極的な運用がなされれば，債権者としては，管理型民事再生手続（管理命令の発令）を求めることが多くなるように思われる。

5 私的整理手続との相違と選択基準

私的整理手続と民事再生手続の相違と選択基準を述べよ。

解 説

[I] はじめに

　未だ傷の浅い優良な再生案件ほど私的整理で再生されることが多い。商取引上の債務を支払う資金は十分にあるが，弁済期の迫った金融債務までは支払えない。このような企業は，「倒産」のレッテルが付く再生や更生ではなく，私的整理を模索する。メインバンクも，これまで親密に銀行取引をしてきた企業を法的倒産手続に追い込むのではなく，まず私的整理で再建できないか試みようとする。このような事情から，私的整理を利用できるか否かの検討は，再生を目指す企業や主要行にとって不可欠なものと言える。本稿では，まず私的整理手続の概要を説明し，次に私的整理手続と再生手続との相違点を紹介し，最後にこれらの手続の選択基準を検討する。

[II] 私的整理手続の概要

1 私的整理ガイドラインの公表と金融支援型の私的整理
(1) 平成13年以降の私的整理の担い手

　ここ10年間における私的整理手続の発達は著しい。「私的整理に関するガイドライン」(以下「私的整理ガイドライン」という。)が平成13年9月に策定・公表されると，この準則に則って大型の再生案件が処理されるようになった。中小企業の再生については，全国の都道府県に中小企業再生支援協議会が設置され，多くの再生案件が処理されるようになったが，協議会における

私的整理の手続も私的整理ガイドラインに準じて定められた。住専処理等のために設けられたRCCも，住専処理後は広く再生案件を処理するようになったが，その手続は私的整理ガイドラインに準じたものである。金融機関の不良債権処理が喫緊の課題となった平成15年には株式会社産業再生機構法が制定され，5年間の時限立法の期間に約40件の再生案件が処理された。産業再生機構における手続も私的整理ガイドラインを下敷きにしている。メインバンク制の衰退傾向にともなって，メイン行主導の私的整理ガイドラインを修正する形で，平成19年に特定認証紛争解決事業者による私的整理手続（事業再生ADR）が立法化され，利用されるようになった。平成21年には株式会社企業再生支援機構法が制定され，かつての産業再生機構と同様のスキームで再生案件処理の一翼が担われている。

(2) 共通する特色——金融支援による再生

これらの私的整理に共通する特色は，商取引債権者を巻き込まずに，金融債権だけの減免や支払猶予によって再生を支援しようという点にある。債務者企業の事業価値が毀損することを避けるために，商取引債務は約定通りに支払い，事業活動が円滑に行われるように図るのが通例である。したがって，債権回収行為の一時停止を求められるのも，債権者会議に出席して協議に参加するのも，金融債権者だけとなる。例外的に商取引債権者が私的整理の対象債権者に加えられることもあるが，それは数十億円にもなる総合商社の売掛債権や，原材料等の殆どを納入している仕入先業者の債権で既に長期延べ払いを許容しているものなど，金融債権に準ずるものに限られている。

以下，金融支援型の私的整理の担い手ごとに，手続の概要を4つに大別して説明する。

2 私的整理ガイドラインと事業再生ADR

(1) 私的整理ガイドライン

平成13年9月に私的整理に関するガイドライン研究会（髙木新二郎座長）によって策定され，公表された。全国銀行協会から全国信用組合中央協会に至る金融界の全国組織がこぞって参加し，日本経済団体連合会もメンバーとなり，国土交通省，金融庁，経済産業省，日本銀行などの関係監督官庁がオブ

ザーバーとして参加して策定された。金融界の紳士協定として金融機関によって遵守される仕組みになっている。

　私的整理ガイドラインは，手続の開始を主要債権者すなわちメインバンクの判断に委ね，主要債権者と債務者企業とが連名で「一時停止の通知」を発することから手続が進行するものとされている。債務者企業と最も関係が深く，再生の可能性を判断することができるメインバンクに手続開始の当否の判断を委ねているのである。過剰債務を主因として経営困難ではあるが，事業に将来性・収益性のある債務者企業が主要債権者（メインバンク）に私的整理ガイドラインによる私的整理を申し出ることから，手続が始まる。

　手続の流れは次ページの図（事業再生ADRの手続の流れ）とほぼ同一であるが，①「一時停止の通知」が，事業再生実務家協会と債務者企業との連名ではなく，主要債権者と債務者企業との連名で発せられること，②「手続実施者」に相当する役割を担う者が「専門家アドバイザー」と呼ばれること，③後述の産活法や省令による手続ではなく，紳士協定の性格をもつ私的整理ガイドラインに基づく手続であること等に違いがある（田中亀雄＝土屋章＝多比羅誠＝須藤英章＝宮川勝之編『私的整理ガイドラインの実務』4頁以下（金融財政事情研究会，2007））。

　私的整理ガイドラインは単に手続についての準則を定めるだけでなく，決議の対象とされる再建計画の内容についてもルールを定めている。3年以内の債務超過解消や3年以内の経常利益の黒字化などがそれである。これらのルールは事業再生ADRでも引き継がれている（後述の省令13条・14条）。

(2) 事業再生ADR

　平成19年5月の産業活力再生特別措置法（現在の名称は「産業活力の再生及び産業活動の革新に関する特別措置法」，以下「産活法」という。）の改正によって生まれた。私的整理ガイドラインでは主要債権者（メインバンク）の役割が大きいために，一般行がメインバンクに金融支援負担のしわ寄せを求める「メイン寄せ」といわれる現象が起こりがちであった。事業再生ADRでは，この弊害を是正し，手続の利用を促進するため，法務大臣の認証と経産大臣の認定を受けた特定認証紛争解決事業者（現在のところ事業再生実務家協会のみ）と，利害関係の無い弁護士・公認会計士などの専門家が手続実施者として手続の

事業再生ADRの手続の流れ

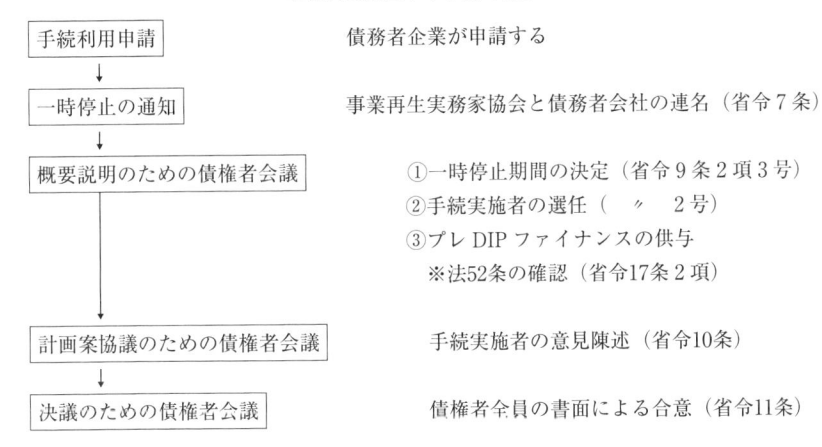

手続利用申請	債務者企業が申請する
↓	
一時停止の通知	事業再生実務家協会と債務者会社の連名（省令7条）
↓	
概要説明のための債権者会議	①一時停止期間の決定（省令9条2項3号） ②手続実施者の選任（〃 2号） ③プレDIPファイナンスの供与 ※法52条の確認（省令17条2項）
↓	
計画案協議のための債権者会議	手続実施者の意見陳述（省令10条）
↓	
決議のための債権者会議	債権者全員の書面による合意（省令11条）

進行を担うことになっている。平成21年からの約1年半の利用件数は24件であり，コスモス・イニシア，アイフルなどの大型案件が処理されている。

事業再生ADRの手続の流れは，上図のとおりである（「裁判外事業再生」実務研究会編『裁判外事業再生の実務』121頁以下（商事法務，2009））。なお，かっこ内の「省令」は，「事業再生に係る認証紛争解決事業者の認定等に関する省令」を指している。

以下に紹介する3～5の手続も，上図とほぼ同様の会議を経て，対象債権者全員の同意による成立をめざして進められる。

3 中小企業再生支援協議会

産活法41条に基づいて中小企業再生支援業務を行う者として認定を受けた商工会議所等の認定支援機関に設置された組織である（加藤寛史「中小企業再生支援協議会における案件処理の現状と課題」「裁判外事業再生」実務研究会編『裁判外事業再生の実務』54頁（商事法務，2009））。平成15年2月から全国47都道府県に順次設置され，現在は47協議会が活動している。「二次対応」と呼ばれる再生計画策定支援の実施件数は平成21年12月末までで，2,400社余りに達している。支援手続は，中小企業の特殊性を考慮しながら，私的整理ガイドラインに準じる形で整備されてきている。私的整理ガイドラインや事業再生

ADRが，一時停止の通知からおおむね3か月で終了することを目安にしているのに対し，支援協議会の手続は半年程度で終了することを目安にしている。再生計画策定支援は，債務者からの窓口相談段階で協議会が把握した債務者の状況を基に，主要債権者の意向を確認したうえで開始される。

4　RCCの調整手続

　RCCが企業再生に関与する場合は二つに大別される。RCC自らが債権者として債務者企業の再生に取り組む場合（「RCC企業再生スキームⅠ」と呼ばれる。）と，RCCが債権者からの依頼によって債務者企業の再生のための債権者調整を行う場合（「RCC企業再生スキームⅡ」と呼ばれる。）の二つである。後者は，主要債権者の1人である金融機関からRCCに対し金融債権者間の合意形成のために再生計画の検証，金融債権者間の調整等の委託がなされることが発端となる（委託者は債務者企業ではなく，主要債権者である。）。RCCの企業再生部が企業再生に着手するのが妥当であると判断すると，企業再生検討委員会に企業再生計画作成着手の可否について判定を求め，着手が可と判定されると，委託者である主要債権者を通じて債務者企業にその旨が伝達され，企業再生計画の原案の作成が始められる。一時停止は，RCCが開催した第1回債権者集会において要請され，合意される。RCCは金融再生法53条に基づいて金融機関から債権を買い取ることもできるが，対象債権者が希望する場合は，入札等による債権売却を可能とするため，投資家を募集して，RCCに金銭信託以外の金銭の信託（「RCC金外信託」と呼ばれる。）を設定することもできる。

5　産業再生機構と企業再生支援機構
(1)　産業再生機構

　金融機関の不良債権処理が緊急の課題となっていた平成15年4月に制定された株式会社産業再生機構法に基づいて設立された。有用な経営資源を有しながら過剰債務を負っている事業者に対し，金融機関等が有する債権の買取り等を通じてその事業の再生を支援することを目的としている。単に金融支援の調整をするだけでなく，債権の買取り，融資，出資という強力な権能も

有していた。5年間の時限立法で、買取決定の日から3年以内に債権や持分の全てを処分すべき努力義務が課せられていたから、債権の買取りは平成17年3月までしか行えなかった。しかし、この間に、ダイエー、大京、ミサワホームHD、カネボウなどの大型案件を含む41件の支援がされた。

(2) 企業再生支援機構

平成21年6月に制定された株式会社企業再生支援機構法（以下「機構法」という。）に基づいて設立された。「地域経済の再建を図り」「有用な経営資源を有しながら過大な債務を負っている中堅事業者、中小企業者その他の事業者に対し」「金融機関等が有する債権の買取りその他の業務を通じてその事業の再生を支援すること」が目的とされている。産業再生機構と同様に、出資機能、融資機能、債権買取機能を備えている。最近、日本航空やウィルコムの支援を会社更生手続で行ったことが報じられているが、本来の目的は中堅、中小の企業の再生支援を通じて地域経済の再建を図ることにある。

［Ⅲ］ 再生手続との相違点

1 対象債権者を限定できる

(1) 金融債権者を対象債権者に

再生手続においては、再生手続開始前の原因に基づいて生じた財産上の請求権は再生債権とされ（84条）、その債権者に再生手続への参加が要請される。商取引債権者も例外ではない。これに対して、私的整理ガイドライン以降の金融支援型の私的整理では、対象債権者を金融債権者に限定するのが通例である。このように手続の対象となる債権者を選択し限定できるのが私的整理の特色である。しかし、選択・限定できるとしても、対象外とされた債権者が100％弁済を受けるのに対して、対象とされた債権者は減免や支払猶予を求められることになるから、その選択・限定は対象債権者とされた者の納得のいくものでなければならない。納得が得られない場合は、手続への協力は得られず、債務者企業から上程された事業再生計画案への同意を得ることは不可能である。

(2) 例外的な取扱い

　私的整理ガイドラインが金融界のプレイヤーたちの合意によって成立したことから，銀行，信用金庫，信用組合等の金融機関を対象債権者とすることには殆ど異論が出ない。しかし，数百万円にとどまるような比較的少額の債権しか持たない金融機関については，これを対象債権者から除外することも稀にはある。反対に，商品，原材料等の仕入先の有する売掛債権であっても，総合商社の帳合いを通して仕入れがなされ，その金額が数億，数十億円にも達する，いわゆる商社金融に分類されるものや，原材料等を一手に納入している仕入先の債権について，通常の締め払いのルールを変更して，長期延べ払いによる金融の便が供与されている場合などには，例外的に対象債権とされることもある。

　私的整理ガイドラインの案件で，金融機関の債権総額が約60億円，最も少ない金融機関の債権額が約5千万円の事案で，原材料等を一手に納入していた商社の売掛金債権約15億円を対象債権に加えた例がある。また，事業再生ADRの案件でも，借入金債務の合計が約1,000億円の事案で，最も大口の仕入先の売掛金債権約150億円の一部（繰延べを許容していた100億円余）を対象債権に加えた例もある。前者の例では，当該商社自身が対象債権者となって積極的に金融支援に加わることを了解していたが，後者の例では，仕入先債権者の納得が完全に得られる前に一時停止の通知を発して対象としたため，手続の進行中も当該債権者から，当社は金融機関とは立場が異なる旨の表明が折りにふれてなされた。

2　対象債権者全員の同意が必要
(1)　透明性の高い手続

　裁判外の私的整理である以上，多数決原理は適用されない。債権額の多寡に関わりなく，対象債権者の1人でも反対すれば事業再生計画案は可決されず，私的整理は不調に終わる。少数の反対者がいても多数決で押し切ることができる再生手続や更生手続に比べて，私的整理には格段の難しさがある。したがって，債務者企業やその代理人，アドバイザーは，対象債権者全員の同意を得るために，懇切丁寧に説明し，要求のある資料は殆ど全て提供する

ようにしている。このため，私的整理は対象債権者にとっては豊富な情報が提供される透明性の高い手続であり，提供される情報量は再生や更生手続の比ではない。

(2) 反対債権者がいる場合

私的整理ガイドラインでは，ほとんど全ての債権者が同意したにもかかわらず，ごく一部の債権者の同意が得られない場合には，その債権者を対象債権者から除外しても再建計画上大きな影響が出ない場合は，同意しない債権者を除外して再建計画を成立させることも可能である（「私的整理に関するガイドライン」Q&AのQ44）。現に，私的整理ガイドラインの事案では，不動産の売買代金の延べ払いを許容し貸金債権にしていた債権者を，いったんは対象債権者としたが，その後この債権者を手続の対象債権者から除外した例がある。この事例では，当該債権が金融機関の債権とは違った由来をもっていたことと，当該債権者についても手続外で金融機関債権者と同様の減免を求めて交渉していくことを債務者企業が約束したことによって，他の対象債権者全員の同意を得ることができた。

しかし，このように除外することについて他の対象債権者の了解が得られることは極めて例外的である。そこで，事業再生ADRでは，債権者会議において債権者全員の同意が得られないために事業再生計画案が決議されるに至らなかった場合には，債権者全員の同意により続行期日を定めることができるものとしている（省令11条）。再度，説得・説明の機会を与え，全員の同意を得る機会を設けようとするものである。

(3) 私的整理不成立の場合の受け皿

一部の強硬な反対者がいて対象債権者全員の同意までは得られない場合は，多数決で計画案を可決することができる再生手続又は更生手続の申立てをすることになる。他方，産活法では，事業再生ADRが不成立の場合に特定調停を利用することを想定して，調停機関に関する特例を設けている（49条）。すなわち，既に私的整理において十分な協議がなされ時間が経過していることから，特定調停では調停委員の日程調整等のために短期間での処理が困難になることがないよう，裁判官だけで調停を行う（民調5条1項ただし書）方法をとりやすくしたものである。しかし，受け皿として実際に特定調

停が利用された事例の報告はなく，事業再生 ADR での私的整理成立を断念して，DIP 型の更生手続の申立がされた事例が知られている（この事案では，企業再生支援機構の支援決定も受けている。）。

金融支援型の私的整理は DIP 型で進められているから，同じく DIP 型の再生手続が受け皿としては親和性があるはずである。特に，大多数の債権者の同意が得られている事案では，簡易再生の活用がされて良いように思われる。

私的整理の受け皿として再生手続や更生手続が利用された場合に，私的整理の中で供与された運転資金の融資（プレ DIP ファイナンス）の取扱いが問題となる。この点について，産活法（53条・54条）や株式会社企業再生支援機構法（36条・37条）では，これらの融資が債務者企業の事業継続に不可欠であったこと，返済について私的整理の対象債権者全員が優先的な取扱いを承認していたことを考慮して，再生計画案や更生計画案において優先的な取扱いがされても「差を設けても衡平を害しない場合」（155条1項など）に該当するとの判断がされ易いような規定（衡平考慮規定）がおかれている。

3 否認権の行使はできない
(1) 危機時期における保全強化や偏頗弁済

金融支援型の私的整理手続は，再生や更生のような法的手続に比べて早い時期に，すなわち事業の劣化が進行していない段階で始められることが多いから，否認権の行使が必要になる事態はそれほど多くはない。しかし，私的整理といえども，債務者企業が危機に陥ったからこそ利用されるものであるから，金融債権者の求めによって直前に保全強化（担保の取得）や偏頗弁済がなされることも皆無ではない。しかし，私的整理においては否認権行使のような制度はなく，偏頗行為を是正する手段がない。したがって，否認権行使が不可欠な事案では，私的整理ではなく，再生手続か更生手続が選択されることが望ましい。

(2) 考えられる是正方法

筆者が監督委員をつとめた再生事件で，金融機関の相殺権行使をめぐる債権者間の不満を監督委員の裁定によって解決した事案がある。銀行，信託銀

行，生命保険会社，損害保険会社などの金融債権者が30社近くになる大型事案であったが，再生債権と預金との相殺を行った債権者とそうでない債権者があったため，別除権協定が成立しにくい状態が生じていた。不平等の是正を監督委員の裁定案によって解決したいという申立代理人の申出があったため，申立代理人作成の原案を監督委員側で十分検討のうえ，これを裁定案として示し，関係債権者全員の同意を得て，別除権協定を成立させることができた。

これと同様の手法は，私的整理においても活用できそうである。例えば事業再生ADRにおいて偏頗行為が問題になった場合に，手続実施者がこれを検討した上で，事業再生計画案における権利変更に一部差等を設ける形で是正策を講じるものである。「過度の負担を手続実施者に要求するものだ」との批判を浴びそうであるが，検討に値するように思われる。

[Ⅳ] 手続の選択基準

1 私的整理か再生手続か
(1) 商取引債権の約定弁済ができる資金があること

金融支援型の私的整理においては，商取引上の債務は約定通りに弁済して行くことになるから，弁済のための資金繰りが成り立っていなければならない。私的整理手続の開始後にいわゆるプレDIPファイナンスによって運転資金の融資を受けることもできるが，メインバンク等が協力をしてくれることの内諾くらいは得ておく必要がある。商取引債務の弁済もできないようなら，つまり，商取引債権者にも減免や弁済猶予の負担をして貰う必要のある企業は私的整理の利用は無理である。

(2) 経営者が金融機関に不信を抱かれていないこと

私的整理手続はDIP型で進められる。したがって，対象債権者が債務者企業の経営（財産の管理・処分）に不安を抱いていないことが不可欠となる。過大な金融債務の弁済は困難ではあるものの，経営管理は手堅く行われていることが必要である。管理処分が失当な場合は，管理型の再生手続（64条）かDIP型でない会社更生手続によるべきである。

(3) 再生手続や更生手続では事業価値の毀損の虞が強いこと

「再生や更生などの法的手続では事業価値が毀損されるという俗説は思い込みに過ぎず，何ら証明されていない」という見解もある。主として更生事件の管財人経験者に多い見解である。確かに，同一企業について私的整理と法的整理手続を同時に試すことはできないから，事業毀損の証明は不可能であろう。しかし，取引先が再生手続や更生手続に入れば，商品等を納入していた仕入先は回収の不安から取引を手控えることになるし，部品等を発注していた得意先（メーカー等）も品質の維持や今後の安定供給に不安を抱いて取引を見合わせようとする。少額債権の弁済許可（85条5項，会更47条5項）を活用した商取引債権の保護策はあるものの，弁済が裁判所の許可に懸かっている以上，予測困難であるとして取引の継続を再検討せざるを得ない。このような事情から，金融機関の実務担当者は，法的倒産処理手続では事業価値が毀損されるという感覚を殆ど例外なく持っている。法的手続による影響の度合いは債務者企業の業種によっても異なるから，具体的な事案ごとに，仕入先や得意先の動向を慎重に吟味して，選択する必要がある。

(4) 多額の公募社債を発行していないこと

債務者企業が金融機関に対して相対の形で発行する私募債は，貸金債権と同様に私的整理の対象債権にしている。これに対して一般に公募して発行する社債については，金融機関が保有しているとは限らないため，対象債権にはしないのが通例である。しかし，実態債務超過が著しく，弁済原資が乏しい場合には，公募社債を満額償還することが困難な場合が出てくる。私的整理と並行して公募社債についても金融機関債権者と同様の減免を求めた例が無いではないが，そもそも会社法716条の社債権者集会の決議事項になりうるのかについても疑問があり，難航が予想される（事業再生研究機構編『民事再生の実務と理論』285頁以下（商事法務，2010））。したがって，多額の公募社債を発行している場合には，再生又は更生手続が適していると言える。

2 各種の私的整理の選択

(1) 上場企業の場合

株式を上場又は店頭で公開している企業には適時開示が要求されているか

ら，透明性のある形で処理することが必要となる。他方で，私的整理であっても，そのような手続に入ったとのアナウンスは信用不安を惹起するから，信用の毀損を避けるためにスピーディな処理が要求される。このため，上場企業には，短期間で手続が完了する私的整理ガイドラインか事業再生 ADR が適切である。しかし，これらの手続は，十分な財務デューディリや事業デューディリ等がなされ，きちんとした事業再生計画案が策定済みであることを前提として開始されるから，事前に然るべき専門家に依頼してこのような準備をしたうえで申請しなければならない。

スポンサーが直ぐには見つからない場合などには企業再生支援機構の利用が適切であるが，同機構は独自のデューディリを入念に行った上でないと支援決定が出せないから，回収等停止要請（機構法27条）が必要な時点よりも 2 か月前後のゆとりを持って申請する必要がある。

(2) 中小企業の場合

文字通り中小企業再生支援協議会の利用が適切である。同協議会は事業再生計画の策定支援を業務としているから，必ずしも万全の事前準備ができていなくても受理される。外部専門家の委嘱が必要な場合の費用の補助も期待できる。上場企業と違って，処理のスピードは必ずしも求められないから，処理期間が比較的緩やかな協議会の手続が適している。

中堅事業者，中小企業者の再生支援を目的として設立された企業再生支援機構の利用も可能である。しかし，機構は支援決定から 3 年以内に債権や出資持分の全てを処分して再生支援を完了する努力義務を負っているから（機構法33条），将来再生した企業の出資持分を買い取ってくれるスポンサーが見込めないような事業については出資を含む支援の決定を得ることは困難である。

(3) 第三セクターの場合

機構法制定の機縁となった地域力再生機構に関する法案では，地方公共団体が金融機関との間で損失補償契約を結んでいる第三セクターの債務を調整・処理することが主目的とされていた。しかし，機構法では，三セクは支援の対象外とされた（機構法25条）ので，地域力再生機構に三セク案件を持ち込むことは不可能である。これに代わって受け皿となっているのが事業再生

ADRであり，既に2件の三セク案件が進行している。

[V] 付言　金融支援型以外の私的整理

　筆者は，かつて民事再生法が制定される前に，学校法人の再生（事業譲渡型）を私的整理の形で行ったことがある。3000名近くの生徒が学ぶ専門学校をスポンサーが新設する学校法人に承継して貰って生徒が路頭に迷うことを回避したうえで，学校法人所有の不動産を順次売却して代金を担保権者への弁済に充て，商取引債権者を含む一般債権者にも僅かながら弁済をして残債務の免除を受け，旧学校法人を解散・清算結了までもっていった。担保権者への説得，東京都の学事課との折衝，そして一般債権者の債権者会議での同意獲得に大変な苦労をした記憶がある。しかし，民事再生法が制定された今日では，再生手続の利用によって，遙かにスムーズに目的を達成することができるものと思われる。このように，倒産法制の大改正によって使い勝手の良い手続が出現しているから，（金融支援型以外の）私的整理の必要性は随分低下している。

　現在でも，金融支援型でない私的整理，すなわち私的整理ガイドラインなどの準則に基づかない純然たる私的整理も，世の中では行われている。裁判所の手を煩わせるまでもない，という趣旨で行われる私的整理もあろうが，中には会社分割や事業譲渡を濫用して，恣意的に選択した債権（債務者企業から見れば債務）だけを受け皿会社に事業用資産と共に移転し，それ以外の債権（債務者企業から見れば債務）ともぬけの殻となった会社を放置する事例も見られる。このような裁判外の濫用的私的整理の事案は，詐害行為の取消し，否認権の行使，法人格否認の法理の適用等によって裁判上是正されているようである（東京地判平成22年5月27日金法1902号144頁など）。I～IVで詳述したように，健全な私的整理だけを選択の対象とすべきことはいうまでもない。

【須藤　英章】

6 民事再生手続と国際倒産

　日本法により設立された株式会社であるA不動産株式会社は、主に大企業や金融機関から出資・融資を受けて、国内外の不動産開発を中心に事業を展開してきた。A社は、2007年には、アメリカの大規模案件が相次いだことも寄与して、同社としては最高の売上高を計上し、その内訳は、国内3割、海外7割（アメリカが全体の6割）という状況であった。しかし、2008年夏頃から、国内での大規模開発の失敗とアメリカの不動産不況などがきっかけとなって、資金繰りが一気に切迫するに至った。A社は、アメリカ事業の縮小等で対応したが、2010年1月10日、ついに弁済期が到来した多額の債務の弁済資金調達の手段が絶たれたために、東京地裁に民事再生手続を申し立て、同月15日に民事再生手続開始決定を受けた。なお、A社の2009年下半期（12月まで）の売上高は、2007年に比べて3分の1程度に減っていたが、その内訳は、国内事業4割、アメリカ事業5割、他の海外事業1割であった。また、アメリカ事業については、2009年末からの信用不安のために、金融機関や取引先等からアメリカの裁判所にいくつかの強制執行の申立がなされている状況である（以下の各問題の設例は、それぞれ独立のものである。）。

　問題1　日本における取引に基づきA社に対して5000万円の債権を有するB社（日本法人）は、アメリカ支社を通じて、A社がシアトルに所有する不動産に強制執行を申し立てていたが、執行の結果、2010年2月1日に1000万円の配当を受けた。この事実は、日本の再生手続でどのように取り扱われるか。また、B社以外の再生債権者については、再生計画により10％を5年間にわたって弁済するとされたとすると、再生手続におけるB社の地位は、どのようになるか。

　問題2　A社は、国内事業を中心に事業再建を考えており、すでにスポンサー候補者も確保してある。他方、アメリカ事業は、清算するしかないと判断し、2010年1月20日、シアトルの連邦倒産裁判所にいわゆる7章清算手続を申し立てた。その後、7章清算手続で選任された管財人は、2010年3月30日、東

京地裁に，アメリカの7章清算手続の承認を求める申立て（承認援助17条1項参照）をした。裁判所は，この申立てに対してどのように対応すべきか。

問題3 A社は，2010年1月20日，シアトルの連邦倒産裁判所に，いわゆる7章清算手続を申し立てた。アメリカの清算手続管財人は，アメリカの財産・事業は，日本の再生手続とは基本的に区別して，清算する方針である。この場合，民事再生手続の再生債務者等（再生債務者又は管財人が選任されている場合の管財人）及び裁判所は，日米各倒産処理手続における債権の届出等について，どのように対処すべきか。また，A社の日米以外の国における事業及び財産の管理方法が問題となった場合，再生債務者等は，民事再生法上どのように対処すべきか。

解 説

[I] はじめに

　我が国の倒産法が，厳格な属地主義を捨てて，普及主義を段階的に取り入れ始めてから（2000年施行の民事再生法を嚆矢とする。）10年ほど経過した。現在の我が国の国際倒産法制は，本設問で主として取り上げる倒産処理手続の国際的（対外的又は対内的）効力のほか，倒産手続における外国人の地位（内外人平等主義）（3条，破3条，会更3条）や国際倒産管轄（4条，破4条，会更4条）に関する規定などについて立法的整備が行われてきた。その基本的な態度は，普及主義（倒産手続の対内的・対外的効力を認めるほか，各国に散らばる債権者間の平等を図るなど）を基調としつつ，内国公序や内国債権者の保護のための配慮（外国倒産処理手続の承認要件や，破産・再生管轄につき財産所在地の国際管轄を認めたことなど）を取り込むというものである。

　これらの立法的見直しの後，判例や官報に現れた国際倒産事件の件数はそれほど多くはないが（例えば，官報によれば，2010年12月20日現在で，外国倒産処理手続の承認決定の件数は6件である。），国際的要素を有する倒産事件は一般的になっており，整備された国際倒産法制が背後に控えていることで，事件処理

がスムーズになっていることは疑いないことであろう。我が国の国際倒産法制が、基本的には、UNCITRAL（国連国際商取引法委員会）モデル法（Model Law on Cross-Border Insolvency（1997））（以下、「UNCITRAL モデル法」という。）を参考にして整備されたことは、よく知られているが、我が国の立法後も諸国（例えばアメリカ、オーストラリア、韓国）によってこのモデル法に基づく立法が実現している。各地域内での条約等（EU 域内の「国際倒産に関する規則（Council Regulation on Insolvency Proceedings, 2000）」など）による規律と合わせて、国境を越える国際倒産事件について、協力的、調和的な事件処理の仕組みが着々と整えられつつあるといってよいであろう。

以下、各問題につき、一般的な解説を交えながら、検討していこう。

[Ⅱ] 問題1――我が国の民事再生手続の対外的効力

1 民事再生手続の対外的効力に関する規定
(1) 対外的効力の承認

法38条1項は、そのかっこ書において、再生債務者の管理処分権の対象となる財産は日本にあるかどうかを問わないと定める（この点は、管財人の権限（66条）や保全管理人（81条1項）についても同様である。）。これらの規定によって認められた再生手続の対外的効力は、再生債務者等の権限が及ぶ財産の範囲に限定されるのではなく、強制執行停止の効力を含む内国再生手続の完全な効力の拡張の趣旨を包含していると解される。ただ、実質的に対外財産に対して内国再生手続の効力を及ぼすためには、相手国（財産所在地国）の国内法により我が国の再生手続の効力が認められなければならない。ちなみに、UNCITRAL モデル法5条も、内国手続の管財人の権限の範囲という観点から対外的効力を定めているが、ただその外国での権限は、「適用される外国法が許容するところにしたがい（as permitted by the applicable foreign law）」与えられるものとしており、上に述べた国内法による対外効の制約がより明確になっている。

(2) 弁済調整に関する規定

法89条は、再生債権者が再生手続開始後に再生債務者の外国財産に対する

権利行使によって弁済を受けた場合の手続参加について規定をおく。この規定は，内国民事再生手続開始後の権利行使による満足を前提とする定めであるから，手続開始の対外的効力に関する規律の一部であると解される。同条によれば，再生手続開始後に外国財産への権利行使（外国財産を原資とする任意弁済を含むかどうかについては，否定説もあるが，これを肯定すべきであろう。）によって弁済を受けた場合でも，再生債権者はその弁済を受ける前の債権の全部をもって再生手続に参加できるが（同条1項），他の再生債権者が自己の受けた弁済と同一割合の弁済を受けるまでは，再生手続による弁済を受けられず（同条2項），しかも外国で弁済を受けた債権部分については議決権を行使できない（同条3項）。このうち，直接には第2項がホッチポット・ルールといわれる弁済調整の方法であり，国際倒産事件で債権者平等を図る上において重要な定めである（規則には，この弁済調整の実効性を確保するための定めがおかれている。規則28条・85条1項2号参照）。例えば，再生手続において債権届出をしている再生債権者が，外国財産への強制執行等によって再生手続開始後に10％の弁済を受けた場合，その再生債権者は他の再生債権者が10％の弁済を受けるまで再生手続に基づいて弁済を受けることができない。再生計画の履行中（手続終了前）に一部債権者が外国で弁済を受けた場合にも，計画内容の変更によって弁済調整がなされることになる。

　ただ，この弁済調整の規定によって再生債権者間の平等が一定の範囲で実現されることになるとしても，外国財産への権利行使によって一部債権者が受けた満足が国内再生手続で受けるべき計画弁済額を超えるものであるときには，この配当調整の方法だけでは債権者平等を全うすることはできない。そこで，再生債務者等が当該債権者の超過弁済受領額を不当利得として返還請求し，他の債権者への弁済原資とすることができるかが問題となる。

　では，外国財産からの弁済によって他の再生債権者より超過して満足を受けた再生債権者が「法律上の原因なく」利益を受け，そのために他人に損失を及ぼした（民703条）といえるであろうか。外国財産からの弁済が当該外国法上適法なものであるとすれば，――当該外国法を準拠法と解する限り（法適用14条参照）――法律上の原因がないとはいえないという考え方もありえよう。しかし，そもそも上記の法89条2項も，再生手続による弁済率に至るま

での外国財産による弁済を不当利得とする立場を前提に簡易な弁済調整を認めるものと解すべきであるから，その延長として，弁済調整という形で処置できない場合には，不当利得返還請求が認められるべきものと考える。

2　問題1の解答

問題1では，B社は，A社の民事再生手続開始後にアメリカにあるA社財産に対して強制執行をし，それにより1000万円の満足を得ている。したがって，B社が再生手続において債権届出をする場合，5000万円全額で届出をすることができるが（89条1項），弁済をすでに受けた債権部分については議決権を行使することはできず（同条3項），さらに再生計画による弁済を受ける場面においては，他の再生債権者がB社の受けた弁済と同一割合（すなわち20％）の弁済を受けるまでは，弁済を受けることはできない（同条2項）。そして，本問後段では，再生計画による弁済率は10％であるということであるから，B社は再生手続に基づいて弁済を受けることができないことは明らかであるが，アメリカでの満足額と再生計画による（想定）弁済額との差額をどう処理するかという問題が残る。上記のように，B社の不当利得は認められると解すべきであるから，B社は差額500万円について，A社（再生債務者）に対して不当利得返還義務を負う。B社は日本法人であるという点も踏まえ，A社としては，B社がその義務を履行しないときには，訴訟等により権利を行使すべきであろう。

［Ⅲ］　問題2——外国管財人による承認申立てへの対応

1　並行倒産と外国管財人による承認申立て

我が国で再生手続が開始している場合，同一再生債務者について外国倒産処理手続が重ねて開始されると，いわゆる並行倒産手続の状況が生ずる。完全な普及主義では，このような並行倒産手続を発生させないよう制度設計することになるが（一債務者一倒産手続主義），我が国では，UNCITRALモデル法と同様，並行倒産手続が発生することを前提にして民事再生法等の倒産関係法がその調整方法を定めるという制度が採用された。

本問は、アメリカの倒産裁判所で係属中の並行倒産（清算）手続の管財人から、東京地裁（承認援助事件の専属管轄裁判所である。承認援助4条）に外国倒産処理手続の承認申立てがなされたという事案である。このような場合の対処方法として、「外国倒産処理手続の承認援助に関する法律」（以下、「承認援助法」という。）は、民事再生手続と承認援助手続のいずれか一方を進行させる立場をとった（この点で、両手続の並立を認めたうえで調整するUNCITRALモデル法と異なる。）。その背景には、外国倒産処理手続の承認援助手続は、外国手続の効力を日本国内で「適切に実現」（承認援助1条）するための手続であるから、民事再生手続自体の目的の実現と重複又は衝突することが予想され、両手続を共に進行されることは適当でないという判断があったものと考えられる。

2　国内倒産処理手続優先の原則と例外

上記のように、国内倒産手続と承認援助手続とは両立しえないとすれば、どちらかの手続を優先的に進行させるかの基準を立てておく必要がある。この点については、国内破産手続が優先する、すなわち承認申立てを棄却するのが原則とされている（承認援助57条1項参照）。この原則の基礎には、各国倒産法間の違いが存在する状況下で、我が国の法制全体と適合し、手続の予測可能性も高い国内破産手続による処理が利害関係人の利益に適うという判断があると考えられる。しかし、これはあくまで原則であるから、承認援助法は、一定の要件を満たすときには、例外的に、承認援助手続を優先することを認めている（同条同項各号参照）。この場合には、国内手続が中止されることになる（同条2項参照）。詳しくみると次の通りである。

承認援助法57条1項は、倒産手続開始後の承認申立てのケースでは、裁判所は、次の要件をすべて満たす場合を除き、承認申立てを棄却しなければならない、とする。その要件とは、まず第一に、外国倒産処理手続が外国主手続であることである（同項1号）。「外国主手続」とは、債務者が本件のような会社であるときは、「その主たる営業所がある国で申し立てられた外国倒産処理手続」を意味する（承認援助2条1項2号）。第二に、当該外国倒産処理手続について援助の処分をすることが債権者の一般の利益に適合すると認められること（例えば、内外債権者全体の配当率が上昇すること）である（同項2号）。

第三に、当該外国倒産処理手続について援助の処分をすることにより、日本国内において債権者の利益が不当に侵害されるおそれ（例えば、内国債権者が外国手続に参加することが困難であること、外国手続では日本法では認められる国内債権者の優先的地位が否定されること）がないことである（同項3号）。なお、これらの要件の審理のため、国内倒産処理手続で、外国管財人等に知られたものがあるときは、承認申立書に優先要件に該当する事実を記載し（承認援助規則14条1項10号）、かつその事実を証する書面を添付しなければならない（承認援助規則15条6号）とされている。

3　問題2の解答

上述の承認援助法57条1項各号が定める三つの要件を本問に当てはめてみると、まずアメリカの7章清算手続が同項1号の「外国主手続」といえるであろうか。本問では、A社の定款や登記上の本社は日本にあるが、アメリカの2007年の売上高は、全体の6割（日本は3割）、再生手続申立て直前の2009年下半期にも全体売上高の5割（日本は4割）を占めていたというのである。「外国主手続」を判断する基準となる「主たる営業所」（承認援助2条1項2号）については、現実の営業の中心地と解する（ただし、形式上の本店に営業の実質的中心地があると推定されると説かれる。）のが多数説であり、それによれば、アメリカの7章手続は「外国主手続」であると認める余地がある。もっとも、「主たる営業所」は売上高だけで決められるのではなく、主要な経営陣の所在や各国の事業及び財産の性格（どちらがよりグローバルな広がりをもっているか）など様々な事情を考慮して決せられるべきである。

それでは、仮に、アメリカの7章清算手続が外国主手続であると判断される場合に、残りの二つの内国倒産手続棄却要件の充足については、どのように解すべきであろうか。まず、第三の要件、すなわち、日本国内において債権者の利益が不当に侵害されるおそれがないという要件であるが、本問の事例では、日本国内の債権者は大企業や金融機関であり、アメリカでの債権届出等の権利行使が不当に妨げられることはないし、特定の利害関係人がアメリカの手続で（我が国の手続と比べて）不当に不利益な扱いをされるというような事情も一般には知られていない。したがって、この要件については、特

別の事情がない限り，充たされるといえる。

問題は，第二の要件，すなわち，外国手続の承認が債権者一般の利益に適合するかという点である。アメリカの7章清算手続の承認援助を進めると，清算手続管財人のA社清算の方針に沿って日本財産（事業）も処理されることになり，日本事業解体という結果も視野に入れなければならない。もちろん，全体として清算手続を進める中で日本事業を譲渡することにより事業自体は維持することも可能であるが，承認に伴う管理命令（承認援助32条1項）により，承認管財人（一般に，外国管財人等が任命されることが想定される。）に日本財産及び事業に関する管理処分権が与えられると，A社が予定しているスポンサーの支援による再生が実行しにくくなることは否めないであろう。したがって，我が国の再生手続で日本事業を再生させた方がスムーズな再生が可能となり，それによってアメリカの債権者を含むA社の債権者一般の利益に資する（配当，弁済率が向上する）と認められるときは（その判断は，設例以外の事情も考慮した裁判所の総合的判断による），——仮に1号及び3号の要件を満たしていても——2号要件は充足しないから，裁判所は，アメリカ7章清算手続管財人による承認申立てを棄却しなければならない。

[Ⅳ] 問題3——並行倒産手続における管財人間の協力等

1　並行倒産手続における債権届出等
(1)　外国債権者，外国管財人からの債権届出

我が国の民事再生手続においては，外国の再生債権者も債権届出をすることができる（3条参照）。もっとも，外国債権者も原則として債権届出期間（34条1項・94条1項参照）内に書面により債権の届出をすべきことは当然であり，届出書は民事再生手続の書式（94条，規則31条参照）に則り，日本語で（裁74条）届出をなし，破産債権届出書とともに提出する証拠書類については訳文を添付しなければならない（規則11条，民訴規138条1項参照）。

以上に加えて，民事再生法は，外国管財人が，外国倒産手続に参加した債権者で日本の再生手続には参加していない者を代理して再生手続に参加することを認めている（210条1項）。手続参加には，債権調査手続における異議

の申述 (102条1項等参照) や再生計画案に対する議決権の行使 (172条の3等参照) など, 再生手続に関する一切の行為を含む (210条3項本文)。もっとも, 届出の取下げ, 和解等には当該再生債権者の授権が必要であるし (同項ただし書), 再生計画案に対する議決権の行使など実質的判断が必要な場合には, 再生債権者の意見を聴く機会を設けるのが通常であろう (同様の状況での実質的権利者の手続保障のための制度として, 金融更生特488条参照)。

ただし, 外国管財人による債権届出等は, 当該外国 (アメリカ) の法令がこの権限を与えている場合に限って認められ (210条1項ただし書), しかもこの権限は, 書面 (訳文付) で証明しなければならない (規則105条2項・3項)。また, 外国管財人は, 外国手続の届出債権者を個別の授権なくして代理する権限 (一種の法定代理権) を与えられているが, 外国手続に参加した債権者の一部が, 日本の破産手続で自ら破産債権の届出をしてきた場合には, 外国管財人との代理関係は消滅する (210条1項参照)。

(2) **再生債務者等による債権届出**

外国管財人の再生手続への参加権限の反面として, 我が国の再生債務者等にも届出債権者を代理して外国手続に参加する権限が与えられている (210条2項)。このように, 各手続の財産管理者による債権届出権限は, 相互的なものであり (したがって, 「クロス・ファイリング」とも呼ばれる。), その趣旨は, 複数の手続における届出債権者の範囲をできるだけ一致させ, それにより債権者平等をはかる点にある。この債権届出場面での対策と事後的な配当調整のルールであるホッチポット・ルール (Ⅰの解説参照) を組み合わせることにより, 国際的並行倒産という場面でも, 債権者平等を図るべく対応がとられているのである。

(3) **問題3前段の解答**

以上のとおり, 再生債務者等及び裁判所が日米の各倒産処理手続における債権届出等について留意すべき点は, 我が国の再生手続における留意点とアメリカの7章清算手続におけるそれに分けて, 検討されるべきである。まず再生手続においては, アメリカ清算手続の管財人が届出債権者を代理して債権届出をしてくることが考えられる。この場合, 再生債務者であるA社及び裁判所は, 上記の法210条1項の要件を満たす範囲で届出の効力 (他の債権

に対する異議権や議決権の行使などを含む。）を認めなければならない。とくに，外国管財人は，自ら届け出た債権者を代理できない点に留意し，必要ならば，アメリカの管財人と情報交換をして（207条1項参照），例えば，外国管財人届出後に外国債権者自身の届出があったときは，管財人がした代理届出の一部取下げを求めるなど，届出債権の適切な処理をすることが求められる。

その一方で，A社としては，届出再生債権者を代理して，アメリカ手続に参加することを検討しなければならない。本問における外国手続への参加手続を，民事再生規則に従って述べると次のようになる。まず，A社は，再生債務者の業務遂行及び財産管理処分権を有することについての証明書の交付を再生裁判所書記官に請求し（規則106条1項。なお，管理命令によって選任された管財人には，当然に証明書が交付される。同27条・20条3項参照），アメリカ手続への参加後は，その旨を代理対象再生債権者に通知する（規則106条2項）。民事再生規則は，自ら外国手続に参加（届出）した届出再生債権者は，その旨を再生債務者等に通知しなければならないものとしている（同条3項）から，A社は，再生債権者にこの通知を促すなどの措置をとることも考えられる。以上の手続は，再生裁判所と連絡を取りながら行うことになろう。

2 日米以外の債務者財産及び事業の管理
(1) 並行倒産手続の相互関係（独立性と連携の必要性）

国際間で並行して進行する各倒産手続は，本来自己完結的で独立した手続である。しかし，各手続の対象が同一の倒産者の財産であり，その一体としての処理が望ましい面があることは明らかであるから，手続間の協力ないし連携が求められることになる。そこで，法207条は，その第1項で，再生債務者等は，外国管財人に対し，再生債務者の再生のために必要な協力及び情報の提供を求めることができるとし，その第2項で，再生債務者等は，外国管財人に対して，再生債務者の再生のために必要な協力及び情報の提供をするよう努めるものと定めている。この破産管財人間の相互協力の内容としては，債務者の事業・財産及び相互の手続の進行状況等に関する情報の交換や協力などが挙げられよう。本問のケースでは，日米以外の国における事業・財産の処理についての協力が問題になっている。

(2) 第三国にある財産等の管理に関する協力——問題3後段の解答——

すでに述べたように,法38条1項は,再生手続の対外的効力を認めている。他方,アメリカ法（連邦倒産法541条(a)）も7章清算手続を含む倒産手続の対外的効力を認めている。したがって,第三国にある財産については,我が国の再生手続とアメリカの清算手続の効力が競合的に及ぶことになる。法207条の趣旨を考慮すれば,このような場合には,再生債務者等は,再生債務者の再生に資するよう,アメリカ管財人と協議・協力していくべきことになろう。本問の事例では,アメリカ財産・事業は清算の方向であるというのであるから,第三国の財産や事業が我が国の事業再生にとって重要な場合には,再生債務者等の管理対象とするようアメリカ管財人と協議すべきであるし,逆にアメリカ事業と関係が深く,かつ清算の対象となる財産等であるならば,アメリカ管財人の管理にゆだねるべきことになる。第三国にある財産が債権者の強制執行等に対して無防備な状態にあるときには,再生債務者等とアメリカ管財人のどちらが,承認申立て等の対応をとるのかを迅速に協議決定をしなければならないし,当該国で独立の倒産手続が申し立てられ,開始されたら,その財産管理機関との協議・協力も課題となる。

以上のとおり,本問の事例における第三国の財産・事業の処理については,民事再生法上,再生債務者等は,当該第三国所在財産等が「再生債務者の再生のために」どのような意味を持つか等の事情に配慮しつつ,裁判所（及び管財人が選任されていないときは監督委員）と相談しながら,当該財産の取扱いについて外国管財人との適切な協力の可能性を探り,それを具体化していくことが求められる。

【田頭　章一】

■参考文献
伊藤眞ほか編集代表『民事再生法逐条研究』259頁以下（有斐閣,2002）
園尾隆司＝小林秀之編『条解民事再生法〔第2版〕』390頁以下〔木川裕一郎〕,981頁以下〔安達栄司〕（弘文堂,2007）
福永有利監修『詳解民事再生法〔第2版〕』663頁以下〔田頭章一〕（民事法研究会,2009）
深山卓也編『新しい国際倒産法制』（金融財政事情研究会,2001）
山本和彦『国際倒産法制』（商事法務,2002）
最高裁判所事務総局民事局監修『条解民事再生規則（新版）』（法曹会,2005）

7 情報公開

民事再生法では債権者などの利害関係人に対し，情報公開の制度としてどのような仕組みが考えられているか。

解説

[Ⅰ] 再建型倒産手続における情報公開の意義

　倒産手続において，債権者をはじめとする利害関係人がその権利を適切に行使するためには，その合理的な判断のベースとなる情報の開示が十分に行われることが，手続の公正性を確保するために極めて重要である。特に一定期間にわたり債権者等の協力が必要な再建型倒産手続においてはその重要性は一層高いといえる。

　一方，債務者や管財人にとって，情報の開示は，業務の円滑な進行を妨げたり，費用や労力の負担となったりすることによって全体債権者に不利益を及ぼす場合もある。

　特に民事再生手続のような再建型手続においては，情報の公開が競争的立場を不利にするなど再建の妨げになることもあり，この場合においても債権者全体の利益を害しかねない。また個人債務者にとってはプライバシー侵害の問題も生じる。そこで，債権者の権利行使とその保護のための情報開示の必要性とそれに伴う弊害の防止という二つの要請の適切なバランスを図ることが法制度上並びにその運用上重要となる。

[Ⅱ] 従来の手続の問題点と民事再生手続における情報開示の考え方

　平成12年の民事再生法施行前においては，和議及び会社更生において申立書並びにその添付書類，和議における整理委員の調査に関する書類及び整理委員の意見書，会社更生における管財人の調査報告書等が閲覧できることは法律上明定されていたが，それ以外の書類が開示の対象となるか否かまた，開示が定められている書類についても，開始決定前の開示が認められるか否か不明確であった。このため，東京地方裁判所においても，会社更生事件を扱う商事部と和議事件を扱う破産部では，扱いを異にするなど，実務の運用は区々であった。

　また，開示によって弊害が予想される場合に開示を制限することについて，裁判所の自由裁量を広く認めようとする考え方も提唱されていたが，基準が不明確で利害関係人の立場は不安定になりがちであるとの難点があった。

　また，会社整理においては明文上，情報開示についての規定が何も定められておらず運用に任されていた。

　そこで，民事再生法の施行を契機とする破産法改正，会社更生法改正の一連の倒産法改正においては，従来の法制の問題点を克服し，手続の透明性，利害関係人に対する手続保障の確保を目指す観点から，情報開示に対してより積極的な位置付けがなされた。一方，情報開示が破産手続における管財人の業務遂行や民事再生手続，会社更生手続における債務者の再生や更生の妨げになったり，プライバシーの侵害を引き起こしたりしないよう，開示制限の基準と手続が明確にされた。

[Ⅲ] 民事再生法における情報開示の内容

　民事再生法においては，再生手続に関し，特別な定めがある場合を除き民事訴訟法が準用されることとされている（18条）。民事訴訟法においては，審

理の一般公開が原則であることから，訴訟記録の閲覧は誰でも自由にできることとされている（民訴91条1項）。一方，訴訟記録の謄写，正本，謄本，抄本，又は訴訟に関する事項についての証明書の交付の請求は当事者及び利害関係人に限定されている（民訴91条3項）。

民事再生法における文書その他の物件（以下「文書等」）についての閲覧，謄写による情報開示に関しては，民事訴訟法のこれらの規定を準用することを前提としつつ，再生事件が非訟事件であることやその特質に照らして，閲覧権者についても利害関係人に限定するほか一定の文書について開示制限を可能とするなどの特則を設けている。

実務的には，債権者等の利害関係人が権利行使を行うにあたって，債権者集会や債権者説明会における情報開示，及び債務者等からの任意の個別情報提供も文書等の閲覧記録等の制度に劣らず重要な役割を果たしている。

[Ⅳ] 記録の閲覧謄写等による情報開示

1 情報開示の手段

裁判所に提出され，また裁判所が作成した文書その他の物件の開示の手段としては，文書については裁判所書記官に請求して行う文書の閲覧，謄写，正本，謄本あるいは抄本，事件に関する事項の証明書の交付請求（16条1項・2項）であり，録音テープやビデオテープあるいはこれらに準じる方法で一定の事項を記録した物については，請求に応じて複製を許すことである（16条3項）。なお，近年音声や静止画像，動画を含む情報記憶媒体についてはデジタル技術の変化，発展が著しいが，デジタル化されてCDやDVDその他の電子記憶媒体に記録された物についても，録音テープやビデオテープに準じる方法で記録した物として扱われるべきである。すなわち，これらが裁判所に提出されたり，裁判所が作成した場合においては，裁判所書記官に対し請求があれば，複製を許す方法により開示をすることになろう。

2 情報開示を求められる者（利害関係人の範囲）

記録の閲覧謄写等を要求できる主体は利害関係人である（16条1項）。そこ

で，再生手続における利害関係人の範囲を明らかにする必要がある。

　ここに利害関係とは法律上の利害関係を指し，単なる事実上の利害関係や経済上の利害関係では足りないものとされる。利害関係の存在については，閲覧等を請求するものが疎明する必要がある（民訴91条2項）。

　第一に，債権者については，再生債権者，一般優先債権者，共益債権者，開始後債権者，別除権者，取戻権者など，さまざまな立場の債権者が存在するが，次に述べるようにいずれも利害関係人と解される。

　まず再生債権者については届出の有無に関わらず再生手続外での権利行使が禁止され，また再生計画認可が決定したときは，再生計画の効力が及ぶのであるから，当然利害関係人になると解される。自認債権の主体たる債権者も同様である。

　次に，一般優先債権や共益債権は再生手続によらず随時弁済がなされるが，一般優先債権や共益債権に基づく強制執行が中止命令や取消命令の対象となる可能性があること（122条4項・121条3項）や，一般優先債権や共益債権の承認が裁判所の許可事項となりうること（41条1項8号）により一定の制約を受けることがあるため，一般優先債権者や共益債権者も利害関係人とされるべきである。

　再生手続開始後の原因に基づいて生じた財産上の請求権である開始後債権（123条1項）を有する債権者は，再生手続に参加することはできないが，再生手続開始時から再生計画で定められた期間が満了するまでは権利の満足を受けられず（123条2項）また強制執行も禁止される（123条3項）という手続上の制約を受けることから，利害関係人とされるべきである。

　別除権者は，原則として手続に拘束されない（53条2項）が，競売手続の中止命令や担保権消滅請求の対象となるなど，場合によっては権利行使に重大な制限をうけるのであるから，利害関係人とされるべきである。

　取戻権者については，再生手続の開始が取戻権に影響を及ぼさないとされている（52条1項）が，一方で取戻権の承認については，裁判所又はこれに代わる監督委員の許可事項となりうる（41条1項8号・54条2項）から，これにより権利行使に影響を受ける可能性があることからこれまた利害関係人と解すべきである。

第二に，再生債務者の株主も場合によっては，権利行使の制約を受ける以上，利害関係を有すると解すべきであろう。なお，破産手続においては，株主は通常利害関係人として扱われない（西謙二＝中山孝雄編『破産・民事再生の実務〔新版〕（上）』107頁（金融財政事情研究会，2008））。

　第三に，再生債務者の労働組合や従業員の過半数を代表する者（労働組合等）も，雇用の確保や労働債権の確保に重大な関心を有する立場にあり，さまざまな場面で意見を述べる機会が与えられている（24条の2・42条3項・126条3項・168条・174条3項・211条2項・246条3項）ことからして，利害関係人と解すべきものとする考え方があるが，単なる事実上の利害関係に過ぎず法律上の利害関係を有するとまではいえないとの議論もあろう。

　第四に，監督委員，保全管理人，調査委員，管財人，代理委員，債権者委員会も手続機関ないしそれに準じる者としてそれぞれの立場で，手続に関与し，また手続の制約を受けることから，これらについても利害関係人と解すべきである。

3　開示の対象となる情報

　閲覧謄写等の対象となる情報は，後に述べる開示等の制限の対象とされた情報を除き，民事再生法，あるいは規則に基づいて裁判所に提出された文書等及び裁判所が作成した文書等すべてである（16条1項，規則9条1項）。すなわち，裁判所に提出された文書としては，①民事再生手続開始申立書，②財産評定及びそれに基づく財産目録，貸借対照表（124条1項・2項），③法又は規則の定めに基づき，再生債務者等又は監督委員，調査委員等から裁判所に提出された報告書，④開始前の借入金等の共益債権化の許可（120条），事業譲渡（42条）及びこれに関する株主総会に代わる許可（43条），担保権消滅許可（148条），募集株式を引き受ける者の募集に関する条項を定めた再生計画案の提出（166条3項）等法で定められた事項ないし裁判所が要許可事項として定めた事項等に関する各種許可申請，⑤再生計画案が主なものであり，裁判所が作成した文書としては保全処分や開始決定，各種許可決定，認可決定等，裁判所が行った各種裁判についての裁判書や調書等である。

　これらの情報については，開示制限の処分の対象とならない限り，請求に

したがって利害関係人に開示されることになる。

　一方，法や規則に基づかず申立代理人や監督委員等が裁判所との協議の便宜上作成して裁判所に提出したメモ的な文書等は閲覧請求の対象から除かれる。

4　記録開示の時期

　記録の開示の時期については，従来解釈に委ねられていたが，開始決定前においても保全処分等がなされていれば，これを認めることが明定された。

　すなわち，①他の倒産手続又は強制執行手続の中止命令，②包括的禁止命令，③仮差押え・仮処分その他の保全処分，④保全管理命令，のいずれかがなされていれば，債権者は裁判所において申立書をはじめとする記録の閲覧・謄写を求めることができるものとされた（16条4項）。

　これらの命令等の処分が行われる前において記録開示が認められない趣旨は，再生債権者等の利害関係人が事前に閲覧等をすることによりこれらの命令等の実効性が損なわれるおそれがあるためであるとされる。したがって，このようなおそれのない再生手続申立人については，例外として開示が許されている（16条4項ただし書）。

　また，再生手続開始申立てが再生債務者以外の者によって行われた場合においては，上記の処分か再生手続開始申立てに関する口頭弁論又は再生債務者を呼び出す審尋期日の指定の裁判のいずれかが行われた時点から，開示請求が可能となる（16条4項2号）。これらの場合においては，再生債務者との関係において密行性が失われるからである。

　多くの場合において，申立て後まもなく，少なくとも③の弁済禁止等の保全処分が発令される。また，一般的に，申立てが対外的に公表されるのは，保全処分が発令されてからである。したがって，通常の場合，債権者等の利害関係人は民事再生手続の開始申立てを知った後直ちに，利害関係を疎明して裁判所に提出されている民事再生手続開始申立書及びこれに添付されている再生債務者の決算書，その他の資料の写しを入手して内容を検討することができることができるということとなろう。

5 開示等の制限

既に述べたように無制限に開示を認めると，再生債務者の事業の継続に支障が生じたり，財産に損害を与える危険もある。そこで一定の場合には，裁判所は開示を制限できることとした。

(1) 開示制限の対象となる文書

民事再生法は，開示制限を認めるに当たってその対象となる文書を，開示により債務者の事業に悪影響を及ぼすなどのおそれある性質の一定の文書に限定した。

開示を制限することができる文書は，第一に裁判所の許可を要するとされた事項についての許可申請書及び，第二に再生債務者，監督委員，調査委員が裁判所に提出した報告書（17条1項），第二に再生債務者，監督委員，調査委員が裁判所に提出した報告書である（17条2項）。具体的には下記の文書が開示制限の対象となる。

① 再生債務者による指定行為の許可申請書及びその際提出された文書等（41条1項・81条3項）
② 事業等の譲渡許可申請書及びその際に提出された文書（42条1項）
③ 否認権限を付与された監督委員に対する指定行為の許可申請書及びその際に提出された文書等（56条5項）
④ 保全管理人による常務以外の行為の許可申請書及びその際に提出された文書（81条1項ただし書）
⑤ 調査委員又は個人再生委員の報告書（62条2項・223条3項・244条）
⑥ 再生債務者又は監督委員による業務及び財産状況報告書（125条2項・3項）

上記以外の文書は全て開示制限の対象とならず，全てが開示される。

なお，債務者の財産に関する情報として，再生債務者の財産目録や貸借対照表が重要である。民事再生手続においては，会社更生手続と同様に，再生債務者は再生手続開始後遅滞なく，一切の財産について開始時の価額を評定し，財産目録及び貸借対照表を作成して裁判所に提出しなければならない（124条2項）とされている。これらは，上記の開示制限対象文書ではないので，提出され次第閲覧謄写等の対象となる。

(2) 開示制限の要件とその方法

開示の制限ができるのは、一定の文書に、開示により再生債務者の事業の継続に著しい支障を生ずるおそれ又は再生債務者の財産に著しい損害を与えるおそれがある部分（支障部分という。）があるということの疎明があった場合に限られる（18条1項）。

開示の制限を申し立てることができるのは、対象となる文書を提出した再生債務者等（保全管理人が選任されている場合には保全管理人），監督委員及び調査委員である。なお、制限を申し立てる場合には文書の提出と同時に行う必要がある（規則10条2項）ほか、支障部分を除いて作成した文書を提出しなければならない（同10条5項）。

制限の方法は、裁判所が決定により支障部分の閲覧請求をすることができる者を制限を申し立てた者及び再生債務者に限ることである（18条1項）。

なお、開示を制限する理由がなくなったような場合には制限は解除されるべきである。そこで、開示を求める利害関係人は、制限の要件がなくなったことを理由として決定の取消しを求めることができる（18条3項）こととされている。

一般的に、手続の初期の段階、特に開始決定前においては、開示を制限すべき必要性が高いが、手続の進行につれて混乱も収束し、開示を制限する必要性も急速に低下することが多い。そこで、再生債務者等、利害関係人が制限と解除の申立てを適時に行い、また裁判所がこれに対して適切な判断を行えば、バランスのとれた情報の開示が図られよう。

［V］ 債権者集会，債権者説明会における情報開示

1 債権者集会

再生債務者は再生手続開始後遅滞なく、①再生手続開始に至った事情、②再生債務者の業務及び財産に関する経過及び現状、③役員の財産に対する保全処分，損害賠償の査定を必要とする事情の有無，④その他再生手続に関し必要な事項を記載した報告書を裁判所に提出しなければならないものとされている（125条1項）。

監督委員もまた，裁判所の定めに従って，再生債務者の業務及び財産の管理状況や裁判所の命じる事項を裁判所に報告しなければならないものと定められている（125条3項）。

　そして，再生債務者の財産状況を報告するために招集された債権者集会においては，再生債務者等は前記①ないし④の事項の要旨を報告すべきものと規定されている（126条1項）。なお，民事再生法上，債権者集会の招集は必要的なものではなく，開催されない場合もある。とくに，財産状況報告のための債権者集会は実際には開催されることが少ない。しかし，財産状況報告のための債権者集会が招集されない場合においても，再生債務者は裁判所に対し，125条所定の報告書を提出する必要がある（125条1項）。

　この場合，債権者は報告書の閲覧，謄写，正本，謄本又は抄本の交付を請求することにより，再生債務者の財産状況を知ることができる。

　さらに，再生計画案が提出され，付議決定が行われた場合には再生計画案を記載した書面及びその要旨を再生債務者，管財人，届出再生債権者及び再生のために債務を負担し，担保を提供する者に対して通知しなければならないものとされている（169条3項・115条1項本文）。

　このように裁判所が債権者集会を開催するときには，裁判所は必要に応じて監督委員を出席させ，意見を述べさせることができる（規則49条1項）。

　債権者はこのような債権者集会に出席することにより，裁判所や監督委員，再生債務者から一定の情報の提供を受けることができる。

2　債権者説明会

　民事再生法上，債権者集会の開催は任意的なものであるのに加え，従来の実務において，債権者集会は情報開示の場としての機能を喪失しているとの指摘もあり，実際に裁判所で開催される債権者集会においては債権者からの質問や意見もあまり出されず，裁判所の指揮の下，粛々と手続が進められるのが一般である。

　しかし，多くの債権者特に法的手続に不慣れな中小企業や個人の債権者等にとっては，閲覧請求などの積極的な情報入手行動は期待しにくいのが実情といえよう。

そこで，法定の債権者集会以外に再生債務者が開催する債権者説明会（規則61条1項）による情報開示機能が重要となる。なお，再生債務者等が債権者説明会を開催した場合には，その結果の要旨を裁判所に報告しなければならないものとされている（規則61条2項）。

第1回の債権者説明会は通常，申立直後，申立てと保全命令による債権者の動揺とそれに伴う混乱を静め，開始決定に向けて手続への協力を求めること等を目的として行われる。かかる債権者説明会においては，保全処分や監督命令の写しや，民事再生手続についての説明文書以外に直近の財務資料や，開始決定後の決済条件等の説明文書等が資料として配布されることが多い。

一般的には，申立てを行った債務者代理人が主導し，再生債務者代表者が申立てに至った経緯等を説明し謝罪と今後の協力を求めた上，再生債務者財務経理担当者ないし再生債務者代理人から再生債務者の資産負債の状況や，破産清算に至った場合のおよその配当率の説明がなされ，さらに再生債務者代理人から今後の再生の見通しやその手段，今後の手続進行のスケジュール等について説明をする。

この際，監督委員も出席して債権者の意向掌握及び開始決定に向けた意見を決定する際の参考とすることが多い。

申立直後であることに加え，裁判所主催のあらたまったものではなく，再生債務者主催の非公式な会合であることもあって，第一回の説明会では，債権者から活発な質問や意見，批判が出る場合も珍しくない。

さらに，再生手続が進行して，再生計画案が裁判所に提出された後には，裁判所の定める集会，書面決議期間に先立って，再生債務者が主催する任意の説明会が開催されることが一般的である。債権者が再生計画案の内容を正確に理解して，その賛否を決定するためにも，また，再生債務者が実情を説明して，債権者の理解とその協力を求めて可決を目指すためにも，このような説明会が有効であることが多い。この場合も監督委員が出席して，再生計画案についての意見を述べることがある。

こうした再生債務者主催の債権者説明会では，債権者は出席さえすれば裁判所に情報開示を求めるという手続的負担もなく，一定の情報が再生債務者

から提供されるので，大多数の債権者にとって実際的には，貴重な情報入手の場，再生債務者にとっては貴重な情報開示の場となっている。

それだけに，再生債務者としては，できるだけ誠実にかつ債権者が自らの行動を決定するに必要な情報を提供することを心がけるべきであって，債権者に対する公平誠実義務（38条2項）からしても，虚偽の情報や誤導的な情報を提供することのないように留意すべきものと解される。

3　個別情報提供

債権者集会や債権者説明会には多数の債権者が集まり，また時間も限定されているので，個々の債権者にとっては必ずしも十分な説明や情報が得られるとは限らない。

そこで，個々の債権者等の利害関係人が再生債務者等，あるいはその代理人に対して個別に情報の開示や，提供を求める場合も少なくない。他の債権者との公平を害したり，民事再生手続進行に支障をきたすおそれがない限り，再生債務者等が利害関係人が必要とする情報を適切に開示することは，手続の透明性，衡平性確保のために望ましいことである。一連の倒産法制改正の中で一応の法整備がなされたとはいえ，我が国の倒産実務においては未だ債権者等の利害関係人に対して手続の透明性が確保されているとはいえないのが実情である。

故三宅省三弁護士は，会社更生や破産事件の管財人等を務めていた折，金銭による弁済や配当が十分できない事件ほど，「情報の配当」が肝要であると強調していた。

「情報の配当」，すなわち，情報の適切な開示が，利害関係人の権利保護を図り，ひいてはその納得を得た手続進行のために，いかに重要かということを先見的に示唆したものということができよう。

【相澤　光江】

8 不服申立手続

民事再生法における第9条の不服申立手続はどのようなものか。

解 説

[Ⅰ] 法9条の趣旨

法9条は，再生手続の迅速な進行を図るため，不服申立ての方法を，抗告期間に制限ある即時抗告に限定した。しかも，抗告対象を民事再生法に特別の規定がある場合に限って許されるものとした。会社更生法や破産法にも同様の規定が存在する。

[Ⅱ] 即時抗告をなしうる裁判

即時抗告をなしうる裁判は，「再生手続に関する裁判」で，「この法律に特別の定め」のあるものである。特別の定めについては，以下の表のとおりである。

即時抗告の対象となる原裁判	原裁判の公告・送達・通知	即時抗告の執行停止効の制限
死傷部分の閲覧制限に関する裁判（17条4項）	規定なし	閲覧制限を取り消す決定に対する即時抗告は停止効なし（17条5項）
費用の予納に関する決定（24条2項）	規定なし	制限なし（執行停止効あり）
他の手続の中止命令等（26条4項）	送達（26条6項）	26条5項

即時抗告の対象となる原裁判	原裁判の公告・送達・通知	即時抗告の執行停止効の制限
強制執行等の包括的禁止命令（27条5項）	公告及び再生債務者には送達 再生債権者等には通知 （28条1項・209条4項）	27条6項（28条2項）
強制執行等の手続の取消命令	送達（28条3項）	27条6項
包括的禁止命令の解除の裁判（27条5項）	送達（29条5項） 10条3項本文の適用排除	29条4項
保全処分（30条3項）	送達（30条5項） 10条3項本文の適用排除	30条4項
担保権の実行としての競売手続の中止命令等（31条4項）	送達（31条6項） 10条3項本文の適用排除	31条5項
再生手続の開始決定・棄却決定（36条1項）	開始決定は公告及び通知（35条1項2項3項・209条4項）	33条2項
事業譲渡に関する代替許可（43条6項）	送達（43条2項）（簡易送達可・43条4項） 10条3項本文の適用排除	43条7項・3項
監督命令等（54条6項）	公告及び送達（55条1項・2項） 10条4項の適用排除	54条7項
監督委員の報酬決定等（61条4項）	規定なし	制限なし（執行停止効あり）
調査命令等（62条4項）	送達（62条6項）	62条5項
管理命令等（64条5項）	公告及び当事者には送達 財産所持者等には通知（65条1項～5項） 10条4項の適用排除	64条5項
郵便物等の転送委託の決定等（73条4項）	規定なし	73条5項
保全管理命令等（79条5項）	公告及び送達（80条1項・2項） 10条4項の適用排除	79条6項
報奨金等の決定（91条2項）	規定なし	制限なし（執行停止効あり）

即時抗告の対象となる原裁判	原裁判の公告・送達・通知	即時抗告の執行停止効の制限
特別調査期間に関する費用未納に基づく再生債権の届出却下決定（103条の2第6項）	規定なし	制限なし（執行停止効あり）
社債管理に関する費用を共益債権とすることを許可する決定等（120条の2第5項）	規定なし	制限なし（執行停止効あり）
共益債権に基づく強制執行・仮差押えの中止・取消命令（121条5項）	規定なし	121条6項
否認権のための保全処分命令等（134条の2第4項）	送達（134条の2第6項） 10条3項本文の適用排除	134条の2第5項
法人の役員の財産に関する保全処分（142条5項）	送達（142条7項） 10条3項本文の適用排除	142条6項
担保権消滅の許可決定（148条4項）	送達（148条3項） 10条3項本文の適用排除	制限なし（執行停止効あり）
担保権の目的財産の価格決定（150条5項）	送達（150条6項） 10条3項本文の適用排除	制限なし（執行停止効あり）
資本減少等の条項の許可（166条4項）	送達（166条3項） （株主に対する送達は簡易送達可166条3項・43条4項）	制限なし（執行停止効あり）
再生計画の認可・不認可決定（175条1項）	送達（174条4項・202条4項） 労働組合への通知（174条5項）	執行停止効あり（176条）
再生計画の遂行のために提供された担保の取消決定（186条4項，民訴79条4項）	規定なし	制限なし（執行停止効あり）
再生計画の変更決定（187条3項・175条1項）	規定なし	執行停止効あり（176条）
再生計画の取消決定・棄却決定（189条5項）	取消決定は公告及び送達（189条4項）	執行停止効あり（189条6項）
再生手続の廃止決定（195条2項）	公告（195条1項）	執行停止効あり（195条5項）

即時抗告の対象となる原裁判	原裁判の公告・送達・通知	即時抗告の執行停止効の制限
簡易再生の決定・棄却決定（213条1項）	公告及び通知（212条3項）	213条2項
同意再生の決定・棄却決定（218条1項）	同意再生決定は公告及び通知（217条4項）	218条2項
個人再生委員の選任決定等（223条5項・244条）	送達（223条7項・244条）	223条6項・244条
ハードシップ免責の決定・棄却決定（235条4項・244条）	送達（235条3項・244条）	執行停止効あり（235条5項・244条）

　手続の迅速な進行を図るという本条の趣旨を考えると，「特別の定め」は限定列挙であると考えるべきである。また，特別の定めがされていないものについては，通常抗告をすることは許されないと考えられる。ただし，利害関係人の権利義務に重要な影響を与える決定につき，特別の規定がないときには，解釈により即時抗告が可能であると考える余地がないわけでもない。また，法18条により，民事訴訟法の規定が準用され，民事訴訟法において即時抗告をすることができるものとされている場合には，「特別の定め」がある場合に当たると考えられる。

［Ⅲ］　即時抗告申立権者

　即時抗告を申し立てうる者は，当該裁判について法律上の利害関係を有するものである。いかなる者が法律上の利害関係を有するかは，当該裁判との関係で個別に判断される。ここでは，法律上の利益が必要で事実上の利益では足りない。

［Ⅳ］　即時抗告期間

　即時抗告が許される期間は，裁判の公告があったときは2週間，公告がないときは1週間となる。抗告期間の定めは，不変期間である。

1 　裁判の公告があった場合

　裁判の公告があった場合の抗告期間は，裁判の公告が官報に掲載された日の翌日（10条2項）から起算して2週間となる（9条後段）。裁判の公告は，官報に掲載して行う（10条1項）。なお，公告は，掲載のあった日の翌日の効力が生じる（10条2項）。掲載日の翌日の午前0時から掲載の効力が生じるので，初日は算入されると考えられる。

2 　裁判の公告をしない場合

　裁判の公告をしない場合の抗告期間は，裁判の告知を受けた日から1週間となる（18条，民訴332条）。初日は算入しない（民訴95条1項，民140条）。告知の方法としては，①この法律の規定により送達をしなければならない場合と，②何ら規定がないため，送達その他「相当と認める方法」（18条，民訴119条）によることができる場合がある。もっとも，送達しなければならない場合には，公告をもってこれに代えることができるが（10条3項），その場合は，1の公告があった場合として扱うことになる。

3 　公告及び送達・通知をすべき場合

　即時抗告の許される裁判が，公告するとともに送達若しくは通知もすべきものとされている場合の扱いについては，問題がありうる。たとえば，公告及び通知をすべき場合と公告及び送達をすべき場合に分け，通知をすべき場合には，通知では配達日を証明できないので官報公告を基準として2週間（1の公告をする場合と同じ扱いとする。），送達をすべき場合には送達を受けた関係者については送達日の翌日から起算して1週間とすると考えることも可能と思われる。

　しかし，法10条4項を排除して公告と送達を要求している場合は，すべて即時抗告の執行停止効が制限されており，即時抗告を認めても手続が阻害されることは考えにくいこと，送達を受ける側としては通知なのか送達なのか判然としないこと，いずれかによって即時抗告期間に違いが生じるのは不合理であること，破産手続において公告と送達がされる場合の即時抗告期間は

一律に公告を基準とする旨の判例（最決平成12年7月26日民集54巻6号1981頁・判タ1040号132頁，最決平成13年3月23日判タ1060号170頁・判時1748号117頁）が確立されていることなどから，公告と通知，公告と送達いずれの場合にも一律に官報公告の翌日から起算して2週間が即時抗告期間となるものと解したい。法9条後段の素直な読み方とも合致すると思われる。

［Ⅴ］　即時抗告の手続・効果

1　申立て

即時抗告は，抗告状を原裁判所に提出することによって行う（18条，民訴331条・286条1項）。書面で申し出なければならない。

2　裁判所の審理

原裁判所は，即時抗告状を受理した場合，再度の考案によって公告を理由ありと認めれば，自ら更正する（18条，民訴333条）。抗告に理由がないと認めれば，その旨の意見を付して抗告裁判所へ送付する。

抗告裁判所は，場合に応じて，却下するか棄却する決定をするか，原決定を取り消すことになる。原決定を取り消す場合には，必要に応じて自判するか原裁判所に差し戻すかをすることとなる（19条，民訴331条）。

抗告裁判所は高等裁判所であるから，特別抗告（民訴336条），準再審（民訴349条）ができる場合を除き，当該高等裁判所が許可した場合に限り最高裁判所にさらに抗告することができる（民訴337条）。

3　執行停止の効力

即時抗告は，原則として原裁判の執行を停止する効力がある（18条，民訴334条1項）。しかし，場合に応じて，再生手続の迅速な進行を図るために，即時抗告が執行停止の効力を有しない旨の個別の規定を法は設けている。その内容は上記の表のとおりである。再生手続開始決定については，法33条2項が「その決定の時から，効力を生ずる。」と定めており，執行停止が認められないと考えられている。

4 抗告の取下げ・抗告権の放棄

　再生手続においても，抗告の取下げや抗告権の放棄が可能である（18条，民訴331条・284条・292条1項）。抗告の取下げには，相手方の同意は不要であり，抗告審の終局裁判があるまでは取り下げることができる（19条，民訴292条1項）。

【中島　　肇】

9 再生手続における事業譲渡と会社分割

民事再生法に基づく再生手続において，事業譲渡と会社分割はどのように位置付けられているか。再生計画によらずに事業譲渡や会社分割を行う場合の留意点は何か。

解　説

[I] 再生手続における事業譲渡及び会社分割（以下では，事業の全部又は一部の譲渡を「事業譲渡」，事業譲渡と会社分割を総称して「事業承継」という。）と民事再生法の目的

1 「事業」の再生

　平成9年に自己破産した日債銀系ノンバンクのクラウン・リーシングのリース部門の早期事業譲渡が成功して以来，倒産企業の処理に伴う M&A が増加しており，再建型手続においても，債務者の事業を第三者に承継させる方法による再生手法が主流になりつつある。再建型手続における伝統的な再生手法は，債務者の事業活動の継続を前提に，スポンサーから債務者に提供された資金や，債務者による当該事業活動の継続によりもたらされる将来の収益を主な弁済原資とするものであり，債務者の法人格はそのまま存続することが前提とされていた。しかし，民事再生法の最終的な目的は，「債務者の事業又は経済生活の再生を図ること」（1条）にあり，再生の対象を債務者そのものではなく債務者の「事業」に求めていることからすると，事業承継後に債務者が清算され法人格が消滅したとしても，事業承継によって事業価値の毀損を防ぎ，債権者への弁済原資をより多く確保することができるのであれば，かかる事業承継は，民事再生法の観点からはむしろ積極的に奨励されるべきである。この場合，債務者の事業は譲受人の下で継続され，譲受

人が支払った事業承継の代金が債権者への弁済原資となる。

2　事業承継と実務のニーズ

　事業を第三者に承継させる手法としては，事業譲渡と会社分割がある。事業譲渡と会社分割のいずれが望ましい選択肢であるかはケース・バイ・ケースの判断となるが，契約上の地位の移転に契約相手方の同意が原則不要となることなど，組織法上の行為である会社分割には事業譲渡にはないメリットがある。今後，再生手続における会社分割の更なる活用が検討されてよい。

　平成21年7月，米国のGM及びクライスラーが，再生手続に類似した米国倒産法下の倒産手続申立てからそれぞれわずか約40日間で，再建対象となる事業を倒産手続に服さない別会社に譲渡し，新生GM及び新生クライスラーとしての再建をスタートさせたことは，我が国でも大きな注目を浴びた。このように早期の段階で再建すべき事業を倒産手続から切り離すことができたのは，倒産手続の申立てを行った債務者が，裁判所の許可に基づき，再建計画の策定前の段階で資産の譲渡を行うことを認める米国連邦倒産法363条(b)に基づく資産譲渡（いわゆる，363条セール）を利用したからであった。

　我が国の再生手続においても，再生手続開始決定後，裁判所の許可を得て再生計画によらない事業譲渡を行うことが認められているが，担保権の抹消には原則として担保権者の同意が必要であることなど，363条セールに基づく事業譲渡と比較すると，迅速な事業再生を図る上で，なお大きな障害が残る。実務の運用次第では，我が国の再生手続においてもGMのように短期間での事業譲渡の実行が不可能ではないとの指摘もなされているが，現在の実務においては，事業譲渡に対する担保権者の同意が得られないことや，債権者の意見形成に時間を要することなどによる制約がある。

　再生手続における事業承継は，再生計画によらない事業承継の他に，再生計画に基づいて行われる事業承継も存在するが，近時の実務は，事業譲渡に関していえば，裁判所の許可を得て再生計画によらない事業譲渡を行うことが多い。その理由は，譲受先としてもできるだけ早く事業譲渡を実行させたいという要望があり，債務者の側においても，倒産会社の下で事業を継続することによる事業価値の毀損リスクを回避し，事業譲渡によって早期に配当

原資の手当てをしておきたいという要望があるからと考えられる。このように再生手続の早期の段階で事業譲渡を行いたい実務の強いニーズに照らせば，現在の実務における様々な利害関係による制約を克服することにより，事業承継の更なる活性化が期待できる。

なお，プレパッケージ型の事業譲渡や会社分割については，本書「10　プレパッケージ及びDIPファイナンス」に譲り，本稿では取り扱わない。

[Ⅱ]　再生手続における事業承継の法的位置付け

1　再生計画によらない事業承継

民事再生法は，再生手続開始後においては，裁判所の許可を得て事業譲渡を行うことができる旨定める。この場合，裁判所は再生債務者の事業の再生のために必要であると認める場合に限り許可をすることができるとされている（42条1項）。裁判所は，許可をする際には，知れている再生債権者又は債権者委員会及び労働組合等の意見を聴かなければならない（42条2項・3項）。この裁判所の許可なしになされた事業譲渡は原則として無効とされている（42条4項）。

また，再生債務者が株式会社である場合においては，その事業譲渡のためには，会社法上，株主総会の特別決議による承認が必要であるが（会社467条1項1号・2号・309条2項11号），裁判所は，再生債務者等の申立てにより，株式会社である再生債務者が債務超過であること及び事業譲渡が事業の継続のために必要であることを要件として，株主総会の特別決議による承認に代わる許可（代替許可）をすることができるとされている（43条1項）。

代替許可の適法性が問題となった事案に関し，東京高裁（東京高決平成16年6月17日金法1719号51頁）は，医療用機器を製造販売する日本コーリン株式会社の再生手続において，債務超過についての疎明が十分でないこと及び当該営業譲渡が事業の継続のために必要であるとは認められないことを理由として，営業譲渡についての代替許可の申立ては不適法であるとの判断を示した。同決定は，「事業の継続のために必要」とは，「原則として，営業譲渡をしないと，当該事業が遅かれ早かれ廃業に追い込まれるような事情がある場

合や，当該営業の資産的価値が著しく減少する可能性がある場合に限」ると解釈した上で，当該事案においては，「会社が営業の全部を第三者に譲渡することなく，再生債務の一部免除及び弁済猶予等によって自ら事業を継続することが困難となったことを認めることができ」ず，「事業の継続のために必要」とはいえないとしている。

従来から，民事再生法43条1項が定める「事業の継続のために必要」の意義については，「事業譲渡をしなければ当該営業が早晩廃業に追い込まれる場合」に限定する厳格な考え方と，「事業譲渡をしなければ当該営業の価値や規模に大きな変化が予想されるような場合にも必要性を肯定してよい」とする柔軟な考え方が対立していた。本決定は，資産的価値の減少を問題にしている点で，上記のうち柔軟な考え方を採用したとも解釈できるが，当該事案においては「事業の継続のために必要」とはいえないとしているところからすると，実質的には上記のうち厳格な考え方のほうに近い考え方のように思われる。

他方，再生手続中，会社分割を行うことができるか否かについては，民事再生法には明文の規定がない。同じ再建型手続である更生手続においては，更生計画の定めによらなければ会社分割をすることができない（会更45条1項7号・182条・182条の2）とされている。しかし，再生手続においては，更生手続と異なり，再生債務者の株主は原則として再生手続に参加せず，その権利行使も手続の制約を受けないことから，再生手続中においても，会社法等の定める手続に従えば会社分割を行うことができると解される。

なお，民事再生法上，再生手続開始後の会社分割は，事業譲渡とは異なり，必ず裁判所の許可を得なければならない行為とはされていない。しかし，東京地方裁判所の運用では，再生手続後の会社分割は，裁判所の許可を要する行為として指定（41条1項10号）されるのが原則である。事業譲渡が要許可事項とされている趣旨が，再生債権者や従業員の利害に関わる重大な問題であり，事業再生の基本的枠組みを決定することにあることからすると，法形式こそ異なるが事業を承継させるという点で同一の効果をもたらす会社分割についても，裁判所の許可にかからしめることが妥当であろう。

2　再生計画に基づく事業承継

　再生計画により事業承継を行うことは，明文の規定はないが，当然に許容されている。事業譲渡の場合には，再生計画案について，再生債権者の決議を経ることとなるため（172条の3），裁判所の債権者等からの意見聴取手続は不要である。また，裁判所は，再生計画案について，労働組合等の意見を聴かなければならず（168条），労働組合等は，再生計画案を認可すべきかどうかについて，意見を述べることができるため（174条3項），民事再生法に基づく労働組合等からの意見聴取手続を重ねて行う必要はない。もっとも，東京地方裁判所の運用では，再生計画に基づく事業譲渡の場合でも，その形式は別にして，再生計画の認可決定とは別に民事再生法42条に基づく裁判所の許可が必要と考えられているようである。

　なお，会社分割を再生計画に基づいて行う場合は，会社更生法とは異なり，民事再生法上，会社法上の手続の簡略化を認める特別の規定は存しないため，会社法に従って，株主総会の特別決議，債権者保護手続等を含む所定の手続を行う必要がある。

［Ⅲ］　再生手続における事業譲渡と会社分割

1　事業譲渡と比較した会社分割のメリット

　事業譲渡のデメリットとしては，事業を構成する個々の資産については，個別の譲渡手続やそれに加えて第三者対抗要件の具備が必要となり手続が煩雑であること，契約関係の承継にも契約相手方の個別同意を要するのが原則であり，重要な契約が相手方の不同意により承継されないこともあること（ただし，民事再生手続中に営業譲渡が行われた場合において，当該営業に係る契約上の地位について譲渡禁止特約が含まれていたときであっても，民事再生手続中の営業譲渡の目的や手続，営業譲渡契約の内容等に鑑み，当該特約に基づく解除は許されないと判示した裁判例として，東京地判平成15年12月5日（金法1711号43頁）がある。），許認可を必要とする事業については，譲受人において当該事業に必要な行政法規に基づく許認可を取得する必要があることなどが挙げられる。

　一方，会社分割は，事業を構成する個々の資産について個別の譲渡手続が

不要であること，契約の相手方の個別同意がなくても事業に関する契約関係を承継会社に強制的に移転することが原則として可能であること，会社法上の債権者異議手続を経ることで，異議申述期間内に債権者が異議を述べなかったという消極的行為により，債権者異議手続の対象となる債権者から承諾が得られたことになるため債務の免責的引受けが容易に可能となること（ただし，再生手続中の会社分割においては，このメリットが減殺されることにつき，下記Ⅳ参照。），許認可の承継についても各許認可の根拠法令上承継人が改めて許認可を取り直す必要がないものとされているものが多いことなどの点で，事業譲渡よりも有利である。

また，会社分割は，事業譲渡とは異なり，消費税が課されないこと（消費税2条1項8号），一定の要件を満たす場合には不動産取得税が課されないこと（地税73条の7第2号。なお，現物出資又は事後設立による事業譲渡の場合は，同様に一定の要件を満たす場合は不動産取得税が課されない。地税73条の7第2号の2），登録免許税について軽減措置があること（登録免許税法別表第一24，租税特別措置法80条1項3号・81条等）などの税務上のメリットがある。

なお，法人税については，事業譲渡（適格現物出資又は適格現物分配に該当する場合を除く。）と非適格分割の場合，承継対象の資産・負債は時価による譲渡が行われたとみなされ，譲渡損益が認識される（法税62条等）のに対して，適格現物出資又は適格現物分配に該当する事業譲渡と適格分割の場合，承継対象の資産・負債は帳簿価格により承継されたものとみなされ，譲渡損益の認識は繰り延べられる（同法2条12号の11ないし15・62条の2ないし5等）。

2 事業譲渡と比較した会社分割のデメリット

会社分割のデメリットとしては，承継される事業に主として従事する労働者に関しては，労働契約を承継させないことを分割当事会社が決めたとしても当該労働者が異議を述べれば労働契約の承継が法的に強制されるほか，株主総会の特別決議による承認等の株主保護の手続や，一定の場合には債権者保護手続の履践が必要であり，手続が煩雑となるなどのデメリットが挙げられる。

事業譲渡の場合は，承継される事業に主として従事している労働者である

にもかかわらず承継しないことが原則として認められ，これにより，従業員の退職金の取扱いについて，契約に定めるところにより一旦従業員を退職させた上で譲受会社において改めて再雇用する方法により将来的な退職金債務の負担を縮減することが可能となる。承継される事業が余剰人員を抱え，かつ，労働条件も経営実態からすると高すぎるという場合も少なくないと思われることからすれば，事業を譲り受ける側にとってみれば，労働契約の強制的移転がなされないことは，事業譲渡の契約を成立させる方向に働くといえる。この点を考慮すると，会社分割は，事業を譲り受ける側からすると，必ずしも使い勝手のよい制度とはいえないであろう。

また，会社分割の場合においては，株主総会の特別決議による承認について，民事再生法43条のような裁判所による代替許可の制度が設けられていない。経済的に破綻に瀕している株式会社の株主は会社の経営に必ずしも十分な関心を持つとは限らず，株式会社においては株主が不特定多数の者で所在が拡散していることがありうることからすると，その結果，定足数要件（会社309条2項柱書前段）を充たさない等の理由により株主総会の特別決議の成立が困難となる事態が生じうる。民事再生法43条の趣旨が，再生債務者が債務超過であって，実質的にみて株主が企業価値の所有者でない状況下において，株主の関与を排除して迅速な事業譲渡を実現することにあることからすれば，立法論としては，再生手続における会社分割の場合においても，債務超過のときは株主総会による承認決議の代替許可を設けることを検討してよいと思われる。再生手続において株主権が制約されていないことは，必ずしも会社分割の承認の総会決議が代替許可の制度に馴染まないことを意味しないからである。

［Ⅳ］　事業承継と債権者の保護

1　債務の承継の有無と債権者異議手続

一般に，会社分割は事業譲渡と異なり，債務の承継に債権者の同意が不要であることが大きなメリットの一つであると考えられている。しかし，再生手続との関係では，債務を承継対象にすることについては債権者平等原則の

関係から問題が生じうる。なぜなら，事業承継において，財務状態の健全な譲受先に債務を承継させることとして，その額を譲渡の対価から差し引くとすれば，当該債務について全額弁済を保証するに近い効果が生じるからである（ただし，再生計画に基づく権利変更後の債務を譲受人が引き受ける場合であれば，債務の承継を事業承継の対象に含めても債権者平等原則を害することにはならないと考えられる。また，再生手続上，優先債権となるもの，共益債権となるもの，別除権付債権のうち担保権の評価額の範囲内の部分については，再生手続上，随時弁済が認められていることから，それらの債務を承継することについても債権者平等原則との抵触は問題にならない。）。

他方，会社分割により債務の承継が行われず会社分割後も引き続き分割会社に請求できる債権者については，分割型分割である場合を除き，会社分割について異議を述べることができる債権者に含まれず，分割無効の訴えを提起することもできない（会社789条1項2号・2項・810条1項2号・2項・828条2項9号・10号）。したがって，分社型分割による事業承継が行われる場合において，全ての債権者が分割後も引き続き分割会社に請求できるときは，事業譲渡による事業承継が行われる場合と同様に，会社法上の債権者異議手続を全く経ずに事業承継が行われ，その結果として債権者が害されるという事態が生じうる。

2　詐害的会社分割

改正前商法では，分割の手続として「各会社ノ負担スベキ債務ノ履行ノ見込アルコト及其ノ理由ヲ記載シタル書面」（改正前商法374条ノ2第1項3号）の開示が要求されており，「債務の履行の見込み」があることを会社分割の実体要件とする見解が主流であった。その結果，債務超過状態にある会社は，原則として債務の履行の見込みがないとされ，それゆえ債務超過会社の会社分割は認められないとされてきた。そのため，従来は，再生計画認可決定の確定により債務超過状態を解消した後に，会社分割の効力が生じるように条件を設定することが一般的であった。しかし，会社法・同法施行規則は，「債務の履行の見込みに関する事項」（会社規183条6号・192条7号・205条7号）とその文言を変更したことから，債務の履行の見込みがないことが会社分割

無効事由となるか否かについて，これを否定する見解が有力である。近時の倒産実務においても，債務超過にある分割会社が，大口の債権者の同意を得た上で，分割によって承継会社に対して優良資産を承継させて会社再建を図るとともに，その対価の交付を受けた分割会社を清算するという会社再建手法が用いられている。

　このように債務超過にある分割会社による会社分割が認められるとすると，債務超過状態の会社が優良事業を会社分割により別法人に承継させて一般財産の共同担保としての価値を実質的に毀損するなど，分割によって承継されない分割会社の債権者が害されるという事態が生じることが懸念される。再生手続開始前の事業承継ではあるが，これに関連する問題として，東京高裁（東京高判平成22年10月27日金法1910号77頁）は，新設分割という組織法上の行為であっても，詐害行為取消権の対象になると判示している。従来，実務家の間では，会社分割への詐害行為取消権の適用を否定する見解も有力であったが，同裁判例は，債務超過である新設分割会社が，優良資産や一部債務を新設分割設立会社に承継させ，新設分割会社はその対価として，新設分割設立会社の設立時発行株式の交付を受けたという事案において，「新設分割が会社法に基づく組織法上の法律行為であるとしても，新設分割は，新設分割会社がその事業に関して有する権利義務の全部又は一部を新設分割設立会社に承継させる法律行為であって財産権を目的とする法律行為というべきであり，また，法人格の取得という点に着目して新設分割による会社設立をいわば身分上の行為であるということができるとしても，そのことによって新設分割が財産権を目的とする法律行為でなくなるものではない。」と述べている。

　事業譲渡と会社分割は，事業を承継させる法律行為であるという点では一致している。それにもかかわらず，会社分割が組織法上の行為であるという法的性質の違いのみを理由として，詐害行為取消権の対象にならないというのは，実質的にみても債権者保護の観点から妥当ではない。会社分割が部分的包括承継の法的効果を有するとしても，個々の権利義務の移転についてみれば，財産権を目的とする法律行為であることには変わりないのであるから，会社分割についても，詐害行為取消権の対象になると解してよいと思わ

れる。もっとも，事業を承継する側に萎縮効果を生じさせないためにも，どのような場合であれば，詐害行為に該当しないかについて基準の具体化が求められる。いずれにしても，実務的には，事業譲渡と同様に，会社分割が条件次第では債権者の債権回収のリスクを増大させるものであることを前提として，会社法上会社分割について異議を述べることのできる債権者であるか否かにかかわらず，会社分割によって不利益を受け得る債権者との間で事前に十分に協議を行っておくべきであろう。

[Ⅴ] 事業承継の法的障害

　以上のように，再生手続において，再生計画によらない事業承継を実施することは現行法の下でも可能であるが，これらをより活用するという観点から，現行法上の問題も少なくない。
　まず，問題となるのは，事業継続に不可欠な不動産に担保権が設定されている場合において，担保権の消滅が事業譲渡の前提とされているにもかかわらず，担保権の抹消について担保権者の同意が得られないときや，配当可能性がほとんどない後順位担保権者が不当に高額な担保抹消料を要求してくるときに，担保権を強制的かつ迅速に消滅させることができない点である。再生手続においては，担保権消滅請求制度が設けられているが，再生計画によらない事業譲渡や会社分割を考えたとき，この制度は相当に使い勝手が悪い。詳細は，本書「48　担保権消滅請求」に譲るが，担保権の消滅までに最長で6か月程度かかることもある。再生手続が一般に開始申立てから約6か月程度で終了することを考慮すると，担保権消滅請求の手続の迅速化が望まれる。
　また，再生計画によらない早期の事業承継により事業の劣化を回避する観点からは，重要な商取引債権者のうち自らの債権が優先的に弁済されない限り新たな取引に応じようとしないものへの対処についても，実務上問題となる点が少なくない。たとえ早期の事業承継を達成できたとしても，債権者平等を貫くあまり重要な取引先との取引が従前どおり継続できないこととなれば，本末転倒である。米国では，倒産債権の支払が債務者の事業及び再建に

とって必須である場合は，裁判所の許可により，計画外で弁済できるクリティカル・ベンダーの制度があり，重要な取引先に対する債務の弁済を例外的に認めている。我が国においても，再生債務者が再生手続開始後に，再生計画によらずに再生債権者に弁済することができるとされている少額弁済の制度（85条5項）があり，これを活用することで，重要な取引先に対する債務の弁済を認めることが考えられる。ただし，詳細は本書「41　再生債権の処遇」に譲るが，少額弁済の制度においては，債権者平等原則との関係で，「少額性」の要件を巡ってなお議論の余地があり，今後，随時弁済の許可がなされるべき場面の具体化が求められる。

［Ⅵ］　結びに代えて

　事業の再生という再生手続の目的を実効的に達成するためには，事業は劣化のスピードが速くかつその程度も著しいという性質上，再生計画によらない事業承継を行う必要性は格段に高くなる。その方法として，現行法の下では，事業譲渡と会社分割の活用が考えられるが，事業譲渡には取引法上の制約があり，会社分割においても，株主総会の代替許可の制度が存しないという大きなデメリットが存する。また，両制度に共通する問題として，担保権消滅請求によった場合に多大な時間を要することは事業承継の大きな障害となる。重要な取引先の債務の弁済に関しても，「少額性」の要件を巡って議論は発展途上であり，いかなる場合において弁済許可がなされるかは不透明である。実務の運用によっては，これらの問題点を相当程度克服できるものと考えられるが，手続の透明性の見地から，より明確な基準の設置が望まれる。

【藤縄憲一＝浅妻　敬】

■参考文献
相澤光江「事業譲渡と会社分割，増減資─民事再生とM&A」高木新二郎＝伊藤眞編『講座─倒産の法システム第3巻　再建型倒産処理手続』421頁以下（日本評論社，2010）
山本和彦「営業譲渡による倒産処理」青山善充ほか編『現代社会における民事手続法の展

開　石川明先生古稀祝賀　下巻』603頁以下（商事法務，2002）

永石一郎「倒産と営業譲渡・会社分割」奥島孝康ほか編『倒産法学の軌跡と展望　櫻井孝一先生古稀祝賀』261頁以下（成文堂，2001）

三森仁＝鎌倉一輝＝大場寿人「会社分割スキームを活用した事業再生」季刊事業再生と債権管理　No.125（2009）141頁以下

岡伸浩「濫用的会社分割と民事再生手続」NBL　No.922（2010）6頁以下

井出ゆり「米国連邦倒産法チャプター11手続の下での「363条セール」と近時の論点——GM，クライスラー，リーマン・ブラザーズ等の大型倒産事件における事業譲渡に関する事例紹介」NBL　No.911（2009）12頁以下

園尾隆司＝小林秀之編『条解民事再生法』187頁以下，同193頁以下〔松下淳一〕（弘文堂，第2版，2007）

伊藤眞‐凹原睦夫監修　全国倒産処理弁護士ネットワーク編『新注釈民事再生法【上】』196頁以下（金融財政事情研究会，2006）

10　プレパッケージ及びDIPファイナンス

プレパッケージ型の民事再生申立てのメリットと問題点は何か。
DIPファイナンスに関する留意点は何か。

解　説

［Ⅰ］　プレパッケージ

1　プレパッケージ型とは何か

「プレパッケージ型」とは，米国における再建手続の一手法で，裁判所にチャプター11手続の申立てをするにあたり，申立てに先立ち再建計画案について主要債権者から同意を取り付けた上で，申立てを行うものをいう（事業再生研究機構編『プレパッケージ型事業再生』33頁〔阿部信一郎〕（商事法務，2004））。しかし，我が国においては，主要債権者らの同意を取得するか否かにかかわらず，申立てに先立ち事業譲渡先又はスポンサー（以下「スポンサー等」という。）を選定したうえで，民事再生等の申立てを行うものを一般に「プレパッケージ型」と呼んでいる。本稿では，「プレパッケージ型」の語をこの意味で用いることとする。

2　プレパッケージ型申立てのメリット

民事再生が申し立てられた場合，得意先は再生債務者が事業を継続できるかについて疑念を抱き，再生債務者との取引を止めて，他社との取引に乗り換えるということが起こる。また，納入業者や業務委託先は，再生債務者に商品やサービスを提供しても代金が支払われないかもしれないという疑念を抱きがちである。このようなことから，民事再生を申し立てた場合，得意先や取引先が離れ，売上げが激減することがある（事業毀損）。

また，再生債務者は申立て直後往々にして資金が不足しており，そのため事業の安定的継続に支障を来すことがある。

もし民事再生を申し立てた時点においてスポンサー等が決まっており，スポンサー等の関与の下に事業が継続されることが公表され，必要な資金支援もなされるのであれば，得意先や取引先の離反は起こりにくいし，安定した事業継続が可能となる。したがって，プレパッケージ型の申立ては，民事再生申立てによる事業毀損を最小限に食い止める有効な方法である。

プレパッケージ型にはこのようなメリットがあるが，そのメリットの程度は再生債務者の業種や財務状況による。たとえば商社，ゼネコン等信用こそが事業の基盤となっている業種や競争の激しい市場において継続供給を求められる業種などは，スポンサー等による信用補完なしに再生手続に入れば著しい事業毀損が生じると予想される。また，公租公課の滞納が相当額に上っている場合や事業継続のための資金が不足している場合には，あらかじめ必要な資金支援を受けられる目処が立っていなければ，再生手続の申立てをすることも憚られる。このような場合，特にプレパッケージ型が適している。

3　プレパッケージ型の問題点

プレパッケージ型では，申立て前にスポンサー等が選定されるために，選定過程において裁判所や監督委員の審査を受けない。すなわち，選定過程の公正性・適正性が十分に担保されているとはいえない。

また，スポンサー等の選定について主要債権者らの同意を取り付けていない場合，選定されたスポンサー等が債権者の多数の意思に沿っているとは限らない。一部の債権者の同意をとっていたとしても，すべての債権者に諮られたのでなければ，同じである。

このようなことから，申立て前に選定したスポンサー等を前提に作成した再生計画案が可決されないことや，スポンサー等の選定をやり直す必要が生じることがある。

4　選定をやり直すべきケース

上記のような問題点があることから，申立て後に選定をやり直すべき場合

があるか，また，どのような場合にやり直すべきかが，問題となる。

(1) お台場アプローチ

この基準として，いわゆる「お台場アプローチ」(前掲『プレパッケージ型事業再生』101頁〔須藤英章〕) が参考になる。これでは，次の7つの要件がいずれも満たされる場合には，「再生手続開始後にさらに良い条件を申し出る者がいても，『手遅れである』として謝絶し，既存のスポンサー契約等を解除しなくても公平誠実義務 (法38条2項) の違反にはならず，監督委員も善管注意義務 (法60条) の違反とはされない」との提言がなされている。

① あらかじめスポンサー等を選定しなければ事業が劣化してしまう状況にあること
② 実質的な競争が成立するように，スポンサー等の候補者を募っていること。又は，(これが困難である場合には) 価額がフリーキャッシュフローに照らして公正であること
③ 入札条件に，価額を下落させるような不当な条件が付されていないこと
④ 応札者の中からスポンサー等を選定する手続において，不当な処理がされていないこと
⑤ スポンサー契約等の内容が，会社側に不当に不利な内容となっていないこと
⑥ スポンサー等の選定手続について，公正である旨の第三者の意見が付されていること
⑦ スポンサー等が，誠実に契約を履行し，期待どおりに役割を果たしていること

「お台場アプローチ」で提言された7要件は，申立て前のスポンサー選定を優先するための十分条件であること，すなわちこの7つの要件が備わっていればスポンサー契約を解除する必要がないことは異論のないところであろう。しかし，必要条件であるか，すなわち7つの要件が備わっていなければスポンサー契約を解除しなければならないかという点については，意見の一致を見ていない。

(2) 松嶋弁護士らの提案

お台場アプローチに対し，少し緩やかなものとして，松嶋英機弁護士らが次の5要件を提案している（松嶋英機＝濱田芳貴「日本におけるプレパッケージ型申立ての問題点」銀行法務21・631号（2004）13頁）。

① メインバンク（主要取引債権者）がスポンサー交渉に関与し，少なくとも結果について承諾していること
② 複数の候補者と交渉し，少なくとも打診したこと
③ 当時の事業価値の評価として一応妥当であること
④ スポンサー契約が民事再生申立ての決断又は早期申立てに寄与したこと
⑤ スポンサー契約に至る過程において，スポンサー候補者が資金繰りや営業上の協力をしたこと（絶対的条件ではない）

(3) 考　察

申立て前の再生債務者が置かれている状況は多様である。すでに信用不安による事業の劣化が進んでいたり，弁済禁止の保全処分を受けても解消できないほどの資金不足になっているなど，ただちにスポンサーを選定し民事再生等の申立てをしなければ再建の道が閉ざされる状況にあることもある。経済の状況（投資ファンドの活動が低調な場合）や当該企業の価値によっては，探したところで，スポンサー等としての申出があまり期待できない場合もある。あるいは，スポンサー等を募った場合に，取引先や従業員等の関係者から支持が得られそうにない企業（たとえば激しい敵対関係にあるライバル企業やいわゆるはげ鷹ファンドなど）からの申出しか期待できない場合もある。

他方，入札をしたり，FAを選定してスポンサー等の探索をしたり，あるいは複数の企業にスポンサー等の打診をしただけでも，そのような情報が広がり，信用不安に拍車をかける可能性がある。これらの選定作業には費用と時間もかかる。多くの企業のデューディリジェンスに応じるには1～2か月の時間を要することも珍しくない。また，メインバンクが民事再生申立てに理解があるか不明である場合も多く，スポンサー等の選定の相談をすることで，かえって混乱を招くことも考えられる。

以上のような事情を勘案すれば，お台場アプローチの7要件や松嶋弁護士

ら提案の5要件を満たしていなくとも，ただちに契約を締結してくれるスポンサー等と契約する方が再建及び弁済率の極大化に資する場合がある。少なくとも，申立て前の時点において，時間と費用をかけてスポンサーを選定することと，現にあるスポンサー等の申出に飛びつくことのいずれが得策であるのか容易に判定できるわけではない。その時点における経営者としては，当該企業が置かれた状況を前提に，債権者，従業員，取引先等の関係者にとって何が得策かを総合的に判断せざるを得ない。

　上記のような場合において，申立て後にさらに有利な条件を申し出たスポンサー候補者が現れたことで，選定をやり直すことにすると，その弊害は甚大である。やり直しにより，それまで当初スポンサーによる信用補完によって防いできた事業毀損が，あらためて進行するということもありうる。そのような心配がないとしても，やり直しをすれば，リスクのより多い時期に支援した当初スポンサーによる信用補完に，債権者や新スポンサーがただ乗りしたこととなり，公平を欠くという見方もできる。そして何より，申立て前に選定されたスポンサー等が簡単に否定されるようでは，選定されたスポンサー等が本腰を入れて支援することは期待できない。

　申立て前に債権者の関与なく選定されたスポンサー等が維持されれば，債権者の利益が害されるという意見があるかも知れない。しかしながら，債権者にはその意見を手続に反映する機会が用意されている。すなわち，当初スポンサー等を前提とする再生計画案に納得がいかなければこれに反対すればよいし，別のスポンサー等を前提とする再生計画案の方が有利だと考えるのであればその趣旨の再生計画案（ただし，債権者は募集株式を引き受ける者の募集を定める再生計画案を提出できないため（166条の2第1項），制約はある。）を再生債権者として提出することや会社更生の申立てをすることも考えられる。また，もし当初スポンサー等への事業の継承が計画前事業譲渡（42条）により行われようとするのであれば，意見聴取の機会に反対意見を表明すればよい。債権者の反対が多ければ，裁判所は許可をしないであろう。

　以上からすると，スポンサー選定を申立て後にやり直すべき場合は限定すべきであって，「お台場アプローチ」の7要件や松嶋弁護士ら提案の5要件は，事前のスポンサー選定を優先するための十分条件ではあるが，必要条件

とまではいえないと思料する。上記のとおり申立て前の再生債務者の状況がさまざまであることを考えると個別具体的な必要条件を定立することは容易ではなく，その時点における再生債務者又は経済の状況や，「お台場アプローチ」の7要件及び松嶋弁護士ら提案の5要件を総合的に見て，窮境にある企業の通常の経営者の経営判断として申立て前のスポンサー選定が不合理である場合に，再生債務者の公平誠実義務（38条2項）の観点からスポンサー契約をやり直すべきものと考える。申立て前のスポンサー選定が不合理な場合とは，たとえば経営者の保身を目的にスポンサー選定をした場合，他に有利なスポンサー等の候補が存在することが明らかな状況で特段の理由もなく不利な条件のスポンサー等を選定した場合，複数の候補者に打診する時間的余裕があるにもかかわらず，特段の理由もなく，複数の候補者への打診なしにスポンサーを選定した場合などが該当すると思料する。申立て前の選定が不合理とはいえない場合には，たとえ他に有利なスポンサー等があったとしても，申立て前の選定の当否は債権者集会や事業譲渡の意見聴取において示される多数債権者の意向に委ねれば足りるものと思料する。

なお，申立て前のスポンサー選定が不合理とはいえない場合であっても，再生債務者が多数の債権者の同意を得るべく，スポンサー選定をやり直すことを否定するものではない。

5　申立て前に締結されたスポンサー契約を解除する手続
(1)　解除の根拠

当初のスポンサー等にスポンサー契約の不履行があれば，再生債務者は当該債務不履行を理由に解除できる。

スポンサー契約は，通常，再生手続開始後においても，再生債務者及びスポンサー等の双方に未履行の債務が残っている。したがって，法49条によりスポンサー契約を解除することができる。

また，当初スポンサー等を前提としたのでは，事業譲渡の許可が得られない場合や再生計画の認可が得られないことが明らかであるような場合には，当該スポンサー契約は目的を達することができないこととなるから，信義則上再生債務者はスポンサー契約を解除できると解する。

(2) 再生債務者が解除をしない場合

スポンサー選定をやり直すべき場合において、再生債務者がスポンサー契約を解除しないとき、裁判所又は監督委員はどうすべきか。

次の対応が考えられる（民事再生実務合同研究会編『民事再生手続と監督委員』188頁〔三村藤明〕（商事法務、2008）参照）。

① 裁判所が再生債務者の財産の管理又は処分が失当であるとして、管理命令を発令する。

② 管理命令発令の可能性あること又は法174条2項2号の不認可要件に該当することを理由に、スポンサー契約を解除するよう指導する。

③ 認可要件に関する意見書を提出する際、スポンサー選定に関する事情を説明し、債権者集会の判断に委ねる。

以上の対応の中から、スポンサー選定の不合理の程度とやり直しをした場合に債権者に与えるデメリットを勘案して、対応をすべきであろう。

(3) 当初スポンサーを保護する必要性

スポンサー契約が解除され、あらためて入札（以下「再入札」という。）が実施された場合、当初スポンサー等をどのように保護するか。これが何ら保護されないのであれば、申立て前にスポンサー等となった者は支援に本腰を入れられない。また、申立て前にスポンサー等がついたこと、又はその支援により事業毀損を防いだ場合、このことは再入札価額を増大させることに貢献しているのであるから、当初スポンサー等がこの貢献に応じ何らかの利益を享受することは公平に適う。そこで、次のような保護の方法が提案されている（前掲『プレパッケージ型事業再生』106頁〔須藤英章〕、前掲『民事再生手続と監督委員』193頁〔須藤英章〕）。

(a) ファースト・レフューザル・ライト

当初スポンサー等に、再入札における最高価額と同額を支払う場合には、スポンサー等となれる権利を付与する。ただし、当初スポンサー等にこのような権利が与えられる場合、他者の入札参加を躊躇させることとなる。なぜなら、他者はデューディリジェンス等の費用や労力を投じた上で最高価額を入れても、落札できない可能性があり、投じた費用や労力が無駄になる可能性がその分高くなるからである。

(b) ブレイクアップフィー

　当初スポンサー等の尽力によって事業毀損を防止できたことの対価として一定金額を支払う。一定金額としては落札額の5％程度という案が出されている。ただし，これを支払う根拠が問題となる。もし，当初のスポンサー契約にブレイクアップフィーが規定してあれば，当該規定に従いブレイクアップフィーを払うこともできようが，通常このような規定は置かれていない。そうすると，考えられるのは，スポンサー契約を合意解除し，その条件としてブレイクアップフィーを支払うか，又は再入札の条件として落札者に支払わせるかであろう。

　もっとも当初スポンサー等に上記のような保護を与えるか否かは，スポンサー選定のやり直しをすべき場合をどう考えるかとの兼ね合いである（深山雅也「プレパッケージ型民事再生における支援企業保護をめぐる考察」事業再生研究機構編『民事再生の実務と理論』181頁（商事法務，2010））。私見のようにやり直しをすべき場合を限定するのであれば，当初スポンサー等に上記のような保護を与える場面は少なくなろう。

［Ⅱ］　DIPファイナンス

1　DIPファイナンスとは何か

　DIPファイナンスは，もともとは，米国においてチャプター11手続に入った企業に対する融資を指した。我が国においては，私的整理に入った企業に対するものも含め，DIP型手続であるか否かにかかわらず，再建手続に入った企業に対する融資を一般に「DIPファイナンス」と呼んでいる。

　DIPファイナンスには，メインバンクやスポンサーが再建支援のために行う場合と金融機関やファンド等がビジネスとして行う場合がある。

2　DIPファイナンスの必要性

　民事再生手続を行う場合において，運転資金等の必要資金が一時的に不足するものの，その必要資金が調達できれば事業が継続でき，将来の収益やスポンサー等からの支援等により調達した資金を返済することが見込まれる場

合がある。このような場合にDIPファイナンスが必要となる。

　また，事業継続のための必要資金がDIPファイナンスにより調達できることが公表されれば，信用力を補完する効果が期待できる。

3　DIPファイナンスの契約条件等

　DIPファイナンスの契約条件は法定されているわけではないが，一般的な企業に比べ，再生債務者の信用力は低いため，貸付人による十分なリスク管理が必要となる。そこで，場合によっては，貸付けにあたり財務の状況や再生計画認可の見込み等についてデューディリジェンスが実施されることもある。また，申立代理人弁護士へのヒアリングが重要となる。

　リスク管理のために，次のような契約条項が置かれることがある。

① 再生債務者の財産の状況に関する表明保証
② 再生債務者の財産状況を示す書類（資金繰表，月次試算表，預金口座残高等）の提出義務
③ 返済に影響を与える事項（資金繰予定表と実績の大幅な乖離，訴訟や強制執行の申立て，他者からの借入れ，他者への担保提供，再生計画案の内容，可決の見通し等）について報告する義務

　貸付利率は，通常は，一般的な貸付利率よりも高率となる。ただし，スポンサーが貸し付ける場合には，支援の意味合いでなされるため一般的な貸付利率よりも低率の場合も多い。

　再生債務者の多くは優良な資産を有していないため，DIPファイナンスでは売掛金や回収した手形を担保とすることが多い。売掛金を担保とする場合には，毎月再生債務者が売掛金の明細を報告する義務を負わせることとなろう。また，貸付金の残高に対し売掛金の残高を一定割合（たとえば120%）以上とすることが合意されることとなろう。

4　実施のための手続，監督委員の同意

　金銭の借入れは通常監督委員の同意事項に指定されているので，DIPファイナンスを受けるには，開始の前後を問わず監督委員の同意が必要である。また，開始前であれば，共益債権化の承認（120条）を受けることが必要

であり，この承認を受ければ返還請求権は共益債権となる。開始後の場合，返還請求権は当然に共益債権である（119条5号）。これらは，破産移行した場合，財団債権となる（252条6項）。

5　申立て前のファイナンス（プレDIPファイナンス）の扱い

　申立て前にDIPファイナンスを行った場合，その返還請求権は再生債権である。ただし，事業再生ADRにおいて産業活力の再生及び産業活動の革新に関する特別措置法52条の確認が行われたものについては，同法53条により，また，企業再生支援機構が支援決定をした事業者に関し株式会社企業再生支援機構法35条の確認が行われたものについては，同法36条により一定の優先扱いが認められている。この考え方からすれば，上記確認を受けたものについては，共益債権類似の債権として和解契約又は少額債権に対する弁済（85条5項）により計画外で弁済することも適法とされる余地があろう（中井康之「事業再生ADRの手続上の諸問題（下）」銀行法務21・718号（2010）38頁参照）。

【髙木　裕康】

■参考文献
全国倒産処理弁護士ネットワーク編『通常再生の実務Q&A120問』85頁〔三枝知央〕（金融財政事情研究会，2010）

11 民事再生と保証

保証人が民事再生手続に入った場合，債権者の有する主債権及び保証債権は，①民事再生の開始決定，②再生計画の認可決定の確定によって，どのような取扱いを受けるか。また，③債権者の主債権及び保証債権の時効にはどのような影響があるか。主たる債務者が民事再生手続に入った場合はどうか。

解　説

［Ⅰ］　問題の所在

　保証人（民446条・454条）は，主たる債務者とともに，同一の給付につき全部の履行義務を負っている（ただし，連帯保証人でない保証人の場合には，催告の抗弁（民452条），検索の抗弁（民453条）がある。）。同様に，同一の給付につき各人が全部の履行義務を負うものとしては，連帯債務（民432条），不可分債務（民430条）等があるが，保証債務，連帯債務等の制度は，全部履行義務者に人的担保の機能を負わせ，責任財産の集積と，債権の回収リスクの分散化を図るところに主な目的がある。したがって，全部履行義務者の一人に民事再生手続の申立要件である「破産手続開始の原因となる事実の生ずるおそれ」（21条1項）が生じたときにこそ，債権者にとっては人的担保の役割が期待されることになる。そこで，民事再生手続においては，全部履行義務者の人的担保の機能を認めつつ，求償権を有する他の全部履行義務者及び他の再生債権者との調整を図っている。

[Ⅱ] 再生債権者の民事再生手続への参加（再生債権の原則的取扱い）

（1） 再生債権者は，民事再生手続の開始決定後は，原則として再生計画の定めるところによらなければ，再生債権の行使をすることができない（85条1項）。再生債権者が，民事再生手続において再生債権の回収を図るには，原則として債権届出期間（34条1項，規則18条1項1号）内に，再生債権額等の債権の内容を裁判所に届け出ることによって民事再生手続に参加し，再生債権の行使をすることになる（86条1項）。

（2） 民事再生手続においては，自認債権等（101条3項・179条・181条1項）再生債権の届出をしなくとも再生計画による弁済を受けることができる場合があるところから，民事再生法86条1項の「再生手続に参加」とは，債権届出を通じて議決権を行使するという再生手続への手続的参加を意味するにすぎず，再生債権の権利実現としての手続参加の面は含まない（園尾隆司＝小林秀之編『条解民事再生法（第2版）』368頁〔山本弘＝山田明美〕（弘文堂，2007））と解されているようであるが，再生債権者が自ら積極的に再生債権の行使をするには，再生債権の届出をすることにより再生手続に参加をしなければならないし，再生債権の届出をせずに再生手続に自ら参加しなかった再生債権者は，弁済を受けられなくなる（178条）という失権のリスクを背負うことになるので，民事再生法86条1項は，単に再生手続への手続的参加のみを定めた規定と狭く解する必要はないと考える（兼子一＝三ケ月章『条解会社更生法　中巻』355頁（弘文堂，1987）参照）。

[Ⅲ] 保証人に民事再生手続の開始決定がなされた場合の債権者の手続参加

1　手続参加と催告の抗弁，検索の抗弁

（1） 保証人が民事再生手続の開始決定を受けた場合，債権者は保証人に対する保証債権を再生債権として裁判所に届け出ることによって，民事再生手

続に参加することができる。

(2) 通常の場合において，保証人が債権者から保証債務の履行の請求を受けたときは，保証人は，まず主たる債務者に催告をすべき旨を請求できる，いわゆる催告の抗弁（民452条）を有している。さらに，債権者が催告の抗弁に従って，主たる債務者に催告した後であっても，主たる債務者に弁済をする資力があり，かつ，執行が容易であることを保証人が証明したときは，債権者は，まず主たる債務者の財産について執行をしなければならない（検索の抗弁　民453条）。

(3) ところで，民法には，主たる債務者が破産手続開始の決定を受けたときには，保証人は催告の抗弁権を行使しえない旨の規定（民452条ただし書）はあるものの，保証人が破産した場合に，これらの抗弁権の行使を制限する旨の明文の規定はない。しかし，保証人がすでに破産手続の開始決定を受けている場合において，保証人に催告の抗弁や検索の抗弁を認めるのは，保証人に人的担保の機能を負わせ，債権の回収リスクの分散化を図っている保証制度の趣旨に反することとなり妥当ではない。そこで，破産法105条は，保証人が破産した場合には，催告の抗弁，検索の抗弁を行使しえないことを，確認的な意味で明文化した。この趣旨は，保証人が破産した場合のみならず，民事再生手続の開始決定があった場合も同様であるところから，民事再生法86条2項は，保証人が破産した場合に，保証人の催告の抗弁，検索の抗弁を制限した破産法105条の規定について，民事再生手続における読み替え規定を置いている。したがって，保証人に民事再生手続の開始決定がなされ，債権者が保証債権の届出をして再生手続に参加してきた場合，保証人は催告の抗弁，検索の抗弁を主張できない。

2　保証人が1人の場合の手続参加

(1) 保証人が1人で，当該保証人に民事再生手続の開始決定があると，債権者は保証人の民事再生手続の開始決定時に有する債権の全額について民事再生手続に参加できる（開始時現存額主義　86条2項，破105条）。なお，保証人に民事再生手続の開始決定があっても，債務者が期限の利益を有するときは，保証人に対する保証債権は期限付の再生債権となる（破103条3項参照）。

(2) 例えば，債権者甲が債務者乙に300万円の債権を有し，それについて丙が保証をしている場合，丙が民事再生手続の開始決定を受ければ，甲は保証債権として300万円の債権を届け出ることによって民事再生手続に参加できる。乙の主たる債務の弁済期が未到来で，丙が民事再生手続に入っても期限の利益を喪失しないような場合には，甲の300万円の再生債権は期限付債権となる。

3 保証人が数人いる場合で，「分別の利益」がある場合の手続参加

(1) 保証人が複数いる場合，保証契約が別々に締結されていても，保証人間の負担割合について特約がなければ，保証人間での負担は同一の割合となる（分別の利益 民456条・427条）。したがって，保証人の一人が民事再生手続の開始決定を受けた場合，債権者は開始決定時に有する主債権を保証人の数で除した金額を保証債権として，当該保証人の民事再生手続に参加できることになる。

(2) 例えば，前述の債権者甲が債務者乙に300万円の債権を有している例で，それについて丙，丁が保証をしている場合，分別の利益によって，丙と丁は原則として150万円の範囲で保証債務を負担することになる。したがって，丙が民事再生手続の開始決定を受けると，甲は保証債権として150万円について丙の民事再生手続に参加することができる。なお，保証人丙と丁は，分別の利益によって，甲に対して各自が150万円の割合で保証債務を負うことになるので，丙と丁は「数人が各自全部の履行をする義務を負う」（破104条1項）関係には立たない。

4 保証人が数人いる場合で，「分別の利益」がない場合の手続参加

(1) 保証人が複数いても，それが連帯保証の場合には，保証人に分別の利益はない（大判大正6年4月28日民録23輯812頁）ので，連帯保証人の一人が民事再生手続の開始決定を受けた場合，債権者は開始決定時に有する債権の全額をもって，民事再生手続に参加することができる。

(2) 前記債権者甲が債務者乙に300万円の債権を有している例で，丙と丁が連帯保証人であって，丙が民事再生手続の開始決定を受けた場合，甲は

300万円全額について丙の民事再生手続に参加することができる。開始決定後に，乙から200万円の弁済，代物弁済，相殺等の債務消滅行為（以下，単に「弁済」という。）を受けたとしても，届出債権額を100万円に減縮する必要はなく，300万円全額について，引き続き再生手続に参加できる。仮に，丙の民事再生手続の開始決定前に，丁が甲に200万円を弁済しているとすると，甲は残額の100万円についてのみ丙の民事再生手続に参加できることになるが，丁は甲に弁済した200万円について，甲に代位（民500条）して債務者乙に200万円を求償できるとともに，自己の負担部分を超える部分について，丙に対して求償権（民465条・442条）を有する。丙丁間の負担部分について特約がなければ，丙と丁の負担割合は平等となる（大判昭和12年7月16日判決全集4巻14号7頁）ので，丁は自己の負担部分150万円を超える50万円について，丙の民事再生手続に参加することができる。

[Ⅳ] 主たる債務者に民事再生手続の開始決定がなされた場合

1 保証人による一部弁済

(1) 主たる債務者に民事再生手続の開始決定があれば，債権者は開始決定時に有する債権の全額をもって手続に参加できる（開始時現存額主義）。契約締結時の債権額が参加の基準となるわけではない。保証人（連帯保証人）が，主たる債務者の民事再生手続の開始決定前に，債権者に保証債務の一部を弁済している場合には，保証人は主たる債務者に事後求償権（民459条以下）を有するので，当該求償権をもって手続に参加できる。保証人は，委託を受けた保証人はもとよりのこと，委託を受けない保証人（民462条1項），主たる債務者の意思に反する保証人（民462条2項）であっても，「将来行うことがある求償権を有する者」（破104条3項）に該当すると解される（前掲条解会社更生法中巻360頁）ので，債権者が再生債権の届出をしていない場合に限り，当該保証人は，将来の求償権を再生債権として民事再生手続に参加できる（86条2項，破104条3項ただし書，民460条・462条1項2項）。主たる債権と将来の求償債権の両方の債権について再生手続への参加を認めることは，重複した権利の行使となり，他の再生債権者を害することになるので，債権者が再生手続に

参加しなかった場合に限って，保証人の将来の求償権による手続参加を認めたのである。

　(2)　債権者が，主たる債務者の民事再生手続の開始決定後に，保証人から保証債権の一部弁済を受けても，債権者は開始決定時に有していた債権の全額でそのまま民事再生手続に参加できる。したがって，議決権はもとより，再生計画で権利変更及び弁済の対象となる再生債権額についても，開始決定時の再生債権額によることになる（86条2項，破104条2項）。

　(3)　前記債権者甲が債務者乙に300万円の債権を有している例で，それについて丙が保証をしている場合，乙の民事再生手続の開始決定前に丙が甲に100万円の弁済をしているとすると，甲は乙の民事再生手続の開始決定時に有する200万円の債権をもって手続に参加できる。また，丙は乙に100万円の求償権を有するので，100万円の求償債権で乙の民事再生手続に参加できる。なお，甲は乙の民事再生手続に参加する一方で，他方残りの200万円について保証人である丙に保証債権の履行を請求することができる。甲の請求に対して，丙の催告の抗弁権，検索の抗弁権は当然に失われるわけではない（民法452条ただし書は「破産手続開始決定」のみで「民事再生手続開始決定」を規定していない。）。しかし，保証契約においては，主債務者である乙に民事再生手続の開始決定があれば，保証人丙は甲に対して，催告の抗弁，検索の抗弁を主張しえない旨の規定が定められているのが一般的であろう。丙は乙に対して「将来行うことがある求償権」（86条2項，破104条3項）として200万円を有するが，甲が200万円について乙の再生手続に参加している場合には，再生手続への参加は認められない（86条2項，破104条3項ただし書，民460条・462条1項2項）。

2　保証人による全部弁済

　債権者が，主たる債務者の民事再生手続の開始決定後に，保証人から債権の全額の弁済を受けた場合には，債権者は債権回収の満足を得たことになるので，債権者は再生債権の権利行使をすることはできない。債権者に保証債務の全額を弁済した保証人は，債権者に代位（民500条）して主たる債務者に権利行使できることになるので，すでに債権者が再生債権の届出をしている

場合，債権者は，保証人を民事再生手続に参加させるために，届出済みの再生債権について，届出名義を債権者から保証人に変更する旨の「届出名義の変更の届出書」を裁判所に提出しなければならない（94条1項，規則35条）。

3 複数の債権がある場合のそのうちの一つの債権の弁済

(1) 債権者が主たる債務者に複数の債権を有し，そのすべてについて保証人が保証をしている場合，主たる債務者に民事再生手続の開始決定がなされた後，その複数の債権のうち一つの保証債権について，保証人が債権者に全額の弁済をすれば，破産法104条2項で定める「その債権の全額が消滅した場合」に該当する。よって，弁済をした保証人は，当該債権について，債権者に代位して，民事再生手続に参加することができる。

(2) 破産の事案ではあるが，債権者，債務者間に複数の債権があり，保証人がそのうちの一つの債権についてだけ全額の弁済をしたような場合の取扱いについて，従来，下級審の判断は分かれていた（全額弁済に該当しないとしたものとして大阪高判平成20年4月17日金法1841号45頁，全額弁済に該当するとしたものとして大阪高判平成20年5月30日判タ1269号103頁）。この点について，最判平成22年3月16日（金判1339号26頁）は，「破産法104条1項及び2項は……飽くまで弁済等に係る当該破産債権について，破産債権額と実体法上の債権額とのかい離を認めるものであって，同項にいう『その債権の全額』も，特に『破産債権者の有する総債権』などと規定されていない以上，弁済等に係る当該破産債権の全額を意味すると解するのが相当」と判示し，破産手続開始後に，複数の債権のうち一部の債権について保証人等の全部履行義務者や物上保証人がその全額を弁済した場合には，当該債権は全額が消滅しているので，債権者は債務者の破産手続において当該破産債権を行使しえないとした。

4 保証人による相殺

民事再生法は，再生債務者に対して債務を負担する者は，再生手続開始後に他人の再生債権を取得しても，この取得した再生債権を自働債権として相殺をすることはできないとしている（93条の2第1項1号，同旨の規定として会更49条の2第1項1号，破22条1項1号）。再生債務者に債務を負っている者が，再

生手続の開始決定後に，再生債務者の保証人として再生債権を弁済した場合，再生債務者に対する求償権を自働債権として再生債務者に対する債務を相殺することが，この相殺禁止規定に該当するか争われている。従来は，相殺禁止に該当するとの見解が有力であった（前掲条解会社更生法中巻908頁以下，須藤英章編著『民事再生の実務』351頁（新日本法規，2005），東京地判昭和34年4月6日判タ90号59頁）が，この有力説への批判も多かった（園尾隆司＝小林秀之編『条解民事再生法（第2版）』425頁〔山本克己〕（弘文堂，2007），金融法務事情403号39頁，同516号19頁，銀行法務21 174号20頁）。この点に関し，近時，破産の事案で，保証人が主たる債務者の破産手続開始決定後に債権者に弁済したことにより生じた事後求償権は，破産手続開始前の原因に基づいて生じた法定停止条件付破産債権であるとして，保証人が主たる債務者に負う債務との相殺を認めた下級審判決（大阪高判平成21年5月27日金法1876号46頁）が出た。上告されているようであるので，この問題に関する最高裁の判断が待たれるところである。

［Ｖ］　保証人以外の全部履行義務者の場合の手続参加

1　全部履行義務者の民事再生手続への参加

(1)　全部履行義務者に人的担保の機能を負わせた法の趣旨から，連帯債務者（民432条・441条），不可分債務者（民430条）等の全部履行義務者に民事再生手続の開始決定があった場合も，債権者は開始決定時に有している債権全額で民事再生手続に参加することができる（86条2項，破104条1項）。

(2)　物上保証人

物上保証人は，保証人のように債権者に対して債務を負うわけではないが，主たる債務者に民事再生手続の開始決定があった後に，物上保証人が債権者に債権全額の弁済をした場合は，物上保証人は債権者に代位して，民事再生手続に参加することができる（86条2項，破104条5項）。物上保証が担保的機能を有することは，保証人のような全部履行義務者の場合と同様であるので，物上保証人について，全部履行義務者の求償関係に関する規定（破104条2項ないし4項）を準用している。

2　異なる法的倒産手続の開始決定と破産法104条

　破産法104条は，民事再生法（86条2項）のみならず，会社更生法（135条2項）にも読み替え規定があるが，数人の全部履行義務者について，民事再生手続，会社更生手続，破産手続のそれぞれ異なる法的倒産手続が開始された場合の取扱いについて定めた規定はない。しかし，複数の全部履行義務者を設けることは，責任財産を集積して債権の目的である給付の実現をより確実にするという人的担保機能にあり，この趣旨は，数人の全部履行義務者について，異なる法的倒産手続が開始された場合であっても変わるものではない。したがって，このような場合にも，破産法104条の類推適用を認めるのが相当である（竹下守夫編集代表『大コンメンタール破産法』441頁〔堂薗幹一郎〕（青林書院，2007））。

［Ⅵ］　民事再生手続開始決定後の第三者弁済

　(1)　保証人に民事再生手続の開始決定があった後に，主たる債務者や他の連帯保証人が債権者に弁済を行っても，前述のごとく，債権の全額が消滅しない限り，民事再生手続の開始決定時に有していた債権の全額について，そのまま権利を行使できる（開始時現存額主義86条2項，破104条2項）。

　(2)　債権の全額の弁済を受けない限り，債権者が民事再生手続の開始決定時の債権全額の行使をそのまま認められるのは，人的担保の面を持つ他の全部履行義務者である主たる債務者や他の連帯保証人等から一部弁済を受けた場合に限られ，開始決定後に債権者がそれ以外の第三者から弁済を受けた場合には，開始決定時現存額主義は適用されず，一部弁済を受けた金額だけ債権額は減少する。したがって，すでに債権の届出をしているときには，届出債権額を第三者から弁済を受けた金額を控除した金額に変更する旨の変更届出を裁判所にしなければならない（94条1項，規則33条）。

　(3)　前記の債権者甲が債務者乙に300万円の債権を有している例で，丙と丁が単なる保証人である場合には，丙及び丁は分別の利益によって，特約のない限り150万円の保証債務を負うにすぎず，丙と丁は全部履行義務者の関係ではないので，丙が民事再生手続の開始決定を受けた後に，甲が丁から

200万円の弁済を受けたとすると，丁の弁済のうち，丁の負担部分150万円を超える50万円については第三者弁済となる。したがって，甲が丙の民事再生手続に参加できるのは，100万円の保証債権に減縮される。しかし，丙の民事再生手続の開始決定後に，甲が債務者乙から100万円の弁済を受けても，乙と丙は150万円の範囲で全部履行義務者の関係に立つので，甲は丙の民事再生手続の開始決定時に丙に有していた保証債権150万円をそのまま維持できることとなる。

[Ⅶ] 再生計画の認可決定確定と保証債権等への影響

1 保証債務の附従性の例外

(1) 再生計画認可の決定が確定すると，再生債権は再生計画の定めに従って変更される（178条）。再生計画の効力は，再生債務者及びすべての再生債権者に及ぶ（177条1項）。しかし，保証人（連帯保証人）に対する保証債権には，主たる債権の権利変更の効力は及ばないので，債権者は保証人に対して，保証債権全額（再生計画による権利変更前に主たる債務者に対して有していた債権の全額）を権利行使できる（177条2項）。保証制度は人的担保の機能を有するので，主たる債務者への債権行使が困難となったときにこそ，その実効性を図られるべきである。そこで，保証債務の附従性の例外としたのである。

(2) このことは，保証債務以外の連帯債務者等の全部履行義務者（人的担保）及び物上保証人等（物的担保）の担保提供者の場合も同様であるし，民事再生手続は，債権者との個別合意ではなく，多数決原理に従ってなされる集団的合意でもあることから，民事再生法177条2項は，これらの全部履行義務者に対しても適用される。したがって，再生計画によって，主たる債務者に対する債権の権利が変更されても，連帯債務者等の全部履行義務者に対する債権及び物上保証人等の責任には影響を及ぼさない。

2 再生債権が失権した場合と保証債権

再生債権が失権（178条）した場合であっても，民事再生法177条2項は適用され，保証人に対する保証債権は消滅しないと解されている（会社更生の事

案ではあるが，最判昭和45年6月10日民集24巻6号499頁，東京高判昭和47年4月27日下民集23巻1～4号197頁）。

3　住宅資金特別条項に関する特例

　住宅資金特別条項を盛り込んだ再生計画の認可決定が確定した場合，主たる債務者の住宅資金貸付債権はその特別条項に従って権利変更される（205条2項）が，住宅資金特別条項については，民事再生法177条2項の適用が排除され，保証人を含む全部履行義務者にも再生計画で定めた債務の減免や期限の猶予の効力が及ぶ（203条1項）。仮に，主たる債務者の再生計画で定めた住宅資金特別条項の効力が保証人に及ばないとすると，保証人は債権者からの保証債権の請求に応じざるを得ず（177条2項参照），債権者に全額の弁済等をした保証人は，債権者に代位（民500条）して主たる債務者に求償権を有することから，債権者が主たる債務者の住宅に設定している担保権を実行できることとなり，主たる債務者の住居を保持するという住宅資金特別条項の目的を達することができなくなってしまうからである。

［Ⅷ］　時効について

1　主たる債務者が民事再生手続となった場合

　(1)　債権者が主たる債務者の民事再生手続の開始決定を受けて，再生債権の届出をして再生手続に参加すると，債権者の主たる債務者に対する債権の消滅時効は中断する（民147条1号・152条）。主たる債権の時効中断の効力は，保証債務の附従性により保証人にも及び，保証債権の消滅時効も中断する（民457条1項）。ただし，債権者が再生債権の届出を取り下げたり，再生債権の届出が却下されると消滅時効の中断の効力は失われ（民152条），保証債権の消滅時効も中断しない。

　(2)　再生手続への参加による消滅時効の中断の効力は，再生計画の認可決定確定まで及ぶ（会社更生事件の事案ではあるが，最判昭和53年11月20日民集32巻8号1551頁）。

2 保証人（連帯保証人）が民事再生手続となった場合

(1) 保証人が民事再生手続の開始決定を受けて，債権者が保証債権を再生債権として再生手続に参加すると，債権者の保証人に対する保証債権の消滅時効は中断する（民147条1号・152条）が，主たる債務者に対する債権の消滅時効は中断しない。

(2) 単なる保証人ではなく連帯保証人である場合には，連帯保証人の民事再生手続への参加によって，主たる債務者に対する債権の消滅時効も中断する（民458条・434条）。

3 再生計画認可決定確定後の時効

(1) 再生計画の認可決定が確定すると，再生債権の消滅時効はその時点から進行する（前掲最判昭和53年11月20日）。再生債権者表に記載された再生債権は，再生債権者の全員に対して確定判決と同一の効力を有する（104条3項・111条）ので，消滅時効は10年となる（民174条の2）。再生債権の確定訴訟が判決で確定した場合も，消滅時効は10年である（111条1項，民174条の2）。

(2) 主たる債務者に対する再生債権は，再生計画の認可決定確定によって，前述のごとく，新たに10年の消滅時効が始まるが，債権者の再生手続への参加によって中断していた保証人に対する保証債権の消滅時効も，主たる債務者の再生計画の認可決定確定と同時に進行する。この場合，保証債務の附従性によって，保証債権の消滅時効も10年となる（最判昭和43年10月17日集民92号601頁）。

【腰塚　和男】

■参考文献
園尾隆司＝小林秀之編『条解民事再生法〔第2版〕』367頁以下〔山本弘＝山田明美〕，826頁以下〔三木浩一〕，958頁〔山本和彦〕（弘文堂，2007）
山本和彦＝長谷川宅司＝岡正晶＝小林信明編『Q&A民事再生法〔第2版〕』195頁以下〔八田卓也〕，421頁以下〔長島良成〕（有斐閣，2006）
須藤英章編著『民事再生の実務』353頁以下〔高井章光〕（新日本法規出版，2005）
伊藤眞＝田原睦夫監修　全国倒産処理弁護士ネットワーク編『新注釈民事再生法（上）』406頁以下〔中井康之〕，同（下）108頁以下〔矢吹徹雄〕（きんざい，2006）

池田靖編著『民事再生法の実務』155頁以下（銀行研修社，2010）

須藤英章監修　企業再建弁護士グループ編『民事再生QA500　第2版』311頁〔野崎大介〕（信山社，2003）

福永有利監修　四宮章夫外編『詳解民事再生法［第2版］』555頁以下〔佐藤鉄男〕（民事法研究会，2009）

三宅省三＝池田靖編『実務解説一問一答民事再生法』552頁以下〔宮川勝之〕（青林書院，2000）

竹下守夫編集代表『大コンメンタール破産法』439頁以下〔堂薗幹一郎〕（青林書院，2007）

亀井洋一「開始時現存額主義が債権別に適用されることを判示し，債権者の充当指定権を否定した2つの平成22．3．16最高裁第3小法廷判決」NBL No.927　1頁以下．

12 簡易再生と同意再生

　簡易再生手続及び同意再生手続の制度趣旨並びに各申立手続の概要はどのようなものか。現在，各手続は利用されているのか，また，その理由は何か。各手続を利用する場合には，どのような点に留意することが必要か。最近の実例にはどのようなものがあるか。

解　説

[I]　立法趣旨

　再生手続において，債権の調査及び確定の手続を経ない簡略な手続（簡易再生）を選択的に導入した。この制度の導入の理由は，以下のとおりである。すなわち，従来の和議法による和議手続においては，成立した和議条件の履行確保が不十分であったことから，再生手続においては債権の調査及び確定の手続を整備するなどし，再生手続が従前の和議手続より複雑で精緻なものとなった。しかしながら，私的整理が先行し，相当程度の債権者が再建の方向性に基本的に同意しているような場合や中小規模の倒産事件であって債権者の人数が少ない等の事情から，再生手続外で実質的な再建のための合意を得ることができるような場合等には，債権調査の手続等を省略する余地を認めることにより，簡易かつ迅速な手続進行を可能とすることが，再生債務者の事業や経済生活の再生に資するとの考えから，債権の調査及び確定の手続を経ない簡易再生に関する特則が認められたものである。この簡易再生手続の立法趣旨を推し進めると，再生手続に参加しているすべての債権者が，債権の調査及び確定の手続を経ないこと並びに再生計画案に同意している場合には，再生計画案の決議を経る必要性に乏しい。そこで，債権の調査・確定手続のみならず，再生計画案の決議をも省略する同意再生に関する

特則を設けた（深山卓也ほか『一問一答民事再生法』268頁（商事法務研究会，2000））。

［Ⅱ］ 簡易再生・同意再生をとりまく外在的な諸事情

1 簡易再生・同意再生の利用状況

　平成12年の民事再生法の施行以降，全国的にみて，簡易再生・同意再生の利用はさほど多くないことが報告されている。現在，全国の民事再生事件の4割程度の再生事件を取り扱っている東京地方裁判所においても，簡易再生は平成13年及び平成21年に各1件あったのみであり，同意再生についても，平成22年に1件の事件が報告されているほか，それ以前には数件あったにすぎないとのことである（西謙二＝中山孝雄編東京地裁破産再生実務研究会『破産・民事再生の実務〔新版〕下』343頁，346頁（きんざい，2008））。

2 東京地裁における本来型の再生手続の運用の状況

　東京地裁においては，本来型の再生手続について，申立てから1週間で開始決定を行い，3か月で計画案が提出され，5か月で債権者集会を開催して認可決定を行うことを標準的なスケジュールとし，そして，再生債務者が希望するときは，更に期間を短縮する運用もしている。このように，本来型の再生手続のスケジュールが，迅速性の面で簡易再生・同意再生と見劣りしないことが，簡易再生・同意再生が利用されないことの大きな原因であると指摘されている（同書343頁，346頁）。

　現に，東京地裁において平成21年に認可された230件の再生事件の申立てから認可までの期間の分布状況は，2か月以内が1件，3か月以内が3件，4か月以内が6件，5か月以内が74件，6か月以内が81件，7か月以内が41件，8か月以内が16件，9か月以内が6件，10か月以内が2件である（本書「3　東京地裁における再生手続の運用と利用状況」（第6表）参照）。このように，上記の標準的なスケジュールである5か月を前倒しにして進行した事件も相当数あることが分かる。

3　私的整理の支援システムの充実

　現時点において，簡易再生・同意再生を含む事業再生の手法の選択の際には，私的整理を支援するシステムも選択肢の一つとして検討する必要があろう。すなわち，民事再生法が制定・施行された以降，私的整理を支援するシステムが著しく発達し，確立してきた。平成13年9月，私的整理に関するガイドラインが採択され公表されてから，様々な私的整理を支援するシステムの拡充が図られ，近時のものでは，平成15年に創設された中小企業再生支援協議会，平成19年にはいわゆる事業再生ADR手続が，平成21年には企業再生支援機構による事業再生の支援が開始されている。

　近時の私的整理支援システムは，従来指摘されていた私的整理のデメリットを解消すべく，中立的な立場にある弁護士，公認会計士等の専門家が債務者の再生計画の策定を支援するなどして，公平公正で信頼性の高い手続となっている。私的整理支援システムは，それぞれ手続に要する期間や費用が異なるので，当該事案に相応しいかどうか，十分検討する必要がある。これらの私的整理の支援システムの詳細については，「本章　5　私的整理手続との相違と選択基準」を参照されたい。

　簡易再生・同意再生については，既に優れた条文解説等が多数出版されている。そこで，本稿においては，簡易再生・同意再生について網羅的に説明することはせず，以下において，簡易再生・同意再生を申し立てる際の手続の概要を説明した上で，申立てに際して実務上注意すべき事項を指摘し，また，近時の実例を紹介することとしたい。

[Ⅲ]　簡易再生・同意再生の申立手続の概要

1　簡易再生・同意再生の申立権者

　再生債務者等であり，再生債務者及び管財人が選任されている場合は管財人が，簡易再生の申立てをすることができる。簡易再生は再生債権の実体的な確定を経ないため，事後に法的な紛争が発生する可能性がある。そのため，このような手続を再生債務者等の意思に反して行うことは適切でないから，再生債務者等に限定されたものである。

2 簡易再生・同意再生の決定の要件

(1) 簡易再生決定の要件

裁判所は，次の各要件を満たす申立てがあった場合には，簡易再生の決定をする（211条）。

①申立てが債権届出期間の経過後一般調査期間の開始前であること。②再生債務者等による申立てがあったこと。③届出再生債権者の総債権について裁判所が評価した額の5分の3以上に当たる債権を有する届出再生債権者が，書面により，再生債務者等が提出した再生計画案について同意し，かつ，再生債権の調査及び確定の手続を経ないことについて同意していること。④簡易再生申立てにかかる再生計画案について不認可事由（174条2項（ただし，第3号を除く。））がないこと。

(2) 同意再生の決定の要件

裁判所は，次の各要件を満たす申立てがあった場合には，同意再生の決定をする（217条）。

①すべての届出再生債権者が，書面により，再生債務者等が提出した再生計画案について同意し，かつ，再生債権の調査及び確定の手続を経ないことについて同意していること。②財産状況報告集会における再生債務者等による報告又は125条1項の報告書の提出された後であること。③上記(1)①，②及び④と同様である。

3 簡易再生・同意再生の申立ての際の留意事項

(1) 同意書の徴求見込時期と手続スケジュールの調整

一般的に簡易再生・同意再生は，中小規模の倒産事件であって債権者の人数が少ない等の事情がある場合が対象となると考えられている。そして，簡易再生・同意再生申立後のスケジュールの関係から，債務者の再生計画について債権者と交渉し，一定程度の債権者の同意を得られている場合に簡易再生等の申立てを選択することが想定されると言われている。

簡易再生・同意再生で特徴的なのは，上記2のとおり，簡易再生・同意再生の特則の申立時において，簡易再生の場合は5分の3の，同意再生の場合は届出再生債権者全員の同意書を裁判所に提出しなければならないことであ

る。いわば，簡易再生の場合は債権調査の労力から，同意再生の場合は債権調査及び債権者集会の開催の労力から解放される見返りとして，同意書の徴求のための債権者対応をする必要がある。簡易再生・同意再生の申立てを検討する上で，いつ頃までに同意書が集められるのかを見極めた上で，手続のスケジュールを調整しなければならない。

簡易再生・同意再生は，債権届出期間経過後一般債権調査期間前に申し立てる必要がある。再生債権の届出期間は，原則として，再生手続開始決定日から2週間以上4月以内であり，債権調査期間の初日と届出期間の末日との間には，1週間以上2月以下の期間をおかなければならない（規則18条1項1号・2号）。東京地裁の標準スケジュールだと，債権届出期限は申立日から1月＋1週間，一般調査期間は申立日から10週間に設定されている。したがって，上記のスケジュールに従うと，債権者からの同意書の徴求及び簡易又は同意再生手続によることの申立てを申立日から5週間から10週間の間に行えるのかどうかを確認する必要がある。仮に，もっと前倒しで行いたい場合，あるいは逆に若干時間の余裕を持ちたい場合などは，裁判所とスケジュールについて調整する必要があろう。

(2) 再生計画案の立案

本来型の再生手続においては，再生手続開始の申立時において再生計画案を提出する必要はなく，手続開始後に提出すればよい（163条1項）。しかしながら，簡易再生・同意再生の申立てをする場合は，上記(1)のとおり，債権届出期間経過後一般債権調査期間前に申し立てる必要があり，スケジュールがタイトであることから，通常の場合は，再生手続開始の申立ての段階において，再生計画案を策定しておく必要があると思われる。

なお，本来型の再生手続では，再生計画案において，債権の調査及び確定手続によって確定した再生債権について，権利変更の一般基準に従って変更した後の再生債権の内容を記載すること等が必要である（157条）。しかしながら，簡易再生・同意再生においては，債権調査及び確定の手続を経ないため，債務の減免，期限の猶予その他の権利の変更の一般的基準を示せばよく（215条1項・156条・219条2項），従前の和議条件型の再生計画でよいこととされている。

(3) 届出再生債権者への情報開示

再生債務者等は，簡易再生・同意再生の申立てのために同意を得ようとする場合には，届出再生債権者に対し，再生債務者の業務及び財産の状況その他同意をするかどうかを判断するために必要な事項を明らかにしなければならない（規則107条4項・110条1項）。なお，これらの規則は，必要事項の明示を義務づけられておらず，訓示規定であると考えられている。ただし，実際的には，再生債権者から，再生計画案の同意を得るために，再生債務者等は，事業計画や資金計画を立案し，これらを再生債権者に示して，再生計画案で提示している弁済率や弁済期限の合理性・適法性や実現可能性について理解してもらい，計画案に同意してもらえるような対策を講じることとなろう。

また，簡易再生においては，財産状況報告集会における再生債務者等による報告又は125条1項の報告書の提出された後でなければ再生計画案を決議に付することができないし（214条2項），そして，同意再生においては，上記の報告又は報告書の提出後でなければ裁判所は同意再生の決定をすることができない（217条2項）。

(4) 届出再生債権者の十分な理解を得た上での同意書の徴求

簡易再生・同意再生においては，債権調査及び確定の手続を経ないことから債権は確定せず，その債権に執行力が付与されないこととされている（216条1項）。執行力が得られないことは，届出再生債権者によっては不利益なことである。債権者の属性すなわち金融機関債権者か取引債権者か等によって説明の程度は異なるであろうが，本来型の再生手続ではなく，簡易再生・同意再生を利用することによって届出再生債権者に生じる不利益な事項については十分に説明し，届出再生債権者の理解を得た上で，同意書（規則107条1項・110条1項）を徴求すべきであろう。

4 最近の具体的事例

以下，東京地裁に係属した最近の具体的事例を紹介する。

(1) 簡易再生の事例

A社の再生手続の主なスケジュールは以下のとおりであった。

A社は，平成21年6月23日に再生手続の申立てをし，同月29日に開始決定を受けた。その後，同年8月17日に再生計画案及び民事再生法125条の報告書を提出した。同月20日に簡易再生決定の上申書を提出した上で，同月24日に簡易再生の申立てをし，同月27日に簡易再生の決定を受けた。同年9月16日，債権者集会において法定多数の同意を得て，上記同日，裁判所の認可決定を受け，同決定は同年10月16日に確定した。これを受けて，同月19日，再生債権の弁済を終え，10月23日に終結決定により再生手続が終了したという事案である。A社の再生手続は終結まで4か月であった。

　A社は東京都内で飲食業を経営する会社である。A社は，いわゆるバブル期に本業以外に不動産・株式投資を行ったことが原因でバブル経済崩壊後，経営状況が悪化した。A社は金融機関3行の支援を受けていたが，3行はいずれもA社向け債権をファンドに売却した。

　A社はファンドから支援を受けて事業を継続していたが，抜本的な対策を講じる必要に迫られた。特定調停等の方法でファンドから債務免除を受けた場合には，期限切れ欠損金が使えるかどうか明らかでなく，利用できるA社の欠損金が足らない可能性があるため，A社は，民事再生等を申立てすることにより確実に期限切れ欠損金をも使えるようにしたとのことである。

　申立て当時の主な債権者は外資系のファンド3社，親族等3名の貸付金債権者，リース会社及び飲食業経営に関わる取引債権者であった。なお，ファンドの1社が債務総額の約80％をシェアしていた。なお，リース債権者とは残リース料全額を支払う旨の別除権協定を締結し，飲食業経営に関わる取引債権者に対しては少額弁済で支払うことができ，最終的に再生債権者はファンド3社と親族等3名の計6名となった。なお，A社は，所有不動産に営業店舗があり，同物件は債権者の担保に供されていたが，同物件を第三者に売却し，売却先からリースバックを受けられることとなった。

　A社が本来型の再生手続のまま手続を進めるのではなく，簡易再生を利用したのは，早期に弁済手続を済ませるために簡易再生を利用したとのことである。

(2) 同意再生の事例

B社の再生手続の主なスケジュールは以下のとおりであった。

B社は，平成22年4月1日に再生手続の申立てをし，同月6日に開始決定を受けた。その後，同月16日に会社分割の許可申立てをし，同月22日に債権者説明会を開催して，同月23日，会社分割につき許可を得た。そして，6月9日に再生計画案を提出するとともに，同意再生の申立てをし，同月17日に同意再生の決定を受け，7月20日に終結決定により再生手続が終了したという事案である。B社の再生手続は終結まで3か月半強である。

B社は，東京近郊の地方都市で温泉旅館を経営する会社である。B社は，昭和63年に新館を建設したが，その後，バブル経済が崩壊し，経営難に陥った。B社の申立て当時の主な債権者は，地元の金融機関に代位弁済をした政府系金融機関1社，サービサー1社，リース会社及び旅館業経営に関わる取引債権者であった。B社は申立前にスポンサー選定のための入札手続をし，平成22年3月ころ，スポンサーを外資系の企業とした。再生スキームとしては，金融機関債権者が複数の連帯保証人を有していること等から法的手続によることを希望したので再生手続を選択し，また，旅館業の許認可の問題があることから，会社分割により旅館業の資産等をB社から切り出し，B社が取得した株式をスポンサーに譲渡し，スポンサーから得た譲渡代金を原資として再生債権者に対する弁済をし，B社は後に清算するというスキームを採用した。この会社分割に際し，リース契約は分割会社が承継することとし，また，旅館業に関わる取引債権者は金額も少額であったことから，B社は少額債権の弁済許可を得て弁済をした。そして，サービサーは，早期処理を優先していたことから，担保処分による回収を受けた後の残債については放棄を受けられる見通しで，再生債権者は政府系金融機関1社となる見込みとなった。そこで，債権者集会を開催する無駄を省いて早期に再生手続を終結させるために，同意再生が選択されたとのことである。

(3) 両事例の特徴

上記の事例においては，①規模が比較的小さい，②総債権者数もさほど多くない，③再生手続申立ての前から事業再生の話を進めており，金融機関やファンドとの協調体制があった，④広い意味でのスポンサー（事業承継先や所

有不動産のセール・アンド・リースバック先）が予め見つかっていた，⑤営業債務の割合が金融債務に対して小さかった，⑥簿外債務リスクが少なく債権調査確定の手続を省くことが可能であった等のような共通の特徴が見受けられる。これらの事情の多くは，簡易再生・同意再生の立法当初から簡易再生・同意再生の利用があると想定された事情ではあるが，簡易再生・同意再生の利用を検討する際の参考となろう。

[Ⅳ] 最後に

　以上のとおり，事件数は少ないものの，現在においても，担当した弁護士の工夫により，簡易再生・同意再生は個々の事案の処理に相応しい手続の選択肢の一つとして利用されており，その有用性を保持しているものということがいえる。今後においても，簡易再生・同意再生の利用は適切な再生手法の一つとして検討されるべきであろう。

【相羽　利昭】

13 再生手続と個人再生手続

再生手続と個人再生手続の相違や今後の在り方はどのようなものか。

解説

[Ⅰ] 民事再生法及び個人再生手続の意義

　民事再生法（平成11年法律第225号）は，バブル経済崩壊後の長期不況を背景に，中小企業等を主たる対象とする再建型倒産処理手続として制定されたものであり，債務者自身が原則としてその財産の管理処分権や業務遂行権を保持しながら，自ら再生計画案を作成するという自主再建を認めた手続であって，その対象は公益法人を含むすべての法人のほか自然人にも及ぶ。

　個人再生手続（「民事再生法等の一部を改正する法律」（平成12年法律第128号））は，個人債務者の破綻の激増という社会経済問題に対して，「特定債務等の調整の促進のための特定調停に関する法律」（平成11年法律第158号。いわゆる特定調停法）が議員立法で制定されたものの，なお，個人債務者についても再建型倒産処理手続の整備が喫緊に必要とされたことから，民事再生法の特則として創設されたものである。

　これら民事再生法及び個人再生手続は，右肩上がりばかりではなく好景気と不景気が繰り返し到来しうる21世紀の経済社会において，経済的苦境に陥った企業や個人に再生の機会を付与する基本法制を構成するものであり，社会的インフラとしての重要な機能が託されている。

[Ⅱ] 民事再生法及び個人再生手続の利用状況

　民事再生法に基づく再生手続（以下「再生手続」という。）及び個人再生手続

の利用状況はそれぞれ別表のとおりである。再生手続の申立ては，施行当初の平成12年（4月から12月まで）は662件であったが，平成13年は1,110件，平成14年も1,093件と積極的な利用状況が見られた。その後，法人破産事件の申立件数の一時的な減少からも伺えるとおり，企業倒産の一時的な沈下傾向に連動して平成15年から申立件数が減少したことがあったが，今なお年間約600件以上の申立状況を維持しているところであり，再建型の基本法としての地位を築いたものといえる。

　また，個人再生手続も，施行当初の平成13年（4月から12月）は6,210件であったが，平成14年に13,498件，平成15年に23,612件と急増を続け，平成19年には27,672件にまで達した後，現在も2万件以上の申立状況を維持しており，特定調停手続の利用が大きく減退している状況も併せ鑑みると，個人債務者の再建型倒産処理手続として定着したものといえる。なお，当初の予想と異なり，平成15年以降，個人再生手続のうちの小規模個人再生手続の利用が給与所得者等再生手続のそれを上回っており，近時は9割以上に上っているが，これは，債権者である金融業者が反対の意思を明示することが予想以上に少なく，また，後記のとおり，可処分所得要件による計画弁済額の影響によるとされる（松下淳一『民事再生法入門』178頁（有斐閣，2009））。

［Ⅲ］　再生手続と個人再生手続の概要

1　再生手続の概要

　再生手続は，再建型手続の一般法であり，手続の特徴はいわゆるDIP型（debtor in possession）であって，再生債務者がその財産を保持しながら事業活動を継続させ，主として継続する事業から得られる将来の収益を原資として，10年を超えない期間内に割合的弁済を行い，残余の債務について免除を受けるというものである。利用資格に限定がなく，法人・自然人，事業者・非事業者，大企業・中小企業の区別なく適用されるため，その手続も必然的に重厚である（詳細は，本章「2　再生手続の特徴と概要」に譲る。）。

別表 （民事再生・個人再生等新受事件一覧表）

	民事再生	個人再生	小規模	（割合）	給与
平成12年	662	−	−	−	−
13年	1,110	6,210	1,732	27.9	4,478
14年	1,093	13,498	6,054	44.9	7,444
15年	941	23,612	15,001	63.5	8,611
16年	712	26,346	19,552	74.2	6,794
17年	646	26,048	21,218	81.5	4,830
18年	598	26,113	22,379	85.7	3,734
19年	654	27,672	24,586	88.8	3,086
20年	859	24,052	21,810	90.7	2,242
21年	661	20,731	18,961	91.5	1,770

細井秀俊・松山ゆかり「平成21年における倒産事件の概況」（NBL926号26頁以下）による。
（注1）平成12年の民事再生事件数及び平成13年の個人再生事件数は，いずれも4月から12月まで
（注2）「法人・その他」のその他とは，法人でない社団もしくは財団，相続財産または信託財産を
（注3）特定調停事件数は，地方裁判所及び簡易裁判所に申し立てられた件数である。
（注4）平成21年の数値は速報値である。

2 個人再生手続の概要

(1) 個人再生手続の特徴

　個人再生手続は，個人債務者の再建型倒産処理手続を創設するべく再生手続を簡易迅速化したものであり，利用対象者に応じて，小規模個人再生手続（民事再生法第13章第1節）と給与所得者等再生手続（民事再生法第13章第2節）という2つの手続が設けられている。また，住宅ローンを抱えた個人債務者についても，住宅を保持したまま経済的再生が図れるよう，住宅資金貸付債権に関する特則（民事再生法第10章）が設けられている。小規模個人再生手続は再生手続の，給与所得者等再生手続は小規模個人再生手続のそれぞれ特則に位置づけられるが，住宅資金貸付債権の特則は小規模個人再生手続及び給与所得者等再生手続のほか再生手続にも適用される制度となっている。

　このような個人再生手続は，消費者破産手続に類似した制度，あるいはその延長という位置付けにあるのではなく，真に経済的再生が期待される個人

(割合)	破産	法人その他	個人	特定調停
-	145,858	6,268	139,590	210,866
72.1	168,811	8,070	160,741	294,485
55.1	224,467	9,471	214,996	416,668
36.5	251,800	8,951	242,849	537,071
25.8	220,261	8,401	211,860	381,503
18.5	193,179	8,256	184,923	274,794
14.3	174,861	8,522	166,339	259,297
11.2	157,889	9,365	148,524	208,360
9.3	140,941	11,058	129,883	102,688
8.5	137,957	11,424	126,533	56,004

の件数。
いう。

債務者が利用することを想定した制度として制定された点に特徴がある。これは，利用適格に負債総額の制限を設け（221条1項），弁済総額についても清算価値保障原則（231条1項・174条2項4号・241条2項2号）だけでなく最低弁済額要件や可処分所得要件を設け（231条2項3号4号・241条2項7号），計画弁済の期間も短期間に限っているうえ（229条2項2号・244条），更に，再生計画の成立手続においても，小規模個人再生手続では多数決原理の手続（230条6項）を，給与所得者等再生手続でも意見聴取の手続（240条）を取り入れていることからも伺える。換言すれば，これらの諸要件や手続を設けることによって，再生手続を簡易迅速化した個人再生手続を創設することが許容され合理化されているのである。

(2) 個人再生手続の概要

(a) 利用適格

個人再生手続は，将来において継続的に又は反復して収入を得る見込みが

ある者で，無担保再生債権の総額（住宅資金貸付債権の額，別除権の行使により弁済を受けると見込まれる再生債権の額，手続開始前の罰金等の額を除く。）が5000万円を超えないものに利用資格が限られる（221条1項。ちなみに，平成21年1月から7月までの間に大阪地方裁判所（本庁）に申し立てられた個人再生事件842件のうち，負債総額が3000万円を超える事案は20件（2.3％）とのことであり，高額個人債務者についても相応の利用状況が伺える（小久保孝雄ほか「大阪地方裁判所第六民事部における倒産事件処理の概況」民事法情報277号47頁））。

給与所得者等再生手続においては，更に，収入の見込みの要件に関連して，給与又はこれに類する定期的な収入を得る見込みがあり，かつ，その収入の変動の幅が小さいこと（年収の20％以内が一応の目安とされる（241条2項7号イ参照）。）が必要とされる（239条1項）。

(b) 手続機関

個人再生手続では，手続の簡易迅速化から，再生手続における監督委員等の制度を設けず，①再生債務者の財産及び収入の状況の調査，②再生債務者が適正な再生計画案を作成するために必要な助言，③再生債権の評価に関する裁判所の補助という限定された職務に携わる個人再生委員の制度だけが設けられ，しかもこれも任意の機関とされた（223条）。選任の際に上記職務内容が指定されるが（223条2項），再生債権の評価の申立てがあった場合には必要的に選任される（223条1項ただし書）。

(c) 債権調査手続

再生債務者は，申立時に財産目録（125条）及び債権者一覧表（221条3項・244条）を提出することが義務付けられており，これによって異議なき再生債権者による債権届出が不要とされる（みなし届出。225条・244条）。争いのある再生債権の存否及び額については，個人再生委員の調査結果に基づいて，裁判所が決定により評価するにとどまる（227条）。すなわち，個人再生手続においては，手続の簡易迅速化から，再生債権は議決権額や再生債権総額を決めるために手続内で確定されるにとどまり，再生手続のように実体的に確定することがない。

(d) 最低弁済基準額

再生計画案では，弁済期間は，原則として3年間（特別の事情があるときに限

り5年を越えない期間）とし，この期間中，3か月に1度以上の割合による分割弁済をする内容が定められなければならない（229条2項・244条）。

弁済総額は，まず，再生手続と同様に清算価値保障原則を上回ることが必要であるが（174条2項4号・241条2項2号），①小規模個人再生手続においては，負債総額が3000万円以下の場合は，無異議債権及び評価済債権（別除権の行使により弁済を受けると見込まれる額等除く。これを「基準債権」という。）の5分の1（ただし，基準債権が100万円を下回る場合はその全額，基準債権の5分の1が100万円を下回る場合は100万円，300万円を超える場合は300万円），3000万円を超え5000万円以下の場合は，基準債権の10分の1以上の額であること（231条2項3・4号）も必要とされる。消費者破産事件からも伺えるとおり，経済的窮境にある個人債務者が原則として3年間に100万円も支払うことは容易でないことに鑑みれば，この下限額要件が小規模個人再生手続の特徴のひとつであるといえる。

更に，②給与所得者等再生手続においては，法定可処分所得額の2年分以上の額であることも必要とされる（241条2項7号）。現実には，この可処分所得要件を計算する基礎となる「再生債務者及びその扶養を受けるべき者の最低限度の生活を維持するために必要な1年分の費用の額」（241条2項7号）が政令により低額に定められている結果，可処分所得要件を充たす最低弁済額が高くなってしまうことなども起因して，前記のとおり，近時は，給与所得者等再生手続が利用されない傾向にある（松下・前掲178頁）。

　(e)　再生計画の決議又は意見聴取

再生計画案は，①小規模個人再生手続では，再生債権者の書面決議に付され（230条3項），再生計画案に同意しない旨を回答した議決権者がその総数の半数に満たず，かつ，その議決権の額が議決権者の議決権の総額の2分の1を超えないときは，再生計画案の可決があったものとみなされる（消極的同意。230条6項）。その後，所定の不認可事由が認められない限り，原則として再生計画案は裁判所により認可され（231条1項），認可決定が確定すると手続は当然に終結する（233条）。書面決議で不同意が多ければ，職権により手続が廃止される（237条1項）。

これに対し，②給与所得者等再生手続では，書面決議も省略され，届出再

生債権者の意見を聴取するにとどまる（240条1項）。その後，意見聴取期間が経過すると，再生債権者の意見を参考にしたうえ，所定の不認可事由がない限り，再生計画案が認可され（241条1項），認可決定の確定により手続は当然に終結する（244条・233条）。この意見聴取手続は，制度としては債権者の意見に拘束されることはないが，個人再生手続の原則型である小規模個人再生手続では過半数の再生債権者が反対すれば認可できないこととされていることは，やはり相応に考慮されるべきものといえる。

これら消極的同意及び意見聴取という簡便な方法による債権者の関与も個人再生手続の特徴のひとつである。

ところで，再生手続では，監督委員が選任されているときには，原則として，再生計画認可決定確定から3年間，監督委員が再生債務者による再生計画の遂行を監督するという制度が整備されており（186条2項），実務では，殆どの事案において監督委員が選任されているため，履行の監督が運用において確保されているが，個人再生手続では，手続の簡易迅速化の観点から，上記のとおり，再生計画認可決定確定とともに手続自体が終結してしまい，履行の監督という制度が設けられていない。これも再生手続との大きな相違であり，個人再生手続を特徴づける点である。

(3) 住宅資金貸付債権の特則の概要

(a) 住宅資金貸付債権の特則の特徴

住宅資金貸付債権の特則（民事再生法第10章）は，再生債務者に，住宅資金貸付債権の全額弁済（利息・損害金を含む。）を前提に，債務返済のリスケジュール等を内容とする住宅資金特別条項（以下「特別条項」という。）を定めることができるものとし，他方，住宅ローン債権者には再生計画案についての議決権を認めず，また，特別条項を定めた再生計画の効力を住宅に設定された抵当権等にも及ぼし，特別条項に基づく弁済があれば抵当権が実行されないこととして，再生債務者にその住宅の保持を認めることにしたものである。保証会社が代位弁済をしていた場合であっても，一定の期間内であれば再生債務者に特別条項付再生計画を提出することができることとして（198条2項前段），その保護を厚くしている。

近時の特別条項付個人再生事件の申立状況をみると，東京地方裁判所（本

庁）では，平成20年は2370件中1170件（49.3％），同19年は2265件中1025件（45.2％）であり，大阪地方裁判所（本庁）では，平成20年は1659件中796件（47.9％），同19年は1993件中776件（38.9％）であって，いずれも積極的な利用状況が伺える（石井芳明「個人再生事件申立ての留意点」LIBRA（東京弁護士会編）2010年4月号8頁，小久保ほか・前掲54頁）。

(b) 抵当権の実行手続の中止命令

住宅資金貸付債権の特則の実効性を確保するため，特別条項付再生計画の成立前であっても住宅等に設定された抵当権の実行を一時的に阻止できる制度（197条）が設けられている。再生手続でも，担保権の実行手続の中止命令の制度（31条）があるが，これは「再生債権者の一般の利益に適合」（同条1項）することを要件としており，個人債務者の事案では必ずしも同要件を充たすとは限らないため，特別条項付再生計画の認可の見込みがあること（197条1項）を要件とする本制度が設けられたものである。なお，競売申立人である抵当権者の保護のため，発令に先立って意見陳述の機会を付与することが求められている（同条2項・31条2項）。

(c) 特別条項の内容

特別条項においては，法定された枠組みに従って，住宅資金貸付債権の元利金及び遅延損害金の繰延弁済のみを行うことができ，当該繰延弁済によって弁済期間が延長されるときは，その期間の利息も支払わなければならない（199条）。

特別条項の内容は，①期限の利益回復型（不履行分とそれに対する約定利息・遅延損害金を再生計画期間内に弁済し，未到来の分割払分については当初の約定どおり支払うことで期限の利益喪失効を治癒させるもの。同条1項），②リスケジュール型（利息・損害金を含めた全額弁済を前提に支払期間を70歳を超えない範囲内で最大10年間延長するもの。同条2項），③元本猶予期間併用型（②に加えて再生計画期間内は元本の一部猶予を可能とするもの。同条3項），④合意型（住宅ローン債権者の同意により①から③以外の住宅資金特別条項を定めるもの。同条4項）に分けられ，これら以外の内容は認められない。なお，前記のとおり，再生手続では清算価値保障原則が，小規模個人再生手続では更に最低弁済額要件が，給与所得者等再生手続では更に加えて可処分所得要件が加重されるが，特別条項に基づく住宅

資金貸付債権への弁済は，上記諸要件に基づく弁済の更に外側で支払うこととなるため（外側説），個人債務者にとってその負担はかなり大きいといえる。

(d) 債権調査・意見聴取

住宅ローン債権は個人債務者の負債の中でも著しく大きいため，住宅ローン債権者に議決権を付与すれば，その意向によって再生計画の帰趨が決せられてしまう。そこで，住宅資金貸付債権の特則においては，特別条項による権利変更を前記のとおり厳格に法定し，もって，住宅ローン債権者の利益を確保することにより，同債権者に議決権を与えず（201条1項），その意見を聴取するに止めることとしている（同条2項）。

(e) 特別条項付再生計画の認可・効力

特別条項付再生計画案については，「遂行可能であると認めることができない」ことが不認可事由とされる（202条2項2号）。住宅資金貸付債権者には議決権が与えられず，再生計画の成否にも関与できない以上，その保護のため，積極的に遂行可能性が認められることを認可の前提として求めたものである。

認可決定が確定すると，特別条項付再生計画の効力は住宅及びその敷地に設定された抵当権，住宅資金貸付債権の保証人，連帯債務者等にも及ぶ（203条1項）。さらに，保証会社が保証債務を履行した後であっても，当該履行はなかったものとみなされる（204条1項本文。いわゆる「巻戻し」。）

[Ⅳ] 再生手続と個人再生手続の課題

再生手続は，前記のとおり，今や再建型の基本法としての地位を築いたといえるが，これは換言すれば，DIP型の再建処理手続であっても，誠実な債務者が遂行するものであれば，債権者もこれを受容するに至ったことを示唆しているといえる。このような合理的かつ成熟した債権者及び債務者の関係がこれからも定着していくのであれば，今後，更に，再建型倒産処理を発展させるために，民事再生法に担保権をも取り込む制度を設けることが考えられよう。近時，会社更生手続において，現経営陣から事業家の管財人を選

任するという DIP 型の運用が提言され，現にそのような運用が実施されるに至っているが（馬渡直史「東京地裁における商事事件の概況」商事法務1873号91頁），このような運用の変化の兆しからも，担保権を服せしめる DIP 型の再建処理手続が希求されていることがみてとれる。このような将来的な法整備の布石たりうるためには，何よりもまず，再生債務者によって再生手続が誠実に遂行されることが求められる。民事再生法が施行されて以後，例えば，再生手続の申立てが誠実になされたものでないとき（25条4号。高松高決平成17年10月25日金判1249号37頁），再生手続や再生計画が法律に違反し，その不備が補正できないようなものであるとき（174条2項1号。東京高決平成16年6月17日金法1719号51頁），再生計画案が信義則に反する行為に基づいて可決されたとき（174条2項3号。最決平成20年3月13日判時2002号112頁），再生計画の決議が再生債権者の一般の利益に反するとき（174条2項4号。東京高決平成19年4月11日判時1969号59頁）などに関して事案が積み重ねられている。今後，再生債務者による誠実な手続の遂行がますます重要となるというべきであり，これについて厳格な姿勢が望まれよう。

　他方，個人再生手続も，前述のとおり個人型再建処理手続として定着したものといえるが，今後，より債権者の積極的な信頼を得て安定的に活用されていくためには，引き続き履行の確保について慎重な運用がなされることが求められよう。小規模個人再生手続では再生債権者の消極的同意により再生計画案が可決されるにとどまり，また，給与所得者等再生手続でも再生債権者からの意見聴取がされるにとどまるなど，個人再生手続は，必ずしも再生債権者の積極的な信任を得ることまでは要件とはしておらず，その点で債権者からの信頼について脆弱さがあることは否めない。再生債権者にとっては，再生計画が遂行されるか否かが詰まるところ究極の関心事であるにもかかわらず（事業再生機構「民事再生手続の現在―『再生計画事例集』所載64件の民事再生事件に関する追跡アンケート結果」NBL835号29頁など参照），個人再生手続は再生手続のような履行確保の制度を持たないことについて鋭敏でなければならない。現在，実務において，個人再生委員を選任し，予納金の分割予納方式により6か月間を費やして再生計画の履行の可能性を判断する運用や（園尾隆司「裁判所における個人再生手続の運用」園尾隆司－小林秀之－山本和彦編『解説個人再

生手続』32頁（弘文堂，2001）），個人再生委員を原則として選任せず，予想される再生計画案の履行可能性を可能な限り開始決定前に審査するなどして3か月間余で手続を終結させる運用（小久保ほか・前掲47頁）などの工夫がなされている。再生債権者からすれば，手続終結後の個人債務者の誠実性や弁護士等の個人債務者代理人の高度な職業意識に期待するだけでなく，透明性のある手続の中で再生債務者の履行の可能性を確認できることが望ましいとも考えられるところであり，今後もそのような運用の検討が期待されよう。

【三村　義幸】

第 2 章

民事再生手続の申立て

14　申立権者と被申立適格

再生手続開始の申立ては，債権者にもできるか。株式会社でなくても民事再生手続を利用できるか。

解　説

[I]　はじめに

1　民事再生法は，後見型の再建型倒産手続の一般法としての性格をもっている。このため，再生債務者には制限がなく，いわば個人商店から大企業までが対象となる。

民事再生法は，平成12年4月1日に施行されて10年を経過した。そして，通常再生事件につき毎年の申立件数は，全国では和議事件の約3倍，東京では約7倍，大阪では約2倍になっている（詳細は後述）。

民事再生法は，廃止された和議法に代わって，再建型倒産手続の基本型として定着し幅広く利用されている。

2　民事再生法は，準備期間を経て，平成10年9月から，中小企業を対象とする，利用しやすい再建型倒産手続法として立法作業が進められた。

民事再生法は，あらゆる倒産事案に対応できるように種々の規定が置かれている。和議法の最大の欠陥とされた履行確保の点にも配慮され，監督委員・管財人の設置や再生債権者表の債務名義化の手当てがなされ，債権確定制度や否認制度も取り入れられた。

そして，平成11年に入って，債務者主導の再建型手続として大企業にも対応できるようにするため，改正作業の当初には考えられなかった営業譲渡や資本減少の特例規定が，会社更生法にならい取り込まれた。

このため，仕上がった民事再生法は，重装備かつ複雑な法律となった。た

だ，弁護士会の努力により，中小・零細企業のために簡易手続も導入され，私的整理の延長線上での利用も可能となった。

なお，個人債務者の再生のために，民事再生法の中に個人再生手続が特則として導入され，平成13年4月1日から施行された。

3　以上の結果，民事再生法の運用には，以前にも増して弁護士の役割が重要になった。とくに，申立代理人である弁護士の役割は重要である。我々弁護士は，民事再生法に精通し，各規定を駆使して，倒産事案に対処し，より良い再建方針を考え出して，事業の再生に役立つ必要がある。

[Ⅱ]　申 立 権 者

1　債務者と債権者

民事再生法は，手続開始の申立権を債務者と債権者に認めている（21条）。債務者を申立権者としたことは，民事再生法が債務者の事業又は経済生活の再生を図ることを目的としていることから当然である。実際には債務者申立てがほとんどである。民事再生法が申立権を債権者にも認めたことは，債務者に対する監視役を債権者に与えたものといえる。

債務者が申立てをできる場合は，次の二つである。①債務者に破産手続開始の原因となる事実の生ずるおそれがあるとき，②債務者が事業の継続に著しい支障を来すことなく弁済期にある債務を弁済することができないとき，である（21条1項）。債権者及び後述する外国管財人が申立てをできる場合は，①の場合のみである（21条2項・209条1項）。

債権者が申立てをする場合には，会社更生のように，資本の10分の1以上に当たる債権を有する債権者，との限定はない（この点では破産と同様である。）。したがって，債権者であれば一人でも債権額の多少にかかわらず申立てができることになる。

一般優先債権者に申立権があるかについては議論が分かれている。申立権を認めない見解は，一般優先債権は随時返済を受けられることを理由とする（伊藤眞『破産法・民事再生法［第2版］』584頁（有斐閣，2009）など）。申立権を認める見解は，法文上債権者について限定がないこと，再生計画の内容によっ

て一般優先債権者に対する弁済が確保されない可能性もあることを理由とする（西謙二＝中山孝雄編『破産・民事再生の実務〔審判〕下』42頁〔小河原寧〕（金融財政事情研究会，2008），伊藤眞＝田原睦夫監修『新注釈民事再生法上』91頁〔髙井章光〕（金融財政事情研究会，2006）など）。たとえば，債務者の従業員が未払給与などを有する場合に，経営者が弁済原資を減少させてしまうことを阻止するために，従業員に債権者として申立てを認める必要性があることから，申立権を肯定すべきである。

別除権者にも申立権がある。ただし，不足額の発生が予定されないような被担保債権に基づいて申立てをすることは，不当な目的（25条4項）とされる可能性がある（伊藤・前掲585頁）。

なお，小規模個人再生及び給与所得者等再生については，債務者にのみ申立権が認められている（221条1項・239条1項）。

2　その他の申立権者

他の法律の規定により法人の理事又はこれに準じる者（清算人など）が破産手続開始又は特別清算開始の申立義務が課されている場合にも（一般法人215条1項，会社484条1項・511条2項等），これらの機関は，破産手続開始等の申立てに代えて再生手続開始の申立てができる（22条）。

特殊な場合として，外国管財人（当該外国倒産処理手続で再生債務者の財産の管理処分権を有する者）も，申立権を有する（209条1項）。また，利用はほとんどないが，破産手続が進行している場合に，当該破産管財人は破産裁判所の許可を得て再生手続開始の申立てをすることができる（246条1項）。

株主には申立権はない。法人の取締役等，個々の役員には申立権はない。監督官庁にも申立権はない。

3　他の法的倒産処理手続との比較

和議法では，債務者のみ申立てができた。しかも，法人においては，理事や取締役の全員の一致を要した。これは，役員の間に意見の不一致があっては会社の再建を図ることが困難であり，また和議条件の円滑な履行が望めないことを理由とする（麻上正信＝谷口安平編『注解和議法』112頁〔羽田忠義〕（青林

書院, 1993))。

　しかし，この点については，批判があり，民事再生法は，たんに債務者の申立てのみとした。一部の役員の反対があっても，法人の再建に必要であれば申立てができた方が良いし，反対役員に対して時間をかけて説得することもできるからである。この場合，取締役会の決議など，法人における通常の意思決定手続が必要なことは当然である。

　会社更生法においては，債権者及び株主に申立てを認めている。

　民事再生法は，債権者にのみ，申立権を認めた。これは，まず，申立原因があるのにかかわらず債務者が申立てをしない場合に，事業再生のために，債権者に事件を裁判所の面前に持ち出す権利を与えたものである（参考・兼子一＝三ヶ月章『条解会社更生法上』300頁（弘文堂, 1987））。他方，株主を除外したのは，再生債務者はおおむね債務超過にあり株主に再生計画による価値の分配を受けることが予定されていないからである。また適用対象が株式会社だけではないことも理由の一つとされている。

　民事再生法が，申立権を債権者にも認めたことは，和議に比し，申立てが広く行われることになるばかりでなく，債務者に対する監視役を債権者に与えることになり，債務者の自発的申立てをうながす効果があるといえる。

[Ⅲ]　被申立適格

1　再生債務者の範囲

　再生債務者には制限がなく，法人及び個人（自然人）である。また事業者のみでなく非事業者も含む。外国人及び外国法人も入る（3条）。法人でない社団・財団で代表者又は管理人の定めがあるもの（民訴29条）についても認められる（伊藤・前掲579頁）。

　法人については，株式会社に限らず，有限会社，医療法人，学校法人，宗教法人，一般社団法人・一般財団法人，特殊法人など，従前会社更生法の適用を受けない法人も対象となるので，その適用範囲は大幅に広がった。

2　他の法的倒産手続法との比較

会社更生法は，株式会社にしか適用がなく，経営者の交代が伴う管理型であるため，大会社の再建を目的としたものとされていた。しかし，近時，ゴルフ場など中小企業にも利用されている。担保権を制約する必要性からであろう。

民事再生法は，原則として経営者の交代のない後見型であるので，中小・零細企業を主たる目的としたものである。しかし，例外的に管理型を採用しているので，大企業にも適用できるものとなっている。実際に上場会社を含む大企業に利用されている。

ただ，営業譲渡や減資の場合を除いて，取締役等の変更，新株発行，合併などに対する手当てはないので，今まで同様取締役会や株主総会などの議決が必要となる。

3　外国人及び外国法人の対象化

民事再生法は，外国人及び外国法人の再生手続上の地位につき，会社更生法3条にならい，無条件平等主義を採用した（3条）。したがって，外国人及び外国法人ともに，再生債務者となれるし，債権者として手続開始の申立権を有する。

また，民事再生法は，会社更生法4条の属地主義を排し，普及主義の立場に立った。このため，各所にいくつかの規定を置いた。外国管財人が再生手続開始の申立てをすることができるとされたことは，そのひとつである。

なお，民事再生法に，外国倒産処理手続がある場合の特則がおかれた（第11章）。

[Ⅳ]　申立ての実情

民事再生法は，和議のように原則として債務者管理型いわゆる DIP 型として成立するため，債務者としては利用しやすい再建型倒産手続法となっている。

申立時において保全処分も得られやすくなった。株主総会の決議を経ない

で，裁判所の許可があれば事業譲渡することができることとなった。また，簡易再生手続も導入され，私的整理との連続性も図られた。さらに，再生計画の可決要件が再生債権者の議決権の総額の2分の1と非常にゆるやかになった。

これらの点を考慮すると，申立てがしやすい再建型倒産手続法といえる。

他方，申立てをためらわせるものとして，否認権制度や債権表の執行力付与制度がある。しかし，これらを勘案しても，申立てがしやすくなっていると言える。

『司法統計年報』の数字に基づき，通常再生事件の平成13年から20年までの8年間の申立件数の年平均と，和議事件の平成4年から平成11年までの8年間の申立件数の年平均とを比較すると，通常再生事件の申立件数は，全国では約827件で和議事件の約3倍，東京では約291件で約7倍，大阪では約84件で約2倍になっている。なお，和議事件において大阪はもともと東京より申立件数が多かったので伸び率は低い。

立法時に予想されたとおり，申立件数は，和議に比し，大幅に増加しており，広く利用されている。

【佐藤　正八】

152　第 2 章　民事再生手続の申立て

15　管轄・移送

民事再生事件の管轄はどのように定められ，管轄に関する法改正はその後どのように進められたのか。移送についてはどのような法改正がなされたか。また，管轄・移送に関する今後の立法についてどう考えるか。

解　説

［Ｉ］　管轄及び移送の定めに関する歴史的考察

1　旧和議法の管轄の定め
(1)　破産・和議事件の起源

民事再生事件の起源は，大正11年制定の和議法に基づく和議事件に遡る。和議法は，破産を予防するための手続として，破産法と同時に制定されたものである。破産事件の起源は，破産法制定の約30年前である明治23年に制定された商法第 3 編破産に遡る。

明治23年制定の商法第 3 編破産に基づく破産事件は，もっぱら商人に適用されるものであった。当時の破産事件は債務者の普通裁判籍所在地を管轄する地方裁判所が管轄し（破産事件は訴訟事件の一種であると解され，商法第 3 編破産の規定中には破産事件の土地管轄の定めはなく，民事訴訟法に則って，債務者の普通裁判籍の所在地の裁判所が管轄した。），全件を 3 人の判事の合議体で審理する重々しい手続であった。当時の破産手続は迅速な救済という視点を有しておらず，商人である破産者から全財産を取り上げ，取引所から排除する経済秩序維持重視の手続であった（園尾隆司『民事訴訟・執行・破産の近現代史』248頁（弘文堂，2009）参照）。

(2)　和議事件の管轄

大正11年に破産法（大正11年法律第71号）及び和議法（大正11年法律72号）が制

定され，両事件の管轄について次の①～③のとおり定められた。この定めを明治23年の商法第3編破産と比較すると，土地管轄につき普通裁判籍所在地を管轄する裁判所が所管する原則が維持される一方，管轄裁判所が合議制の地方裁判所から1人制の区裁判所に変更され（戦後になって，地方裁判所が原則1人制の裁判所となり，管轄が区裁判所から地方裁判所に戻された。），専属管轄の定めが加えられている。

① 破産及び和議の手続はいずれも，営業者であるときは営業所の所在地，営業者でないときは住所地を管轄する区裁判所が専属的に管轄する（旧和3条，旧破105条）。

② 営業者の営業所又は非営業者の住所地がないときは，財産所在地の区裁判所を管轄裁判所とする（旧和3条，旧破107条1項）。この場合，財産が2以上の裁判所管内に散在するときは，管轄裁判所が複数存在することになるが，そのときは，先に申立てを受けた裁判所が専属的に管轄する（旧和3条，旧破107条3項参照）。

③ 移送は，管轄権を有しない裁判所に誤って申立てがされた場合に限って認める（旧和11条2項，旧破108条，旧民訴30条1項）。

(3) **厳格な管轄規定が設けられた理由**

このように，旧和議法及び旧破産法の管轄裁判所はいずれも一つに限られ，2つの裁判所が競合的に管轄権を有することは想定しない法制が採られていた。管轄裁判所を厳格に一つに限定したのは，破産の目的が経済秩序維持であり，和議は破産予防の手続であり，いずれも公益に密接に関係し，一つの裁判所が管轄することにより，事件の把握と債務者及びその財産の監視・監督を厳格に行うためである。

このような法制からみてわかるとおり，旧和議法は，旧破産法と同様に，厳格な事件の把握と監督を旨とし，当事者からみて利用しやすいという観点は，およそ有していなかったものといえる。その意味で，旧破産法や旧和議法は，破産事件や民事再生事件を国民のセーフティネットの一環と考え，公平公正な債務の清算に加え，債務を完済できない誠実な債務者の免責をも目的とする現在の倒産処理手続法制とはその趣旨を異にするものであったといえる（旧破産法において免責の規定が設けられたのは昭和27年であるが，昭和40年代

までその利用は低調であった。）。

2　会社更生手続における裁量移送制度の導入
(1)　アメリカの倒産法制と我が国の倒産法制の管轄規定の相違

　旧破産法及び旧和議法における厳格な管轄裁判所の概念を修正したのは，アメリカの会社更生法を参考にして昭和27年に制定された旧会社更生法（昭和27年法律第172号）である。会社更生事件を管轄するアメリカの連邦地裁は，会社の主たる事業又は財産の所在地の連邦区に置かれた連邦地裁に申し立てるべきものとするルールを有するものの，どの連邦地裁も同質の連邦裁判所であって，管轄裁判所の対立はなく，当該裁判所が正義にかなうと判断するときは，裁量により他の連邦地裁に事件を移送したり，自ら事件を処理したりすること（自庁処理）ができることとされている*1。これに対して，我が国の旧和議法・旧破産法は，前記1のとおり，一事件についての管轄裁判所を一地裁に限定する厳格な法制をとっていた。

(2)　日米の管轄規定の融和を図る裁量移送の規定の創設

　我が国の厳格な管轄規定と，アメリカの柔軟な管轄規定との調和を図るため，旧会社更生法は，本来の管轄裁判所を一つに限定しつつ，裁量移送の規定を設けることにより管轄の柔軟化を図った。すなわち，会社更生事件の管轄は会社の本店所在地を管轄する地方裁判所に専属する（旧会更6条）が，著しい損害又は遅滞を避けるため必要があると認めるときは，裁判所は，更生事件を会社の他の営業所又は財産の所在地を管轄する地方裁判所に移送することができるとしたのである（旧会更7条）。会社更生の申立てをする会社は大規模な会社であり，全国各地に営業所や財産所在地があり，裁量移送の規定の創設により，アメリカの会社更生法の管轄との間の調和が図られることとなった。しかし，裁量移送を受ける立場にある裁判所が当初から事件を処理する自庁処理制度は導入されず，また，裁量移送制度は破産事件や和議事件には拡大されなかった。

　残念ながら，旧会社更生法の裁量移送に関する規定が現実に利用されることはほとんどなかった。当時は，今と違い，交通及び通信手段が限られており，また，地域ごとの独自性が強く，裁量移送を利用するインセンティブに

欠けていた。しかし，この裁量移送の規定が，後に民事再生法を立案する際に，管轄規定柔軟化の方向性を指し示す拠り所となったのであり，その意味で，この規定は我が国の倒産法制に関する重要な規定であったといえる。

［Ⅱ］ 民事再生法の制定による管轄の拡大

1 民事再生法の制定の際の管轄の拡大

民事再生手続構想の立案に際し，旧和議法の管轄規定は窮屈すぎるのではないかという問題意識が共有され（平成9年12月に法務省参事官室から発表された「倒産法制に関する改正検討事項」（第2章第1の3(1)）には，裁量移送の導入が掲げられている。），平成11年に民事再生法が制定されるに際し，管轄の規定に2つの改正が加えられた。その一つは，競合管轄の創設であり，もう一つは裁量移送制度の導入である。

すなわち，①子会社と親会社の関係にある会社について，そのうちのいずれかを対象とする民事再生事件が係属しているときは，当該会社の親会社又は子会社についても当該裁判所に申し立てることができるとされ（5条3項・4項），②法人について再生事件が係属しているときは，代表者の民事再生手続開始申立ては，当該法人の事件の管轄裁判所にすることができ，代表者について再生事件が係属しているときは，当該裁判所に法人の再生申立てをすることができるとされ（5条6項），これにより，我が国において初めて，倒産事件について複数の裁判所の競合管轄が認められることとなったのである。また，③会社更生法に倣って営業所，財産所在地等への裁量移送の規定が設けられ（7条1号～3号），競合管轄権を有する他の裁判所への裁量移送の規定も追加されることとなった（7条旧4号）。

2 平成12年個人再生手続創設に伴う管轄拡大

平成12年の民事再生法の一部改正により個人再生手続が創設されたが，その際に，管轄の規定が次のとおり追加された。すなわち，相互に連帯債務者の関係がある個人，相互に主たる債務者と保証人の関係にある個人又は夫婦のいずれかについて民事再生事件が係属しているときは，その裁判所への民

事再生の申立ても可能であり（5条7項），この裁判所に裁量移送をすることもできるものとされた（7条旧4号）。

3　平成16年の大幅な管轄拡大

平成16年に改正破産法が成立したが，その際に，管轄に関する規定が大幅に改正され，債権者数が1000人以上である事件は東京地裁及び大阪地裁が，債権者数が500人以上である事件は高等裁判所所在地の地裁が競合的に管轄権を有するものとされ（破5条8項・9項），これに伴って裁量移送の規定も追加修正がされた（破7条4号ロ・ハ）。

この改正の関連改正により，民事再生法にも同様の管轄規定が導入され（5条8項〜10項），また，金融機関及び証券会社（平成18年に金融商品取引業者と改称）に係る再生事件については債権者数が1000人以上であるものとみなされ，東京・大阪地裁が競合管轄権を有するものとされた（金融更生特455条）。

［Ⅲ］　管轄に関する問題点と将来に向けての検討課題

1　管轄のない申立てを受けた裁判所の措置

管轄権は官庁の「権限」であるととらえる考え方に国民が馴染んでおり，警察が証拠不十分な告訴を「不受理」とするのと同様に，裁判所も管轄外の申立てを受けた場合には，これを「不受理」とすることができると考えている人が少なくない。しかし，裁判所は，行政機関とは異なり，管轄権のない申立てを受けた場合にも，受理を拒むことはできない。裁判所ができるのは，事件を受理した上，手続を開始するか，管轄違いとして適切な管轄裁判所に移送するかのいずれかである。その場合，裁判所は，そのいずれかを選択するよう迫られるのであるが，そのいずれでもない法定外の選択，すなわち，後記2(1)〜(3)の移送事例①〜③のように，債務者ばかりか，債権者からも東京地裁で手続を進行することを希望されることがある。この場合において，仮に他の裁判所に申立てがされれば東京地裁に裁量移送することができる要件があるとき，すなわち，東京地裁管内に営業所・事務所・財産所在地があるとき又は主要債権者が東京所在であるときは，厳密な意味で管轄に関

する問題があっても，事件の内容と債権者の対応によっては，これを受理して手続を開始する運用が行われることがある。これはアメリカ連邦地裁の自庁処理に類似した事実上の自庁処理の運用である[*2]が，それが民事再生法の明文で認められているわけではないため，実質的に問題のある事件について開始決定をすることがないよう配慮がされてきた。すなわち，厳密にいうと管轄権のない民事再生の申立てがあった場合には，債務者に債権者説明会を開催してもらい，当該説明会において全債権者に異論がないことを監督委員に現認してもらった上で再生手続開始決定をしてきた。

2 管轄がないことを理由とした即時抗告があった場合の措置

管轄について前記1のように注意を払っても，債権者説明会に参加しなかった債権者等から，管轄がないことを理由に開始決定に対して即時抗告がされることがある。即時抗告に基づいて改めて精査してみて，やはり管轄があるとまではいえない場合には，再生事件の迅速処理の必要から，即時抗告についての高裁の判断を待つことなく，原裁判所による決定の取消し（民訴333条）の規定により，東京地裁において開始決定を取り消し，事件を管轄権裁判所に移送することになる。このようにして開始決定を取り消した上で移送の決定をしたことが，私が5年間で担当した1000件余りの民事再生事件のうちに，3件存在した。いずれも民事再生法施行後まもない時期の申立事件であるが，以下に紹介する。

(1) 移送事例①

1件目は，伊豆の老舗旅館の民事再生である。この旅館の所在地を管轄するのは静岡地裁下田支部であるが，東京に案内事務所があり，かつ，主要債権者が東京の金融機関であることを理由に，東京地裁に申立てがされた。監督委員の意見聴取においても，主要債権者は迅速に手続が進行する東京地裁での事件進行を希望したため，事実上の自庁処理として東京地裁で開始決定をして監督委員を選任した。しかし，債権者の1人から地元で事件を進行させるべきであるとして開始決定に対して即時抗告がされ，厳密に検討してみると，法文上管轄裁判所は下田支部といわざるをえないものであったため，民訴法333条に基づき，原裁判所において直ちに再生手続開始決定を取り消

し，事件を下田支部に移送する旨の決定をした。しかし，下田支部では地裁・家裁・簡裁の3庁の民事・刑事・家事・少年・調停等の事件を1人の裁判官が一手に引き受けており，民事再生事件進行のノウハウもなかったため，監督命令は取り消さず，東京地裁で選任した弁護士に監督委員を務めてもらい，申立代理人と監督委員が揃って下田に出張することになり，迅速な事件進行が図られた。法曹の人的態勢如何が民事再生手続進行の鍵を握る。

(2) 移送事例②

2件目は，静岡地裁富士支部の管内にあるゴルフ場の民事再生事件である。この事件は，ゴルフ会員権を有する債権者が数千人いて，富士支部で事件の迅速な進行を図るのは困難であるとして申し立てられたものであり，主要債権者に異論はなかった。富士支部には，地裁・家裁の双方の民事・家事・刑事・少年事件を担当する支部長及び支部裁判官1人が配置されているが，やはり民事再生事件進行のノウハウがなく，特に債権者数が数千人に及ぶ事件の債権者集会を開くことが困難であったため，①事件と同様に，事実上の自庁処理として東京地裁で開始決定をすることとした。しかし，複数の個人債権者から富士支部で事件を進行させるべきであるとして即時抗告がされ，①事件と同様に，原裁判所において再生手続開始決定を取り消し，事件を富士支部に移送する決定をした。この事件についても，監督命令は維持し，東京地裁が選任した弁護士が監督委員を務め，迅速な事件進行が図られた。この事件では，さらに，数千人の債権者の投票を即時に集計するパソコンシステムも東京地裁から富士支部に貸し出され，集計にも事なきを得た。

(3) 移送事例③

3件目の移送事例は，静岡地裁沼津支部の管内にあるゴルフ場の事件であり，事情は，②の富士支部の事件と同じであった。この事件も，即時抗告を受けて直ちに原裁判所において再生手続開始決定を取り消し，事件を沼津支部に移送した。

(4) 移送事例の分析

これら3件の事件のうち，移送事例②及び③については，平成16年の法改正により，東京地裁にも管轄権があることになったため（前記Ⅱ3参照），今では移送する必要がない。しかし，移送事例①は，今でも，もし東京地裁で

事件を受理して開始決定し，これに対して即時抗告があった場合には，開始決定を取り消した上，事件を移送することになる。移送事例①については，東京に案内事務所があり，下田支部に申し立てて東京地裁に移送すれば東京地裁が管轄権を有する。これを下田支部に移送せざるを得ないことが，現行民事再生法の問題点である。後記の立法を提言する所以である。

3　民事再生事件の管轄に関する立法上の提言
(1)　専属管轄の規定の削除と民事訴訟法の個別準用規定創設の必要

現行法でも，管轄裁判所の拡大は，裁量移送を活用すれば，可能な法制となっている。すなわち，東京地裁への移送に関していうと，現在でも相当規模の事業を営む会社は，東京地裁管内に事務所，営業所又は財産を有しているので，ここに裁量移送することは可能である（7条1号・3号）。しかし，このことは実務の担当者にはほとんど認識されていない。裁量移送に関する実務の運用は著しく消極的であるが，専属管轄の規定はその空気の醸成に一役買っている。専属管轄の規定は削除するのが相当である。

我が国の倒産事件の管轄が専属管轄と規定されたのは，大正11年の破産法制定以降である（前記1(1)(2)参照）。これはドイツ破産法の規定を模倣したものである。連邦制をとるドイツにおいては，州と連邦との管轄競合を避けるため，専属管轄の規定が必要であるが，単一国家である我が国においては，専属管轄の定めは必要がない。現に，旧破産事件や旧会社整理事件，特別清算事件の管轄は専属管轄とされていない（前記1(1)，非訟旧135条の24，会社868条）。特別な管轄裁判所である家庭裁判所や簡易裁判所の管轄は明瞭であり，それらとの競合を避けるという必要もない。

倒産事件における専属管轄の定めを削除する場合，民事訴訟法の一般準用（18条）ではなく，個別準用の規定を設ける必要がある（再生事件の管轄について準用される民事訴訟法の規定は，14条，15条，16条1項，22条である。）。これによって，移送決定に対して即時抗告をすることができないことも法文上明確になり，裁量移送の運用が活発化することが期待できる。裁量移送は，申立てを受けた裁判所と移送先の裁判所の連携がうまくいけば，有用な再生手段となり得る（即時抗告が許されないので，記録の送付を迅速に行えば，移送先の裁判所で直

(2) 東京・大阪地裁の競合管轄の拡大

会社更生法では、全国どの会社の事件でも東京地裁又は大阪地裁に申し立てることができるが、民事再生法では、債権者が1000人を超えた場合に限られている。しかし、事件の難易度は債権者数によって決まるものではなく、債権者数による区分には必ずしも合理性がない[*3]。民事再生手続においても、会社更生手続と同様に、東京・大阪地裁に競合的な管轄を認めるのが適当である。

平成16年以降、倒産事件について大幅に管轄が拡大されてきたのは、債務者の再生の必要に加え、再生事件への債権者の手続参加の方法が従来とは大きく異なってきたためである。すなわち、従来の郵便、電話、電報に加え、ファクシミリ、携帯電話、電子メール、電話会議、テレビ電話、インターネット、宅配便網などが急速に普及発展し、情報交換や意思伝達方法が多様化し、隔地者間の意見交換が容易になってきた。これに併せて、書面による債権調査及び異議（100条・102条）、書面等投票による決議（169条1項2号）が法定され、インターネットによる情報提供（規則18条2項）が規則化されるなど、遠隔地の債権者の権利行使を容易にする法改正が行われ、遠隔地の再生事件についての債権者の手続参加が容易になってきた。東京・大阪地裁の競合管轄の規定を、さらに上記のとおり拡大することとなっても、再生事件への債権者の手続参加に支障が生じることは少ないと考えられる。東京又は大阪地裁に申し立てられた事件について、債務者の所在地の裁判所が管轄するのが相当と認めるときは、前記(1)の裁量移送の容易化によって対処するのが適当である。

(3) 自庁処理を許容する規定の創設

移送事例①でみたとおり、ある裁判所管内に事務所、営業所又は財産を有している場合には、移送決定があれば当該裁判所に管轄権が生じるにもかかわらず、当該裁判所に直接申立てがあったときは、即時抗告がされると主たる営業所所在地に移送せざるを得ないというのは、合理性がない。この場合に、まず主たる営業所所在地を管轄する裁判所に申し立て、直ちに移送決定をしてもらうという実務の知恵もあるが、迂遠な感を否めない。再生事件の

申立てを受けた裁判所に裁量移送を受ける要件がある場合には，当該裁判所の裁量により自庁処理をすることができるものとするのが適当である[*4]。自庁処理が適当でないと思えば管轄裁判所に事件を移送することになる。

(4) 会社債務の保証人及び代表者以外の役員の会社事件への併合申立て

会社の再生事件について，会社代表者個人の再生・破産の申立てを併合する申立ては認められている（5条6項，破5条6項）が，倒産手続のセーフティーネットの側面を重視する場合には，さらに，会社とともに再生又は破産の申立てをしようとする会社債務の保証人[*5]及び代表者以外の役員についても，会社事件に併合して申し立てることができるよう，民事再生法及び破産法上の管轄を広げるのが適当である。

【園尾　隆司】

[*1] アメリカ連邦裁判所相互の間には管轄（jurisdiction）の概念はなく，裁判地（venue）の概念によって律せられている。どの連邦地裁が事件を担当するかは，管轄権の問題ではなく，どこがもっとも裁判に適しているかという裁判地の問題であるために，柔軟な対処が可能である。

[*2] もし当該事件について，管轄裁判所に再生申立てがされ，管轄裁判所から東京地裁に移送する決定があれば，当該移送決定には不服申立てが許されないため，直ちに東京地裁が管轄権を有することになる。このような管轄裁判所経由の迂遠な手続を省略したものが事実上の自庁処理である。

[*3] 債権者数の多少で区分することに合理性がないことについては，松下淳一「事業者の再生事件の土地管轄について」事業再生研究機構編『民事再生の実務と理論』333頁（商事法務，2010）参照。多比羅誠「民事再生法の立法的課題」同書270頁は，債権者数要件を100人に緩和するよう提言するが，これも債権者数要件による制約が不合理であることに基づくものであり，私見と趣旨を同じくする説である。

[*4] 松下淳一・前掲書339頁は，関連法人への管轄拡大についても論じるが，関連法人の所在地には当該法人の財産等が存在するのが通例であるから，自庁処理を許容する規定が創設されれば，関連法人への管轄拡大の問題は解決できる。

[*5] 会社債務の保証人は，通常は会社代表者その他の会社役員であるが，役員以外の親族等が保証人になることもあり，手続の迅速進行のため，これらの保証人についても管轄を拡大しておくのが望ましい。

16 保全処分と商取引債権の保護

保全処分が出されるとそれまでに発生していた債権は弁済してもらえないか。弁済が認められる金額はあるか。いくらの金額か。商取引債権は全額支払ってもらえることがあるか。

解 説

[Ⅰ] はじめに

　保全処分の決定によって，決定前日までの一般債務に対しては弁済が禁止される（手続開始後は再生計画の定めるところにより弁済がなされる。）が，通常10万円までの債務に対しては手続開始後に手続を円滑に遂行させるために（85条5項前段）少額債権として弁済許可がなされることが多いことから，保全処分の段階においても弁済禁止の除外債務とされていることが多い。再生債務者の業態，事業規模，日常取引の範囲及び資金繰り等によって弁済する除外債務の金額を拡大したり，逆に，零にしている事例もある。最近では，商取引債務を金融債務と区別して全額除外債務にすべきであるとの意見もある。商取引債務の保護については会社更生手続が先輩格であるので，再生手続と併せて，現況を概観し，若干の私見を述べる。

[Ⅱ] 保全処分の典型

1 再生手続での典型的な主文

　再生手続での保全処分の典型的な主文は，①保全処分発令の前日（発令の当日とする主文もある（全国倒産処理弁護士ネットワーク編『通常再生の実務Q&A120問』44頁〔桶谷和人〕（金融財政事情研究会，2010））までの債務の弁済及び担保提

供の禁止を命じ，②弁済禁止の除外債務として，租税その他国税徴収法の例により徴収される債務，再生債務者とその従業員との雇用関係により生じた債務，再生債務者の（事業所の）賃料・水道光熱費・通信に係る債務，再生債務者の（事業所の）備品のリース料，10万円以下の債務とされている。典型的な保全処分は，監督命令と同時に発令することが慣例化されており，借入禁止や常務に含まれない財産処分禁止等は監督委員の同意事項として処理されることが前提にされているので，保全処分は，専ら，弁済禁止を中心にして発令されている。弁済禁止の除外債務は，一定の共益債権，優先債権，少額債権である（備品に係るリース債権は業務遂行の便宜の観点から除外債務とされているがその性質は共益債権か別除権付債権かでの争いがある。）。このうち，少額債権として弁済が認められる金額は10万円とされるのが典型である。事案によっては，50万円，100万円と増額されることがある。

　以上のような扱いは，東京地裁，大阪地裁（リース債務を除外債務に記載していない。）を始め，その他の高等裁判所所在の地方裁判所で，ほぼ同様であり（前掲『通常再生の実務』334頁以下資料3参照），通常の事例については，保全処分の運用は安定しているものと考えられる（東京地裁の運用について西謙二＝中山孝雄編『破産・民事再生の実務（新版）下』69頁以下〔八幡有紀〕（金融財政事情研究会，2008），大阪地裁の運用について安木健ほか編著『新版一問一答民事再生の実務』117頁以下〔釜田佳孝〕（経済法令研究会，2006））。

　典型的な保全処分については，主文，趣旨，要件，必要性，違反してなされた弁済等の効力等の解釈や検討もほぼ検討が尽くされているものと思われる（前掲書の他，才口千晴＝伊藤眞監修『新注釈民事再生法上』139頁以下〔髙木裕康〕（金融財政事情研究会，2010），須藤英章編著『民事再生の実務』102頁以下〔松村昌人〕（新日本法規，2005）など）。

2　更生手続での保全処分

　会社更生法28条には，民事再生法30条とほぼ同趣旨の保全処分の定めがあり，この保全処分の運用は再生手続とほぼ同様に行われている。更生手続の保全処分は管理型でない場合（DIP型で進めるときである。同時に監督委員が選任されるか事業経営等は現経営陣が行う。）に使用されているものであるところ，更

生事件の多数は管理型であるので，会社更生法28条による保全処分の発令事例は少数であり，多数は会社更生法30条による保全管理命令が発令されている（西岡清一郎＝鹿子木康＝桝谷雄一編『会社更生の実務上』80頁以下〔永野厚郎〕（金融財政事情研究会，2005））。しかし，保全管理命令においても，事業経営等の権限が保全管理人に移るものの，保全期間中の弁済禁止と弁済禁止の除外債務については，保全処分のときと相違するわけではない。会社更生法28条による保全処分と同30条による保全管理命令はともに，決定日前日までの債務の弁済を禁止し，他方弁済禁止の除外債務として，開始前会社とその従業員との雇用関係により生じた債務（退職金支払債務を除く。）と少額債務の2つを記載するのが通常である（保全管理命令では，開始前会社につき保全管理人による管理を命じ，かつ，保全管理人の選任を行うが，その他は保全処分の内容と相違はない。したがって，以下では，会社更生法28条による保全処分と同30条による保全管理命令による弁済禁止等を区別せずに，単に保全処分として記述する。）。更生手続による保全処分についての弁済禁止の除外債務は，再生手続による弁済禁止の除外債務より項目が少なく，限定的ではあるが，更生手続による保全処分でも，一般債務の弁済を禁止し，弁済禁止の除外債務を定める手法は再生手続による保全処分と同一である。

　次に，更生手続による弁済禁止の除外債務の金額についてであるが，この金額は，10万円と定められているのではなく，「開始前会社の業務や取引の実情に応じて事案ごとに決定しており，保全管理人が開始前会社の事業の維持・継続を図る上で機動性に欠けることのないようにしている」（前掲『会社更生の実務上』81頁）ので，除外債務とされる少額債務の金額は，事案ごとに区々であり，50万円とされるもの，100万円とされるもの，500万円とされるものなどがある。

[Ⅲ]　例外的な処理

1　例外処理をする判断基準

　再生手続は，開始決定までの期間が更生手続に対比して短期間であるので，保全処分の段階で高額の少額債務の弁済を認める必要性が高くないよう

である。非典型的な処理としては，燃料代，従業員が派遣社員である場合の派遣料，小売業者であるときの商品券等の債務等が挙げられている（西＝中山編・前掲72頁）。また，保全処分発令後開始決定前に保全処分の一部解除を行い弁済を認める場合の事例として，代替性のない重要な取引相手に対して支払をしないと取引の継続が困難な場合等が挙げられている（須藤編著・前掲108頁〔三村義幸〕）。再生手続でも，債権につき例外的な扱いを必要とする場合は更生手続と同様に存在するはずであり，そのような場合は法85条5項後段の少額債権に該当するか，否かで判断されているものと思われる。次に，保全処分の例外扱いの先べんになる更生手続の運用をみていきたい。

　更生手続は，保全期間が再生手続よりは長いことから，保全処分段階でも高額弁済を認める保全処分が例外的に出されている（事業再生迅速化研究会第3PT「商取引債権の保護と事業再生の迅速化」NBL923号以下）。また，最近では，高額の商取引債権への弁済を保全処分で認めた事例がマスコミ等に掲載されている（日本航空等，ウィルコム）。

　保全段階で高額債権の弁済を許容するとき，又は，手続開始後に少額債権として高額又は全額弁済を許可するとき（会社更生法47条5項後段による。民事再生法85条5項後段と同旨の定めである。）の要件として，裁判所が4つの要件を示されている。即ち，①債務者会社の規模・負債総額等に比べて（弁済）対象債権が相対的に「少額」といえるか，②対象債権を早期に弁済しなければ事業継続に著しい支障が生じるか，③金融債権者など他の債権者への弁済率も向上するか，④取引先が従前の取引条件で取引を継続することを条件とすること（菅野博之「会社更生法運用の指針は『債権者全体の利益』」金融財政事情2010年4月12日号5頁，難波孝一「『私的整理ガイドライン等から会社更生への移行』に対する検討」NBL886号12頁以下。なお，鹿子木康「少額債権の弁済」西岡＝鹿子木＝桝谷編・前掲176頁以下でも柔軟な姿勢が記されているが，更に特定の種類の債権だけに適用することも差し支えないとされている。）の4つの要件である。また，これまでの具体事例では，実際には，形式的に不利な扱いを受ける金融債権者の意思も確認がされていたように思われる。

2 具体的な運用事例

商取引債権に対し計画によらずに多額の弁済をしている事例を，手法（保全処分の除外債務としての扱いか，開始決定後の少額債権弁済許可によったか，和解その他で行ったかの別），弁済の必要性及び他の債権者との公平性の3項目を中心に整理してみたい（具体事例の詳細は関与者でなければ説明できない事情がある。）。

(1) ホテル（中井康之「瀬戸内海国際マリンホテルの場合」商事法務編『再生・再編事例集2』75頁以下）

2003年4月1日に更生手続申立て，同8日に保全命令と保全管理命令が発令された。取引先債権者数は約160社，その債権残高は約7千万円，1社の債権額では最高額で350万円であった。大阪地裁に弁済禁止の保全命令の一部取消しを求めて取引債権について全額弁済の許可を得て更生開始前に弁済を実行した。ホテル事業の再生，継続が危うくなることを回避するためであった。この結果，ホテル運営は順調に推移して，高額弁済を約束するスポンサー選定を行って，本件での他の債権者（金融債権者5人・22億円，経営者関係債権3人・13億円，租税債権者2人・2.5億円）に対して有利な弁済実施ができたと報告されている。

(2) 家電量販店（上田裕康「家電量販店M社の再生」商事法務編『再生・再編事例集2』85頁以下）

2003年9月，再生手続の申立日に開始決定を受け，かつ翌日，産業再生支援機構の支援決定を受けた。したがって，保全処分を受けていない。再生債務者は商品供給を受けるメーカー全社と，動産売買の先取特権を有するということで，同別除権の処遇に関して，監督委員の同意を得て包括的な和解をした。和解の条件は，①申立前の仕入債務（動産売買の先取特権付）を全額弁済する，②以後の仕入れ，支払条件，現金歩引き等仕入れ側の有している各種の利益について従前どおりの保護をすること，③営業譲渡の承諾と譲受人への取引承継の承諾であった。この事例では，家電量販店の商品入荷が停止されることが顧客離れと商圏喪失をきたし，事業価値の棄損が著しくなることに取引債権保護の必要性があることを強調している。また，執筆者は，本件での債権者間の実質平等・衡平について，事業棄損を免れたことによって営業譲渡代金が高い金額となり配当率を大きくできたこと及び仕入債権者と

の和解は一般債権への弁済ではなく別除権者との和解による弁済であることにより正当性があるとする趣旨の説明をされている。

(3) 建設機材等リース業（永沢徹＝堀江良太「A社の会社更生事例─仕入債権者の保護に着目して─」事業再生と債権管理120号104頁以下）

債務会社は金融団と私的に整理協議を行っていたが成功せず，信用不安が広がり，物品の仕入れが困難になりつつあった。同社の営業債権は長期にわたる分割債権が大多数であるところ，同社の商圏の劣化によって取引先の連鎖倒産が予想され，同社も破産手続が避けられない状況に至っていた。同社は2006年10月に更生手続申立てを行い，裁判所から保全管理命令を受けた。同命令では，常務に属する行為のうち申立日の前日までの原因に基づいて生じた債務の弁済等については裁判所の許可を得なければならないとしつつ，売主として締結した売買契約の目的物又は貸主として締結したリース契約の目的物の各購入に係る債務（決定日以後も取引を継続する場合に限る。）等については保全管理人の判断で債務を弁済することができる旨を命じた。仕入先81社のうち78社から取引継続の確約を受領して，仕入債務の全額を弁済し，商圏の劣化を防ぎ，適正価格で事業譲渡を実施して，一般債権者に対して中間弁済でも18％の弁済率による弁済を行うことができ，更生計画案に対して更生債権者及び更生担保権者の100％の同意を取得した。この事例では，仕入債務の弁済を認めた保全管理命令が大きな役割を果たしたと報告されている。

(4) ゴルフ場，サービスエリア，ホテル業（腰塚和男ほか「会社更生における商取引債権100パーセント弁済について」NBL890号28頁以下）

債務会社は，2社である（ゴルフ場，ホテル及びサービスエリアの保有・事業会社とホテルの業務受託会社）。2008年7月1日債権者であるサービサーから更生手続申立てを受け，調査命令後，同16日保全管理命令，同31日更生手続開始決定を受けた。サービスエリア事業の継続のために仕入債務の支払が重要であり，ホテル事業におけるインターネット予約維持の必要性，ゴルフ事業における旅行代理店との契約維持の必要性等から商取引債務の弁済を行う必要があった。保全管理命令の中で，弁済禁止の除外債務として，「借入金返還債務，社債の償還債務，保証金返還債務，リース料支払債務及び保証債務並び

にゴルフ会員に対する保証金（預託金）返還債務を除く一般の商取引債務（本決定日以後においても，債権者が開始前会社と取引を継続する場合に限る。）」と明記され，支払原資は DIP ファイナンスによった由である。2 社を合わせて，これらの商取引債権は約 2 億円余，負債総額は約60億円である。金融債権者からは DIP ファイナンスを受けており，商取引債権の弁済について異論は出されていない。その結果，事業価値の維持増殖ができ，早期のスポンサー選定が可能になったというものであり，保全管理命令で商取引債務を弁済禁止の除外債務にしたことが早期再生の重要な要素になったと報告されている。

(5) 日本航空等 3 社（山本和彦「日本における本格的な事前調整型会社更生手続の幕開きへ」事業再生と再建管理128号 4 頁以下，同「企業再生支援機構と JAL の更生手続」ジュリスト1401号12頁以下，日本航空ホームページ2010年 1 月19日リリース）

債務会社等は，2009年11月13日事業再生 ADR に対して受理申立てを行い，事業再生 ADR から金融機関に対して一時停止の通知が行われ，2010年 1 月19日に更生手続申立てを行い，同日，開始決定を受けた。あわせて，同日，産業再生支援機構からの支援決定も受けた。燃油・部品の購入代金を始め取引債務，マイレージ債務，航空機等のリース料債務等商取引債務は例示列挙の形式をとりながら包括的に少額債務として弁済許可（随時弁済）が出された。負債総額に比して，随時弁済が認められた商取引債務は約30％，最大債権者への債務額は約 2 ％に該当する。随時弁済が認められる根拠は，「安全運航を確保し，かつ，運航停止，顧客喪失，サービス劣化及び風評被害等のリスクを回避しながら，短期間で迅速かつ抜本的にその事業価値を最大限維持することが必要不可欠」である，からとしている（企業再生支援機構「日本航空に対する支援決定」7 頁）。山本教授は，本件では，企業再生支援機構が商取引債務への弁済を支援決定の条件としていることから同機構の支援を受けられないようになることは事業価値の劣化になるという関係にあることも商取引債務への随時弁済を認める根拠になると述べられ，これを一般化して，他の事例に対して商取引債務の弁済が事業の再生に不可欠であると安易に認定することには賛成できないとされる。

(6) 電気通信事業（ウィルコムホームページ2010年2月18日，同3月12日リリース，ウィルコム更生計画，企業再生支援機構ホームページ2010年3月12日リリース，東京地裁平成22年2月18日決定）

債務会社は，2009年9月に事業再生ADRに再建手続の申立てを行ったが，事業再建が実現するに至らず，2010年2月18日に更生手続申立てを行い，同日，保全処分及び監督命令兼調査命令等を受けた。同時に，同社は，企業再生支援機構に対して支援の申込みを行った。裁判所の保全処分は，同決定前日までの原因で発生した債務の弁済を禁止し，禁止の除外債務として，①雇用関係により生じた債務（退職金債務以外のもの），②借入金返還債務，社債償還債務，リース料支払債務を除く一般の商取引債務のうち，25億円以下の部分（債権者が従前の正常取引先としての取引条件で取引を継続する場合に限る。），③債務総額1000万円以下のものとされた。負債総額は，2060億円（単体）である（商取引債務で保全処分の除外債務として71億円，開始決定後会社更生法47条5項後段により弁済許可を受けた債務として127億円が支払われた。）。企業再生支援機構のリリースでは，支援の意義は「対象事業者（ウィルコム）の事業が破綻に至り，これら社会インフラが維持されない場合には，多数の利用者の日常生活だけでなく，医療・介護事業者の混乱は大きく，防災面の影響があると考え」られ，「地域経済，多数の取引先および1,000名以上の従業員，医療従業員などに与える影響もおおきくなる」こと等であり，「事業の継続を可能にして事業価値を維持するため」商取引債務の弁済許可をした裁判所の保全処分を肯定している。

[Ⅳ] 結びにかえて

1 6事例のまとめ

最近の商取引債務に対して，全額又は多額の弁済を認めている主な事例を概観すると，以上の6事例がある。再生手続の事例が1例しかなかったが，商取引債務の保護の問題について更生手続との本質的な区別はない。6事例を手法で区分すれば，①保全処分（保全命令の一部取消しを含む。）による事例が4例，②少額債権弁済許可事例が1例（ウィルコムを入れれば2例），③和解

による弁済事例が1例であった。保全処分で除外債務にする要件は，少額債務としての弁済を許可する場合の要件と同一であろう。

　弁済が認められた債務は商取引債務であり（リース債務を除く），かつ，包括して対象とされており，これを更に区分して特定商取引債務のみを対象にした事例はない（日本航空等事例の保全処分は記載の仕方が詳細であり特定商取引債務を対象にするような外形のごとくに見られるが実質は例示列挙になっているだけである。）。また，除外債務項目として，保証金などの金融債務以外の債務をすべて弁済することまでは認められていない。また，個別業者の債務の支払について個別に和解をして弁済する運用はされていない。

　上記のうち(1)から(4)までの事例は，いずれも事業再建の出口が見えている案件である。また，上記(5)と(6)は出口へ至る枠組みが企業再生支援機構から提示されている事例である。したがって，これらの事例は，裁判所が示している少額債権としての弁済許可（85条5項後段，会更47条5項後段）についての4要件を満たしていることになろう。

2　多数の事例と商取引債務の保護

　上記の6事例は法的処理手続のなかでは極めて例外的な位置にある。通常の事例の多数では，裁判所が示す4要件のうち，①少額要件，②事業継続支障要件，④取引継続要件の3要件は充足する。商取引債務を早期に弁済しなければ事業継続に著しい支障が生じるので，商取引債務に対して多額の弁済ができれば事業継続がやりやすいし，このような要請は今後は相当程度強まることが予想されるが，しかし，これだけでは債権者平等の原則に反する結果をきたすことになり，現行の法的処理手続の中では認められ難い（なお，杉本和士「再生手続における少額債権弁済許可制度に関する試論」事業再生研究機構編『民事再生の実務と理論』389頁以下（商事法務，2010）では理論的な検討をされている。）。

　そうすると，問題になるのは「③金融債権者など他の債権者への弁済率も向上すること」の要件を満たすか，否かになる。しかし，この要件を保全段階又は手続の早期段階でクリアすることができるかというと，それはかなり困難である。結局，4要件を満たす案件とは，事業再建の出口が見えている

案件だけが資格を有することになろう。

　更に，この4要件だけで十分であろうか。今後，事例の積み重ねによって，いろいろ検討がなされることと思うが，法的処理手続のなかで商取引債権保護を実施する要件として実質要件だけではなく，手続的な面で形式的に不利益を蒙る金融債権者（特に，大口債権者）との事前協議程度は必要ではないだろうか。法的処理手続は実体法による正義の実現をする制度であることと併せて，手続的にも公正に行われるべき制度であるべきと思うからである。

3　私的な再建手続との調整

　私的再建手続は，2002年以降活発な活動を続けている。「私的整理ガイドライン」による再生，中小企業再生支援協議会，整理回収機構，産業再生支援機構，企業再生支援機構，事業再生ADRによる再建手法は，いずれも金融債権者のみを対象にして，金融債権の債権放棄等により債権者の債権回収の最大化を図る意図をもって事業再生を図るというものである。これらの私的再建手続は，対象となる金融債権者の同意の上に成立しており，法的処理手続とは構造的に相違している。他方，法的処理手続による上記の6事例は，法的処理手続としては極めて例外的な位置にあるが，商取引債務の保護という形となって，これらの私的再建手続の手法を採り入れ始めたものと評価される。今後は「債権者平等の原則」との関係で，商取引債務の弁済の要件と適用について，更に，論議がなされることになろう（2つの手続間の移行を検討したものとして，多比羅誠＝須藤英章＝瀬戸英雄「私的整理ガイドライン等から会社更生への移行」NBL886号7頁以下等がある。今後は，移行の段階を経ない事例についても，その要件を議論する必要がある。）。

【宮川　勝之】

17　包括的禁止命令

　包括的禁止命令とはどのような制度か。立法の過程で議論された自動停止制度とはどこが異なるのか。濫用防止策はどのように用意されているのか。実務では，どのように使われているのか。

解　説

[I]　包括的禁止命令とは

　再生手続が開始されるまでの段階では，債権者による権利の行使は妨げられないが，債務者の財産に対する債権者の権利行使を無条件で認めるとすると，債務者の財産の散逸や債権者間の公平の阻害などを招来して，再生手続の目的を達成できなくなるという事態が生じうる。そこで，民事再生法は，債務者の業務や財産に対する保全処分（30条）や強制執行・仮差押え・仮処分などの中止命令（26条）の制度を設けている。しかし，こうした債務者を名宛人とする保全処分や個別的な中止命令のみでは，再生手続の目的を十分に達成することが困難な場合もある。そこで，債権者による権利行使に対する包括的な禁止命令という制度が導入された（27条～29条）。ここでいう「包括的」とは，後述するように，債権者の包括性，財産の包括性，時期の包括性，手続の包括性という4つの包括性を意味する。我が国の倒産法制において包括的禁止命令が最初に設けられたのは民事再生法であり，その後，相次いで改正が行われた会社更生法（25条～27条）や破産法（25条～27条）にも導入された。

[Ⅱ]　自動停止制度との比較

　民事再生法の立法の過程では，アメリカ連邦倒産法における自動停止制度に類似の制度を導入する案と，我が国独自の制度として包括的保全処分を創設する案とが対立した。議論が分かれたポイントは，自動停止制度が有する徹底した保全の効果という長所に期待するか，それとも過剰な効果や濫用のおそれという短所を懸念するかという点であった。自動停止制度の長所と短所を整理すると，以下のとおりである。まず，長所であるが，①手続開始の申立てと取立禁止効の発生との間にタイムラグがないこと，②手続開始の申立てと別個に独立の申立てを必要としないこと，③申立人にとって保全処分のような疎明資料を整える負担が生じないことなどである。他方，短所は，①裁判所による事前審査がないために制度を濫用されるおそれが高いこと，②再生手続が開始されないことが明らかな事案にまで取立禁止効が働くこと，③保全の必要性が認められない事案を個別解除の手続がとられるまで排除することができないこと，④自動停止の発効を効果的に公示する制度がないこと，⑤事案によっては個別解除の申立てが殺到して裁判所の過重負担を招くおそれがあることなどがある。

[Ⅲ]　立法の方針

　立法過程の議論においては，自動停止制度の長所に期待を寄せるよりも，その短所を懸念する声の方が大きかった。そこで，濫用のおそれが少ない制度として，包括的保全処分の一種である包括的禁止命令が導入されることとなった。包括的禁止命令を導入するとしても，その制度設計に際しては，さらにいくつかの選択肢があった。たとえば，名宛人として債権者のみならず債務者をも取り込むかどうか，禁じられる権利行使に事実上の取立行為や訴訟上の行為を取り込むかどうか，手続開始後に共益債権となるべき債権や国税滞納処分などを取り込むかどうか（民事再生法より後に立法された現行の会社更生法25条1項及び破産法25条1項は，民事再生法と異なり国税滞納処分の禁止命令も認め

ている。)，担保権の実行行為や相殺権の行使などを取り込むかどうか，などである。民事再生法は，これらのすべてについて消極的な態度をとり，債権者による強制執行等の手続のみを包括的に禁止する制度として，個別的な中止命令を補完する機能を営む制度にとどめるものとした。また，後述するように，濫用を防止するための規律が重畳的に設けられており，かなり抑制的な制度として設計されている。

[Ⅳ] 包括的禁止命令の発令要件

1 発令要件の趣旨

包括的禁止命令発令の要件（27条1項）は，①再生手続開始の申立て以後であること，②利害関係人の申立て又は職権によること，③法26条1項の規定による個別的な中止命令によっては再生手続の目的を十分に達成することができないおそれがあると認めるべき特別の事情があること（中止命令に対する補充性），④事前又は同時に再生債務者の主要な財産に関して法30条1項の保全処分又は54条1項若しくは79条1項の処分がなされていること（保全処分等との組み合わせ）である。これらのうち，①と②は手続上の要件であり，③と④は実質的な要件である。②にいう「利害関係人」とは，再生手続の申立権者（21条）又は申立人に限られず，債務者本人，債務者の株主，債権者，保全管理人，監督委員などを広く含む。以下，実質的要件を詳しく見ていくことにする。

2 中止命令に対する補充性（要件③）

包括的禁止命令は，いわば一網打尽の保全処分であるので，債権者に対する抑圧や濫用の危険も大きい。そこで，個別的な中止命令に対する補充性を要件とし，中止命令で足りる場合には発令をしないこととしたものである。個別的な中止命令と包括的禁止命令の機能上の差異は，次のとおりである。中止命令は，特定の再生債権者を対象とし，特定の財産を対象とし，すでに係属中の手続を対象とし，特定の強制執行等を対象とする。これに対し，包括的禁止命令は，すべての再生債権者を対象とし，すべての財産を対象と

し，すでに係属中の手続のほかに将来申立てがされる手続をも対象とし，すべての強制執行等を対象とする。すなわち，包括的禁止命令は，債権者の包括性，財産の包括性，時期の包括性，手続の包括性を有する。したがって，中止命令に対する補充性という要件は，こうした4つの包括性の少なくとも一部が必要な事案であることを発令の条件として要求することになる。典型的には，同時期に多数の強制執行等の申立てがなされたために，個別的に中止命令を申し立てると事務負担が膨大になり，財産の保全に支障を来すおそれがある場合などである。

3 保全処分等との組み合わせ（要件④）

包括的禁止命令は，債権者の権利行使を一律に禁止するものであるが，他方において債務者のほうが自由に財産を処分できるものとすると，財産の散逸の危険や債権者の平等を害する行為を抑止することができなくなる。そこで，債権者による権利行使と債務者による財産の処分をセットとして，同時に禁ずべきものとしたのが本要件の趣旨である。仮差押え・仮処分その他の保全処分（30条）と包括的禁止命令（27条）との機能上の相互関係は，次のとおりである。保全処分は，再生債務者を名宛人として発令され，再生債務者の行為を制約することによって，財産の散逸を防止する。これに対し，包括的禁止命令は，再生債権者を名宛人として発令され，再生債権者による強制的な権利実現を制約することによって，債務者の財産を保全する。このように，前者による債務者の行為の制約と後者による債権者の行為の制約が両者相俟って，手続開始決定前における財産の散逸の危険や債権者の平等を害する行為を十全に防止することが予定されているのである。

［Ⅴ］ 包括的禁止命令の効力

包括的禁止命令が発令されると，再生債権に基づくすべての強制執行，仮差押え，仮処分又は再生債権を被担保債権とする民事留置権による競売は，将来に向かって禁止され（27条1項），すでに係属中の手続は中止される（同条2項）。これに反して行われた手続の開始又は続行は無効である。ただし，

包括的禁止命令には遡及的な効力がないので、すでになされた手続が遡って無効とされることはない。

　裁判所は、包括的禁止命令を発令した後でも、その後の事情の変更や必要に応じて、事後的にこれを変更又は取り消すことができる（27条3項）。また、後述するように、特定の再生債権者との関係で、解除することもできる（29条）。これらの事後的な変更・取消し・解除の場合を除いて、包括的禁止命令の効力は、再生手続開始の申立てに対する裁判があるまで存続する。再生手続開始決定があった場合は、包括的禁止命令それ自体は失効するが、再生手続開始の効力として強制執行等の手続は禁止又は中止されるので（39条1項）、実際上、禁止及び中止の状態は継続することになる。他方、再生手続開始の申立てが却下又は棄却された場合は、包括的禁止命令は当然に失効する。

　裁判所は、再生債務者の事業の継続のために特に必要があると認めるときは、再生債務者（保全管理人が選任されている場合は保全管理人）の申立てにより、担保を立てさせたうえで、包括的禁止命令によって中止した強制執行等の手続の取消しを命ずることができる（27条4項）。これは、包括的禁止命令により係属中の強制執行等の手続が中止になると、当該強制執行等がなされたままの状態で現状が凍結されることになり、これによって強制執行等の対象となっている物品や権利の処分が一切できなくなるために、かえって債務者の再生を阻害する場合もありうることから、立担保を条件として、強制執行等の取消しの余地を認めたものである。個別的な中止命令における民事再生法26条3項と同趣旨の規定である。

　包括的禁止命令が発令されると、再生債権者による強制執行等が禁じられるので、再生債権について時効を中断するための権利行使ができなくなる。しかし、時効制度の趣旨に照らすと、権利行使が可能になるまでは、時効の完成を猶予すべきである。そこで、包括的禁止命令が発令されたときは、包括的禁止命令が効力を失った日の翌日から2か月を経過する日までの間は、再生債権の時効は完成しないものと定められている（27条7項）。いわゆる時効の停止を定めたものであり、再生債権者は権利行使が再び可能になってから2か月の期間内に、時効を中断するための措置を講ずることができる。

包括的禁止命令の決定（27条1項），その変更又は取消しの決定（同条3項），事業継続のための取消しの決定（同条4項）に対しては，即時抗告をすることができる（同条5項）。この即時抗告は，執行停止の効力を有しない（同条6項）。

［Ⅵ］　包括的禁止命令の告知

　包括的禁止命令は，再生債権者の権利行使に対して重大な影響を与えるので，包括的禁止命令に関する裁判があった場合には，利害関係者に対して適切な告知がなされる必要がある。そこで，民事再生法は28条を公告及び送達に関する独立の条として設け，利害関係者の種類に応じて異なった告知の方法を規定している（同条1項）。第1に，包括的禁止命令に関する決定を公告すべきことが要求されているが，これは主として知られていない債権者に対する告知方法を意味する。第2に，再生債務者（保全管理人が選任されている場合には保全管理人）及び申立人に対する関係では，決定書それ自体の送達をしなければならない。再生債務者自身が申立人である場合は，再生債務者のみに送達すれば足りることはいうまでもない。一般的に，裁判書の送達は当事者に対してなされるものであるから，民事再生法は，これら両名を包括的禁止命令の申立手続における当事者とみなしているといえる。このうち，申立人が当事者であることは当然であるが，再生債務者については理論的には，疑問がないではない。なぜなら，包括的禁止命令は再生債権者のすべてに対してその権利行使を禁止する命令であるため，その実質的な名宛人はすべての再生債権者であると考えられるからである。しかし，すべての再生債権者を当事者とすることは現実的ではないことから，再生債務者をいわば形式的な当事者とする趣旨である。第3に，知られている再生債権者及び保全管理人が選任されている場合における再生債務者に対しては，決定の主文を記載した書面を送達しなければならない。

　包括的禁止命令の決定等は，再生債務者（保全管理人が選任されている場合には保全管理人）に対して決定書の送達がされたときから，その効力を生ずる（28条2項）。一般的には，決定は相当と認める方法により告知をしたときに

効力を生ずるものとされており（民訴119条），民事再生法では公告は一切の関係人に対する送達の効力を有するのであるから（10条4項），包括的禁止命令に関する決定についても，公告をもって効力の発生時期とすべきとも考えられる。しかし，決定が発令されてから公告が現実になされるまでには一定の時日を要するが，この間は包括的禁止命令の効力が生じないとなると，その実効性を期しがたい。他方，再生手続開始の決定のように，決定のときから直ちに効力を生ずる例もあるが（33条2項），包括的禁止命令は，再生手続開始決定とは異なり，あくまでも仮の処分であるから，まったく公示と無関係に直ちに効力を生ずるものとすることにも問題がある。そこで，いわば両者の折衷的な時点として，再生債務者に対する決定書の送達の時に，包括的禁止命令の効力が生じるものとしたものと解される。いずれにせよ，この規定は再生債務者がいわば情報のターミナルとして機能することを期待するものであり，再生債権者としては再生債務者を通じて包括的禁止命令の発令の有無を確認すべきことになる。

[Ⅶ]　濫用防止策

1　濫用防止に関する諸規定

包括的禁止命令は，債権者の権利行使に重大な影響を与えることから，その濫用を防止するための制度が幾重にも設けられている。まず，実質的発令要件である①個別的な中止命令では不十分と認めるべき特別の事情がある場合にのみ包括的禁止命令を発令することができること（27条1項本文），及び，②事前又は同時に再生債務者の主要な財産に関して30条1項の保全処分又は法54条1項の監督命令若しくは79条1項の保全管理命令を発令した場合にのみ包括的禁止命令を発令することができること（27条1項ただし書），も，濫用防止のための機能を営む。さらに，濫用防止のために設けられたものとして，③強制執行等の申立人である特定の再生債権者に不当な損害をおよぼすおそれがある場合は，すでに発令した包括的禁止命令を当該再生債権者に対する関係において解除することができる（29条1項），及び，④包括的禁止命令が発令された後は，裁判所の許可を得なければ再生手続開始の申立てを取

り下げることができない（32条）とする規定がある。①と②については，すでに説明したので，ここでは③と④を取り上げる。

2　包括的禁止命令の解除（29条1項）

　包括的禁止命令は，すべての債権者を包括的に対象として，その強制執行等を一律に禁止又は中止するものである。しかし，発令にあたって裁判所が審査するのは，再生手続の目的にとって包括的禁止命令が必要かどうかという点のみであり，権利行使の禁止又は中止によって各債権者に生ずる損害の有無や程度は，発令の段階では一切考慮されない。したがって，個別の債権者が包括的禁止命令によって不当な損害を受けるおそれがある場合には，当該債権者ごとに事後的な救済がなされる必要がある。また，個別的な中止命令の発令要件を定める民事再生法26条1項ただし書は，強制執行等の手続の申立人である債権者に不当な損害を及ぼすおそれがある場合は発令を認めていないので，これとの均衡という観点からしても，包括的禁止命令の場合における個別解除の申立てを認める必要がある。そこで，包括的禁止命令の効力自体は全体として維持しつつ，特定の債権者との関係でのみ個別的に包括的禁止命令を解除する制度が設けられている（29条1項）。これによって，特定の債権者を害する意図を持って包括的禁止命令が申し立てられることが抑止されることになるので，結局のところ，この制度は包括的禁止命令の濫用を防止する機能を有するものということができる。

　民事再生法29条1項が定める個別解除の要件である「不当な損害」とは，包括的禁止によって債務者が受ける利益に比して，包括的禁止により受ける債権者の損害が異常に大きい場合を指すものと解される。たとえば，緊急に強制執行等をしなければ，債権者自らが倒産するおそれが強い場合などがこれにあたる。ただし，他の更生債権者との均衡を失することがあってはならないので，慎重に判断する必要があろう。本条により個別解除の決定がなされると，申立人である再生債権者は，再生債務者の財産に対する再生債権に基づく強制執行等をすることができるようになり，また，包括的禁止命令が発令される前に当該再生債権者により再生債権に基づく強制執行等の手続が開始されていた場合には，その強制執行等の手続は続行される（29条1項第2

文)。しかし，個別解除の決定は包括的禁止命令そのものを取り消すわけではないから，他の再生債権者に対する包括的禁止の効果は全体として引き続き維持される。再生債権についての時効の進行との関係では，個別解除の決定があった日の翌日から2か月を経過する日までの間は，時効は完成しない（29条2項）。

3 再生手続開始申立ての取下げの制限（32条）

昭和42年改正以前の会社更生手続における実務では，更生手続の申立会社があわせて保全処分を申し立て，いったん保全処分の発令を得ると，これを武器として債務の免除や期限の延長を債権者にせまり，その目的を達した後は，更生手続開始の申立てを取り下げるという，保全処分制度の濫用がみられた。そこで，同年の改正により，保全処分が発令された後は，裁判所の許可を得なければ，更生手続開始の申立てを取り下げることができないものとした。民事再生法32条は，これと同趣旨の規定である。

すなわち，包括的禁止命令が発令された場合には，たとえ再生手続開始決定前であっても，裁判所の許可を得なければ再生手続開始の申立てを取り下げることができないものとし，これによって包括的禁止命令の濫用防止を図ったものである（法26条1項の中止命令，30条1項の保全処分，31条1項の中止命令，54条1項の監督命令，79条1項の保全管理命令も同様の取下制限に服するので，包括的禁止命令に固有の制度ではない。）。裁判所の許可があれば，包括的禁止命令発令後でも再生手続開始申立てを取り下げることができるが，裁判所は，取下許可を与えるに際しては，他の利害関係人の意見を重視すべきであり，利害関係人の多くが手続の開始を望んでいる場合は，基本的に取下げを認めるべきではない。

本規定の趣旨と関連する問題として，包括的禁止命令の申立てを取り下げることができるかどうかという問題がある。かりに，これを自由に認めるとすると，まず包括的禁止命令の申立てを取り下げて，その後に再生手続開始の申立てを取り下げるという形による濫用の余地が生じる。したがって，包括的禁止命令の発令後は，もはや包括的禁止命令の申立ての取下げは許されないものと解すべきである。

[Ⅷ] 包括的禁止命令の運用状況

　民事再生法の施行直後の時期，東京地裁破産再生部は，包括的禁止命令を発令する必要はないとの立場を表明していた。その理由として，民事再生法では個別的な中止命令（26条1項）や取消命令（26条3項）などの規定が完備しており，これらで対応することができる場合がほとんどであることや，同部の運用では申立てから開始決定までが通常1週間程度であり，包括的禁止命令を発令すべき必要性はないことなどが挙げられていた。しかし，その後，債務名義を有する債権者が全国に多数存在し，個別的な中止命令では迅速に対応することが困難で，転付命令のような短期間で進行する執行手続の頻発が予想されるような事件では，包括的禁止命令を発令する必要があるとの認識を有するようになり，絶対数は少ないものの，一定の頻度で包括的禁止命令が発令されるようになってきている。若干の具体的な例を挙げると，以下のようなケースが法律雑誌等に報告されている。

　再生債務者が貸衣裳業を営んでおり，全国のホテルの結婚式場内に営業所を有していたが，債務名義を有する債権者が全国に多数存在し，各営業所に対する強制執行の申立てに対して，個別の中止命令などで迅速に対応することが困難な状況にあり，かりに短期間でも各営業所の貸衣裳などの動産に対して強制執行がなされれば，結婚式場内の貸衣裳業という事業の性質上，再生債務者の信用が著しく毀損され，事業全体の継続が困難になるという事情から，包括的禁止命令が発令された例がある。また，ゴルフ場を経営する会社を再生債務者とする事件でも，債務名義を有する債権者が広範囲に多数存在することから，個別的な中止命令等によって迅速に対応することが困難であるうえに，債権者がゴルフ場におけるカートなどの事業用動産に対して個別に強制執行を行うと，事業の運営に直ちに困難が生じる可能性があるという事情を勘案して，包括的禁止命令が認められた例もある。

　なお，会社更生法や破産法における包括的禁止命令では，民事再生法と異なり，禁止の対象として債務者の財産に対する強制執行等のほかに国税滞納処分（国税滞納処分の例による処分を含む。）が含まれており（会更25条1項，破25条

1項），他方において滞納処分について個別的な中止命令の制度はないので，滞納処分を中止させるための有効な手段として利用されることがあるようである．

【三木　浩一】

■参考文献
兼子一監修『条解会社更生法〔上〕』328頁以下（弘文堂，1987）
深山卓也ほか『一問一答民事再生法』58頁以下（商事法務研究会，2000）
大竹たかし「東京地裁における民事再生手続の現状と課題」事業再生と債権管理105号52頁以下（2004）
武笠圭志「破産手続開始前の保全処分」園尾隆司＝中島肇編『新・裁判実務大系28新版破産法』93頁以下（青林書院，2007）
西謙二＝中山孝雄編『破産・民事再生の実務〔新版〕〔下〕』64頁以下〔小河原寧〕（きんざい，2008）
福永有利監修『詳解民事再生法〔第2版〕―理論と実務の交錯―』204頁以下〔三木浩一〕（民事法研究会，2009）

18 担保権の実行手続の中止命令

I 担保権の実行手続の中止命令とは、どのような制度か。
II 中止命令の対象となる担保権はどのようなものか。抵当権に基づく物上代位や非典型担保も対象となるのか。
III 中止命令の発令要件はどのようになっているか。
IV 中止命令の発令手続とその効果はどのようなものか。

解説

[I] 担保権の実行手続の中止命令とは、どのような制度か

1 制度の概要

再生手続開始当時、再生債務者の財産につき担保権（特別の先取特権、質権、抵当権又は商法若しくは会社法の規定による留置権）を有する者は、別除権者として、再生手続によらないでその権利を行使することができる（53条1項・2項）。しかし、担保権の目的となる財産が、再生債務者の事業の継続に必要であるにもかかわらず、別除権としてそれが実行されてしまうと、事業の再生が困難となる場合もある。そこで、裁判所は、再生手続開始の申立てがあった後、利害関係人の申立て又は職権により、再生債権者の一般の利益に適合し、かつ、競売申立人に不当な損害を及ぼすおそれがないものと認めるときは、相当の期間を定めて担保権の実行手続の中止を命ずることができるものとした（31条）。

2 担保権の実行手続の中止命令が活用される場面

中止命令は、実務的には次のような場面で活用される。その一つは、再生債務者が担保権者との間で被担保債権の弁済方法等について協議して担保目

的物を受け戻すなどの交渉（いわゆる別除権協定の交渉）を行う機会を確保する場面である。事業の再生のために必要不可欠な財産には，根抵当権等の担保権が設定されている場合が多い。それゆえ被担保債権の弁済方法等をめぐる別除権協定に向けての交渉の成否は，再生可能性や再生計画案の立案に大きな影響を及ぼす。そこで，再生債務者は，再生手続開始の申立ての準備段階又は申立て後の早期の段階からこの交渉を行うのが通例であるが，別除権協定を締結する機会を実質的に確保するために本制度が活用される。

　もう一つは，別除権者との交渉が条件面などから不幸にして奏功せず，再生債務者等から担保権消滅許可請求（148条以下）を申し立てた際，その審理期間中の担保権の実行を暫定的に回避する場面で活用されている。

［Ⅱ］ 中止命令の発令の対象となる担保権はどのようなものか，抵当権に基づく物上代位や非典型担保も対象となるのか

1　中止命令の発令の対象となる担保権について

　中止命令の対象となるのは，再生債務者の財産の上に存する担保権の実行手続である。

(1)　再生債務者の財産につき存するものであること

　中止命令を発令できるのは，再生債務者の財産について担保権が設定されている場合に限られる（31条1項本文）。

　複数の不動産に抵当権が設定され，それらの複数の不動産が共に事業活動のために利用されているが，それらの不動産の一部が再生債務者のものではなく，第三者（代表者又はその親族）の所有で当該第三者が物上保証人となっている場合などが実務上問題となる。この事例では，第三者の所有不動産について中止命令を発する余地はない[*1]。どうしても，不動産全体について中止命令を得る必要があるというのであれば，物上保証人である当該第三者についても再生手続開始の申立てを検討するほかはない。ただし，この場合には，当該第三者について中止命令を発令するに足りる要件があるか否かを検討する必要が生ずる[*2]。

　担保権の目的物が再生債務者の所有に属するか否かについては，これを実

体的に認定できれば足り，所有権移転登記を具備していることは必ずしも必要でないとの見解もある（担保消滅許可請求に関する事案についてであるが，福岡高決平成18年3月28日判タ1222号310頁参照）。しかし，この中止命令が一種の仮の保全措置であり，迅速な審理判断が要請される性質を有していることを考慮すると，所有権の帰属に争いがある事案では，登記という明確な指標を基準に所有権の帰属を判断せざるを得ないのが現実だと考える（福岡高決平成18年2月13日判タ1220号262頁参照。西謙二「民事再生手続における留置権及び非典型担保の扱いについて」民事訴訟雑誌54号70頁参照）。

(2) 対象となる担保権の種類及び実行手続

この担保権とは，民事再生法53条1項に規定する別除権である。すなわち，抵当権，質権，特別の先取特権又は商法若しくは会社法の規定による留置権に基づく担保権の実行が中止される。

また，中止の対象となる「担保権の実行手続」については，民事再生法が本来予定しているものは，民事執行法第3章に定める担保権の実行としての競売手続（民執180条から195条）であると思われる。なぜなら，本制度は，本来的に再生債務者に帰属し，かつ事業の再生のために必要な財産が競売に代表される実行手続によって再生債務者の手元から失われてしまうことを防止することにあり，条文にも「競売申立人」（31条1項・2項及び4項）との文言が依然として使用されているからである。民事再生法制定当時は「担保権の実行手続としての競売の手続の中止」と規定されていたものが，平成15年の改正により「担保権の実行手続の中止」と変更されているが，それは担保不動産収益執行（民執180条1項2号）の導入に伴うものであると解される。

(3) 抵当権等の物上代位に基づく債権差押手続（民執193条）や担保不動産収益執行手続（民執180条1項2号）も対象となるのか

抵当権等の物上代位に基づく債権差押手続（民執193条）や担保不動産収益執行手続（同法180条1項2号）も，一般論としてこの中止命令の対象となり得ると解する[*3]。

これらの実行手続は，担保権に基づく競売手続に代えて不動産の収益から被担保債権の回収を図るものであり，それらの手続を中止しても再生債務者の所有する有益な不動産についてその喪失を遅延させるという効果は生じな

い。しかし，担保権の実行手続が法定されており，中止の対象となる手続が明確であるし，収益を奪われることにより再生債務者の再生に支障を来す場合があって（不動産を所有し，その賃貸を業とする再生債務者などの場合），別除権協定に向けた交渉の機会を付与する必要が認められる場合があるからである。

ただ，後述する中止命令の発令要件との関係では配慮が必要である。特に「再生債権者の一般の利益に適合」するとの要件との関係が問題となる。既に述べたように，物上代位による債権差押手続を中止しても担保目的物の喪失を遅延させるといった有利な効果は生じない上，中止命令は債権差押えの効力を消滅させるものではなく，中止命令が発せられても再生債務者が債権を回収できるようになるわけではない。そのため，手続を中止することによってどのような利益状況が生ずるかを具体的に検討する必要が生ずるからである。物上代位に基づく債権回収について別除権者の持つ正当な期待を一時的に阻害してもなお，当該債権の回収を停止するのであるから，①中止を求める債権が金額などからして再生債務者の事業の再生にとってどの程度重要なものであるか否か，②別除権者との間の交渉により，担保の差し替え等により当該差押債権の差押えを一部解除して事業資金として利用可能となる余地があるかなど，別除権協定が成立する見込みがあるか否か，③再生に向けた合理性のある再生計画案の作成可能性の程度等といった事情を総合的に考慮する必要がある[*4]。いずれにせよ，物上代位に基づく債権差押手続に対し，中止命令が発令される場面は限定的にならざるを得ないものと思われる。

担保不動産収益執行の場面でも，中止命令の発令要件の解釈にあたっては同様の問題が生じるであろう。

(4) 非典型担保も中止命令の対象となるか

(a) 問題の所在

既に述べたとおり，中止命令は，本来は，民事再生法53条1項所定の別除権に基づく法定された実行手続を中止するためのものである。そこで，このように法定された担保権ではなく，私的な実行が予定されている非典型担保（譲渡担保，集合債権譲渡担保，フルペイアウト方式のファイナンス・リースなど）につ

いても中止命令の制度が類推適用できるのか，できるとして，どのような点に配慮を要するのかが問題となる。当然のことながら非典型担保の別除権性が肯定されることが前提である（非典型担保の別除権性について，園尾隆司＝小林秀之編『条解民事再生法（第2版）』235頁以下〔山本浩美〕（弘文堂，2007）参照）。

(b) 基本的な方向性

非典型担保であっても，これが実行されれば再生債務者の事業の再生に必要不可欠な財産が失われることにより，再生債務者の再生が図れなくなることや，それを回避するために別除権協定の締結に向けた機会を付与する必要性があることは，典型担保の場合と異ならない。この点に着目すれば，一般論として，非典型担保としての権利の内容に争いがないか，明白にこれを認定できるものについては，類推適用の余地を肯定し，非典型担保としての特性（簡易迅速な実行についての担保権者の利益等）については，中止命令の要件の解釈を適切に行うことによって調整しつつ，事案ごとにその類推適用の適否を判断するという方向が基本的には妥当であると思われる（伊藤眞『破産法・民事再生法〔第2版〕』601頁以下（有斐閣，2008），山本和彦＝中西正＝笠井正俊＝沖野眞已＝水元宏典『倒産法概説（第2版）』406頁以下（弘文堂，2010），前掲条解（第2版）127頁〔高田裕成〕，才口千晴＝伊藤眞監修『新注釈民事再生法（第2版）（上）』149頁以下〔三森仁〕（金融財政事情研究会，2010），小林信明「担保権実行手続の中止命令の適切な利用—非典型担保への類推適用」事業再生研究機構編『民事再生の実務と理論』33頁以下（商事法務，2010）参照）。

実務においても，非典型担保への類推適用を認める幾つかの判例がある[*5]。

ここでは，集合債権譲渡担保と，フルペイアウト方式のファイナンス・リース契約について若干の指摘をする。

まず，集合債権譲渡担保であるが，一口に集合債権譲渡担保契約といっても，その類型は幾つかに分類することができ，類推適用を前提に中止の対象となる実行手続を検討する際は，その類型に応じた考察が必要である（集合債権譲渡担保の類型については，近江幸治「集合債権の譲渡担保」内田貴＝大村敦志編『民法の争点（ジュリスト増刊）』156頁以下（有斐閣，2007）参照）。

例えば，中止命令の有効性をめぐって第一審の判断（東京地判平成16年2月

27日金法1722号92頁）と控訴審の判断（東京高判平成18年8月30日金判1277号21頁。その上告審は，最決平成19年9月27日金判1277号19頁以下）とが分かれた事案は，毎年応当日にその日から更に1年間に発生する立替金等請求権について債権譲渡が行われる都度，債権譲渡の対抗要件に関する民法の特例等に関する法律（以下「特例法」という。）2条1項の登記や同条2項に基づく第三債務者に対する通知を行うとする譲渡担保契約がされていた。そのため，「特例法2条2項所定の通知をする等の権利行使をしてはならない」旨の中止命令が出され，対抗要件具備行為の中止が命じられたものである。

一方，大阪高判平成21年6月3日（金判1321号30頁）の事案では，譲渡債権である診療報酬債権について既に債権譲渡の対抗要件が具備され，債務者に取立権限が付与された譲渡担保契約であった。そこで，一部の「診療報酬債権について担保権を実行してはならない」旨の裁判所の中止命令は，当該債権について，債務者への取立委任を解除する旨の意思表示や第三債務者への譲渡担保実行の通知を止めることを念頭に置いたものである[*6]。

次に，フルペイアウト方式のファイナンス・リース契約についてであるが，未払のリース料債権は，その全額が更生債権となると判示した最判平成7年4月14日（民集49巻4号1063頁）を踏まえ，民事再生手続においても，未払のリース料債権は別除権付の再生債権になるとする下級審判例（大阪地決平成13年7月19日判時1762号148頁・金法1636号58頁，東京地判平成15年12月22日判タ1141号279頁・金法1705号50頁，東京高判平成19年3月14日判タ1246号337頁）があった。最判平成20年12月16日（民集62巻10号2561頁，前掲東京高決平成19年3月14日の上告審）は，ファイナンス・リース契約におけるリース物件は，リース料債権が支払われない場合には，リース業者においてリース契約を解除してリース物件の返還を求め，その交換価値によって未払リース料や規定損害金の弁済を受けるという担保としての意義を有する旨を判示しており，未払のリース料債権は別除権付の再生債権であるとの立場（別除権説）に立つものと解される。この立場では，フルペイアウト方式のファイナンス・リース契約についても，中止命令の類推適用は可能であり，その実行手続（債務不履行に基づくリース契約の解除の意思表示）が中止命令の対象となる。

(c) 中止命令の発令要件との関係

ここでも，中止命令の要件のうち，競売申立人（非典型担保の場合は，担保権者と読み替えることになる。）に「不当な損害」を及ぼすものではないと認められるとの要件との関係では，慎重な配慮が必要となる。

特に，「集合債権譲渡担保のように，再生債務者の事業の状況によって担保目的物の価値が変動する場合には，担保権者に対して不当な損害を及ぼすおそれの判断に際して，再生債務者の事業が継続し，担保目的物が補充されることに高度の蓋然性が認められるとか，その蓋然性が認められないときには，目的物についての再生債務者の処分を認めないことを条件として中止命令を発するなどの措置を執ることが必要になる」との指摘があり（伊藤・前掲602頁参照），参考とされるべきである。

集合債権譲渡担保では，債権を担保するために第三債務者に対する債権を譲渡するものであるが，目的となる債権について取立委任をするなどして，担保設定者（再生債務者）に取立権限を与える特約をすることも多い。このような譲渡担保では，その実行が中止されると，この取立委任契約を担保権者が解除することができない結果（解除しても法的に無効），取立委任契約が存続し，担保設定者により取立てが実施され，取立金に対する引渡請求も否定される。そうすると，中止命令の発令により担保の目的となった債権が消滅することになるが，この点は，他の担保の場合には考えられない特殊性であり，「不当な損害」に係る要件の解釈に当たって十分な考慮が必要である（山本和彦「いわゆる集合債権譲渡担保権の実行に対する再生手続上の中止命令」金判1321号2頁以下の4頁参照）。

集合債権譲渡担保に対する中止命令の発令を認めた大阪高決平成21年6月3日（金判1321号30頁）も，再生手続開始後の債権についても譲渡担保の効力が及ぶとの解釈を前提として，集合債権譲渡担保では，新たに発生し，譲渡担保権の対象に組み込まれる債権が存在するから，これらの対象債権全体を考慮した上で担保権者に不当な損害が発生するか否かを検討する必要があるとしている。その上で，当該事案では，再生債務者が今後受け取ることができると見込まれる診療報酬によって被担保債権は十分担保されるから，不当な損害が生じるとはいえないとしている。

(d) 中止命令を類推適用できる場面の広狭や効果について

　非典型担保の権利の実現方法は，執行裁判所などの手続を介在させるものではなく，いわゆる私的実行であり，その実質は，解除の意思表示（リース契約）や清算通知（譲渡担保）によることも多い。そのため，類推適用を一般論として肯定するとしても，従来の考え方を前提とすると，利用できる場面が自ずと制約されるものと思われる。

　中止命令は，担保権の実行手続が終了する前に発令される必要があるが，その終期との関係で問題となる。例えば，フルペイアウト方式のファイナンス・リースの場合，リース会社はリース物件の利用権の上に担保権（未払のリース料債権が被担保債権）を有する別除権者であり，約定による一定の事由が生じた場合には，リース契約を解除して物件の返還を請求できることになる（前掲大阪地決平成13年7月19日，前掲東京地判平成15年12月22日）。そうすると，債務不履行によるリース契約の解除は，担保権の行使であるから，解除の意思表示がされる前に中止命令を得る必要が生ずる。もとより，いわゆる倒産解除特約（ユーザーについて民事再生手続開始の申立てがあったときは，リース業者は催告をしないで契約を解除することができる旨の特約）の効力は，否定されるべきではある[*7]。しかし，債務不履行があった場合にリース契約の解除を制限する法理の構築はなかなか困難である。

　また，譲渡担保においては，いわゆる帰属清算型を例にとれば，財産の適正評価額が被担保債権額を上回る場合は，その清算金を債務者に支払うか提供した時に実行手続が完了するが，財産の評価額が被担保債権額より下回る場合は，その旨を債権者から債務者に通知した時に実行手続が終了すると解されている（最判昭和62年2月12日民集41巻1号67頁参照。なお，いわゆる処分清算型の譲渡担保については，最判平成6年2月22日民集48巻2号414頁参照）。そうすると，後者の場合は，その清算通知が発せられる前に中止命令を得る必要がある。

　しかし，いずれの場合も，中止命令を発令する場合は，担保権者の意見を聞く必要があるが（31条2項），これは，債権回収を急ごうとする担保権者に対しては私的実行の機会を与えるに等しい。さりとて，この意見聴取は民事再生法が要求する手続であるから，解釈としてこれを省くことは相当ではない。

さらに、中止命令が出ても、私的実行であるがゆえに、中止命令の履行を確保する手段は法定されていない。したがって、民事一般の手法を用いた救済にとどまり、効果の面からも限界があることにも注意が必要である（前掲西論文・民事訴訟雑誌69頁は、中止命令の履行の確保が困難であり、発令前の意見聴取により、かえって私的実行の機会を与えるに等しいことを指摘している。）。

以上のような限界を回避するための意欲的な解釈の試みも検討されており（前掲小林論文・民事再生の実務と理論は、中止命令の適用の余地を可能な限り広げるとの視点から、倒産解除条項と債務不履行解除の制約、担保権実行手続の終了時期、担保権者の利益保護といった各問題について、意欲的な検討を加えており、参考になる。）、今後とも議論の進展状況に注意が必要である。

いずれにしても、非典型担保の場合は、私的な実行方法によることを当事者の合意の下に選択したこととの関係で、典型担保の場合以上に、担保権者から再生に向けての理解と協力を取り付け、早期の私的実行を控えてもらうとともに、別除権協定の機会を付与してもらうよう積極的な働きかけを行う必要性が高いものと思われる。

2　担保権の被担保債権からの制約

担保権の被担保債権が共益債権又は一般優先債権であるときは、担保権の実行手続を中止することはできない（31条1項ただし書）。共益債権や一般優先債権は随時弁済されるべきものであり（121条・122条）、担保権の実行を中止するのは相当ではないからである。

[Ⅲ]　中止命令の発令要件はどのようになっているか

中止命令は、再生手続開始の申立て後に発令が可能となるが、再生債権者の一般の利益に適合し、かつ、競売申立人に不当な損害を及ぼさないものであることが必要である（31条1項）。なお、抵当権等に基づく物上代位や非典型担保との関係で、既に中止命令の要件の解釈について触れている部分もあるので（Ⅱ1(3)(4)(c)）、併せて参照いただきたい。

(1) 再生手続開始の申立て後であること

中止命令が発令できる時期は，再生手続開始の申立てがあった後である。申立てがあれば，再生手続開始決定の前後は問わない。

他方，発令の終期については，制度上は再生手続が終了するまで可能ではある。しかし，中止命令は，別除権協定のための交渉の機会を付与し，あるいは担保権消滅請求の審理のために利用されるものであるから，その目的に照らし，発令の必要性の観点から自ずと時期的な限界が生ずる[*8]。

(2) 再生債権者の一般の利益に適合すること

中止命令は，再生債務者の一般の利益に適合することが求められる。中止命令の制度は，再生債務者の事業の再生に必要な財産が担保権の実行によりその手元から失われ，再生手続が頓挫することを防止する目的を有する。その趣旨を考慮すると，再生債権者の一般に利益に適合するとの要件も，当該財産に係る担保権の実行を中止することが再生債務者の事業の再生に寄与し，それが弁済率の向上等を介して再生債権者の利益に繋がる関係にあるか否かが重要な検討の視点になると解する[*9]。事業に不可欠な工場・建物に存在する根抵当権の実行を中止する場合や，事業譲渡を利用した再生を検討しているが，その譲渡対象資産に担保権があり，それが実行されると事業譲渡を円滑に進めることができない場合などがその典型である。

この要件との関係では，当該対象財産を第三者に売却することを予定しているが，担保競売手続よりも高く売却が図れる場合に要件を満たすか否かという問題がある。事業規模を縮小するが，担保付資産を可能な限り有利に売却し，その資金を事業の再生のために充てるといった場合が想定される。その有利な売却によって得られた資金が残された事業の再生に必要であり，それがひいては再生債権者に対する弁済率の向上に寄与する可能性があるというのであれば，要件充足を認めてよいものと思われる。担保権の対象となった財産の市場性が諸般の事情で限られているが，協力関係にある同業者が競売手続で想定できる価格よりも高い価格で購入を希望している場合などが事例として考えられよう。

(3) 競売申立人に不当な損害を及ぼすおそれがないものと認められること

中止命令を発令するためには，再生債権者の利益に適合するとともに，競

売申立人に不当な損害を及ぼすおそれがないと認められることが必要である。担保権の実行を中止されても担保権の内容が変更されるわけではない。しかし，権利の実行が遅れることによって，担保目的物の減失や急激な価値の低下といった事態が生ずることもある。別除権者として再生手続によらないで権利行使が保障されている競売申立人にそのような事態を受忍させることは不当である。本条の「不当な損害」に該当するか否かは，担保権の設定に伴って被担保債権の範囲内で目的物の担保価値を把握した競売申立人の地位が害されないか否かという観点から検討されるべきである[*10]。

担保余力（担保目的物の価格が被担保債権額を上回る状態）がある場合は，担保権の実行が一時的に停止されても不当な損害が生ずることは少ない。しかし，実務上問題となる事案では担保割れが生じている場合が多い。そのような場合は，想定する中止の期間，その期間内で生じ得る担保目的物の消失又は減価の程度，担保権の実行を認めない場合に競売申立人の事業に与える影響の程度，別除権協定の成立の可能性の程度（任意弁済又は受戻しの可能性）などが考慮されるべきであろう。また，担保目的物の価値が低下するおそれがあっても，再生債務者が代替の担保を提供するなどの措置を講ずる場合は，担保の実行の中止を認め得る（前掲条解127頁〔髙田裕成〕）。

[Ⅳ] 中止命令の発令手続とその効果はどのようなものか

1 中止命令の発令手続

(1) 審　　理

再生手続の開始の申立て後に，利害関係人の申立て又は職権により中止命令の適否を審理する（31条1項）。実務上は，再生債務者の申立てによるものがほとんどである。

裁判所は，中止命令の申立てがあると，中止命令を発令する場合は，競売申立人の意見を聞かなければならない（同条2項）。中止の要件の審理に際し，競売申立人に意見を表明する機会を付与するためである。意見を聴取する方法は適宜の方法でよいが，東京地裁破産再生部では，おおむね1週間から2週間後に審尋期日を指定して競売申立人の意見を聴取することが多い。

この手続を懈怠したことを一つの理由として中止命令の効力を否定した判例がある（東京高判平成18年8月30日金判1277号21頁（最決平成19年9月27日金判1277号19頁で維持）参照）。

(2) 発令と即時抗告など

中止命令は，相当の期間を定めて特定の競売手続を中止する旨の決定をもって行う。東京地裁破産再生部では，中止期間をおおむね3か月と定めて決定する場合が多い。

裁判所は，中止命令を変更し，又は取り消すことができる（31条3項）。

中止命令及びその変更の決定に対しては，競売申立人は即時抗告をすることができるが（31条4項），執行停止の効力を有しない（同条5項）。

中止命令等の決定書は，当事者に送達されなければならず，公告（10条3項本文）をもって送達に代えることはできない（31条6項）。

2 中止命令の効果

中止命令の効果は，競売申立人に対して，発令以降，決定が定める期間，競売手続の進行を止めるという効果を生じさせる。中止命令は，既に行われた手続を無効にしたり取り消したりするものではない。

中止命令は，執行停止文書（民執183条1項6号）に該当するので，手続の中止を求めるものは，中止決定の謄本を執行裁判所へ提出して競売手続の中止を求める。

中止命令は，命令に定められた期間が経過したときは当然にその効力を失う。そこで，中止期間の伸長が必要な場合は，その期間到来前に裁判所に対して期間伸長を求める申立て（職権による中止期間の変更を求める上申）を行う必要がある。

なお，中止期間中であっても，再生手続開始の申立てが却下又は棄却されたときや，廃止決定が確定したときなど，中止命令を維持する必要がなくなったときは，中止命令は当然にその効力を失う。

【中山　孝雄】

* 1　福岡高決平成18年2月13日判時1940号128頁参照。再生債務者の所有財産と第三

者の所有財産とが一体的に事業（パチンコ遊技場の土地建物）のために利用されていたという事案について，第三者所有物件について存する根抵当権に係る実行手続の中止を否定するとともに，再生債務者の所有不動産についての根抵当権の実行手続の中止も，その部分だけでは中止命令の趣旨が生かせず，相当でないとした。

＊2　いわゆる同属会社が再生手続開始の申立てを選択する場合に問題となることが多い。代表者が多額の連帯保証債務を負担しているなど，代表者も再生手続の開始要件を充足している場合が多いので，このような対応が実務的に可能な場合が少なくないものと思われる。この場合，代表者本人の再生手続に関して中止命令の発令要件があるか否かが検討されることになるが，その際には再生債務者から役員報酬や対象不動産の賃料を得ているなど，再生債務者会社の再生が代表者の再生に密接に関連する関係にあることにも一定の配慮が必要であろう。

＊3　京都地決平成13年5月28日判タ1067号274頁（動産売買先取特権に基づく売掛金債権に対する物上代位の事案）及び大阪高決平成16年12月10日金法1750号58頁（抵当権に基づく賃料債権に対する物上代位の事案）は，いずれも結論として中止命令の発令を否定しているが，物上代位に基づく債権差押えが中止命令の対象となることを一般論として肯定している。

＊4　前掲＊3京都地決（平成13年5月28日）は，実行の中止を求める債権の金額や当該債権が再生のために必要となる程度に着目している。また，前掲＊3大阪高決（平成16年12月10日）は，別除権協定の成立の見込みなどに着目している。同事案では，担保消滅許可請求が許可されたものの代金納付が未了であるという事実が，別除権協定の成立の見込みや，合理的な再生計画案の提出可能性の判断に影を落としているものと思われる。

＊5　集合債権譲渡担保や債権譲渡担保の実例がある。中止命令の効力が争点となったものではあるが，その前提として集合債権譲渡担保権に対する中止命令の発令を肯定しているものとして東京高判平成18年8月30日（金判1277号21頁（最決平成19年9月27日金判1277号19頁で維持）），診療報酬請求権の集合債権譲渡担保の対象債権の一部に対する中止命令の発令を認めたものとして大阪高決平成21年6月3日（金判1321号30頁），賃料債権に対する譲渡担保権について中止命令の発令を認めたものとして福岡高那覇支決平成21年9月7日（金判1333号55頁）がある。また，フルペイアウト方式のファイナンス・リースについても，東京高判平成19年3月14日（判タ1246号337頁）は，中止命令の対象となることを前提とする判示をしている。

＊6　杉本和士「集合債権譲渡担保対象債権の一部に対する民事再生法31条所定の担保権実行手続中止命令の類推適用の可否および「不当な損害」の判断」金判1330号2頁以下の5頁参照。

　なお，集合債権譲渡担保に関しては，民事再生手続開始後の取引に基づき取得された将来の債権についても，当然にその契約の効力が及ぶのか否かといった問題が

ある。集合債権譲渡担保が第三者対抗要件を備えている場合は，再生手続開始後に発生する債権にも譲渡担保の効力が及ぶと解することになると思われる（須藤英章編著『民事再生の実務』299頁〔須藤英章〕（新日本法規，2005））。

なお，将来発生すべき債権を目的とする（集合）債権譲渡担保契約の有効性やその効力等について，最判平成11年1月29日（民集53巻1号151頁），最判平成13年11月22日（民集55巻6号1056頁），最判平成19年2月15日（民集61巻1号243頁）を参照。

＊7　前掲最判平成20年12月16日参照。このような特約は，担保としての意義を有するにとどまるリース物件を，一債権者の債務者との間の事前の同意により，民事再生手続開始前に債務者の責任財産から逸出させ，民事再生手続の中で債務者の事業等におけるリース物件の必要性に応じた対応をする機会を失わせることを認めるにほかならないから，民事再生法の趣旨，目的に反して無効であるとした。

＊8　前掲条解128頁〔髙田裕成〕。別除権協定は，再生計画案の内容に大きな影響を及ぼすから，遅くとも再生計画案を決議するための債権者集会までにはその成否が判明している。そこで，別除権協定の機会を付与するための中止命令は，それ以降は一般的には発令の必要性が乏しいものと思われる。担保消滅許可請求の申立てに伴うものについては，その審理期間中は一般的に中止を続行する必要がある。

＊9　前掲条解130頁（髙田裕成），前掲伊藤599頁参照。

＊10　松下淳一「保全処分」金判1086号81頁，前掲条解130頁（髙田裕成）。

19 再生手続に対する債権者の対応

取引先が裁判所に民事再生手続の申立てをした場合，債権者は手続の開始決定までの間，どのように対応したらよいか。

解説

［Ⅰ］　は じ め に

　民事再生手続の申立てがなされると，通常，弁済禁止の保全処分命令が発令され，申立以前の取引によって発生した債権の弁済は原則として禁止される。そして，再生手続が開始された後は再生債権として扱われ，再生計画による権利変更（債務免除等）の対象となる。他方で，民事再生手続は再建型の倒産処理手続であり，事業の継続を前提としていることから，取引債権者は，債権の弁済が受けられない一方で取引の継続を求められるのが一般的である。即ち，取引先が民事再生手続の申立てをした場合，債権者は，自らの債権の保全・回収に向けた対策を直ちに講じるとともに，取引継続に向けた当面の対応についての判断を迫られることとなる。

［Ⅱ］　情 報 収 集

　債権者としては，債権回収あるいは今後の取引対応を検討するための基礎情報として，再生手続及び再生債務者に関する情報をできる限り多くかつ速やかに収集することが肝要である。

　1　保全処分等の確認
　申立てを受理した裁判所が発令した保全処分の内容を知り，再生債務者が

いかなる行為をすることが禁止されているのかを確認することが必要である。通常は，弁済禁止の保全処分（30条1項）が発令され，原則として保全処分発令日（通常は申立日）前日までに発生した債務の弁済が禁止される[*1]。

しかし，弁済禁止の例外として，少額の債務や備品のリース料，事業所の賃料の支払などが弁済禁止の対象から除外されることも少なくない[*2]。また，事案によっては，強制執行等の手続の中止命令（26条1項），包括的禁止命令（27条1項），担保権の実行手続の中止命令（31条1項）などが発令されることもある。

また，裁判所は，再生債務者を監督するための機関として，監督委員を選任するのが通常である。債権者としては，裁判所が発令した監督命令の写しを入手して，誰が監督委員に選任されたか，再生債務者に対して監督委員がいかなる監督をするか，具体的にはいかなる行為を行う場合に監督委員の同意が必要とされているかなどを確認する必要がある。

裁判所の決定の内容を正確に知り，その内容を的確に分析するためには，発令された決定書の写しを入手することが望ましいが，その情報入手の方法としては，2で述べるように，再生債務者からの入手がもっとも簡便かつ迅速であろう。

なお，再生手続に関する文書等については，債権者等の利害関係人は裁判所において閲覧・謄写をすることも可能である（16条4項1号）。

2 再生債務者からの情報入手

(1) 再生債務者への接触

再生債務者は，手続を申し立てると，直ちに，債権者に対して申立てを行ったことに対するお詫びの文書を送付すると共に，電話あるいはFAX等で保全処分が発令されたことを直接通知するのが一般である。

ただし，再生債務者の事業規模，申立準備の状況により，通知の有無や時期が異なる可能性があるため，債権者としては，取引先が民事再生手続を申し立てたとの情報を入手した場合には，直ちに，従前の担当者や取引支店等への連絡を行い，あるいは再生債務者の営業所を直接訪問するなど，積極的に情報を入手する必要がある。

(2) 債権者説明会への出席

　再生債務者は，再生手続申立後，債権者を対象とする説明会を開催する（規則61条1項）[*3]。

　申立直後の混乱時においては問い合わせが殺到するので，(1)のように再生債務者の担当者と接触を試みても連絡がつかず，あるいは現場の担当者レベルでは責任のある説明ができないことが多い。このため，債権者としては，債権者説明会には必ず出席して，再生債務者及び申立代理人からの説明を受けることが重要である。

　債権者説明会においては，申立てに至った事情，保全処分の内容，今後の取引に関する説明（取引条件，債権の扱い等），再生手続の流れ，再建の方針（スポンサーを選定するのか自力再建をするのかなど）などの説明がされ，これらに関する資料も配布される。他の債権者の動向，申立代理人の力量，監督委員のスタンスなどを知る機会ともなり得る。また，代表者個人の法的手続申請の有無や，再生債務者に関連会社が存在する場合にはそれらの会社に関する再建の方針が説明されることもある。

　以上のとおり，債権者説明会においては，再生債務者が再建を果たすことができるか，また，取引の継続に値するのか否かなどを判断するうえで必要な情報を入手できる可能性があるので，出席する機会を逸しないように注意する必要がある。通常，債権者説明会は，申立てから1週間以内に開催されることが多く，早い事例では申立ての翌日や2，3日後に開催されることもある[*4]。開催の案内は，再生債務者から各債権者にFAX又は郵送で通知されるのが通例であるが，通知が届くのが遅れたり，通知対象から漏れている可能性もあることから，申立ての情報を入手した場合には必ず債権者説明会の開催日時・場所を再生債務者への問い合わせ等により確認すべきである。

(3) 申立代理人との面談

　再生債務者への連絡がつきにくい場合には，申立代理人の法律事務所に連絡することにより，基礎情報を入手することもできる。なお，大規模事件においては問い合わせ窓口を債務者会社等に一本化しているのが通例である。

　債権者説明会は，全債権者を対象として行うため，手続の進行に関する一般的・統一的な説明が中心であり，債権者の特殊事情を踏まえた個別対応の

可否などについては説明会での説明は期待できない。また，説明会において開示することが適切でない情報も存在しうる。

債権者としては，再生債務者との今後の取引や債権回収等に関する個別問題の協議を目的として，申立代理人に面談を求め，これらの情報を入手しながら対応をすべき場合もあろう。申立直後は面談日時がとれないことが多いため，FAXあるいは郵便によってやり取りをする場合も多い。

(4) 監督委員との面談

監督委員は，再生債務者が主催する再生手続を監督する第三者機関であり，再生手続を主催する者ではない。また，申立直後の段階においては，監督委員としても関係者からの情報の入手に努めている状況である。したがって，その時期の監督委員からの情報入手には，通常は多くを期待できない。

もっとも，再生手続の帰趨を左右する大口の債権者や，事業継続に不可欠となる重要取引先債権者である場合は，監督委員としても，再生手続開始の当否を判断する上で，その動向を適切に把握する必要がある。そこで，そのような重要な取引債権者の場合は，監督委員に早期の面談を要請し，再生手続に関する意見を表明する場合もある。なお，(2)の債権者説明会が開催された後は，再建の見込みがないことが明らかであるなどの事情がない限り，早期に再生手続開始決定がなされるのが通常であるため，再生手続の開始に反対する場合には，債権者説明会においてそのような意見を表明するほか，監督委員に対して早期の面談を求めておく必要があろう。もっとも，仮に大口債権者が反対した場合であっても，直ちに破産手続を求めるという確定的な意向でない限り，今後翻意の可能性があるなどの理由から，監督委員としては開始相当の意見を述べることが多い[*5]。

(5) その他

再生債務者が自社のホームページを開設している場合，これを債権者，利害関係人に対する情報開示の方法として活用することがあるので，これを確認することも有用である。

[Ⅲ]　現状の取引関係・債権債務関係の把握

　債権者としては，再生手続及び再生債務者に関する情報の入手と併行して，再生債務者との取引の現状を速やかに，かつ正確に認識する必要がある。

　まずは，再生債務者との取引の詳細な内容と金額の内訳を速やかに把握しなければならない。事業部門が分かれ，営業所が全国に分散している企業ほど調査に手間取りがちであり，組織の機動力の見せ所といえる。再生債務者との間で相互に取引がなされ債権債務が対立している場合には相殺処理が必要となるし，再生債務者との取引に基づいて商品の預かりを受けている場合（倉庫会社，運送会社等）などは，商事留置権の行使が可能となる。

　取引基本契約書の有無及び内容，担保（人的保証，物的保証）の有無及び内容は，以後の対応や取引継続の有無などを判断するうえで確認することが必須である。担保権の内容及び種類によって担保権の実行方法や実行に着手すべき時期が異なり，また，担保権の目的物によっては事態を放置すると担保価値が毀損する場合もある。十分な担保を取得していない場合はもちろん，担保余力としては十分であったとしても安易に状況を静観することはできない。

　また，債権者又は再生債務者に子会社や関係会社がある場合には，これらも含めた取引内容を調査しておく必要がある。再生債務者の子会社・関連会社については，併せて法的手続が取られる可能性がないか留意する必要があり，保全策を検討すべき場合もある。また，グループ企業間での相殺予約などが存在する場合にはこれによる債権回収が可能となる場合もある。

[Ⅳ]　債権回収に関する対応

1　相　殺

　再生債務者との間で相互に取引があり，債権債務がそれぞれ発生している場合には，相殺の可否を検討する必要がある。相殺適状にある場合には相殺

により回収をする必要があり、これを失念して自らの債務のみを支払って債権回収の機会を逸するということのないように注意しなければならない。相殺は意思表示によって初めて効力を有するものであるから、内容証明郵便によって相殺通知を行うのが実務上は通常である。相殺の意思表示期限が債権届出期間満了時とされているので注意を要する（92条1項）。

2　少額債権の弁済・中小企業弁済
(1)　少額債権の弁済

再生債務者に対する債権の金額が少額であり、弁済禁止の保全処分の例外として弁済が許容された金額以下である場合には、債権者としては再生債務者に対してその支払を求めることとなる。

もっとも、保全処分の例外とされた債権であっても、実際に弁済がなされないまま再生手続開始決定がなされたときは、再生債権となり原則として弁済を受けられなくなる（85条1項）。この場合、少額債権の弁済を受けるためには、別途、裁判所の許可が必要である（85条5項）。そこで、債権者としては、再生手続開始決定後も同様の金額設定により少額債権の弁済を実行する可能性があるか否かを再生債務者に確認したうえで、他の方法による回収の存否、取引継続の可否などを検討することとなる。また、少額債権の弁済は、一定の金額以下の債権を弁済することを意味するが、当該一定額を超過する債権の場合、超過部分を放棄すれば少額債権として弁済を行う（いわゆる放棄弁済）という処理がなされることが多い。そこで、債権者としては、再生債務者に対してかかる放棄弁済を行う方針であるかを確認したうえで、再生計画による弁済見込み（又は予想される清算価値）との比較や、税務上のメリットなどを考慮して、放棄弁済を申し出るか否かも検討することとなる。

なお、少額債権の弁済に関する規定としては、「少額の再生債権を弁済することにより再生手続を円滑に進行することができるとき」（85条5項前段）のほかに、「少額の再生債権を早期に弁済しなければ再生債務者の事業の継続に著しい支障を来すとき」（85条5項後段）が存在する。後者は、商取引債権を保護する際の根拠規定となりうる。近時のウィルコムや日本航空の会社更生の事例においては、この規定（会更47条5項後段）によって商取引債権を

全額保護している。裁判所が管財人を選任し公的な管理色が強い会社更生と従前の経営者がそのまま事業を継続する DIP 型を原則とする民事再生を同列に論ずることが適切かどうかは慎重に判断する必要があるものの，民事再生においても，債務者の資金状況と事業継続における不可欠性の判断によっては，将来の取引を条件とすることなどによって，広範な商取引債権について弁済を容認することが妥当とされる場合もあろう。

(2) 中小企業弁済

再生債務者を主要な取引先とする中小企業者が，再生債権の弁済を受けなければ事業の継続に著しい支障を来すおそれがある場合には，裁判所の許可を条件として弁済を受けることができる (85条2項)。再生債務者に対する取引依存度が高い中小企業者，特に下請企業などについて，連鎖倒産の危険から保護するための制度である。実務上，同制度を適用して全額弁済するのはごく例外的なものであり，必要最小限の部分について弁済が許可されることが多い[*6]。

これも手続開始決定後を前提とした制度であるが，債権者としては，この規定の適用を求めようとする場合には，再生債務者に対し，申立後速やかにこの制度の適用を求めることを要請し，あるいは裁判所の職権発動を促すため上申書の準備をしておく必要がある。

3 担保の実行

再生手続において担保権は別除権とされ，再生手続によらずに権利行使することができる (53条)。

約定担保権としては，抵当権，質権，集合債権譲渡担保，集合動産譲渡担保，所有権留保特約付売買，リース，法定担保権としては，商事留置権，動産売買先取特権などがある。債権者としては再生債務者に対していかなる担保権を有するのかを確認することになる。特に法定担保権についてはその成否を検討し確認する必要がある。

そのうえで，かかる別除権の行使に実際に着手するか否かについては，他の方法による回収の可能性の有無，担保権の実行着手の必要性（担保価値が将来に亘り維持されるか，それとも即時に実行しなければ担保価値が毀損されるか等），担

保権を実行した場合の回収の程度，担保権の実行が再生債務者の事業再建に与える影響の有無，今後の再生債務者の再建への協力・取引継続の有無などの事情を総合的に考慮して判断することになろう。

[V] 取引継続に関する対応

1 共益債権化の許可・承認

　再生手続開始決定後の取引に基づいて発生する債権は，再生手続上，共益債権となり（119条2号），随時弁済を受けることができる。しかし，再生手続申立てから再生手続開始決定までの取引に基づく債権は，当然には共益債権とはならず，再生債務者が事業の継続に欠くことが出来ない行為をする場合には，これによって生じる相手方の請求権を共益債権とする旨の裁判所の許可又は監督委員の承認を受けることにより共益債権として扱われることとなる（120条1項・2項。実務では監督委員が承認権限を付与されて対応するのが通常である。）。したがって，申立てから手続開始決定までの間の取引に協力をする場合には，再生債務者に対し，この共益債権化の監督委員の承認を受けていることを証明するよう求め，その確認をしてから取引を行う必要がある。なお，再生手続が頓挫して破産手続に移行した場合，共益債権は財団債権として扱われるが（252条6項），財団債権の全額を弁済できない場合には割合的弁済を受ける（破152条1項）に止まるリスクがあることに注意を要する。

　継続的給付を目的とする双務契約について，再生手続申立てから再生手続開始前にした給付にかかる請求権は，裁判所の許可等を得なくても共益債権となる（50条2項）。

2 取引条件

　再生手続申立後の取引の条件は，取引の内容，再生債務者の資金繰り，スポンサーの有無，取引債権者の意向などの事情によって左右される。

　従前通りの取引が継続されることもあれば，支払サイトを従前よりも短縮して支払うとの提案が再生債務者からなされ，これに取引債権者が応じるケースもある。資金繰りが逼迫している状況下で再生債務者が現金払いに応

じる可能性は低いであろうが，開始決定までの短期間に限定して現金払いでの対応がされる場合もある。また，今後の取引の担保として再生債務者に保証金の預託を要求することも考えられるが，再生債務者としては一部の債権者に対する担保（保証金）の提供については，消極的であることが多く，監督委員としてもこれに同意しないケースが多いであろう。

取引債権者としては，再生手続の申立てに伴う弁済禁止の保全処分によって債権の弁済が棚上げされたことによる自社の資金繰りの状況，今後の回収の見込み，再生債務者との取引継続の重要性の程度，再生債務者の再建の見込み等の諸事情を踏まえて，対応を決定することになろう。

[Ⅵ] おわりに

民事再生手続の申立てから再生手続開始決定までの期間は，1週間から2週間程度と短期間である。しかし，取引債権者にとって初動対応が重要であることは言うまでもない。

債権回収と取引継続に関する対応は，相互に関連し，最終的には，再生債務者との事業継続に関する判断に帰着するのが通常である。債権者としての対応ツールを有効に活用するのは当然だが，行き過ぎた対応によって再生債務者と長年培った取引関係・商権を失っては意味がない。取引先の破綻に関しては，冷静な対応が求められるところである。

【瀬戸英雄－島田敏雄】

＊1　東京地裁では保全処分発令の前日までに発生した債務の弁済を禁止している（『破産・民事再生の実務（下）』71頁〔八幡有紀〕）。他の裁判所では，保全処分発令の当日までに発生した債務とする例もある（『通常再生の実務Q&A120問』44頁〔桶谷和人〕）。

＊2　このほかに取引債務以外では，租税債務，雇用関係により生じた債務が除外される例が多い。なお，全国の主要裁判所（東京，大阪，札幌，仙台，名古屋，高松，広島，福岡）の運用状況については，中井康之「主要裁判所における運用状況」事業再生と債権管理115号37頁のほか，『通常再生の実務Q&A120問』の巻末付録参照。

＊3　再生債務者が個人であり，債権者数も少数の場合には債権者説明会の開催が省略されるケースもありうる（『破産・民事再生の実務（下）』86頁〔八幡有紀〕）。

＊4　申立てから手続開始決定までのスケジュールは，概ね1～2週間とされている（前掲＊2の巻末付録参照）。

＊5　『民事再生手続と監督委員』318頁」（商事法務）参照

＊6　『破産・民事再生の実務（下）』195頁〔中山孝雄〕参照

20 費用の予納

民事再生手続においては，どの程度の予納金が必要となるのか。また，和議当時から現在までの間に予納金の運用にどのような変化があったか。

解説

[Ⅰ] 再生手続における費用とその予納

1 予納金の規律と予納金基準額

再生手続開始の申立てをするときは，申立人である債務者又は債権者（21条・22条）は，手続の費用として，裁判所の定める額を予納しなければならない（24条1項）。予納金が不足するときは，裁判所は，追加予納をさせることができる（規則16条2項）。予納を命じられた費用を納付しないときは，申立てが棄却される（25条1号）。

費用の予納に関する運用は，裁判所によって違いがある。本稿では東京地裁（民事20部）における費用の予納の取扱いについて解説する。東京地裁以外の各裁判所における費用の予納の運用については，申立てに際し窓口で確認する必要がある。

東京地裁において再生事件の予納金を決定する場合の基準となる金額は，（第1表）のとおりである。予納の対象となる主な費用は，債務者申立ての場合は，送達及び公告の費用，監督委員の報酬，監督委員の補助者としての公認会計士の報酬，並びに申立ての棄却，再生手続廃止，再生計画不認可又は再生計画取消しの決定がされた場合に備えての破産手続費用である。債権者申立ての場合は，調査委員の報酬，送達及び公告の費用，財産保全が必要な場合の保全管理人の報酬その他の事件の必要に応じた費用である。

予納金基準額は，予納金額の決定の際の基準となる金額であり，相当な理

(第1表) 再生事件予納金一覧表（平成18年2月6日改訂）

法人基準表

負債総額	基準額
5千万円未満	200万円
5千万円 〜 1億円未満	300万円
1億円 〜 5億円未満	400万円
5億円 〜 10億円未満	500万円
10億円 〜 50億円未満	600万円
50億円 〜 100億円未満	700万円
100億円 〜 250億円未満	900万円
250億円 〜 500億円未満	1000万円
500億円 〜 1000億円未満	1200万円
1000億円以上	1300万円

(1) 法人
　　法人基準表のとおり。
　　関連会社は1社50万円とする。
　　ただし，規模によって増額する場合がある。
(2) 個人
　① 再生会社の役員又は役員とともに会社の債務の保証をしている者の申立て
　　　25万円
　　　ただし，会社の債権者集会の決議がされた後の申立ての場合は35〜50万円
　② 会社について民事再生の申立てをしていない会社役員の申立て
　　・会社について法的整理・清算の申立てがされた後の申立て　50万円
　　・会社について法的整理・清算を行っていない場合
　　　　負債額5000万円未満　　80万円
　　　　負債額5000万円以上　　100万円
　　　　負債額　50億円以上　　200万円
　　　　ただし，債権者申立ての破産手続が先行している場合，公認会計士の補助を得て会計帳簿の調査を要する場合などにおいては，金額が増額される。
　③ 非事業者（①又は②に該当する場合を除く）
　　　負債額5000万円未満　　50万円
　　　負債額5000万円以上　　80万円
　④ 従業員を使用していないか，又は従業員として親族1人を使用している事業者
　　　100万円
　⑤ 親族以外の者又は2人以上の親族を従業員として使用している事業者（従業員が4人以下である場合に限る）
　　　負債額1億円未満　　200万円
　　　負債額1億円以上　　法人基準表の基準額から100万円を控除した額。なお，この場合（予納金300万円以上）には，法人と同様に監督委員が公認会計士の補助を受けて調査を行う。
　⑥ 5人以上の従業員を使用している事業者
　　　法人基準表のとおり。

由がある場合には増減額される。定型的に減額の対象とされる場合には，同時に又は時期を異にしてされる関連会社又は関連個人の申立てについては関連会社1社50万円，関連個人1人25万円〜50万円というように，基準を公表している。

2　予納金の納付に関する運用

債務者申立ての予納金額については，特大規模の事件であるような場合を除き，予納金額は，予納金一覧表において定められた金額とされ，これと違った予納金となることは少ない。これは，民事再生事件の進行が標準スケジュールに従って定型的かつ迅速に進められるためであり，これが再生手続の予測可能性と利用しやすさを向上させる一つの要因となっている。

債権者申立ての場合にも，調査委員の選任や開始に備えての費用の予納が求められることとなるが，債権者申立ての場合の手続の進行は，債務者の状況により進行に個別性が大きく，予納金の納付の運用も事件ごとに大きく異なる。債権者申立事件といっても，自らが申し立て難い何らかの事情があり，便宜特定の債権者から申し立てられるような場合には，債務者申立事件と同様の進行が図られ，予納金も債務者申立ての場合と同額になる。これに対して，申立債権者と債務者の主張と利害が激しく対立する事件においては，定型的処理になじまないので，予納金も個別に決定される。債権者申立ての場合，まず調査委員を選任して調査を行うことになり，その後仮に保全管理人や管財人を選任して手続を進めることとなれば，再生計画立案の困難度等に応じて，さらに相当額の予納金の追加納付が求められることになる。債権者申立事件の場合，債務者から強制的に事業の経営権を奪うこととなるため，申立てやすさよりも慎重審理の要請が優先するものといえる。

3　分割予納の可否

分割予納が認められるかどうかであるが，一般的には，予納金の準備もない債務者が再生を遂げるのは困難であることから，ほとんどの事件で一括納付がされている。しかし，資金繰りの関係で特別の事情があるときは，申出により分割予納も認められる。その場合，申立時に予納金の6割を納付し，

残る4割は開始決定後2か月以内に納付することになる。この4割の納付については，2回までの分納を認める。

債権者申立てについては，予納金の分割納付は認められない。東京地裁以外の裁判所では，債務者申立事件であっても，分割予納は認められていないことが多い。

4 債権者多数事件の通知費用の扱い

債権者が多数の事件では，通知の費用も多額になる（35条3項・169条3項）。しかし，東京地裁では，債務者申立事件の場合，債務者がいわば自ら管財人として手続進行を図るという実質を有すること（DIP）に着目し（38条1項・2項，規則1条1項），民事再生規則5条の2に準じて，債務者代理人に通知に関する事務の補助をしてもらう運用を行っている。したがって，債権者多数事件であっても，債務者代理人の事務所から郵便局に通知書類を持参することとなるから，送達及び通知費用として裁判所に多額の予納金を納付する必要はなく，予納金基準額一覧表に従った納付をすれば足りる。

債権者申立事件の場合には，前記2の場合と同様に，事件ごとに違った配慮が必要であり，通知についても定型的な取扱いはない。

5 予納金の納付方法

予納金を納付する場合，裁判所出納課で納付する方法（民事20部内に設置した出納課窓口で納付することもできる。）のほか，口座振込みの方法も認められる。口座振込みの場合，担当書記官から保管金提出書及び専用の振込依頼書（保管金受入手続添付書及び振込金受取書との3連複写式）の交付を受け，適宜の銀行から裁判所の口座に振込送金し，保管金受入手続添付書に銀行の領収印を受けた後に，保管金提出書と保管金受入手続添付書を出納第2課保管金係に提出し，同係発行の保管金受領証書を担当書記官に提示する。

[Ⅱ] 予納金の扱いの変遷

1 和議の予納金と民事再生法施行当初の予納金
(1) 和議事件と施行当初の再生事件の予納金額

和議の当時の予納金の金額は、(第2表)のとおりであり、民事再生法施行当初の予納金の金額は、(第3表)のとおりである。和議事件ついては債権者申立てが認められていなかったが、再生事件については債権者申立てが認められることとなった。

(2) 和議事件と再生事件の予納金の相違点

前記の2つの表を比較してみると、和議事件と再生事件の予納金基準は同一である。しかし、その予納金の運用を比較してみると、両者の間には、実質的に見て、2つの大きな相違点がある。

第1の相違点は、和議事件では、申立前の事前相談の内容により、予納金額が予納金一覧表の金額と違った金額とされることがままあり、また、事件の進行により追加予納を求められることがあったのに対し、再生事件においては、大部分の債務者申立事件について、予納金一覧表に掲載された金額の予納で申立てがされて開始決定がされているという点である。これは、債務者申立ての再生事件について、事前に用意された標準スケジュールに基づい

(第2表) 和議事件予納金一覧表

法人・自然人

負債総額	基準額
5千万円未満	200万円
5千万円〜 1億円未満	300万円
1億円〜 10億円未満	500万円
10億円〜 50億円未満	600万円
50億円〜 100億円未満	700万円〜800万円
100億円〜 250億円未満	900万円〜1000万円
250億円〜 500億円未満	1000万円〜1100万円
500億円〜1000億円未満	1200万円〜1300万円
1000億円以上	1300万円以上

(第3表)再生事件予納金一覧表(民事再生法施行当初)

法人・自然人

負債総額	基準額
5千万円未満	200万円
5千万円～1億円未満	300万円
1億円～10億円未満	500万円
10億円～50億円未満	600万円
50億円～100億円未満	700万円～800万円
100億円～250億円未満	900万円～1000万円
250億円～500億円未満	1000万円～1100万円
500億円～1000億円未満	1200万円～1300万円
1000億円以上	1300万円以上

て定型的に進行が図られ，個別事件ごとのばらつきが少ないためである。和議から民事再生に移行するにあたり，弁護士会や金融機関から，資金力のない中小・零細企業も申し立てやすい手続とするため，手続を予測可能なものとしてもらいたいとの強い要望が寄せられた。この声に応えて，再生事件については，和議事件と異なり，標準スケジュールに従った進行を図り，手続も事前に予測可能な内容とすることが考案され，手続進行が定型的となった結果，予納金の額も，予納金一覧表に従ってほぼ一律に運用されていったのである。

　第2の相違点は，予納金から支給する監督委員の報酬の実質的増額を図ったことである。この点についても，弁護士会や経済官庁等から要望が寄せられていたところである(寺澤達也ほか編著『民事再生法を活かす鍵』151頁(平成12年2月　通商産業省))。そのため，再生手続においては，監督委員の報告書を徹底して簡素化し，また，従来多くの労力を割いていた弁済計画案の履行可能性の調査については，再生計画確定後に実際に計画どおり支払われるかどうかの事後審査(履行監督)を重視し，事前に可能性を細かく詰める必要はない旨の方針を徹底した。その結果，監督委員の手続関与が絞られ，簡素化が図られて，予納金の水準は和議事件と同じとしながら，監督委員の報酬について，労力を少なくするという意味で，実質的に増額を図ることとした。

2 民事再生法施行当初から現在までの予納金の扱いの変更点

(1) 公認会計士報酬の実質的引上げと予納金額の維持

　和議の当時は，申立前又は事件進行中の状況に応じて公認会計士の調査を行うかどうかを個別に決定しており，公認会計士を選任せず整理委員の調査のみで開始の可否を決定する事件が相当数あった。その結果，一般に，公認会計士の調査を要する事件は，開始の可否の判断が難しい難事件となり，詳細な報告書の作成が求められることとなり，公認会計士に大きな負担がかかり，その報酬として数百万円程度の追加予納を求めることも少なくなかった。

　民事再生法施行後は，全件について監督委員の補助者として公認会計士を選任してもらう一方，調査については棄却事由があるかどうかに絞ってもらい，再生可能性が高いかどうかの調査判断を求めないこととし，公認会計士報酬を予納金の2割と定めた。

　その後，再生手続の信頼性を維持する上で公認会計士が早期に関与し，専門的見地から不正の発見，防止に目を光らせることの重要性について関係者の理解が深まったため，公認会計士報酬を予納金の3割に増額して現在に至っている。このように公認会計士への手当てを厚くした後も，予納金基準額自体は従来どおりの額に据え置いているので，その分，破産準備費用が減少したことになるが，手続が申立当初から監督委員の関与の下に進められ，職権破産に至った場合には当該監督委員が破産管財人として要を得た管財事務を行うため，運用に支障は生じていない。

(2) 関連個人・会社との並行手続を前提とした低額予納金の設定

　民事再生法施行当初は，個人の再生事件について別途の基準を設けることはしていなかったが，平成11年4月からの少額破産手続の施行により，破産事件について代表者その他の連帯保証人が会社とともに破産の申立てをして債務整理をすることが広がり，これに伴って再生事件についても，会社と共に代表者等が再生申立てをする事例が徐々に増加した。当初は，会社の予納金基準は高額にすぎるため，個別に減額していたが，これを1件25万円（会社の債権者集会の決議がされた後の申立ての場合は35〜50万円）と定め，基準として公表して現在に至っている。同様の経過から，関連会社との並行手続につい

ても，関連会社1社につき50万円という低額の予納金基準額を設定した。

(3) **零細な債務者についての予納金額の定額化**

　再生手続が迅速に進行するようになり，予測可能性が高まってくると，従来は手続負担が重く申立てが困難であろうと思われていた零細な事業者や非事業者も再生申立てをするようになってきた。その場合に，負債額や事業規模が小さいことから，当初は事件ごとに低額の予納金を定めていたが，申立ての検討がしやすいように，これを基準額化した。また，従来は「700万円～800万円」等としていた区分を「700万円」等と一定額に改め，予納金額についての予見可能性を高めた。

(4) **分割予納の際の残額の納付時期の変更**

　民事再生法施行当初は，開始決定が申立ての1か月後を目途に行われていたため，開始決定までに残額の納付を求めていたが，申立ての1週間以内程度で開始決定がされる事件が増加するにつれて，残額の納付を開始決定後2か月以内と改め，開始後になっても差し支えないものとした。

　以上が変更点であるが，基本的には，平成12年4月の施行当初の予納金額を維持しているものといえる。

【重政　伊利】

21 再生申立ての準備

再生申立ての準備に際して考慮する点は何か。

解　説

［Ⅰ］　手続選択の注意点

1　はじめに

　民事再生手続は，経営危機に陥った会社を再建するための強力な「法的再建手続」の一つである。
　しかし，会社は，商取引先等多くの利害関係人との信用で経営が成り立っている。ひとたび会社が民事再生手続を申し立てると，それまで長きにわたって築いてきた会社の信用は一夜にして崩壊し，取引に様々な支障が生ずる。そこで，依頼者たる申立会社のみならず，何の落ち度もない取引先の損害の拡大を回避するための配慮も，申立代理人に課せられた重要な役割である。なぜなら，債権者の被害拡大を防ぐための配慮によって，いったん失墜した信用が債権者の理解と協力により回復し，取引が円滑に行われることが，ひいては会社の再建に結びつくからである。
　そこで，本項では，『債権者への配慮』という視点を取り入れた申立時の実務的な注意点を述べることとする。

2　再建型手続に適する会社か否かの見極め

　相談者は，藁にもすがりたい思いで民事再生をしてくれと要請してくることがある。しかし，盲目的に民事再生手続を申し立ててはいけない。
　再建型手続一般に言えることであるが，「再建の見通し」の確認が必要である。換言すれば，「償却前営業利益段階」で黒字化の見通しが立つかどう

かを把握しておかなければならない。これは，SWOT 面（Strength（強み）・Weakness（弱み）・Opportunity（機会）・Threat（脅威）），並びに4P 面（Price（値段）・Place（流通経路・立地）・Product（商品）・Promotion（宣伝））の各分析をして検討すべきであり，これを見誤ると，いたずらに延命させても，取引業者の負債額を拡大させることになり，かえって被害を拡大させることになるからである。ただし，再建の見通しがわずか1％でも見出せるなら，再建型手続を選択すべきである。

3　私的再建か法的再建（民事再生）かの見極め

次に，再建型手続に適する事案としても，民事再生手続を選択したことに対し，相談者から，会社の経営が苦しい，このままでは資金ショートによる倒産必至である，なんとかならないかと懇請されたとき，担当弁護士は，民事再生手続のみではなく，金融機関団との交渉による私的再建手続をも検討するべきである。

なぜなら，民事再生手続には，以下のようなデメリットもあるからである。即ち，民事再生手続は，会社の危機状態を会社の全ての利害関係人に自ら告知する手続であり，長年培ってきた会社の価値は一気に毀損してしまうからである。契約解除を申し渡されることもある。加えて，体力のない中小零細の取引業者まで巻き込んで，「連鎖倒産」の被害を拡大させることも十分に懸念される。その意味では，民事再生手続は，私的再建手続が「強硬な担保権者の存在」や「手形決済資金の不足」等の様々な事情で困難とされて，初めて発動されるべき第二次的な会社救済の手段だからである。したがって，本当に民事再生手続でなければならないのか，他の手続は選択できないのか，を検討する必要がある。

4　別除権者対策

民事再生手続を選択した場合，担保権者（別除権者）は再生手続に拘束されず，自由に担保権の実行ができる。

したがって，今後の再生計画の柱となる工場等の不動産に担保設定している担保権者に対しては，「別除権受戻し弁済協定書」締結の交渉が必要とな

る。この点，工場等の不動産担保については，交渉が難航し，長引いても直ちに資金に窮するという問題はないが，商品や売掛金債権等の流動資産に譲渡担保を設定している場合は，担保権の実行により，直ちに資金に窮することとなり，再生に大きな支障が生ずる場合が多い。

①商品の譲渡担保実行の場合は，品物が動かせず，売上計画の大幅な変更が余儀なくされ，②売掛債権譲渡担保に至っては，第三債務者に商品を売れば売るほど，再生会社にお金が入ってこないのだから，たちどころに資金繰りに窮することになる。再生手続を円滑に進めるために，早急に担保権者と交渉して，「短期の分割弁済」等の特別の配慮をして和解すべきであろう。

5　免除益対策

民事再生法155条3項では，返済期間は原則10年以内と規定されている。

再生会社のフリーキャッシュフロー（償却前当期利益から設備投資費用を控除した残額）のおよそ10倍弱が返済額のMAXとなるが，それでも返済できない再生債権部分は，債権放棄の対象として，再生会社に「免除益」が発生する。再生会社の資産の評価減や期限後欠損金等を配慮して，免除益と損益通算できればよいが，それができない場合は，「免除益問題」を検討しなければならない。私は，この場合，「会社分割」をして，再生会社を破産させる方式等で免除益問題の対処をしている。

6　相談者との信頼関係の構築（説明責任）

では，当該事案では，民事再生手続を選択することがベストとした場合，担当弁護士が気を付けるべき第一の点は何かといえば，相談者に「説明責任」を尽くしたかということである。

弁護士が民事再生手続を選択したことで，会社が救われると思うが，そこはやはり，民事再生手続を選択した場合にも，前述した担保権の実行行使や多数決原理による破産手続への移行，経営責任として，相談者自身の会社よりの離脱，詐欺再生罪の適用のおそれがないか等，これらの事情如何では必ずしも認可決定に至らず，再生不能となることもあり得る旨を十分に説明したうえで，相談者の「承諾」を得ておく必要がある。再建型事案を円滑に進

めるためには，犠牲を強いられる債権者の「理解と協力」を取り付ける必要があり，そのためには，債務者たる会社側と担当弁護士が二人三脚で再生に邁進しなければならないからである。これらの説明が不十分なため，「経営者として残れると言ったのに，残れないではないか，話が違う」等相談者とのトラブル件数が増加していると聞いている。

7　申立日の選択
(1)　申立時期（Xデー）
次に，民事再生の申立日（Xデー）を決めなければならない。

もちろん，遅くとも手形決済日の前日までには，申立て並びに弁済禁止の保全処分を得ておく必要があるが，前述の資金繰りとの関係上，売掛金の「入金時期」も問題となる。売掛先からの入金の銀行が債権者銀行であると，せっかくの入金がロックされ，相殺されてしまう危険がある。

考えるべきは，売掛金等の入金先を債権者銀行以外の銀行に変えられないか，変えられなければ，入金後，即座に引出しが可能か，以上の方法がいずれも困難であれば，思い切って民事再生の申立日そのものを早め，『売掛金の入金日』が民事再生申立後に到来するようにしてしまうことである。そうすれば，民事再生手続申立後の入金は，民事再生手続申立てを知った銀行においては『相殺』ができなくなり（93条1項4号），会社の運転資金に使えるようになるからである。

(2)　下請先・材料納入業者への配慮
再生手続を申し立てる場合，申立会社は営業活動・製造活動等を行って会社を回転させていくことが前提となる。そのためには，原材料等の供給・確保の問題が，第一義的に注目されなければならない。

ところが，再生手続を裁判所に申し立てたということを新聞等で知った下請先や材料納入業者は，「申立会社＝倒産会社」と考えるのが通常である。

こうした下請先や材料納入業者に対し，申立会社が申立後3～5日間でも営業や製造をストップしたら，もはや申立会社が本当に死んでしまったものと思い，今後の取引は見合わせるようになってしまう。

反対に考えれば，申立てはしたが，事業は継続して従前通り活動している

となれば，下請先・材料納入先にも安心感が生まれる。この安心感こそが，材料供給の確保のために最も大切なものといえる。

一方，材料納入業者としても，新規販売先をみつけるよりも，申立会社が混乱期後も回転しているという事態を認識すれば，その後は現金ベースでの商売となるため，よほどのことがない限り，通常，引き続き取引する方が得策だと考える。

このような材料納入業者側の心理的側面からも，申立（倒産）直後の混乱期には，原則として，会社活動をできる限り停止しないようにする。

(3) 支払の完了（連鎖倒産の防止）

申立会社から支払が受けられないと連鎖倒産するおそれのある弱小の納入業者・下請先に対しては，申立直前の材料購入・発注は避け，申立後に現金支払で購入するように配慮する必要がある（発注の停止）。

場合によっては，金額の小さな業者や将来協力が必要という弱小業者には，できるだけ支払った後に申し立てるようにする（支払の完了）。

このような弱小の業者は月末に支払を受けるのが通常であるが，綱渡り的な資金繰りを行っているところが少なくなく，申立会社から月末予定の支払がなされないと，手形の決済や従業員の給料すら払えず連鎖倒産してしまう可能性がある。この点で，中・大手の材料業者や下請業者と区別することが，むしろ実質上公平であり，申立会社の再建という緊急体制下においてはこれら業者の協力を得ることが重要となる。そのためには，常日頃から下請会社等の資金繰り事情にも精通している必要がある。

(4) 事務手続

下請先・材料納入業者らに対する支払を検討する上で，事務手続上必要なものに，「月次資金繰り表」と「日別資金繰り表」がある。

このうち，「日繰り表」には，具体的業者名と金額を記入するので，これにより下請先等への日繰りの支払状況が把握できる。

8 運転資金の確保

(1) 3か月分の運転資金の確保

裁判所は，以下のような理由から，申立後3か月程度の期間の資金繰り事

情に着目する。

① 申立直後の取引は申立会社の与信崩壊から，しばらくは現金決済を要求される。

② そもそも従業員の給与の支払に支障を来すような資金繰りでは，会社の再建はおぼつかない。

③ メインバンク等も再生手続開始の申立てがあると，DIP ファイナンスの規定を説明しても，まず新規融資は見込めない。

会社の民事再生申立以後は，まさに「キャッシュ・オン・デリバリー」の状況下におかれる。

そこで，申立時までに，できる限りの資金を会社にプールしておかなければならない。どれほど多くの資金がプールできるかで，再生手続の申立て，ひいては開始決定が順調にいくか否かが左右されるといえる。季節性資金の準備のためにも，月内の中で資金が最も増えている時点が，申立てに好ましい時点といえる。

④ 資金管理の方法としては，銀行は再生手続申立てと同時に銀行取引契約書に基づき預金を拘束してくるので，申立前にまず預金を債権者ではない他の金融機関に移し替えておくことが必要となる。

9　情報の開示の必要性

(1) 配布文書の作成

それまで，内部的・外部的に秘密裡になされていた申立準備作業の最後の仕上げとして，申立会社の「お詫びとお知らせ」の書面の作成（この書面に「任意的債権者説明会開催のお知らせ」も付記しておく。）があげられる。

(2) 債権者説明会の開催

会社主催の債権者説明会は，申立後可及的速やかに開催することが好ましい。情報を知らない多数の債権者に正確な情報を知らせ，「安心」させることが必要だからだ。

(3) 資料配布の必要性

倒産の事実を知らされた債権者の関心は，第一に自分の債権の回収はできるのか，第二に他の債権者の動きはどうか，不公平な行動をしていないか，

第三に倒産した会社は今後どうなっていくのか，の三点に集約される。債権者は，連鎖倒産の危機，他の債権者の抜け駆け的回収，倒産会社の在庫商品等の行方等に関し疑心暗鬼，不安感に強く支配される。

このような債権者の不安感を放置しておくことは，いたずらに債権者の反感をあおり，今後の再建計画に支障を生じさせる大きな要因になりかねない。

そこで，申立会社は，
① 法的再建手続を選択せざるを得なかった理由（情報の確保）
② 申立会社の財産は裁判所の保全命令によって保全・凍結されていること（恣意的運用の禁止）
③ 今後，収益計画等を立て，後日再生計画案に従って弁済を開始すること（偏頗弁済の禁止）
④ 手持ちの資金繰り計画上，従来通りの取引継続が可能であること（売上高の確保・維持）
⑤ 破産した場合に比較し，債権者にとって民事再生が有益であること

等を早期に債権者に知らせることによって，こうした懸念・不安を除去する必要がある。

10 従業員対策ができているか

(1) 人材は財産である

会社が経営危機に陥ると，「機を見るに敏なる」有能な社員は，「沈没船に鼠はいない」の例えのごとく，会社に見切りをつけて早々と去っていくか，ライバル会社に吸い取られていき，「人材」という大切な財産が減少していく。

(2) 従業員の給与の確保

給与も払わずに，今まで以上に過酷な環境（倒産）の中で働けといっても，土台無理な話である。

そこで私は，再建の依頼があった時，真っ先に向こう3か月間の従業員の給与の確保ができているか否かを尋ねることにしている。裁判所もこの点，特に注意している。

(3) 情報の開示・面接（不満の聴取・能力の確認）

会社が危機的状況にあり，再建型手続の申立てをなすこと等については，社長以下ごく一部の幹部にしか認識されておらず，社員らは，それこそ青天の霹靂のごとく我が社の倒産状態を知らされるのが通常である。

このように，倒産状況を知らされた社員は，明日からの仕事，給与，家族の生活等々様々な事態に対し不安に思うのは当然であり，その上，他の社員，会社，取引先等からのデマが耳に入り，ますます悲観的になっていくものである。

そこで，法的専門家である弁護士としては，

① 民事再生手続の内容を説明し，その意義・仕組みを理解させる

② このような不安定な状態がいつ頃まで続くのか，法的説明も踏まえて具体的に指摘する

③ 今後，会社はどうなるのか，再建の見通しはあるのか，また，どうしてこのような倒産事態に陥ったのか（倒産原因の解明），その倒産原因を改善すれば再建が可能であり，この改善は可能である（業務提携，スポンサーの出現等による具体的改善方法の指摘）

ことを説明する。

これらの説明により，それまでの情報不足からくる不安の解消，再建意欲（勤労意欲）の高揚に努める。

(4) 自己の進退の決定期間の保留

前述の情報の開示とも関係するが，倒産の危機に陥ったからといって，直ちに会社を去る方向に進退を決めなくても，「債権者集会の決議を見てから決めても，決して遅くはないこと」「誤った情報による早まった判断ほど，愚かなものはないこと」を説明し，倒産後，平静を取り戻した中で，従業員が正確な情報に基づき，適正な判断ができるように導いていくことも，再建依頼を受けた弁護士の重要な役割といえる。

(5) 民事再生手続申立直後における平穏さの確保と弁護士の再建への取組姿勢

民事再生手続を裁判所に申し立てた直後は，外部的には，債権者への対応・マスコミへの配慮，内部的には，従業員らへの適切な指示・対応等，一

時的にせよ，かなりの混乱が待ち受けている。

　民事再生手続に関与する代理人弁護士らが，外部債権者の対応に苦慮している様を見せつけられたり，その返答にしどろもどろだったりしては，従業員らの先行き不安感は増大し，逆に「この会社は再建不可能だ」と思わせてしまうことになりかねない。

　このような時期にこそ，倒産事件に熟達した行動的な弁護士の能力・手腕が要求され，そうした弁護士の出現により，従業員らも安心して仕事に専念できるのである。申立代理人に高度な専門性が要求される理由である。

［Ⅱ］　再生手続申立ての準備

1　申立日前後の対策

　申立日前後の段取りを箇条書きにして整理すれば，おおむね次のようになろう。

(1) 申立日前日
① 取締役，部課長，営業所長説明
② 本社，工場，営業所（重点拠点）への泊り込みによる財産散逸の防止
③ 貼り紙（告示書）の用意
④ 債権者説明会の開催会場確保
⑤ 共益債権化の包括承認申請書の用意

(2) 申立日（申立て・発表）
① 従業員へ説明
② 銀行，取引先へ架電か訪問にて説明（保全処分の決定謄本提出）
③ 債権者，取引先への手紙（「お知らせとお詫び」）・開催通知・地図発送
④ 警察との連絡（申立ての事実，パトロール依頼）
⑤ 貼り紙（告示書の掲示）
⑥ 役員会議（経理部長も含む）
　ⓐ　状況報告，分析
　ⓑ　営業所対策
　ⓒ　資金繰り

ⓓ　説明分担（銀行，取引先，官公署，重要債権者等）
　　　ⓔ　債権者説明会打合せ
　(3)　申立日翌日
　①　債権者説明会の開催
　②　債権者応対（担当者と弁護士）
　③　資金繰り確認
　④　役員会議

2　民事再生手続申立直後の混乱を回避し，円滑に手続が進められるために
(1)　申立日直前における材料の仕入れの停止

　申立日当日には，裁判所から「弁済禁止の保全処分」が出されるのが通例である。そこで，申立日直前に材料を仕入れておき，支払手形・小切手を発行したり，通常の後日払いの扱いのままでいると，この保全処分のため，会社としては，支払いたくても支払えない状態となる。

　このような事態になると，材料を納入した業者（債権者）にしてみれば，材料は取られたのに，代金は支払ってもらえないということで，いわゆる「取込詐欺」にあったような状態になり，その憤りを申立会社に感情的にぶつけてくることは，むしろ当然であろう。

　そして，このような事態は申立会社の幹部だけが注意しているだけでは足りず，日頃，材料納入業者に発注している直接の担当者にも周知徹底させなければならない。

　通常，民事再生等の法的再建手続の選択は，幹部の中でもごく少数の者にしか，しかも申立直前まで知らされていないことが多く，事情を知らない現場担当者は，申立日にも平常通り原・材料，部品等の発注をしてしまうおそれがある。

　その結果，「取込詐欺」をされた感のある債権者感情には激しいものがあり，現場担当者が窮地に追い込まれることも度々である。こうした債権者とは債権額の多寡にかかわらず，最後まで交渉が難航することが多い。申立代理人としては，弁済禁止の保全処分の一部取消し等，他の手段を講じて，こ

うした債権者を救済すべく努力することになるが，その時間や労力は，ただでさえ申立時の大混乱の中で多大な犠牲を強いられることになる。

　したがって，申立日前日あるいは申立てを決意した数日間は材料の搬入を控え[*1]，どうしても必要ならば，現金買いをしたり，あるいは保証人を立てて，弁済禁止後はその保証人から支払ってもらう等の配慮をしておくべきである。後に，申立代理人のこうした配慮を知った債権者は感謝し，以後の再建手続にも協力してくれよう。

3　「弁済禁止保全処分」決定謄本の金融機関への提出，取扱い

　「弁済禁止保全処分」の決定を取得する主要な目的は，手形の「不渡処分」の回避にある。その具体的手続として，裁判所から発令された保全処分の決定正本の他，提出先銀行分の謄本申請を行い，この謄本を手形の支払銀行たる各金融機関担当者に交付して，その旨の報告をすることである。裁判所書記官から正本を受け取ったまま放置するようなことは絶対にしてはならない。

　まず，「保全処分決定謄本提出先リスト」を作成し，裁判所に提出しておく。これは，申立会社に対し口頭で支払銀行を尋ねても，混乱のさなかで，ついうっかり見落としてしまうなどの不注意から生じる大問題を避けるためである。「リスト」として文書化しておけば，その注意を喚起して，見落としを防ぐことができるからである。

　さらに，交付先の支払銀行に対し，「支払差止依頼書」を提出し，書面（副本）に必ず「決定謄本受領印」をもらう。これは，万一の事故の場合の責任の所在を明確にしておくためである。

　　　　　　　　　　　　　　　　　　　　　　　　　　　　【村松　謙一】

　[*1]　たとえば，納入日が5日で，再生手続申立日が7日とすると，いったん発注を取り消し，再度申立以後の保全管理中の7日以後に再発注・納入するのがベターである。そうすれば，現金若しくは回し手形による決済ができ，掛売り（信用）に協力してくれるなら，「保全命令」の申立てと同時に，共益債権化許可の申請を行い，開始決定後にも旧債に優先して支払ができるよう配慮する。このような配慮によ

り，納入業者の資金繰りを悪化させずに申立後も従前通りの資金繰りが成り立つことになり，納入業者を倒産時の混乱に巻き込まずに済むことにもなる。

22 公告と送達

再生手続における公告・送達は，どのような場合に，どのようにして行われるか。

解説

[Ⅰ] 再生手続の特殊性

再生手続には，特別の定めがある場合を除き，民事訴訟法の規定が準用される（18条）。そして，再生手続にかかわる裁判は原則として口頭弁論を経ない決定の形式でなされるので，民事訴訟法の原則によれば，裁判の効力発生のためには相当の方法で告知することが必要となるはずである（民訴119条）。

しかし，再生手続は，多数の関係者が関与し，集団的処理を要する手続であることから，民事再生法はこれに配慮した特則を設けている。すなわち，民事再生法10条は，再生手続における公告及び送達の取扱いについて，その原則を定め，また，再生手続にかかわる裁判ごとに，その重要性等に応じて告知方法（公告，送達，通知）や効力に関して個別の規律を設けている。

[Ⅱ] 公告の方法と効力

1 公告の方法

再生手続の公告は，官報に掲載して行う（10条1項）。
公告に関する事務は裁判所書記官が取り扱う（規則5条）。

2 公告の効力

公告の効力は，官報に掲載があった日の翌日に発生する（10条2項）。そし

て，裁判の公告がされたときには，特別の定めがある場合を除き，一切の関係人に対して当該裁判の告知があったものとみなされ，具体的には，官報掲載日の翌日に告知の効力が生じる（10条4項・5項）。多数の関係者が関与する再生手続に関する裁判の告知の効力については，その発生時を一律に決する必要があるためである。

3 監督命令等の特則

裁判の公告がされたときに，一切の関係人に対して当該裁判の告知があったものとみなされるとの民事再生法10条4項に関する特別の定めは，監督命令（55条3項），管理命令（65条6項）及び保全管理命令（80条3項）の場合である。「いずれも再生債務者の財産の管理処分権等に対する重大な制限をもたらすものであるから，みなし規定によるのではなく実際に当事者に送達が到達した時を基準として画する必要がある」（園尾隆司＝小林秀之編『条解民事再生法〔第2版〕』40頁〔中島肇〕（弘文堂，2007））ためである。

なお，民事再生法10条4項に関する特別の定め（告知時期に関する特別の定め）ではないが，決定の効力発生時期について以下の規定に留意されたい。

① 包括的禁止命令及びこれを変更し，又は取り消す旨の決定は，再生債務者に対する裁判書の送達がされた時から，効力を生じる（28条2項）。

② 再生手続開始の決定は，その決定の時から，効力を生じる（33条2項）。

③ 事業譲渡に関する株主総会の決議による承認に代わる代替許可の決定は，再生債務者等に対する送達がされた時から，効力を生じる（43条3項）。

［Ⅲ］ 送達・通知

1 送　達

送達とは，当事者その他の関係人に対して，法定の方式に従い，書類を交付してその内容を了知させ，又はこれを交付する機会を与え，かつ，以上の行為の公証を行う裁判機関の行為をいう。その事務は裁判所書記官が取り扱う（民訴98条2項，民再18条）。

2 代用公告

再生手続上送達が求められる場合に，民事再生法10条3項ただし書及び同法10条5項の例外にあたる場合を除き，公告によって代用することができる(いわゆる，代用公告である。10条3項本文)。多数の関係者が関与する再生手続において集団的な扱いをすることが適当であることを考慮したものである (西謙二＝中山孝雄編『破産・民事再生の実務（新版）下』99頁〔細川栄治〕（金融財政事情研究会，2008))。

民事再生法10条3項ただし書の例外は，民事再生法の規定により公告及び送達をしなければならない場合である。公告の他に送達を求めている以上，その送達を公告で代用することは背理であるからである (福永有利監修『詳解民事再生法〔第2版〕』144頁〔小海隆則〕（民事法研究会，2009))。また，民事再生法10条5項の例外は，民事再生法に必ず送達によることを求める特別の規定がある場合である。

3 送達・通知
(1) 公告と併用する送達

公告と送達をしなければならない場合（10条3項ただし書・5項）には，公告が一切の関係人に対する告知の効果をもつことから（10条4項)，必ずしも厳格な方法による送達を要しない (前掲破産・民事再生の実務（新版）下99頁〔細川栄治〕)。

実際，平成16年破産法改正前の民事再生法下においては，公告と送達を同時に行う場合には，送達は，書類を普通郵便で送付すれば足りるものとされていた (旧民再10条4項・6項，重政伊利「民事再生手続における登記嘱託と公告」金法1594号48頁)。平成16年破産法改正後の民事再生法においては，引き続き送達の方法を併用する必要があるとされた場合の他は，公告と併用する告知方法として，「通知」の方法が採用されたが，引き続き「送達」の方法を併用する場合においても，通常郵便に付す方法の他，民間事業者による信書の送達に関する法律2条6項に規定する一般信書便事業者又は同条9項に規定する特定信書便事業者の提供する同条2項に規定する信書便の役務を利用して送付する方法が認められている (43条4項5項・166条3項，農水産業協同組合の再

生手続の特例等に関する法律8条2項等参照。いわゆる簡易送達である。)。

(2) 通　　知

　平成16年破産法改正後の民事再生法においては，引き続き送達の方法を併用する必要があるとされた場合の他は，公告と併用する告知方法として，通知（相当と認められる方法によればよい。民訴規4条1項）の方法が採用された。

　再生手続上の通知は，裁判所書記官がする（規則11条，民訴規4条6項）。

　裁判所は，管財人が選任されている場合において，再生手続の円滑な進行を図るために必要があるときは，管財人の同意を得て，管財人に書面の送付その他通知に関する事務を取り扱わせることができる（規則5条の2。なお，再生債権者から通知等を受けるべき場所の届出があった場合の通知の方法等について，規則5条の3参照）。

(3) 公告・送達・通知について

　再生手続に関する裁判について，公告・送達・通知が行われる場合について整理すると，図表記載の通りである。

　なお，前掲条解民事再生法（第2版）30頁・同39頁〔中島肇〕は，いわゆる簡易送達の場合に，10条3項本文の適用が排除され，代用公告をすることができないとする。しかし，文言解釈によれば10条3項本文の適用を排除する理由はない。簡易送達ではない通常の送達が求められる場面においても代用公告が認められるとすれば，簡易公告の場合に代用公告を認めない実質的な理由もないように思われる。

[Ⅳ]　新　聞　公　告

　裁判所は，営業等の譲渡の許可をする場合には，知れている再生債権者の意見を聴かなければならない（42条2項）。東京地裁民事20部の運用では，再生債権者が多数の場合（200人を超える場合）には，主要債権者について意見聴取のための期日への招集通知を行い，その他の債権者には書面で意見を提出するよう新聞公告をすることとしているようである（前掲『破産・民事再生の実務（新版）下』129頁〔中山孝雄〕，重政伊利「民事再生手続における登記嘱託と公告」金法1594号49頁）。

22 公告と送達

民事再生法	項目	公告・送達	備考
【再生手続開始の申立て】			
26条6項	・他の手続の中止命令 ・中止命令の変更・取消決定 ・中止した手続の取消命令 ・上記決定に対する即時抗告についての裁判	当事者に送達⇒代用公告可能（10条3項本文）	
28条1項	・包括的禁止命令 ・包括的禁止命令の変更・取消決定	・公告 ・送達（再生債務者（保全管理人）及び申立人）⇒代用公告不可（10条3項ただし書） ・通知（知れている再生債権者及び再生債務者（保全管理人が選任されている場合））	
28条3項	・包括的禁止命令により中止した強制執行等の手続の取消命令 ・包括的禁止命令、その変更・取消決定及び包括的禁止命令により中止した強制執行等の手続の取消命令に対する即時抗告についての裁判（包括的禁止命令の変更・取消決定を除く。）	当事者に送達⇒代用公告可能（10条3項本文）	
29条5項	・包括的禁止命令の解除の申立てについての裁判 ・包括的禁止命令の解除の申立てについての裁判に対する即時抗告についての裁判	当事者に送達⇒代用公告不可（29条5項・10条5項）	
	・仮差押え・仮処分等一般の保全処分 ・上記保全処分の変更・取消決定	当事者に送達⇒代用公告不可	

民事再生法	項目	公告・送達	備考
30条5項	・上記保全処分，変更・取消決定に対する即時抗告についての裁判	(30条5項・10条5項)	
31条6項	・担保権の実行手続の中止命令 ・上記中止命令の変更・取消決定 ・上記中止命令，変更・取消決定に対する即時抗告についての裁判	当事者に送達⇒代用公告不可 (31条6項・10条5項)	
【再生手続開始の決定】			
35条1項3項	再生手続開始決定	公告・通知 ただし，知れている再生債権者の数が千人以上である場合における34条2項の決定がなされたときの再生債権届出期間変更の通知の特則（35条5項）及び債務超過の場合の約定劣後再生債権を有する者に対する通知の特則（35条4項）参照	・再生債権者への周知措置について規則18条2項参照 ・再生計画案事前提出の場合の再生計画案の内容の通知について規則86条1項参照
37条	再生手続開始決定の取消決定確定	公告・通知 ただし，知れている再生債権者の数が千人以上である場合における34条2項の決定がなされたときの通知の特則（37条ただし書）	・再生債権者への周知措置について規則18条2項参照
43条2項4項5項	事業譲渡に関する株主総会決議による承認に代わる許可決定	再生債務者等及び株主（決定要旨書面）に対し送達（43条2項） ：株主に対する送達の簡易な方法の特則（43条4項）・送達時期の特則（43条5項） ⇒代用公告可能（10条3項本文）	・代用公告を否定する反対説あり ・株主に対する簡易な方法による送達（43条4項）の場合の裁判所書記官による書面作成について規則19条2項参照
【再生手続の機関】			
55条1項〜3項	・監督命令 ・監督命令の変更・取消決定 ・監督命令，変更・取消決定に対する即	・監督命令の公告 ・監督命令の変更・取消決定の公告 ・監督命令，変更・取消決定に対する即時抗告についての裁判	即時抗告等の機会を保護するため，監督命令等について10条4項の規定の適用が

民事再生法	項目	公告・送達	備考
	時抗告についての裁判	の当事者への送達（代用公告不可（10条3項ただし書））	排除されている。
62条6項	・調査命令 ・調査命令の変更・取消決定 ・調査命令，変更・取消決定に対する即時抗告についての裁判	当事者への送達⇒代用公告可能（10条3項本文）	
65条1項～6項	・管理命令 ・管理命令の変更・取消決定 ・管理命令，変更・取消決定に対する即時抗告についての裁判	・管理命令の公告 ・管理命令の変更・取消決定の公告 ・管理命令，変更・取消決定に対する即時抗告についての裁判の当事者への送達（代用公告不可（10条3項ただし書）） ・管理命令，変更・取消決定，再生手続開始決定の取消決定確定の財産所持者等への通知。	即時抗告等の機会を保護するため，管理命令について10条4項の規定の適用が排除されている。
80条1項～3項	・保全管理命令 ・保全管理命令の変更・取消決定 ・保全管理命令，変更・取消決定に対する即時抗告についての裁判	・保全管理命令の公告 ・保全管理命令の変更・取消決定の公告 ・保全管理命令，変更・取消決定に対する即時抗告についての裁判の当事者への送達（代用公告不可（10条3項ただし書））	即時抗告等の機会を保護するため，保全管理命令等について10条4項の規定の適用が排除されている。
【再生債権】			
102条3項～5項	・一般調査期間を変更する決定	再生債務者，管財人及び届出再生債権者への送達（102条3項）：簡易送達の特則（102条4項）・送達時期の特則（102条5項） ⇒代用公告可能（10条3項本文）	・簡易な方法による送達（102条4項）の場合の裁判所書記官による書面作成について規則40条・19条2項参照
103条5項	・特別調査期間を定める決定・変更する決定	送達（102条3項）：簡易送達の特則（102条4項）・送達時期の特則（102条5項） ⇒代用公告可能（10条3項本文）	・簡易な方法による送達（102条4項）の場合の裁判所書記官による書面作成について規則40条・19条2項参照
105条6項	・再生債権の査定の申立てについての裁	・当事者への送達⇒代用公告不可（105条6項・10条5項）	

民事再生法	項目	公告・送達	備考
115条1項〜5項	・債権者集会の期日	・再生債務者，管財人，届出再生債権者，再生のための債務負担・担保提供者の呼び出し（115条1項） ・労働組合等への通知（115条3項） ・債権者集会の期日及び会議の目的事項の公告（115条4項）	・再生手続開始決定と同時に財産状況報告集会招集決定をした場合の，併用公告・併用通知について規則60条参照
【否認権】			
134条の2第6項	・否認権のための保全処分 ・上記保全処分の変更・取消決定 ・上記保全処分，変更・取消決定に対する即時抗告についての裁判	・送達⇒代用公告不可（134条の2第6項・10条5項）	
136条4項	・否認の請求を認容する決定	・送達⇒代用公告不可（136条4項・10条5項）	
138条4項	・否認権限を有する監督委員の訴訟参加等	・否認権限を有する監督委員の訴訟参加等における参加申出書の当事者への送達（138条4項，民訴43条3項）	・否認の訴えが係属した場合の監督委員から再生債務者への通知（規則67条1項） ・副本による送達について規則67条2項・民訴規20条2項参照
【法人の役員の責任】			
142条7項	・法人の役員の財産に対する保全処分 ・上記保全処分の変更・取消決定 ・上記保全処分，変更・取消決定に対する即時抗告についての裁判	・当事者への送達⇒代用公告不可（142条7項・10条5項）	
144条3項	・役員の責任に基づく損害賠償請求権の査定の裁判	・当事者への送達⇒代用公告不可（144条3項・10条5項）	

民事再生法	項目	公告・送達	備考
【担保権の消滅請求】			
148条3項・5項	・担保権消滅許可の決定 ・担保権消滅許可決定に対する即時抗告についての裁判	・担保権消滅許可の決定及び申立書の担保権者への送達（148条3項）⇒代用公告不可（148条3項・10条5項） ・担保権消滅許可決定に対する即時抗告についての裁判の担保権者への送達（148条5項）⇒代用公告不可（148条5項・10条5項）	・副本による送達について規則72条1項参照 ・担保権者全員への送達完了についての裁判所書記官から再生債務者等への通知（規則72条2項） ・担保権消滅許可申立の取下げについての裁判所書記官から担保権者への通知（規則74条）
150条6項	・価額決定の請求についての決定 ・上記決定に対する即時抗告についての裁判	・再生債務者等及び担保権者への送達⇒代用公告不可（150条6項・10条5項）	・価額決定の請求についての担保権者から再生債務者等への通知（規則75条3項） ・担保権者全員への送達完了についての裁判所書記官から再生債務者等への通知（規則80条1項）
【再生計画】			
166条3項	・再生債務者の株式の取得、株式の併合、資本金の額の変更又は発行可能株式総数についての定款の変更に関する条項を定めた再生計画案提出許可の決定	許可申立人及び株主（ただし、決定要旨書面）に対し送達（166条3項） ：株主に対する送達の簡易な方法の特則（43条4項）・送達時期の特則（43条5項） ⇒代用公告可能（10条3項本文）	・代用公告を否定する反対説あり ・株主に対する簡易な方法による送達（43条4項）の場合の裁判所書記官による書面作成について規則88条・19条2項参照
169条3項4項	・再生計画案の決議に付する決定	・議決権不統一行使に係る通知期限の公告 ・議決権不統一行使に係る通知期限及び再生計画案の内容又は要旨の、再生債務者、管財人、届出再生債権者、再生のための債務負担・担保提供者への通知 ・書面等投票を定めた場合の、公告及び書面等投票に係る期間	

民事再生法	項目	公告・送達	備考
		内制限の議決権者への通知	
172条の2第2項	・議決権者の確定に係る基準日	・議決権者の確定に係る基準日の公告	
172条の3第5項	・約定劣後再生債権者の組み分けをしない決定，当該決定の取消決定	約定劣後再生債権者の組み分けをしない決定，当該決定の取消決定の議決権者への送達 ⇒代用公告可能（10条3項本文）	
174条4項5項	・再生計画の認可・不認可の決定	・再生計画の認可・不認可の決定に係る主文及び理由の要旨の再生債務者，管財人，届出再生債権者，再生のための債務負担・担保提供者への送達 ⇒代用公告可能（10条3項本文） ・再生計画の認可・不認可の決定があった旨の労働組合等への通知	
【再生計画認可後の手続】			
188条5項	・再生手続終結の決定	・再生手続終結の決定に係る主文及び理由の要旨の公告	
189条4項	・再生計画取消の決定	・再生計画取消の決定の申立人及び再生債務者等への送達（代用公告不可（10条3項ただし書）） ・再生計画取消の決定の主文及び理由の要旨の公告	
【再生手続の廃止】			
195条1項4項	・再生手続廃止の決定	・再生手続廃止の決定に係る主文及び理由の要旨の公告 ・再生手続廃止決定の取消決定に係る確定の公告	
【住宅資金貸付債権に関する特則】			
202条4項	・住宅資金特別条項を定めた再生計画の認可・不認可の決定	・住宅資金特別条項を定めた再生計画の認可・不認可の決定に係る主文及び理由の要旨の権利変更を受ける者への送達 ⇒代用公告可能（10条3項本文）	
【外国倒産処理手続がある場合の特則】			
		・包括的禁止命令，変更・取消	

民事再生法	項目	公告・送達	備考
209条	・外国管財人が再生手続開始の申立てをした場合の通知	・決定に係る主文の外国管財人への通知 ・再生手続開始決定に係る公告事項の外国管財人への通知 ・再生債権の届出期間・調査期間に係る変更の外国管財人への通知 ・再生手続開始決定の取消決定に係る確定の外国管財人への通知	
【簡易再生・同意再生】			
212条3項4項	・簡易再生の決定	・簡易再生の決定の主文，決議のための債権者集会の期日，議決権不統一行使に係る通知期限及び再生計画案の公告 ・上記事項の再生債務者，管財人，届出再生債権者，再生のための債務負担・担保提供者への通知 ・決議のための債権者集会の期日の労働組合等への通知	
213条4項	・簡易再生の取消しに伴う一般調査期間を定める決定	再生債務者，管財人及び届出再生債権者への送達（102条3項）：簡易送達の特則（102条4項）・送達時期の特則（102条5項） ⇒代用公告可能（10条3項本文）	・簡易な方法による送達（102条4項）の場合の裁判所書記官による書面作成について規則108条の2・19条2項参照
217条4項	・同意再生の決定	・同意再生の決定の主文，理由の要旨及び再生計画案の公告 ・上記事項の再生債務者，管財人，届出再生債権者，再生のための債務負担・担保提供者への通知	
218条3項	・同意再生の取消しに伴う一般調査期間を定める決定	再生債務者，管財人及び届出再生債権者への送達（102条3項）：簡易送達の特則（102条4項）・送達時期の特則（102条5項） ⇒代用公告可能（10条3項本文）	・簡易な方法による送達（102条4項）の場合の裁判所書記官による書面作成について規則110条2項・19条2項参照
【小規模個人再生】			

民事再生法	項目	公告・送達	備考
222条2項～5項	・再生手続開始決定	・開始決定主文，債権届出期間及び一般異議申述期間の公告（222条2項） ・上記事項の再生債務者及び知れている再生債権者への通知（222条3項） ・債権者一覧表記載事項の知れている再生債権者への通知（222条4項） ・債権届出期間の変更の場合の公告・通知（222条5項）	給与所得者等再生への準用（244条）
223条7項	・個人再生委員選任決定 ・上記決定の変更・取消決定 ・上記選任決定，変更・取消決定に対する即時抗告についての裁判	・当事者への送達⇒代用公告可能（10条3項本文）	給与所得者等再生への準用（244条）
226条4項	・特別異議申述期間を定める決定 ・一般異議申述期間・特別異議申述期間を変更する決定	再生債務者，管財人及び届出再生債権者への送達（102条3項）・簡易送達の特則（102条4項）・送達時期の特則（102条5項）⇒代用公告可能（10条3項本文）	・給与所得者等再生への準用（244条） ・簡易な方法による送達（102条4項）の場合の裁判所書記官による書面作成について規則121条の2・19条2項（規則140条で給与所得者等再生に準用）参照
230条4項	・再生計画案付議決定	・再生計画案付議決定の公告 ・議決権不統一行使通知期限，再生計画案の内容又は要旨，再生計画案に同意しない場合の回答措置を議決権者に通知	
235条3項	・計画遂行が極めて困難になった場合の免責決定	・免責決定主文及び理由の要旨の再生債務者及び届出再生債権者への送達	給与所得者等再生への準用（244条）
【給与所得者等再生】			
240条2項	・届出再生債権者の意見を聴く旨の決定	・届出再生債権者の意見を聴く旨の決定の公告 ・再生計画案の内容又は要旨，再生計画案を認可すべきかどうかについての意見に関する事項	

民事再生法	項目	公告・送達	備考
		の届出再生債権者への通知	
【再生手続と破産手続との間の移行】			
243条2項	・再生債権の届出を要しない旨の決定（破産手続から再生手続への移行）	・法35条1項の公告に、再生債権の届出を要しない旨の掲示 ・知れている再生債権者への再生債権の届出を要しない旨の通知	
253条2項	・破産債権の届出を要しない旨の決定（再生手続から破産手続への移行）	・破産法32条1項の公告に、破産債権の届出を要しない旨の掲示 ・知れている破産債権者への破産債権の届出を要しない旨の通知	
【農水産業協同組合の再生手続の特例】			
農水産業協同組合の再生手続の特例等に関する法律8条2項・法43条2項〜7項	信用事業の譲渡に関する総会又は総代会の議決に代わる許可決定	再生債務者等及び組合員又は会員（ただし、決定要旨書面）に対し送達（43条2項）：組合員又は会員に対する送達の簡易な方法の特則（43条4項）・送達時期の特則（43条5項）	・株式会社の場合と同様に代用公告は可能と考える。 ・組合員又は会員に対する簡易な方法による送達（43条4項）の場合の裁判所書記官による書面作成について規則144条・19条2項参照

新聞公告の書式は以下の通りである（重政伊利「民事再生手続における登記嘱託と公告」金法1594号50頁）。

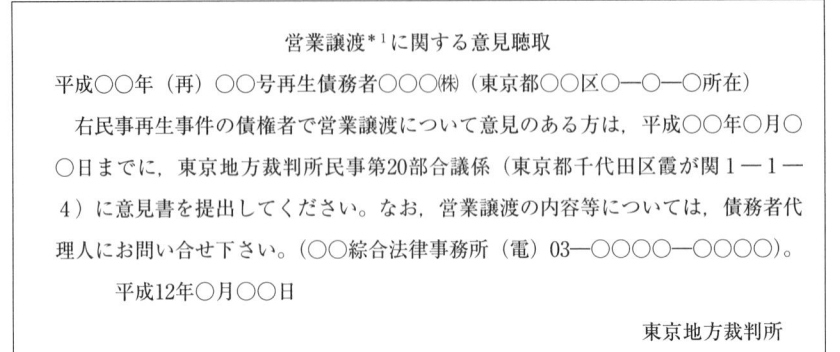

営業譲渡[*1]に関する意見聴取

平成○○年（再）○○号再生債務者○○○㈱（東京都○○区○—○—○所在）

　右民事再生事件の債権者で営業譲渡について意見のある方は，平成○○年○月○○日までに，東京地方裁判所民事第20部合議係（東京都千代田区霞が関1—1—4）に意見書を提出してください。なお，営業譲渡の内容等については，債務者代理人にお問い合せ下さい。（○○綜合法律事務所（電）03—○○○○—○○○○）。

　平成12年○月○○日

東京地方裁判所

【三森　仁】

＊1　会社法の施行に伴い「事業譲渡」の用語に変更されているものと思料される。

第 3 章

開始決定

23　開始決定の要件の審理と決定の時期

　開始決定の要件は，どのような方法で審理され，開始決定は申立て後，どの程度の期間で発令されるのか。

解　説

［Ⅰ］　手続の開始原因と申立ての棄却事由

　民事再生法21条1項は，手続開始の原因事実として，
① 破産手続開始の原因となる事実の生ずるおそれがあるとき
② 債務者が事業の継続に著しい支障を来すことなく弁済期にある債務を弁済することができないとき

の2つを定める。そのうち，①の原因による申立ては債権者からの申立ても可能であるのに対して，②の原因による申立ては債務者に限られている（21条2項）。

　和議法による和議の開始原因は，破産原因と同一とされていたが（和12条1項），窮境にある債務者の経済的破綻を防止して，その事業の再生を図るには，破産原因が生じる以前に手続を開始する必要がある。そのため，上記①②を合わせると，再生手続の開始の原因は，破産手続開始の原因よりもかなり広くなっている。

　また，民事再生法25条は，棄却事由として，
③ 再生手続の費用の予納がないとき（1号）
④ 裁判所に破産手続又は特別清算手続が係属し，その手続によることが債権者の一般の利益に適合するとき（2号）
⑤ 再生計画案の作成若しくは可決の見込み又は再生計画の認可の見込みがないことが明らかであるとき（3号）

⑥　不当な目的で再生手続開始の申立てがされたとき，その他申立てが誠実にされたものでないとき（4号）

の4つを定めている。そして，①②の開始原因の要件を満たす申立てがあったときは，③ないし⑥の棄却事由があることにより棄却する場合を除いては，手続の開始決定をしなければならないものとしている（33条1項）。

　このように，民事再生においては手続の開始要件が比較的緩く定められており，実際上は棄却事由という消極的要件の有無が審査の中心となっている。そして，その棄却事由も，後記Ⅲのように広いものではない。これは，開始決定に至る過程が遅延しがちであったという和議手続における反省を踏まえ，申立人が証明しなければならない積極的要件をできるだけ少なくしてその負担を軽減し，速やかに，かつ幅広く手続が利用できるようにして，事業の再生の機会を与えようとしたものである。

[Ⅱ]　開始決定の時期と監督委員の役割

　裁判所は，再生手続開始の申立てがされると，直ちに手続開始原因の存在と申立棄却事由について審理を行う。申立て後の進行に関する運用は裁判所によって異なるが，事件のほとんどを占める債務者自身の申立事件では，多くの場合，申立てがなされると，できるだけ早期に，弁済及び担保提供禁止の保全処分が発令されるとともに（30条1項），監督委員が選任されて，債務者が財産処分等の行為をする際には監督委員の同意を要することが定められる（54条2項）。これは，再生手続開始の申立てが債権者に知れるところとなると，弁済の強要や財産の散逸等のおそれが生じるためである。保全処分及び監督命令の発令後は，裁判所の許可がなければ再生手続開始の申立てを取り下げることができなくなり（32条），これが濫用的な申立てを防ぐ一定の歯止めとなっている。

　このように早期に監督委員を選任するためには，裁判所が事前に申立ての概要についての情報を入手している必要がある。申立人債務者から裁判所への情報提供の方法としては，連絡メモの送付，各種資料の事前提出，事前打合せ等がありえるが，申立てのどのくらい前に，どのような方法で，どの程

度の情報を裁判所に伝えるべきものとされているかは，裁判所により運用がまちまちである。

　再生手続開始の申立てがなされると，申立書及び添付書類により，手続の開始原因の存在と申立ての棄却事由の不存在が一通り明らかにされる。監督委員は，これらについて裁判所と協働して調査を行うが，情報の収集と検討は，むしろ監督委員が中心となって行うことが多い。手続の成否の見通しを立てるために重要な情報としては，現時点でのスポンサーの有無，資金繰りの見通し，優先債権の状況，予想される再生計画案のスキームなどがある。監督委員は，必要に応じ追加の資料の提出を求め，債務者等からの事情の聴取を行う。また，関係する情報の簡便な収集のために，インターネットも活用される。

　そして，手続の開始の判断にあたっては，債権者からの情報の収集と，その意向の聴取も重要である。なぜならば，債権者の意向が手続の成否を左右するし，事案に関して債権者が重要な情報を有していることが多いからである。その方法としては，申立て後，数日内に申立人債務者が債権者説明会を開催し，そこに監督委員が出席するものとしている裁判所が多い。この債権者説明会は，債務者が債権者に対して申立てに至った事情や手続等の説明をし，協力を求めるために開催するものであるが，これに監督委員が出席することにより，債権者の理解が深まるとともに，監督委員としても，債権者からの情報が収集できることとなる。これ以外に，事案に応じて，債権者説明会の開催に代え，あるいは説明会と平行して，監督委員が主要な債権者に電話をし，あるいは書面を送付するなどして，意向調査を行うこともある。また，労働組合等に対する意見聴取（24条の2）も，しばしば監督委員を通じて行われる。

　以上の情報を基に，監督委員の意見も踏まえて，裁判所は手続の開始に関する決定をする。申立てから決定までの期間は，裁判所により異なるが，いずれにしても，できるだけ早期に決定をするように努められており，たとえば東京地方裁判所では，通常は1週間程度で決定がなされる。このような迅速な進行のために，手続は簡素化されており，監督委員が裁判所に提出する意見書は，特に問題のある事案でない限り，簡便な定型文言によることで足

り，公認会計士による調査等は必要としない，などとされている。

　以上の運用は，棄却事由の有無が審理の中心であるという法律の構造と，この段階で得られるのは債務者及び債権者からの情報が中心にならざるを得ないという実情を踏まえ，いたずらに情報収集に時間をかけるよりも，早期に手続を軌道に乗せて迅速な進行を図る方が，事業の価値の毀損を防ぎ，その再生の可能性を高めて，債権者の利益にも資するという考えに基づくものである。

[Ⅲ]　申立棄却事由とその審理

1　再生手続の費用の予納がないとき（25条1号）

　再生手続開始の申立てをするときは，申立人は，裁判所が定める手続費用を予納しなければならない（24条1項）。費用の予納がないときは，裁判所は期間を定めて予納命令を発し，それでも予納がない場合は，棄却決定をするが，期間が経過しても棄却決定前に予納がされれば，棄却する必要はない。

　なお，ある程度の予納金の分割納付を認める扱いがされることもある。

2　裁判所に破産手続又は特別清算手続が係属し，その手続によることが債権者の一般の利益に適合するとき（25条2号）

　再生手続は清算手続である破産手続又は特別清算手続に優先するため，これらの手続が既に係属していても申し立てることができる（39条1項）。しかし，既に係属している手続によることが債権者の一般の利益に適合するときはその手続を優先させるべきであり，再生手続の申立ては棄却される。再生手続による弁済は，清算による配分を上回るものでなければならず，これを満たさない再生計画は不認可となるが（174条1項4号，清算価値保障原則），本号は，この要件を手続開始の場面にも反映させたものである。なお，破産等の手続の係属は，その手続の申立てがあれば足り，開始決定がされている必要はない。

　一般に，債権者が破産申立てをしたのに対抗して債務者が民事再生を申し立てる例がしばしばあるが，こうした事案については，慎重な検討が必要な

場合が多い。債権者から破産を申し立てられるということは，経営の状態が相当に悪く，また，債権者からの協力も得られにくい状況に至っていて，これに対抗して民事再生を申し立てたとしても，十分な見通しを持てていないことが多いからである。こうした場合，本号，あるいは再生計画案作成等の見込み（25条3号）を審理するため，裁判所は，直ちに監督命令を発令せず，調査命令（62条）の発令にとどめて，調査委員に手続を開始することが相当かどうかの調査をさせることが多い。

3 再生計画案の作成若しくは可決の見込み又は再生計画認可の見込みがないことが明らかであるとき（25条3号）

このようなときは，再生手続を開始しても意味がないため，棄却事由とされる。

もっとも，再生手続開始時点において，再生の見通しが厳しいと思われる事案は少なくない。しかし，事業の不振や資金繰りの困難に対しては，スポンサーの援助，事業譲渡等の方法により対処することも可能であるし，反対の意向を示している債権者も，再生債務者が経営者責任の明確化等の努力をすることにより翻意をする可能性はある。このように，開始決定時点においてかなり見通しが厳しくても，その後の再生債務者の適切な手続遂行の結果，再生計画案が可決され，認可にまで至ることはまれではない。本号に該当するとして申立てを棄却する場合は，その文言に照らしても，限定されたものと解される。そして，上記のように，一般に再生手続開始決定に係る判断は迅速にすべきであり，この点の判断に時間をかけすぎることは適切でない。

しかし一方で，慎重な対処が必要となる事案もある。具体的には，以下のような事情があるような場合が問題となる。

① 事業が既に休止しているか，その実体が乏しいことがうかがわれる場合

② 事業の収支が著しく悪く，改善の見通しが立たないか，改善に向けた努力がうかがわれない場合

③ 当面の資金繰りがつく見通しが乏しい場合

④ 債務者の役員間や，役員と株主の間などに，意思の不統一や内紛があることがうかがわれる場合
⑤ 大口債権者が強硬に反対の意向を表明している場合
⑥ 主要取引先が取引継続を拒否している場合
⑦ 優先債権の金額が大きく，一般債権者に対する弁済の見込みが立つかどうか疑わしい場合

このような事情があり，さらには，切迫した状態に至って十分な検討ができていないのに申立てをしたのではないかと見受けられるような場合においては，通常よりも時間をかけてでも，慎重な調査をした上で判断がされることがある。

4 不当な目的で再生手続開始の申立てがされたとき，その他申立てが誠実にされたものでないとき（25条4号）

不当な目的での申立て又は不誠実な申立てとは，再生手続開始の申立てが再生債務者の事業の再生又は経済生活の再生という本来の目的から逸脱した濫用的な目的で行われた場合である。

例えば，保全処分（30条）や他の手続の中止命令（26条）を利用して一時的に破産や債権者の追及をかわすことを専らの目的とした申立てなどが該当する。こうした濫用を防ぐために，再生手続開始の申立ての取下げを厳格に制限し（32条），また，再生手続の終了に伴う職権による破産手続開始決定（250条1項）を積極的に行うといった運用がなされている。

[Ⅳ] 債権者申立事件の審理

民事再生手続開始の申立ては債権者もできるが（21条2項），実際になされることは非常にまれである。民事再生はDIPによる進行を原則としているので（38条1項），債務者の経営能力に疑問を持つ債権者が，自ら民事再生による事業の再生を望んで申立てをするということは通常ないからであろう。しかし，債務者の従業員など，債務者と極めて密接な関係にある債権者による申立てや，特に会社更生手続が利用できない医療法人などに対して，管理

命令（64条）の申立てと併せてする申立てなどは，あり得るところである。

　このような事案では，申立人が十分な情報を有していないことや，債務者が手続に協力する姿勢がないことが多いので，再生の見込みがあるかどうか（25条3号）等について，慎重に審理が進められることになる。そのために，調査委員の調査（62条）が命じられることが多い。

【内田　博久】

■参考文献
西謙二＝中山孝雄編東京地裁破産再生実務研究会『破産・民事再生の実務〔新版〕（下）』（金融財政事情研究会，2008）

24 再生手続開始の効力

再生手続開始の効力はどういうものか。

解説

[I] はじめに

　民事再生は，DIP の原則に基づいているので，手続開始後も，再生債務者はその財産につき管理処分する権利を失わない（38条1項。ただし，法64条1項の管理命令が発令された場合は，管理処分権は管財人に専属する。）。つまり，破産手続開始決定と異なり，再生手続開始決定には，再生債務者の管理処分権を奪う効力はない。しかし，再生債務者に完全な管理処分の自由を認めると，再生債権者など利害関係人の利益が害される虞れもあるため，再生手続開始後は，これに一定の制約が付されている（41・42条など）。

　他方，民事再生は，再生債権者の権利を変更して，債務者（債務者の事業）を再生させる。そして，再生債権者の権利変更は，再生計画により行われる。すなわち，再生計画案が策定され，提出され，可決されて再生計画となり，これが認可されて，認可決定が確定すると，再生計画どおりに再生債権者の権利が変更される。したがって，手続開始から認可決定確定までの間は，再生債権者の権利行使を禁止しなければ，手続は効果的に遂行できない。そこで，民事再生法は，再生手続外の満足の取得を禁じ，これに反した満足の取得を無効としている（85条1項）。

　再生手続開始決定時に係属していた民事手続が，手続開始によりどのような取扱いを受けるかについては，上述した DIP の原則，再生債権に対する弁済等の禁止の原則などのほか，民事再生手続上の再生債権確定手続に対応した規律が，なされている（39条・40条・40条の2）。

また，民事再生手続が他の倒産処理手続に与える効果についても，民事再生手続と当該倒産処理手続との関係を考慮して，一定の規律がなされている（39条1項）。

以下では，以上のような規律につき，解説をする。

［Ⅱ］ 再生債権に対する弁済等の禁止

1　原　　則

(1) 民事再生手続が開始されると，再生債権については，民事再生法に特別の定めがある場合を除き，再生計画の定めるところによらなければ，弁済をし，弁済を受け，その他これを消滅させる行為（免除を除く。）をすることができなくなる（85条1項）。担保の供与についても，同様であると解される。再生債権者の一方的な権利行使に基づくか，再生債務者の弁済によるか，法律の規定に基づき当然に生じたかを問わない。以下では，これを，「再生債権者への弁済等禁止の原則」ということにする。

再生債権について禁止される弁済等の行為は，再生債務者の財産からの出捐によるものである。したがって，再生債務者以外の保証人等による弁済を妨げるものではない。免除が禁止されていないのは，再生債務者の財産からの出捐を伴わないからである。

(2) 再生債権への弁済等禁止の原則の根拠は，以下の点に求められよう。

①　再生債権者は，再生債務者が倒産したことによる損失を，公平に分担せねばならない。その意味で，再生債権者平等の原則が妥当しているといえよう。再生計画は，まさにこの原則に立って，権利変更を行うのである（155条1項参照）。そして，この原則を実現するためには，再生計画によらない弁済，担保の供与などを禁止せねばならない。

②　弁済等を禁止しなければ，再生債務者財産を保全できない。つまり，弁済により事業継続に不可欠なキャッシュが失われてしまうし，強制執行により事業継続に不可欠な設備・原材料などが失われてしまう虞もある。

③　弁済等を禁止しなければ，再生債務者は，再生債権者への対応に追われ，事業の再構築や再生計画案の策定などに専念できない。

(3) 民事再生法85条1項の規定に反する満足の供与は無効と解される。したがって，担保権が設定された場合には，担保権設定契約が無効となり，担保権は存在しないことになる。再生債務者が弁済をした場合や，再生債権者自らが満足を得た場合には，満足を得たこと自体が無効となり，再生債権者は得た満足を返還せねばならない。

2 原則の補充
(1) 再生債権への弁済等禁止の原則の実効性を高めるため，いくつかの規定が民事再生法85条1項を補充している。

(2) まず，民事再生法44条1項は，手続開始後，再生債権につき，再生債務者財産に関して，再生債務者（管財人が選任されている場合は管財人又は再生債務者）の行為によらずに権利が取得されても，再生債権者は再生手続の関係においてはその効力を主張できないと，規定する。これは，再生債権者が手続開始後に債務者財産帰属財産を占有することにより商事留置権を取得する場合など，手続開始後の満足の取得を対象としており，その意味で，民事再生法85条1項を補充している。

(3) このほか，民事再生法45条1項本文（再生手続開始後になされた登記・仮登記が原則的に無効であるとする。）や，93条1項1号，93条の2第1項1号（再生手続開始後再生債務者財産たる債権上に相殺権が取得されることを禁じる。）も，同様の意義を有している。

3 例 外
(1) はじめに

再生債権に対する弁済等の禁止の例外として，再生債務者を主要な取引先とする中小企業者が有する再生債権（85条2項～4項）と少額の再生債権（85条5項）について，裁判所が弁済を許可することができるとされている。以下，これらの制度を解説する。

(2) 中小企業者への弁済許可の制度（85条2項ないし4項）

(a) 中小企業者の再生債権に対する弁済は，その中小企業者が弁済を受けなければ事業の継続に著しい支障を来す虞れがある場合に，裁判所がこれ

を許可できる。再生債務者を主要な取引先とする中小企業が，再生債務者からの支払がないため，資金繰りがつかなくなって連鎖倒産することを防ぐ，社会政策的な制度である。

「中小企業者」や「主要な」取引先かどうかについては，絶対的な基準があるわけではなく，当該中小企業と再生債務者の規模や，当該中小企業の取引に占める再生債務者との取引の比率（依存度）等により，相対的に決められる。

(b) 社会政策的な制度と理解した場合，保護の内容は一義的に決定し難い。まず，中小企業がもつ再生債権を，明文もなく，社会政策的理由から，一般優先債権と解することはできない。他方，他の再生債権者より優遇した弁済（例，他の再生債権者には5％の配当を，しかし当該再生債権者には20％の配当を行う。）が可能かといえば，これも困難である。優遇を再生計画で行うのであれば，根拠づけは不可能ではないが，再生計画外で，裁判所の許可により行うことは，再生債権者から，再生債権者平等原則（155条1項）遵守に関する第一次的判断権を奪うことになり，不当だからである。以上のように考えるなら，再生計画において当該中小企業に対して認められると予想される弁済を，計画による弁済より時期を早めて行うことが，正当化される最大限の保護であると，解すべきであろう。

(3) **少額債権の早期弁済制度・その1**（85条5項前段）

少額の再生債権を早期に弁済することにより再生手続を円滑に進行することができるときは，裁判所は，再生計画認可の決定が確定する前でも，再生債務者等の申立てにより，その弁済を許可することができる。

この制度は，基本的には費用対効果を考慮した結果である。すなわち，再生手続においては，手続開始決定の通知（35条2項），債権者集会の期日の通知（115条1項）などを個々の再生債権者に行う必要がある。また，再生計画案の議決に当たっては，議決権者の過半数の同意が必要であることから（172条の3第1項），同意を調達するため個々の債権者との折衝が必要である。民事再生手続では通常極めて多数の債権者が存在し，これに関して要する時間，費用，労力は多大である。そこで，少額の再生債権を弁済し，再生債権者数を減らすと，それに応じて，上述の時間，費用，労力は減少する。そし

て，弁済に要した費用と，弁済（債権者の数の減少）に応じて減少したコストを比較して，後者が前者より大きければ，その弁済は合理的であるといえよう。少額債権の早期弁済は，このような効果をねらった制度である。

当該債権額が「少額」であるかどうかは，再生債務者の規模，債務の総額，弁済能力，弁済の必要性等を考慮して，決せられる。

(4) **少額債権の早期弁済制度・その2（85条5項後段）**

少額の再生債権を早期に弁済しなければ，再生債務者の事業の継続に著しい支障を来すときも，裁判所は，再生計画認可の決定が確定する前であっても，再生債務者等の申立てにより，その弁済を許可することができる。

少額債権を早期に弁済しなければ，再生債務者の事業の継続に著しい支障を来すときとは，どのような場合をいうのかは，債権者平等原則の重大な例外となるだけに，問題である。再生債権者が「弁済しなければ取引を継続しない」と主張しているだけでは足りず，その取引先との取引が再生債務者の事業の再生のために不可欠であり，当該弁済をすればその取引先の協力が確実に得られるため，当該弁済により維持される（向上される）再生債務者の事業の企業価値が，債権者平等原則の例外を正当化する場合でなければならない。より具体的な基準については今後の検討が期待されるが，その額は民事再生法85条5項前段の場合よりも高額になると思われる。

［Ⅲ］　再生債務者の管理処分権に対する制約

1　裁判所の許可を要する行為

再生債務者は，再生手続開始後も，業務を遂行し，財産を管理・処分する権利を失わない（38条1項）。しかし，一定の重要な行為について，裁判所が，その行為をするには裁判所の許可を得なければならないものとすることができる（41条1項。具体的な行為については同項各号を参照）。再生債務者の業務遂行や財産管理処分が不当であれば，再生が不可能となるので，このような制約を設けて，再生債権者等の利害関係人の利益を保護したものである。

破産と異なり，民事再生では，何を許可が必要な行為とするかは，裁判所の裁量に委ねられている。これは，再生型倒産処理手続における柔軟性の要

請に応じるものである。計画外の会社分割を要許可事項とする裁判実務もある。

実務上は，民事再生法41条1項各号の行為は，監督命令において監督委員の同意を要する行為とされることが多い（54条2項を参照）。この場合，裁判所の再生債務者に対する監督は，主として監督委員による同意を通じて行われることになる。

裁判所の許可が必要な場合に許可を得ないでした行為は，無効であるが，その無効をもって善意の第三者に対抗することはできない（41条2項）。

2 事業譲渡

(1) 民事再生法42条1項は，再生手続開始後において，再生債務者等が再生債務者の営業又は事業の全部又は重要な一部の譲渡をするには，必ず裁判所の許可を得なければならない旨を，規定する。民事再生法41条1項1号は財産の処分につき許可を必要とするかどうかを裁判所の裁量に係らしめているが，必ず許可を要する点で，これはその例外である。「営業又は事業の全部又は重要な一部の譲渡」とは，営業ないし事業を遂行するために有機的に組織された財産の集合体の一体的な譲渡を意味する。

このような事業の譲渡についての民再法の取扱いは，以下のような趣旨に基づく。

経済的危機に陥った企業の事業の全部又は一部を譲渡し，譲渡先でその営業ないし事業の存続を図れば，その解体・清算を避け，従業員の雇用を維持するなど，社会経済的に望ましい状態をもたらすことが可能となる。また，その対価を再生債権者に分配すれば，一括弁済ということで，早期の弁済が可能となり，再生債権者が負うリスクを避けることもできる（収益弁済型の場合計画通りの弁済がなされるとは限らない。）。

以上のような事業の譲渡は，再生計画の中で定めることも可能である。しかし，再生計画の作成・遂行を待っていたのでは事業が陳腐化して，その資産価値が低くなってしまう。

そこで，一方で，事業譲渡を再生手続開始後直ちに実施することを認めつつ，他方で，必要性や相当性を欠く事業譲渡がなされることにより，再生債

権者の利益が害されたり，再生債務者や当該事業の再生が挫折する事態を避けるため，事業譲渡を裁判所の許可に係らしめることとした（42条1項。その手続について同条2項・3項参照）。

なお，民事再生法42条4項が41条2項を準用しており，許可を得ないでした譲渡は無効であるが，善意の第三者には対抗できないと，解される。

許可の要件は，「当該再生債務者の事業の再生のために必要である」ことである（42条1項後段）。これは，再生債務者自身が経済的に再生するために当該事業を譲渡することが必要である場合のほか，再生債務者から当該事業を切り離すことによって，当該事業が譲受人の下で継続（再生）することが見込まれる場合を含む。

(2) 次に，株式会社である再生債務者が債務超過にある場合の事業譲渡手続の特則として，民事再生法43条がある。会社法上は，株式会社が事業の全部又は重要な一部の譲渡をするには株主総会の決議による承認が必要であるが（会社467条1項1号・2号），経済的に破綻した株式会社の株主は，その会社の経営に関心を失っているため，株主総会決議の成立が困難となる場合が多く，他方，債務超過会社の株主の株主権は実質的に価値を失っているのでこれを尊重する要請が低いといえる。そこで，民再法は，適切な時期に事業譲渡を行うことを可能にするため，株式会社である再生債務者が債務超過であり，事業譲渡が事業の継続のために必要である場合には，裁判所が，株主総会の決議による承認に代わる許可（代替許可）を与えることにした（43条1項）。代替許可の決定に対して，株主は，即時抗告をすることができる（同条6項。東京高決平成16年6月17日金法1719号51頁を参照）。

民事再生法42条の許可と43条の許可とは，趣旨を異にするものであり，一方の許可があったからといって，他方の許可が不要になるものではない。

[Ⅳ] 他の手続に対する効果

1 再生債務者の財産関係に関する訴訟手続

上述のように，民事再生手続開始後も，再生債務者はその財産につき管理処分する権利を失わない（38条1項）。ただし，管理命令が発令された場合

は，管理処分権は管財人に専属する（64条1項）。したがって，再生手続開始決定の時点で，再生債務者を当事者とする再生債務者の財産関係につき訴訟手続が係属していても，再生債権に関しないものは，中断しない。再生債務者は管理処分権を失わない以上，当事者適格を失うこともないからである。ただし，管理命令が発令された場合には，中断し（67条2項），管財人又は相手方が受継することができる（同条3項）。当事者適格が，再生債務者から管財人に移転するからである。

なお，再生債務者が自然人である場合の人事訴訟や，再生債務者が会社である場合の設立，合併，分割等の無効の訴え（会社828条各号），株主総会決議取消しの訴え（会社831条）等の会社の存立や組織的活動自体の規律に関わる訴訟は，管理命令の発令の有無を問わず，再生手続の開始によっては中断しないと解すべきである。このような訴訟の当事者適格は，再生債務者財産の管理処分権とは無関係だからである。

2　再生債権に関する民事手続
(1)　再生債権に関する訴訟手続

①　再生債権については，民事再生において，簡易・迅速な確定手続が設けられている。すなわち，再生債権が届け出られると（94条以下），調査と確定の手続が進められ（99条以下），再生債権が確定し，再生債権者表にその旨が記載されれば，その記載は再生債権者の全員に対し，確定判決と同一の効力を有する（104条3項）。したがって，再生債権の存否に関する紛争は，まずこの手続により解決されるべきである。また，再生債権への弁済等禁止の原則も存在する（Ⅱを参照）。

そこで，再生手続開始決定があると，再生債務者の財産関係の訴訟手続のうち再生債権に関するものは中断するものとされる（40条1項）。ただし，一般優先債権（122条）に基づく訴訟は中断しない。一般優先債権は，民事再生手続に服さないからである。

②　中断した訴訟に係る債権が再生手続で届け出られ，その内容について争いがない場合には，その再生債権は確定し（104条），再生債権者表への記載により確定判決と同一の効力が生じるので（104条3項），中断していた訴

訟は終了する（訴訟終了宣言で処理すべきであると解する。）。

③　中断した訴訟に係る債権が再生手続に届け出られ，その内容について争いがある場合（再生債務者等が認めず，又は，届出再生債権者が異議を述べた場合。105条1項参照）には，その内容の確定を求めようとする再生債権者は，異議者等の全員を相手方として，訴訟手続の受継の申立てをする必要がある（107条1項）。なお，再生手続開始時に訴訟が係属している場合は，再生債権査定の手続には入らない（105条1項ただし書・107条1項）。係属中の訴訟手続により紛争を解決した方が，訴訟経済に適うからである。

(2)　**債権者代位訴訟・債権者取消訴訟・否認訴訟**

再生債権者が提起した債権者代位訴訟や債権者取消訴訟，破産法による否認の訴訟が係属中に再生手続開始決定がされた場合には，その訴訟手続は中断する（40条の2第1項）。①債権者代位権や債権者取消権は再生債権の効力に基づいている。そして，再生債権の自由な行使が認められない以上，再生債権者によるこれらの権限の行使も認められるべきではない。また，②債権者取消権や破産法上の否認権は，民事再生手続では，民事再生法上の否認権として行使されなければならない。これが，中断することとされた理由である。

再生債権者が提起し中断した債権者代位訴訟，破産管財人が提起し中断した否認訴訟については，再生債務者が権利を行使するために，これを受け継ぐことができる（同条2項。民訴124条1項参照）。再生債権者の提起していた債権者取消訴訟は，否認権限を有する監督委員又は管財人においてこれを受継することができる（民再140条1項前段）。相手方も受継の申立てができる（同項後段）。

いわゆる転用型の債権者代位訴訟の場合には問題であり，対抗要件を有する不動産賃借人が賃貸人である不動産所有者（再生債務者）に代位して提起していた所有権に基づく妨害排除請求訴訟については，賃借権が共益債権として扱われることから，中断・受継は生じないと解すべきである。

(3)　**強制執行等の禁止・中止**

再生手続開始決定がなされると，①再生債権に基づく強制執行，仮差押え，仮処分，②再生債権を被担保債権とする留置権（商事留置権を除く。）によ

る競売，そして，③財産開示手続は禁止され，既に開始されている強制執行等の手続（以下①及び②を「強制執行等」という。），財産開示手続は中止される（39条1項）。これは，再生債権者への弁済等禁止原則の手続法的反映である。

しかし，裁判所は，再生に支障を来さないと認めるときは，再生債務者等の申立て又は職権で，再生手続開始決定により中止した再生債権に基づく強制執行等の手続の続行を命ずることができる（39条2項）。中止した手続を再生債務者が利用することを可能ならしめる趣旨である（続行されるのが強制執行であれば，換価までは進むが，配当手続はなされず，換価金は再生債務者に交付される。）。

3 他の倒産処理手続

再生手続開始の決定があったときには，破産手続は中止し，特別清算手続はその効力を失う（39条1項）。また，破産手続開始，再生手続開始又は特別清算開始の各申立てはできない（同項）。これに対し，会社更生手続は，再生手続開始決定後も開始が妨げられず，かえって，会社更生手続開始決定によって再生手続が中止するという関係にある（会更50条1項。会更24条1項1号も参照）。

［V］ 倒産解除特約

AとBの間の契約に，Aにつき倒産処理手続開始の申立て，あるいは倒産処理手続の開始があった場合には，当該契約は解除される，あるいは解除することができる旨の特約が，なされることがある。これを倒産解除特約という。倒産解除特約は，倒産処理法の規定の潜脱となる場合があるので，その効力が問題とされる。

この問題のリーディング・ケースは，旧会社更生法下の最判昭和57年3月30日（民集36巻3号484頁）である。機械の所有権留保つき売買につき，「買主たる株式会社に更生手続開始の申立の原因となるべき事実が生じたことを売買契約解除の事由とする旨の特約は，債権者，株主その他の利害関係人の利害を調整しつつ窮境にある株式会社の事業の維持更生を図ろうとする会社更

生手続の趣旨，目的（会社更生法1条参照）を害するものであるから，その効力を肯認しえない」として，解除を認めなかった。さらに，最判平成20年12月16日（民集62巻10号2561頁）は，再生手続において，ユーザーについての再生手続開始申立てをリース契約の解除事由とする特約が，民事再生手続の趣旨，目的に反し，無効である旨判示している。

　倒産実体法においても私的自治が尊重されなければならないが，倒産実体法の「公序」に反する合意は倒産処理手続においてその効力を否定されると解すべきである。このようなルールによれば，倒産解除条項は，原則としてその効力を認められるが，倒産法上の強行規定あるいはそのような規定の趣旨に反する場合に限り，例外的にその効力を否定されることになろう。

　したがって，ある倒産解除特約を無効とするためには，その特約はどのような強行規定・強行規定の趣旨に反するのかが明確にされなければならない。また，それと同時に，倒産法における強行規定あるいは公序とは何かという問題も，検討されねばならないと思われる。「賃借人に倒産処理手続開始の申立てがあった場合，賃貸人は何ら催告なしに賃貸借契約を解除できる」旨の特約を例にとれば，民再法49条の再生債務者等の解除権は民再法の公序を構成しているので，これを潜脱する当該特約は民再法上無効であると解すべきである，と考えることになろう。

　倒産解除特約は多種多様であるが，このようなアプローチでそれぞれの効力を判断すべきである。

【中西　正】

■参考文献
山本和彦＝中西正＝笠井正俊＝沖野眞已＝水元宏典『倒産法概説［第2版］』145頁，239頁以下（弘文堂，2010）
兼子一＝三ケ月章『条解会社更生法・中』380頁以下（弘文堂，1987）
伊藤眞編集代表『民事再生法逐条研究　解釈と運用（ジュリスト増刊号）』80頁以下（有斐閣，2002）
園尾隆司ほか編『条解民事再生法［第2版］』38条ないし45条，85条（弘文堂，2007）
全国倒産処理弁護士ネットワーク編『新注釈民事再生法・上［第2版］』38条ないし45条，85条（金融財政事情研究会，2010）

福永有利ほか編『詳解民事再生法［第2版］』232頁以下（民事法研究会，2009）
山本和彦ほか『Q&A民事再生法［第2版］』112頁以下（有斐閣，2006）
西謙二＝中山孝雄編『破産・民事再生の実務・下［新版］』114頁以下（金融財政事情研究会，2009）
木内道祥監修『民事再生実践マニュアル』140頁以下，152頁以下（青林書院，2010）
稲田正毅「契約自由の原則と倒産法における限界」銀行法務21第724号32頁以下

25 再生手続開始後再生債務者が行うべき事項

再生手続開始後再生債務者が行うべき事項とは何か。

解説

[I] 再生手続開始後の再生債務者の地位及び権限

1 再生手続の機関としての再生債務者

　再生債務者は，開始決定後は原則として再生手続を中心となって遂行する機関としての地位に立つ。再生債務者は，再生手続が開始された後も，その業務を遂行し，又はその財産を管理し，若しくは処分する権利を失わないが（38条1項参照），再生手続開始前は，自らに帰属する実体法上の権利義務の主体として業務遂行権や財産管理処分権を行使するのに対して，再生手続開始後は，再生手続の機関としてこれらの権限を行使することになる。したがって，再生手続が開始された場合には，再生債務者は，債権者に対し公平かつ誠実に，業務遂行権と財産管理処分権を行使しなければならない（38条2項）。民事再生法第3章「再生手続の機関」において規定されているのは，「監督委員」「調査委員」「管財人」「保全管理人」であり「再生債務者」が再生手続の機関であるとの規定は存在しないが，再生手続はDIP型が原則であり，再生手続が開始された場合には，再生債務者は再生手続を追行する義務を負うのであるから（38条2項），再生債務者も再生手続における機関であるといえる。

2 再生手続の機関としての再生債務者の権限の制限

　再生手続開始後は，再生債務者は再生手続の機関としての権限を行使するのであるから，再生手続開始前の自らに帰属する実体法上の権利義務の主体

として行使するようにその権限を自由に行使できるわけではない。その行使には一定の制約が課せられる。

(1) 裁判所の許可を要する行為の指定 (41条)

再生債務者の重要な業務遂行や財産の処分をする場合には，再生債務者の再生手続開始後の業務遂行権や財産管理処分権に一定の制約を課し，裁判所の許可を得なければできないようにすることができる。

裁判所の要許可事項とされた行為について，許可を得ないでした行為は無効とされる。

これは，再生債務者の事業又は経済生活の再生が図れない場合に，再生債権者に対する弁済原資が逸失しないようにするためである。

実務の運用では，ほとんどの場合監督委員が選任されており，監督命令の中に，本条記載の裁判所の要許可事項とすることができる事項を監督委員の要同意事項として指定しており (54条2項)，別途裁判所の許可を必要としない扱いとしている。

要許可事項とすることができるとしているのは，再生債務者の財産の処分，財産の譲受け，借財，権利の放棄，別除権の目的である財産の受戻し等である。

(2) 監督委員による監督 (54条)

裁判所は，必要があると認めるときは，監督委員による監督を命ずることができる。再生手続は，DIP型を原則とし開始決定後は機関としての再生債務者が中心となって手続を遂行していく建て付けであるが，再生債務者が適切に機関としての権限を行使し手続を遂行していけるかどうか不安もあるため，監督委員を選任し後見的に再生債務者を監督し補助できるようにしたものである。前述のように，実務の運用ではほとんどの場合に監督委員が選任されている。

監督命令を出す場合には，監督委員を選任しその同意を得なければならない行為を指定しなければならず，前述のように法41条の裁判所の要許可行為とすることができるとされる重要な業務遂行や財産の処分について同意事項として指定されている。また，監督命令の中で，再生債務者に対し業務及び財産の管理状況についての月次報告書を裁判所及び監督委員に提出するよう

指示するのが通常である。再生債務者は，監督委員から主に同意事項として指定された行為の同意や月次報告書の提出により監督を受けるが，手続開始前の原材料の仕入れ等の事業継続に欠くことのできない行為による相手方の請求権の共益債権化の承認（120条2項），再生債務者からの業務及び財産に関する報告及び検査（59条），否認権限の付与を受けた場合の否認権の行使（56条），提出した再生計画案についての適法性及び履行可能性についてのチェック，債権者集会への出席と意見陳述（規則49条），再生計画の遂行の監督（186条2項）等により監督を受ける。

(3) **調査委員による調査**（62条）

裁判所は，必要があると認めるときは調査委員による調査を命じることができるとされている。調査委員を選任する場合は，調査委員が調査すべき事項及び調査結果の報告をすべき期間を定めなければならない。調査委員は，あくまで特定の事項について調査するものであって，管財人や監督委員と違って再生債務者の業務遂行や財産管理処分に関わるものではない。調査委員は，調査目的の範囲内で再生債務者の業務及び財産の状況について報告を求め，帳簿等を検査することができるので，再生債務者は求められたときはこれに応じなければならない。

(4) **管財人による管理**（64条）

裁判所は，再生債務者の財産の管理又は処分が失当であるとき，その他再生債務者の事業の再生のために特に必要があると認めるときは，再生債務者の業務及び財産に関し，管財人による管理を命ずる処分をすることができる。再生手続はDIP型が原則であり，再生債務者が業務遂行権や財産管理処分権を維持しながら，再生手続の機関として再生手続を中心となって遂行していくが，再生債務者が再生手続の機関としての役割を果たせないのであれば，再生債務者から業務遂行権及び財産管理処分権を剥奪して，裁判所の選任する管財人の下で再生手続を遂行していくこととなる。

3 再生手続の機関としての再生債務者の権限の拡張

他方，再生手続の機関としての再生債務者の権限は，再生手続開始前の自らに帰属する実体法上の権利義務の主体としての権限より拡張されている部

分もある。例えば，双務契約において再生債務者及びその相手方が再生手続開始時において共にまだその履行を完了していないときは，再生債務者に解除をするか，履行を請求するかの選択権が与えられている（49条）。これは，再生手続が，再生債務者の事業又は経済生活の再生を図ることを目的としているため（1条），その目的遂行の必要性からである。

再生債務者は，以上のような地位と権限に基づき，開始決定後は以下のようなことを行わなければならない。

［Ⅱ］ 債権者宛の通知

再生債務者は，再生手続が開始後，まず再生債権者宛に，①再生手続開始決定通知書，②再生債権届出書，③再生債権届出に関する説明書，④再生債務者及び申立代理人名の再生手続開始決定挨拶文等を発送して，再生手続が開始になったことを知らせる。

再生手続開始決定通知書は，裁判所は，知れている再生債権者に対し，再生手続開始決定の主文及び再生債権の届出期間並びに再生債権の調査期間を通知しなければならないと定められているところ（34条3項），裁判所からの指示により再生債務者が代わって通知を行うものである。再生手続開始決定通知書には，上記以外に再生計画案の提出期限，監督委員の住所及び氏名も記載されるのが通常である。

再生債権届出書等の送付は，再生債権者の便宜のために再生債務者が行うものである。再生債権者は，再生手続が開始されれば原則として再生計画の定めるところによらなければ弁済を受けることができず（85条1項），個別的権利行使は禁止される。再生債権者は，その有する再生債権をもって再生手続に参加することができるが（86条1項），消極的に待っていればよいのではなく，再生手続に参加しようとする再生債権者は，債権届出期間内に，各債権について，その内容及び原因，約定劣後再生債権であるときはその旨，議決権の額その他最高裁判所規則で定める事項を裁判所に届け出なければならない（94条1項）。再生債権者が，債権届出期間内に適宜遺漏なく債権届出ができるように，再生債権者の便宜上再生債権届出書及び記入方法を説明した

ものを送付する。

　再生債務者及び申立代理人名の挨拶文は，もちろん法定のものではないが，再生手続の遂行者として再生債権者へ手続が開始されたことを知らせるとともに，公平誠実に手続を遂行することの約束と再生手続に協力をしてもらうようお願いするのが一般的である。

［Ⅲ］　営業等の譲渡

　再生手続開始後は，再生債務者は，裁判所の許可を得て，その営業又は事業の全部又は重要な一部の譲渡を行うことができる。再生手続開始の申立てを行うと，再生債務者の信用は失墜しており，取引先の債務の支払を停止するため従前どおりの取引が困難となり，顧客も離れていくことにより，事業価値の急激な低下を招く可能性がある。したがって，事業を維持存続させるためには，早急にスポンサーを見つけてスポンサーないしその関連会社等に営業等の譲渡等の方法により事業価値を維持しなければならない場合も多々存在する。そこで，開始後であれば事業の再生のために必要であると認める場合には裁判所の許可を得て営業等の譲渡ができることとした（42条）。

　「事業の再生のために必要であると認められる場合」とは，再生債務者による事業の再生も不可能ではないものの営業等の譲渡をしたほうが事業の再生がより確実で，債権者・従業員等の利害関係者にとっても利益であるような場合をいう。

　裁判所が，営業等の譲渡の許可をするためには知れたる再生債権者の意見を聞かなければならない（42条2項）。また，労働組合等の意見も聞かなければならない。営業等の譲渡をどのようなスポンサーに，いくらの価格で譲渡するかは，再生債権者や従業員にとって重大な影響を及ぼすからである。特に，営業等の譲渡先の選定が公正に行われたか譲渡代金その他の譲渡条件が相当であるかについては慎重な配慮を要する。営業等の譲渡の許可については，譲受人の選定過程の公正さ，譲渡代金や譲渡条件の相当性なども斟酌して判断されるべきであるとされる（東京高決平成16年6月17日金法1719号51頁）。再生債務者は，営業等の譲渡先の選定の公正性と譲渡代金その他の譲渡条件

の相当性について，再生債権者に充分な説明をしなければならない。裁判所の再生債権者からの意見聴取集会に先立って，再生債務者が営業等の譲渡に関する説明会を任意で開催し，資料を配布して充分な説明をし，その説明会での再生債権者の意見等を報告書にして裁判所に提出するような実務上の運用がなされている。

　株式会社である場合には，事業の譲渡を行うためには株主総会の特別決議が必要である（会社467条1項・309条2項）。しかし，経済的に破綻して再生手続開始の申立てをした株式会社の株主は既に経営に関心を失い特別決議の可決要件を満たすことが困難な場合が多いこと，事業価値の急激な劣化を避けるため事業の譲渡は迅速性が要求されること，既に債務超過に陥っている株式会社であればその株主権は実質的価値を失っていると考えられることから，株式会社である再生債務者が債務超過に陥っており，事業の全部の譲渡又は事業の重要な一部の譲渡が事業の継続のために必要である場合には，裁判所の代替許可を得れば事業譲渡ができることとした（43条）。「事業の継続のために必要である場合」とは，株主総会の特別決議を省略することを正当化できるような事情であるから，事業の譲渡をしないと当該事業が遅かれ早かれ廃業に追い込まれるような事情がある場合や，当該事業の資産的価値が著しく減少する可能性がある場合に限ると解されている（前掲東京高決平成16年6月17日）。

　再生債務者は，事業価値の劣化が甚だしく，事業の再生を図るために必要であると思われる場合は，自らの業務遂行権や財産管理処分権に固執することなく，再生債権者や従業員等の利害関係者のために，営業等の譲渡による再生の途も早急に模索しなければならない。

［Ⅳ］　裁判所への報告書の提出（125条）

　再生債務者は，再生手続開始後遅滞なく，次の事項を記載した報告書を，裁判所に提出しなければならない（125条1項）。
　① 再生手続開始に至った事情
　② 再生債務者の業務及び財産に関する経過及び現状

③ 法人である再生債務者について再生債務者の役員の責任に基づく損害賠償請求権につき役員の財産に対する保全処分又は査定の裁判を必要とする事情の有無
④ その他再生手続に関し必要な事項

再生債務者が適切に再生手続を遂行し，裁判所がこれを適切に監督できるようにするためには，再生債務者に上記のような情報を正確に遅滞なく裁判所に報告させなければならない。また，再生債権者は，再生手続開始後は法律上当然に個別的権利行使が禁止され，再生計画の定めるところにより弁済を受けるしかなくなり（85条），再生計画においても再生債権の大幅なカットを求められるのが通常であるが，そのような立場におかれた再生債権者からすれば，上記のような情報を知りえなければ到底再生手続に協力することはできないであろう。125条報告書は，原則として利害関係人による閲覧・謄写が可能であり，再生債権者への情報開示のためにも必要である。

東京地方裁判所民事20部の標準スケジュールでは，申立日から2か月で提出することとされている。

［Ⅴ］ 財産の価額の評定

再生債務者は，再生手続開始後遅滞なく，再生債務者に属する一切の財産につき再生手続開始の時における価額を評価しなければならない（124条1項）。また，再生債務者は，財産評定が完了したときは，直ちに再生手続開始の時における財産目録及び貸借対照表を作成し，これらを裁判所に提出しなければならない（124条2項）。東京地方裁判所民事20部の標準スケジュールでは，申立日から2か月で前述の125条報告書と同時に提出することとされている。

再建型の倒産処理手続である民事再生手続及び会社更生手続においては，観念的には債務者の経済的主体を更新して新たな経済的主体として再スタートを切ることになるが，古い経済的主体は清算型の倒産処理手続である破産手続と同様に清算することになる。新しい経済的主体として再スタートを切るためには，PL（損益計算書）の改善はもちろんであるが，BS（貸借対照表）

の改善が不可欠であり，古い経済的主体を観念的に清算して資産と負債が見合う状態（実態債務超過を解消ないし解消できる状態）で再スタートを切らなければならない。そのためには，再生債務者のBSの状態，すなわち資産と負債の状態を再度精査する必要がある。資産の再評価手続が財産評定であり，負債の再評価手続が債権届出・調査・確定である。

　財産の価額の評定においては，財産を処分するものとしてしなければならないが，必要がある場合には，併せて再生債務者の事業を継続するものとして評定することができるとされている（規則56条1項）。この点，会社更生手続においては，財産評定は更生手続開始の時における時価によるものとするとされている（会更83条2項）。旧会社更生法では，財産評定は更生手続開始の時における事業継続価値（ゴーイングコンサーンバリュー）によるとされていた（旧会更177条2項）が，現会社更生法における財産評定は更生手続開始の時における時価によるものとするとされている（会更83条2項）。更生手続における「時価」の概念は必ずしも明らかではないが，当時不動産の高騰等により企業収益を基礎とする事業継続価値よりも資産売却を前提とした処分価値の方が高い場合があり，事業継続価値で評価した場合に更生担保権者の権利を不当に侵害するという不都合な状態が生じていたことからこのような改正が行われたものである。そうだとすると時価という概念は少なくとも処分価値を下回らない概念であるといえる。その意味では，再建型の倒産処理手続である民事再生手続も会社更生手続も最低限処分価値では評価しなければならず，債権者への最低限の弁済として清算価値は保障しなければならないということになる（174条2項4号，清算価値保障原則）。

　しかし，再建型の倒産処理手続である民事再生手続も会社更生手続も清算価値さえ保障すればよいのかといえばそうではないであろう。民事再生法の目的が「当該債務者とその債権者との間の民事上の権利関係を適切に調整し，もって当該債務者の事業又は経済生活の再生を図ること」（1条）にあり，会社更生法の目的が「債権者，株主その他の利害関係人の利害を適切に調整し，もって当該株式会社の事業の維持更生を図ること」（会更1条）にあることからすれば，再建型の倒産手続における将来収益の全てが債務者に帰属すると考えるべきではなく，相当額は債権者にも配分すべきであり，その

意味で民事再生手続においてもその指標とするため，必要がある場合には併せて再生債務者の事業を継続するものとして評定することができるとされている。

[Ⅵ] 再生債権の調査・確定

　前述のように，新しい経済的主体として再スタートを切るためには古い経済的主体の観念的清算をして，資産と負債が見合った状態でスタートしなければならない。そのためには，再生手続開始の時における負債の内容及び額が，簿外負債も含めて確定しなければならない。

　再生債権については，再生手続開始後は，原則として再生計画の定めるところによらなければ，弁済をし，弁済を受け，その他これを消滅させる行為をすることができず（85条），再生債権者は，その有する再生債権をもって再生手続に参加することができるが（86条），再生手続に参加しようとする再生債権者は債権届出期間内に各債権についてその内容及び原因等を裁判所に届け出なければならず（94条），再生計画認可の決定が確定したときは，再生計画の定め又はこの法律の規定によって認められた権利を除き，再生債務者はすべての再生債権についてその責任を免れる（178条）。

　再生債務者は，再生債権者が再生債権の届出ができるように，裁判所が行うべき知れたる債権者へ債権届出期間の通知（39条3項）や債権届出書及び説明書の送付を事実上行い，再生債権者が債権の届出を行いやすいようにしなければならない。債権届出期間が経過すれば，債権届出期間内に届出があった再生債権について，その内容及び議決権についての認否を記載した認否書を作成しなければならない（101条1項）。また，届出がなされていない再生債権があることを知っている場合には，当該再生債権について，自認する内容等を認否書に記載しなければならない（101条3項）。

　再生債権の調査において，再生債務者が認め，かつ，調査期間内に届出再生債権者の異議がなかったときは，その再生債権の内容又は議決権の額は確定する（104条1項）。裁判所書記官が，再生債権の調査結果を再生債権者表に記載すれば，その記載は再生債権者の全員に対して確定判決と同一の効力

を有する（104条2項・3項）。再生債権の調査において，再生債権の内容について再生債務者が認めなかった場合には，当該再生債権を有する再生債権者は調査期間の末日から1か月の不変期間内に，その内容の確定のために再生債務者に対して裁判所に査定の申立てをすることができ（105条），査定の裁判に異議がある場合は異議の申立てをすることができるから（106条），再生債務者はこれらの裁判について訴訟追行しなければならない。

[Ⅶ] 再生計画案の作成提出と別除権協定

再生債務者は，財産評定と債権届出・調査・確定が終了して再生手続開始の時のBSが確定すれば，今後のPL計画を中心とする事業計画を策定しなければならない。PLの改善が必要であればその改善計画と実行プランを策定しなければならない。

その上で，再生計画案の提出期限内に再生計画案を作成して裁判所に提出しなければならない（163条）。再生計画案は，再生債権の権利変更と権利変更後の再生債権の弁済計画が中心となるが（154条以下），弁済原資の主なものは遊休資産の売却金，改善されたPL計画における税引き後利益を中心とする将来の再生債務者のフリーキャッシュフロー，増資資金，減価償却費の一部等であり，弁済原資がいくら捻出できるかを計算するために実行可能な事業計画を何度もシミュレーションする必要がある。資産に見合う負債についての弁済原資が捻出できるのかどうかシミュレーションを行い，少なくとも清算価値も保障できないということであれば再生計画案は作成できず再生手続は廃止になるし（191条），再生計画案を作成しても履行される見込みのないものであれば可決されたとしても不認可となるから（174条2項2号），破産手続に移行せざるを得なくなる。

なお，再生計画について履行の見込みがあるか否かは，別除権者との間で別除権協定を締結できるかどうか，その別除権協定の内容が履行できるかどうかと深く関係する。別除権者は原則として再生手続に拘束されることなく担保権の実行が可能であるから（53条2項），事業の遂行に必要な資産に担保権を設定している担保権者から担保権の実行がなされるようであれば事業計

画及び更生計画の遂行はできないからである。事業計画の策定及び再生計画案の作成と合わせて，別除権者との協定の締結作業を行わなければならない。

[Ⅷ] 再生計画案の可決を得るための再生債権者への説明と同意の取付け

　再生債務者は，再生計画案を提出して付議決定を受ければ（169条），再生計画案の決議に向けて再生債権者の法定多数の同意が得られるように再生債権者に対する説明及び説得をしなければならない。再生計画案を可決するには，議決権者の過半数の同意と議決権者の議決権の総額の2分の1以上の議決権を有する者の同意を得なければならない（172条の3）。

　再生債務者は，再生計画案の付議決定がなされれば，再生計画案説明のための債権者説明会を開催し，その後再生債権者の説得のための役割分担をして個別に同意のお願いをし，レター・葉書・電話・ホームページへの掲載等を通じて法定多数の同意を取り付けるべく活動をしなければならない。

[Ⅸ] 再生計画の遂行と再生手続の終結

　再生計画案が可決され，認可決定が確定すれば，再生債務者はすみやかに再生計画を遂行しなければならない（186条）。再生計画が遂行されたか又は再生計画認可決定が確定した後3年を経過したときは，再生債務者は裁判所に対して再生手続終結の申立てをする（188条2項）。

　再生手続が終結しても，再生計画の遂行が終わっていなければその後も誠実に再生計画を遂行しなければならない。

【綾　　克己】

26 双方未履行双務契約

民事再生法49条（双務契約）の趣旨は何か。同条をめぐる解釈論としてどのようなことが問題になっているか。請負，賃貸借，売買，雇用という典型的な契約についてどのようなことが問題になっているか。

解説

[I] 民事再生法49条（双務契約）の趣旨

1 規律の内容

本条は，①双務契約で，②再生手続開始時に双方が「共にまだその履行を完了していない」契約があるときは，再生債務者等に，③その契約を解除する権限，又は④「再生債務者の債務を履行して相手方の債務の履行を請求する」権限，を認めたものである。破産法（破53条）にも会社更生法（会更61条）にも規定されている重要な倒産実体法の一つである。

③の契約を解除する権限は，倒産法が創設した特別な解除権であり，その効果についても特別な規定が設けられている（49条5項，破54条）。再生債務者は，受けた反対給付が現存するときはその現物を返還しなければならず（取戻権の対象となる。），現存しないときはその価額を共益債権として最優先で支払わなければならない。履行を受けた反対給付の原状回復に手厚い保護が定められているのである。別図のパターンBは，再生債務者が履行選択すると，開始後だけの損得勘定では損になるパターンであるが（再生債務者の未履行部分＞相手方の未履行部分），このパターンでは解除選択しても，再生債務者が取戻権・共益債権として返還すべきもの（上の矢印の白い部分）が相手方から取り戻すもの（下の矢印の白い部分）より多くなり，やはり損になることが通常である[*1]。再生債務者が解除を選択する場合は，再生債務者が開始前

別図

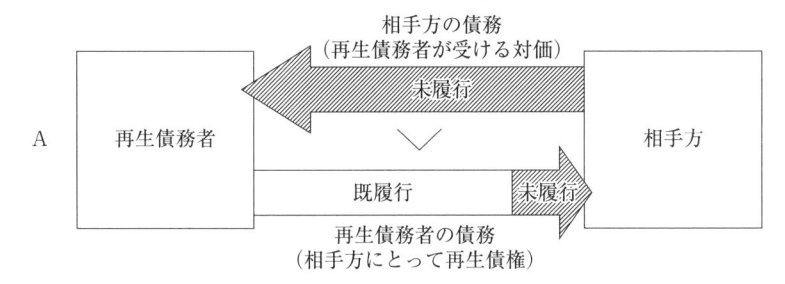

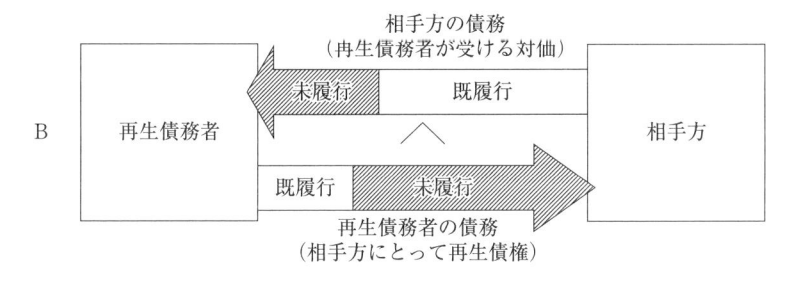

A
相手方の債務
（再生債務者が受ける対価）
未履行
再生債務者 ／＼ 相手方
既履行　未履行
再生債務者の債務
（相手方にとって再生債権）

B
相手方の債務
（再生債務者が受ける対価）
未履行　既履行
再生債務者 ／＼ 相手方
既履行　未履行
再生債務者の債務
（相手方にとって再生債権）

なお，矢印は債務の方向（役務・金銭が移動する方向）を示している。

に受けた反対給付が何であって，その原状回復義務が具体的にどうなるかを，事前に詳細に検討しておかなければ，不測の原状回復義務が取戻権又は共益債権として突然現れることになるので注意が必要である。なお，解除により相手方が受けた損害の賠償請求権は，開始後の再生債務者の行為により生じた債権で理屈としては共益債権になりうるものであるが（119条5号），再生債権と法定されている（49条5項）。再生手続を支援する趣旨である。

④は一般に「履行選択」と呼ばれている。再生債務者の債務は法律により債務弁済が禁止されているが（85条），双務契約の相手方の未履行債務を履行させることが，再生債務者による債務履行というマイナスを踏まえても，再生債務者（再生債権者の総体）の利益になるときには，その債務を履行してもよいという特別な権限を，再生債務者等に創設したものである。履行選択す

る場合は、相手方の再生債権は共益債権とする旨が本条4項で定められている。別図のパターンA（再生債務者の未履行部分＜相手方の未履行部分）が履行選択する場合の典型である（なおこのパターンの場合も、解除選択しても理論的には再生債務者に有利になる。（再生債務者が返還すべきもの＜相手方から取り戻すもの））。なお再生債務者等が履行選択した場合でも、相手方は、不安の抗弁権、開始前の債務不履行、倒産申立解除特約等を理由に当該契約を解除することができるか、後にけん連破産に移行した場合に破産管財人が解除選択できるか、などの論点も議論されている（伊藤眞＝岡正晶＝田原睦夫＝林道晴＝松下淳一＝森宏司『条解破産法』389頁以下（弘文堂、2010）参照）。

手続規制として、契約解除を裁判所の許可事項（又は監督委員の同意事項）とすることができる、相手方は再生債務者等に対しどちらを選択するか催告することができる（期間内に確答しないときは解除権を放棄したものとみなす。）等が定められている。

2　規律の趣旨

規律の趣旨をどのように理解するかにつき学説が相当に分かれている（詳細は、前掲・条解破産法383頁以下参照）。履行選択の際に再生債権を共益債権化することが趣旨であるとするもの、双方にとっての両すくみを解消させる選択権の創設が趣旨とするもの、再生債務者等に契約解除権を特別に認めるところに立法の狙いがあるとするもの、双務契約の内容が再生債務者等にとって不利な場合には履行選択を許さないことによって再生債権者全体の利益を保全することにあるとするものなどである。

判例（最判昭和62年11月26日民集41巻8号1585頁）は、破産法の事案であるが、「双務契約における双方の債務が、法律上及び経済上相互に関連性をもち、原則として互いに担保視しあっているものであることにかんがみ」……破産管財人に「選択権を認めることにより破産財団の利益を守ると同時に、破産管財人のした選択に対応した相手方の保護をはかる趣旨の双務契約に関する通則である」旨判示している。これは民事再生手続にも妥当する説明である。

[Ⅱ] 民事再生法49条（双務契約）をめぐる解釈問題

1 双務契約の外延

いわゆるフルペイアウト方式によるリース契約について，ユーザー（金銭債務者）に会社更生手続が開始された事案につき，リース契約は双方未履行双務契約にはあたらない，ユーザーがリース契約の存続を選択した場合でも，相手方のリース料請求権は共益債権にならず，更生債権（更生担保権付き）になるにとどまるとした最高裁判決がある（最判平成7年4月14日民集49巻4号1063頁）。リース業者の，リース物件を倒産債務者（ユーザー）に使用させる各月の債務は，倒産債務者の各月のリース料支払債務とは対価関係になく，リース業者は，倒産債務者に対してリース料支払債務とけん連関係に立つ未履行債務を負担していないというのが理由である。リース契約は，リース業者の未履行債務が小さいにもかかわらず，倒産債務者の未履行債務（金銭債務）が大きく（別図パターンB参照），これが履行選択により全部共益債権になる事態は，衡平観念上容認しがたいことが実質的理由と思われる。

ただこの解釈は磐石なものではなく，現に伊藤眞教授は，リース契約も民事再生法49条の双方未履行双務契約にあたると主張される（伊藤・第2版683頁）。未履行の債務につき何ら限定を定めていない現行法の解釈論としては，伊藤説の方に説得力があると考える。しかし実務における生活の知恵として，判例のような解釈論が出てくるのは理解できる。判例法理を踏まえて，双方未履行双務契約の外延を画する何らかの立法措置を講ずることが妥当と考える。

なお会社更生の場合，リース契約が双方未履行双務契約にあたらないと解すれば，リース料債権が更生担保権となり，リース業者はリース料の不払いを理由として物件引上げをすることができなくなる（事業再生に資する）が，民事再生の場合は，リース契約が双方未履行双務契約にあたらないと解しても，リース業者は，リース料の不払いを理由に，原則として担保権を実行し（リース契約を解除し），物件を引き上げることができるので（最判平成20年12月16日民集62巻10号2561頁，岡正晶「判批」金法1876号（平成21年）44頁以下参照），会社

更生のようには倒産債務者に有利にならない。

リース契約と同様，担保的機能が主である所有権留保契約について，買主の会社更生手続において，双方未履行双務契約にはあたらないとした最高裁判決がある（最判昭和56年12月22日判時1032号59頁）。

2　解除権の制限

破産事件についてであるが，双方未履行双務契約にあたる場合であっても，契約を解除することによって相手方に著しく不公平な状況が生じるような場合には，破産管財人は契約解除権を行使することができないとした最高裁判決がある（最判平成12年2月29日民集54巻2号553頁）。相手方に著しく不公平な状況が生じるかどうかは，①双方が原状回復等としてなすべき給付内容の比較　②相手方の不利益が破産法54条によりどの程度回復されるか　③破産者の側の未履行債務が本質的・中核的なものか，それとも付随的なものにすぎないかなどの諸般の事情を総合的に考慮して決すべきとした。その上で年会費の定めのある預託金会員制ゴルフクラブの会員契約を，会員の破産管財人から解除することはできないとした。

民事再生でも同様の解釈論が妥当し，会員に民事再生手続が開始された場合，再生債務者側から民再法49条に基づき上記のゴルフクラブ会員契約を解除することはできないと解される。

この会員契約は，別図のパターンＡであり，再生債務者側の既履行部分（預託金の納付）が大きく，再生債務者は，契約解除しても，履行選択しても，開始後だけの損得勘定上プラスになるものである。再生債務者にとって有利であっても，相手方との関係で「著しく不公平な状況」が生じる場合には，契約解除権も制限されるという判例法理である。倒産債務者に契約解除権まで与えるのは立法論として行き過ぎであり，比較法的にも例外的であるという見解に親和的な判決である（前掲・条解破産法382頁以下参照）。

3　履行選択の有無に関する事実認定

条文上は「再生債務者の債務を履行して相手方の債務の履行を請求する」となっているが，自らの債務を共益債権として履行する明確な意思がないま

ま，相手方の債務の履行を求めた事案において，履行選択があったと評価しうるかという論点が，下級審で議論されている。

システムの構成機器売買契約（所有権留保・分割払い）において，売主が引渡後5年間，瑕疵物の交換修理義務・ソフトウェアの無償メンテナンス債務等の付随的債務を負っていた事案につき，再生債務者（買主・金銭債務者）が，開始後，売主に対し，機器やシステムの不具合等について問い合わせをするなどメンテナンス等の請求をし，売主がこれに応えていた事実及び再生債務者が売買代金の分割金の一部を売主に支払っていた事実（再生債務者は所有権留保特約に関する別除権協定締結までの一時的な支払と認識していた。）により，履行選択があった（黙示的に契約の存続を選択する旨の意思表示があれば足りる。）と判断した東京地裁判決がある（東京地判平成18年6月26日判タ1243号320頁。控訴審で和解）。

また橋脚工事の請負契約で完成物の引渡し前に注文者が「破産」した事案につき，注文者の破産管財人が，相手方（請負業者）に対し，竣工検査に立ち会うよう求め，その後工事目的物を自己の占有下に移した上，顧客に納入して代金を受領した場合は，「工事目的物の引渡という契約相手方の債務の履行を請求した上，その履行として工事目的物の占有を移転したと認められ」履行選択があったと解するのが相当とした東京地裁判決がある（東京地判平成12年2月24日金判1092号22頁）。破産者の債務を先履行する必要はなく，相手方の債務の履行を請求した以上，その後になって契約解除を選択することはできないというべきであると判示した。再生においても同様と解される。

この他，履行選択した場合に共益債権になる範囲，契約解除した場合に取戻権（共益債権）の対象となる範囲，等についても解釈問題が生じているが，III以降の各論で紹介する。

[III] 請負契約

1　請負人（役務提供者）の民事再生

当該請負契約の目的である仕事の性質上，破産管財人が債務の履行を選択する余地のないとき以外は，請負人破産の場合に，請負契約に旧破産法59条

(民事再生法49条に相当する条文)は適用されるとする最高裁判決がある(前掲最判昭和62年11月26日)。

　請負人が工事途中で本条に基づき契約解除した場合，①仕事を完成していない以上原則として既施行部分の出来高報酬の請求はできない，②しかし相手方たる注文者が既施行部分の引渡しを受けて残工事を完成させたような場合は，既施行部分の解除は許されない，既施行部分の報酬を支払う当事者の合理的意思があった，又は信義則の適用等により，出来高相当の報酬請求権を認めるのが相当である　③しかし残工事を第三者にさせたことによる費用が増大し，既施工部分を考慮してもなお注文者に損害が生じているような場合には，報酬請求権を認めるべき前提を欠いているので報酬請求は認められない，とした下級審判決がある(大阪地判平成17年1月26日判時1913号106頁)。③は，相手方(注文者)は，契約解除による損害賠償請求権(再生債権)を取得し，それを，開始前に生じた出来高報酬支払債務と相殺できるという趣旨であろう。

　請負人が，注文者から多めの前払金を受領している場合に，民再法49条に基づき契約解除し，上記②の出来高相当の報酬請求権を差し引いても残額が生じ，前払金返還債務を負ったとき(パターンB)，これは同条5項(破54条2項)により共益債権になると解される。ただし注文者の前払いは与信であり対価関係の保護を放棄したとみるべきなので，再生債権と扱うべきであるとの有力な反対説がある(新宅正人「公共工事請負人の破産」銀行法務21No691(平成20年)25頁以下，前掲条解破産法407頁参照)。

　請負人が履行選択したときに共益債権になる範囲については議論されていない。

2　注文者(金銭債務者)の民事再生

　注文者が破産したときは，民法で，相手方(請負人)から契約解除することが認められているが(民642条)，注文者に民事再生手続が開始されたときには，そのような定めはない。

　注文者が工事途中で本条に基づき契約解除した場合，注文者は，受けた反対給付を返還し，支払済み報酬があるときはその返還を受ける。なお既施行

部分は解除できないという見解（1の判決の②参照）に従えば，既施行部分の報酬相当額＞支払済み報酬の場合は，その差額の支払義務が再生債権となる（ただし既施行部分はみなし履行選択になると考えれば共益債権と解する余地がある。民事再生法には民法642条1項のような定めはない。）。既施行部分の報酬相当額＜支払済み報酬の場合は，注文者が過払い分の返還を受ける。

　注文者が履行を選択したとき，注文者の負う報酬支払債務は共益債権になる。当該契約に基づく報酬支払債務全部が（開始前の役務に対応する部分も含めて），共益債権になると解される。ただし，履行選択できるのは開始後の将来の役務部分に限られる等の理由により，開始後の役務に対応する報酬のみが共益債権になるとする見解・実務（日割り説と呼ばれる。）も有力である（前掲条解破産法395頁参照）。なお相手方の債務が継続的給付の義務にあたる場合は，民再法50条の規律（申立日の属する期間以降の報酬が共益債権になる。）に従う。

[Ⅳ] 賃貸借契約

1　賃貸人（役務提供者）の民事再生

　賃借人が賃借権につき第三者対抗要件を備えている場合には，民再法49条1項は適用されず，賃貸人側から，契約解除することができない（破56条，民再51条）。対抗力ある賃借権の財産性（譲渡性）に鑑み，解除により相手方に著しく不公平な状況が生じると考え，契約解除権を法律で制限したものである（Ⅱの2参照）。

　同条の適用がないので，賃貸人から履行選択することもできないが，賃貸借契約はそのまま存続することとなり，賃借人が有する請求権（使用収益を求める権利，修繕等請求権等）を共益債権とする定めがあるので（破56条，民再51条），結局は履行選択された状況と同じになる。民再開始前の原因に基づく修繕等請求権も共益債権になると解されるが（開始後発生分のみが共益債権になるとの見解もありえよう。），敷金返還請求権は賃貸借契約に基づく請求権ではないので，共益債権にならない（伊藤・第2版280頁）。

　民再開始前に，賃料が前払いされたり，将来賃料が譲渡されたりしていて

も，賃貸人は，その状態を原則として承継することとなる（民再開始後の賃料債務を受働債権とする賃借人側からの相殺については民再法92条参照。敷金返還請求権の権利変更の範囲については，西謙二＝中山孝雄編『破産・民事再生の実務（新版）（下）』134頁以下〔小河原寧〕（金融財政事情研究会，2008）参照。）。

2　賃借人（金銭債務者）の民事再生

賃借人が破産したときは，相手方（賃貸人）から契約解除できるとの民法の規定がかつてあったが，倒産実体法改正の際に削除された。

賃借人が本条に基づき契約を解除した場合，条文上，賃借人は受けた反対利益を返還するか，反対利益の価額を共益債権として支払わなければならない。しかしこれは相当でなく，賃借人は将来に向かって契約を解除できるだけと解される（Ⅲの1の判決の②参照）。解除の場合，民再開始後，物件明渡しまでの賃料等債務は，破産法148条1項8号のようなピンポイントの定めはないが，民再法119条5号の定めにより共益債権になると解される。民再開始前の賃料等は，日割り計算により再生債権になると解される（なお既履行部分は解除できず，みなし履行選択になると考えれば，共益債権と解する余地がある。）。なお賃貸借には民再法50条の適用はなく，月割計算にはならないと解される（伊藤・第2版278頁）。違約金の取扱いについては前掲・西ほか134頁以下参照。賃借人が賃貸人の同意を得て適法な転貸借をしていた場合は，賃借人による賃貸借契約解除により，転貸人たる地位が賃貸人に移転する（敷金返還債務も移転する。）と解する余地がある。

賃借人が履行を選択したとき，賃借人の負う賃料債務は共益債権になる。ここでも当該契約に基づく賃料債務全部が（開始前の役務に対応する部分も含めて），共益債権になると解される（伊藤・第2版278頁。民再法50条の適用はない。）。ただし，履行選択できるのは開始後の将来の役務部分に限られる等の理由により，開始後の役務に対応する賃料のみが共益債権になるとする見解・実務（日割り説と呼ばれる）も有力である（前掲・西ほか134頁）。

［V］　売　買　契　約

1　売主（目的物給付者）の民事再生

　売主が本条に基づき契約を解除した場合，売主は，受領済みの代金を共益債権として返還しなければならないが，目的物を取り戻すことができる。目的物の時価が契約締結時よりも高くなっている場合は，解除して転売したほうが再生債務者にとって有利である。相手方は，被った損害（時価－契約価額）につき再生債務者（売主）に賠償請求できるが，再生債権となる。解釈論としてはこうなるが，契約締結後の値上がり益を再生債務者に取り戻す権利まで認めることには立法論として疑問がある（Ⅱの2の最高裁判決，Ⅳの1の賃貸人の解除権の制限，条解破産法387頁等参照）。目的物が可分のときは引渡済み・費消済みの部分については解除できないとの解釈論もありうる（この場合に前受金の清算義務が生じた場合に共益債権か再生債権かの議論が生じうる。Ⅲの1参照）。

　売主が履行を選択したとき，売主の未履行債務（移転登記協力義務，引渡義務）は共益債権になる。その後に顕在化する瑕疵担保責任も共益債権になると考えられる。民再開始時にどちらかの債務が履行完了となっている場合には，その後に顕在化する瑕疵担保責任は再生債権となることとバランスを欠く感もあるが，本条の帰結である。

2　買主（金銭債務者）の民事再生

　買主が破産したときは，売主から契約解除できるとの民法の規定は，従前からなかった。ただ代金の支払がなければ，売主から契約を解除することができるのは，一般法理上当然のことである。

　買主が本条に基づき契約を解除した場合，買主は，受けた目的物を返還し，支払済代金があるときはその返還を受ける。ただ請負，賃貸借と同様に，目的物が可分のときは，受領済み・費消済みの部分については解除できない旨の議論がありうる。その解釈に従えば，解除できない部分の代金相当額≧支払済み代金の場合は，その差額の支払義務が再生債権となる（ただし

受領済み部分はみなし履行選択になると考えれば共益債権と解する余地がある。）。解除できない部分の代金相当額＜支払済み代金の場合は，買主が過払分の返還を受ける。なお売主が継続的給付の義務を負う場合は，契約解除のときであっても，民再法50条の適用を受け，申立ての日の属する期間内の給付にかかる対価が共益債権になるように読めるが，最近は，同条は履行選択のときの規律であり，解除選択の場合には適用されない（民再開始後の給付にかかる対価のみ共益債権になる）との見解・実務が有力である（前掲・西ほか編149頁〔松井洋〕）。

買主が履行を選択したとき，買主の負う代金支払債務は共益債権になる。当該契約に基づく代金支払債務全部が（開始前に引渡しを受けた部分も含めて），共益債権になると解される。ただし，売主が継続的給付の義務を負う場合は，民再法50条の適用を受ける。その場合は，申立日の属する期間以降の給付にかかる対価だけが共益債権となる[*2]。

[Ⅵ] 雇用契約

1 労働者（役務提供者）の民事再生

労働者（自然人）に再生手続が開始された場合，労働者は，本条に基づき契約を解除することができる。ただ既履行部分の解除を認める必要性はなく，将来に向かっての解除のみを認めるのが相当である。その場合，通常の退職申出と同じであり，本条に基づく解除を議論する実益はない。

相手方（使用者）が，労働者の民事再生利用を理由に，労働契約を解除（解雇）することは許されない（前掲・西ほか編143頁〔小河原寧〕参照）。

2 使用者（金銭債務者）の民事再生

使用者が破産したときは，労働者から契約解除（解約申入れ）することが認められているが（民631），使用者に民事再生手続が開始されたときに，そのような定めはない。

使用者が本条に基づき契約を解除する場合でも，労働契約法・労働基準法等の規律が優先するので，解雇権の濫用にあたるとき，解雇予告手当ての支

払がないときなどには，解雇の効力が生じない。解雇に関する労働協約も遵守しなければならない（民再49条3項）。解雇の効力が生じた場合は，民再開始後，契約終了までの給料支払債務は，民再法119条5号又は2号の定めにより共益債権になると解される。それ以前の債務は再生債権となるが（ただしその部分はみなし履行選択になると考えれば共益債権と解する余地がある。），一般の先取特権（民308条）が認められるので，優先債権と扱われる（民再122条）。退職金債権については，民再法119条2号又は5号により全額共益債権とする見解と，手続開始前の対価の後払いであることを重視して手続開始前に相当する部分は優先債権とする見解がある（前掲・西ほか編142頁〔小河原寧〕参照）。

　使用者が履行を選択したとき，使用者の負う給料等支払債務は共益債権になる。当該契約に基づく給料等支払債務全部が（開始前の労働にかかる部分も含めて），共益債権になると解される。ただし，ここでも履行選択できるのは開始後の将来の役務部分に限られる等の理由により，開始後の役務に対応する給料のみが共益債権になるとする見解・実務がある（前掲・西ほか編143頁）。なお，法50条の労働契約への適用は明文で除外されている（50条3項）。

【岡　　正晶】

* 1　実際上の諸問題（契約の履行と原状回復の違い，債務の内容，相手方の資力等）により，様々に変わってくるが，どのようなパターンの場合であっても（AでもBでも），履行選択か解除選択かで，開始後だけの損得勘定に大きな違いは生じないはずである。
* 2　履行選択したときに共益債権になる範囲は3パターンある。①開始前の給付等にかかる対価を含め当該契約に基づく対価全部の場合（原則），②手続開始後の給付等にかかる対価だけに限定される場合（日割り説），③申立日の属する期間以降の対価と少し拡大される場合（民再法50条適用対象契約），である。

27 賃貸借契約（及びライセンス契約）

民事再生手続上，賃貸借契約及びライセンス契約はどのように取り扱われるのか。賃貸人（ライセンサー），賃借人（ライセンシー）の民事再生の場合に分けて検討されたい。

解説

[I] 賃貸借契約について

1 はじめに―原則論

賃貸借契約は，当事者の一方が相手方に対して，物の使用及び収益をさせ，相手方がその対価として賃料を支払うことを目的とする双務契約であり，当事者のいずれかが契約期間中に民事再生手続開始となった場合には，民事再生法49条が適用されるのが原則である。そして再生債務者は，賃貸借契約を解除し，又はその債務を履行して，相手方の履行を請求することができる（49条1項）。その場合，相手方は，再生債務者に対し，相当の期間を定めて，その期間内に賃貸借契約を解除するか，又は債務を履行するかの確答を催告することができるが，再生債務者がその期間内に確答をしないときは，解除権を放棄し，すなわち履行を選択したものとみなされることとなる（49条2項）。

2 賃貸人の民事再生の場合
(1) 対抗要件を具備した賃借人に対する解除権行使の制限

前述1の原則論に従うと，賃貸人が民事再生を申し立てたときに，賃借人は自らの帰責事由なくして権利が失われ，生活や事業の基盤を失うおそれがある。特に不動産賃貸借の場合，対抗要件制度が設けられ，物権に準じた保

護が与えられていることから，この結論は妥当性を欠く。

そこで，平成16年破産法改正の際，賃貸人が破産した場合に，賃借人が当該賃貸借について登記，登録その他の第三者対抗要件を具備しているときは，破産法53条1項，2項の規定を適用除外とし，破産管財人には解除権を与えないことを明文で定めた（破56条1項）。そして民事再生手続においても，破産法56条の準用を認め，破産法53条1項及び2項は，民事再生法49条1項及び2項と読み替えられて，賃貸人である再生債務者による解除権が制限されることとなった（51条）。賃貸人の解除権が制限されると，再生債務者が常に履行を選択したのと同じ結果となり，賃貸人は，賃料を支払えば，賃借権が共益債権となって，引き続き物の使用・収益が可能となる（49条4項）。一方，賃借人が当該賃貸借について第三者対抗要件を具備していないときには，破産法56条の適用がないため，民事再生法49条1項及び2項の原則に従って，再生債務者である賃貸人が賃貸借契約の解除を選択できる。ここで，再生債務者が契約解除を選択すると，賃貸借契約は終了し，賃借人の損害賠償請求権は，再生債権として取り扱われることとなる（民再49条5項の準用する破産法54条）。

(2) 賃借人の賃料債務との相殺

民事再生手続では，再生債権者は，債権届出期間内に限り，再生手続によらないで相殺することができる（92条1項）とされているが，賃貸人が再生債務者である場合には，さらに賃借人による相殺権の特則が定められている。すなわち，再生債権者（賃借人）が再生債務者（賃貸人）に対して賃料債務を負担する場合には，再生債権者（賃借人）は，再生手続開始時における賃料の6か月分に相当する額を限度として，債権届出期間内に限り，相殺をすることができる（92条2項）。平成16年破産法改正時に，賃料債務を受働債権とする賃借人からの相殺については当期及び次期の分という制約がなくなったが，民事再生のような再建型倒産手続の場合，再生債務者（賃貸人）の事業再生と生活維持を図るためには，賃貸財産からの収益を確保することが必要であることから，再生手続開始時の賃料の6か月分と，総額を画したうえで，再生債務者（賃借人）による相殺権の行使を認めることとした。

ここで，再生手続開始前に将来の賃料債権が譲渡されていた場合の民事再

生法92条 2 項の適用が問題となるが，①すでに賃料債権が譲受人に移転しているときには，相殺制限をしなくとも再生債務者の事業等の再生には影響を及ぼすおそれがないこと，②同条項には「再生債権者が再生手続開始当時再生債務者に対して負担する債務」とあるとおり，再生手続開始時点で，再生債務者が債権を保有していることを想定していること，③将来の賃料債権の譲受人を通常の債権譲渡の場合以上に保護する必要性が乏しいことから，同条項の適用はなく，賃借人は制限なく相殺可能と解するのが相当とする説が有力である（小川秀樹ほか「座談会新しい破産法の実務と理論」NBL788号30頁参照）。

(3) 敷金返還請求権の共益債権化

賃借人の敷金返還請求権は，再生手続開始前の原因に基づく財産上の請求権として，本来再生債権となるべきものであるが（84条 1 項），民事再生法では，敷金返還請求権者である賃借人の保護を図ることで賃借人からの弁済期どおりの賃料支払を促し，再生債務者である賃貸人のキャッシュフローを確保するために，賃借人が手続開始後に弁済期の到来する賃料債務をその弁済期に弁済したときには，賃借人が有する敷金返還請求権を，手続開始時の賃料の 6 か月分に相当する額の範囲内で，共益債権として取り扱うこととしている（92条 3 項）。そして，賃借人が敷金返還請求権以外の別の債権を有し，これを自働債権として，賃料の 6 か月分の範囲内で賃料債務と相殺をするときには，賃料の 6 か月分相当額から，相殺により免れる賃料債務額を控除した額の範囲で，敷金返還請求権が共益債権化される（同項かっこ書）。

ここでも，将来債権である賃料債権が開始決定前に譲渡されていた場合や，抵当権に基づく物上代位として賃料が差し押さえられた場合にも，民事再生法92条 3 項の適用があるかという点が問題となるが，敷金返還請求権の共益債権化を認めて賃料支払を促しても，再生債務者である賃貸人に対するキャッシュフローへの貢献が見られないことから，その適用を否定すべきとの説が有力である。

(4) 敷金返還請求権の再生計画における権利変更の範囲

次に敷金返還請求権の再生計画における権利変更の範囲を巡っては，①敷金からの未払賃料等の当然充当を権利変更に先行させるか否か，②賃料支払等に伴う敷金返還請求権の共益債権化（92条 3 項）を権利変更に先行させる

か否か，また③当然充当にも敷金返還請求権の共益債権化の上限枠（賃料の6か月分）を当てはめるか否か，という論点の組合せにより，諸説が展開されている（事業再生研究機構編『民事再生の実務と理論』95頁以下〔蓑毛良和〕（商事法務，2010））。①の点につき，未払賃料等は先に当然充当され，その残額についてのみ権利変更されるとする説（当然充当先行説）は，(i)敷金は，賃貸借契約終了後，不動産明渡完了時に未払賃料等を控除し，なお残額がある場合に，その残額について具体的に発生する権利である（最判昭和48年2月2日民集27巻1号80頁）とする判例法理と，(ii)明渡し時期が再生計画認可決定確定前か後かで権利変更の態様を異にすべきでないとの実質的理由を根拠とする。一方，当初の敷金額を再生計画にて権利変更した上で，変更後の敷金額から未払賃料等を控除するという説（権利変更先行説）は，(i)賃料滞納が賃借人の経済的利益の増加をもたらす当然充当先行説の帰結の問題点を指摘したうえで，(ii)敷金返還請求権は，賃貸借契約終了前でも上記昭和48年最判が定めた条件付の権利として存在しうることを根拠とする（伊藤眞「民事再生手続における敷金返還請求権の取扱い」伊藤眞ほか編『青山善充先生古稀祝賀論文集 民事手続法学の新たな地平』（有斐閣，2009））。裁判実務上では当然充当先行説を支持しながら，いずれの説に立った計画案も許容するとしている（西謙二=中山孝雄編東京地裁破産再生実務研究会『破産・民事再生の実務 新版下』138頁〔小河原寧〕（金融財政事情研究会，2008））。②の点については，権利変更を先行させると，共益債権化により賃料支払を促そうとした民事再生法92条3項の趣旨が失われるとの理由から，共益債権化を先行させた上で権利変更させる説（共益債権化先行説）が有力である。また③の点については，当然充当と共益債権化の二重利用による敷金返還請求権者の優先回収を抑制するとの視点から，当然充当の上限額を賃料の6か月分にすべきとの有力説（山本和彦「倒産手続における敷金の取扱い（2・完）」NBL832号64頁以下（2006）））が唱えられているが，当然充当を民事再生法92条2項・3項の「相殺」に含めるとの解釈を，両者を峻別する判例法理（最判平成14年3月28日民集56巻3号689頁参照）と，いかに整合させるかという点が課題として残されている。

3 賃借人の民事再生の場合

(1) 賃貸人からの契約解除の可否

賃借人が民事再生を申し立てた場合，民事再生法には，賃借人が破産したときに賃貸人・破産管財人双方から賃貸借契約の解約申入れができることを定めた民法旧621条のような規定が設けられていないことから，原則である民事再生法49条1項の定めに従い，再生債務者である賃借人のみが賃貸借契約の解除又は履行の選択権を有し，賃貸人から契約解除をすることはできない。

しかし，民事再生手続開始前までに，賃借人に賃料不払等の債務不履行があり，契約上の約定解除原因や民法上の法定解除原因が発生しているときには，賃貸人は，手続開始後にこれを理由に契約を解除することが可能である。

(2) 倒産解除条項の有効性

賃貸借契約上，「賃貸人は，賃借人に支払停止や，民事再生等の法的倒産手続の申立てがあったときには，契約を解除できる。」旨の特約条項（倒産解除条項）が設けられていることがある。かかる民事再生申立てを解除原因とする特約は，再生計画に基づき債務者と全債権者間の民事上の権利関係を調整し，債務者の事業又は経済生活の再生を図るという民事再生手続の趣旨，目的に反するものとして無効と解される（最判平成20年12月16日民集62巻10号2561頁参照）。

(3) 賃料債権等の取扱い

物を使用・収益させるという賃貸人の義務と賃借人の賃料支払債務とは，給付ごとに独立の対価的価値をもって可分であることから，再生手続開始前の賃料債権は，賃貸借契約が継続されても解除されても，再生手続開始前の給付に基づいて生じた再生債権とされる（通説，84条1項）。（その場合でも，不動産賃貸先取特権が成立する範囲で，別除権付債権として取り扱われる（民311条1号・312条，民再53条1項）。）一方，賃貸借契約を継続した場合の開始決定後の賃料債権は，民事再生法49条4項により共益債権となる。また，賃貸借契約を解除した場合，開始決定後契約終了までの賃料債権は民事再生法119条2号により，契約終了後明渡しまでの賃料相当損害金は同条6号（不当利得）によ

り，それぞれ共益債権とされる。賃貸借契約終了時の原状回復請求権については，再生手続開始前に賃貸借契約が終了していたときは再生債権になる（84条1項）が，開始後に賃貸借契約が終了する場合には，共益債権となるとされている。もっとも，原状回復請求権を共益債権とすると，再生債務者の事業や生活の再生に支障を来すことに鑑み，開始前の原状変更に対する原状回復請求権については，開始前の原因に基づいて発生したものとして再生債権となるとする見解も示されている。

(4) 違約金特約に基づく損害賠償請求の可否

賃貸借契約中に，再生債務者である賃借人が契約を期間内解約するときには一定の違約金を支払う旨の特約がある場合，当該違約金は，契約解除に基づく損害賠償額の予定として再生債権とされる（49条5項・1項，破54条1項，なお，民事再生法49条1項による解除の場合には，当該特約の効果は及ばないとする見解もある）。しかし，民事再生法49条1項による解除に基づく損害賠償債権は，賃貸人が再生手続開始後に取得した再生債権として，賃借人である再生債務者に対する債務と相殺できない（93条の2第1項1号）とするのが多数説である。この場合であっても，実務上は差し入れられた敷金から当該損害賠償債務が当然充当されることとなる（当然充当と相殺とは法的性質が異なるとの前提による。）。

［Ⅱ］ ライセンス契約

1 はじめに―原則論

ライセンス契約は，特許権，商標権，著作権，ノウハウ等の知的財産の使用又は実施の許諾契約をいうが，知的財産の使用及び収益と使用等の許諾料の支払とが対価関係に立つ双務契約である。契約期間中に当事者の一方が民事再生開始となった場合，双方未履行双務契約として，賃貸借契約と同様に，民事再生法49条の規律に服することとなる。

2 ライセンサーの民事再生の場合

ライセンスを供与するライセンサーについて民事再生が開始された場合，

再生債務者であるライセンサーは，ライセンス契約の履行か解除かの選択権を有する（49条1項）。しかし，ライセンスを受けるライセンシーが，使用権等について，登記，登録その他の第三者対抗要件を具備している場合，ライセンシーの権利保護の必要性が高いとの判断から，再生債務者であるライセンサーは，同条項に基づきライセンス契約を解除できず（51条，破56条1項），継続するライセンス契約に基づく知的財産の使用・収益権が共益債権となる（51条，破56条2項）。そのため供与した使用・収益のなかにバージョンアップ義務が含まれているような場合には，ライセンサーは，引き続きこれを履行せざるを得ない（伊藤眞＝松下淳一＝山本和彦編『新破産法の基本構造と実務　ジュリスト増刊』305頁〔山本和彦発言〕（有斐閣，2007））。一方，ライセンシーが使用権等について第三者対抗要件を具備していない場合には，双方未履行双務契約の本則に戻り，再生債務者であるライセンサーの解除権が認められることとなる。このようにライセンス契約の取扱いの差異の基準を第三者対抗要件の有無に求めることについては，①知的財産には著作権やノウハウ等のようにそもそも使用権等についての登録制度が存在しないものが含まれていること，②第三者対抗要件の制度がある特許権等でも，実務上は登録料が高く，またライセンサーの協力が得られないことから登録されることが少ないこと，などの理由から批判が強く，平成16年破産法改正の際にも代替基準の創設が検討されたが，実現には至らなかった。そこで，第三者対抗要件を具備しない又はできない知的財産のライセンス契約に関しては，「契約を解除することによって相手方に著しく不公平な状況が生じるような場合には，破産管財人は同条項（旧破59条1項（破53条1項）・筆者注）に基づく解除権を行使することができない」とする判例法理（最判平成12年3月9日民集54巻2号55頁）に従って，ライセンサーの契約解除権を制限すべきとする見解が有力である（竹下守夫編集代表『大コンメンタール破産法』236頁（青林書院，2007）参照）。

3　ライセンシーの民事再生の場合

ライセンシーが民事再生開始となった場合，賃借人の民事再生の場合と同様，双方未履行双務契約における一般則（49条）に従い，ライセンシーである再生債務者にライセンス契約を履行するか解除するかの選択権が与えられ

る。倒産解除条項が無効と解されることも賃貸借の場合と同様である。

4　クロス・ライセンスの取扱い

　当事者双方がそれぞれの有する知的財産について相互に使用権等を許諾しあうクロス・ライセンス契約の一方当事者が再生手続開始となった場合，再生債務者である契約当事者はライセンサー・ライセンシーいずれの地位も有するため，前述2，3の処理に従えば，自らがライセンスを受けている知的財産については，契約の解除権が認められるし，自らがライセンスを供与している知的財産についても，相手方が第三者対抗要件を具備していなければ，契約解除が可能となる。しかし，クロス・ライセンス契約では，当事者が保有する知的財産の相互使用等が契約の本質にあり，知的財産の一部のみ使用等が阻害される状況を防止すべき要請が強く働くため，再生債務者自らがライセンサーとなっている知的財産について，相手方であるライセンシーが第三者対抗要件を具備していないときでも，前述2の解除権制限法理が適用される射程が広がることが予想される。実務上は，再生債務者がライセンス契約関係からの離脱を希望する場合には，当該契約上の地位を，事業承継先に移転したり，契約相手方に対して自らの知的財産の買取りを要請していくことが考えられる。

5　新たな第三者対抗要件具備の方法

　包括的ライセンス契約のように，許諾対象となる特許番号又は実用新案登録番号が特定されない場合，ライセンシーには第三者対抗力がなく，ライセンサーである再生債務者からライセンス契約を解除されるおそれがある。そこで，平成19年に改正された「産業活力の再生及び産業活動の革新に関する特別措置法」(平成20年10月1日施行)では，包括的ライセンス契約を「特定通常実施権許諾契約」と定義して，特定通常実施権登録簿への通常実施権の登録を認めることとした(同2条27項・58条ないし71条)。これと共に，特許出願後特許権成立までの間の特許を受ける権利について，その実施権を保護するため，平成20年に特許法を改正して(平成21年4月1日施行)，仮専用実施権・仮通常実施権を創設し，その登録を効力発生要件及び第三者対抗要件とした

（特許34条の2・34条の3）。これらの実施権が登録された場合には，ライセンサーである再生債務者は，ライセンス契約を解除できなくなる。

【山宮慎一郎】

28 デリバティブ取引

再生債務者は，再生手続開始の申立てをした時点で，外国の銀行との間で，同銀行からの変動金利での借入れの利払いを固定化するための金利スワップ取引を行っていたが，再生手続開始の申立てをした直後に，同銀行から金利スワップ契約の中途解約の通知が届き，取引の清算後の損害金として多額の請求を受けた。再生債務者としては，このような金利スワップ取引の一方的な中途解約や，損害金の請求を認めなければならないか。なお，再生債務者と銀行との間では，金利スワップ契約を始める際に ISDA マスター契約書の様式に従った基本契約が締結されており，その基本契約には一括清算ネッティング条項が定められていた。

解　説

[I] デリバティブ取引とは

1　民事再生手続とデリバティブ取引

今日，中小企業を含めた事業会社において，海外との取引における為替変動リスクを回避するために通貨オプション取引を行うことや，変動金利での借入れの利払いを固定化するために金利スワップ取引を行うことは珍しくなく，これらオプション取引やスワップ取引に代表されるデリバティブ取引は現代の企業活動の中で広く活用されている。

他方，事業会社が，デリバティブ取引により多額の損失計上し，又は，デリバティブ取引の決済のための資金が不足することを理由に，民事再生手続の申立てに至る場合もある。そのような極端な場合でなくても，民事再生手続を開始した事業会社が締結していたデリバティブ取引のための契約があるときには，民事再生手続の中で当該契約の処理をする必要があるので，以

下，デリバティブ取引の概要とその取引に係る契約の民事再生手続における処理の規律について述べる。

2 デリバティブ取引の種類

デリバティブ（Derivative＝派生物）とは，「金利，為替，株式等を"原資産（元になる金融商品）"として，これらを一定の取り決めで受け渡ししたり，インデックス（Index＝指標）として利用する取引の総称」と定義されている（デリバティブ研究会編『第二版　デリバティブ取引入門』（銀行研修社，2010））。デリバティブを分類すると，以下のとおりとなる。

①商品特性による区分　先物・先渡取引，スワップ取引，オプション取引
②取引態様による区分　取引所取引，店頭取引（OTC）
③原資産による区分　　金利関連取引，為替関連取引，株式関連取引，商品関連取引

デリバティブにおける原資産は，金融商品に限定されるものではなく，将来における不確定な事項であれば，これを原資産としてデリバティブ取引をすることが可能であり，実際に，天候の変動を原資産とする天候デリバティブや，特定の債務者の信用リスクを原資産とするクレジット・デリバティブなどがある。

(1) 先物取引・先渡取引

先物取引・先渡取引とは，将来の一定の期日に，一定の商品を特定の価格で受け渡しする，又は指数の差額で決済することを前もって約定する取引をいい，取引所において取引されるものを先物取引（フューチャー），取引当事者間で相対で行われる店頭取引を一般的に先渡取引（フォワード）と呼んでいる。

(2) スワップ取引

スワップ取引とは，将来の複数回にわたる，キャッシュフローの交換を約定する取引をいい，相対で行われる店頭取引が一般的である。金利スワップとは，元本の交換取引を伴わずに，同一通貨での変動金利払いと固定金利払いの交換を行う取引が代表的なものであり，金利条件の交換取引をするものをいう。通貨スワップ取引とは，異なる種類の通貨間の交換取引で通常は元

本交換を伴うが，元本交換を伴わない通貨スワップのことをクーポンスワップという（スワップ取引に関する契約上の問題点を論じた文献として道垣内弘人「スワップ取引に関する私法上の問題点（上）（下）」金法1343号11頁，1344号15頁）。

クレジット・デフォルト・スワップとは，一般的には，ある債務者企業（参照クレジット，参照企業と呼ばれる。）に対して債権を有するがその信用リスクをヘッジしたい企業（プロテクションの買い手）と，当該債務者である企業に対する信用リスクをとって収益を上げようとする企業（プロテクションの売り手）があるときに，買い手が売り手に対してプレミアムを支払い，契約期間中に参照クレジットがデフォルト状態になるなどの一定の事由（クレジットイベント）が生じれば，買い手が売り手から参照クレジットに対する特定債券の額面金額を受け取り，売り手は買い手から特定債券の現物を引き取るというものである。参照クレジットがデフォルトした場合の決済方法として，買い手が売り手から，参照クレジットに対する特定債券の額面金額から当該特定債券の時価を控除した残額を受け取るというものもある。

(3) オプション取引

オプション取引とは，金利や為替等の金融資産やその先物取引を一定の価格で，将来のある期日（までの間）に買う，又は売る権利を売買する取引をいい，取引所で標準化された取引を行う上場オプションと相対で取引条件を合意する店頭オプションがある。売買の対象は，買う権利（コールオプション）又は売る権利（プットオプション）であり，いずれの場合であってもオプションの買い手は，その権利行使に関して義務を負わず，売り手はオプションの条件にしたがって売る義務又は買う義務を負うことになる。また，オプションの権利行使期間の定め方によって，アメリカン，ヨーロピアン，バミューダンと呼ばれるタイプに分類される。

3 担保取引

担保取引とは，デリバティブ取引に付随して担保目的で行う金銭又は有価証券の貸借又は寄託をいう。被担保債権は，デリバティブ取引（の基本契約）に関連して発生する一切の債権，すなわち個別のデリバティブ取引の履行期の到来した債権及び一括清算後の債権となる。

4 デリバティブ取引の特徴

デリバティブ取引の利点として、現物（原資産）の取引と異なり、基本的には取引時点において元本の異動が発生しないため、現物取引に比べて少額のコストで大きな元本の取引をしたのと同様の経済効果（レバレッジ効果）を得ることができることや、財務上のニーズに合わせた弾力的なキャッシュフローを創造する金融商品を設計することができること、市場環境に合わせたキャッシュフローを作ることにより市場リスク（金利リスク、為替リスク、信用リスク等）をコントロールすることが可能となることが挙げられる。

他方で、デリバティブ取引において特に留意されるべき点としては、その取引内容が高度に専門化・複雑化することにより取引当事者が正確に取引内容を理解若しくは管理ができていない場合があること、同じく取引内容が高度に専門化・複雑化していることに加えて新しい取引態様が次々と現れるために法律上の取扱いが不明確になるおそれがあること、デリバティブ取引にはレバレッジ効果があるが故に予想に反した市場価格等の変動により大きな損失が発生する場合があること、市場の一部における異常事態の発生が他の市場参加者や金融システム全体に波及する場合（システミックリスク）があること、などが挙げられる。

［Ⅱ］　一括清算ネッティング

1　一括清算ネッティング条項の倒産手続における取扱いの経緯

デリバティブ取引の契約においては、基本契約などにおいて、契約の一方当事者に倒産処理手続の開始等の信用悪化事由が生じたときは、一定の範囲の金融取引から生ずるすべての債権債務について、それが弁済期の異なるもの、異種の通貨を目的とするもの、あるいは現物の引渡しを内容とするというものであっても、一定のルールに基づいて債権・債務を評価したうえで、すべて一括して差引決済をして、差し引き後に残る残額についてのみ請求できることとする旨の特約（一括清算ネッティング条項という。クローズアウト・ネッティングともいう。）を定めていることが一般的である。契約の一方当事者について倒産処理手続が開始した場合の一括清算ネッティング条項の有効性に

ついて、かつては、破産管財人等の履行又は解除の選択権を不当に制限していないかという点や倒産法上の相殺禁止の規定に反するものではないかという点が指摘される一方で、一括清算ネッティング条項の有効性が金融機関の自己資本比率に関するBIS規制上のスワップ取引の評価に影響をすることから、その有効性を認めるために、旧破産法61条に定める「取引所ノ相場アル商品の売買」の強制解除の規律の適用の可否等を巡って活発な議論がされていた（岡本雅弘「スワップ契約の法的性質と倒産法」金法1340号25頁、前掲・道垣内、新堂幸司「スワップ取引の法的検討（上）（下）」NBL523号6頁、524号12頁、竹内康二「取引所の相場のある商品売買及び交互計算」判タ830号250頁）。

そして、平成10年に「金融機関等が行う特定金融取引の一括清算に関する法律」（一括清算法）が成立し施行されたことにより、金融機関等（一括清算法2条2項）が一方当事者となり一括清算ネッティング条項を定めた基本契約を締結したうえでデリバティブ取引を行っている場合、取引の一方当事者に破産手続開始等の一括清算事由が生じたときは、一括清算ネッティング条項の適用により債権・債務の一本化をすることが法律上明確となった。しかし、契約の両当事者が金融機関等でないデリバティブ取引（事業会社と外国銀行との間で行う取引など）や「特定金融取引」（一括清算法2条1項、一括清算法施行規則1項）に該当しない種類の取引には一括清算法の適用がないため、なお議論があった（弥永真生「倒産処理手続における一括清算条項の取扱い」金判1060号181頁）。

その後、平成17年に現行破産法が施行され、同法58条により破産手続において一括清算ネッティング条項の効力が認められる範囲が拡大し、かつ、同条の規定が民事再生法及び会社更生法にも準用されることとなった。

2 民事再生手続における一括清算ネッティング条項の取扱い

民事再生法51条は、破産法58条を準用することにより、取引所の相場その他の市場の相場がある商品の取引に係る契約であって、その取引の性質上特定の日時又は一定の期間内に履行をしなければ契約をした目的を達することができないもの（以下「相場商品取引契約」という。）について、以下のとおり定めている。

① 相場商品取引契約について，契約の履行時期が再生手続開始後に到来すべきときは，当該契約は，解除されたものとみなす（51条，破58条1項）。

② 相場商品取引契約について，その取引を継続して行うためにその当事者間で締結された基本契約において，その基本契約に基づいて行われるすべての取引に係る契約につき，相場商品取引契約の解除により契約の当事者に生ずる損害賠償の債権又は債務を差引計算して決済する旨の定めをしたときは，請求することができる損害賠償の額の算定については，その定めに従う（51条，破58条5項）。

③ 相場商品取引契約が当然に解除された場合の再生債務者に対する損害金の請求権は再生債権となる（51条，破58条3項）。

以上のとおり，相場商品取引契約に関する基本契約に一括清算ネッティング条項が定められているときは，契約当事者の一方について再生手続が開始した場合であっても，一括清算ネッティング条項に基づく差額決済が，再生債務者等による契約履行又は解除の選択権を不当に制限するものではなく，相殺禁止の規定（93条・93条の2）にも反することなく有効であることが法律上明らかにされた。なお，契約当事者の一方が金融機関等である取引に関しては，一括清算法が優先して適用されることとなると解され（小川秀樹編著『一問一答新しい破産法』99頁（商事法務，2004）），「特定金融取引」に該当しないが相場商品取引契約に該当する場合にのみ，民事再生法の規定が適用されることとなる。

前記の民事再生法の規定によれば，再生手続開始決定を一括清算事由とすることが必要であるようにも読めるが，より強く債権者平等が図られるべき手続開始時点において相殺禁止の適用を受けずに一括清算ネッティングが認められていることを理由に，より早い時点である手続開始の申立ての事実を一括清算事由とする一括清算ネッティング条項の有効性も当然に認められると解される（伊藤眞＝松下淳一＝山本和彦編『ジュリスト増刊　新破産法の基本構造と実務』319頁（有斐閣，2007））。

3 デリバティブ取引に係る契約への民事再生法51条・破産法58条の適用

(1) 「取引所の相場その他の市場の相場がある商品の取引に係る契約」の該当性

民事再生法51条が準用する破産法58条に定める相場商品取引契約は、「取引所の相場」がある商品を代表とはするものの、それと同等な公正な価格形成機能を有すると認められる「市場の相場」がある商品の取引を対象としている。ここでいう「市場の相場」の特徴としては、以下の点が挙げられる（前掲・小川100頁）。

① 商品の価格が激しい変動にさらされる可能性があること
② 価格変動の可能性がある中で、需給を統合し、客観的かつ公正に価格を形成する場が存在すること
③ 価格形成の場を通じて、代替取引が可能であること

また、取引の対象となる「商品」については有体物に限らず金融商品も含み、さらに「取引に係る契約」と規定されているとおり、売買だけでなく交換契約も対象となることが明確にされ、そのような「商品の取引に係る契約」が、主観的な定期行為性ではなく、性質上の定期行為性を有することが要件となっている。

したがって、取引所取引のデリバティブ取引（スワップ取引を含む。）に係る契約が相場商品取引契約に基づく取引に含まれることはもちろん、店頭取引のデリバティブ取引に係る契約についても、前記①ないし③の要件を満たす限り相場商品取引契約に該当し得ることとなる。

(2) 店頭取引のデリバティブ取引について

店頭取引のデリバティブ取引については、取引所を介さずに相対で取引がされるため、その契約条件の個別性が強いものも存在することから、前記(1)①ないし③の要件を満たすような「市場の相場」性が認められるかが問題となるが、具体的には個別のデリバティブ取引の内容にしたがって判断せざるを得ない（前掲・小川102頁）。

前記(1)②の要件の力点は、客観的に公正な価格形成の過程が保障されているかどうかという点にあり、同③の要件も、客観的に公正な価格形成を通じて取引の「再構築価格」の算定が可能であれば、実質的には代替取引の可能

性があることになるので、客観的に公正な価格形成の方法として当該取引界に一般的に採用されている方法により取引価格や損害額が決定されるものであれば、継続的に商品の市場が存在することや不特定多数の取引参加者が存在することがなくても、前記(1)②及び③の要件を満たすと解される。

(3) デリバティブ取引に関する基本契約

デリバティブ取引に関する基本契約として多く用いられているのは、ISDA（International Swaps and Derivatives Association,Inc.）が制定しているマスター契約である（ISDAマスター契約の詳しい解説については植木雅広『必携デリバティブ・ドキュメンテーション　基本契約書編　デリバティブ取引の契約書解説と実務』（近代セールス社, 2008））。ISDAは、1985年にニューヨークで創立されたデリバティブ取引業者の業界団体であり、デリバティブ取引についてのドキュメンテーション、オペレーション、法務、税務、会計のインフラ整備を行っている。ISDAが作成するマスター契約は、両当事者間の全てのデリバティブ取引に適用される基本契約であり、個別取引ごとに作成されるコンファメーションとともに全体として単一の契約書を構成するとされており、マスター契約には、一括清算ネッティングについての定めがある。

ISDAマスター契約は正本が英語版であるため、国内金融機関と国内事業者の間のデリバティブ取引にあたっては、銀行取引約定書の存在を前提として、ISDAマスター契約書を模した和文マスター契約や外国為替取引基本約定書等の約定書を締結する例が珍しくない。和文マスター契約には一括清算ネッティングについての定めがあるが、外国為替取引基本約定書等の約定書等では必ずしも一括清算に関する明確な定めがされていない場合がある。

これらの基本契約に一括清算ネッティング条項が定められていれば、一括清算法又は民事再生法51条、破産法58条5項の適用の前提要件を満たすこととなる。

(4) 損害額の評価について

民事再生法51条により準用される破産法58条5項は、相場商品取引契約についての基本契約に一括清算ネッティングの定めがあるときは、差額決済の際の債権・債務の差額の算定方法について、基本契約の定めに従うとしている。

デリバティブ契約が期限前解約（一括清算ネッティング条項による終了を含む。）されたときの損害額（エクスポージャー）の算定方法については，ISDAマスター契約の1992年版様式では，マーケット・クォーテーション方式とロス（損害）方式のいずれかを選択することとされていた。マーケット・クォーテーション方式とは，複数のリファレンス・マーケット・メーカー（その市場における最も信用力の高い主要なディーラーで，基本的には4社以上）から入手した当該取引の残存期間部分の再構築コストのうち，最高値と最低値を除いた平均値を損害額とするものであり，ロス（損害）方式とは，契約の当事者の一方が誠意をもって合理的に決定した当該取引の期限前解約による全損失及び費用（利益がある場合は負数で表示する。）の額であるが，ロス方式はマーケット・クォーテーション方式が適用できない場合の次善の算出方式と考えられていた。しかし，デリバティブ取引の件数の増大や算出コストの増加によりマーケット・クォーテーション方式に代わりロス方式の適用が増えてきたことに対応して，ISDAマスター契約の2002年様式版では，クローズアウト金額方式だけを選択できるものとした。クローズアウト金額方式とは，契約当事者の一方が商業的に合理的な方法を用いて商業的に合理的な結果を得るために誠実に算出する方法であり，その算出の際には第三者が算定する再構築コストや関連市場データを考慮することができるとされている。クローズアウト金額方式は，基本的にはロス方式に類似の方式であるが，主観的な算出をできる限り排除しようというものである。

国内において利用されている和文マスター契約では，損害金の算出方法として，マーケット・クォーテーション方式類似の方法とロス方式類似の方法が定められ，契約当事者の一方（通常は金融機関）がいずれかの方法を選択するとされているのが一般的である（前掲・植木345頁）。これに対して，国内で用いられる外国為替取引基本約定書等の約定書においては，損害金の算出方法を「当行所定の方法」としか定めず，金融機関側が具体的にどのような算出方法を採るのかが明確でないことがある。

(5) 基本契約がない場合について

国内での金融機関と事業者との間のデリバティブ取引において，かつては基本契約を締結せずに「金銭の相互支払に関する契約書」等を締結して個別

契約のみでデリバティブ取引をしていることがあった。

　民事再生法は，相場商品取引契約に該当する契約について基本契約がない場合において，当該契約が当然に解除されるかどうかや損害額の算出方法については，取引所又は市場における別段の定めがあるときは，その定めに従うこととしている（51条，破58条4項）。取引所取引については取引所の規則等がこの別段の定めに該当することとなるが，それ以外にも市場における取引慣行又は慣習たる規律がある場合にはそれに従うこととなる。「市場における別段の定め」にあたるかどうかは解釈に委ねられるが，ISDAマスター契約書等の標準契約書が作成され，当該市場においてそれを利用することが通常となっている場合には，当該標準契約書の内容が市場における取引慣行又は慣習たる規律と評価されて，「市場における別段の定め」に該当すると解される（前掲・小川104頁）。

　「市場における別段の定めがない」場合には，相場商品取引契約は，民事再生手続開始決定時に当然に解除となり（51条，破58条1項），履行地又はその地の相場の標準となるべき地における同種の取引であって同一の時期に履行すべきものの相場と当該契約における商品の価格との差額が損害賠償額となる（51条，破58条2項）。

［Ⅲ］　個別のデリバティブ取引への民事再生法の具体的な適用上の問題点

1　再生債務者等による契約への対応

　再生債務者がデリバティブ取引の当事者である場合，当該デリバティブ取引の内容が相場商品取引契約に該当するのか，すなわち取引所の相場その他市場の相場のある商品に関する取引で性質上の定期行為性を有するのか，仮に直接的に参照される市場の相場がなくとも，客観的で公正な価格形成過程が認められる取引であるのかを確認する必要がある。事業会社が国内金融機関との間で行う金利スワップ取引や通貨スワップ取引は，国内金融機関が関連市場のデータを常時参照しながら恒常的かつ大量に取引している金融商品であることが一般的であるので，通常は相場商品取引契約に該当するものと

いえるであろう。

　再生債務者が当事者であるデリバティブ取引に係る契約が，相場商品取引契約にあたるときは，次に基本契約の有無の確認が必要となる。基本契約に一括清算ネッティング条項が定められているときは，一括清算法又は民事再生法51条，破産法58条5項により一括清算を承認することとなる。一括清算ネッティング後に再生債務者に対する損害金請求権が残る場合は，当該請求権は再生債権として扱われる。

　損害金の算定方法については，前述したとおり基本契約における定めに従うこととなるが，実際には債権届出がされた損害金の算定根拠についての債権者側からの説明が不十分であることが少なくない。特に，金融機関側が「当行所定の方法」とだけ定めているときは，再生債務者等は，その方法が，マーケット・クォーテーション方式やクローズアウト金額方式などの合理的な算出方法が採られているかについて確認をする必要がある。

2　担保取引

　デリバティブ取引の当事者の信用リスクに対応して，金銭や有価証券（国債等）を差し入れるという担保取引がなされることがある。民事再生法において特別な取扱いがされている相場商品取引契約が，その取引条件が取引所その他の市場を通じて客観的で公正に価格形成がされている商品の売買や交換等の取引を意味していると考えると，担保取引は一方当事者に債権回収についての優先的地位を与えることを目的とした取引であって，相場制のある商品の売買や交換等の取引とは言い難いので，担保取引に係る契約が直ちに相場商品取引契約に該当すると解することは困難である。また，仮に担保取引に係る契約が相場商品取引契約に該当するとしたとして，民事再生法51条，破産法58条1項による「解除」という効果が具体的に何を意味するかが必ずしも明確ではない。

　他方，一括清算法の対象となる「特定金融取引」には担保取引が含まれていることから，金融機関等を一方当事者とするデリバティブ取引については，担保取引も含めて一括清算法の対象となっている（一括清算法2条1項，一括清算法施行規則1条）。一括清算法が担保取引を「特定金融商品」に含めて

いる背景として，近時の担保取引が，デリバティブ取引の基本契約と一体的に行われることが多く，このような担保取引が市場標準となりつつあることやデリバティブ取引における与信額は担保取引の目的物の時価額を差し引き計算して算定され，この点でも基本契約と一体的な取扱いがされているとの指摘があることが考慮されているといわれている（前掲・小川102頁）。

担保取引の位置づけや，担保取引について民事再生法51条，破産法58条を適用した場合の効果については議論がある（前掲・基本構造321頁）が，民事再生法51条，破産法58条において，デリバティブ取引に係る契約を含む相場商品取引契約について特別な取扱いをしている趣旨が，倒産処理手続との関係での有効性を確認したうえで，これらの取引の当事者の合理的な契約意思に従った処理を行い，そのことを通じて取引の予測可能性を高めることにあるとすると，デリバティブ取引に際して担保取引がされることが，当該市場における標準的取引となり，かつ，担保取引の内容・条件についても一定の客観性や標準的なルールが与えられるのであれば，相場商品取引契約に該当するという解釈の余地があるものと思われる。

3 否認権・相殺禁止の適用の可否

デリバティブ取引の当事者の一方について民事再生手続の開始が申し立てられた場合，従前から当事者間で締結されていた基本契約に一括清算法又は民事再生法51条，破産法58条5項の適用を受ける一括清算ネッティング条項がある場合には，当該条項に基づく差引計算については，相殺禁止についての規定（93条・93条の2）や否認権の規定（127条の3）が適用されないことについてはその立法趣旨から明らかであるといえる。しかし，このことは一括清算ネッティング条項を定めたデリバティブ取引に係る契約について，相殺禁止や否認権の規定が一切適用されないことを意味するものではない（桃尾重明「相殺禁止（Ⅱ）」園尾隆司＝中島肇編『新・裁判実務大系28　新版破産法』504頁（青林書院，2007））。

基本契約の締結自体は，財産の処分行為（詐害行為，127条）や，既存債務を消滅させ又は既存債務のために担保を提供する行為（偏頗行為，127条の3）ではないので，否認権行使の対象となるものではない。しかし，基本契約の

ないままに個別のデリバティブ取引をしてきた当事者間において，当事者の一方が支払不能となった後に，既存のデリバティブ取引をも対象として基本契約を新たに締結してデリバティブ取引を継続した場合は，その基本契約の締結行為自体に民事再生法93条1項2号が適用される余地があると考えられる。

また，基本契約に基づく個別のデリバティブ取引に係る契約の締結は，詐害行為や偏頗行為として否認の対象となり得る。しかし，通常は，相場商品取引契約は，市場を通じて客観的かつ公正な価格を基準に取引されるので，個別のデリバティブ取引は適正対価による新規の取引に該当し，民事再生法127条の2の要件に該当する極めて例外的な場合にのみ詐害行為否認の対象となると考えられる。

個別のデリバティブ取引の履行として行われる弁済や差引計算（一括清算ネッティング条項に基づく差引計算を除く。）が，取引の一方当事者が支払不能や支払停止等になった後に行われれば，偏頗行為として否認の対象となり得る。担保取引についても，一方当事者の支払不能や支払停止等の後に，被担保債権であるエクスポージャーの増加に伴って担保物が差し入れられたとき（担保の範囲が増加する方向で変動したとき）は，その担保提供が偏頗行為として否認の対象となり得る（道垣内弘人ほか「デリバティブ取引の有担保化に関する考察」金法1426号20頁）。

また，基本契約や個別のデリバティブ取引に係る契約に定められた義務としてではなく，期限前の支払を行うことや担保の提供をすることは，非義務的な行為として偏頗行為否認の対象となり得る。

なお，一括清算ネッティング条項に基づく差引計算自体は，民事再生法の相殺禁止の規定や否認権の規定の適用を受けないとしても，差引計算後に残る債権債務については，相殺禁止の適用があり得る。同様に，一括清算ネッティング条項に基づく差引計算後に残る請求権が再生債権にあたるときは，当該請求権への弁済や当該請求権ための担保提供が否認権の対象となり得る。

［Ⅳ］ 設問について

1 金利スワップ契約

　設問にある金利スワップ契約は，変動金利の利払いを固定化する目的でなされているもので，典型的なデリバティブ取引の利用例であるといえる。かかる金利スワップ契約は，取引開始時点における固定金利及び変動金利に関する将来のマーケット動向を参照して締結されるのが一般的であるから，市場の相場がある商品の取引で，かつ，性質上の定期行為性があるものと認められる（51条，破58条1項）。

2 中途解約の正当性

　設問によれば，再生債務者と銀行は，ISDAマスター契約書の様式に従った基本契約を締結しており，同基本契約には一括清算ネッティング条項があるということなので，同基本契約に基づいて行われたデリバティブ取引には，民事再生法51条により準用される破産法58条5項により，再生手続との関係でも一括清算ネッティング条項が有効に適用される。したがって，設問にある銀行からの金利スワップ契約の中途解約は有効であるといえる。なお，再生債務者の金利スワップ取引の相手方が国内の銀行の場合は，一括清算法の適用がされることとなるが，中途解約となることには変わりはない。

3 損害金の算定

　設問では，銀行から再生債務者に対して，多額の損害金の請求がなされている。この損害金については，再生債権として扱われることとなる（51条，破58条3項・54条1項）。この損害金の算定方法は，基本契約が締結されている場合はその定めに従うこととなる。基本契約が2002年版様式のISDAマスター契約書であれば，クローズアウト金額方式によっていると考えられるが，再生債務者側からは具体的な算定過程が不明なことが多いので，再生債権の認否をするにあたって，銀行側に対してその算定根拠の確認をする必要があることが多い。

4 否認権行使の可能性

設問では明らかでないが，支払不能後又は再生手続開始申立て後に，再生債務者からの金利スワップ取引による支払や担保提供があれば，偏頗行為否認の成否を検討することとなる。

【上野　保】

29 信託と民事再生

信託の当事者について民事再生手続が開始された場合，その信託に関する権利義務関係は，民事再生手続において，どのように取り扱われるか。

解　説

[Ⅰ]　信託の特質

　信託とは，委託者が自己の財産を受託者に移転し，受託者においてその財産（信託財産）を特定の目的に従って管理・処分し，信託財産から生じる利益を受益者に供与する制度である。信託の最も特徴的な点は，信託財産が，委託者からも受託者からも独立した財産として法的に位置づけられるということである。すなわち，委託者から受託者へと財産が移転することにより，当該財産は委託者の責任財産から離脱し，他方，信託財産は受託者の固有財産とは区別して観念され，受託者は当該財産を自己の固有財産から分別して管理することが義務付けられるため，受託者の固有の債権者に対する責任財産にも属さないのである。

　このような信託財産の独立性が最も顕著に現れるのは信託関係者の倒産時であり，それゆえ，信託の最大の特徴的機能は，「倒産隔離機能（bankruptcy remote）」であるといえる。

　委託者の倒産時や受託者の倒産時における「倒産隔離機能」については，従来より，解釈上異論なく肯定されてきたが，平成19年の信託法改正により，委託者の倒産時の規律のほか，受託者の倒産時の規律について詳細に明文化された。

[II]　委託者についての民事再生

1　信託の帰趨

　委託者が民事再生手続（以下「再生手続」という。）の開始決定を受けても，委託者の委託にかかる信託自体は，原則として当然には影響を受けない法律関係である。信託財産は，委託者の他の財産から分離されて受託者に移転しており，委託者の債権者に対する債務の引当財産ではなくなっているからである。

　しかしながら，再生債権者を害する信託を設定した場合には，詐害信託として否認される可能性がある。また，双方未履行双務契約たる信託契約について，民事再生法49条1項に基づき，再生債務者等により信託契約（信託の設定方法には，委託者と受託者との信託契約による方法のほか，委託者の遺言による方法と委託者の信託宣言による方法とがある（信託3条）。）が解除される可能性がある。

　したがって，これらの場合には，否認ないし解除によって信託は終了する。

2　詐害信託の否認

　再生債務者たる委託者が再生債権者を害する信託を設定した場合には，否認権限を有する監督委員又は管財人は，その詐害信託を否認することができる（127条1項）。ただし，詐害信託によって利益を受けた受益者の全部又は一部が，信託の当時，再生債権者を害する事実を知らなかったときは否認することができない（信託12条3項）。これは，詐害信託についての詐害行為取消権の要件を定める信託法11条1項の規律を，否認権限を有する監督委員又は管財人の否認権にも及ぼし，両者の平仄を合わせたものである。

　また，再生債務者たる委託者が再生債権者を害する信託を設定した場合において，受益者が受益者として指定を受けたことを知った時又は受益権を譲り受けた時において再生債権者を害すべき事実を知っていたときは，否認権限を有する監督委員又は管財人は，その受益者を被告として，受益権を再生債務者財産に返還することを訴えをもって請求することができる（信託12条

4項)。これも，詐害信託について悪意の受益者に対する受益権の譲渡請求を定める信託法11条5項の規律を再生手続の場合にも及ぼし，両者の平仄を合わせたものである。

3　双方未履行双務契約の解除

委託者が再生手続開始決定を受けた場合において，双方未履行双務契約たる信託契約について，民事再生法49条1項に基づき，再生債務者等により信託契約が解除されたときは，当該信託はこれにより終了する（信託163条8号）（委託者の破産管財人により，破産法53条1項に基づき解除された場合や，委託者の管財人により，会社更生法61条1項に基づき解除された場合も，同様である。）。

信託法改正に際しては，破産管財人等による解除権の行使について，信託の安定性を確保する見地からこれを制限すべきであるとの議論もなされたが，これを全面的に排除することは理論的に困難であり，他方，解除権を制限する要件を合理的かつ具体的に定めることも困難であるため，解除権の行使を容認するものとされた（寺本昌広『逐条解説新しい信託法　補訂版』361頁（商事法務，2008）参照）。

委託者と受託者との間の信託契約によって信託が設定される場合，委託者受託者双方の契約上の債務が未履行の状態で委託者につき再生手続が開始されれば，再生債務者等に信託契約を解除するか履行請求するかの選択権が付与される。このこと自体は，これを制約する法令上の定めがない限り，倒産法理上は当然の帰結であるといえる。問題は，委託者と受託者の各債務が双方未履行の状態にあるか否かをどのように判断するかである。

もとより，信託契約ごとに個別具体的に検討されるべき問題であるが，一般に，受託者は，信託財産について一定の管理・処分をなすべき信託事務遂行義務を負うため，信託が終了するまで信託契約上の債務の履行責任を負うといえる（ただし，信託が終了しても受託者は清算受託者として信託の清算をなすべき立場にあるため，厳密にいえば，信託の清算が終了するまで債務は存続するといえる。）。これに対し，委託者については，受託者に対していかなる債務を負っている場合に未履行の状態と認められ，双方未履行の状態であるとして再生債務者等の解除等の余地が生じると解すべきであろうか。

双方未履行双務契約について再生債務者等の解除等の権限を付与する制度の趣旨については，倒産手続全般に共通する問題として，伝統的な議論に加えて近時新たな見解も示されており，未だ議論は収束していない状況にあるといえる。しかし，双方未履行の両債務の対価的均衡の保障に着目した規律であると理解する点については，いずれの見解にもおおむね共通するところであり（竹下守夫編集代表『大コンメンタール破産法』206頁（青林書院，2007）参照），信託における解除の問題も，かかる対価的均衡の観点から検討すべきであろう。

 まず，信託契約が締結されたものの，委託者から受託者への信託財産の移転が未履行の場合（引渡未了の場合のほか，信託を原因とする譲渡の対抗要件具備の未了の場合を含む。）には，委託者の債務が未履行であることに疑問の余地はない（旧信託法の下では，信託契約は信託財産の移転をもって成立し効力を生ずる要物契約であると解する見解が有力であったが，信託法4条は，信託契約の締結により信託の効力を生ずる旨定め，諾成契約であることを明らかにした。）。また，信託契約上，委託者が将来一定の追加信託をなすべき義務を負う場合も，同様に，債務が未履行であるといえよう。

 次に，信託契約上，委託者が受託者に対して信託報酬支払義務を負う場合には，まさしく受託者の信託事務執行義務と対価関係にある債務を負担していることに照らし，双方未履行の債務があるといえる。もっとも，信託報酬は信託財産ないし信託収益の中から支弁されることを原則としつつ，信託財産ないし信託収益に不足を生じた場合に，委託者が信託報酬や信託事務費用の支払義務を負うような契約にあっては，信託報酬支払義務といえども補完的な義務であることに照らし，債務が未履行であると解するのは適当でない場合が多いであろう。

 なお，委託者が受益権の全部又は一部を保有し，受益者として一定の義務（たとえば，信託報酬支払義務や信託事務費用支払義務）を負う場合に（信託法は，受益権を受益者の権利の総体ととらえ，受益者の補償義務を定めていた旧信託法の規律を改めたが，受託者と受益者との合意により補償義務を定めることを許容した（信託48条5項・53条2項・54条4項）。），受益者としての債務が未履行であることをもって双方未履行の状態であると解すべきであろうか。形式論としては，受益者は

信託契約の当事者ではなく，したがって受益者の債務は契約当事者たる委託者の債務ではないといえるが，実質的に対価関係性を検討すべきであり，信託報酬支払義務などについては，特約によって受益者の義務と定められている場合であっても，委託者兼受益者と受託者との間で対価関係が成り立っている以上，双方未履行の状態であると解すべきである。

なお，双方未履行双務契約についての破産管財人の解除等の権限について，最判平成12年2月29日（民集54巻2号553頁）は，「契約当事者双方の公平を図りつつ，破産手続の迅速な終結を図るため」の権限と位置付けたうえで，「契約を解除することによって相手方に著しく不公平な状況が生じるような場合には，破産管財人は同項に基づく解除権を行使することができないというべきである」と判示し，解除権行使が制約される余地のあることを示した。しかし，その趣旨は，解除権行使の結果生じる契約当事者双方の原状回復等の給付内容が均衡を欠くことなどを考慮したものであり，あくまで例外的に解除権行使の制約の余地を認めたものというべきであって，これを一般化して安易に同様の結論を導き得るものではないことに留意すべきである。

［Ⅲ］ 受託者についての民事再生

1 信託の帰趨

受託者が再生手続の開始の決定を受けても，受託者の受託にかかる信託自体は，原則として当然には影響を受けない法律関係である。信託契約に基づいて受託者の受託した信託財産は，受託者に帰属する財産ではあるものの，受託者の固有財産とは分離・独立した財産であり，受託者の債権者に対する債務の引当てとはならない財産であると観念されるからである。

しかしながら，受託者の任務の帰趨の問題は信託の帰趨とは別個の問題であり，また，信託の帰趨に関しても，双方未履行双務契約の再生債務者等による解除の可否が問題となる。

2　受託者の任務の帰趨

　受託者の任務は，受託者が再生手続の開始決定を受けたことによっては，原則として終了しない (信託56条5項本文)。再生手続の目的は債務者の事業の再生にあるところ，再生手続の開始をもって当然に受託者としての任務が終了するとすることは，その趣旨に反することになることから，任務終了事由とはされていない。ただし，信託行為に任務が終了する旨の定めがあるときは，その定めに従う (同項ただし書)。したがって，その場合には，新受託者が選任されることになる。

　これに対し，信託行為に任務が終了する旨の定めがない場合には，再生債務者たる受託者がその任務を続行する。ただし，再生手続において管理命令が下され，管財人が選任されたときは，受託者の職務の遂行並びに信託財産に属する財産の管理及び処分をする権利は，管財人に専属することになる (信託56項6項前段)。また，保全管理人があるときは，保全管理人に専属することになる (同項後段)。これは，再生手続における管財人の行うべき職務は，債務者の財産全体を管理・処分することにより，その事業を維持しつつ，再生計画に基づいて債務の減免等を行うことによって事業の再生を図ることにあるから，信託財産の管理処分権も管財人が有することとし，受託者の職務を遂行すべき地位も管財人に属することとする方が，そうした再生手続の目的に適うと考えられたためである。

　ところで，管理型の再生手続が開始された場合であっても受託者としての職務遂行権限や信託財産の管理処分権を管財人に帰属させない旨を信託行為に定めることは許されるであろうか。受託者の倒産時に受託者の任務を終了させるか否かについては，前記のとおり，信託行為に別段の定めをなすことが許容されており，信託法上の規律はデフォルト・ルールにすぎない。しかし，再生手続が開始された受託者の任務が存続する以上，その場合に，受託者の職務遂行権限や信託財産の管理処分権を管財人に帰属させない旨定めることは許されないと解すべきである。そもそも管理命令が発令された再生手続は，裁判所の監督のもと，従前の会社経営者の権限を原則として剥奪し，管財人にこれを付与して経営体制を改善したうえで会社の再建を図る倒産手続であるところ，受託者としての職務遂行権限や信託財産の管理処分権を管

財人に帰属させないことを許容すると、再生債務者の事業にかかる業務や収益を管財人において把握することが困難となり、その結果、再生手続を歪め、もしくは、その円滑な遂行の支障となるおそれがあるからである。また、信託法56条6項の文言解釈としても、この点についてまで信託行為に別段の定めをなすことが許容されているとは解し難いといえる。

3 受託者の任務終了後の前受託者の責務

信託行為において受託者に対する再生手続開始決定が受託者の任務終了事由とされていた場合において、同事由により受託者の任務が終了したときには、前受託者は、受益者に対し、その旨通知しなければならない（信託59条1項本文）。

受益者に対して通知するのは、速やかに新受託者を選任し、信託財産と再生債務者財産との分別管理を確保する機会を与えるためである。ただし、受益者への通知について信託行為に別段の定めがあるときは、その定めに従う（同項ただし書）。

また、前受託者は、新受託者が信託事務の処理をすることができるに至るまで、引き続き信託財産に属する財産を保管し、かつ、信託事務の引継ぎに必要な行為をしなければならない（信託59条3項本文）。この保管等の義務は、その重要性に鑑み、信託行為により加重することができるが（同項ただし書）、逆に減免することはできない。

4 信託財産と再生手続との関係

受託者が再生手続の開始決定を受けた場合であっても、信託財産に属する財産は、再生債務者財産には属しない（信託25条4項）。信託財産の独立性の端的な帰結であり、まさに信託の倒産隔離機能を示すものである。

再生債務者が受託者としての任務を続行する場合には、再生債務者は、引き続き信託財産を信託目的に従って受益者のために管理・処分することになるが、民事再生法41条1項による再生債務者等の行為制限は、信託財産についての管理・処分行為には及ばない。

また、信託財産は、再生計画案の作成にあたり、いわゆる清算価値保障原

則の算定の基礎となる財産には含まれない。

5　受託者に対する信託に関する債権と再生手続との関係

　受益債権は，再生債権とならない（信託25条5項前段）。受益債権は，再生手続開始前の原因に基づいて生じた再生債務者たる受託者に対する財産上の請求権であるため，形式的には民事再生法上の再生債権の定義に該当するが，信託財産のみを引当財産とするものであるから，信託財産を再生債務者財産に属しないものとする以上，再生債権として権利行使させたり，再生手続による弁済の対象とする必要はないからである。

　また，信託債権であって受託者が信託財産に属する財産のみをもってその履行の責任を負うもの（限定責任信託（＝受託者が当該信託のすべての信託財産責任負担債務について信託財産に属する財産のみをもってその履行の責任を負う信託をいう（信託2条12項））にかかる信託債権や責任限定特約のある信託にかかる信託債権）も，同様の趣旨により再生債権とならない（同項後段）。

　他方，その他の通常の信託債権は，受益債権と異なり，受託者の固有財産をも引当財産とすることから，受託者について再生手続が開始されれば，開始決定前の原因に基づく信託債権は再生債権となる。

　もっとも，受託者が再生手続開始の決定を受け，再生計画の認可決定によって再生債権につき権利変更を受け，又はハードシップ免責の決定を受けた場合には，その権利変更や免責の効力は，受託者の固有財産との関係においてのみ認めれば足りるものである。そこで，再生計画，再生計画認可の決定又はハードシップ免責の決定（235条1項）による信託債権に係る債務の免責又は変更は，信託財産との関係においては，その効力を主張することができない（信託25条6項）。

　なお，受益者は，受託者がその任務を怠ったことによって信託財産に損失を生じさせた場合には，当該損失の補てんを請求することができるが（信託40条1項），この損失てん補請求権は，受託者の固有財産を引当てとすべき権利であり，損失発生後に受託者につき再生手続開始の決定がなされれば，再生債権となる。

6　双方未履行双務契約の解除の可否

受託者が再生手続開始決定を受けた場合において、双方未履行双務契約たる信託契約について、民事再生法49条1項に基づき、再生債務者等により信託契約を解除することは可能であろうか。

信託契約が双方未履行の双務契約に該当するか否かについては、上記のとおり、信託契約ごとに個別具体的に判断されるべきところであるが、たとえ双方未履行の双務契約に該当する場合であっても解除されることはないと解すべきである。信託財産は再生債務者財産を構成せず、信託契約は、倒産処理業務の対象とならない財産に関する契約であることから、再生債務者等の再生手続の機関としての権限に基づく解除権の行使は相当ではないからである（寺本・前掲101頁参照）。

受託者の破産管財人による破産法53条1項に基づく解除の可否や受託者の管財人による会社更生法61条1項に基づく解除の可否も同様に問題となるが、信託法は、前記のとおり、受託者の倒産が受託者の任務終了事由になるか否かについて、清算型手続である破産手続の場合と、再建型手続である再生手続・更生手続の場合とで異なる規律を設けているため、この点の妥当性についても手続ごとに検討することが適切であろう。

まず、破産手続の場合には、そもそも信託財産は破産財団を構成せず、破産管財人の管理処分権も信託財産には及ばないうえに、受託者の任務は原則として終了するため、破産管財人が破産手続を遂行するうえで、ことさら信託契約を解除する必要性・合理性は認め難い。また、信託行為の定めにより受託者が破産しても任務を終了しない場合には、受託者が引き続き信託事務を遂行することになるが、その場合であっても信託財産が破産財団を構成しないことに変わりはなく、また、信託財産の管理処分権は破産管財人には移転しない。したがって、破産財団の充実のために信託契約を解除する必要性・合理性は、いずれにしろ認められない。

これに対し、再生手続・更生手続の場合には、再生債務者等ないし管財人の管理処分権が信託財産に及び、受託者の任務も原則として終了しないが、受託者が信託を業とする信託会社等であるならば、通常、受託者の再建のためには、むしろ信託の存続が必要といえる。したがって、再生債務者等ない

し管財人が再生債務者財産ないし更生会社財産の充実のために，信託契約を解除する必要性・合理性は一般的には認められない。もちろん，信託業務が事業の再建の支障となる場合（たとえば，信託事務の遂行に多大な労力を要するにもかかわらず，その労力に見合う信託報酬が定められていないような場合，あるいは，受託者が業として信託事務を行っているわけではなく，信託事務の遂行が受託者の本来の事業の支障となっているような場合）もあり得ないわけではない。しかし，そのような場合，受託者の事業の再建のために受託者が信託契約上の義務から解放される必要が生じるとはいえるものの，それは受託者がその任務を解かれれば足り，必ずしも信託契約自体を解除して信託を終了させなければならないものではない。そのような場合，受託者は，委託者及び受益者の同意を得て受託者の地位を辞任（信託57条1項）すれば足り，仮に委託者及び受益者の同意を得られなければ，裁判所の許可を得て辞任（同条2項）すれば足りるのであって，委託者及び受益者の意向に反してまで信託を終了させることの合理性は見出し難い。

したがって，いずれにしろ，再生債務者等が信託契約を解除する必要性・合理性は認められない。

[Ⅳ] 受益者についての民事再生

1 信託の帰趨

受益者が再生手続の開始決定を受けても，受益者は信託契約の当事者ではなく，受益者において受益すべき信託自体は，原則として当然には影響を受けない法律関係である。もっとも，委託者が受益者を兼ねる場合には，委託者兼受益者は，上記のような委託者としての再生手続の規律に服することになる。

2 受益権の処遇

受益者の有する受益権は，再生債務者財産を構成する財産となる。受益権とは，信託行為に基づいて受託者が受益者に対して負う債務であって信託財産に属する財産の引渡しその他の信託財産にかかる給付をすべきものにかか

る債権（受益債権）及びこれを確保するために信託法に基づいて受託者その他の者に対して一定の行為を求めることができる権利であると定義づけられており（信託2条7項），財産上の権利であることについては異論がないが，その内容は個々の信託によって一様ではない。原則として譲渡可能であるが，その性質が譲渡を許さないときや信託行為に譲渡を禁止する旨の定めがあるときには，譲渡は許されない（信託93条1項・2項）。

　当該受益権が事業の継続上必要な資産であるとされるような場合は，通常想定し難いといえる。それゆえ，換価処分の可能な受益権であるときは，必要に応じ，適宜換価処分されることとなろう。しかし，換価処分が困難である場合のほか，受益権に基づく給付が受益者の資産形成に資するときなどは，事業再生の見地からも保有し続けることとなろう。

3　受益者に対する信託に関する債権と再生手続との関係

　受益権は，上記のとおり，受益者としての権利の総体であって，受益者に対する費用補償請求権は，信託に基づく権利としては認められない（旧信託法36条2項は，受託者の受益者に対する費用補償請求権を一定の範囲において認めていたが，平成19年の信託法改正により規律が改められた。）。もっとも，受託者と受益者との個別の合意により，費用の償還や前払いの義務を約定することまでは否定されず，かかる合意が存する場合には，受益者に対する費用償還請求権ないし費用前払い請求権と再生手続との関係が問題となる。

　受託者と受益者との間の費用償還等に関する合意は，信託行為外においてなされる個別契約と位置づけられることから（信託48条5項），再生手続上は，受益者を当事者とする一般の契約上の債権債務関係と同様に取り扱われることとなる。したがって，受託者と受益者との間の費用償還等に関する合意が再生手続の開始決定前に成立していれば，受益者に対する費用償還等請求権は，再生債権となる。

【深山　雅也】

30　REIT と再生手続

　REIT の再生手続は，株式会社の再生手続と比べ，どのような特殊性があるか。

解　説

［Ⅰ］　は じ め に

　2008年10月，ニューシティレジデンス投資法人（REIT）に対し，民事再生手続開始決定が行われた。その後，外資系スポンサーから提出された再生計画案が2度否決され，1度目の再生手続は廃止となり，2度目の民事再生手続において，別のスポンサー主導による REIT 間の合併が行われ，ようやく一応の決着を見るに至った。
　REIT の再生手続は，REIT が不動産投資というファイナンス的観点から設立運営される特殊な法人であることを反映し，株式会社の再生手続に比べ，極めて異なる様相を呈することになる。以下では，株式会社の再生手続と比較しながら，REIT の再生手続の特殊性につき検討することにする。

［Ⅱ］　再生手続に影響を与える REIT の特徴

　投資法人（REIT）は，株式会社と比較した場合，①投資信託及び投資法人に関する法律（以下「投信法」という。）に準拠して設立される特別法上の法人であること，②投資家から資金を集めて不動産投資を行うという特別の目的で設立運用されるビークル（器）であり，従業員や（投資対象資産以外の）事業用資産などを有する通常の事業体ではないこと，③不特定多数の投資家から資金を集める「公募ファンド」スキームであること，④「スポンサー」と

呼ばれる実質的な運営主体は，REIT の親会社としてではなく，REIT の資産運用を担当するアセット・マネジャーの親会社として REIT の事業を支配する点が，基本的な相違点となる。その基本的なストラクチャーは，図のとおりである。

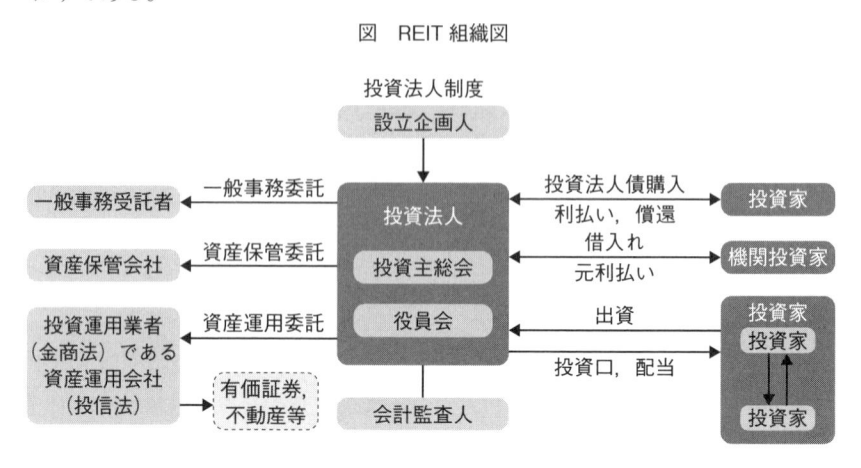

図　REIT 組織図

出典：『不動産証券化ハンドブック2010-2011』（社団法人不動産証券化協会，2010）

かかる特徴は，REIT の再生手続に影響するため，以下個別に検討する。

1　投信法上の法人

株式会社は，会社法を設立準拠法とする法人であるが，投資法人は，投信法を設立準拠法とする法人である。REIT は株式会社ではないため，民事再生法等における株式会社に関する特別規定（法43条の裁判所の許可による事業譲渡など）は，REIT に対しては適用ないものと解されている。

なお，正式には，投資信託（契約型）又は投資法人（会社型）を利用した不動産投資スキームを総称したものが「(広義の) REIT」となるが，ここでは，「(狭義の) REIT」に該当する投資法人（会社型）を指して，単に REIT と呼ぶことにする。

2 不動産投資のためのビークル

REIT は，不動産投資のためのビークル（器）であることから，株式会社と比べ，以下のような特徴を有している。

(1) 組織構成の簡易化

(a) 機関及び使用人

REIT には，株主総会に相当する投資主総会（投信法89条），取締役に相当する執行役員（投信法109条），監査役に相当する監査委員（投信法111条），取締役会に相当する役員会（投信法112条）が存在し，これらについては，株式会社とさほど変わりはない。

ただし，REIT は使用人を雇用できない（投信法63条2項）。一方で，REIT は，①投資判断権限を投資運用会社（アセット・マネジャー（通称「AM 会社」））に（投信法198条1項），②資産管理機能を資産管理会社（プロパティ・マネジャー（通称「PM 会社」））に（投信法208条），③REIT の会社運営事務を一般事務受託者に（投信法117条），それぞれ外部委託することが，法的に強制されている。

REIT 自体には雇用確保の必要性が存在しない点や，不動産投資事業に関するノウハウ等の企業価値は AM 会社や PM 会社に帰属し，REIT 自体の事業価値は，REIT 保有の不動産の純資産価値（Net Asset Value/NAV）と比較的近似値となる点が，保有資産とは別途，継続事業価値を観念できる株式会社と大きく異なる点である。

(b) 会社法上の規定の不存在

REIT は，不動産投資のためのビークル（器）として必要な限度でのみ，組織法に関する規定が置かれており，投信法及び投信法が準用する会社法規定には，①現物出資に関する規定，②新株予約権や種類株式に相当する規定，③減資に関する規定，④（株式に相当する）投資口の有利発行に関する規定，⑤株式交換，株式移転，会社分割に相当する規定が存在しない。REIT は，その再生手続においても，かかる規定に基づく各制度を利用できないものと解されている。

なお，REIT の合併は可能であるが，REIT 間の合併に限定されている（投信法145条）。

(2) 税務上の優遇措置

REITには、以下のような税務上の優遇措置が採られている。投資ビークル（器）としてのREITの機能及び目的上、REITの再生手続においても、かかる優遇措置を（少なくとも長期的には）維持することが、重要となる場合も多いように思われる。

(a) 投資家への二重課税の回避

以下のような条件（以下「導管性要件」という。）が充足される場合、REITは配当金を損金算入することができ（租税特別措置法67条の15第1項等）、その結果、REITに対する法人課税と投資家（投資主）に対する配当課税の二重課税を回避できる（ペイ・スルー課税）。

① REITの事業年度終了時に、一投資主グループが50パーセント超のREITの投資口を保有していないこと（REITが「同族会社」に該当しないこと。以下「同族会社要件（50パーセント・ルール）」という。）

② REITが事業年度の配当可能利益の90パーセント超を投資主に利益配当していること（以下「90パーセント配当要件」という。）

(b) 資産取得及び処分課税の軽減

REITがその運用資産の75パーセント以上を特定不動産（不動産や不動産信託受益権など）に投資すること（以下「75パーセント・ルール」という。）等を条件として、REITが不動産を取得し又は譲渡する場合における不動産流通税（不動産取得税、登録免許税）が軽減される（地方税法附則11条13項第1号、租税特別措置法83条の3第3項）。

(3) 投資家保護のための監督

REITは投資ビークル（器）であることから、投資家保護のため、REIT、REITのAM会社及びREITのPM会社は、金融庁等による金融規制を受ける。

具体的には、REITは投信法上の届出制度（投信法69条1項）及び登録制度（投信法187条）に基づき、REITのAM会社は金融商品取引法（以下「金商法」という。）上の（投資運用業）登録制度に基づき、REITのPM会社は（信託銀行から業務受託する場合）信託業法上の規制に基づき、それぞれ金融庁の監督を受ける。

REITが再生手続を申し立てたり、新たなスポンサーの用意するAM会

社やPM会社を利用したりするにあたっては，かかる金融規制や，監督官庁との事前相談及び事後報告などが問題となる。

3　公募ファンド

REITは，不特定多数の不動産に投資する「運用型スキーム」であることが予定されており，多額の投資額を必要とすることなどから，不特定多数の投資家から資金を集める「公募ファンド」スキームであることが予定されている。

REITが「公募ファンド」であることから，ほとんどのREITの投資口は事実上上場されており，再生手続開始により上場廃止となった後においては(有価証券上場規程1218条1項(1)a参照)，上場を回復することが，REITの再生スキームにおいて重要となる場合も多いように思われる。

投資口の再上場にあたり問題となる上場廃止基準のうち，主要なものは，「運用資産等の総額に占める不動産等の額の比率が70パーセント未満となった場合において，1か年以内に70パーセント以上とならないとき」(以下「70パーセント・ルール」という。)などである(有価証券上場規程1218条2項(1))。

なお，「運用型スキーム」であり，投資額の大きいREITにおいては，社債に相当する投資法人債についても，いわゆる公募方式(金商法2条3項)により，不特定多数の投資家から資金を集める場合が多い。かかる公募社債の社債権者が再生債権者中に存在し，社債と倒産に関する各種の問題点が生じる点も，REITの再生手続の特徴と言える。

4　REITとスポンサー

スポンサーは，導管性要件における同族会社要件(50パーセント・ルール)との関係で，REITの投資口の50パーセント超を，事実上保有できない。一方で，REITの投資判断権限を有するAM会社を支配すれば，REITの事業を実質的に支配できる。以上から，スポンサーは，REITの投資口を50パーセントを超えない範囲で保有するとともに，AM会社(通常は非公開の株式会社)の主要株主となることにより，REITを実質的に支配するのが通常である。

REITとREITのAM会社では，投資家及び債権者構成が異なることか

ら，(イ)REITの倒産手続とREITのAM会社の倒産手続が同時に開始される場合（前例なし），(ロ)REITは倒産手続を開始したがREITのAM会社には倒産手続が開始されない場合（ニューシティレジデンス投資法人の場合），(ハ)REITには倒産手続が開始されないがREITのAM会社に倒産手続が開始される場合（リプラスレジデンシャル投資法人の場合など），の3通りの可能性が存在する。ただし，「所有と運用の分離」が生じているREITにおいては，REIT及びREITのAM会社の両方を支配しない限り，REITの事業を支配できないことから，REITの再生手続においてスポンサーを募る場合には，いずれの場合も，REIT及びREITのAM会社の処理を並行的に行うことが不可欠となる。

[Ⅲ] REITの再生手続

上記Ⅱで検討したREITの特徴を踏まえ，REITの再生手続につき，以下，主要な問題点を個別的に検討する。

1 REITの倒産原因の特殊性

「公募ファンド」であるREITにおいては，資本項目である投資口による資金調達の割合が比較的高いため，負債項目であるローンや投資法人債に対するREITの保有資産の割合は比較的高く，債務超過の発生しづらい財務体質となっている。

一方，導管性要件における90パーセント配当要件との関係で，REITは，配当可能利益の10パーセント未満しか内部留保金を積むことができない。その結果，内部留保金を超える金額のローンや投資法人債につき，その弁済期が到来したにもかかわらず，①既存のローンや投資法人債の借換え（リファイナンス）又は②REITの保有資産の売却による弁済原資の確保ができない場合，資産超過であるにもかかわらずデフォルトが発生し，資産超過の状態で再生手続が申し立てられる可能性（「債務者が事業の継続に著しい支障を来すことなく弁済期にある債務を弁済することができない」場合。法21条1項）が存在するという特殊性を有している。

2　REITの再生スキームの特殊性

(1)　100パーセント減増資スキーム

投信法上，REITは減資又はこれに代わる手続を利用できないので，REITは100パーセント減増資スキームを利用できない。なお，増資手続は可能であるが，制約も大きい。以下個別に検討する。

(a)　減資又はこれに代わる手続

投信法上減資手続が存在しないため，REITは，減資による既存投資主の権利変更を行うことはできない。なお，REITは株式会社ではないため，法154条3項（再生計画による減資等）の適用はないが，REITは減資そのものが不可能であるため，この点は，結論に影響しないと思われる。

また，投信法上，自己投資口の取得は原則禁止されており（投信法80条），投資口の消却に関する規定も存在しないので，会社法における自己株式の取得及びその消却に相当する手続を行うこともできない。

以上から，投信法上，REITは減資又はこれに代わる手続を利用することはできないと解されている。

(b)　増資手続

投信法上，REITは，役員会決議により増資を行うことが可能である（投信法82条1項）。ただし，REITが再生スキームとして増資を行うにあたっては，以下の制約がある点に留意する必要がある。

① 増資にあたり，投資口の有利発行ができないため（投信法82条6項），公正価格での投資口発行が必要となる。しかしながら，再生手続下にあるREITは上場廃止となっているため，市場価格を取得できない。また，REITの事業価値はREIT保有の不動産の純資産価値（Net Asset Value/NAV）と比較的近似値となるはずにもかかわらず，REITの倒産に伴い，上場廃止前におけるREITの投資口価格がNAVを大幅に下回る事態を生じるので，公正価格の算定が著しく困難な事態を生じる。

② 投信法上，現物出資に関する規定がないため（投信法82条1項2号参照），REITは現物出資型のデット・エクイティ・スワップを実行できないと解されている。

③ 新スポンサーが50パーセント超の投資口を取得した場合，REITの導

管性要件（同族会社要件（50パーセント・ルール））に抵触するかどうかが問題となる。この点，再生手続開始によりREITが損失を計上している場合，そもそも配当ができず課税の問題を生じないので，導管性要件の問題を生じない。実務的にも，再生債権者に対しては再生債権の支払猶予等を求めながら，他方では投資主に利益配当を行うという取扱いについて，再生債権者の理解を得ることは事実上不可能であると思われる。したがって，再生債権が完済されるまでは，REITは事実上配当を行えないものと思われる。そうした意味では，新スポンサーが，REITの再生に必要となる各種投資主総会の（特別）決議を経ること等を目的として，50パーセント超の投資口を取得したとしても，そもそも再生手続中のREITからの利益配当は期待できないことから，導管性要件以前の問題となり，実質的な支障を生じないように思われる。なお，再生債権完済後に投資主として配当を受ける場合には，再び導管性要件（同族会社要件（50パーセント・ルール））が問題となるため，新スポンサーは，50パーセントを超えるREITの投資口を，再生債権完済直後のREITの事業年度末までに処分する必要があると思われる。

④　なお，REITは株式会社ではないため，法154条4項（再生計画による増資）の適用はないが，そもそもREITは，投資口の有利発行ができず，一方で，公正価格での投資口発行は役員会決議で可能であるため，この点は，結論に影響しないと思われる。

　　　(c)　執行役員及び監督役員の交代

執行役員及び監督役員の交代は，投資主総会の通常決議で可能である（投信法96条・104条）。

　(2)　資産/事業譲渡スキーム

投信法上，REITが資産/事業譲渡を行うことは可能であるが，制約も大きい。以下個別に検討する。

　　　(a)　資産/事業譲渡に必要となる手続

　　(イ)　資産/事業譲渡の決定権限の帰属

REITの投資判断権限はAM会社が有しているという原則論からすれば，売主REITのAM会社の協力が必要となる。AM会社は通常非上場の株式会社であることから，再生債務者であるREITとしては，AM会社の株式

取得を通じてその協力を確保することは事実上困難であり，AM 会社の任意の協力を得ることが必要となる。

なお，清算目的の資産/事業譲渡（特に全資産譲渡の場合）の場合，実質的には「解散」（投信法143条3号）に該当するものであるから，AM 会社の権限事項ではなく，REIT 投資主の権限事項（投資主総会の特別決議事項。投信法93条の2第2項3号）であるとの考え方も指摘されている。

(ロ) REIT の規約変更の必要性

売主 REIT と買主 REIT との間で保有資産のタイプ（オフィス型不動産への投資，レジデンス型不動産への投資，両方への投資）が異なる場合，保有資産のタイプは（定款に相当する）規約に記載されていることから，買主 REIT において，投資主総会の特別決議が必要となる場合も生じうる。また，清算目的での資産処分は，売主 REIT の規約に規定される運用方針に反することも多いため，売主 REIT において，投資主総会の特別決議が必要となる場合も生じうる。

(b) 導管性要件（同族会社要件（50パーセント・ルール））及び公開買付け規制等との関係

清算目的の資産/事業譲渡又は規約変更を行うため，投資主総会の特別決議が必要となる場合も存在しうることは，上記の通りである。決議確保のため必要となる50パーセント超の投資口取得と導管性要件（同族会社要件（50パーセント・ルール））との関係は，上記Ⅲ2(1)(b)③記載の通りである。

上場廃止後であっても，有価証券報告書提出会社である REIT は，公開買付け規制の対象となることから，新スポンサー等が決議確保のため既発行の投資口を買い集める場合には，公開買付け規制に注意する必要がある（金商法27条の2第1項本文）。

なお，REIT の投資主総会決議においては，みなし賛成制度（投信法93条1項）を利用することは可能であるが，動議が出た場合には利用できない。

(c) 不動産流通税軽減措置（「75パーセント・ルール」）との関係

REIT がその運用資産を資産譲渡して現金化していった場合，不動産流通税軽減措置における75パーセント・ルールに抵触する可能性が生じるとの指摘がされている。かかる指摘に従った場合，売主 REIT が資産/事業譲渡を

行うにあたり，通常の不動産流通税が課される可能性が生じる。

　(d)　売主REITの上場廃止基準（「70パーセント・ルール」）との関係

　REITがその運用資産を資産譲渡して現金化していった場合，運用資産等に占める不動産等の比率が低下して，REITの上場廃止基準における70パーセント・ルールに抵触する可能性が生じるとの指摘がされている。かかる指摘に従った場合，運用資産等に占める不動産等の比率が回復するまでの間は，再生後の売主REITを再上場できない可能性が生じる。もっとも，再生REITにおいては，かかる現金は，再生債権に対する弁済又は新たな優良不動産等の購入に利用されると思われることから，かかる利用により運用資産等に占める不動産等の比率が回復する場合も多いものと思われる。

　(e)　株式会社とのその他の相違点

　株式会社の場合と異なり，会社法における事業譲渡に相当するような資産譲渡をREITが行う場合であっても，反対投資主の投資口買取請求権は存在しない。

　なお，REITは株式会社ではないため，法43条（裁判所の許可による事業譲渡）の適用はないが，そもそもREITには事業譲渡の制度が存在しないので，この点は，結論に影響しないように思われる。

　(3)　合併スキーム

　投信法上，REITは，株式交換，株式移転，会社分割に相当する制度を利用することはできないが，投資主総会の特別決議により，合併を行うことは可能である（投信法145条）。ただし，REITが再生スキームとして合併を行うにあたっては，以下の制約がある点に留意する必要がある。

　(a)　合併手続そのものに関する法的制約

　投信法上，合併はREIT間でのみ可能であるため，合併相手となる存続REITを用意する必要がある。また，REITは，全部取得条項付株式相当の投資口を利用したスクイーズアウトを行うことができないため，少数投資主対応が必要となる。

　なお，投信法上，REITは，投資口以外の金銭等を対価とするキャッシュ・アウト・マージャーを利用できないものと解されている（投信法147条1項2号参照）。

(b) 合併手続に関連する実務上の制約

① 投信法上,反対投資主に投資口買取請求が認められているが（投信法149条の3第1項等),再生手続下にある消滅REITの場合,上場廃止により,投資口の公正価格算定が困難であるという問題点がある（上記参照）。また,導管性要件（「90パーセント配当要件」）との関係で,内部留保金が投資口買取請求に不足する可能性が高いので,投資口買取請求の支払原資を,新たに資金調達する必要性がある。

② 消滅REITにおいては,合併承認投資主総会決議の確保が必要となる（投信法149条の2第1項）。決議確保のため必要となる50パーセント超の投資口取得と導管性要件（同族会社要件（50パーセント・ルール））との関係は,上記Ⅲ2⑴(b)③記載の通りであり,既発行投資口の買い集めと公開買付け規制との関係も,上記Ⅲ2⑵(b)記載の通りである。存続REITにおいては,簡易合併の制度が存在するため（投信法149条の7第2項),存続REITの投資主総会は省略することが可能な場合もある。なお,いずれの場合も,みなし賛成制度の利用は可能であるが,動議が出た場合には利用できない。

② なお,REIT間の合併においては,従来,税務・会計上の問題点（「適格合併」,「負ののれん」,「90パーセント配当要件」の利益配当額判定式等）の問題が指摘されていたが,国税庁回答又は平成21年度税制改正により解決されたため,これらによる支障はなくなった。

3 AM会社の並行処理

上記2は,REIT本体の再生スキームに関する議論であるが,REITの再生スキームの特徴として,AM会社処理を並行して行う必要がある点が挙げられる。

新スポンサーに対して,REITの既存AM会社又はその支配権を譲渡する場合には,REITの既存AM会社に関する株式譲渡や合併等の手続を,別途行う必要がある。新スポンサーが新規AM会社を用意する場合は,投資運用業登録を有する新規AM会社を用意した上,新規AM会社の選任と既存AM会社の解任に関する投資主総会の決議（投信法198条2項・206条1項）を,それぞれ経る必要がある。

4 REITの再生手続における倒産実体法等の問題点

　本稿では，REITの組織上の特徴がREITの再生手続にどのような影響を与えるかを中心として検討を行った。この他にも，不動産投資のための証券化ビークルであるREITが締結する各種契約やその債権者構成との関係で，すでに触れた社債と倒産法の問題のほか，担保付ローン債権者との別除権対応の問題，AM契約やPM契約といった委任契約（双方未履行双務契約）処理の問題，REIT保有不動産の賃貸借と倒産の問題など，倒産実体法を中心とした問題も数多く存在する。紙面の関係上，これらの検討は，別の機会に譲ることとする。
　　　　　　　　　　　　　　　　　　　　　　　　　【酒井　俊和】

■参考文献
大串淳子ほか監修『不動産投資法人（REIT）の理論と実務』（弘文堂，2011）
「不動産投資法人のM&A実務マニュアル」141〜155頁（綜合ユニコム株式会社）
小田大輔，髙橋壮介，松下淳一，山崎良太「座談会　REIT倒産の影響とその後の処理」金融法務事情1855号6〜27頁
永石一郎「REITと民事再生」銀行法務21 709号44〜53頁
田中俊平「「J-REITのM&A」についての法的問題点」リアルエステートマネジメントジャーナル87号39〜42頁
片岡良平「不動産流動化・証券化とコンプライアンス　J-REITの買収スキームにおける法的問題点（上）（下）」不動産証券化ジャーナル2007年7月-8月号83〜93頁，2007年9月-10月号97〜107頁
髙橋壮介「不動産投資法人（REIT）のM&A‐実現可能性の法的検討‐」金融法務事情1828号26〜36頁
石田尚己『不動産会社とREITのM&A』99〜130頁（住宅新報社，2010）
桑田幸江，山本恭司「投資法人の合併に係る税務上の取扱い〜平成21年度税制改正を中心として」ARES41号29〜39頁
瀬戸英雄「社債権者の事業再生手続への参加」民事手続法と商事法務（商事法務）75〜101頁

31 否認権行使の要件

再生手続開始後，否認権を行使することができるのは誰か。否認権の行使の要件は，どのようになっているか。

解説

[I] 否認権の意義

再生債務者は，再生手続が開始された後も業務の遂行権や財産の管理処分権を有するのが原則であるが（38条1項。いわゆるDIP型手続），再生手続開始後は，再生債務者は，債権者に対して公平誠実義務を負い（同条2項），財産の処分や債務の弁済について制限を受ける（41条・42条・85条等参照）。また，裁判所は，再生手続開始の申立てがあった場合，必要があると認めるときは，監督委員による監督を命ずる処分（監督命令）をすることができ（54条1項・2項），監督命令が発せられて監督委員が選任されることは実際上かなり多い。さらに，再生債務者が法人である場合に，再生債務者の財産の管理又は処分が失当であるとき，その他事業の再生のために必要があるときは，再生手続開始決定以後，裁判所は管財人による管理を命ずる処分（管理命令）をすることがあり（64条1項・2項），管理命令が発せられると，業務遂行権や財産管理処分権は管財人に専属して，再生債務者はこれらを失う（66条）。

以上に対して，再生手続開始申立て前は，債務者による自己の財産の処分は自由であり，開始申立てがあっても，手続開始決定前であれば，上記監督命令，保全管理命令（79条），保全処分（30条）がされたときなどは別として，申立て前と同様である。

しかしながら，債務者の行為が再生手続開始前にはすべて自由だということになると，後に再生手続開始決定がされたときに，実効的な再生計画を定

め，債務者と債権者との間の権利関係を適切に調整し，債務者の事業や経済生活の再生を図るという再生手続の目的（1条）が実質的に達成できない事態が生じる。そこで，再生手続が開始された場合に，その前の一定の行為について，再生手続との関係で法的な効力を失わせ，その行為によって逸出していた財産を再生債務者財産に回復するために，否認権の制度が設けられている。

民事再生法の定める否認権の制度（127条～141条）は，破産法のそれ（破160条～176条）と要件や効果において基本的に同様であり，債務者の総財産を減少させる行為（財産減少行為，（狭義の）詐害行為）の否認（詐害行為否認）と複数の債権者のうちの一部の債権者に弁済したり担保を供与したりするなどの行為（偏頗行為）の否認（偏頗行為否認）とがある（財産減少行為と偏頗行為は併せて広義の詐害行為とされる。）。再生手続では清算価値保障原則が妥当し（25条2号・174条2項4号参照），破産手続によった場合に債権者が得ることが見込まれる配当金が再生計画で得られる再生債権者の利益の最低限度として機能することになるので，破産法で財産確保の手段として認められる否認権は，民事再生法でも認められるべき筋合である。

ただし，小規模個人再生と給与所得者等再生では，法238条，245条で法第6章第2節の適用が除外され，否認権の行使はできない。否認権の行使を認めると，訴訟に進むこともあり得るなど再生計画を定めるまでに相当の時間がかかることになって，簡易・迅速を旨とするこれらの手続の目的にそぐわない結果となり得るからである。小規模個人再生又は給与所得者等再生の手続が求められた場合やこれらの手続が開始した場合，否認対象行為に対しては，再生手続開始要件（25条2号）や再生計画認可要件（174条2項4号）との関係で，否認権行使によって回復されるはずの財産額を加算した額を考慮して清算価値保障原則を適用し，これを満たさなければこれらの手続による再生手続が開始しないか再生計画が認可されず，通常の再生手続か破産手続に進まざるを得なくなるとすることによって対処することになる。

以下，Ⅱで行使権者，ⅢからⅤまでで否認権の要件について述べる。

なお，否認権の一般的要件として，行為の有害性と不当性が必要であるとされているが，次のような理由から，Ⅲ以下で明示的には挙げていない。ま

ず，有害性は，旧破産法下で，適正な価格での不動産の売却，一部の債権者への債務の本旨に従った弁済（本旨弁済），担保権者への当該担保の目的物による代物弁済等について，破産債権者を害するかどうかを個々の事情に応じて判断するための理論的な枠組み又は根拠として援用されてきた。しかし，現行倒産法制では，一部の債権者への弁済（破160条2項・162条，民再127条2項・127条の3）や相当な対価を得てした財産の処分（破161条，民再127条の2）について要件が明確化されており（その基礎には有害性の有無が考慮されているといえるが），有害性そのものを解釈論として直接援用すべき場合は減少している。また，不当性については，有害性を肯定すべき場合でも，行為の内容や動機・目的等に照らして不当性を欠くことがある（否認阻却事由となる）という枠組みで議論がされてきた（例えば，債務者の生活を維持したり事業を継続したりするための財産の売却等）。しかし，このような行為も，相当対価である場合に限って否認が否定される（破160条1項・161条，民再127条1項・127条の2）という具合に，要件を定めた個々の規定の解釈の範囲内で否認権の成否を判断することになる。そこで，有害性と不当性が特別に問題となる場面は，全くないとはいえないものの限定的であると考えられ，否認権の要件についてはⅢ以下で挙げる各規定の解釈をもって基本とすべきである。

［Ⅱ］ 行 使 権 者

　民事再生法に基づいて否認権を行使できるのは，否認権限を有する監督委員（裁判所から，56条1項により，特定の行為について否認権を行使する権限を付与された監督委員）又は管財人（64条）である（135条1項）。

　上記のように，再生手続では，管財人が選任されない限り，再生債務者が業務遂行権や財産管理処分権を保有するとともに公平誠実義務を負い（38条1項・2項），再生手続の機関としての地位を有するので，再生債務者が，自身がした行為について否認権を行使するという仕組みも理論的にはあり得る。しかし，民事再生法は，再生債務者には否認権を認めていない。これは，再生債務者が自分自身のした行為の効果を覆すことには社会的な抵抗感が強く，また，再生債務者にこれを期待することも難しいといった考慮が

あったためである。立案段階では、他に、再生債務者の特別代理人や各再生債権者に否認権を与えるという方法も検討されたが、採用されなかった。

監督委員も管財人も選任されていない場合に、否認されるべき行為があるときには、再生債権者等の利害関係人の申立て又は職権により、裁判所が監督命令を発して監督委員を選び、当該行為についての否認権行使の権限を与えるか、管理命令を発して管財人を選任するという方法をとることになる。

否認権の行使は、訴え又は否認の請求による（135条1項）。監督委員による否認権行使はこれらの方法によることになるが、管財人は、抗弁によって否認権を行使することもできる（同条3項）。否認の訴えや否認の請求の管轄裁判所は、再生裁判所（再生事件が係属している官署としての裁判所）である（同条2項）。

否認権を行使する権限を与えられた監督委員は、その権限の行使に関し必要な範囲で、再生債務者のために財産の管理・処分をする権限を有する（56条2項）。この結果、財産の管理・処分権限を有する者として再生債務者と監督委員とが並立することになるので、同じ財産に関する訴訟についてその双方が当事者適格を有するという状況が生じ得る（例えば、ある動産について、再生債務者が売買契約の錯誤無効を理由として物権的返還請求権を行使し、監督委員が否認権を行使して返還請求をする場合）。そのような場合を調整するために、否認権を行使する監督委員と再生債務者のうち一方が訴訟当事者となっている既係属の訴訟に他方が参加したり（138条1項・2項）、否認の訴訟の相手方が再生債務者を被告として引き込む訴えを提起したり（同条3項）することができる。これらの場合には、判決の矛盾が生じないようにするために民事訴訟法40条1～3項が準用されるなどしている（138条4項）。

［Ⅲ］ 詐害行為否認の要件

1 詐害行為

法127条1項は、1号で再生債務者が再生債権者を害することを知って（詐害意思をもって）した行為の否認について定め、2号で再生債務者が支払停止又は再生手続開始、破産手続開始若しくは特別清算開始の申立て（以下

「再生手続開始の申立て等」という。127条の3第1項1号参照）の後にした行為の否認について定める。

これらの否認の対象となる「再生債権者を害する行為」（詐害行為）とは，債務者の責任財産を減少させる行為である（狭義の詐害行為）。財産の不相当に安い価格での売却（廉価売却）などがこれに当たる。そして，これらの行為が否認の対象となる詐害性を有するのは，その行為が，債務者の財産状況からして債務者が責任財産を総債権者のために維持することが法的に要求される時期にされた場合に限られる。どのような財産状況であればその時期に当たるかについては，議論があるが，債務者が無資力であることを要件とするのが通説的見解である。無資力とは，債務者の総資産額が総債務額よりも少ない状態のことであり，「債務超過」と言い換えられる。当該処分行為によりそのような状態になる場合を含む。

2　詐害意思がある行為の否認

詐害行為否認のうち，法127条1項1号が定める再生債務者に詐害意思がある場合の否認が認められるためには，①上記のような詐害行為がされたことのほか，その詐害行為に際しての主観的要件として，②再生債務者に詐害意思があったことが必要である。他方，③受益者がその行為が再生債権者を害することを知らなかった場合には否認を免れる（善意についての受益者の過失の有無を問わない。旧破産法72条1号ただし書につき，最判昭和47年6月15日民集26巻5号1036頁参照）。②については，積極的な害意までは必要でなく，詐害行為であること（自己の財産状態が詐害行為を成立させ得るようなものであり，その行為により責任財産が減少すること）の認識があれば足りる。①と②は否認権を行使する者（監督委員，管財人）が証明責任を負い，③は否認の相手方である受益者が証明責任を負う。以上の要件が満たされる場合には，支払停止等（後記3参照）の前の行為についても否認権が認められる。

3　支払停止，再生手続開始の申立て等の後の行為の否認

法127条1項2号は，支払停止又は再生手続開始の申立て等の後にされた詐害行為について，再生債務者の詐害意思を要件とせずに，否認の対象とし

ている。要件として，①詐害行為がされたことのほか，②その前に支払停止又は再生手続開始の申立て等（以下「支払停止等」という。）があったことが必要である。これらについては，否認権を行使する者が証明責任を負う。「支払停止」は，再生債務者が支払不能（再生債務者が，支払能力を欠くために，その債務のうち弁済期にあるものにつき，一般的かつ継続的に弁済できない状態。93条1項2号参照）にあることを明示的又は黙示的に外部に表示する債務者の行為を指す（旧破産法74条1項に関する最判昭和60年2月14日判時1149号159頁参照）。このような状況になれば，客観的にみて債務者は責任財産を維持すべきであるので，詐害意思が要件とならない。他方，③受益者が，その行為の当時，支払停止等があったこと，及び，詐害行為にあたることをいずれも知らなかったことが，否認権成立の消極的要件となり，これが証明されれば，受益者は否認を免れる。また，再生手続開始の申立て等の日から1年以上前にされた行為については，支払停止後の行為であること又は支払停止の事実を知っていたことを理由として否認することはできない（131条）。

4　過大な代物弁済の否認

債務の消滅に関する行為は，偏頗行為否認（127条の3）の対象となり得るものではあるが，法127条1項による詐害行為否認の対象からは外されている。したがって，相当価額による代物弁済は，偏頗行為否認の要件（後記Ⅳ）を満たす場合以外は，否認されない。しかし，代物弁済が過大である場合，同項各号の要件のいずれかに該当するときは，過大な部分に限り，同条2項により，否認される。代物弁済が過大な場合には，その部分について財産減少行為としての性質が認められるからである。

なお，過大な代物弁済が支払不能後又は再生手続開始の申立て等の後にされた場合には，偏頗行為否認の要件（127条の3第1項）も満たし得る。偏頗行為否認の要件も満たせば，過大な部分のみならず代物弁済全体が否認の対象となることになる。

5　無償行為否認

支払停止等の後又はその前6月以内にされた無償行為及びこれと同視すべ

き有償行為は，否認の対象となる（127条3項）。これを無償行為否認（又は無償否認）といい，詐害行為否認の一種であるが，同項は，同条1項1号，2号の特則として要件を緩和している。これにより，対象が無償行為（贈与，債務免除等）やこれと同視すべき（すなわち，対価が名目的なものであって経済的に対価としての意味を有しない）有償行為である場合には，債務者の詐害意思を要せず，支払停止前6月の行為まで含めて，受益者が善意であっても，詐害行為否認の対象となる（旧破産法72条5号に関する最判昭和62年7月3日（民集41巻5号1068頁）は，破産者が義務なくして他人のために保証又は物上保証をすることは，それが債権者の主債務者に対する出捐の直接的な原因をなす場合であっても，破産者がその対価として経済的利益を受けない限り，無償行為に当たり，これは，主債務者がいわゆる同族会社であり，破産者がその代表者で実質的な経営者であるときにも妥当するとしている。）。また，無償行為否認については，法131条が適用されず（同条かっこ書参照），再生手続開始の申立て等の日から1年以上前にされたものであっても，対象となる。

6　相当対価による財産処分行為の否認

　相当の対価を得てする財産の処分行為は，直接には債務者の財産を計数的に減少させるわけではないので，法127条の2は，財産の種類の変更により債務者が財産を隠匿するおそれが生じるなど，処分行為の後の行為が介在することによって間接的に財産を減少させるおそれを生じさせる場合に限って，否認の対象としている。同時交換的取引（後記Ⅳのように127条の3では除外されている。）も法127条の2による否認の対象にはなり得る。

　相当対価による財産処分行為の否認の要件は，同条1項に規定されている。当該行為が財産の種類の変更により再生債務者において隠匿等の処分をするおそれを現に生じさせるものであること（同項1号），再生債務者の隠匿等の意思（同項2号），相手方（受益者）の悪意（同項3号）である。同項3号の相手方の悪意は，相手方が同条2項各号のいずれか（いわゆる内部者）に当たる場合には推定される。また，相当対価による財産処分行為の否認も詐害行為否認の一種であり，法127条1項1号又は2号の要件があることが前提となる。

[Ⅳ] 偏頗行為否認の要件

　複数の債権者のうちの一部の債権者に弁済したり担保を供与したりするなどの行為（偏頗行為）は、債務者が財産（積極財産）を供出した分だけ債務（消極財産）を減少させるので、債務者の総財産の計数上の金額には変動はなく、形式的には「財産減少行為」とはいえない。しかし、債務者の財産がすべての債権者を満足させることができない状態になっている時点で、一部の債権者のみに額面どおりに弁済や担保の供与を行うことは、他の債権者が権利の変更を余儀なくされる状況であることを考えると、債権者間の公平を害するものであり、再生計画等により債務者と債権者との間の権利関係を適切に調整するという再生手続の実効性を阻害することになる（なお、そのような債務者に対する債権は、実質的価値が名目的な価値である額面よりも低くなっていると評価できるので、額面通りの弁済は実質的に再生債務者財産を減少させる行為であると説明されることもある。）。このような行為を否認する偏頗行為否認について、法127条の3が定める。

　同条1項1号によると、再生債務者が支払不能になった後又は再生手続開始の申立て等があった後に再生債務者が既存の債務についてした担保の供与又は債務の消滅に関する行為は、相手方が支払不能（若しくは支払停止）又は再生手続開始の申立て等について悪意であった場合に、否認の対象となる。相手方が内部者である場合や行為自体又は方法若しくは時期における非義務行為の場合は、相手方の善意について相手方が証明責任を負う（同条2項）。また、行為自体又は時期における非義務行為については、支払不能になる前30日以内にされたものも偏頗行為否認の対象となり、相手方の善意について相手方が証明責任を負う（同条1項2号）。代物弁済も偏頗行為否認の対象となり得る（前記Ⅲ4参照）。

　新規の融資がそのための担保提供と同時に行われる場合のような「同時交換的取引」（「同時交換的行為」ともいう。）は偏頗行為否認の対象とならない（同条1項柱書かっこ書は「既存」の債務への担保供与のみを挙げている。なお、同時交換的取引は、127条1項柱書かっこ書により、同条に基づく詐害行為否認の対象にもならない

が，127条の2によって否認される余地はある。前記Ⅲ6参照）。

［Ⅴ］ 否認に関する特別の要件

　民事再生法においても，手形債務支払の場合等の例外（128条），対抗要件の否認（129条），執行行為の否認（130条）に関し，それぞれ破産法163条から165条までと同様の特別の要件が定められている。
　また，再生債務者と受益者の間の行為を転得者に対して否認するための要件については，法134条に破産法170条と同様の規定がある。

【笠井　正俊】

■参考文献
伊藤眞ほか『民事再生法逐条研究・解釈と運用』113頁以下（有斐閣，2002）
伊藤眞『破産法・民事再生法［第2版］』385頁以下・713頁以下（有斐閣，2009）
山本和彦ほか『倒産法概説［第2版］』268頁以下〔沖野眞已〕（弘文堂，2010）
松下淳一『民事再生法入門』61頁以下（有斐閣，2009）

32 否認権行使の効果等

否認権が行使されるとどのような効果が生じるか，①詐害行為等の財産処分行為の否認の場合と，②偏頗行為の否認の場合とに分けて，相手方の反対給付や債権はどうなるかという観点も踏まえ，検討せよ。①については，否認の登記・登録の問題についても触れよ。また，誰が否認の効果を実現できるのか検討せよ。

解　説

［Ｉ］　否認権行使の効果

1　否認権の物権的効果

　訴え等による否認権の行使は形成権の行使であり，これによって否認権対象行為の結果として逸出した財産は，再生債務者の財産に復帰する（132条）。民事再生法132条1項は破産法167条1項，会社更生法91条1項と同旨であり，否認による原状回復のために相手方の行為を要求することなく，再生債務者財産への復帰の効果が当然に生じることを規定したものである（いわゆる物権的効果（全国倒産処理弁護士ネットワーク編『新注釈民事再生法　上　第2版』759頁〔中西正〕（きんざい，2010）））。

　しかし，否認権は，訴え又は否認の請求によって否認権限を有する監督委員又は管財人（以下「管財人等」という。）が行うところ（135条1項），これらの者が現実に当該財産を管理処分するためには，受益者などの相手方から任意に目的物の返還を受けるか，相手方に対して引渡しの強制執行をするなどの具体的行為が必要になる。

2　否認権の相対的効力

　否認権が再生債務者財産の回復を目的とするものである以上，否認権の効果も再生債務者財産との関係で生じれば足り，相手方と第三者との関係には影響を及ぼさない（人的な相対的効力）。したがって，再生債務者Aと相手方Yとの間で行われた否認対象行為が否認された場合であっても，それまでの間にYが当該行為の目的財産を第三者Zに譲渡している場合には，Zとの関係では管財人等Xによる否認権行使の効果は当然には及ばず，効果を及ぼすためには転得者Zに対する独立した否認権の行使（134条）が必要となる。

　また，否認訴訟中に再生手続が終了した場合には，否認の効果が生じなくなるという意味でも，「相対的効力」である（手続的な相対的効力）。これらの点も破産法，会社更生法と同旨である。

[Ⅱ]　詐害行為等の財産処分行為の否認　→　物又は権利の返還請求

1　管財人等の権利

　廉価売却等の詐害行為（127条）や適正価格による財産の処分行為（127条の2）が否認された場合，管財人等は，否認対象行為（取引行為）の相手方に対して，否認権行使に伴う原状回復として，当該取引によって再生債務者から得た財産を，再生債務者に対して返還するよう請求することができる（132条1項）。

2　無償否認の場合の例外（善意の相手方を一定程度保護）

　しかし，無償否認又はこれと同視すべき有償行為が否認された場合（127条3項）には，再生債権者を害すること及び支払停止等について相手方が善意であったときにも，その主観的事情にかかわらず否認が認められるところ，善意の相手方にも完全な原状回復義務（132条1項）を負わせるのは酷なので，否認対象行為の当時詐害の事実及び支払停止等について善意であった者は，現に受けた利益のみを償還すれば足りるものとした（132条2項）。

ここに「善意」とは，否認対象行為の当時を基準として，当該行為の効果が再生債権者を害する結果となることを知らず，かつ支払停止又は再生手続の申立てを知らないことである。また，「現に受けた利益」（現存利益）とは，現存している目的物，その果実，あるいは目的物の滅失による保険金請求権などである。

3　管財人等の相手方に対する価額償還請求権

ところで，否認権が成立する場合であっても，目的物の返還が不可能若しくは困難なとき，又は目的物が減価してその返還だけでは再生債務者財産が原状に回復しないときは，目的物の返還に代えて，又はそれに加えて，価額償還請求権が認められると解される（伊藤眞『破産法・民事再生法［第2版］』728頁，436頁（有斐閣，2009））。

償還価額の算定の基準時については，①否認対象行為時説（東京高判昭和38年5月9日下民集14巻5号904頁），②否認権行使時説（最判昭和61年4月3日判時1198号110頁），③否認請求等の審理終結時説（大判昭和4年7月10日民集8巻717頁）などが考えられる。否認権行使の効果として否認対象行為がなくなると考える以上，①の否認対象行為時説を基本とした上で，否認対象行為の後に目的物の価額が高騰したなどの事情がある場合には，相手方に利得が不当に帰属することを防止すべく，例外的に処分時を基準とすることも検討されるべきである（小河原寧『民事再生法　通常再生編』109頁（商事法務，2009））。

4　取引の相手方の地位

詐害行為に見られるように，否認対象行為の相手方が再生債務者に対して反対給付を行っている場合（たとえば，再生債務者Aが相手方Bに対して，1000万円相当の再生債務者財産を300万円で売却したという詐害的取引の場合，BからAへの300万円の代金支払が反対給付に該当する。），相手方が管財人等から現物返還の請求を受けたときは，相手方は管財人等に対し，再生債務者が受けた売買代金等の反対給付の返還を請求することができる。この場合，相手方の反対給付が再生債務者財産内に現存するか否かによって，処理の仕方は二通りに分かれる。

第1に，詐害行為（127条1項）若しくは無償行為と同視すべき有償行為（同3項）又は相当の対価を得てした財産の処分行為（127条の2第1項）が否認された場合において，相手方の反対給付が再生債務者財産中に現存している場合には，相手方はその返還を請求できる（132条の2第1項1号）。反対給付の返還について相手方に取戻権を認める趣旨である。

　第2に，同様の場合において，相手方の反対給付が再生債務者財産中に現存しない場合には，相手方は，共益債権者として当該反対給付の価額の償還を請求できる（価額償還請求権。同2号）。否認権行使の効果として，再生債務者の下から流出した財産を原状に回復させるかそれと同等の回復をさせればその目的は達せられるので，相手方の反対給付返還請求権に代わる価額返還請求権を共益債権として保護したものである。

　管財人等の相手方に対する現物返還請求と，相手方の管財人等に対する反対給付請求又は価額返還請求とは，同時履行の関係に立つ。

5　再生債務者が隠匿等の処分をする意思について，相手方が悪意だった場合の特則

(1)　現存利益の有無によって区別

　再生債務者が，否認対象行為たる財産処分行為の当時，相手方から反対給付として取得した金銭その他の財産について隠匿等の処分（127条の2第1項1号）をする意思を有し，かつ相手方がそのことを知っていたとき（否認対象行為の相手方が内部者（127条の2第2項）のいずれかであるときは，再生債務者の財産状況や処分の意図に関する情報をいち早く入手している蓋然性が高いので，再生債務者の隠匿等の処分の意思に関する相手方の悪意が推定される（132条の2第3項）。それ以外の場合には，相手方の悪意の立証責任は管財人等が負う。）は，現存利益があるか否かによって結論が大きく異なる。

　すなわち，反対給付によって生じた利益が再生債務者財産中に現存する場合には（その場合に限って），相手方の有する現存利益返還請求権が共益債権となる（132条の2第2項柱書・同1号）。

　これに対し，反対給付によって生じた利益が現存しない場合には，反対給付にかかる価額償還請求権は再生債権として扱われてしまう（同2号）。この

ような相手方は，再生債務者による隠匿等の処分によって反対給付が消滅する虞のあることを知っており，リスクを負っていたと考えられるので，権利を格下げしたのである。

以上の結果，利益の一部が現存する場合には，その限度で現存利益返還請求権が共益債権となり，その部分を控除した反対給付の価額償還請求権が再生債権となる（同3号）。

(2) 現存利益の有無についての判断基準

ところで，再生債務者Aが相手方Bに対して，1000万円相当の再生債務者財産を300万円で売却したという詐害的取引の場合，BからAへの300万円の代金支払が反対給付に該当するが，この300万円が，どのような要件の下で再生債務者財産として現存していると判断されるのか，とりわけ適正価格売買が否認された場合の相手方にとって重要な問題となる（藤原総一郎監修『倒産法全書（上）』518頁（商事法務，2008））。というのも，適正価格売買が否認されるのは，取引の相手方が，再生債務者が隠匿等の処分の意思を有していることについて悪意の場合に限られるので（127条の2第1項），現存利益が存しない部分についての相手方の返還請求権は常に再生債権に格下げされてしまうからである。

考え方としては，①再生債務者の一般財産の中に組み込まれた金銭が，再生債務者によって費消されていたとしても，財産購入の資金に使われたとか，債務の支払に充てられた等いわゆる有用の資に充てられたときは，それによって他の財産の減少を免れたという意味で利益が現存すると解する説（積極説），②特定性のない金銭は一般財産の中に混入してしまうので，利益は常に現存しないと解する説（消極説），③受領した金銭が優先性のある支払に充てられた場合や当該金銭によって購入された物品が現存するときは，利益が現存すると解する説（折衷説）があるが，現行法の下では積極説が有力であるといえる（前掲伊藤441頁）。

6 差額償還

以上の結果として，相手方が反対給付たる目的物の返還請求権を有するときや，その価額償還請求権を共益債権として行使できるときには，否認権を

行使する管財人等は，財産そのものの返還請求に代えて，財産の価額から反対給付の目的物の価額や共益債権額を控除した額の償還を請求することができる（132条の2第4項。差額償還）。破産法168条4項，会社更生法91条の2第4項と同旨であり，簡便な決済を可能にするために管財人等に選択権を与えたものである。

差額償還請求が可能な場合，通常は決済の便宜のために差額償還が選択されると思われるが，例外的に，①現物返還を受けた財産と他の財産とを組み合わせて一括して売却した方が高く売れる場合，②相手方に差額償還に耐える弁済資力がない場合，③対象財産が再生債務者にとって事業遂行上必要な財産である場合等には，現物返還の請求をすることになるであろう。

7　否認の登記

(1)　特殊登記説

否認権行使の相手方Yが管財人等Xに対して物又は権利の返還義務を負う場合に，それらの物又は権利の移転などに関して登記・登録の制度があるときは，再生債務者Aが当該権利の復帰を第三者に対抗するためには，Xが「否認の登記」を申請しなければならない（13条1項・15条）。

「否認の登記」の法的性質については古くから見解の対立があったが，判例（破産法上の否認の登記につき，最判昭和49年6月27日民集28巻5号641頁）・通説は，否認の効果である手続的な相対的効力の特殊性を踏まえて特別に設けられた終局登記であるとする見解（特殊登記説）に立っており，民事再生法もこの立場に立っていると解される（前掲伊藤727頁，434頁）。

なお，登記のある権利について民事再生法12条の規定があり，否認の登記には，登録免許税は非課税である（14条）。登記のある権利について，民事再生法12条ないし14条が準用される（15条）。

(2)　職権による登記

否認の登記は，再生手続の目的を実現するための否認の効果を公示するためのものなので，否認の登記に係る権利に関する登記をする場合（たとえば管財人Xが否認によって再生債務者財産に復帰した不動産を第三者Bに譲渡し，その旨の所有権移転登記をする場合）は，否認の登記自体は登記官の職権で抹消される

(13条2項1号)。否認された行為を登記原因とする登記又は否認された登記も，それらの登記に後れる登記も，同様に職権で抹消される（同条項2号・3号）。

　これに対し，否認された行為の後否認の登記がされるまでの間に，当該行為を登記原因とする登記にかかる権利を目的とする第三者の権利に関する登記がなされているときは，登記官の職権で，否認の登記の抹消及び登記にかかる権利の再生債務者への移転登記がなされる（13条3項）。たとえば，再生債務者A所有の不動産を相手方（受益者）Yへ売却した行為が詐害行為否認の対象行為で，その否認の登記がなされるまでの間に，Yが第三者Zのために当該不動産に抵当権を設定し，AからYへの売買を原因とする所有権移転登記及びZのための抵当権設定登記がなされている場合には，否認の登記を抹消した上で，YからAへの復帰的な所有権移転登記がなされる。AからYの所有権移転登記を抹消するだけだと，Zを権利者とする抵当権設定登記の基礎が失われ，Zの利益を害するからである。したがって，所有権がAに復帰した後も，Zはその地位を再生債権者に対して主張しうる。

　否認の登記がされている場合において，再生計画認可の決定が確定したときは，裁判所書記官が職権で，遅滞なく，当該否認の登記の抹消を嘱託しなければならない（13条4項，規則8条1項6号・2項）。否認権行使の結果として再生債務者財産に服した財産について，売却等がされないまま再生計画認可決定が確定したことを前提としており，この場合には，同決定が確定したことにより，否認によって回復された当該財産は再生計画の基礎となっていることから，もはや否認の効果が覆る余地はないとの考え方に基づいている（全国倒産処理弁護士ネットワーク編『新注釈民事再生法　上　第2版』72頁〔大寄麻代〕（きんざい，2010））。したがって，嘱託を受けた登記官は，職権で，否認された行為を登記原因とする登記又は否認された登記（13条2項2号），及びそれに後れる登記（同3号）を抹消しなければならない（13条5項前段）。当該権利にかかるその後の処分を容易にするためである。

　また，否認された行為の後否認の登記がなされるまでの間に，否認された行為を登記原因とする登記（13条2項2号）にかかる権利を目的とする第三者の権利に関する登記がされているときは，登記官は職権で，上記の登記抹消

に代えて，登記（13条2項2号）にかかる権利を再生債務者へ移転する旨の登記をしなければならない（13条5項後段）。法13条3項と同様に，第三者の権利を保護するための措置である。

再生計画認可決定確定後に再生手続が終了した場合（再生手続開始決定取消決定若しくは再生計画不認可決定が確定したとき，又は再生手続廃止決定が確定したとき）は，裁判所書記官は職権で，遅滞なく，否認の登記の抹消を嘱託しなければならない（13条6項，規則8条2項）。再生手続終了に伴って否認の効果が失われるので，否認の登記を抹消して，受益者などの利益を保護するための措置である。

［Ⅲ］ 弁済等の偏頗行為の否認 ▶ 金銭給付の返還請求

1 管財人等の権利

弁済その他の債務消滅に関する行為が偏頗行為として否認された場合（127条の3第1項），管財人等は相手方に対し，その受けた給付の返還を請求でき（132条1項），さらに，弁済受領の日から支払済みまで遅延損害金を支払う義務を負う。

遅延損害金の利率は，否認対象行為が商行為であるか否かにより，民事法定利率（民404条）又は商事法定利率（商514条）が適用される（商事法定利率につき，最判昭和40年4月22日民集19巻3号689頁（破産の事案））。

2 取引の相手方の債権の復活

弁済その他の債務消滅に関する行為が偏頗行為否認の対象とされ，相手方が再生債務者から受けた給付を返還し，又はその価額を償還した場合には，相手方の債権が原状に復し，すなわち再生債権として復活する（133条）。条文上，相手方の義務の先履行が要求されていることが明らかであり，相手方の返還義務等と原状に復する相手方の債権（再生債務者の債務）とは同時履行の関係には立たない。相手方の債権を自働債権とする相殺も認められない。

相手方が一部の給付を返還したときは，その割合に応じて債権も復活する（大判昭和14年3月29日民集18巻287頁）。当該債権に人的担保（保証債務，連帯債務

等）や物的担保（抵当権，物上保証等）が付いていた場合には，それらも当然に復活する（旧破産法79条（現行破産法169条に相当）による債権の復活に関し，最判昭和48年11月22日民集27巻10号1435頁）。

　もっとも，否認対象行為たる弁済によって，これらの担保は一旦は消滅するので，否認によってそれらが復活する前にその消滅を前提として法律関係に変動が生じている場合に問題が生じる。たとえば，否認対象行為たる弁済の後に弁済を原因として抵当権設定登記が抹消されているとして，復活までの間に抵当目的物が第三者に譲渡され所有権移転登記が具備されている場合などである。この場合，①あくまでも担保は復活し，債権者は登記がなくても第三者に抵抗できるという見解（積極説）と，②担保の復活は第三者に対抗できないとする見解（消極説）とが対立しているが，取引の安全の見地から消極説を相当とするも，法133条の趣旨に照らして第三者が保護されるためには善意であることが必要と解する（髙田昌宏「否認の効果」櫻井孝一ほか編『倒産処理法制の理論と実務』（別冊金判）260頁（2006），加々美博久「債務の弁済否認と保証債務の復活」塩崎勤＝髙木新二郎編『倒産手続と担保権・否認権・相殺権の諸問題』（金判増刊1060号）137頁（1999））。

［Ⅳ］　誰が否認の効果を実現できるのか

1　否認権を行使する主体　～　否認権限を有する監督委員又は管財人

　否認権は，訴え又は否認の請求によって，否認権限を有する監督委員又は管財人が行う（135条1項）。管理命令により管財人が選任されている場合（64条）には管財人のみが行使権者であり，それ以外の場合は監督委員のみが行使権者である。

　管財人は，再生債務者財産につき包括的な管理処分権・事業遂行権を有しているので，否認権についても，訴えの提起の際に裁判所の許可を要する（41条1項5号）のは別として，一般的かつ包括的な権限を有している。これに対して監督委員には，管財人が有するような一般的かつ包括的な否認権限はなく，特定の対象行為について個別に再生裁判所から否認権の付与を受けるにとどまる（56条1項）。

監督委員による否認権の行使形態は，訴えと否認の請求のみであり（135条1項），抗弁や攻撃方法として否認権を行使することは認められない。これに対し管財人は，訴え，否認の請求，抗弁という3種類の行使形態が認められており（同条1項・3項），否認を理由としない訴えにおいて，攻撃方法の一つとして否認権を行使することも認められる。

2　否認権を有する監督委員の訴訟参加等（138条）
(1)　法律上の主張適格の分属と訴訟参加制度
　否認権限を付与された監督委員が否認権を行使する場合には，財産の管理処分権者（再生債務者自身）と否認権行使者（監督委員）とが分裂することから，財産管理処分権を当事者適格の基礎とする訴訟と，否認訴訟との間で調整を図る必要がある。
　すなわち，否認対象行為に係る財産について一般的な管理処分権限を有するのは再生債務者自身である。監督委員は，否認権限の付与によってその範囲での管理処分権限が認められ，当事者適格を有するに過ぎない。
　したがって例えば，再生債務者Aが動産甲を相手方Bに売却し，代金は完済したが，引渡しをする前にAについて再生手続開始決定が下されたという場合に，Bが甲の引渡しを請求して訴訟提起するならば，同訴訟について当事者適格（被告適格）を有するのはAであって監督委員Cではない。たとえ上記売買契約が不当に廉価なものであったとしても，被告適格を有しないCは，否認権を抗弁として行使することはできないから（135条1項・3項），上記売買契約についてCに否認権限が付与されたときでも，CはBに対し，否認を理由とする別訴（動産引渡請求権不存在確認訴訟）を提起する以外にない。しかしそれでは，同一の目的物にかかる権利又は義務に関して，BA間訴訟とCB間訴訟が併存したり，前後にずれて訴訟係属したりする可能性があり，訴訟不経済であると共に，2つの訴訟の間で判決内容が矛盾抵触する虞もある。
　そこで，上記のBA間訴訟（相手方・再生債務者間の訴訟）が係属するときにおける，監督委員Cの当事者参加（1項）と，上記のCB間訴訟（監督委員・相手方間の訴訟）が係属するときにおける，再生債務者Aの当事者参加（2

項）に，それぞれ道を開いた。さらに2項の場合に，Aが積極的に当事者参加しない場合を想定して，これに備えるべく，BがAに対して別訴を提起する際，これを，先行するCB間訴訟と併合して提起することを認めた（3項）。

本件のような当事者適格（法律上の主張の適格）の分属は，他に例を見ないものであることから，本条1項及び2項において，民事訴訟法のいずれの類型とも異なる独自の参加形態を認めると共に，3項において訴訟引込み（主観的追加的併合）をも認めたものである。

そして，いずれの場合についても，必要的共同訴訟に関する民事訴訟法40条1項ないし3項を準用して，合一確定を図ったものである（4項）。

(2) **再生債務者と相手方との間に否認の目的である権利義務に関する訴訟が先行して起きている場合の，監督委員の訴訟参加**（1項）

再生債務者と相手方との間に否認の目的である権利義務に関する訴訟が先行して起きている場合には，否認権限を有する監督委員は，否認権を行使するために，相手方を被告として，当事者としてその訴訟に参加できる（138条1項）。

例えば，開始決定前に，再生債務者A所有の不動産甲が相手方Bに移転登記されていたところ，Aが，当該取引は錯誤無効であるなどとして抹消登記手続請求訴訟を提起している場合，監督委員Cは，当該取引につき詐害行為否認の要件を充たすとして，Bを被告として当事者参加できる。

この場合には，必要的共同訴訟に関する民事訴訟法40条1項ないし3項が準用され，関連する紛争についての合一確定が図られる。また，民訴法43条（補助参加の申出），47条2項・3項（独立当事者参加の申出・送達）の各手続規定が準用される（4項）。

(3) **監督委員による否認訴訟が先行して係属している場合に，再生債務者が否認訴訟の目的である権利義務に関する請求をするときの，再生債務者の訴訟参加**（2項）

1項とは逆に，監督委員による否認訴訟が先行して係属している場合には，再生債務者は，否認訴訟の目的である権利義務にかかる請求をするために，相手方を被告として，否認訴訟に当事者として参加できる。

例えば、再生債務者Aが所有不動産甲を相手方Bに売却し、代金を完済し引渡しも済ませたが、所有権移転登記が未了の段階でAに再生手続開始決定が下された場合に、否認権限を付与された監督委員Cが否認権を行使してBに対して否認訴訟を提起して甲の返還を請求していたところ、Aも売買契約の詐欺取消しを請求原因事実として主張して、甲の返還を求めて当事者参加できる。

この場合には、必要的共同訴訟に関する民事訴訟法40条1項ないし3項が準用され、関連する紛争についての合一確定が図られる。また、民訴法43条(補助参加の申出)、47条2項・3項(独立当事者参加の申出・送達)の各手続規定が準用される(4項)。

(4) 相手方による訴訟引込み(3項)

監督委員による否認訴訟が係属しているときは、その訴訟の相手方は、再生債務者を被告として、否認訴訟の目的である権利義務に係る否認訴訟に併合して訴訟提起できる(3項)。

例えば、再生債務者Aが所有不動産甲を相手方Bに売却し、代金を完済し引渡しも済ませたが、所有権移転登記が未了の段階でAに再生手続開始決定が下された場合に、否認権限を付与された監督委員Cが否認権を行使してBに対して否認訴訟を提起して甲の返還を請求したが、この返還請求の請求原因事実としてほかに売買契約の錯誤無効の主張が考えられるとする。ここで、本条2項の規定にもかかわらずAがCB間の訴訟に参加しないならば、Cの請求が棄却されても、その既判力による遮断の効果は、Cの管理処分権の範囲内である否認に関するものにしか及ばず、Aが別訴で改めてBに対して錯誤無効の主張をすることが可能になってしまう。

そこで、監督委員Cが相手方Bを被告として否認訴訟を提起した場合には、Bはこの訴訟の口頭弁論終結に至るまでは、再生債務者Aを被告として、当該訴訟の目的である権利又は義務に係る訴え(BのAに対する不動産返還義務不存在確認訴訟)を、上記否認訴訟に併合して提起することができる。これはすなわち、CB間訴訟(否認訴訟)へのAの引込み(いわゆる主観的追加的併合)を認めたものである。

この併合後の訴訟については、必要的共同訴訟に関する民事訴訟法40条1

項ないし3項が準用され（本条4項），関連する紛争についての合一確定が図られる。

3 否認の訴え等の管轄について（135条2項）

否認の訴え及び否認の請求事件は，いずれも再生裁判所が管轄し（135条2項），専属管轄である（6条）。

したがって，詐害行為取消訴訟を，否認権限を有する監督委員や管財人が否認訴訟として受継するとき（140条1項）や，既に管財人が提起した訴訟の中で，新たに攻撃方法として否認権を主張するときは，民事再生法135条2項の趣旨に基づき，再生裁判所への移送が必要になる。また，反訴において監督委員が否認権を攻撃方法として行使するときは，本訴と共に移送すべきである。

これに対して，管財人が抗弁としてこれを用いるときは，同条2項の適用はない。

（以上，Ⅳ全体につき，全国倒産処理弁護士ネットワーク編『新注釈民事再生法 上 第2版』797頁以下〔山本和彦〕（きんざい，2010），園尾隆司＝小林秀之編『条解民事再生法 第2版』537頁以下〔髙地茂世〕（弘文堂，2007）などを参照。）

【進士　肇】

33 相殺と相殺禁止

＜設問 1 ＞

　損害保険会社 Y は，平成18年 3 月28日，A が代表取締役を務める株式会社 X との間で，同社所有の本件建物について，店舗総合保険契約を締結した。A は，同契約に係る火災保険金を詐取しようと企て，本件建物に放火し，平成19年 1 月16日，本件建物等を全焼させた。本件火災が A の放火によるものであることを知らなかった Y は，同年 2 月18日，X に対し，上記店舗総合保険契約に基づき，本件火災を原因として店舗総合保険金2000万円を支払った。Y は，本件火災が A の放火によるものであることが発覚した後，X を被告として，保険金詐取の不法行為による損害賠償を求める訴訟を提起し，その勝訴判決が確定した。

　X は，平成21年 2 月19日，民事再生手続開始決定を受けた。債権届出期間は同年 3 月18日までと定められた。

　Y は，X との間で，上記店舗統合保険契約とは別に積立普通傷害保険契約を締結していた。X が民事再生手続開始決定を受けた時点において，積立普通傷害保険契約の満期は未到来であったが，X は同年 3 月 5 日同保険契約を解約し，その解約返戻金2000万円を Y に請求した。

　Y は，平成21年 3 月15日，X に対し，X の保険金詐取の不法行為に基づく2000万円の損害賠償債権を自働債権とし，X の積立普通傷害保険契約に基づく解約返戻金債権2000万円を受働債権として，対当額で相殺をする旨の意思表示をした。これに対して，X は，Y に対し，民事再生手続開始決定後の解約であるから，民事再生法93条 1 項 1 号の相殺禁止に抵触するから相殺は認められないとして解約返戻金2000万円の支払を求めた。X の主張は認められるか。

＜設問 2 ＞

　X 社は Y 銀行との間で，平成18年 2 月15日付けで銀行取引約定を締結し，同約定には，「X 社が Y 銀行に対する債務を履行しなかった場合には，Y 銀行

は，担保およびその占有しているＸ社の動産，手形その他の有価証券について，かならずしも法定の手続によらず一般に適当と認められる方法，時期，価格等により取立または処分のうえ，その取得金から諸費用を差し引いた残額を法定の順序にかかわらずＸ社の債務の弁済に充当できるものとする」との条項（同約定4条2項。以下「本件条項」という。）が含まれていた。

　Ｘ社は平成20年2月1日，民事再生手続の開始を申し立て，同月7日に再生手続開始決定を受け，債権届出期間は同年3月10日までとされた。Ｘ社は再生手続開始の申立てに先立ち，Ｙ銀行に対して，額面金500万円，満期を同年2月末日とする約束手形1通を取立委任のため裏書譲渡しており，Ｙ銀行はＸ社の再生手続開始決定後に同手形を取り立て，同年2月末日手形取立金を受領した。Ｘ社からの手形取立金の返還請求に対し，Ｙ銀行は，同年3月5日本件条項に基づき，当該手形取立金をＹ銀行がＸ社に対して有する貸付金債権金5000万円の一部に充当する，又は同債権の一部とＸ社のＹ銀行に対する手形取立金返還請求権と対当額で相殺する旨の意思表示をした。これに対して，Ｘ社は，Ｙ銀行が本件手形取立金を貸付金債権に弁済充当及び相殺することは許されず，Ｙ銀行が弁済充当ないし相殺を理由に手形取立金を支払わないことは不当利得を構成すると主張し，本件手形取立金相当額及び民法704条所定の法定利息の支払を求めて訴えを提起した。Ｘ社の主張は認められるか。

解　説

　本設問は，民事再生手続における相殺禁止が，破産手続における相殺禁止とどのように違うのかという観点から作成されている。まず，民事再生法における相殺の制限・相殺禁止について述べておく。

［Ｉ］　民事再生法における相殺の制限・相殺禁止

1　相殺権を行使するための要件

　民事再生法92条1項は，再生債権者が，再生手続開始時に再生債務者に対して債務を負担する場合において，債権及び債務の双方が債権届出期間（94

条1項) の満了前に相殺適状になったときは，当該債権届出期間内に限り相殺でき，債務が期限付の場合も同様であると規定する。

まず，自働債権である再生債権については，再生手続開始時において期限付，停止条件付又は将来の請求権であっても足りるが (84条・87条1項1号3号)，債権届出期間内に，期限の到来，停止条件の成就又は将来の請求権の現実化が生じている必要がある。

次に，受働債権が期限付の場合は，再生債権者が自ら期限の利益を放棄して相殺することが許される (92条1項後段)。しかし，停止条件付又は将来の請求権に係る債務の場合に，開始決定後届出期間満了までの間に条件成就又は現実化が生じたときに相殺が許されるか，あるいは再生債権者が条件不成就又は将来の請求権の不発生の利益を放棄して相殺することが許されるかについては，解釈が分かれる。民事再生法は破産法と異なり，債務に停止条件が付されている場合に相殺を可能とする規定 (破67条2項) がないので，解釈論としては否定的に解するのが素直な解釈といえようが，合理的な相殺期待が認められる場合は，相殺を許してもよいとする見解 (たとえば，伊藤眞教授は，「破産手続においては，停止条件付債務を受働債権とする相殺が許されていること (破67Ⅱ) などを理由として，相殺禁止の対象とならないとしたが，再生手続においては，……停止条件付債務を受働債権とする相殺は許されない。しかし，破産について述べた通り，停止条件付債務であっても，合理的相殺期待が認められる場合には，それを保護すべきであり，したがって，債権届出期間満了までに停止条件が成就したときは，相殺を許すべきである。」(伊藤眞『破産法・民事再生法［第2版］』709頁 (有斐閣，2009)) がある。

2　相殺の禁止

民事再生法は，再生手続開始後の債務負担 (93条)，及び再生手続開始後の他人の再生債務の取得等 (93条の2) によって取得又は負担した債務又は債権による相殺を禁止している。

3　相殺権行使の時間的制約

破産法においては，相殺権の行使は相殺適状にある限りいつまでも相殺を

行えるが，民事再生法においては届出期間経過後の相殺は無効となる（92条1項）。このような相殺権の行使期間制度は会社更生法と同じ取扱い（会更48条1項）となっている。この趣旨は，再建型倒産手続においては債権の調査，確定や再生計画，更生計画作成の基礎を早期に固定する必要から，債権届出期間の満了までに相殺適状が生じたときに限り，その期間内に限定して相殺権の行使を認めるとしたものである。

[Ⅱ] 設問1について

1 先例としての破産手続における相殺禁止

破産者Aの破産管財人X（原告・被控訴人・上告人）は，Aが破産宣告前に保険会社Y（被告・控訴人・被上告人）との間で締結していた複数の積立普通傷害保険契約について，①破産宣告後に満期が到来した満期返戻金，及び，②破産宣告後にXが解約したことに基づく解約返戻金の支払を求める訴えを提起した（①及び②を併せて以下「本件返戻金」という。）。これに対して，Yは，Aが破産宣告前にした不法行為（保険金詐取）に基づく損害賠償請求権（破産債権）を自働債権とし，本件返戻金債務に対応する債権を受働債権とする相殺（以下「本件相殺」という。）を主張した。この相殺の抗弁に対して，Xは，Yの本件返戻金債務の負担が破産宣告後であり，したがって旧破産法104条1号に基づいて本件相殺は無効であると主張して争った事案において，最判平成17年1月17日（判時1888号86頁）は次のように述べて相殺を認めた。

「旧破産法（平成16年法律第75号による廃止前のもの。以下「法」という。）99条後段は，破産債権者の債務が破産宣告の時において期限付又は停止条件付である場合，破産債権者が相殺をすることは妨げられないと規定している。その趣旨は，破産債権者が上記債務に対応する債権を受働債権とし，破産債権を自働債権とする相殺の担保的機能に対して有する期待を保護しようとする点にあるものと解され，相殺権の行使に何らの限定も加えられていない。そして，破産手続においては，破産債権者による相殺権の行使時期について制限が設けられていない。したがって，破産債権者は，その債務が破産宣告の時において期限付である場合には，特段の事情のない限り，期

限の利益を放棄したときだけでなく，破産宣告後にその期限が到来したときにも，法99条後段の規定により，その債務に対応する債権を受働債権とし，破産債権を自働債権として相殺をすることができる。また，その債務が破産宣告の時において停止条件付である場合には，停止条件不成就の利益を放棄したときだけでなく，破産宣告後に停止条件が成就したときにも，同様に相殺をすることができる。」

この事案を要約して図示すると次のようになる。

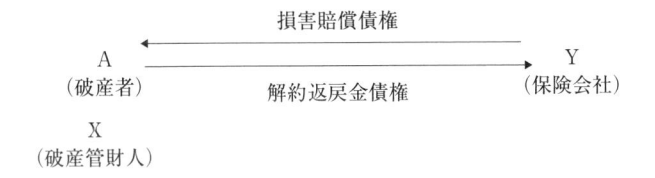

```
                  損害賠償債権
          ←─────────────────
    A                              Y
 (破産者)      解約返戻金債権      (保険会社)
          ─────────────────→
    X
 (破産管財人)
```

Y（保険会社、破産債権者）から見て

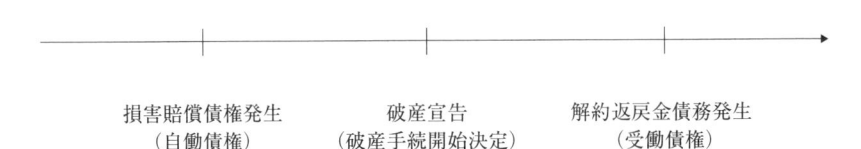

```
───┬─────────────┬─────────────┬─────────────→
   損害賠償債権発生    破産宣告       解約返戻金債務発生
    (自働債権)    (破産手続開始決定)    (受働債権)
```

訴訟物：XのYに対する解約返戻金請求権
争点：Yが抗弁として主張したXに対する損害賠償請求権を自働債権とする相殺が旧破産法104条1号（新破産法71条1項1号）の相殺禁止により主張自体失当となるか否か
最高裁：Yの相殺の主張は，旧破産法99条（新破産法67条）の解釈により，相殺を禁止する旧破産法104条1号にあたらない。
　　　∴抗弁としての相殺の主張は，主張自体失当とならない。

以上をブロックで表すと，次のようになる。

請求原因 (Kg)	抗弁 (E)	再抗弁 (R)
(あ) 保険契約の締結	(カ) 損害賠償債権（自働債権）の発生原因事実	(さ) 特段の事情の存在（相殺権の濫用など（最判平成17年1月17日））
(い) (あ)に基づく保険料の支払	(キ) Xに対する解約返戻金債務とYの(カ)の債権	
(う) A破産宣告（破産手		

続開始決定） (え)　X管財人選任 (お)　X破産宣告（破産手続開始決定）後に(あ)の解約の意思表示	を相殺するとの意思表示

2　民事再生手続における保険会社の解約返戻金債務との相殺

　民事再生手続における停止条件付債務を受働債権とする損害保険会社からの相殺の可否は，前述「Ⅰ―1 相殺権を行使するための要件」に記載したとおり解釈が分かれている。

　本設問では，Yの解約返戻金債務の発生時期が民事再生手続開始以後であることから相殺禁止（93条1項）に抵触しないか，よしんばそれをクリアしても相殺権の行使を債権届出期間内に行えるかどうかが問題となる。前者については，民事再生法には破産法67条2項のような規定が設けられていないので解釈問題となる。開始決定後に発生した受働債権であっても，その債権が停止条件付債権であり，条件が開始決定後に成就したときに相殺の合理的期待が認められる場合は相殺できることととなる（前掲伊藤眞）。すなわち，債務の発生時期が民事再生手続開始後であっても，停止条件債務の場合は相殺禁止に抵触しない場合があることとなるのである。しかしながら，なお後者の問題，すなわち債権届出期間内に相殺権行使をする必要があるため，解約返戻金債務の発生が債権届出期間内であれば，Yは同期間内に相殺の意思表示をすることをもって相殺が可能となるが，受働債権である解約返戻金債務が債権届出期間後に発生すれば相殺はできないこととなる。

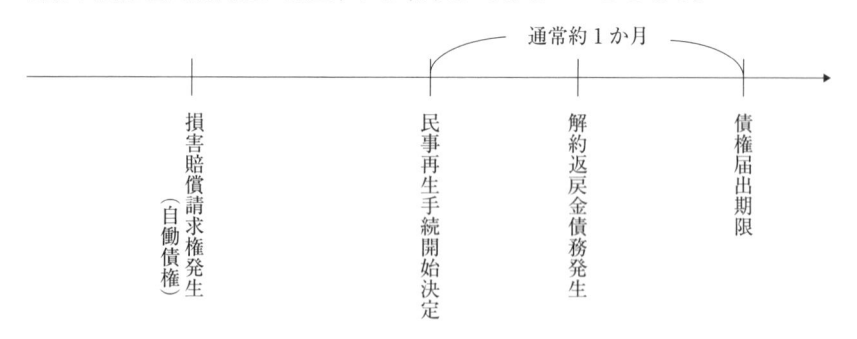

損害賠償請求権発生（自働債権）　　　民事再生手続開始決定　　　解約返戻金債務発生　　　債権届出期限

通常約1か月（民事再生手続開始決定〜債権届出期限）

3　設問1の解答

受働債権が停止条件付債務である場合，伊藤眞教授説を採れば相殺は可能となるが，そのためには，Yに相殺の合理的期待があることが要件となるが，損害賠償債権は取引債権でないので，相殺の合理的期待があるといえるかが問題となる。一般的には，相殺の合理的期待があると考えることはむずかしかろう。しかし，Yに相殺を認めないことは正義に反するようにもみえる。Yが，XのYに対して有する債権を差し押さえることができれば，Yの正義は図られるがそれは無理であろうから相殺を認める方向で検討することも必要となろう。

仮に，Yからの相殺が認められるとした場合，Xは，保険契約の解約を債権届出期間経過後に行えば，解約返戻金の発生時期を債権届出期間後にずらせばYからの相殺を免れ，請求が認められることになる。なお，満期返戻金については，Xはそのような操作を行うことはできない。

[Ⅲ]　設問2について

本設問の解決には，銀行取引約定書4条2項の効力から，相殺と同様の機能を有する充当を認めるか否かという問題と，民事再生法における相殺の可否という2つのアプローチがある。まず，銀行取引約定書4条2項に基づく手形取立金の充当の可否から検討する。

1　先例としての破産手続における扱い

同種事案における破産手続に関しては，最判平成10年7月14日（判時1663号140頁）は次のように述べて，銀行取引約定書4条2項による手形取立金の充当を認めた。

「破産財団に属する手形の上に存在する商事留置権を有する者は，破産宣告後においても右手形を留置する権能を有し，破産管財人からの手形の返還請求を拒むことができるものと解するのが相当である。けだし，破産法93条1項前段は，「破産財団ニ属スル財産ノ上ニ存スル留置権ニシテ商法ニ依ルモノハ破産財団ニ対シテハ之ヲ特別ノ先取特権ト看做ス」と定めるが，「之

ヲ特別ノ先取特権ト看做ス」という文言は，当然には商事留置権者の有していた留置権能を消滅させる意味であるとは解されず，他に破産宣告によって右留置権能を消滅させる旨の明文の規定は存在せず，破産法93条1項前段が商事留置権を特別の先取特権とみなして優先弁済権を付与した趣旨に照らせば，同項後段に定める他の特別の先取特権者に対する関係はともかく，破産管財人に対する関係においては，商事留置権者が適法に有していた手形に対する留置権能を破産宣告によって消滅させ，これにより特別の先取特権の実行が困難となる事態に陥ることを法が予定しているものとは考えられないからである。そうすると，商事留置権を有するY銀行は，破産会社に対する破産宣告後においても，X社による本件手形の返還請求を拒絶することができ，本件手形の占有を適法に継続し得るものというべきである。

次に，Y銀行が自ら本件手形を取り立てて債権の弁済に充当することができるか否かについてみる。

本件約定書4条4項（本設問4条2項と同じ内容）は，銀行の占有する動産及び有価証券の処分等という観点から定められ，これらに商事留置権が成立すると否とを問わず適用される約定であると理解されてきたものである。しかし，右条項の定めは，抽象的，包括的であって，その文言に照らしても，取引先が破産宣告を受けて銀行の有する商事留置権が特別の先取特権とみなされた場合についてどのような効果をもたらす合意であるのか必ずしも明確ではない上，右特別の先取特権は，破産法93条1項後段に定めた他の特別の先取特権に劣後するものであることにもかんがみれば，銀行が動産又は有価証券に対して特別の先取特権を有する場合において，一律に右条項を根拠として，直ちに法律に定めた方法によらずに右目的を処分することができるということはできない。

しかしながら，支払期日未到来の手形についてみた場合，その換価方法は，民事執行法によれば原則として執行官が支払期日に銀行を通じた手形交換によって取り立てるものであるところ（民執192条・136条参照），銀行による取立ても手形交換によってされることが予定され，いずれも手形交換制度という取立てをする者の裁量等の介在する余地のない適正妥当な方法によるものである点で変わりがないといえる。そうであれば，<u>銀行が右のような</u>

手形について，適法な占有権原を有し，かつ特別の先取特権に基づく優先弁済権を有する場合には，銀行が自ら取り立てて弁済に充当し得るとの趣旨の約定をすることには合理性があり，本件約定書4条4項を右の趣旨の約定と解するとしても必ずしも約定当事者の意思に反するものとはいえないし，当該手形について，破産法93条1項後段に定める他の特別の先取特権のない限り，銀行が右のような処分等をしても特段の弊害があるとも考え難い。そして，原審の適法に確定した事実関係等によれば，Y銀行は，手形交換によって本件手形を取り立てたもので，本件手形について適法な占有権原を有し，かつ特別の先取特権に基づく優先弁済権を有していたのであって，その被担保債権は，本件手形の取立てがされた日には既に履行期が到来し，その額は手形金額を超えており，本件手形についてY銀行に優先する他の特別の先取特権者が存在することをうかがわせる事情もないのである。

以上にかんがみれば，本件事実関係の下においては，Y銀行は，本件約定書4条4項による合意に基づき，本件手形を手形交換制度によって取り立てて破産会社に対する債権の弁済に充当することができる。」。

2　民事再生手続における取立委任手形の取立金返還債務を貸金債権のために充当することの可否

次に，同種事案について民事再生手続における裁判所の考え方をみてみよう。

民事再生手続においても前項1と同様の以下の事案につき東京高裁平成21年9月9日判決（金法1879号28頁）がある。

(1)　事　　案

X社とY銀行は，平成18年2月5日付で銀行取引約定を締結し，同約定には，「X社がY銀行に対する債務を履行しなかった場合には，Y銀行は担保およびその占有しているX社の動産，手形その他の有価証券について，かならずしも法定の手続によらず一般に適当と認められる方法，時期，価格等により取立または処分のうえ，その取得金から諸費用を差し引いた残額を法定の順序にかかわらずX社の債務の弁済に充当できるものとする。」との条項（本件条項という。）及びX社が民事再生手続開始を申し立てた場合には

期限の利益を喪失する旨の条項が含まれていた。

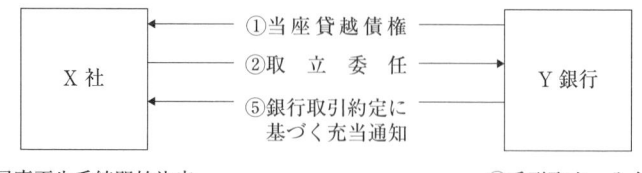

```
              ①当座貸越債権
         ←─────────────────
  ┌─────┐    ②取立委任      ┌─────┐
  │ X社 │ ─────────────────→│Y銀行│
  │     │   ⑤銀行取引約定に  │     │
  └─────┘    基づく充当通知   └─────┘
         ←─────────────────
  ③民事再生手続開始決定       ④手形取立・入金
```

(2) Y銀行の対応

X社は，民事再生手続開始の申立てに先立ち，Y銀行に複数の約束手形を取立委任していたが，Y銀行は平成20年2月19日の同再生手続開始決定後，各手形を取り立て，同年3月19日，X社に対し，本件条項に基づき取立金を当座貸越債権に充当した旨通知した。

(3) X社の対応

X社はその充当の可否を争い，取立金を不当利得としてその返還を請求した。

(4) 裁判の経緯

原審は，X社の主張を認めた。これに対して，Y銀行が控訴した結果が本判決である。

本判決は，次のように述べてY銀行の主張を排斥した。

「別除権の行使によって優先的に弁済を受けられるためには，当該別除権者が他の債権者に対して優先して弁済を受けられる権利を有していることが必要であるが，再生手続において，商事留置権に法律上優先弁済権が付与されていると解することはできない。民事再生法53条1項，2項は，別除権とされた各担保権につき新たな効力を創設するものではなく，別除権者は，当該担保権本来の効力の範囲内で権利を行使し得るにとどまるというべきであり，別除権の行使によって優先的に弁済を受けるためには，当該別除権者が他の債権者に対して優先して弁済を受けられる権利を有していることが必要である。留置権は留置的効力のみを有し，優先的弁済効力を有しないことから，目的物を占有し，これを物質的に支配して弁済を促す権利を有するにすぎないのが本来的な性質であり，再生手続において商事留置権に法律上優先弁済権が付与されると解することはできない。したがって，Y銀行は本件

手形取立金について何ら法的な優先権を有するものではなく，当該手形金をもって商事留置権の被担保債権の弁済に充当することはできない。」

(5) 学説の状況

本判決は，本件条項を根拠として取立委任手形の商事留置権者に手形取立金による弁済充当の権限を認めることはできないとして，再生手続において商事留置権を有する銀行が手形の取立て・弁済充当する行為の可否につき，原判決同様に消極の判断を示したものであり，高裁として初めての判断を示した点で意義を有するものであるが，この結論について学説は積極，消極に二分されている。上告審の判断が待たれる。

同種事案について，破産手続におけるのと民事再生手続におけるのとで結論が分かれたのは，破産法においては商事留置権が特別の先取特権とみなされるところ(破66条1項)，民事再生法においてはこれに対応する規定が存在しないことがその理由である(本判決に賛成するものとして，山本和彦「民事再生手続における手形商事留置権の扱い」金法1864号6頁)。

これに対して，手形の商事留置権者たる金融機関に優先弁済権が認められないとしても，少なくとも目的物の価値の範囲では，別除権者に対する任意弁済が禁じられていないことを考えれば(41条1項9号)，事前の弁済充当の合意も再生債権者の利益を害するものとはいえず，その効力を認めて差し支えないものと思われる(伊藤眞・前掲『破産法・民事再生法［第2版］』700頁)とする見解もある(同様に本判決に反対するものとして，畠山新「民事再生と手形の商事留置権」事業再生と債権管理124号100頁，佐藤勤「民事再生手続における手形商事留置権の取扱い」金判1320号2頁がある。)。

(6) 設問2における充当の可否

以上から，民事再生手続に関する本判決の考え方によると，設問2において，本件条項による充当は認められないこととなる。

3 相殺の可否

(1) 相殺の可能性の余地

本事案においては，一審でも二審でも相殺の主張はないようである。本事案において，相殺の主張がなされなかったのか，それとも，相殺行使期間経

過後に取立金が入金され，相殺権行使の主張をしなかったのか明らかでない。したがって，本判決においては相殺に関する判断はなされていない。しかし，設問2においては，相殺の可能性についても検討が必要である。なぜなら，充当が認められなくとも，相殺が認められる余地があるからである。

(2) 相殺が認められるための要件

設問2における取立金返還債務と貸付金債権の相殺が認められるかどうかは，その相殺が民事再生法92条（債権届出期間内に相殺は行わなければならない。）・93条（相殺禁止）をクリアできるかどうかにかかってくる。相殺の可否において問題となるのは，受働債権である取立金返還債務が民事再生手続開始決定後に発生しているので，取立金返還債務は停止条件付債務といえるかどうかである。いえるとした場合，民事再生法において停止条件付債務に対する相殺は相殺禁止に触れないか（前述Ⅰ－2「相殺の禁止」），また，停止条件の対象となっているのは「手形の取立て」であるが，手形の取立債務と手形金返還債務は同じものといえるかなどである。

以上の問題については，積極，消極両説の対立がある。本判決を契機として，まず，積極説を採られたのが山本克己教授である。同教授は，「各手形金の受領の時期や相殺の意思表示の時期によっては相殺が有効とされる余地がある」とする見解（山本克己「取立委任手形につき商事留置権を有する銀行が，民事再生手続開始決定後に同手形を取り立て，銀行が有する債権に充当することの可否」金法1876号56頁）を示された。

これに対して，「取立金返還債務」と「預かった手形を取り立てるべき債務」は，法律的には別のものであるから，金融機関は受働債権を有せず相殺は困難ではないかと伊藤眞教授は指摘され（「座談会『商事留置手形の取立充当契約と民事再生法との関係』」（金法1884号8頁）発言），村田渉裁判官も同様の見解を述べておられる（同「座談会」発言）。

一方，岡正晶弁護士は，両債務の経済的一体性の観点から相殺を肯定される（同「座談会」発言）。上記の山本克己教授も，両債務の関係については岡弁護士と同様，一体性を認めているものと思料される。

4 設問2の解答

本設問の解答としては，次の2点を検討しなければならない。

①充当の可否，②相殺の可否

①については，平成21年9月9日東京高裁判決（金判1325号28頁）の考えに沿えば充当は認められないことになるが，②については，取立債務と取立金返還債務は同一性を有すると解し，開始決定後，停止条件付債務の条件が成就した（取り立てた）として相殺を認める立場によると，相殺の合理的期待がある場合は，債権届出期間内に取立金の入金がなされているのでY銀行の相殺は可能となり，X社の主張は認められないこととなる。本設問においては，相殺の合理的期待はあると考えられる点が設問1と違う点である。

【永石　一郎】

本稿脱稿後，本稿で述べた東京高裁平成21年9月9日判決の結論と異なり，商事留置手形の取立充当約定は再生手続開始後も有効であるとする名古屋高裁金沢支部平成22年12月15日判決（金法1914号34頁）が出された。

■参考文献

設問1について

水元宏典「時間モザイク」山本和彦編著『倒産法演習ノート ── 倒産法を楽しむ21問』212頁（弘文堂，2009）

設問2について

淺生重機「手形の商事留置権と民事再生」ジュリ1400号130頁（2010.5.1-15）

滝澤孝臣「担保のために手形・小切手を金融機関に預け入れた債務者に倒産手続が開始された場合と当該手形・小切手の取扱いの帰すう」判タ1334号5頁（2011.1.1）

34　損害賠償の査定

損害賠償請求権の査定とはどのような手続か。また査定の申立権者は誰か。

解　説

［Ⅰ］　査定の意義

　査定とは，取締役等の役員の責任に基づく損害賠償請求権の有無を調査し，請求権があるときはその額を定め，かつその支払を命ずる裁判手続である（143条）。

［Ⅱ］　趣　旨

　再生債務者が法人である場合，再生手続に至った経過の中には，会社の取締役等の役員に責任がある場合が少なくない。また再生計画の中では，債権者に対して債権の減免を強制するのであるから，もし役員に責任がある場合には，その責任追及を効果的になすことが公平でもある。加えて，再生計画の基礎となる会社財産を充実させて再生を有効適切にならしめるためにも役員に対する責任の追及は必要である。
　しかし，通常の訴訟手続によって取締役等の役員の責任を確定するには，かなりの手間と時間を要するが，それは迅速を擁する再生手続においては妥当でない。そこで役員に対する損害賠償請求を，簡易，迅速に行わせるようにした制度が査定の手続である。
　従来の和議法には，取締役等に対する査定の手続がなく，これが欠点の一つであるといわれていた。そこで会社更生法（会更100条以下）の規定にならい，民事再生法でも，役員に対する損害賠償の査定の制度を取り入れたので

ある（143条）。

[Ⅲ] 申立権者

1 申立人

　申立権者は，管財人が選任されていない場合には法人である再生債務者（143条1項）及び再生債権者（143条2項）であり，管財人が選任されている場合は管財人である（143条1項・2条2号）。また職権でも査定の手続を開始できることとされている（143条1項）。会社更生法（会更100条1項）と異なり，再生債権者が申立人とされているのは，後述のとおり，再生債務者自身による申立てが適切になされるか疑問があったからである。

　なお，再生債務者が株式会社である場合には，査定の相手方が取締役の場合，監査役設置会社（会社2条9号）であるときは監査役（会社386条1項），監査役設置会社以外の会社では代表取締役（会社349条4項）又は株主総会・取締役会が当該訴えにつき会社を代表する者と定めるもの（会社353条・364条）が会社を代表する。その他の役員を相手方とする場合には再生債務者の代表者が会社を代表することとなる。

2 申立権者に関する問題

　立法の経過で，最も問題となったのは査定の申立権者についてである。

(1) 会社更生の場合

　会社更生の場合，開始決定後は，原則として，事業の経営並びに財産の処分権は管財人に専属する（会更72条）。従前の経営者は経営権を失うことから，取締役等に対して損害賠償請求権の査定の申立てを行うのは第三者である管財人である（会更100条1項）ため，取締役等の責任追及のため査定手続を申し立てることに問題はない。

(2) 民事再生の場合

　① しかし，民事再生法では，管財人が選任されていない場合には，再生手続開始後も，再生債務者が業務遂行権及び財産の管理処分権を有するDIP型（「DIP」（Debtor In Possession）とは，アメリカ連邦倒産法における概念で，倒

産後も経営権を失わず事業の継続に当たる債務者を意味する。）であるのが原則である（38条1項）。したがって，法人である再生債務者が査定申立権を有するといっても，相手方は，再生債務者の代表者あるいはその他の取締役等の役員であり，その実効性が期待できないのではないか，との疑問があるからである。

② しかも再生債務者は，手続開始決定後は，債権者に対し，公平かつ誠実に再生手続を遂行する義務を負い（38条2項），総債権者のための利益代表者としての第三者的地位に立つ。これに伴って申立代理人も，手続開始後は，総債権者のための利益代表者としての公平誠実義務を再生債務者につくさせる義務を負担するだけでなく，自らも総債権者のための利益代表者として公平誠実義務を負う立場となると解される。その立場から，申立代理人は，再生債務者の代表者と，再生債権者との間の，利益の相剋に直面し（才口千晴「「弁護士の役割と責任」―民事再生法の制定と施行を契機として」自由と正義2000年2月号90頁以下参照（日本弁護士連合会）），複雑な立場に立たされることになるのである。

③ 加えて，日本弁護士連合会の「弁護士倫理」によれば，弁護士は，「受任している事件と利害相反する事件」の職務を行ってはならない（弁護士倫理26条2号）とされており，弁護士倫理の関係からも困難な問題を生じ得ることが指摘されていた。

④ そこで申立代理人は，受任する際に予め，再生債務者の代表者を含む役員に対し，再生開始決定後には再生債務者は総債権者に対して公平かつ誠実に再生手続を遂行する義務を負うことになること，代理人も同様の立場に立つこと及び査定申立ての可能性がある場合では弁護士倫理との関係で問題のある事件であることを説明して理解してもらう必要があろう。

[Ⅳ] 相 手 方

査定の相手方は，法人である再生債務者の「理事，取締役，監事，監査役，清算人又はこれらに準ずる者（以下，「役員」という。）」である（143条1項・142条1項）。「これらに準ずる者」とは，会計参与，会計監査人（会社326

条2項）をいう。また，損害賠償請求権査定の制度趣旨からして，再生手続開始前に退任した「役員」も含まれると解され，実例がある（西謙二＝中山孝雄編『破産・民事再生の実務〔新版〕（下）』238頁〔中山孝雄〕（きんざい，2008））。

［V］　申　立　理　由

1　申立ての理由は，役員の責任に基づく損害賠償責任が生ずる事由である。

株式会社では，役員等の会社に対する損害賠償請求権（会社53条・423条・486条），取締役，執行役の株主の権利の行使に関する利益の供与に伴う責任（同法120条4項），取締役，執行役の剰余金の配当等に関する責任（同法462条・464条・465条）に基づく損害賠償請求権等であり，これらを基礎づける事実（義務違反）としては，株主総会又は取締役会の承認を欠く利益相反取引，競業取引（同法356条1項・2項）等の違法取引，違法配当，会社財産の横領，濫用的費消，不正な資金流出から経営上の違法判断，他の取締役，執行役に対する監督義務違反等の任務懈怠までさまざまである。

2　なお，同じく取締役に対する損害賠償請求権であっても，会社の有するものではなく，第三者の有するもの（例えば会社429条，会社430条の役員等の第三者責任）については，査定の制度によることはできない。この場合は，損害賠償請求権を有する各人が，個別的に，通常の訴訟提起によって責任追及すべきである（兼子一＝二ケ月章『条解会社更生法（上）』615頁（弘文堂，1987））。しかし間接損害について，これを一人の債権者に弁済することは債権者間の公平などの理念に反するし，多数の債権者が各自権利行使すれば混乱は避けられないとして，役員等の第三者責任に基づく責任追及であっても間接損害が併存する場合には，査定の対象となるとする見解もある（宮脇幸彦ほか編『注解会社更生法』239頁（青林書院，1986））。

3　なお，総株主の同意がある場合には取締役の会社に対する責任が免除されると規定されている（会社120条5項・424条・462条3項ただし書・464条2項・465条2項）。しかし法人である再生債務者が，既に債務超過の状態にある場合には，損害は株主ではなく債権者その他の利害関係人に帰属することにな

るのであるから，その損害を生じさせた取締役の責任免除について総株主が同意したとしても，それは私的自治の範囲を超えるものであるから，責任免除の効果を生じないと解するべきである。

[Ⅵ] 査定の裁判

1 申立ての方式
(1) 申立ての趣旨

査定の申立書には，①当事者の氏名又は名称及び住所並びに代理人の氏名及び住所，②申立ての趣旨及び理由を記載しなければならない（規則69条1項）。申立ての趣旨は，例えば「再生債務者○○の相手方○○に対する損害賠償請求権の額を違法利益配当分損害金○○○円と査定する。」となる。

(2) 申立ての理由

申立ての理由においては，申立てを理由づける事実を具体的に記載し，かつ，立証を要する事由ごとに証拠を記載しなければならない（規則69条2項）。また申立書には，立証を要する事由につき証拠書類の写しを添付しなければならない（規則69条4項）。査定の申立てをするときは，申立書を相手方に直送することを要する（規則69条5項）。

2 原因事実の疎明

査定の申立てをするときは，損害賠償請求権の原因たる事実（例えば，違法配当の具体的事実）を疎明することを要する（143条3項）。会社更生等の場合と同じく，申立てに印紙は不要である。職権で査定手続を開始する場合には，原因事実の疎明の必要はない。

右により査定の申立てがあったとき，又は職権により査定手続が開始したときは，時効は中断する（143条5項）。

3 裁　判

査定の裁判は，必ず役員を審尋しなければならない（144条2項）。査定の裁判又は査定申立てを棄却する裁判は，決定でなされるが，実体的な裁判で

あり，かつ異議の訴えを許すものであるから（145条1項），理由を付することが要求されている（144条1項）。

4 査定の申立てを認容する裁判の効力

査定の申立てを認容する裁判に対して異議の訴えが提起されない場合，又は異議の訴えが却下されたときは，査定の裁判は，給付を命ずる確定判決と同一の効力を有する（147条）。査定の裁判の性質については確認の裁判とみる見解と給付を命ずる裁判とみる見解がある。査定は，取締役等の役員の責任を簡易迅速に追及することができるよう，再生手続内で簡易迅速に強制執行をなし得る債務名義を得させることが目的の制度であるから，給付を命ずる裁判であり，法147条は査定の裁判が確定したことにより執行力を生ずる旨を明らかにしたにすぎないとみるべきである（前掲・条解会社更生法（上）620頁）。

［Ⅶ］ 株主代表訴訟との関係

1 問題点

再生債務者が株式会社である場合，再生手続開始後に，株主が当該役員に対して代表訴訟を提起できるかが問題となる。

2 管財人が選任されていない場合

学説は，まず，管財人が選任されているか否かを区別し，管財人が選任されていない場合には，株主等は，民事再生法上，手続の外に置かれているのであるから，再生手続開始前と同様に責任追及等訴訟を提起することは可能であり，すでに係属している責任追及等訴訟は開始決定の影響を受けないとされている（園尾隆司＝小林秀之編『条解民事再生法［第2版］』677頁〔中島弘雅〕（弘文堂，2007），才口千晴＝伊藤眞監修『新注釈民事再生法（上）［第2版］』451頁〔松下淳一〕（金融財政事情研究会，2010））。

問題は，責任追及等訴訟係属中に，再生債務者等が査定の申立てを行うことができるかという点である。これについては，再生債務者等が査定の申立

てをした場合には，責任追及等訴訟の審理が終結し判決言渡しが間近である場合は別にして，原則として査定手続を優先させるべきであり，先行する責任追及等訴訟は重複起訴禁止（民訴142条）に触れると解するべきである（前掲・条解［第2版］668頁〔中島弘雅〕）。

3 管財人が選任されている場合

管財人が選任されている場合に，再生手続開始後に株主等が責任追及等訴訟を提起することは可能かである。この点については，管財人による責任追及と株主による責任追及は視点が異なること，民事再生法は株主の権利の停止を認めていないこと等を理由にこれを認める見解もある。しかし，損害賠償請求権という再生債務者の権利の行使権限を管財人に集中するという法（66条，143条1項・2項）の趣旨から，株主は責任追及等訴訟を提起できなくなると解するべきである。

また，すでに係属している株主代表訴訟は，法140条（詐害行為取消訴訟の中断，受継）1項及び2項の類推適用により，再生手続開始により中断し，管財人が中断した訴訟手続を受継できると解すべきであろう（伊藤眞ほか編『注釈民事再生法（上）［新版］』451頁〔松下淳一〕（金融財政事情研究会，2002））。

[Ⅷ] 査定の実務

1 査定制度の実情

査定制度そのものは，会社更生でもそれほど事例は多くない。その理由としては，特にオーナー経営者による同族的な経営が行われていた会社にあっては，役員の所有財産は金融機関等に対して担保提供されており，損害賠償請求権があるとしても現実の回収可能性はほとんどないこと，査定は簡易迅速な制度であるといっても，責任原因と損害額の疎明が必要なことに変わりはなく，経営上の判断についての誤りを，経営判断の原則を乗り越えて立証することは困難を伴うこと，そうかといって会社の倒産自体を損害と考えることはできないことにあるであろう（判時1678号3頁）。加えて民事再生法においては，法人の再生債務者自身が，自らの役員を相手方として損害賠償の

査定申立てをするには困難な問題があることは前述のとおりである。

　しかし，それでも東京地裁の実務では，毎年数件ずつの査定申立てが，主として再生債務者からなされている。件数が少ないとはいえ，申立人及び申立代理人，監督委員，そして債権者の利害を調和した合理的な運用がなされており，損害賠償請求権の査定は，民事再生法の公正さを実現する制度として機能しているといえそうである。以下，それぞれの立場から検討する。

2　当事者の立場からみた査定申立ての事情
(1)　申立人及び申立代理人の立場

　民事再生手続では，再生計画案が可決するためには，再生債権者の議決権の総額の2分の1以上と債権者集会に出席し，又は書面投票（169条2項）をしたものの過半数の同意を要する（172条の3第1項）。したがって，査定を申し立てられるような事情のある代表者や役員は，再生計画案を可決させようと思えば，再生債権者の同意を得られるような努力をせざるを得なくなる。

　また，申立代理人も，査定の裁判を必要とする事情の有無を125条報告書として裁判所に提出しなければならない（125条1項3号）ため，申立前の段階から損害賠償の査定の要否を検討することとなる。そこで役員に対する査定の裁判を必要とする事情があると判断されるような場合には，申立代理人が査定の裁判を提起せざるを得なくなることを説明して当該役員等を説得し，役員等から，責任に応じた私財の提供等をさせて，事実上，査定の裁判と同様の効果を得ることにより，再生債権者，監督委員及び裁判所の了解を得るという方策をとることが多いのである。

(2)　債権者の立場

　債権者側としても，この損害賠償請求の査定制度の存在を背景として，経営破綻に至る責任追及がより明確に意識され，再生計画に対する賛否の判断の前提として，しかるべき責任追及がなされているかどうかという点を明確に意識するようになってきている。債権者にとって，役員に対する責任追及が如何に適切になされているかが，再生計画の可決に至る大きな鍵を握っているという事案も少なくないのである（門口正人ほか編『新・裁判実務大系　会社更生法・民事再生法』483頁〔小原一人〕（青林書院，2004））。債権者のこうした姿勢

374　第3章　開始決定

が，再生債務者や申立代理人に，査定の裁判を必要とする事情があるような役員等に対して自ら私財提供等をさせ，査定の裁判と同様の結果を得ることにより，再生債権者等の関係者の了解を得るという方策をとるような行動に向かわせるようになっているのである。

(3) 監督委員の立場

東京地裁では，監督委員に対し，再生計画案の当否に対しても意見書の提出を求めている (125条3項) が，その意見書には，査定の申立てを要するような事情の有無を調査して記載することを要する。しかし監督委員は，もし再生計画が債権者集会で可決されない等の状態となって手続が廃止となり (191条)，職権破産となったような場合には (250条)，再生債務者の財務状況も悪化している場合も少なくなく，かつ債権者に対する配当率も手続開始の頃の見込みより下落するのが通常であるため，可能であれば破産を回避できる方途を検討しようと考えるのが通常である。そこで，監督委員が査定の裁判を必要とする事情があると判断したような場合には，債権者の理解を得るために再生債務者及び申立代理人に対して査定の申立てを行うことを示唆する場合もあるであろう。あるいは，債権者の納得のため，申立代理人を説得して，当該役員から責任に応じた私財の提供等をさせて，事実上査定の裁判と同様の効果を得るという解決に前向きな姿勢をとることもあるのである。

3　合理的運用

以上のとおり，役員に対する損害賠償の査定手続は，東京地裁でも年間数件程度である。しかし損害賠償請求権の査定手続が存在すること自体で，前述のように関係者間の利害を調和した合理的な解決がなされていることが多く，査定制度はいわば伝家の宝刀ともいい得るような，民事再生法の公正さを実現する制度として機能しているといえるであろう。

[Ⅸ]　保 全 処 分

1　趣　　旨

査定の処分が確定すると，査定は給付を命ずる確定判決と同一の効力を有

する（147条）から，再生債務者若しくは管財人は，これに基づいて強制執行をなし得るが，それまでに役員が財産を隠匿あるいは散逸させる虞がある。そこで査定に基づく損害賠償請求の効力の実効性を確保するために，役員の個人財産に対する保全処分をなし得ることとしたのである（142条）。

2　申立権者及び申立ての時期
(1)　申立権者は，管財人が選任されていない場合には法人である再生債務者（142条1項）及び再生債権者（142条3項）であり，管財人が選任されている場合は管財人である（142条1項・2条2号）。また職権でも保全処分の手続を開始できることとされている（142条1項）。申立ての時期は，再生手続開始決定後が原則である（142条1項）。

(2)　しかし，緊急に資産の保全の必要がある場合もあるが，そのようなときは開始決定前でも，保全管理人が選任されていない場合には再生債務者（142条2項）及び再生債権者（142条3項），保全管理人が選任されている場合は保全管理人が保全処分を申し立てることができる（142条2項）。また職権でも保全処分をすることができる（142条2項）。

3　登　記　等
保全処分は決定でなされるが，実際には財産の処分禁止を目的とするものが多いであろう。裁判所書記官は，前項の保全処分の決定があった場合，それが登記又は登録ある物件についてなされた場合には，保全処分の登記を嘱託しなければならない（12条1項2号）。

4　即　時　抗　告
保全処分の決定又は，保全処分の決定に対する変更又は取消しについては，即時抗告できる（142条5項）が，執行停止の効力は有しない（142条6項）。

[X]　異議の訴え

1　訴えの提起

　査定手続は，再生債務者の役員等に対する損害賠償請求権の存否について決定手続により簡易迅速に債務名義を作出する手続である。しかし，給付を命じられた役員等についても，また査定申立ての全部又は一部を棄却された申立人に対しても，実体権の終局的な審理判断のために口頭弁論に基づく判断のための手続保障を与えるべきである（前掲注釈民事再生法　上〔新版〕454頁）。そこで，査定の裁判に不服がある者は，決定の送達（144条3項）を受けた日から1月の不変期間内に異議の訴えを提起できる（145条1項）とされている。本条で異議の訴えが認められている以上，査定を受けた者が本条によらずに債務不存在確認訴訟を提起し得ないし，逆に再生債務者又は再生債権者若しくは管財人が，別訴で不足分の損害賠償請求をすることも許されない（前掲・条解会社更生法（上）622頁）。

　右異議の訴えの手数料は，訴額によって定まる。異議の訴えも，再生裁判所が管轄裁判所となる（145条2項）。

2　訴えの提起権者

　異議の訴えを提起できるのは，査定の裁判に不服がある者である。査定の裁判を受けた者はもちろん，査定の差額につき不服がある再生債務者又は再生債権者若しくは管財人も異議の訴えを提起できる。

　査定申立てで相手方となった役員が異議の訴えを提起する場合には，当該査定の申立てをした再生債務者又は再生債権者若しくは管財人を被告としなければならない（145条3項）。

　査定申立てをした者が，異議の訴えを提起する場合には，査定申立ての相手方となった役員を被告としなければならない（145条3項）。

3　出訴期間及び弁論・裁判の併合

　同一の査定決定に対して，査定の決定を受けた役員からも，申立てをした

再生債務者又は再生債権者若しくは管財人からも，異議の訴えが提起されることがあり得る。そこで異議の訴えの口頭弁論は1月の不変期間を経過した後でなければ開始できない（146条1項）とされ，訴えが出尽くすのを待ち，しかも弁論及び裁判は併合されなければならないとして，必要的共同訴訟の規定が準用されている（146条2項，民訴40条1項ないし3項）。なお1月の不変期間を設けた趣旨から，反訴の形で異議の訴えを提起する場合でもこの期間に服すると解するべきである。

4　異議の訴えの判決及びその効力

　査定を受けた役員の側から異議の訴えが提起された場合に，請求を排斥するときは請求を棄却し「査定の裁判を認可する」こととなり，請求を認容するときは査定を「取り消す」こととなり，請求を一部認容するときは査定を「変更する」こととなる（146条3項）。

　査定を申し立てた再生債務者又は再生債権者若しくは管財人の側から異議の訴えが提起された場合にも同様である（146条3項）。

　この査定の裁判を認可し，又は変更した判決は，強制執行に関しては，給付を命ずる判決と同一の効力を有する（146条4項）。

【三村　藤明】

35 時　　効

民事再生手続における再生債権等の消滅時効の中断事由，再進行時期に関し注意すべき点はあるか。

解　説

［Ⅰ］　は じ め に

債権者にとって，債務者が倒産した場合の債権管理と回収は通常の債権管理と異なる面があり，しかも，債務者がいかなる法的手続をとったかによって債権者としての対応も異ならざるを得ない。

ここでは，その中でも，民事再生手続における再生債権等の消滅時効について検討することとする。

［Ⅱ］　再生債権届出による時効中断

1　民法147条は，請求（1号），差押え，仮差押え又は仮処分（2号），承認（3号）を時効中断事由としているところ，再生債権の届出は，それが権利の主張としての意味を持つのみならず，届け出た債権が再生債権者表に記載されると，確定判決と同一の効力を持つに至るという意味で，裁判所に対して再生債権としての確定を求める訴訟行為としての性質を有するため（伊藤眞『破産法・民事再生法［第2版］』441頁（有斐閣，2009）参照），「請求」（民147条1号）に該当し，再生手続終了まで，時効中断効が認められる。

2　届出後に再生債権者がその届出を取り下げ，又はその届出が却下された場合は，時効中断効は遡及的になかったことになるが（民152条），裁判外の催告（民153条）としての効力は認められる（園尾隆司＝小林秀之編『条解会社

更生法（上）』136頁（弘文堂，2007））。届出を取り下げても当該再生債権自体を放棄していない限り，届出期間内の再度の届出は認められる。なお，再生債権確定後に届出を取り下げた場合は，その取下げの意思表示は，その後，当該債権につき再生手続に関与する権利及び将来の再生計画に基づく弁済を受ける権利を放棄する意思表示として有効であるが，民法152条の届出の取下げにはあたらず，届出による時効中断効は消滅せず，後記Ⅶ記載の時点から時効が再進行する。もちろん，当該再生債権自体を放棄する意思表示が内包されていれば，時効の再進行は問題とならない。

3　また，届出債権の内容等につき，再生債務者等（2条2号で，管財人が選任されていない場合にあっては再生債務者，管財人が選任されている場合にあっては管財人をいうものとされている。）が認めず，又は再生債権者，再生債務者（管財人が選任されている場合に限る。）が異議を述べた場合（104条1項）でも，そのこと自体は権利行使の効果を失わせるものではないことから，届出による時効中断効は存続する（破産債権届に対する異議の場合につき，最判昭和57年1月29日民集36巻1号105頁）。

もっとも，福岡地小倉支判平成20年3月28日判時2012号95頁は，破産手続参加が時効中断効を持つのは，それが権利の主張としての意味を持つのみならず，届け出た債権が債権表に記載されると，確定判決と同一の効力を持つに至るからであるとして，破産債権届出に対し破産管財人から異議が出され，破産債権の存在が確定される前に破産手続が廃止された場合には，破産債権の存在が確定されなかったことになり，「届出が却下されたとき」に該当し，時効中断効は失われるとしている。

この考え方に従えば，再生債権届出に対し再生債務者等が認めず，又は再生債権者，管財人が選任されている場合の再生債務者が異議を述べ，再生債権の存在が確定される前に再生手続が廃止された場合には，再生債権の存在が確定されなかったことになり，時効中断効は失われることとなる。

その場合でも，再生手続が廃止され，牽連破産が開始した場合に，裁判所が破産債権の届出を要しない旨の決定（253条1項）をしたときは，再生手続において再生債権としての届出があった債権については，当該再生債権としての届出をした者（当該再生手続において当該届出があった債権について届出名義

の変更を受けた者がある場合にあっては，その者）が，破産法111条1項に規定する債権届出期間の初日に，破産債権の届出（同項4号に掲げる事項の届出を含む。）をしたものとみなすこととされている（253条3項）から，牽連破産における債権届出期間の初日に再度時効中断効が生ずることとなる。ただし，牽連破産における債権届出期間の初日までに元々の時効が完成していると，この恩恵は受けられないこととなる。

そして，簡易再生（第12章第1節）及び同意再生（第12章第2節）の場合には，再生債権の調査及び確定の手続がなされないとともに，再生債権者表に確定判決と同一の効力を認める180条，185条（189条8項・190条2項等で準用する場合を含む。）を適用しない（216条1項・220条1項）ことから，福岡地小倉支判平成20年3月28日判時2012号95頁の考え方に従えば，再生債権届出には時効中断効はないこととなろう。

[Ⅲ] 別除権の被担保債権を届け出る場合の時効中断に関する問題点

民事再生法は担保権につき別除権構成をとり（53条1項），別除権は再生手続外で行使できるから（同条2項），別除権者が再生債権者でもある場合であっても，別除権の行使によって完全な満足を受けられるのであれば，再生債権の届出をする必要はない。

もっとも，被担保債権のうち別除権の行使によって弁済を受けることができない部分は再生債権として権利行使できるのであるから（88条），換価が低廉で，完全な満足を受けられない場合に備えて届出をしておくことが望ましい。別除権者が上記部分について届出をする場合には，届出書に債権の内容及び原因等の外に別除権の目的である財産及び別除権の行使によって弁済を受けることができないと見込まれる債権の額（予定不足額）を記載する必要がある（94条2項）。

問題は，時効中断効が予定不足額として届け出た部分についてのみ生ずるのか，届け出た債権額全体について生ずるのかである。

この点，和議手続につき，大阪高判平成2年6月21日（判タ738号169頁）は

前説に立った。

しかし，予定不足額は議決権算定のために届け出るものにすぎず，別除権を過小評価して届け出たことに対する当面の不利益として考えられる届出債権についての異議も時効中断効に影響を与えないことから，実務上，別除権を過小評価して届け出る債権者も多いものと思われ，前説に立った場合，厳密な評価をして予定不足額を届け出た債権者が時効中断効の関係で損をする結果となりかねない。そうだとすると，そのような届出をしないように期待することもできないから，前説のような効果を認めることは妥当とはいえない。

届出のあった被担保債権額全体について時効中断効が生ずると考えるべきである（出原睦大・金判885号109頁参照）。

もっとも，債権者としては，上記裁判例が存在することを前提に予定不足額の届出を慎重に行う必要があり，また，再生債務者等との間で「承認」の効果を生じさせておくべきであろう。

[Ⅳ] 債権者による再生手続開始の申立てと時効中断

民事再生手続においては債務者だけでなく，申立ての原因は破産手続開始の原因となる事実の生ずるおそれがあるときに限定されるものの，債権者も再生手続開始の申立てをすることができる（21条2項）。そこで，債権者がする再生手続開始の申立てが時効中断事由となるかが問題となる。

大判明治37年12月9日（民録10輯1578頁）ほかは，破産宣告（破産手続開始）の申立ての場合につき，「一種ノ裁判上ノ請求」として時効中断効を認めている。

申し立てた債権者とすれば権利行使といえるとともに債権届出の前提を自ら作ったのであるから，再生手続参加（債権届出）に準じて右効果を認めて然るべきであろう。

もっとも，右効果は相対的（申立債権者の債権のみ時効が中断する）であるから，開始決定後，届出をするまでに自己の有する債権が時効にかかりそうな他の債権者（債権者申立ての場合には，開始されるとしても相応の期間を要することが

通常想定される。）としては，別途，時効の中断等の手段を講じなければならない。

なお，自ら再生手続開始の申立てをしても申立ての取下げ，却下がなされれば時効中断効は生じない。申立ての棄却，開始決定の抗告による取消しの場合も同様と解される。

申立ての取下げ，却下により時効中断効が生じない場合であっても，裁判外の催告（民153条）としての効力は認められる。そして，取下げ又は却下から6か月以内に他の強力な時効中断事由に訴えることにより，消滅時効を確定的に中断することができると解されている（破産申立てに関する最判昭和45年9月10日民集24巻10号1389頁参照）。

［Ⅴ］ 債務者による再生手続開始の申立て・認否書の裁判所への提出と時効中断

債務者が自ら再生手続開始の申立てをし，申立書又は添付書類に債権者名や債権額が記載されていたとしてもそれ自体は債権者に対する通知とはいえないから債務承認（民147条3号）とはならないといえる。

次に，再生債務者等が認否書を裁判所に提出すること（101条5項）も直接的には債権者に対する通知とはいえないから，従来の「承認」（民147条3号）の概念には当たらないように思われる（銀行預金につき銀行が帳簿に利息の元金組入れを記入することは預金者に通知しない以上債務承認にあたらないとする大判大正5年10月13日民録22輯1886頁参照。なお，園尾隆司＝小林秀之編『条解民事再生法』445頁〔岡正晶〕（弘文堂，2007）は債務承認にあたるとする。）。

また，再生債務者等が認否書を裁判所に提出することに時効中断効があるかどうかが問題となるのは，多くの場合，再生債権届出をしさえすれば時効中断効が得られるにもかかわらず，これを届けなかったために自認債権として認否書に記載される者との関係であると考えられることからすれば，権利の上に眠る者として時効中断の利益を与える必要はないとの考えにも至りうる。

しかし，民法が「承認」（民147条3号）を時効中断事由としたのは，承認が

あるときには権利者が直ちに権利を行使することの期待可能性が低いとともに権利関係の存在も明らかとなるからである（我妻榮『民法総則』470頁（岩波書店，1964）参照）。そして，再生債務者等が裁判所に認否書を提出すると，再生債権者は裁判所に提出された認否書の原本（16条）・副本によって認否書の閲覧・謄写をすることができるとともに（規則42条），再生債務者の主たる営業所又は事務所に備え置かれている認否書の写しの閲覧（規則43条1項）及び当該再生債権にかかる記載がされた部分の写しを交付するよう求めることができることとされ（規則43条3項），認否書は，再生債権者が自己の債権が認められているかどうかを確認する機会を提供するものとしての機能があるのであるから，実質的に債権者に向けられたものと評価することもできるし，権利関係の存在も明らかにされている。また，再生債務者等からこの認否書に記載した金額を勝手に撤回することは信義則上許されない。

　そして，時効中断事由のうち，「差押え，仮差押え又は仮処分」（民147条2号）は，再生手続開始決定があるとすることができなくなるし（39条1項），再生手続開始決定があった後に再生債権に基づく給付訴訟を提起することは法文上禁止が明記されているわけではないが，実際には訴えの利益を欠くとして不適法却下される（更生手続に関する大阪地判昭和40年4月30日判タ185号171頁参照）ことから，裁判上の「請求」（民147条1号）も，結局できないことになる。そうすると，民事再生法95条1項の要件を充たさない再生債権者は債権届出期間経過後には債権届出をしようとしてもできない以上，当該債権者の単独行為にて時効中断を講ずる方法はないことになる。

　したがって，認否書の裁判所への提出にも「承認」（民147条3号）に準ずるものとして時効中断効を認めるべきである。

　もっとも，認否書の提出後，当初の時効期間が経過した後に再生債務者等が時効を援用した場合には時効援用権の濫用ともなりうるが，法律上一見して時効中断効があるわけではない以上，債権者としては紛争を未然に防止するためには，やはり債権届出期間内に届出をして正式に時効中断効をえておくべきである。

　なお，再生債務者等としては，事実上自ら率先して債権者に対して認否書の写しを交付するなどして認否の結果を通知し，「承認」の効果を生じさせ

ておくべきであろう。

[Ⅵ] 弁済禁止の保全処分，包括的禁止命令，再生手続開始決定等と消滅時効

　裁判所は，再生手続開始の申立てがあった場合には，利害関係人の申立てにより又は職権で再生手続開始の申立てにつき決定があるまでの間，再生債務者の業務及び財産に関し，仮差押え，仮処分その他の必要な保全処分を命ずることができるとし（30条），右「その他の必要な保全処分」として弁済禁止の保全処分がなされるのが一般である。

　弁済禁止の保全処分は債権者に対するものではなく再生債務者に対するものであって，債権者はそれによって訴訟提起や強制執行を禁じられるものではないから，消滅時効は中断ないし停止はせず，そのまま進行することとなる。

　次に，裁判所は，再生手続開始の申立てがあった場合において，必要があると認めるときは，利害関係人の申立てにより又は職権で，再生手続開始の申立てにつき決定があるまでの間，再生債務者についての破産手続又は特別清算手続（26条1項1号），再生債権に基づく強制執行等の手続で，再生債務者の財産に対して既になされているもの（同項2号），再生債務者の財産関係の訴訟手続（同項3号）等の中止を命ずることができ（個別的中止命令），さらに裁判所は，右個別的中止命令によっては再生手続の目的を十分に達成することができないおそれがあると認めるべき特別の事情があるときは，利害関係人の申立てにより又は職権で，再生手続開始の申立てにつき決定があるまでの間，すべての再生債権者に対し，再生債務者の財産に対する再生債権に基づく強制執行等の禁止を命ずることができる（27条1項，包括的禁止命令）。

　また，再生手続開始決定がなされると，再生債権については再生計画外での弁済受領等の消滅行為が原則として禁じられ（85条1項），破産手続開始，再生手続開始若しくは特別清算開始の申立て又は再生債務者の財産に対する再生債権に基づく強制執行等もすることができなくなる（39条1項）。

　しかしながら，これらの場合でも，催告（民153条）をしておけば，債権届

出による時効中断を講ずることができるようになるまでには通常十分な時間があるといえるし、これらの事由は時効中断事由として列挙された請求（民147条1号），差押え，仮差押え又は仮処分（同条2号），承認（同条3号）のいずれにも類するものではないから，時効中断事由にはならないと解すべきである。

なお，これらの事由による影響を受ける請求権について，催告（民153条）による暫定的な時効中断の措置をとったとしても十分でない期間が，これらの事由が発生してから債権届出期間の初日までの間にあるような特別な場合には，民法161条に基づき，時効が停止すると解すべきであろう。

[Ⅶ] 中断した時効の進行の起算点

1 まず，再生手続参加や債権者による再生手続開始申立てのような，訴訟行為としての性質を有する時効中断の効力は，途中で時効の中断事由が終了しない限り，再生手続終了まで存続する。

2 再生計画認可決定確定前に，再生手続開始決定取消決定（37条），再生計画不認可決定（174条2項），再生計画認可前の手続廃止決定（191条・192条・193条）が確定した場合は，そのときに再生手続が終了するので，各決定確定時から時効が再進行する。

3 次に，民事再生法180条3項は，会社更生法240条のように「再生手続終結の後においては」とは規定していないため，再生手続係属中も再生計画所定の弁済期が到来すれば再生債権者は強制執行をすることができる。そのため，再生計画所定の弁済期が「権利を行使することができる時」（民166条1項），「中断事由が終了した時」（民157条1項）となるから，その時から時効は再進行する。

4 再生計画認可後の廃止決定（194条）が確定した場合は，そのときに再生手続が終了するので，当該決定確定時から時効が再進行する。

[Ⅷ] 再進行後の時効期間

　時効が再進行した時の時効期間は，再生計画の認可決定が確定した場合は，再生債務者（管財人が選任されている場合に限る。）の異議（102条2項・103条4項）の有無を問わず，確定した再生債権（104条・110条）については10年となる（180条2項，民174条の2第1項）。
　再生計画認可決定が確定しなくても，再生計画不認可決定（185条，民174条の2第1項），再生計画認可前の手続廃止決定（195条7項・185条，民174条の2第1項）がそれぞれ確定した場合も，確定した再生債権については，再生債権者表の記載は再生債務者が102条2項又は103条4項の規定による異議を述べない限り，再生債務者に対し確定判決と同一の効力を有するので10年となる。再生計画取消決定が確定したときも同様である（189条8項・185条，民174条の2第1項）。
　なお，再生手続においては，破産手続開始の場合と異なり，期限付債権でその期限が開始後に到来すべきものであっても，開始時に期限が到来したものとみなす規定が存在しないから（破103条3項参照），再生計画認可決定等が確定した時に元々の弁済期が到来していない再生債権については，元々の当該債権の時効期間がそのまま適用されると解される（民174条の2第2項）。

[Ⅸ] 主債務の免責部分についての保証債務の時効中断効

　1　主債務について債務免除を定めた再生計画の認可決定が確定した場合，届出により生じた保証債務の時効中断効（民457条1項）は，右免除部分につき右認可決定確定の時に消滅し，その時から時効期間が再進行すると解すべきである（最判昭和53年11月20日民集32巻8号1551頁参照）。
　これは，再生計画で債務免除が定められると，免除された債務はこれにより再生手続から切り離され，これについては時効中断事由は終了するからである。
　2　なお，主債務について債務免除を定めた再生計画の認可決定が確定し

た場合，右免除部分につき保証人は，以後，主債務についての消滅時効を援用できないと解すべきである。なぜなら，免除の効力を受ける債権は，債権者において訴えをもって履行を請求しその強制的実現を図ることができなくなり，もはや民法166条に定める「権利を行使することができる時」を起算点とする消滅時効の進行を観念することができないというべきであるから
ある（破産免責に関する最判平成11年11月9日判タ1017号108頁参照）。

[X] 届出のない債権と消滅時効

届出をしなかった再生債権は，原則として再生計画認可決定の確定により失権する（178条）。

しかし，再生債務者等が届出のない再生債権の内容を自認して認否書に記載した場合（101条3項）は，その内容について届出再生債権者が調査期間内に裁判所に対して書面で異議（102条1項・103条4項）を述べなかったときは，その内容において確定する（104条1項）から，再生計画に基づいて権利の変更（179条）が行われる結果，一般的には弁済期が変更され，認否書の裁判所への提出に時効中断効があるとすると，変更後の弁済期から時効が進行する。この場合の再進行後の時効期間は，この債権は再生債権者表に記載されるので10年である。

また，再生債務者等が届出のない再生債権の内容を認否書に記載しなかった場合でも，①再生債権者がその責めに帰することができない事由により債権届出期間内に届出をすることができなかった再生債権で，その事由が95条4項に規定する決定（再生計画案を決議に付する旨の決定）前に消滅しなかったもの，②右決定後に生じた再生債権，③再生債務者が知りながら認否書に記載しなかった再生債権については，再生計画における債務の減免，期限の猶予その他の権利の変更の一般的基準に従って変更される（181条1項）ものの失権はしない。

そして，①②については再生計画に基づいて弁済を受けることができ（181条2項反対解釈），変更後の弁済期から時効が再進行する。

③については，再生計画で定められた弁済期間が満了する時（その期間の満

了前に再生計画に基づく弁済が完了した場合又は再生計画が取り消された場合にあっては弁済が完了した時又は再生計画が取り消された時）までの間は，弁済をし，弁済を受け，その他これを消滅させる行為（免除を除く。）をすることができないものとされている（181条2項）。

したがって，③の場合については，再生計画で定められた弁済期間が満了する時（その期間の満了前に再生計画に基づく弁済が完了した場合又は再生計画が取り消された場合にあっては弁済が完了した時又は再生計画が取り消された時）に弁済期が変更され，変更後の弁済期から時効が再進行する。

しかし，この①ないし③の場合の再進行後の時効期間は，これらの債権は再生債権者表に記載されていないので，従前の当該債権の元々の時効期間と同じである。

[XI] 再生計画の取消と消滅時効

1　時効期間

再生計画取消決定が確定すると，再生計画により変更された再生債権者の権利は原状に復する（189条7項）。

もっとも，届出債権及び再生債務者等が届出のない再生債権の内容を自認して認否書に記載した場合の当該再生債権の時効期間については，その再生債権の内容について届出再生債権者が調査期間内に裁判所に対して書面で異議を述べなかったときは，当該再生債権の内容は再生債権者表に記載されるところ，法189条8項により準用される185条によって，再生計画取消決定が確定したときは，再生債務者が102条2項又は103条4項の規定による異議を述べなかったときは，再生債権者表の記載は，再生債務者に対し，確定判決と同一の効力を有することとなるから，10年となる。

それに対し，届出をせず，かつ再生債務者等が認否書に記載しなかった再生債権は再生債権者表に記載されないので従前の当該債権の時効期間と同じである。再生債務者が法102条2項又は103条4項の規定による異議を述べたときも，再生債権者表の記載は再生債務者に対し，確定判決と同一の効力を有しないことから，従前の当該債権の時効期間と同じである。

2 時効進行の起算点

問題は時効進行の起算点である。とりわけ，再生債務者等が届出のされていないことを知っているにもかかわらず認否書に記載しなかった再生債権について表面化する問題が大きい。

すなわち，再生計画が弁済期を猶予する内容である場合，再生債権は再生計画の認可により期限の猶予という形で権利行使が制限される。にもかかわらず，法189条7項を単純に読むと，再生債務者が不正ないし不誠実な行為を行ったことに起因する再生計画の取消しによって期限の猶予も取り消され，当該債権が時効にかかってしまうのである。

思うに，再生計画の取消の制度は，再生計画による弁済の不履行を代表とする不正ないし不誠実な行為を行った再生債務者に制裁を加える趣旨なのであるから（189条1項），かかる結論は受け容れることはできない。

そこで，法189条7項ただし書の「再生債権者が再生計画によって得た権利に影響を及ぼさない」という規定を類推適用し，弁済期を猶予する内容の再生計画が取り消された場合は，届出の有無にかかわらず，再生計画取消決定までに再生計画所定の弁済期が到来している債権については，その各弁済期から，その余の債権については再生計画取消決定確定の時からそれぞれ消滅時効が再進行すると考えるべきである（田原睦夫・金判885号112頁参照）。

[XII] 共 益 債 権

再生手続において，共益債権は，再生手続によらないで随時弁済することとされており，その弁済期が到来したときから時効が進行することとなる。

共益債権に基づく再生債務者の財産に対する強制執行や仮差押えをすれば時効は中断する。なお，それらの中止命令がなされた場合（121条3項）でも，強制執行又は仮差押えの効力は失われないから，その効力がある間は時効は進行しない。

共益債権に基づく再生債務者の財産に対する強制執行又は仮差押えの取消命令がなされた場合（121条3項）は，強制執行又は仮差押えの効力は失われるが，時効中断の効力は失われない（宮脇幸彦＝時岡泰『改正会社更生法の解説』

364頁（法曹会，1969）参照）。

【田川　淳一】

36 財産評定

再生手続における財産評定の評価基準は清算価値と継続企業価値のいずれか。会社更生における財産評定との違いは何か。

解説

[Ⅰ] 財産評定の評価基準

1 財産評定

法124条は，再生債務者等は，再生手続開始後（管財人については，その就職の後）遅滞なく，再生債務者に属する一切の財産につき再生手続開始の時における価額を評定しなければならないと定めている。

2 評価基準

会社更生の場合には，財産評定は「更生手続開始の時における時価によるものとする」とされている（会更83条2項）。この「時価」は，旧法が継続企業価値による評価を基準として明示していたことなどから，清算価値を意味するものではないと解されている（高田正昭ほか『徹底詳解・企業再生の税務』149頁以下（税務研究会出版局，2006））。

これに対して民事再生法における財産評定は，清算価値を原則とすることが定められている。すなわち，規則56条1項本文は，財産評定における評価は「財産を処分するものとしてしなければならない」と規定しており，その趣旨は「清算価値保障原則」を実行あらしめるためであるとされている。

すなわち，再生計画案が認可されるためには，再生計画案が債権者集会又は書面による決議において可決されることを要する（172条の3第1項・169条2項）が，それのみでは足りず，裁判所が再生計画認可の決定をするには，不

認可事由が存在しないことを要する（174条2項）。これは再生手続の認可が、再生債権者等の多くの利害関係人に多大な影響を与えることより、裁判所が再生計画をチェックする機会を設けたものである。

そしてこの不認可事由の一つに「再生計画の決議が再生債権者の一般の利益に反するとき」（174条2項4号）とする、いわゆる「清算価値保障原則」がある。これは破産配当率を下回る再生計画案は、再生債権者の一般の利益に反するものとして不認可事由としたものであり、再生債権者に対して再生債務者が破産した場合以上の弁済を保証したものである。

そして財産評定に基づく貸借対照表により、再生債権者は、再生債務者が破産した場合の配当率を再生計画案の決議の前に予測できることとなる。すなわち民事再生手続における財産評定は、いわばこの「清算価値保障原則」を実行あらしめるための制度的保障の制度であるともいえよう。したがって、本法における財産評定は清算価値で行うこととなるのである。

しかし清算価値といっても、不動産競売における最低競売価格では低額にすぎることが多いであろうから、財産の評価基準は、実際の換価の見込額である「財産を処分する」という清算価値が原則とされたのである（規則56条1項本文）。

また、再生手続開始時点で再生債務者は破綻に瀕している場合が多いであろうから、予想収益を算定することは実際上も困難な場合が多く、また継続企業価値の算定基準も必ずしも明確とは言い難い。再生手続が、中小企業や個人事業者並びに非事業者をも対象とした手続であること（1条・2条1号）に鑑みると、再生債務者に、後述のような企業存続価値のような難しい判断ができる体制があるとは必ずしもいえないという実際上の事情も考慮されたものである。

ところで再生債務者の財産の中には、例えば再建後も経営のために継続的に使用され、収益に貢献する機械設備等のように、事業を継続するかしないかによってその評価が著しく変わるものもある。これらの資産は、生産を中止し売却するならばスクラップであるが、事業が継続される場合には、事業継続価値で判断するのが適切な場合もあるであろう。このような場合も考慮して財産評定は、「必要がある場合には、併せて、全部又は一部の財産につ

いて，再生債務者の事業を継続するものとして評定することができる。」とされている（規則56条1項ただし書）。

なお，継続企業価値とは，事業財産全体が継続して収益を生み出すものとして評価すべしとの考え方である。継続企業価値による判断基準は，その具体的内容につき，①企業全体としての収益力から評価する収益還元法説，②個々の財産を評価した価額を集計すべきとの個別評価集計説，③収益還元法を基礎とするが他の評価方法も加味するとの諸評価集計説の争いがある。①の収益還元法説は，「継続企業価値＝予想収益÷資本還元率」という算式で算定するもので，理論的には明快である。しかし，破綻に瀕している企業の予想収益を算出するのは，実際にはデータが不確実で困難であり，また資本還元率も一般的には社会的平均利回りによるといわれているが，どういう計数を使うか明確でなく，また計数のわずかな変化が結果に大きな差をもたらすという問題がある。また企業全体として算出された評価を，個々の財産にどう割り振るかも問題である。結局，③の諸評価集計説が通説といえよう（松嶋英機「継続企業価値（ゴーイング・コンサーン・バリュー）」髙木新二郎編集代表『倒産法実務事典』849頁（金融財政事情研究会，1999），中村清「財産評定と更生担保権の認否はどのように行われるか」三宅省三ほか編『民事弁護と裁判実務［7］倒産』488頁（ぎょうせい，1995））。

［Ⅱ］ 実施機関

1 実施者

財産評定を実行するのは「再生債務者等」である（124条1項）。すなわち管財人が選任されていない場合にあっては再生債務者，管財人が選任されている場合には管財人である（2条2号）。

実務的には，再生債務者等は，財産目録を作成して裁判所に提出することを要する。

2 評価人の選任

裁判所が必要があると認めるときは，利害関係人の申立て，又は職権で，

評価人を選任し，財産の評価を命ずることができる（124条3項）。これは，再生債務者が，不当に低く財産を見積もった財産評定を行って予想破産配当率を下げることにより，再生計画案における弁済条件を低く押さえようとしている場合等に，再生債権者らからの対抗手段を定めたものである。

ただし，東京地裁では原則として全件に監督委員が選任されており，その補助者として公認会計士が財産評定の適正さも判断しているので，評価人が選任されることは通常ない。

[Ⅲ] 評定する財産の範囲

評定を行う財産の範囲は，「再生債務者に属する一切の財産」である（124条1項）。

すなわち再生債務者の現金・預金，金銭債権，有価証券，たな卸資産等の流動資産，建物，機械・器具等，土地等の有形固定資産，暖簾，借地権，工業所有権等の無形固定資産等のすべての財産の評定を行うこととなる。

[Ⅳ] 財産評定の機能

財産評定は，前述のとおり破産配当率を明らかにして，再生債権者に対し清算価値以上の配当を保証することを目的とするものであるが，それ以外にも主として以下の場面で機能することが考えられる。

1 債務超過の判断

裁判所は，再生手続開始後において，株式会社である再生債務者が債務超過である場合に，事業の継続のために必要と判断したときは，再生債務者等の申立てにより，当該再生債務者の事業の全部又は重要な一部の譲渡について株主総会の特別決議に代わる許可を与えることができる（43条）。

また再生計画では，再生債務者が債務超過の株式会社である場合（166条2項）には，裁判所の許可を得て，資本の減少に関する条項を定めることができる（154条3項・166条1項・161条）。これにより株主総会の特別決議や債権者

保護手続を行うことなく減資ができることとなった。

　これらの債務超過か否かの判断が，財産評定を下に行われることとなる。

2　事業の全部又は重要な一部の譲渡の額についての判断

　前述のとおり裁判所は，再生手続開始後，債務超過である場合に，当該再生債務者の営業の全部又は重要な一部の譲渡について株主総会の特別決議に代わる許可を与えることができる (43条)。

　また再生債務者は，債務超過でない場合にも再生手続開始後，裁判所の許可を得て (42条1項)，営業又は事業の全部又は重要な一部の譲渡をする必要がある場合があり得る。

　税務上の事業譲渡は，営業目的で組織化された一体のものの譲渡ではなく，個々の資産・負債の移転とされ，一般的な財産譲渡と同様の扱いであり，売買価格が適正であれば税法上の問題は生じない。しかし時価と比較してかなり高値で譲渡すれば，譲受側に寄付金課税の問題を生じ，逆に低廉譲渡ならば，譲渡側に寄付金，譲受側に受贈益の問題が生じる。ただし，譲渡側と譲受側が利害の対立する第三者間同士であれば，それぞれの経済的思考で交渉して納得した価額は，それなりに経済人としての合理的行動の結果であり，税務上は是認されることとなる (田中亀雄編著『再建計画の作成マニュアル』175頁 (商事法務研究会，1998))。これら譲渡される営業価値の判断は，財産評定で評定された価額が基準となろう。

3　別除権予定不足額の判断

　別除権者は，再生手続によらずに権利行使でき (53条2項)，別除権行使によって弁済を受けることができない不足額の部分についてのみ再生債権者として権利行使できる (88条)。

　ところで別除権不足額が確定していない再生債権があるときは，再生計画において，その不足額が確定した場合における再生債権者としての権利の行使に関する適確な措置を定めなければならない (160条1項) とされている。

　また再生債権を担保する根抵当権の元本が確定している場合には，その根抵当権の被担保債権のうち極度額を超える部分について，再生計画で仮払い

に関する定めをすることができる（160条2項）とされている。

これらの別除権予定不足額の判断のための担保目的物の評価も，財産評定された目的物の額が一応の基準として行われることとなろう。

4　別除権受戻しの目的物の価額の判断

上記3と同様の問題であるが，別除権の目的となっている目的物について，担保権者との合意により，その担保されている債務を再生債務者等が弁済して当該担保権を消滅させ，別除権を受け戻すことがある（41条1項9号）。この別除権受戻しの際の目的物の価額の適否について，財産評定の価額が一応の基準とされるであろう。

5　担保権消滅許可における申出額

再生債務者等は，再生手続開始決定後，担保権の目的財産が債務者の事業の継続に欠くことができない場合に，裁判所の決定を得て，担保権の目的である財産の価額に相当する金銭を裁判所に納付して，債務者の財産の上に存するすべての担保権を消滅させることができる（148条1項）。

この申立ての際に，再生債務者等は，当該財産の価額を申し出ることを要する（148条2項）が，この申出額は，財産評定がなされた価額となるであろう。もっとも実際には，担保権者との事前の交渉が必要であろうから，必ずしも財産評定で定まった価額とはならない場合も多いであろう。

他方，担保消滅請求を行った再生債務者の申出額に異議がある担保権者を保護するため，担保権者による価額決定の請求制度も設けられている（149条1項）。再生裁判所は，この請求があった場合には，評価人を選任して財産の評価を命じなければならない（150条1項）。このときの評価基準について，規則は「財産を処分するものとしてしなければならない」と規定しており（規則79条1項），財産評定における規則56条1項と同じ文言を用いている。規則はさらに，評価に当たっては「取引事例法，収益還元法，原価法その他の評価の方法を適切に用いなければならない」と規定しているが（同条2項・4項），その評価額は継続企業価値ではなく，処分価額によらなければならない。なお，この「処分価額」の具体的内容については争いがある。また，処

分価額の評価時点は理論的には担保権の消滅時点であるから，財産評定の価額とは必ずしも一致しないであろう（全国倒産処理弁護士ネットワーク編『新注釈民事再生法（上）』741頁以下（金融財政事情研究会，2006））。

［Ⅴ］ 財産目録，貸借対照表の作成

再生債務者等は，財産評定を完了したときは，直ちに再生手続開始時の財産目録及び貸借対照表を作成して裁判所に提出しなければならない（124条2項）。そして，この財産目録及び貸借対照表には，その作成に関して用いた財産の評価の方法その他の会計方針を注記することを要するとされている（規則56条2項）。

本条の財産目録及び貸借対照表は，決算財産目録及び決算貸借対照表と異なり，再生手続開始時の再生債務者の財産状態を表すものであるから，一種の非常財産目録及び非常貸借対照表である。したがって，従来作成されていた場合の貸借対照表とは継続性を断ち切られ，評価換えした価額が記載されることとなる。そしてこの場合の評価は，清算価値によることとなるのが原則である。

なお利害関係人は，裁判所書記官に対し，一定の段階で，裁判所に提出された右財産回録及び貸借対照表等の閲覧，謄写等を請求することができる（17条）。これは債権者に対する情報開示をすることにより，民事再生手続に対する債権者等の信頼性を高めようとしたものである。

［Ⅵ］ 会計及び税法との関係

1 問題の所在

財産評定等に伴って資産の評価損益が発生した場合に，会計上及び税務上どのように取り扱われるかについては，会社更生と民事再生との間に差異がある。会社更生の場合，事業年度の特例が定められていることなどとの関係から，更生手続開始時における「時価」を基準とする財産評定価額が，更生計画認可決定時における貸借対照表の取得価額として採用され（会更83条4

項，会更規1条2項），また，税務上も，財産評定評価損益の金額が，原則として，益金又は損金の額にそのまま算入されることになっている（法税25条2項・33条3項）。

これに対して民事再生の場合，財産評定価額を会計上の取得価額とする規定は法令上存在しない。再生してゴーイング・コンサーンとなることと，清算価値を基準とする財産評定価額を会計上の評価額とすることは相容れないからである（なお，民事再生会社の資産と負債の評価については，日本公認会計士協会から研究報告が出ている。詳細は，同協会・会計制度委員会研究報告第11号（平成17年4月12日公表）「継続企業の前提が成立していない会社等における資産及び負債の評価について」を参照。）。税務上もまた会社更生とは異なる取扱いがなされている。以下では，法人税法上，民事再生手続において資産の評価損益が発生する場合における課税所得の計算について述べる。

2 資産の評価損益と所得計算

(1) 再生手続開始決定に基づく資産の「評価損」について

法人が資産の評価換えを行ってその帳簿価額を増減しても，その増減額は益金又は損金の額に算入されることはない（法税25条1項・33条1項）。しかし再生会社については，税法上も例外的な取扱いが規定されている。

まず法税33条2項は，①「政令で定める事実」が生じた場合において，②資産の評価換えをして「損金経理」によりその帳簿価額を減額したときは，③その評価換え「直前の帳簿価額」と評価換えをした日の属する「事業年度終了の時における当該資産の価額」との差額について，当該事業年度の損金の額に算入すると規定している。

このうち，①「政令で定める事実」とは，「法的整理の事実」（法税令68条1項柱書）のことであり，解釈通達によれば「民事再生法の規定による再生手続開始の決定があったことにより，同法第124条第1項（財産の価額の評定等）の評定が行われたことが該当する」とされている（法基通9－1－3の3）。要するに，財産評定によって発生した資産の評価損を損金の額に算入できるということである。

もっとも財産評定時の評価損が直ちに損金の額となるわけではない。損金

の額に算入するためには，手続上，②の「損金経理」を行って会計上も帳簿価額を減額しなければならない。また，損金算入限度額が，③評価換えをした日の属する「事業年度終了時」における「価額」を基準としていることも重要である。すでに述べてきたとおり，財産評定は「再生手続開始の時」における「清算価値」を基準として行われるのであるから，評価損を認識・測定する時点も金額も法人税法の規定とは異なるのである。ここで，税法上の「価額」とは時価のことであり，「清算価値」のことではない。解釈通達も，「法第33条第2項の「当該資産の価額」は，当該資産が使用収益されるものとしてその時（事業年度終了時）において譲渡される場合に通常付される価額による」としている（法基通9－1－3）。例えば不動産を評価する場合の税法上の価額（時価）は「正常価格」ということになり，財産評定で求められる「特定価格」による評価とは異なるのである（事業再生研究機構税務問題委員会編『事業再生における税務・会計Q&A』271頁（商事法務，2007））。

なお，資産の評価損を認識できる資産の範囲についてであるが，法文上の制限はなく，会計上評価損を計上したものについて税務上もこれを受け入れることになっている（財務省「平成21年度税制改正について」206頁以下，なお，法基通9－1－3の2も併せて参照）。

(2) 再生手続認可決定に基づく資産の「評価損益」について

次に法税25条3項及び33条4項は，①「再生計画認可の決定」があった場合において，②資産の価額につき「政令で定める評定」を行っているときは，③政令で定める種類の資産と金額の範囲において，評価益又は評価損を認可決定の日の属する事業年度の益金又は損金の額に算入すると規定している。この資産の「評価損益」を所得計算に反映させる制度は，平成17年度税制改正によって新たに採用されたものである。ここで財産評定及び上記(1)の評価損の損金算入制度と本制度(2)との差異について簡単に指摘しておく。

まず資産の評価時期（評価損益の認識時期）についてであるが，財産評定では「再生手続開始の時」であり，(1)の評価損の損金算入制度では「評価換えをした日の属する事業年度終了時」であったが，本制度(2)では「再生計画認可決定時」ということになる（法税令24条の2第3項1号・68条の2第2項1号）。また資産の評価額（評価損益の測定額）についてであるが，財産評定は「清算

価値」を基準とするのに対して，(1)及び本制度(2)では「時価」を基準とすることになる（法基通9―1―3参照）。

次に(1)及び本制度(2)との差異に着目すると，(1)では損金経理を要件とする資産評価損のみが規定されているのに対して，本制度(2)では損金経理（帳簿価額の増減）が要件とされず，明細を添付する申告調整が原則的な方法として規定され（法税25条3項・33条6項），また，評価損のみならず評価益についても規定されている。

なお，本制度(2)では，評価損益を計上できる資産の種類及び金額の範囲が政令で詳細に定められているので注意が必要である（法税令24条の2第4項・第5項，68条の2第3項・第4項）。また，同じ事業年度内において(1)及び本制度(2)を併用して利用することはできず，法人は何れかの制度を選択しなければならない（法税令68条2項）。そして後述するとおり，(1)及び本制度(2)の選択は，債務免除益等に対する欠損金の充当に関して重大な影響を及ぼす。

3 欠損金の取扱いについて

(1) 問題の所在

法的整理の過程で，債権者から債務免除を受け又は役員などから私財提供を受けた場合，これらは債務免除益又は私財提供益として法的整理会社の益金の額に算入され，当該年度の課税所得を構成する（法税22条2項）。これらは課税の対象となるが，税務上の欠損金額がある場合には，これが損金の額に算入されることによって相殺され，結果的に課税所得を減少させる効果をもたらすことになる。この債務免除益等と欠損金の控除との関係を把握しておくことは，再生を円滑に進めるうえで極めて重要である（なお，以下では，法税58条に規定する災害損失は捨象して論を進める。）。

(2) 欠損金の繰越し

法人税法上の欠損金額とは「各事業年度の所得の金額の計算上当該事業年度の損金の額が当該事業年度の益金の額を超える場合におけるその超える部分の金額」をいう（法税2条19号）。この欠損金額は，青色申告法人の場合，7年間繰り越すことができ，その間の事業年度の損金の額に算入することができる。これがいわゆる「青色欠損金の繰越控除」の制度である（法税57条

1項本文)。法文を反対に解すれば，欠損金額が7年を超えて累積していても，将来の課税所得の計算に影響させないということであり，こうした欠損金額は「期限切れ欠損金」と称されている。

民事再生会社では，(1)に述べた債務免除益及び私財提供益の益金算入に対応する形で，特例として，この期限切れ欠損金の損金算入が認められている。

(3) 期限切れ欠損金の損金算入制度

法税59条2項は次のように定めている（以下この項で「本特例」という。）。すなわち，①再生手続開始の決定があった場合において，②債務免除等があった日の属する事業年度（＝適用年度）前の各事業年度において生じた欠損金額で「政令」で定める金額については，③債務免除益等の「同項各号」に定める金額の合計額に達するまで，適用年度の損金の額に算入するというものである。そして，「同項各号」はそれぞれ，債務免除益（1号），私財提供益（2号），法25条3項又は33条4項の規定に基づく資産の評価損益（純額）（3号）を列挙している。この「3号」は上記2(2)「再生手続認可決定に基づく資産の評価損益」で述べた制度のことである。

要件についてみると，まず損金算入できる欠損金額は「適用年度前の各事業年度において生じた欠損金額」であり法文上期間の制限がない。すなわち，青色欠損金に限られない全ての欠損金額が損金算入の対象となる。この「全ての欠損金額」とは，解釈通達によれば，法人税申告書別表五（一）に記載されるべきマイナスの期首現在利益積立金額のことである（法基通12―3―2）。次に「政令」は，「適用年度終了時の直前の事業年度から繰り越された『全ての欠損金額』」（法税令117条の2第1号）から「法57条1項（青色欠損金）の規定により適用年度の所得の金額の計算上損金の額に算入される欠損金額」（法税令117条の2第2号）を控除した金額が，本特例によって損金の額に算入されると定めている。すなわち，最初に，青色欠損金を適用年度の損金の額に算入し，続いて，全ての欠損金額から損金の額に算入した青色欠損金を控除してもなお余剰があれば，その余剰部分のさらなる損金算入を認めるという構造になっている。

もっともこれには例外がある。法税59条2項3号に該当する場合には，全

ての欠損金額から「法57条１項（青色欠損金）の適用がある欠損金額」を控除した余剰部分をもって損金算入を認めるのである（法税令117条の２第２号かっこ書）。つまり、「３号」に該当する場合、青色欠損金の全額（その損金算入の有無を問わない）を控除した余剰部分を損金の額に算入できるのである。これは債務免除益等に対して期限切れ欠損金を優先して充当できるということにほかならない。この制度は「資産評価損益を計上した場合における期限切れ欠損金の優先充当」と称されている。

　本特例によって損金の額に算入できるのは、上記の算式によって得られた余剰部分のうち、債務免除益、私財提供益、資産評価損益の合計額に達するまでである。そして、本特例を適用しないで計算した所得（つまり、当該期間に発生した所得から青色欠損金を控除した所得（＝適用前所得））がこの合計額に満たない場合には、その適用前所得が本特例による損金算入の上限となる。ここでも「３号」に該当する場合には「本特例及び法57条１項（青色欠損金）」を適用しないで計算した所得（つまり、当該期間に発生した所得のみ）が基準となっており、期限切れ欠損金の優先充当を確保している。なお、「３号」によって資産の評価損益の純額が評価損となった場合には、債務免除益及び私財提供益の合計額からこれを差し引くことになる（法基通12－３－４）。

　以上、法文の構造は複雑であるが、結論としては、上記２(2)の制度を適用して「資産評価損益」を所得計算に取り込む場合には、債務免除益等に対して期限切れ欠損金を優先して充当することができ、同制度の適用を受けない場合には、青色欠損金から充当する必要があるということである（前掲・Q&A283頁以下）。すでに述べたとおり、上記２(1)と(2)の制度は原則として併用することができないことから、その選択に当たっては、この欠損金の取扱いを含めて検討する必要があろう。

(4)　繰越欠損金制度の動向

　近時、繰越欠損金をめぐって大きな制度改正が行われつつある。まず、平成22年度の税制改正によって従来の財産法による清算所得課税が廃止され、損益法による通常所得課税に移行することとなった。この移行に伴い、残余財産の見込みのない法人についての期限切れ欠損金の損金算入制度が併せて整備された（法税59条３項）。また、平成23年度の税制改正大綱によれば、青

色欠損金の繰越期間が7年から9年に伸張され，また，控除限度額（損金算入限度額）が控除前所得の8割に制限される予定である（もっとも，この制度については例外も多く規定される見込みである。）。

(5) 小　括

このように民事再生法上の財産評定，会計上の資産・負債の評価及び税法上の資産評価損益と欠損金の取扱いは，それぞれが類似した制度でありながらも，連動しているわけではない。この点で，会社更生とは大分相違するので注意が必要である。

【三村　藤明】

第 4 章

機　　関

37 再生債務者の地位

民事再生手続において債務者はどのような法的地位に立つのか。

解説

[I] はじめに

　再生手続における再生債務者の法的な地位をどのようなものとして構成するかは、再生手続の法的性格の要となる重要な問題である。この点については民事再生法の立案過程においても詳細な議論がされたところであるが（そのような議論については、山本和彦「再生債務者の地位」三宅省三＝池田靖編『実務解説一問一答民事再生法』328頁以下（青林書院、2000）参照）、最終的には法38条の規定に結実したところである。

　以下では、この法38条の規定を中心として、再生債務者の地位に関して、その事業遂行権・財産管理処分権の維持（II）、公平誠実義務（III）について概観した後、いわゆる第三者性の問題について、個別問題に即して論じることとしたい（IV）。

[II] 事業遂行権・財産管理処分権の維持—DIP型

　民事再生手続において、債務者が自ら業務を遂行し、財産を管理・処分することが原則である点については、当初から広いコンセンサスがあったと言える。というよりも、この点こそがこの手続を会社更生手続と根本的に区別する点であり、中小企業向けの簡易な再建型手続としての本手続のレゾンデトゥルとも言えるものであろう。大企業は企業の物的要素にその根幹があり、経営者の変更は企業の根幹を変動するものではないのに対し、中小企業

では経営者の個人的な技術や信用に経営が依拠することが多く，その再建に際しても，経営者のそのような人的資源を生かすことが必要不可欠とされる。また，その経営規模が小さい中小企業においては，会社更生手続のような管理型のシステムをとることは，コスト倒れになる公算が極めて大きいことも確かである[*1]。そのような積極・消極の理由から，中小企業の再建型手続としては，自己管理型・後見型の手続が不可避とされたものである[*2]。規則において，「再生手続においては，その円滑な進行に努める再生債務者の活動は，できる限り，尊重されなければならない」(規則1条3項)とされているのは，そのようなDIP型の趣旨を示す象徴的な規定と言えよう[*3]。

　立案の過程で問題とされたのは，むしろそのような原則的自己管理の例外の設定であった。従来の和議手続の欠点として，経営者が再建に不可欠であるにしても，一時的には当該経営者を経営から排除した方が手続が円滑に進行する場合もあり得るが，そのような措置をとる可能性が和議手続には存しない点が指摘されていた。また，新しい手続は中小企業のみならず，会社更生の対象とはならない株式会社以外の大規模法人(医療法人，学校法人等)の再建の受け皿ともならなければならないとすれば，従来の経営者を排除する枠組みを設ける必要性はやはり否定できない。そこで，管理命令による再生債務者の業務遂行権・管理処分権の剥奪が定められたものである(38条3項・64条1項)。ただ，それはあくまで例外的な措置であり，その例外性を示すため，管理命令の要件は再生債務者の「財産の管理又は処分が失当であるときその他再生債務者の事業の再生のために特に必要があると認めるとき」と厳格な要件とされるとともに(なお，再生債務者が個人である場合には，管財人による財産管理の範囲が明確ではなくなるため(事業用財産と生活用財産は厳密には区別し難い)，管理命令の適用対象から一律に除外されている(64条1項かっこ書参照)。)，規定の位置も監督命令・調査命令の後ろ(第3章第3節)に置かれるものとされた。実際の運用においても管理命令の例外性は一般に認められているが，その程度(管理命令の発令の度合い)は，東京・大阪など地域において若干の差異はあるようであり，今後の実務の展開が注目されよう。

　以上のように，再生債務者がDIPとして活動する場合には，再生債務者は一つの手続機関として位置づけられることになると解される(伊藤眞編集代

表『民事再生法逐条研究　解釈と運用（ジュリスト増刊）』54頁〔高橋宏志〕〔山本克己〕（有斐閣，2002）参照。再生債務者と管財人を一体的に表現する「再生債務者等」という用語法はそのような機関性を端的に示すものともいえよう。福永有利監修『詳解民事再生法　理論と実務の交錯』29頁〔高田裕成〕（民事法研究会，2009）参照）。たとえば，再生債務者は，手続開始後遅滞なく裁判所に報告書を提出する義務を負うが（125条1項），このような報告書は，破産手続（破157条）や更生手続（会更84条）で管財人が提出するものと全く同旨のものであり，再生債務者の手続機関性を示すものといえる。そのほか，再生計画案の作成権限（163条1項），双方未履行双務契約の解除権（49条1項）など様々な手続上の権能を再生債務者は手続機関として有するものとされる。また，規則において，再生債務者は「再生手続の円滑な進行に努めなければならない」し（規則1条1項），「再生手続の進行に関する重要な事項を，再生債権者に周知させるように努めなければならない」とされる点も（同条2項），その機関性を前提に，機関としての職務遂行について課された責務といえる。なお，手続機関性を有するのはあくまでも再生債務者自身であり（前掲詳解31頁〔高田裕成〕参照），再生債務者の代理人や再生債務者が法人である場合の機関（代表取締役等）は，それ自体は手続機関ではないと解される。ただ，このような主体は，再生債務者の代理人・代表者として，再生債務者が後述の公平誠実義務等を負っていることを十分考慮してその業務を遂行すべき義務を負う（この問題については，高田賢治「DIP の法的地位」田邊光政編集代表『最新　倒産法・会社法をめぐる実務上の諸問題　今中利昭先生古稀記念』167頁以下（民事法研究会，2005）が有益である。）。例えば，代理人・代表者は，再生債務者の負う公平誠実義務に違反する行為をしたときは，委任契約上の善管注意義務に違反する可能性があるし，場合によっては第三者である再生債権者等に対して直接損害賠償義務等を負うこともありえよう[*4]。

［Ⅲ］　公平誠実義務

　法38条2項は，業務遂行・財産管理処分権の行使に当たり，また再生手続の追行に際して，再生債務者が債権者に対して公平誠実義務を負う旨を明ら

かにする。前述のように，債務者の自己管理を原則とする手続の中で，債務者が負う最低限度の義務を定めるとともに，債務者の財産管理権等が債権者のためのものであるという，いわゆる再生債務者の第三者性を示したものと理解できる（Ⅳ参照）。これに類する規定として本条の立案に参考にされたとみられるものとして，特別清算の清算人（旧商法434条・現行会社法523条），社債管理会社〔会社法上は「社債管理者」〕（平成5年改正による旧商法297条ノ3・現行会社法704条1項），担保付社債の受託会社（担保附社債信託法旧68条〔現行法35条で社債管理者と同一の義務を負うものとされる〕），預金保険機構・投資者保護基金（更生特例法396条1項・415条1項。同旨の義務は，後に保険契約者保護機構にも認められた。同法433条1項）に関する規定群がある。したがって，本条の解釈に際しても，先行するこれらの条項の解釈が一応の参考になるものと思われる。

　まず，この規定の性質について，特別清算に関して，手続の開始により清算人の性格は一変し，会社との委任関係は終了し，会社に対する忠実義務も消滅して，逆に債権者に対する義務＝公平誠実義務が発生すると解されている（大森忠夫＝西原寛一編『注釈会社法8—2〔増補版〕』276頁〔青山善充〕（有斐閣，1980））点が注目される（なお，特別清算の清算人の義務の性質に関しては（この点の詳細な議論として，高田・前掲168頁以下参照），以上のような見解のほか，清算人の会社機関としての地位は肯定し，会社の負う公平誠実義務が機関に反映したものと見る見解など様々な見解がある。）。再生債務者もまさに実質的に同様の地位にあるのであり，手続開始により（表面的な現象形態は同じであっても）その権限の性質は一変するものと理解されよう（このような理解を通説とされるのは，前掲*4新注釈上167頁〔三森仁〕参照）。すなわち，再生債務者は，手続開始前は当然自己のために財産管理や事業遂行をすることができたのが，手続開始後は債権者に対する公平誠実義務を負って財産管理等を行う主体（手続機関）となるものと解される。

　具体的な義務として，まず公平義務は，多数の債権者を公平に扱う義務である。もちろん，債権者の実体法上・手続法上の地位が同等であることが公平取扱いの前提であり，共益債権者への弁済等が公平義務に反しないことは言うまでもない。逆に，同等の地位にある債権者の一部に弁済したり手続上の便宜を図ったりするような行為は，公平義務に反することになる*5。他

方，誠実義務は，会社法上，取締役などが負う忠実義務と同じものと解されている（社債管理会社につき，上柳克郎＝鴻常夫＝竹内昭夫編集代表『新版注釈会社法第2補巻』171頁〔神田秀樹〕（有斐閣，1996）参照）。つまり，「自己又は第三者の利益と債権者の利益が相反する場合に，自己又は第三者の利益をはかって債権者の利益を害することは許されない」との意味とされる。したがって，再生債務者が債権者の利益を害して自己又は第三者の利益のために財産を処分するような行為は誠実義務に反することとなる[*6]。公平誠実義務では，債務者や第三者の利益を目的としないで単に再生債務者の怠慢で財産等を散逸させる行為は禁じられていない。そのため，社債管理者，預金保険機構等については，別途，善管注意義務の定めがあるところである。本条は明文では採用していないが，解釈論として再生債務者の善管注意義務の有無について議論の余地は残ろうか[*7]。

　最後に，義務違反の効果については，一般に損害賠償責任が認められるとされる[*8]。ただ，再生債務者の義務違反の場合には，仮に損害賠償請求権が発生したとしても共益債権にはならず（119条のいずれの類型にも該当しないと解される。），開始後債権（123条）に止まり，実際上の意味は少ないと思われる。むしろ再生債務者の義務違反については，管理命令の発令に加えて，それによっては他の債権者の損害が回復できないような義務違反行為については，相手方の義務違反についての悪意等を条件に，その効力を否定するのが相当ではないかと思われる（弁済禁止の保全処分に違反する弁済につき相手方の悪意を条件にその効力を否定する法30条6項や，債務者の行為制限に違反する行為につき相手方が善意でない限り無効とする法41条2項などの規律を類推することになろうか。）。したがって，相手方が悪意の場合には，公平義務に違反する弁済は効力を否定されて返還請求の対象となり，誠実義務に反する財産処分は効力を生じないものと解されよう（同旨として，田頭・前掲48頁参照。また，前掲逐条研究55頁以下も参照。なお，公平誠実義務違反が手続廃止の理由とならないことについては，前掲逐条研究55頁参照）。

[Ⅳ] 再生債務者の第三者性

　再生債務者にいわゆる第三者性（債権者代表性・DIP性）を認めるか否かについては，立案段階でも様々な議論があり，第三者性の付与には異論もあったものの，最終的にはそれを肯定する方向でコンセンサスができたように思われる（このような第三者性を認めた裁判例として，大阪地判平成20年10月31日判時2039号51頁参照。ただし，第三者性の承認になお慎重な見解として，園尾隆司＝小林秀之編『条解民事再生法〔第2版〕』158頁以下〔河野正憲〕（弘文堂，2007）参照）。その点を示す具体的な規定としては，双方未履行双務契約における債務者の解除権（49条），相殺制限（93条），担保権消滅許可中立権（148条）などが挙げられよう[*9]。ただ，それらの具体的規定を超えて，より一般的に第三者性を示す必要がある旨の指摘があり，前記公平誠実義務の規定（38条2項）が設けられるに至った。したがって，解釈論としては，第三者性は公平誠実義務から演繹されることとなろう。

　再生手続において債務者に第三者性を認めるべき実質的な理由としては，以下のような議論が可能であろう[*10]。再生手続の開始により，再生債権者は個別執行が禁じられ（39条），権利実現の手が抑えられることになる。仮に平時であれば，債権者は移転登記のない不動産を差し押さえることにより，対抗問題にすることができ，その場合は第三者として保護の対象となり得る。しかるに，執行禁止の効果としてそのような方途を許さないとすれば，手続開始の段階で自動的に対抗問題として第三者保護規定の対象となるものと解さなければ，再生債権者には酷になると思われる。したがって，そのような債権者の地位を保護するために，再生債務者に第三者としての地位を認めるべきであろう（この問題につき詳しくは，山本和彦「対抗要件を具備しない債権譲渡担保と債務者の会社整理手続」NBL618号，619号参照。近時の最判平成22年6月4日（判時2092号93頁）も，所有権留保と登録の関係について，直接には法45条の解釈についてであるが，「個別の権利行使が禁止される一般債権者と再生手続によらないで別除権を行使することができる債権者との衡平を図る」趣旨を重視する点において，同様の理解に基づいているように思われる。なお，この判決については，山本和彦・判批・金判1361号参

照。)。以下では，対抗要件と善意者保護の問題について具体的に検討する（破産手続における議論につき，伊藤・前掲250頁以下が特に有益である。）。

　まず，対抗要件については，再生手続の開始により対抗問題となると解されるので，手続開始前に第三者が再生債務者から売買等により不動産の所有権を取得していても，移転登記を備えていない場合には，手続開始後は自己の所有権を再生手続で主張することができない（民177条）（自動車の所有権留保の登録との関係で同旨，前掲最判平成22年6月4日参照）。また，再生債務者に対して手続開始後に登記・登録を求めることは禁止される[*11]。問題となるのは，債権譲渡の対抗要件である。ここでも，再生債務者の第三者性により，債務者が手続開始前に第三者に債権を譲渡していたが，対抗要件を備えていないときには，債権譲受人は当該譲渡の効力を再生手続において主張することはできないと解される（仮に再生手続開始がなければ，他の再生債権者はその債権を差し押さえて対抗問題とすることができ，その場合は債権譲受人は譲渡の効力を主張できないこととなったはずである。）。ただ，手続開始後に再生債務者が譲渡通知をした場合には，破産法47条に相当する規定がないので，直ちにその効力を否定できないようにも見える。動産債権譲渡特例法に基づく譲渡登記についても，同様の議論が妥当するし（法45条は不動産・船舶の登記のみを問題とする。），債務者の承諾については，法44条は再生債権について再生債務者の行為によらずに権利を取得した場合のみを問題にするので，譲渡担保についてはその効力を否定できるように思われるが，単なる債権譲渡の場合には対応できないことになろう（倒産実体法の改正に際して，法45条の本文の対象を対抗要件具備一般とすることも考えられたが（山本・前掲336頁），そのような改正はされなかったので，45条の類推適用は解釈論として困難と言わざるを得ない。）。これらの場合は，その譲渡が譲渡担保としてされる場合には（再生債権者に別除権を付与する行為として）債務者の公平義務違反となるし，単なる債権譲渡は（自己又は譲受人（第三者）の利益を図る行為として）誠実義務違反になるものと解されよう。そして，この場合の債務者の義務違反の効果としては，前述のように（Ⅲ参照），相手方の手続開始に関する悪意を条件として（悪意を要件とすることは，善意悪意で区別しない破産法47条とは齟齬するが，解釈論としてはやむを得ない。），対抗要件具備の効力を否定できるものと解される。

次に，善意の第三者の保護に係る規定（民94条2項・96条3項・545条1項ただし書等）の場合の保護対象として再生債務者が観念されるかという問題である。例えば，債務者が再生手続開始前に虚偽表示として不動産の登記を第三者から取得していたが，手続開始後に当該第三者がその無効を主張して抹消登記請求をしてきたときに，再生債務者は民法94条2項による保護を主張できるかといった問題である。再生債務者の第三者性を前提とすれば，債務者は保護の対象となると解されることになる。虚偽表示取引の当事者である再生債務者がこのような主張をできることに対しては直感的には違和感も否めないが，この場合の債務者は（双方未履行契約を解除する場合などと同様に）まさに再生債権者の代表として行動していると理解すれば問題はないであろう（この場合も，再生債権者がその不動産を差し押さえ，その者が虚偽表示について善意であれば民法94条2項の保護対象となるのであるから，そのような差押えを再生債権者に禁ずる以上，実体法が付与したその者の救済が再生手続でも全うされるべく配慮が不可欠であろう。）。したがって，再生債務者の善意悪意の判断の基準も（破産の場合に破産債権者を基準とする通説と同じく），再生債権者のうちに一人でも善意の者がいれば善意性が肯定されるものと解されよう（伊藤・前掲673頁）。

【山本　和彦】

* 1　なお，和議管財人を必置としていた従来の和議手続に対応するものは監督命令を伴う再生手続であり，監督命令を任意化した点で，再生手続は和議手続よりも，より簡易・廉価な手続運営を可能にしたものと評価できよう。ただ，実際にはほぼ全件に監督委員が選任され，後見型の運用がされている。
* 2　諸外国の手続でも，アメリカの11章手続は著名であるが，欧州諸国においても，中小企業については，フランスの簡易手続（procédure simplifiée）やドイツの自己管理手続（Eigenverwaltung）など，やはり自己管理型の特別手続を設けているという国際的潮流にも沿うものであろう。
* 3　このようにDIP型を前提とするため，（管理命令発令の場合を除き）管理処分権の移転を前提とする破産法47条や50条に類する規定は置かれていない。したがって，債務者の法律行為の自由や債務者に対する弁済の有効性が前提となるが，それによる詐害行為・偏頗行為のおそれを防止するため，次に述べる公平誠実義務が課され，違反した場合の管理命令の余地が認められる。
* 4　これに対し，法人である再生債務者の機関（株主総会等）が直接公平誠実義務を

負うとする見解として，伊藤眞「再生債務者の地位と責務（上）」金法1685号12頁参照。また再生債務者の手続代理人の地位につき，伊藤眞＝田原睦夫監修『新注釈民事再生法上』172頁以下〔三森仁〕（金融財政事情研究会，2006）参照

*5 　なお，社債管理会社について，複数回の社債権者の利益が相反する場合には，誠実義務により公平に取り扱う義務があると解されており（後掲新版注釈会社法第2補巻172頁），債権者の利益相反の場合には再生債務者にも同様の義務が観念できよう。

*6 　ただ，実際には「再生債務者の財産・事業の価値の最大化は，そのまま再生債権者の利益の最大化につながるから，再生債務者と再生債権者との利害衝突は通常は生じにくい」（松下淳一『民事再生法入門』37頁（有斐閣，2009））。再生計画案での権利変更や役員の責任追及の問題等についても，法は債権者に一定の手続上の権限を付与することで誠実義務違反が顕在化することを避けようとしているものと解される。

*7 　前掲詳解32頁〔髙田裕成〕は，公平誠実義務の内容として「財産の最有効活用を図る責務」を観念されるようである。他方，善管注意義務の不存在を再生債務者の機関性の限界と捉えられるのは，田頭章一『企業倒産処理法の理論的課題』49頁（有斐閣，2005）参照。それを独立の義務とまでは観念せず，十分な管理がされない場合には管理命令によって対応するというのも一つの立場であろう。

*8 　社債管理会社につき前掲注釈会社法第2補巻171頁，清算人につき前掲注釈会社法8―2〔増補版〕277頁参照。また，社債管理者については，社債権者との利益相反の場合に社債権者集会の申立てに基づき，裁判所による特別代理人の選任が認められている（会社707条）が，再生手続では明文もなく，特別代理人の選任の余地はないと解される。立案段階では，否認権の行使について債務者の特別代理人に行使させる旨の提案もあったが，結局，DIP型の場合には権限付与された監督委員に行使させるものとされた（135条1項）。

*9 　ただ，否認権の行使権限は監督委員に，損害賠償の査定の申立権は債権者にも付与されるなど，必ずしも徹底してはいない。これらの規律は，債務者自身が自らの法律行為を否定することに対する感情的反発や取締役等に対する損害賠償請求の実効性の確保など政策的・実践的配慮に基づくものと言えよう。

*10 　破産手続では，一般に第三者性は管財人が差押債権者と同等の地位にあることに基づき論じられることが多い（破産管財人につき「差押債権者類似の法律上の地位」を根拠とされるのは，伊藤眞『破産法・民事再生法［第2版］』250頁（有斐閣，2009）参照）。再生債務者についてもそのような議論は可能であるが（松下・前掲入門51頁参照），債権者と債務者との同一性（当事者対立の喪失）についての直感的な困難に鑑み，むしろ本文のような説明による。

*11 　前掲大阪地判平成20年10月31日参照。法45条は手続開始後にされた登記等は再生

手続との関係では効力を有しないとするが，無効の登記の請求権を付与することは相当でないと解される。そして，登記請求権は再生債権となるので，再生債務者の登記義務違反を理由に売買契約等の解除をすることはできない（前掲新注釈上170頁〔三森仁〕参照）。

38 申立代理人の立場

1 再生債務者の申立代理人（以下，「申立代理人」という。）の立場は，再生手続開始決定により変化するか。
2 申立代理人の本来の業務と期待される役割とは何か。
3 申立代理人は申立てから手続開始決定までどのような点に留意すべきか。
4 申立代理人は手続開始決定後はどのような点に留意すべきか。

解 説

[I] はじめに

　2000年4月1日から，旧和議法に代わる再生法として民事再生法が施行されて，早くも10年が経過した。この間，2009年12月31日まで全国で7,936件の通常再生の申立てがあり，民事再生法は再生手続の基本法としての地位が確立された。旧和議法の時代は法自体と実務の運用の両面から利用しづらいこともあって，一部の職人的弁護士による利用が殆どであったように思われる。一方，民事再生法は経営者が残ることができると喧伝され，かつ弁護士なら誰でも申し立てることができると思われたことから新たな問題も発生した。民事再生法及び規則において，再生債務者の第三者性（45条・49条・93条），債権者に対する公平・誠実義務（38条2項），手続の円滑進行・情報開示義務（規則1条1項・2項）等が定められたにも関わらず，このような基本理念が経営者はおろか申立代理人たる弁護士にも十分に理解されず，濫用的利用も散見されている。代理人たる弁護士も再生債務者の上記義務・責務等を負うとされており，一方では依頼者との委任契約に基づく善管注意義務（民644条・656条）や弁護士職務基本規定（同規定21条・23条）に基づく責務等との関係から，利害の衝突に悩む場面も多々見受けられる。会社更生法にDIP

型の運用が導入され，逆に民事再生法に管理型の運用も行われる時代となった。また，民事再生法は本来，中小・中堅企業対象の再生手続とされていたが，大企業や上場企業も申請するに及び，再生債務者・経営者・債権者・株主との利害も当初の予測を超えて拡大している。

　このような現状から申立代理人たる弁護士の重要性と責任は一層増大している。

　本問の解説にあたっては，便宜上，下記を前提とし，それ以外は必要な場合に言及するにとどめる。
① 　中小・中堅企業の再生手続を対象とする。
② 　債務者申立てを対象とする。
③ 　DIP 型手続を対象とし，管財人による管理型を対象としない。

[Ⅱ]　申立代理人の立場は，再生手続開始決定により変化するか

1　第三者性の付与と公平・誠実義務

　変化する。再生手続開始の申立てから手続開始決定までの間は，再生申立会社と申立代理人との関係は委任（民644条）及び準委任（同656条）の関係である。しかし，再生手続開始決定があった後は，再生申立会社は第三者性を付与された再生債務者となり，民事再生法上，債権者に対する公平・誠実義務（38条2項）及び手続の円滑進行・情報開示責務（規則1条1項・2項）を負うこととなる。公平・誠実義務とは通説的見解によれば，再生債務者は再生手続の機関として，自己のためではなく債権者のために公平かつ誠実に，自己に与えられた業務遂行権と財産の管理処分権を行使し，再生手続を追行する義務を負うとされる（37条参照）。再生申立会社は手続開始決定の前後を通じて業務遂行権と財産の管理処分権を有している（いわゆる DIP 型）にもかかわらず，手続開始決定によりその法的地位は一変することとなる。再生債務者の法的地位が変化すれば，当然のことながらその申立代理人の職務の内容も変化するのが道理である。なお，申立代理人という表現は正確ではなく，民事再生手続の場合，申立代理人は手続開始決定後も引き続き再生手続に再生債務者の代理人として関与するのが通常であるが，手続開始後も合めて便

宜上申立代理人ということにする。

伊藤眞教授によれば，手続開始決定後の申立代理人は「機関たる再生債務者の代理人となったときには，公平誠実義務等が履行されるよう，再生債務者に助言し，自ら代理人としての行為をなし，場合によっては，再生債務者に対する裁判所の監督権発動を促す必要もある」(『破産法・民事再生法〔第2版〕』611頁)地位に立つということである。

2　問題の所在

民事再生手続における手続開始決定後の再生債務者とその代理人の法的地位の変化が経営者にとってはあまりにも法的概念であり，抽象的であるが故に，申立代理人は始終，自己の利益を代弁するのが役目と考えている者が多い。一方，弁護士たる申立代理人は，このような再生債務者とその代理人の法的地位の変化について十分に理解しているはずである。また，債権者は倒産会社の財産は債権者のものであるから債務者もその代理人も債権者の利益のために働くべきであると常に考えている。そして民事再生法の公平・誠実義務が世に広く普及するにつれて，その要請は強くなっている。ここに民事再生手続において申立代理人が依頼者たる再生債務者と債権者の利害の衝突に悩む最大の原因があり，その対応いかんが再生手続の成功すら左右する場合もあるのである。

［Ⅲ］　申立代理人の本来の業務と期待される役割とは何か

1　本来の業務

申立代理人は弁護士であるから，その本来の業務は民事再生手続上，債務者が行うべき手続を実行してゆくことである。すなわち，申立ての準備，申立て，債権者説明会の開催，手続開始決定，財産評定，報告書作成，債権調査，再生計画案作成，債権者集会，再生計画認可・確定，再生計画の遂行，再生手続終結という一連の手続を弁護士として実行してゆくことである。これら一連の手続の間にも，弁護士でなければ実行困難な法律的業務が山積みしている。担保権実行中止命令の申立て（31条），監督委員への同意申請（54

条)，少額債権の弁済許可申請（85条），相殺権の行使（85条の2），否認権行使対応（135条），未履行双務契約の解除又は履行の選択（49条），再生計画外の事業譲渡（42条）関係等々である。これらの事項は法律行為若しくはそれに関連した法律的行為である。したがって，弁護士は民事再生法をはじめとする倒産法，民法，会社法等の研鑽を積むことは当然のことであるが，民事再生手続は企業の再生を目的としているのであり，企業の清算を目的としている破産や特別清算とは根本的に相違することを認識しておく必要がある。しかも，事業は日々変化しており，流動的であるということである。過去の一定の事象について判断する訴訟等とは異なる。法律家として納得できるまで検討して決断するのでは意味をなさない場合もある。

2 期待されている役割

申立代理人に期待されている役割とは，前記1の本来の業務を遂行するにあたり，以下の事項を厳守又は努力することではないかと考える。

① 債務者と同じく債権者に対し「公平・誠実義務」を尽くす（38条2項）。
② 再生手続の円滑な進行・重要事項の開示に努力すること（規則1条1項・2項）。
③ 債務者の経営者が前記①②を厳守するよう指導・監督すること。
④ ①ないし③の結果として，債権者の債権回収を形式的にも実質的にも最大化した公正・衡平でかつ実行可能な再生計画を作成して実行すること。

なお，弁護士の役割や説明義務に関する下記判決は参考となる。

① 大阪地判平成13年6月20日（金法1641号40頁～42頁）
② 東京地判平成19年1月24日（判タ1247号259頁）

3 信用補完的役割

申立代理人に期待されているもうひとつの役割として，信用失墜した債務者の信用を補完する立場がある。この場合の信用という意味は，金融業務でいう財務的な信用ではなく，一般社会でいわれる信頼という意味である。実

務においては民事再生手続について，債権者，官公庁，その他利害関係人に対し種々の説明・交渉をせざるを得ない。ところで，信用失墜した債務者がどのように説明・嘆願しても誰も信用しないのが一般的である。また，事業の遂行について取引先との交渉若しくはトラブルの解決についても再生手続の制度・進行・状況と密接な関係がある。取引再開について営業部長が頭を低くして要請したところで，今後の売掛金は現金前払いにせよとか，何故大丈夫なのか説明してくれと要求されたりする。申立代理人は法律家であるから，取引先まで出かけるいわれはないと言っておれば，事業の正常化も覚束ないのである。信用のある申立代理人が取引先に対して新取引と再生手続の関係を十分に説明しない限り事業の正常化が停滞する例は多いのである。特に金融機関に対する再生手続上の依頼や新規の手形割引等の依頼など債務者の経営者や財務・経理担当の者では到底相手にされない。粉飾決算等で欺されたうえに多額の貸付金が不良債権と化したのであるから当然である。

　この信用補完的役割を申立代理人が果たすには，単に民事再生手続等の法的知識・運用を熟知している他に，経営的な柔軟な思考や人間的な円満性，協調性，魅力なども必要である。

[Ⅳ] 申立代理人は申立てから手続開始決定までどのような点に留意すべきか

1 申立会社との基本的立場

(1) 申立代理人との関係

　申立代理人は申立会社に対して，委任及び準委任契約に基づき，善管注意義務（民644条・656条）を負っているので，民事再生手続を通じて，依頼者たる申立会社の「権利及び正当な利益」を実現するよう最大限の努力をしなければならない（弁護士職務基本規定21条。「弁護士倫理」は本規定が2005年4月1日から施行されると同時に廃止されている。）。

　経営が窮状にある企業の経営者が民事再生の申立てを決断する理由には，個人的利己的理由から企業の社会的責任を自覚した理由まで種々存する。民事再生手続はDIP型が中心であり，多くの場合，申立ての時の取締役，代

表取締役が経営権を維持して手続を進行させる。中小・中堅企業は申立会社＝経営者といっても過言ではない。したがって，申立てから手続開始決定までの間における申立代理人の第一の立場は，経営者の立場を考慮して民事再生手続を成功に導く努力を尽くす立場であるといえる。

(2) **法的再建手続及び弁護士であることとの関係**

申立代理人は依頼者たる債務者の利益の最大化を実現するよう行動しなければならないが，その行動にも自ずから制約はある。債務者及び申立代理人の債権者に対する公平・誠実義務（38条2項）は本来，「手続開始がされた場合」以降のみに摘要されるものではないのである。公平・平等・衡平の理念が倒産処理の指導理念とされている（伊藤眞『破産法・民事再生法〔第2版〕』12頁，山本和彦＝中西正＝笠井正俊＝沖野眞已＝水元宏典『倒産法概説　第2版』4頁（弘文堂，2010）参照）。民事再生手続は強制力を伴う法的再建手続であるが故に，私的再建手続に比してより一層，公平・平等・衡平の指導理念が必要となる。まして，弁護士たる申立代理人は弁護士法により，弁護士の使命と弁護士の職責の根本基準が定められている（同法1条・2条）。更には，これらの弁護士法の規定を受けて，弁護士職務基本規定にも信義誠実，名誉と信用等も規定されている（同法5条・6条）。弁護士は依頼者との関係では前記職務基本規定21条にあるように「依頼者の権利及び正当な利益」を実現するよう努めなければならないが，同条には「良心に従い，依頼者の権利及び正当な利益」の実現と規定されている。要するに申立代理人は手続開始決定後のみならず，依頼者から相談を受けるときから弁護士として公平・平等・衡平の指導理念を守る職責があるのである。

(3) **申立て前後の具体的な留意事項**

最近の民事再生手続は申立てから手続開始決定まで通常1週間から1か月である。したがって，手続開始決定までの手続上及び事業継続上の諸問題について発生し得る事象については，具体的に見通し可能である。この間の対策を具体的に行うことは当然であるが，むしろ，民事再生手続の構造，手続の流れ及び実務における運用等について依頼者たる債務者に，受任時に依頼者の有利・不利を問わず十分説明しておくことが必要である（設問21参照）。

債務者（具体的には社長や取締役）は常に代理人たる弁護士は自分達のために

働いてくれるものと信じており，そのような要求を行うものである。また，DIP 型とは現在社長である自分がこれからも経営権を維持できるものと誤解している例が多い。筆者の受任した案件では，手続開始後の途中から管財人型に移行した。社長をはじめ取締役の同意を得たとはいえ，その後の社長の協力，特に会社の組織上の行為，例えば定款変更等の株主総会に対する大株主としての協力に悪影響が生じた。

　申立代理人が申立会社の経営者，幹部等に対して，受任時及び申立て前後に十分に説明しておくべき事項は以下のとおりである。

　① 　申立てから手続終結までの手続の流れ。

　② 　保全処分等がなされた場合，裁判所の許可がなければ申立ての取下げができないこと。

　③ 　債務者の行為は自由ではなく，監督委員の同意（54条2項・4項），裁判所の許可（41条）が必要となる。

　④ 　保全管理人，管財人が選任される場合もあり得，これらの場合は，債務者の経営陣は経営権が停止され，会社の業務遂行権及び財産の管理・処分権は保全管理人，管財人に専属する（81条・66条）。

　⑤ 　否認権を行使すべき事案がある場合，監督委員によって否認権が行使されることがある（56条・127条～141条）。

　⑥ 　取締役，監査役等の役員は，損害賠償請求を受けることがあり，その前提として個人財産につき保全処分を受けることがある（142条～147条）。更に実務においては，会社経営に責任のある取締役らの会社に対する請求権（貸金，立替金，保証に基づく求償権等）は債権放棄を要求されたり，債権届出をしないよう要求されるのが一般的である。

　⑦ 　再生計画に資本の減少が定められたときは，商法に基づく株主総会の決議を経ることなく減資される（154条3項・166条・183条）。更に譲渡制限のある株式についても再生計画による増資が可能となった（154条4項・166条の2・183条の2）。つまり，再生計画の内容いかんによっては，経営権を奪われることもあり得る。

　⑧ 　再生債権者表に基づく強制執行

　旧和議法では和議が認可となっても，和議条件に基づく強制執行はできな

かったが，民事再生手続では，再生計画が認可となった場合，債権者表の記載が確定判決と同一の効力を有することとなった (180条2項)。

⑨ 再生計画の取消し

旧和議法は詐欺法といわれるように，その履行に問題があった。和議の取消しには債権者の申立てを要し，その要件が厳格であるため，債務者に不履行があっても利用されることは殆どなかった (旧和議法64条，旧破産法332条)。民事再生法では債務不履行などの事由があれば債権者の申立てにより裁判所が再生計画の取消しを決定する (189条)。

⑩ 債務者の公平・誠実義務 (38条2項)

⑪ 以上は債務者・経営者にとって不利となり得る事項であり，申立代理人としてはこれらにつき十分説明をしたうえ，納得させる必要がある。しかし，不利な点だけを強調しては，債務者が申立てに消極的となるので，再生手続の利点も説明しなければならない。保全処分 (30条)，他の手続の中止命令 (26条)，強制執行等の包括的禁止命令 (27条)，担保権の実行としての競売手続の中止命令 (31条)，営業譲渡 (42条)，双務契約の解除又は履行請求権 (49条)，担保権の消滅請求権 (148条)，再生計画案決議要件の緩和 (172条の3)，債権者集会によらない書面による決議制度 (169条2項)，失権制度 (178条) などは，債務者が民事再生手続を利用するうえでの画期的な利点である。

⑫ 最近の民事再生事件は中小・中堅企業といえども，企業グループであったり，外国に子会社があったりする例が多い。また，土壌汚染が問題となる不動産を所有している場合もある。これらは，再生手続の進捗と再生計画の内容に大きく影響する事柄であるので，法律家である申立代理人において十分に研究しなければならないものである。

(4) 申立て中の具体的な留意事項

前記(3)で述べたように申立てから手続開始決定までは1週間から1か月と短期間である。最近の実務ではこの間に申立会社による債権者説明会の開催が行われ，出席した監督委員はこの説明会における債権者の状況も参考に手続開始相当か否かの調査報告書をまとめるようである。この間は，事業の正常化が最大の目的である。申立代理人はこの目的達成のために以下の点に留

意すべきである。
　① 債権者説明会開催
　配布資料の作成，説明内容の検討，当日の対応等は申立代理人が主導することになるが，これらが不十分であれば債権者が不満であり，詳細すぎれば経営者が不満である。決算に粉飾があれば尚更である。
　② 資金繰りのチェックと今後の取引に対する支払方法の明示。
　③ 保全処分除外債務の弁済により債権者数の減少を図る。
　④ 監督委員に対する情報提供。

［Ⅴ］ 申立代理人は手続開始決定後はどのような点に留意すべきか

　手続開始決定から手続終結まで申立代理人の行う行為は「Ⅲ 1　本来の業務」の部分で述べたとおりである。これらの事項については本書の各項目ですべて触れられているので割愛するが，手続開始後の再生債務者の公平・誠実義務（38条2項）と申立代理人の善管注意義務との衝突場面について筆者の考えを述べるにとどめる。
　本項「Ⅱ 2　問題の所在」で述べたとおり，申立代理人は経営者に対する損害賠償請求権の査定申立て（143条）や申立て前の会社の行為の否認権（127条〜141条）行使問題等について債権者と依頼者たる再生債務者の間に立って悩むことも多い。公平・誠実義務と善管注意義務といういわば法と法の両責務の衝突である。
　この問題については，学者は申立代理人に厳しく，実務家は申立代理人に同情的であるのが一般的といえる。依頼者と弁護士間の信頼関係は申立会社再生のキーポイントであり，そもそも弁護士制度の根幹にも関わる問題である。民事再生法に規定された公平・誠実義務との調整もそのような観点からも考えるべきことである。

　損害賠償請求は多くの場合，求償権放棄，退職，役職変更，報酬削除等でカバーすべきである。何故なら，経営者は再生債務者の銀行借入れについて

殆ど保証しており，かつ，自宅も担保提供しているからである。否認対象行為については，弁護士から監督委員へ積極的に告知すべきでなく，積極的に告知すべき行為は再建が困難又は著しく困難になる程度の背信的行為に限定すべきではないかと考える。これについてはジュリストで議論されており，筆者は深山卓也氏の意見に賛成である（伊藤眞編集代表『民事再生法逐条研究　解釈と運用　ジュリ増刊2002年12月』53頁～60頁（有斐閣，2002））。

　債務者が申立て前に，損害賠償請求又は否認の対象となり得る行為を行っていた場合，その事実を知っている代理人たる弁護士は，裁判所及び監督委員に対する告知義務があるか否かが議論されている。右議論は3つに大別されると思われる。
　①　手続開始後は申立代理人（厳密には手続代理人）も，再生債務者と同様に債権者に対して公平・誠実義務があるので，告知義務がある。
　②　理念的には①であるが，債務者を説得する義務にとどまる。
　③　弁護士の職業上の義務が優先する。
　否認対象行為といっても千差万別であって，具体的な行為ごとに検討しなければ，前記①ないし③のいずれをとるべきかも結論はでない。
　しかし，筆者は一般論とすれば深山卓也氏の考え方が正しいのではないかと考えている。少し長くなるが，あえて深山卓也氏の発言を引用する（深山・前掲ジュリ増刊60頁）。「弁護士が職業上負っている秘密保持義務と，手続上負っている総債権者の利益を図るべき再生債務者の代理人としての義務という異質のものを一生懸命比べて，どっちが優先するかという議論になっていると思うのです。したがって，考え方が分かれるのは当然であるような気もします。ただ，これは私の直感的な感じにすぎませんが，ある手続において課された，しかも抽象的な義務よりも，弁護士が職業として本質的に負っている義務のほうが少なくとも日本の今の現状では，強いのではないかという感じがします。およそ弁護士であれば，法律上，依頼者の秘密について守秘義務を負い，刑罰もかけられるわけで，これは本質的にその職業に付着している義務ですよね。これに対して，総債権者利益を図るべき代理人としてとるべき義務というのは，この再生手続限りで課せられる義務ですから，ど

ちらを優先させるかについては両説とも成り立つとは思いますが，弁護士が社会的に1つのステータスとして信頼されるいちばん根幹の部分を構成している職業上の義務というのは，単純に5対5で比べるには，ハンディキャップが少しついていて，どちらかというと私は，DIP型だと言いながらも，現在の常識論で言えば，守秘義務が優先する場面があっても，それはやむを得ないのではないかと思うのです」。

【松嶋　英機】

39 監督委員

再生手続において，監督委員はどのような役割を果たしているか。

解 説

[Ⅰ] 監督委員の選任（監督命令）

監督委員は，再生手続における必要的機関ではないが（54条1項），東京地裁等の取扱いに見られるように，原則として再生債務者申立ての再生事件全件について，保全処分発令等と同時に，倒産事件に堪能な弁護士を監督委員に選任する運用をしている裁判所が大勢である（当初選任例が少なく，公認会計士を調査委員に選任する方式で対応していた札幌地裁においても，2005年頃には，多くの事件で監督委員が選任されているようである。）。

債権者申立ての再生事件でしばしば選任例が見られる調査委員（62条1項）の場合，その形式的中立性が重視されることもあってか，「その職務を行うに適した者」で「利害関係のないもの」という二重の選任要件が求められるが（規則26条1項），監督委員の選任要件は，「その職務を行うに適した者」で足り，形式的利害関係の不存在までは要求されない（規則20条1項）。

[Ⅱ] 選任から再生計画認可までの役割

1 監督命令に基づく同意・承認

(1) 指定行為の同意権

裁判所は，監督命令において，監督委員の同意を得なければ再生債務者がすることができない行為を指定することになっている（54条2項）。法人である再生債務者の場合，指定された要同意事項は，監督命令及び監督委員の氏

名等・住所とともに，再生債務者の商業登記簿等に職権で登記される（11条2項・3項1号）。

2007年1月公刊の「事業再生と債権管理 No.115」50頁〜51頁で紹介されている関係資料によれば，監督委員選任から再生計画認可決定（又は認否の決定）までは，法41条1項1号ないし9号の許可事項の全部（例えば大阪地裁）又は一部（例えば東京地裁。通常，4〜6号・8号が規制対象から除外されている。）を，より敷衍・具体化した形で，要同意事項として指定する裁判所が多いようである。大量の再生事件に適時・適切に対処するため，同法41条許可事項の指定を通じた裁判所の直接監督に代えて，現場情報に近い監督委員の同意権を活用した二段階の監督を効率的に行う，工夫された制度運用といえる。

監督委員の同意制度を通じた再生債務者の公平誠実な手続追行（38条2項）の確保は，再生債務者所有不動産の処分に係る登記申請の際，監督委員の同意情報の添付が要求される（不登令7条1項5号ハ）等，事前規制的に実現される局面もあるが，求同意手続の不遵守を理由とする再生計画取消し（189条1項3号）や再生手続廃止（193条1項2号）等，事後的制裁の可能性が，再生債務者の不正規行為回避を動機づける局面もある。

(2) 裁判所許可に代わる共益債権化の承認

監督命令においては，監督委員に対し法120条2項所定の共益債権化承認の権限も付与されるのが通例である。同条1項の裁判所許可に代わる適切な承認権の行使は，選任直後の監督委員にとって，手続開始前に処理すべき重要な職務となる。

2 手続開始についての意見書提出

再生手続開始に際し，監督委員から裁判所に対し，開始の可否（棄却事由の存否）についての意見書を提出する取扱いが一般的である。例えば東京地裁の場合，大量の事件申立てにも迅速に対応できるよう，再生債務者が申立直後に開催する債権者説明会（規則61条）に監督委員が臨席し，出席債権者から発信される現場情報を適時聴取する等して，法25条所定の棄却事由の存否を調査し，特段の問題点が認められない限り，速やかに開始相当の意見書を提出するという，定型的な運用が工夫されている（監督委員の情報収集・伝達

機能)。

3 再生債務者の業務及び財産状況の調査等
(1) 公認会計士による補助

再生手続において業務・財産の管理権を失わない再生債務者 (38条1項) に対し，適切な監督権を行使することは，監督委員の善管注意義務の中核ともいえるが (57条2項・60条)，高度に分業化された現代社会において，財務・会計面の実効性ある監督を可能にするため，専門家としての公認会計士の関与を求めることが，重要である。

例えば東京地裁の場合，一定規模以上の再生事件については，監督委員が速やかに公認会計士を補助者として選任する取扱いとなっており，当初の債権者説明会に公認会計士が同席する例も少なくない。

補助者である公認会計士は，監督委員とともに，あるいはその指示を受けて，再生債務者の関係者に対し，業務・財産の状況について聴取を行い，また会計帳簿・重要書類等を実査することにより (59条)，経営破綻に至った原因，粉飾経理の有無，過去及び直近の不正行為・偏頗行為の存否等を調査することになる。

また，監督命令では，再生債務者に対し，業務・財産の管理状況についての月次報告書を裁判所・監督委員に提出すること (東京地裁の場合は，再生計画認可決定まで) を義務づけるのが一般であるが，上記報告に係る財務情報を，補助者である公認会計士にも情報共有してもらい，再生債務者の財産・損益・資金繰り面の管理状況を継続してモニタリングすることが，実効性ある監督を基礎づける要諦となる。

(2) 財産評定と監督委員の関与

再生手続における財産評定は，再生債務者の権限と責任で遅滞なく行われるのが原則である (124条1項)。東京地裁では，通常，再生申立てから2か月以内の評定書提出が求められるが，一定規模以上の再生事件の場合，債務者側の公認会計士等の補助を得て作成された評定書案について，監督委員及び補助者の公認会計士が，財産評価の適否 (とくに，清算価値評価の妥当性) を第三者の視点で検証し，例えば過小評価に起因する債権者の一般利益の毀損

リスク（174条2項4号）を事前チェックする等の関与をする例が，多く見受けられる。

(3) 債権調査と監督委員の関与

再生手続における債権調査は，再生債務者の認否書と再生債権者の書面異議に基づいて行われるのが原則であり（100条），債権確定手続に関して，監督委員には，個別債権の存否・内容等に積極介入する制度上の権限はない。例えば東京地裁の取扱いに見られるように，議決権の認否にとくに重要な問題があると考えられる事案について，債権者集会招集決定前に，議決権の認定に関する意見書を裁判所に提出する等，謙抑的な関与にとどまる場合が少なくないように思われる。もっとも，民事再生実務合同研究会編『民事再生手続と監督委員』（商事法務，2008）19頁以下の座談会で紹介されている大阪地裁の取扱い例（同書31頁）のように，裁判所によっては，債権調査について監督委員によるチェックを要請し，再生債務者による不正規な債権認否を牽制する運用も見られるようである。

4 再生計画案についての意見書提出

(1) 再生計画案提出と付議決定

再生債務者から，裁判所の定める期間（東京地裁の場合，通常，再生申立てから3か月）内に再生計画案の提出（163条1項）があると，裁判所は，不認可事由等が認められない限り，当該再生計画案を決議に付する旨の決定（付議決定）をするとともに（169条1項），同決定において議決権行使の方法を定め（同条2項），再生計画案の内容又はその要旨を再生債権者に送付・通知する（同条3項）。

(2) 東京地裁における意見書提出の実務

上記手続の過程で，例えば東京地裁の取扱いに見られるように，裁判所から監督委員に対し，再生計画案についての意見書提出が求められることが多い。東京地裁の場合，監督委員の意見書提出の時期は，再生計画案提出から1週間後が目安とされ，当該意見書は，付議決定された再生計画案等とともに，再生債権者に送付される（その関係で，意見書はA4判数枚程度にまとめる必要がある。）。意見書の記載項目は，再生計画案に係る不認可事由（174条2項1

号・2号・4号）の存否のほか，法125条1項所定の事項，帳簿の正確性，申立前の偏頗行為等の有無，申立後の違反行為の有無等である。

　監督委員の意見書提出に先立ち，補助者である公認会計士から監督委員宛に，前記3の財務・会計調査結果を集約した，より詳細な内容の報告書が提出されることになっている。公認会計士の報告書は，再生債権者には送付されないが，裁判所に提出され，監督委員意見書とともに，閲覧等の対象とされる場合が多いようである。

(3) 監督委員意見書と情報提供機能

　東京地裁等の運用で見られる監督委員の意見書は，裁判所及び再生債権者に対する情報提供という面で，重要な機能を果たしている。

　まず裁判所との関係では，再生計画案付議決定の障害となる不認可事由の存否（169条1項3号），具体的には，①再生手続又は再生計画において重要かつ補正不能の法令違反がないかどうか（174条2項1号関係），②計数面また大口取引先・別除権者の動向等から，遂行見込みのない計画となっていないか（同項2号関係），③提案された弁済率等が清算価値保障の原則を満たしているか（同項4号関係）等を，監督委員の全保有情報及び公認会計士から報告を受けた財務・会計情報等を踏まえて，意見書の形で裁判所に答申するという意味合いがあり，裁判所が迅速かつ適切に付議の可否を判断する上での基礎情報を提供する役割を果たす。

　また再生債権者との関係では，上記不認可事由に該当する重大なネガティブ情報のみならず，再生債務者の不当な業務執行（例えば，東京地裁で要同意事項とされていない未履行双務契約解除の不当性）や財務管理面の失当（例えば，杜撰な債権認否）等，将来の計画遂行を危ぶませる多様なネガティブ情報にも言及することにより，再生債権者が自律的かつ適切に賛否の議決権行使を決断する上での参考情報を提供する役割を果たす。

(4) 監督委員意見書と牽制・規律付け機能

　監督委員の意見書は，不認可事由を内包する再生計画案は付議排除の対象となるという関係者の予測を通じて，再生債務者による不毛な手続引き延ばしや，一部再生債権者による不正規な再生計画案提出等を事前牽制する，副次的な作用効果を有する。また，平素の問題行動について意見書で言及され

た場合，再生債権者の議決権行使が厳しいものになるとの事前予測を通じて，再生債務者に対し，公平・誠実な手続追行を規律付ける，副次的作用効果を有する。

5　日常の監督業務以外の手続関与
(1)　否認権の行使
　監督委員の選任されている再生手続において，否認すべき偏頗行為等が発見された場合，裁判所から否認権限を付与された監督委員が，訴え又は否認の請求という方法で，否認権を行使することになっている（56条・135条1項）。

(2)　事業譲渡・スポンサー契約と監督委員
　供給過剰・設備過剰が構造化したデフレ環境下においては，経営破綻企業の事業価値劣化は深刻であり，事業再生を図るうえで，スポンサー候補企業による迅速な支援表明等（信用補完）が，しばしば喫緊の課題となる。債務者企業に引き続き業務・財産の管理権を委ね（38条），担保権につき処分価値による一括返済・消去を想定した別除権構成（53条）を取る再生手続は，ある意味で，スポンサー支援による短期事業再生に親和的な法的整理ともいえる。

　現に，多くの再生事件において，事業譲渡型あるいはスポンサー出資型による事業再生が試みられており，再生債権者の意見聴取（42条2項）や再生計画案の決議（170条・171条）を通じて，再生債権者側でも，自律的かつ適切な応答が求められる。

　この点，スポンサー選定過程やスポンサー契約の条件交渉は，関係者に厳重な守秘義務を課して進められることが多く，再生債権者自ら，詳細な情報に接することは困難なため，監督委員が，債権者一般の利益という視点から，関係者の情報セキュリティに配慮しつつ，アクセス可能な範囲で参考情報を収集し，再生債務者の規律付けの意味も含めて，再生債務者への意見表明や裁判所・再生債権者への情報伝達等，適切な関与をすべき場合も，少なくないと思われる。

(3) 担保権消滅請求と監督委員

担保権消滅請求（148条）は，別除権目的財産の受戻し（54条2項・41条1項9号）と異なり，監督委員の積極的関与を想定した制度ではないが，例えば東京地裁の取扱いに見られるように，担保権者の審尋期日に監督委員が同席する等して，双方主張の概要・進行状況を情報共有する場合が少なくない。担保権消滅請求の成否が，前記4の監督委員意見書提出までに決着しない場合には，係る不確実情報を織り込んだ意見書が提出されることになる。

(4) 破産手続移行等と監督委員

再生手続が頓挫し，手続開始後の職権廃止（191条）等で終了する場合，破産法91条2項の保全管理命令を経て，破産手続への移行が行われる（250条・251条）。この場合，監督委員が保全管理人（廃止決定確定後は破産管財人）に選任される運用が大勢である。

また，大阪地裁等の取扱いで見られる管理型再生手続（64条）への移行局面でも，監督委員が管財人に選任されているようである。

係る手続移行が懸念される再生事件では，移行後の破産管財人あるいは再生管財人としての善管注意義務（破85条1項，民再78条・60条1項）にも目配りした再生債務者の監督態勢を心がける必要がある。

［Ⅲ］ 再生計画認可後の役割

1 履行の監督

再生計画認可後は，監督委員の役割を，再生計画で定められた再生債権弁済期における履行の監督（186条2項）のみに減縮する運用をする裁判所（例えば東京地裁）がある一方で，重要な財産の処分や譲受け，多額の借財（41条1項1号～3号）については引き続き監督委員の要同意事項として指定する裁判所（例えば大阪地裁）も見られるようである（前掲・事業再生と債権管理 No.115 50頁参照）。

2 手続終結時の意見書

監督委員が選任されている再生事件については，再生計画認可確定から3

年後又は再生債権の弁済終了のいずれか早い時点で，手続終結となるが（188条2項），終結に際し，監督委員の意見書提出が求められる場合がある（例えば東京地裁）。

【河野　玄逸】

■参考文献
・門口正人＝西岡清一郎＝大竹たかし編『新・裁判実務大系第21巻　会社更生法　民事再生法』（青林書院，2004）
・園尾隆司＝小林秀之編『条解民事再生法〔第2版〕』（弘文堂，2007）
・西謙二＝中山孝雄編，東京地裁破産再生実務研究会著『破産・民事再生の実務〔新版〕《下》民事再生・個人再生編』（きんざい，2008）
・民事再生実務合同研究会編『民事再生手続と監督委員』（商事法務，2008）
・「事業再生と債権管理 No.111」〔特集1　破産・再生実務の現状と課題〕（2006）
・「事業再生と債権管理 No.115」〔特集　民事再生手続の現状と課題〕（2007）
・「事業再生と債権管理 No.123」〔全国倒産処理弁護士ネットワーク/シンポジウム報告〕（2009）

40 その他の機関(調査委員,管財人,保全管理人,代理委員,債権者委員会)

再生手続における調査委員,管財人等の役割と選択はどのように行われるのか。

解 説

[Ⅰ] その他の機関の概要

民事再生法上,再生債務者及び監督委員以外の機関ないしそれに準じるものとしては,①調査委員②管財人③保全管理人④代理委員⑤債権者委員会がある。

[Ⅱ] 調 査 委 員

1 調査委員制度の趣旨

調査委員は,再生手続申立てがあった場合において,手続開始の前後を問わず,裁判所が必要と認めたときに利害関係人の申立て又は職権で,調査命令を発して選任する機関である（62条1項）。

調査委員による調査は,裁判所が再生手続に関わる裁判をするに際して,必要な資料を得るためのものであり,開始の前後を問わないが,債務者申立ての場合,通常は申立て後速やかに（東京地裁の実務では即日）監督命令が発せられて監督委員が選任されている。監督委員は再生債務者の業務及び財産の状況について報告を求め,帳簿その他の物件の検査を行う権限を有しており（59条1項),また裁判所は監督委員に命じて必要事項を報告させることも可能である（125条3項）ので必要に応じ監督委員が調査を行えば足りる。

実際に調査委員が選任されているのは,典型的には,債権者申立ての場合

などで開始原因があるかどうか，また破産手続の申立てがなされていて，開始決定をするのが適切かどうか疑義があるような場合に限られる。このような場合には，裁判所は申立て後調査委員を選任して，開始原因があるかどうか，また競合する手続との関係で開始決定をするのが適切かどうかを調査委員に調査させ，その報告の結果を勘案して判断をすることとなる。また，監督委員が適切に業務を遂行しているかどうかについて疑義が生じているような場合においても，監督委員自身に調査させることはできないから，裁判所において即座に判断することが困難な場合においては調査委員を選任して調査を命じることが必要となろう。

会計や税務に関する調査等，法律以外の専門的知見を必要とするような事項について調査をする必要が生じる場合にも，監督委員以外に調査委員を選任することが考えられるが，監督委員が補助者として，会計士や税理士等の専門家に調査にあたらせることで足りる場合が多い。

以上は東京地裁をはじめとした，多くの裁判所の実務であると思われるが，札幌地裁では，監督命令とともに調査命令を発することが原則の扱いとされている（才口千晴＝伊藤眞監修全国倒産処理弁護士ネットワーク編『新注釈民事再生法　上　第2版』307頁（金融財政事情研究会，2010））など例外もある。

調査委員は，調査命令で命じられた事項について調査をし，裁判所に報告しなければならない。調査結果の報告は裁判所の定めた期間内に報告書を提出して行う。

調査報告書は利害関係人による閲覧・謄写の対象となる（16条）ので，再生債務者の事業の維持再生に著しい支障を生じるおそれや，再生債務者の財産に著しい損害を与えるおそれがあるような場合には，調査委員は調査報告書提出の際にこれを疎明して，支障部分の閲覧等の請求権者を調査委員及び再生債務者等に限定するよう裁判所に求める必要がある（17条）。

調査委員には，監督委員と同様その職務執行につき善良な管理者の注意義務が課されており（63条・60条1項），調査委員がその義務を怠った場合には，利害関係人に対して損害賠償責任を負う（63条・60条2項）。

[Ⅲ] 管　財　人

1　監督命令と管財人の選任

　民事再生手続は，DIP 型すなわち，再生債務者が自ら業務遂行及び財産管理を行うことを原則とする，債務者の自主性に重きを置いた手続である。また，監督委員の監督機能により，再生債務者の行動を一定程度コントロールすることも可能である。

　とはいえ，監督委員の監督機能は主に同意事項について，同意を与えるか与えないかにより発揮されるのであり，同意事項以外の事項について再生債務者が適切な行動をとらない場合に，これを是正させることまでは困難である。

　そこで，法は，再生債務者の財産管理が失当であるとき，その他再生債務者の事業再生のために特に必要であると裁判所が認めたときは，管理命令を発して管財人を選任し再生債務者の業務執行権や財産管理権を管財人に専属させることができるものとした（66条）。

　管理命令は，利害関係人の申立て又は職権により発令される（64条1項）。

　管理命令は再生債務者の業務遂行権及び財産管理権を奪うという重大な影響を与えるものであるから，裁判所はその発令にあたり急迫の事情がない限り再生債務者を審尋しなければならない（64条3項）。

　管財人は自然人に限らず，法人であっても差し支えない（78条・54条3項）が，通常は，再生手続の申立代理人や，監督委員，会社更生の管財人等，再建型倒産手続について，一定の経験のある弁護士が選任される。

　管理命令を発する前に監督委員が選任されている場合には，特に不都合がない限り，監督委員が管財人に選任されるのが一般である。

　前述のように民事再生手続は，債務者の自主性，自律性に重きを置いた手続でありその根底には，再生債務者自身がその事業にもっとも精通しており，その主体性を尊重することが再生を容易にし，利害関係人の利益に適うとの考え方が存在する。

　したがって，再生債務者の手続遂行に多少の難点があったとしても，安易

に管理命令が発せられるべきではなく，法の趣旨に基づいて例外的な場合に限って発令されるべきであろう。実務の運用においても，民事再生手続の約4割が集中する東京地裁では，民事再生法施行後約10年近く経過した，平成22年に至って初めて管理命令を発するなど，管理命令を発するのには慎重な態度をとっている。

2 管財人の職務と権限

管財人の職務は，再生債務者に代わって，その業務を遂行，財産を管理処分し（66条），再生債権の調査（100条），財産価額の評定（124条1項），担保権消滅許可の申立て（148条1項），再生計画案の提出（163条1項），再生計画の遂行（186条1項），再生計画の終結の申立て（188条3項），再生手続廃止の申立て（192条ないし194条）などの手続上の権限を行使するとともにその義務を履行することから成る。民事再生法上再生債務者等とは，管財人が選任されている場合においては，管財人を意味する（2条2号）。

管理命令発令後に，再生債務者がなした法律行為は，再生手続との関係ではその効力を主張することができない（76条1項）。相手方が管理命令が発令されたことを知らなかった場合にはこの限りではない（76条1項ただし書）が，管理命令の公告後は悪意が推定される（76条4項による47条の準用）。

業務執行権及び財産の管理処分権が管財人に専属することとなる結果，取締役会の権限は消滅し，取締役は報酬を請求することができなくなる（76条の2）。

なお，管財人が有する権限と義務は管理命令が出されていない場合における再生債務者の権限及び義務とほぼ等しいが，管理命令が出されていない場合においては，再生債務者は自らは否認権を行使できず，否認権行使の権限を付された監督委員がこれを行使することとされている（135条1項）が，管財人は自ら否認権を行使することができる（135条1項・3項）とされており，全く同一ではない。

3 管財人の監督と要許可事項

管財人は，裁判所の監督に服する（78条・57条1項）。裁判所は重要な事由

があるときは，利害関係人の申立て，又は職権で，管財人を審尋した上で，解任することができる（78条・57条2項）。

　裁判所は，管財人が一定の行為を行うについて，裁判所の許可を得る必要があるとすることができる（41条1項）。

　管財人は，必要があるときは，裁判所の許可を得て管財人代理を選任することができる（71条1項・2項）。また，裁判所は管財人が一定の行為をするには，裁判所の許可を要するとすることができる（41条1項）。このような行為として通常定められるのは，管理命令がなされていない場合において，監督委員の同意事項として定められる事項であり，民事再生法41条1項1号から9号に定められている事項及びその他事案により重要と認められる事項である。

　このような，任意的許可事項に加えて，管財人が一定の行為を行うには必ず裁判所の許可を得ることを要するとされている行為がある。例えば，管財人が再生計画によらずに再生債務者の事業の全部又は，重要な一部を譲渡する場合においては，必ず裁判所の許可を得なければならない（42条1項前段）。

　また，担保権消滅請求をするには裁判所の許可を得る必要がある（148条1項）。

　管財人が再生債務者の株式の取得，株式の併合，資本金の減少に関する事項，再生債務者が発行できる株式の総数についての定款の変更についての条項を定めた再生計画案を提出するときにもあらかじめ裁判所の許可を得る必要がある（166条1項2号・154条4項）。債権者集会において，債権者に不利な影響を与えない限り認められる再生計画案の変更についても裁判所の許可が必要である（172条の4）。

[Ⅳ]　保全管理人

　再生手続申立てがあった後，開始決定に至る以前に，再生債務者の財産の管理が失当であるとか，その他再生債務者の事業の継続のために特に必要があると認められた場合には裁判所は利害関係人の申立て又は，職権により再生手続開始申立てにつき決定があるまでの間，保全管理命令を発令すると

もに，保全管理人を選任することができる（79条1項）。

　民事再生手続は，再生債務者の業務遂行権や財産の管理処分権を維持することを認めるDIP型の手続であることを原則とする（38条1項）ので，保全管理命令が発令されるのは，例外的な場合である。

　例外的な場合として法定されているのは第一に「再生債務者の財産の管理又は処分が失当であるとき」であり，具体的には，再生債務者が不適切な行為をして，債権者や従業員，取引先の信頼を失っているような場合が挙げられよう。例外的な場合として法定されている第二のものとしては「事業の継続のためとくに必要があると認められるとき」であり，具体的には第一の要件には該当せずすなわち，再生債務者の財産の管理又は処分が失当とはいえないとしても，主要債権者や取引先が管理型の手続に移行することを支援の条件としているような場合にはこれに該当するといえよう。

　なお，再生手続の廃止決定がなされた場合，即時抗告が可能である（36条1項）から職権破産開始決定までには廃止決定の確定を待つ必要がある（250条1項）が再生手続廃止決定から破産開始決定までの間，手続が実質上宙に浮いた状態となり，財産の散逸や不公正は処分の発生あるいは適切な管理が困難となるなどの事態が発生することが懸念される。そこで，東京地裁では即時抗告がない場合であっても，法79条3項の規定を準用して，廃止決定と同時に保全管理命令を発して保全管理人を選任し，破産開始決定と同時に保全管理人を破産管財人に選任するという取扱いがなされている。

　監督委員が既に選任されている場合においては，特に支障のない限り，監督委員が保全管理人に選任されるのが通例である。

　保全管理命令により，再生債務者の事業遂行権及び財産の管理処分権は全て保全管理人に移るから，再生債務者には重大な影響がある。そこで，管理命令と同様，急迫の事情がない限り，裁判所は保全管理命令を発するに際しては必ず再生債務者の審尋を行わなければならない（79条1項・64条3項）とされている。

　保全管理人は保全管理命令で要許可事項として指定された事項以外でも常務に属しない行為を行うには裁判所の許可を必要とする（81条1項ただし書）など，手続開始前であることから来る制約は受けるが，原則としてその権限

40 その他の機関（調査委員，管財人，保全管理人，代理委員，債権者委員会）

と義務はほぼ管財人と同様である。

［V］ 代 理 委 員

1 代理委員制度の概要

　民事再生法は，会社更生法に倣って，任意的機関の一つとして代理委員の制度を認めている。すなわち，再生債権者は裁判所の許可を得て，共同して又は各別に一人又は数人の代理委員を選任することができるものとする（90条1項）とされている。

　ここに再生債権者とは，必ずしも届出済みの債権者であることを要せず，届出の権限も代理委員に与えることができると解される（兼子一 ‒ 三ヶ月章『条解会社更生法』（弘文堂，1986，1987））。代理委員の選任に裁判所の許可を要するとした趣旨は，代理委員の権限が広範であり，事件屋や整理屋などの介入を排除するためである。なお，代理委員の権限行使が著しく不公正である場合には，裁判所は選任許可を取り消すことができる（90条5項）。

　代理委員は再生債権者が自発的に選任するのが本則であるが，裁判所が再生手続の円滑な進行を図るために必要であると認めた場合には，再生債権者に対し，代理委員の選任を勧告することが可能であり（90条2項），さらには，共同の利益を有する再生債権者が著しく多数であって，裁判所の選任勧告をしたのに関わらず代理委員を自ら選任しない者があり，かつ裁判所が代理委員の選任がなければ，再生手続の円滑な進行に支障があると認めたときには，職権で代理委員を選任することも認められている（90条の2）。

　職権による代理委員の制度は平成16年に新設されたものであり，具体的には同種の公害被害者，製造物責任被害者，消費者被害者のように不法行為債権者が多数存在する場合や，ゴルフ場の再生手続において会員が極めて多数に上る場合などが想定されよう。

　代理委員となる者の資格に特に限定はないから，再生債権者の中から選んでも良いし，第三者であっても差し支えない。第三者は必ずしも弁護士であることを要しないが，弁護士でない第三者が代理委員の候補に上げられた場合，事件屋や整理屋に介入を排除するため，裁判所は許可を与えるに当たっ

て，慎重な態度をとることになろう。

　代理委員は，これを選任した再生債権者のために，再生手続に属する一切の行為をすることができるものとされている（90条3項）。

　したがって，例えば，再生債務者や他の利害関係人との折衝，再生債権の届出，債権者集会への出席，議決権行使，再生計画の立案，再生計画に基づく弁済の受領などをすることができる。

　代理委員が数人ある場合，権限は共同して行使することを要し（90条4項），この場合は代理委員会を構成することになろう。もっとも，特定の行為について特定の代理委員に他の代理委員がその権限行使を委任することは許される。

　なお，複数の代理委員がある場合においても，第三者の意思は各自受領することができる（90条4項ただし書）。

　代理委員は，選任した再生債権者から報酬を受け取ることができる。また，代理委員が再生に貢献したと認められる場合には，裁判所は会社財産から適当な範囲で，費用の償還及び報酬金の支払を許可することができる（91条）。

2　代理委員制度の運用の実際

　民事再生法が代理委員制度を取り入れる手本となった会社更生法の実務の運用においては，代理委員制度はほとんど活用されていない。その理由としては，更生計画案策定の現実の実務は管財人が更生担保権者及び大口の更生債権者と個別的に折衝して計画案の大筋を決定する例がほとんどで，代理委員制度の必要性が感じられていない点が上げられている。

　代理委員制度は，もともと会社更生法の母法であったアメリカの会社更生の実務の中で，発達したプロテクティブコミッティの制度に倣い導入されたものであるといわれる。

　利害を共通にする権利者，すなわち同一の組に属する権利者が自主的に集結し，同調者を集めて利益代表者として代理委員を選任し，代理委員はそのような利益代表者として，他の組の代理委員や管財人と折衝してその組に有利な計画の実現を図ることが代理委員に期待された機能である。

民事再生手続では，会社更生手続と異なり，原則的に組み分けがなされず，したがって組ごとの利益を代表する利益代表者としての代理委員は必要性がないこととなる。

　しかし，例えば，複数のコースを持つゴルフ場の場合においては，会員がコースごとに代理委員を選任するなどして，力を結集して債務者と交渉することができれば，その利益を守るために有効であろう。また再生債務者の側からしても，多数の会員と折衝する煩を免れることができ，実効性のある再建計画を効率的に立案するのに役立てることができよう。消費者被害事件や公害被害事件など多数の小口債権者が存在する場合にも同様のことが当てはまる。

　もっとも，このような場合，実際には多数の利益を共通にする債権者が同一の弁護士に委任することによって右のような目的を達成しており，代理委員選任によらずとも特に支障がないばかりか裁判所の許可を得たり，裁判所から解任されたりする惧れがないなど，債権者にとってはむしろ代理人選任の方法による方が代理委員選任によるよりも簡便である。また，再生債権者の利益を考えた場合，例えば，再生債務者と交渉を行うにしても，法的知識や経験が必要であって，単に一般的に交渉能力があるだけでは十分ではないから，結局は弁護士が中心となって交渉に当たることが望ましい。

　同様のことは再生債務者サイドからもいえ，法的知識のない者と交渉してもあまり実効性が上がらないことが多い。

　このような事情もあって，折角制度は作られたが，民事再生手続においても代理委員の制度は実際には使われていないのが実情である。

　しかし，多数の利益を共通にする者が信頼できる弁護士に委任し，かかる弁護士が正式に代理委員として認められれば，債権届出を取りまとめたり，債権調査に協力したりして再生手続の円滑な進行に寄与した場合，再生に貢献したと認められれば，報償金の支払が認められ，再生債権者の弁護士費用の負担は少なくて済むというメリットがあるから，多数の資力に乏しい被害者のいる消費者被害事件等においては，適切な活用が望まれる。

[Ⅵ] 債権者委員会

1 債権者委員会制度の趣旨と概要

　民事再生法制定以前の我が国の倒産手続においては，任意整理手続において債権者委員会が結成されることはあっても，法的倒産手続においては制度としては一切なかった。これに比べて，諸外国の倒産手続，特に DIP 型をとるアメリカの会社更生手続においては，債権者委員会が，DIP に対するカウンターパワーとして必須かつ極めて重要な中心的機関として位置付けられており，比較法制に詳しい研究者等からは，我が国の法制においても債権者委員会の機能を認めるべきであるとの意見が主張されていた。これに対して，倒産実務家の中には整理屋等に牛耳られることも珍しくない我が国の債権者委員会の実体に鑑み，あまり重要な機能を持たせるべきでないとの意見も強力に主張されるという状況にあった。このような状況の中，民事再生法は機能を限定しつつも一定の要件のもとに債権者委員会を倒産手続における正式な機関として初めて認知した。

　すなわち，裁判所は一定の要件が具備していれば，債権者委員会が再生手続に関わることを承認することができるとしたのである（117条）。

　債権者委員会が裁判所に承認されるための要件としては，次の三つが揚げられている。

(1) 委員の数が3人以上，最高裁判所の定める規則で定める人数以下であること（規則では10人）。
(2) 再生債権者の過半数が当該委員会が再生手続に関与することについて同意していると認められること。
(3) 当該委員会が，再生債権者全体の利益を適切に代表していると認められること。

　右の三つの要件のうち第一の要件は，債権者委員の数である。一人や二人の債権者委員では合議体としてふさわしくないから，3人を最低限としたものであろう。また，あまり多数の委員がいる場合にも，合議機関としての機能を果たしにくいから，上限を設けたものであろう。通常の場合，委員の人

数は一義的に明確であるから，この要件を充たしているかどうかは一義的に明確となる。

　第二の要件は，再生債権者過半数の同意であり，債権者説明会又は債権者集会における投票，又は書面による賛否の確認などにより明確にすることができる。

　これに対して三番目の要件は抽象的で，前記二つの要件のように一義的に明確であるとはいえず，いわば，裁判所に大幅な裁量権を委ねた要件であるということができる。

　この適切代表性の要件は，アメリカのクラスアクションにおいて，認められる要件と同様である。このような要件が定められた理由は，従来我が国における債権者委員会が前述のように整理屋などによって悪用されていたという実態から，これを防止することが重視されたからであると思われる。

　ところで，実際にどのような構成の債権者委員会が再生債権者全体の利益を適切に代表しているかは必ずしも明確とは言えない。

　しかし，利害の対立する債権者のうち一方の債権者が過半数の同意を得て，自らの利益のみを代表する債権者委員からのみなる債権者委員会を構成したような場合，他方の少数派の債権者の利益が無視されたり，犠牲にされる危険性がある。したがって，このような場合は，適切代表性の要件を充たしていないといえよう。裁判所はかかる債権者委員会が手続に関与することを承認しないことができることとなる。

　アメリカの会社更生手続においては，大口債権者が債権者委員となることとなっている。

　我が国の場合，必ずしも上位の大口債権者が債権者委員となることを欲しない場合も多く，大口債権者が債権者委員に入っていないからといって，そのような債権者委員会が直ちに適切代表性の要件を欠くとはいえないであろう。しかし，できれば債権額の比率の大きい重要大口債権者が債権者委員として債権者委員会を構成していることが望ましいことはいうまでもない。また，金融機関，原材料等の仕入先，小口債権者など，利害の異なる可能性のある債権者それぞれの利益を代表する債権者委員が選任されていることが望ましい。

なお，裁判所はいったん債権者委員会を承認した後においても，利害関係人の申立て又は，職権でその承認をいつでも取り消すことができるものとされている（117条5項）。

当初は適切に債権者全体の利益を代表しているかのように思われた債権者委員会が後に，一部の債権者の利益のみのために行動していることが明らかになった場合や，事件屋等が介入していることが判明したりした場合には取消しの対象となろう。

債権者委員会は裁判所，再生債務者又は監督委員に対して，意見を述べることができるものとされている（117条3項）。また，裁判所サイドからも，債権者委員会に対して，意見の陳述を求めることができるものとされている（117条2項）。

裁判所や再生債務者又は監督委員は債権者委員会の意見に拘束されるものではないが，その意見が正当で合理的なものであれば，これを無視することは適切ではなく，当然何らかの形で斟酌することになろう。

2 債権者委員会の運用

民事再生手続と同様 DIP が中心的役割を果たすアメリカ倒産法の第11章手続においては，債務者に従来どおり，事業の遂行と財産の管理を継続させることと一対の関係において，債権者委員会が DIP の監督的機能並びに債権者の利益を守るための機能を果たすための中心的役割を担っている。すなわち，再建を成功させるためには，事業にもっとも精通している債務者自身に事業及び財産の管理を任せるべきであるとの考え方と，債務者だけにすべてを任せておけば，債権者の利益は犠牲にされかねないので，これをチェックするための機関として，債権者委員会が置かれているのである。

一方，我が国においては，民事再生手続の導入後も債権者委員会は実際にはあまり使われていない。

アメリカと日本の実務の大きな相違は，債権者委員会に対する弁護士の関与である。

DIP に対抗して，これを適切に監督し，債権者の利益を守るには，専門的な法的知識や会計知識と経験を要する。そこで，アメリカにおいては，債

権者委員会は専門の弁護士や会計士によって運営されている。そのために相当な費用が発生するが，それは共益債権として，債務者の負担とされる。

　我が国においては，裁判所が後見的に監督を行うために，債権者による監督やチェック機能という発想が乏しいきらいがある。また，債権者委員に選任された債権者が専門の弁護士や会計士に債権者委員会における活動を依頼すれば，当然費用が発生するが，その費用は債権者自身の負担となるため，債権者は専門家に依頼することを躊躇するという実情がある。この傾向は債権者が中小零細企業である場合には特に顕著である。そのため，民事再生法施行以前の和議手続や任意整理の債権者委員会においては，倒産法の知識や経験がほとんど皆無である，企業の代表者や担当者が債権者委員として出席して議論をするため，法律的に問題があったり公正性を欠いたりすることがしばしば見られた。

　したがって，債権者委員会が健全に機能するためには，専門家の関与とそれに対する費用の確保が不可欠である。

　この点，債権者委員会に再生債務者の再生に貢献する活動があったと認められるときは，裁判所は，当該活動のために必要な支出をした再生債権者の申立てにより，再生債務者の財産から相当と認める額の費用を当該債権者に償還することができる旨定められている（117条4項）。

　しかし，いかなる場合に再生債務者の再生に貢献する活動があったと認められるか否か，また弁護士や公認会計士の費用が償還の対象となるか否か，また対象となったとして相当な額とはどのような額が基準となるのか等，未だ実例が乏しく基準が定まっていないのが実情である。

【相澤　光江】

第 5 章

再 生 債 権

41 再生債権の処遇

どのような債権が再生債権とされるか。再生債権とされた場合，どのように処遇されるか。

解　説

［Ⅰ］　再生債権となる債権

1　原　　則

再生債権となる債権については，法84条1項がこれを定める。以下に，法84条記載の各要件について検討する。

(1)　「再生債務者に対」するものであること

再生債権となる債権は，再生債務者に対する人的な請求権である必要がある。再生債務者に対する物権的請求権は含まない。物権的請求権のうち，引渡・明渡請求権は取戻権（52条）として，また抵当権に基づく妨害排除請求権は別除権の一環として行使するものと解される。

(2)　「再生手続開始前の原因に基づいて生じた」こと

再生債権となる債権は，再生手続開始前の原因に基づいて生じたものである必要がある。再生手続開始前の原因に基づいて生じたと言いうるためには，必ずしも債権の発生原因事実の全てが再生手続開始前に生じている必要はなく，その主な部分が再生手続開始前に生じていれば足りる。何をもって主な部分が手続前に生じていたと判断するかは，極めて価値考量的要素が強い。考慮要素としては，開始決定時に存在していない発生原因事実の（抽象的な）実現可能性の大小，他の債権との比較，他には，再生債権として民事再生法の規律による行使しか認められない正当化根拠が，債権者が債務者に付与した信用リスクの実現化という点にあると考えられることから，開始決

定時における信用の付与の程度の大小などが挙げられると思われる。たとえば，法律上は，保証人の事後求償権は再生債権である（86条2項，破104条3項）と考えられているが，開始決定後に生じる利息債権や遅延損害金債権は，開始前の原因に基づいた債権ではない（開始決定後の利息債権は，法84条2項で拡張的に再生債権とされているが，逆に言うと，本来的には，再生債権に該当しないと考えられる。）と考えられている。保証人が弁済をする可能性と債務者が事前弁済をせずに一定の期日が到来する可能性とでは，後者の方が可能性が高いが，利息は，遅延損害金と経済的な機能が類似していること，保証をすることは主債務者に信用を付与したと言うことができ，代位弁済していなくても既に信用を付与したと評価できるが，利息は，相手方の信用リスクに対する対価や元本使用に対する対価という性格があり，やや信用付与をしたと言いにくいことが理由であると思われる。従来から，後遺症発生のような結果が不法行為の後に生じるような場合の，不法行為損害賠償請求債権が再生債権になるかが争われている。一般的には，再生債権となると解するようであるが，後遺症は予期できないものであることが多く，実現可能性が低いこと，継続的不法行為の場合と明確に区別できない場合があること，信用を与えたというような事情がないことから，再生債権にならないと考えるべきである。

(3) 「財産上の請求権」であること

さらに，財産上の請求権である必要がある。このことは，最終的に金銭で評価できる債権である必要があるということを意味している。不作為義務については，損害賠償請求債権に転形している必要があるかということが議論されており，同様の議論は，不代替的な作為債務についても当てはまると思われる。

債務者の責任財産の欠乏に伴う平等弁済の強制という倒産法の基本構造から導かれる要件である。

(4) 裁判上の保護をうけることができるものであること

民事再生手続は，広い意味において民事執行であり，裁判上の保護を受けることができる債権のみが再生債権となりえる。したがって，不執行の合意のある債権は再生債権にならない。

(5) 共益債権又は一般優先債権ではないこと

法84条1項かっこ書から共益債権又は一般優先債権ではないことが要件となる。一般優先債権（122条）として，再生債権から除かれるものは，民法上の一般先取特権（民306条～310条）や，租税債権や社会保険料がある。

2 再生債権の拡張

本来的には，再生債権ではないが一定の政策上，拡張的に再生債権として扱われている債権も存在する。以下に検討する。

(1) 開始決定後の利息等

法84条2項は，1号～3号で，手続開始後の利息等の債権を再生債権としている。その理由は，1号の利息及び2号の遅延損害金については，共益債権とすると再生債務者の再生を害することが大きいことから，再生計画による免責・権利変更の対象とするべく再生債権とするものである。3号の手続参加の費用については，再生債権の行使に不可欠であり，また，権利変更・免責の対象とすべきとの考慮から再生債権とするものである。

なお，法84条2項で再生債権とされる再生債権は，その扱いが一般の再生債権とは異なる。詳しくは後述する。

(2) 双方未履行契約を再生債務者が解除した場合の損害賠償請求権

法49条5項，破産法54条1項から双方未履行契約を再生債務者が解除した場合の損害賠償請求権は再生債権となる。本来は，法119条2号により共益債権となるべきものであるが，解除選択を行う自由を確保するという目的のために再生債権とされている。

(3) その他

その他には法46条，132条の2第2項2号などがある。

3 再生債権の縮小

次に，本来は再生債権なのだが，一定の政策目的から共益債権などとされて，再生債権の範囲が縮小されている場合がある。以下に検討する。

(1) 裁判所の許可により共益債権とされる債権

法120条1項により再生債務者の事業に欠くことができないとして裁判所

が共益債権とすることを許可したものは，共益債権となり，再生債権ではなくなる。

(2) 保全管財人の業務遂行等により生じた債権

法120条4項により，保全管財人が業務遂行等をする際に生じた債権は共益債権とされる。本来は，開始決定前に生じた債権で再生債権となるものであるが，保全管財人は裁判所が適任者として選んだ者であり，その者の行為によるのだから広く裁判所の許可があるのと同じと扱うのが妥当との判断から，共益債権とされている。

(3) そ の 他

以上の他には，法119条4号などがある。

［Ⅱ］ 再生債権の処遇

1 原　　則

再生債権とされた場合の効果・取扱いについては，法85条・86条が原則を定める。

(1) 弁済の禁止

再生債権については，法86条1項により原則として再生計画によらない弁済が禁止される。また，開始決定があったときは，強制執行等の手続は中止される（39条1項）。

(2) 再生手続への参加

再生債権者は，再生手続へ参加することができる。再生手続に参加できるということの最も重要な意味は，債権者集会において再生計画の賛否について議決権を行使することができるということにある。各再生債権者の議決権の数は，法87条により決められる。原則として，債権額により議決権数は決まる。再生手続に参加するには，再生債権者は債権を届け出る必要がある。もっとも，弁済を受けるだけであれば再生債務者の自認債権であれば弁済を受けることができる（179条）。

(3) 権利変更・免責の対象化

再生債権は，法178条により届け出られておらず，かつ，自認されていな

い場合，免責となる。また，届出債権又は自認債権は，法179条で再生計画の内容に従い，権利の内容が変更される。

2　法84条2項の再生債権の扱い

法84条2項の再生債権及び再生手続開始前の罰金等（97条）については，法87条2項により議決権を有さない。

3　弁済禁止の例外

法85条2項以下は，弁済禁止の例外を定める。2項の中小企業保護のための例外と，5項の少額債権の例外が存在する。なお，5項の「少額」の意味については，債権の絶対額として少額であることと解釈する考えと，再生債務の総額のうち当該債権者の有する債権額の割合が少ないことと言う相対的に少額であることであると解釈する考えがあり得る。実務例としては，後者の考え方で処理された例がある（そごうの再生手続など）。

4　多数全部義務者の場合

法86条2項が準用する破産法104条が保証人，物上保証人のような者に適用される。破産法104条1項，2項から開始時現存額主義が採用されており，全部履行を受けない限りは，債権者は開始時の現存額で届け出ることができる。その理由は，債権者は保証人や物上保証人を取ることで債務者の責任財産だけではなく，第三者の責任財産も責任の対象としており，このような責任財産の集約に対する期待を保護するという点に存在する。なお，物上保証人を有する債権者は，別除権者ではないとの扱いである。

さて，そうすると，形式的には保証人や物上保証人を取っているが，責任財産の集約が実質的に存在しないような場合はどうなるか。たとえば，再生債務者が100％子会社を有しており，この100％子会社を保証人としているような場合である。だが，たとえば，親会社は債務超過であるが，子会社（保証債務を負債にカウントしても）は債務超過ではないというような場合には，この保証は意味があるのであり，法104条1項以下の条文を適用することはできると思われる。

5　別除権者の場合

別除権については，担保不足額主義が取られており，担保権でカバーできない部分についてのみ再生債権として届け出ることが認められているが，詳しくは，該当する章の解説に譲る。

［Ⅲ］　商取引債権について

以下，実務でしばしば登場する債権についての処理方法について検討する。まず，商取引債権について検討する。商取引債権者から納入ができなければ事業の再生が困難であり，しかも，債権者が100％の弁済がなければ取引を打ち切るなどと主張している例は，しばしば遭遇するところである。

このような場合，まず，弁済禁止の例外規定である法85条2項及び5項を検討することになる。しかし，2項は債権者が中小企業の場合に限られ，また，一部弁済しか認められないこともある。また，5項は，少額債権である必要がある。このように弁済禁止の例外に関する規定が必ずしも有効に機能しない場合がある。

そのような場合は，当然，取引継続の条件を交渉により相手方の譲歩を引き出す必要がある。考えられる取引継続の条件は，様々である。たとえば，①代金を先払いとしたり，デポジット制とする場合②取締役や場合によっては申立代理人の個人の支払保証を付ける場合③今後の取引価格等の契約条件を変更する場合などである。また，③について，たとえば取引継続の条件として再生債務者の今後の仕入額を高く設定することなどの例がある。

このような取引継続条件の合意をする場合，それがいつなされたか，再生スキームが自力再生型か清算型（事業譲渡型）かが問題となる。なぜなら，清算型で事業譲渡契約前に合意した場合は，通常は，その合意は事業譲渡の価格に反映され，結局は総債権者の弁済率に影響を与える（今後の仕入価格が高くなるのであれば事業決済代金は安くなるから）が，事業譲渡契約後事業譲渡実行前に合意した場合は，既に価格が決まっており，その価格は動かないという前提であれば，総債権者の弁済率を低下させることはないからである。また，事業譲渡実行後の合意であれば，スポンサー自身が合意しただけの話で

あり，再生手続には何の関係もない。清算型ではこのようなことが問題になるが，自力再建型では，このようなことは問題とならない。

　取引継続の条件合意がどのような場合は適法かについて，一般的な回答をするのは難しいが，少なくとも，①先払いの合意②支払保証をすることは，基本的に合意の事典やスキームに関係なく認められるであろう。いずれにしろ，監督委員と協議をしながら進める必要があろう。

［Ⅳ］　リース料債権について

　本書の該当項目の章に譲る。

［Ⅴ］　銀行債権について

　銀行債権のほとんどは抵当権や保証人がついている。抵当権の設定契約だけして登記が留保されている例がしばしばあるが，この場合は抵当権否認した上で，被担保債権（元本）金額につき再生債権者として扱うことが考えられます。抵当権が別除権となる場合は，本書該当項目の章に譲り，物上保証人の場合について検討する。また，銀行債権は，取引先の銀行である場合，貸付けが数度にわたりなされていることが多い。最高裁判所第三小法廷判決平成22年3月16日（判時2078号13頁）は，中小企業金融公社が破産会社に，〈1〉6000万円，〈2〉1500万円……という風に6口で1億8000万円を貸し付けた事案について，「債権者が複数の債権を有し，全部義務者の破産手続開始の決定後に，他の全部義務者が上記の複数債権のうちの一部の債権につきその全額を弁済等した場合には，弁済等に係る当該破産債権についてはその全額が消滅しているのであるから，複数債権の全部が消滅していなくても，同項（破104条4項）にいう「その債権の全額が消滅した場合」に該当するものとして，債権者は，当該破産債権についてはその権利を行使することはできない」と述べた。このことから，保証人等による弁済がどのように充当されるかが重要な問題となる。債務者（保証人等）の充当指定権（民488条）を放棄しているかは，特に重要である。また，任意弁済か強制執行による弁済か

も重要な点である（不動産競売においては，債権者による充当指定特約があっても許されず，法定充当がなされるとの最高裁判所判決昭和62年12月18日民集41巻8号1592頁が存在する。）。

　なお，保証人等による弁済がなされ，破産法104条3項により，保証人が再生債権を行使できるようになった場合には，法96条の再生債権の届出名義の変更をなし，保証人を再々債権者とすることになる。

　多くの場合，保証人等は再生債務者の親会社や経営者である。このような場合は，再生手続で求償権の放棄，免責がなされることが多い。そうすると，このような放棄等がなされる場合は，弁済充当の方法いかんによっては，銀行に債権を取り下げてもらう必要なく，銀行債務の圧縮が可能となるということになる。

【中島　　肇】

42　一般優先債権

再生手続において一般の先取特権や再生手続開始前の労働債権，租税債権はどのように扱われるか。

解　説

[I]　再生手続における一般優先債権の位置づけ

　再生債務者に対し再生手続開始前の原因に基づいて生じた財産上の請求権は再生債権とされ（84条1項），再生計画の定めるところによらなければ弁済等をすることができないのが原則である（85条1項）。これに対して，一般の先取特権その他一般の優先権がある債権（共益債権であるものを除く。）は一般優先債権とされ（122条1項），再生手続によらないで随時弁済される（同2項）。随時弁済とは，手続外で本来の弁済期に従って弁済されることを意味するから，一般優先債権者は，再生手続に拘束されずに，自由にその権利を行使し債権の満足を図ることができる。

　ところで，一般の先取特権その他一般の優先権のある債権（一般優先債権）は，破産手続では優先的破産債権（破98条1項。ただし，一部は財団債権とされている。破148条1項3号・149条），会社更生手続では優先的更生債権（会更168条1項2号。ただし，一部は共益債権とされている。会更129条・130条）とされ，それぞれの手続に服したうえで優先的な地位が与えられている。民事再生法の策定にあたっても，破産や会社更生の場合と同様に，一般優先債権を倒産手続内で処理することが検討されたが，そうすると債権者の組分けを行わなければならず，手続に要するコストの増加を伴うことから，会社更生手続よりも安価で迅速な再建型手続を創設するという民事再生法の基本構想と相容れないとして見送られた（山本克己「新再建型手続における倒産実体法の考察」商事法務664

号19頁）。

［Ⅱ］　一般優先債権の範囲

1　一般の先取特権のある債権

「一般の先取特権」とは，債務者の総財産の上に認められる先取特権をいう。民法は，次に掲げる原因によって生じた債権に対し，債務者の総財産の上に先取特権を認めている（民306条）。

(1)　共益の費用（民306条1号・307条）

(2)　雇用関係（民306条2号・308条）

平成15年の法改正により，「雇人ノ給料」が「雇用関係」に改められた。また先取特権が存在する債権の範囲も，「債務者ノ雇人ガ受クヘキ最後ノ6个月間ノ給料」から「給料その他債務者と使用人との間の雇用契約に基づいて生じた債権」に改められた（民308条）。「雇用契約に基づいて生じた債権」であるから，定期・定額の給料債権のみならず退職金等も当然これに含まれる。この法改正前も，債務者が株式会社・有限会社・相互会社であれば，雇用契約に基づいて生じた債権の全額について一般の先取特権が成立するとされていたが（商法旧295条，旧有限会社法46条2項，保険業法旧59条），この改正はこれらの規定を民法に取り込んだものである。

なお，再生手続開始後の業務に基づいて生じた給料債権は共益債権（119条2号）となる。同様に退職金債権についても，再生手続開始前の労働の対価に相当する部分は一般優先債権となり，再生手続開始前の労働の対価に相当する部分は共益債権になると考えられる。これに対し，退職の原因が自己都合ではなく，企業の合理化・縮小のための人員整理による場合は，全額が共益債権（119条3号）になるとされている。なお，定年退職を会社都合と考えるか自己都合と考えるかについては見解が分かれている。もっとも，民事再生手続では，一般優先債権も共益債権も随時弁済されるから，その区別を論じる実益は乏しい（後述するように，牽連破産の場合には差異が生じる。）。

(3)　葬式の費用（民306条3号・309条）

(4)　日用品の供給（民306条4号・310条）

2　その他一般の優先権のある債権

「その他一般の優先権のある債権」には次のようなものがある。

(1)　**企業担保権で担保される債権**（企業担保法2条1号）

(2)　**租税債権**（国税徴収法8条，地方税法14条）

所得税，法人税，消費税といった国税は，国税徴収法の規定に基づき，納税者の総財産について，原則としてすべての公課その他の債権に先だって徴収することとされ，地方税にも同様の優先権が認められている。また，後述するように，一般優先債権のような手続外債権についても，裁判所は一定の要件のもとに強制執行，仮差押え，競売の中止又は取消しを命ずることができるが，国税徴収法又はその例による滞納処分は命令の対象に含まれないとされている。民事再生手続では，手続開始前の原因に基づく租税債権は一般優先債権として，手続開始後の原因に基づく租税債権は共益債権（119条2号）として扱われるが，実質的な差異はないと考えてよい。

代位弁済により取得した租税債権に優先的な効力が認められるかについて，旧破産法による財団債権としての効力を否定した判決（東京高判平成17年6月30日金法1752号54頁），民事再生法上の一般優先債権としての効力を否定した判決（東京高判平成19年3月15日金法1851号8頁）がある。各種の倒産法において認められている租税債権の優先的効力は，租税債権が有する高度の公益性に由来するものであり，債権自体に内在する性質ではなく，かつ，代位弁済により租税収入の確保が実現された以上，さらに倒産手続において優先的効力を認める必要性はないと考えられるから，これを否定するのが妥当であろう（類似の問題は労働債権やその他の一般優先債権についても生じうるが，債権の性質等により必ずしも同一の結論になるとは限らないことに注意すべきである。）。

(3)　**国税徴収の例により徴収することができる債権**

租税以外に国や地方公共団体などが強制的に賦課徴収する各種の社会保険の保険料，負担金，納付金，賦課金などの公課については，その徴収について，法令の規定により「国税徴収の例による」とされ，租税債権と同様の私債権に対する優先徴収権が認められている。その例は極めて多いが，健康保険の保険料（健康保険法182条・183条），厚生年金保険の保険料（厚生年金保険法88条・89条），国民年金の保険料（国民年金法95条・98条），労働保険の保険料

（労働保険の保険料の徴収等に関する法律29条・30条）などがその代表的なものである。

3　一定の期間内に限定される優先権

優先権が一定の期間内の債権額について存在する場合は，その期間は，再生手続開始の時からさかのぼって計算する（122条3項）。例えば，日用品供給の先取特権（民310条）については，再生手続開始時からさかのぼって6か月前までの代金債権について優先権が認められる。

［Ⅲ］　再生手続における一般優先債権の取扱い

1　随時弁済

前述のとおり，一般優先債権は，再生手続によらないで随時弁済される（122条2項）。このように，一般優先債権は，再生手続の拘束を受けないで行使することができる手続外債権であるから，再生債権とは異なる次のような取扱いを受ける。

すなわち，再生債権者は再生債権の届出をすることによって再生手続に参加することができるが（94条），一般優先債権の債権者には債権届出の必要はなく，再生計画の認可決定の確定の前後を問わず，債権額と発生原因を示して再生債務者に履行を請求することができる。その一方で，債権者集会の期日に呼出を受けることはなく（115条），債権者集会における議決権（87条）もない。再生債権者は，再生計画案が書面による決議あるいは債権者集会の決議によって可決され裁判所の認可決定が確定するとこれに拘束される（176条ないし179条）。これに対して，一般優先債権は手続外債権として再生計画の認可確定の効力を受けないから，一般優先債権者はいつでもこれを行使することができるし，再生債務者の資産に対する強制執行や競売に着手している場合も，再生計画の認可決定の確定がこれらの手続を失効させることはない。なお，再生計画においては，一般優先債権の弁済に関する条項を定めることとされているが（154条1項2号），これは再生債権者等の利害関係人に対し，再生計画の当否や履行可能性を判断するための情報を提供するためであ

り，再生計画によって一般優先債権の権利内容が変更されることはない。

2　裁判所による弁済許可

　民事再生手続では，一般優先債権が随時弁済すべき債権とされていることから，その弁済に伴う資金上の負担が，再生債務者の営業継続や再生債権の弁済に大きな影響を与える可能性がある。そこで，裁判所は，共益債権や取戻権と同様，再生手続開始後において，必要があると認めるときは，一般優先債権の承認を裁判所の許可を要する行為とすることができることとした (41条1項8号)。監督委員による監督を命ずる処分（監督命令）をする場合に，監督委員の同意を要する行為として指定することもできる (54条2項)。ただし，東京地方裁判所では，共益債権や一般優先債権の承認は，要許可事項とも要同意事項ともされていない。円滑な日常業務の遂行に配慮するとともに，再生債務者の事業運営はその判断と責任のもとに行わせるという考え方によるものであろう。大阪地方裁判所では，要同意事項とされているが，常務に当たるものは除かれるので，実際の運用には大差はないと思われる。

3　権 利 行 使

　一般優先債権者は，弁済期において，再生債務者から随時弁済を受けるが，再生債務者が任意に履行しないときは，強制執行，仮差押え，又は一般の先取特権の実行により，強制的に回収することもできる。ただし，後述する通り，裁判所は一定の要件のもとに強制執行等の中止又は取消しを命ずることができる。租税債権等に基づく滞納処分や企業担保権の実行が何の制約なく実行できるのは当然である。

4　中止又は取消命令

　一般優先債権に基づく強制執行若しくは仮差押え又は一般の先取特権の実行は，再生手続開始の申立てに伴う強制執行等の中止命令 (26条) 及び包括的禁止命令 (27条) の対象とならず，再生手続開始の決定に伴う強制執行等の禁止又は中止 (39条) の対象にもならない。さらに，担保権によって担保される債権が一般優先債権であるときは，担保権の実行手続の中止の対象に

もならない（31条1項ただし書）。

　ただし，一般優先債権に基づく強制執行若しくは仮差押え又は一般優先債権を被担保債権とする一般の先取特権の実行がされている場合において，それらが再生に著しい支障を及ぼし，かつ，再生債務者が他に換価の容易な財産を十分に有するときは，裁判所は，再生債務者等の申立てにより又は職権で，担保を立てさせて，又は立てさせないで，強制執行等の中止又は取消しを命ずることができる（122条4項・121条3項）。

　「再生に著しい支障を及ぼし」とは，強制執行などの手続が行われていることによって，再生手続による事業等の維持再生が不可能となり，あるいは重大な障害を生じさせることをいう。稼働中の工場の機械設備に対する強制執行などがこれに該当しうる。「再生債務者が他に換価の容易な財産を十分に有するとき」とは，現に差押え等を受けている財産と同程度に換価が容易であり，かつ，債権額と同等以上の価値のある財産を有することをいう。再生債務者がそのような資産を有することは稀であろうから，この規定の適用を受けることは実際には容易ではないと考えられる。

　強制執行などの中止が命じられると，手続は凍結されそれ以上進行しなくなるが，それまでになされた執行行為の効力はそのまま維持される。取消しが命じられた場合は，目的物に対する強制執行や仮差押えはなかった状態になる。裁判所が，中止又は取消しのいずれを命じるかは，その手続が存在すること自体により再生に著しい支障が生じるか否かによる。通常は中止を命じれば足りるであろうが，原材料が差し押さえられて使用が不可能になる，あるいは売却予定資産に仮差押えがなされたため資金計画に重大な支障が生じる，といった場合などには取消しを命じる必要が生じる場合もあろう。

　中止又は取消しを命じる際，担保を立てさせるか否かは裁判所の裁量による。この担保は，強制執行若しくは仮差押え又は競売の中止又は取消しがなされた結果生じるおそれがある債権者の損害を担保するためのものであるから，債権者に損害が生じないか，生じても他に十分な財産がありその損害を補塡しうるときは担保を立てさせる必要はない。

　中止又は取消しの命令，及びこれを変更し又は取り消す決定（122条4項・121条4項）に対しては即時抗告をすることができるが，即時抗告は執行停止

の効力をもたない（122条4項・121条5項6項）。

　中止又は取消しの対象として明文をもって規定されているのは「一般優先債権に基づく強制執行若しくは仮差押え又は一般優先債権を被担保債権とする一般の先取特権の実行」（122条4項）であり，国税徴収法又はその例による滞納処分はその対象に含まれないと解される。したがって，再生債務者等としては，税務当局と個別に折衝するか，換価の猶予等の税法上の救済措置を利用するほかはない。

　換価の猶予とは，その財産の換価を直ちにすることにより事業の継続，生活の維持が困難になるおそれがある等の事由に該当し，滞納者が納税について誠実な意思を有すると認められるときに，滞納処分による財産の換価を猶予する制度である（税徴151条1項，地税15条の5第1項）。猶予の期間は最長で2年である（税徴152条，地税15条の5第3項）。換価の猶予をする場合において，必要があると認めるときは，差押えにより滞納者の事業の継続又は生活の維持を困難にするおそれがある財産の差押えを猶予し，又は解除することができる（税徴151条2項，地税15条の5第2項）。換価の猶予は常に認められるわけではないが，再生手続では破産の場合と異なり再生計画の認可決定確定後に税を徴収することが可能なので，かえって税務当局の理解を得やすいという面もある。この制度はより積極的に利用されるべきであろう。

　このほか税法上の救済措置としては納税の猶予がある。これは，「納税者がその事業につき著しい損失を受けた」等の事実がある場合において，そのために納税者が国税を一時に納付することができないと認められるときは，最長2年に限り，その納税を猶予することができるというものである（税通46条2項・7項，地税15条1項・3項）。また，納税の猶予あるいは換価の猶予がなされた場合には，延滞税の一部免除を受けることができる（税通63条1項・3項，地税15条の9第1項・第2項）。

5　財源不足の場合の措置

　再生債務者の財産が一般優先債権の総額を弁済するに足りないときは，一般優先債権相互間の優先順位は，民法その他の法律の定めるところによる（破152条，会更133条のような債権額の割合に応じた按分弁済に関する規定はない。）。

まず，国税が優先し，地方税がこれに次ぐ。さらに，健康保険料など国税徴収の例によって徴収することができる請求権が続く。民法に定める一般の先取特権によって担保される債権については，民法306条に掲げる順に優先する（民329条）。なお，共益費用の先取特権者は，その費用によって利益を受けた全ての債権者に対し優先権を認められる（民329条2項ただし書）。企業担保権は一般の先取特権に遅れる（企業担保法7条）。なお，民事再生法は，共益債権と一般優先債権との優先関係についての規定を置いていないため，これも民法その他の法律の定めるところによる。

　一般優先債権相互間及び共益債権との優先関係は以上のとおりであるが，そもそも一般優先債権の弁済が困難なようでは，再生手続が維持される見込みは乏しいとも考えられる。この場合，再生計画案の決議前であれば，決議に付する足りる再生計画案の作成の見込みがないことが明らかになったとして（191条1号），また，認可決定確定後であれば，再生計画が遂行される見込みがないことが明らかになったとして（194条），再生手続廃止の原因となりうる。さらに，再生計画案が可決された場合でも，再生計画が遂行される見込みがないとして，再生計画不認可の原因となりうる（174条2項2号）。一般優先債権者の個別の同意に基づいて権利変更や期限の猶予がなされることもあるから，再生債務者の財産が一般優先債権の総額を弁済するに足りないからといって直ちに手続が廃止されるわけではないが，特に労働債権を弁済する財源が不足するような場合は，債権者の協力が得られず再生手続が難航する場合がありうることに注意しなければならない。

6　牽連破産

　再生手続から破産手続に移行した場合（牽連破産），共益債権は財団債権となるが（252条6項），一般優先債権は，破産法の規定に従い，租税債権及び労働債権のそれぞれ一部が財団債権となるほかは，優先的破産債権（破98条）として扱われる。租税債権及び労働債権のうち財団債権となるのは，破産手続開始前の原因に基づいて生じた租税等の請求権（加算税又は加算金の請求権を除く。）であって，破産手続開始当時，まだ納期限が到来していないか納期限から1年を経過していないもの（破148条1項3号），破産手続開始前3月間の

使用人の給料の請求権（破149条1項・252条5項）及び退職前3月間の給料の総額（破産手続開始前3月間の給料の総額より少ない場合は，破産手続開始前3月間の給料の総額）に相当する額の使用人の退職手当の請求権（破149条2項）である。

　なお，再生手続では一般優先債権の債権届出がされないため，再生手続から破産手続に移行した場合には，破産債権の届出を要しない旨の決定（253条1項）があった場合でも，新たに優先的破産債権の届出をする必要がある（破111条1項2号）。

【井窪　保彦】

43 共益債権と劣後債権

再生手続において、共益債権となるのはどのような債権か。共益債権は再生手続においてどのように取り扱われるか。再生計画において、劣後的に取り扱われることがある再生債権にはどのようなものがあるのか。開始後債権とはどのようなものか。

解　説

[I]　共益債権の種類と内容

1　共益債権となる債権

民事再生法119条において、共益債権とされている債権には、次のようなものがある。

(1) **再生債権者の共同の利益のための裁判上の費用の請求権（1号）**

再生債権者全員にとって利益となる再生裁判所の手続に関連した、再生手続開始申立てに関する費用、保全処分に関する費用その他の裁判所が行う手続に関連して発生する一切の費用を含む。

(2) **再生手続開始後の再生債務者の業務、生活、財産の管理及び処分に関する費用の請求権（2号）**

再生手続開始後の再生債務者の事業に関する原材料の購入や従業員の給料、財産の保存のための維持管理費用など広範な費用を含む。また、民事再生法は、会社更生法と異なり、自然人にも適用されることから、再生債務者の生活に関する一切の費用が対象となる（参考、会更208条2号）。

なお、再生債務者の経済的な再生を目的のもとに手続が進行している以上、再生債務者自らが、それを阻害するような過大な負担をすることは、その目的に反していると考えられることから、通常の生活の枠を超えるような

過大な支出については，生活に関する費用とはいえず，共益債権ではなく，開始後債権とすべきとも考えられるが，それでは取引の相手方に不測の損害を与えることともなりかねないことから，特に，区別を設けることはできないと考えられる（園尾隆司＝小林秀之編集『条解民事再生法（第 2 版）』533 頁（弘文堂，2007））。

(3) **再生計画の遂行に関する費用の請求権**（3 号）

再生手続は，監督委員や管財人が選任されている場合には，再生計画の認可決定が確定しても，終了しない（188 条 2 項・3 項）。その場合には，再生手続終結までの間の再生計画に基づく事業譲渡や減増資などに要する費用や再生債権の弁済のために要する費用等は，共益債権となる。

(4) **監督委員，調査委員，管財人，保全管理人，代理委員，個人再生委員等の費用・報酬及び報償金請求権**（4 号）

これらの者の報酬等について，財産の管理費用等に含めずに，独立した共益債権とした。また，再生手続開始の前後を問わないことは当然である。

また，再生債権者，代理委員又はこれらの者の代理人，並びに債権者委員会が，再生に貢献した場合に裁判所がこれらのものに支払うことを許可した費用，報奨金（91 条 1 項・117 条 4 項）や再生債務者財産が，再生債権の確定に関する訴訟によって利益を受けたときに，異議を主張した再生債権者が償還を請求する訴訟費用（112 条）なども同様に共益債権とされている。

(5) **再生手続開始後に再生債務者等がした資金の借入れその他の行為によって生じた請求権**（5 号）

その他の行為によって生じた請求権に含まれるものとしては，再生債務者等が売買・委任・請負等の契約によって負担した債務や再生債務者等の不法行為に基づく相手方の損害賠償請求権等がある。このうち，前者については，本条 2 号にも該当すると考えられる。2 号は，費用の支払の面から，本号は，相手方の請求権の面から，共益債権であることを明らかとした（前掲園尾ほか編 534 頁）。

なお，再生債務者等の不法行為に基づく損害賠償請求権も，本号によって，共益債権となる。

(6) **事務管理又は不当利得によって再生手続開始後に再生債務者に対して生じた請求権**（6号）

　事務管理については，再生債権者全体が利益を受ける行為であり，本条1号と同趣旨でその費用の償還を認めることは再生債権者の意思に反しないと考えられるし，不当利得については，利得を償還しても，再生債権者を害するとはいえないことから，それぞれ公平の見地によりこれを共益債権としたものである。再生手続開始後に発生した事務管理や不当利得に基づいて再生債務者に生じたものに限られる。

(7) **再生債務者のために支出すべきやむを得ない費用に関する請求権で，再生手続開始後に生じたもの**（7号）

　管理命令が発せられた場合の収締役選任のための株主総会の費用や，株主名簿の整備のための費用等，再生債務者の人格的活動に関する費用並びに財産の管理費用あるいは業務上の費用とは認められない交際費的な費用がこれに当たる。

2　開始決定前の借入金等の共益債権化（120条）

　再生債務者等が，再生手続開始申立てから，開始決定まで，事業を継続するためには，原材料を仕入れたり，運転資金を借り入れたりしなければならない。しかし，この段階では再生手続が開始されるか否かも決まっておらず，取引の相手方としては，リスクの高い行為を行うこととなる。従前の和議手続においては，この段階で発生した債権については，たとえそれが債務者の業務継続に必要なものであっても，開始決定があると単なる和議債権にしかならなかったことから，事業の継続が困難となっていた。そこで，民事再生法では，これを共益債権として保護することを可能とし，申立て後，開始決定までのあいだの事業の継続を容易にすることとした。

　再生債務者が，申立て後開始決定前に，資金の借入れ，原料の購入その他再生債務者の事業の継続に欠くことのできない行為をする場合には，裁判所は，その行為によって生じる相手方の請求権を共益債権とする許可をすることができる（120条1項）こととしたのである。

　また，裁判所は，監督委員に対して，この許可に代わる承認権限を付与す

ることができる（120条2項）こととされたことから，実務上は，監督委員による共益債権化の承認手続が中心となる。なお，監督委員が，右の承認をしたときは，遅滞なくその旨を裁判所に報告しなければならない（規則55条）。

　平成14年の改正前は，保全管理人についても，同様に，裁判所の許可又は監督委員の承認をもって共益債権化することとされていたが，保全管理人が権限に基づいてした行為によって生じた請求権については，当然共益債権とされることとなった（120条4項）。

3　社債管理者等の費用及び報酬請求権

　会社は，社債を発行する場合には，原則として，社債管理者を定め，社債権者のために弁済の受領，債権の保全その他の社債の管理を行うことを委託しなければならず（会社702条1項），受託した社債管理者は，社債権者のために善良なる管理者としての注意をもって，公平かつ誠実に社債の管理を行わなければならない（会社704条1項2項）。そのための事務処理費用並びに報酬請求権については，会社法において優先権が認められており，社債について債権の弁済を受けた額について，社債権者に先立って，弁済を受ける権利を有する（会社741条3項）こととされている。しかし，再生債務者たる社債発行会社に対するこれらの請求権について，民事再生手続が開始された後にも，この優先権を全面的に維持することは，社債管理者が，もっぱら再生債権者の一部である社債権者のための存在ではあることから，妥当とは考えられない。一方，企業の資金調達における社債の重要性，再生手続開始後の社債管理の必要性，特に，弁済などの手続における役割などを考慮して，裁判所の関与のもとに，再生債務者が，過度の負担をしないように，一定の範囲で，事務処理費用請求権と報酬請求権を共益債権とすることができるように手当てしたものである。

　まず，社債管理者が再生債権である社債の管理に関する事務を行おうとする場合には，裁判所は，再生手続の目的を達成するために必要があると認めるときは，当該社債管理者の再生債務者に対する当該事務の処理に要する費用の請求権を共益債権とする旨の許可をすることができる（120条の2第1項）。

また，緊急の必要から，社債管理者が事前に共益債権化の許可を得ないで再生債権である社債の管理に関する事務を行った場合であっても，裁判所は，当該社債管理者が再生債務者の事業の再生に貢献したと認められるときは，当該事務の処理に要した費用の償還請求権のうちその貢献の程度を考慮して相当と認める額を共益債権とする旨の許可をすることができることとした（120条の2第2項）。さらに，再生手続開始後の原因に基づいて生じた社債管理者の報酬の請求権についても，裁判所は，相当と認める額を共益債権とする旨の許可をすることができることとして，社債の管理が適切に実行されるように，行われるように配慮している（120条の2第3項）。

　なお，他の利害関係人の利益を保護するために，これらの共益債権化の許可の決定に対しては，即時抗告をすることができることとされている（120条の2第5項）。

　その他，社債管理会社と同様の機能を果たす担保付社債信託法における信託契約の受託会社などについて，その費用又は報酬について，共益債権化について，規定している（120条の2第6項）。

4　その他の共益債権
(1)　双方未履行の双務契約に関する請求権

　再生手続開始決定時に，双務契約の双方の履行が終了していないときは，再生債務者等は，自ら履行を選択することも，また解除を選択することもできる（49条1項）。

　例えば，売買契約が締結された後，買主が手付金を支払った時点で，売主に再生手続が開始されたときには，再生債務者等としては，残代金の支払と引換えに目的物を相手方に引き渡すことも，契約を解除することも自由に選択できる。履行を選択した場合には，相手方の請求権（49条4項）が，解除を選択した場合には，既に受領している手付金について，相手方がその返還を求める請求権がそれぞれ共益債権となる（49条5項，破54条2項）。

(2)　継続的給付を目的とする双務契約に基づく請求権（50条2項）

　水道や電気，ガス等の再生債務者に対して，継続的給付の義務を負う債務者は，これらの給付が再生債務者の事業の再生に不可欠なものであることか

ら、再生手続の申立前の給付に対する再生債権について弁済されないことを理由に再生手続開始後に、その履行を拒むことができないこととされているが（50条1項）、一方的に不利益を負担させることは妥当でなく、併せて、給付の継続をはかる趣旨で、再生手続申立後、開始決定前にした給付に対する請求権について、これを共益債権とした（50条2項）。

(3) その他の共益債権

その他双務契約に関する破産法の準用により、共益債権とされるもの（51条）や他の倒産手続、訴訟手続や強制執行手続が再生手続開始により中止されたことにともなう従前の手続費用の請求権などに関して、共益債権とされるもの（39条）がある。

[Ⅱ] 共益債権の行使方法

1 手続外行使

共益債権は、再生手続によらないで、再生債権に先立ち、随時弁済する（121条1項2項）と規定され、共益債権の優先性が定められている。

ここで、「再生手続によらずに」とは、再生計画に基づく弁済ではなく、いつでも、任意に弁済を受けることができることであり、任意に履行されないときには、民法等の実体法や民事執行法に基づいて再生債務者の財産に強制執行できることを意味している（121条3項）。すなわち、共益債権は、届出の必要がなく、またこれに対する調査も行われない。したがって、再生債権者表に記載されず、再生手続において確定債権となることはない。

2 一般優先債権との優劣

一般の先取特権その他一般の優先権のある債権（共益債権であるものを除く。）であって、再生手続によらないで、随時弁済を受けることができる債権を一般優先債権という（122条1項）。

この一般優先債権には、労働債権や租税債権などがあるが、再生手続によらずに弁済される点で、共益債権と共通している。

ところで、実体法上の優先権を有しない共益債権に基づいて、債権者が再

生債務者の財産を差し押さえた場合に、一般優先債権者が、配当加入してきた場合には、一般優先債権が、優先して、まず全額について、満足を受けることとなる。

　もっとも、一般優先債権のうち、租税債権は、再生手続の申立てが棄却されて、再生債務者に破産手続が開始された場合にも、財団債権（252条6項）として、破産手続外で、権利の行使ができるが、労働債権は、優先的破産債権（破98条）となるにすぎず、この場合には、財団債権となった共益債権が優先することとなる。

［Ⅲ］　共益債権行使の制限

　共益債権に基づく、再生債務者の財産に対する強制執行又は仮差押えについては、その強制執行又は仮差押えが再生に著しい支障を及ぼし、かつ、再生債務者が他に換価の容易な財産を十分に有しているときには、裁判所は、再生手続開始後に、再生債務者等の申立て又は職権で、その強制執行又は仮差押えの中止又は取消しを命ずることができる（121条3項）。この場合には、裁判所は、共益債権者のために、担保を立てさせることができる。

　共益債権は、前述のように、再生手続によらずに、随時弁済を受けることができ、強制執行により回収をはかることができるが、これを無制限に認めると、再生に不可欠な機械設備等が差し押さえられ、再生が頓挫することが考えられる。そこで、強制執行や仮差押えが再生に著しい支障を及ぼしている場合で、かつ、再生債務者に換価が容易な財産が十分にあり、共益債権者に不利益を与えない場合には、これらの手続を中止したり場合によっては取り消したりできることとしたのである。なお、裁判所は、これらの中止の命令を変更し又は取り消すことができる（121条4項）。また、即時抗告についても規定されている（121条5項・6項）。

［Ⅳ］　破産移行時の共益債権の効力

　破産手続開始前の再生債務者について、再生手続開始申立ての棄却、再生

手続廃止，再生計画不認可・再生計画取消しの決定が確定したときは，裁判所は，職権で破産手続開始の決定をすることができ（250条1項），破産手続開始後の再生債務者（破産手続開始決定が効力を失った後）に同様の裁判がなされたときは，裁判所は職権で破産手続開始の決定をしなければならない（同条2項）。

このように，破産手続開始前の再生債務者について破産手続が開始された場合には，共益債権は，破産手続において，財団債権とされる（252条6項前段）。なお，破産手続開始後の再生債務者について，破産手続が続行された場合にも，再生手続における共益債権は，財団債権となる（同条6項後段）。

［V］　劣　後　債　権

1　劣後化可能再生債権

民事再生法には，破産法99条や和議法44条のように，常に他の一般的債権に劣後すると定められたような劣後的再生債権というものはない。

しかし，民事再生法84条2項によって，再生債権とされた①再生手続開始後の利息の請求権，②再生手続開始後の不履行による損害賠償及び違約金の請求権，③再生手続参加の費用の請求権については，再生計画による権利の変更において，他の再生債権よりも劣後した取扱いをしても，再生債権者の実質的平等を害さないことから，そのような定めをすることができる（155条1項ただし書）。すなわち，これらの債権は，「再生計画において劣後的取扱いが可能な債権」（劣後化可能債権）ということとなる。また，これらの再生債権については，議決権を有しない（87条2項）。

なお，再生債務者等が再生手続開始後に負担した債務を履行しない場合には，相手方の損害賠償請求権は共益債権となる（119条5号）ことから，②の再生手続開始後の不履行による損害賠償及び違約金のなかには，含まれない。

2　約定劣後再生債権

次に，約定劣後再生債権（再生債務者と再生債権者との間において，再生手続開始

前に，当該再生債務者について，破産手続が開始されたとすれば当該破産手続におけるその配当順位が破産法99条1項に規定する劣後的破産債権に後れる旨の合意がされた債権（35条4項））の届出がある場合においては，再生計画において，約定劣後再生債権者とそれ以外の再生債権者との間に，その配当の順位についての合意の内容を考慮して，再生計画の内容に公正かつ衡平な差を設けなければならないとされ（155条2項），約定劣後再生債権の劣後的な取扱いが認められている。

また，再生債務者が債務超過の状況に有る場合には，約定劣後再生債権者には，議決権は認められず（87条3項），再生手続開始などに関する通知などがなされず（35条4項・37条），その他の手続関与も認められない（174条2項）。

[Ⅵ] 開始後債権

民事再生法においては，再生手続開始後の原因に基づいて生じた財産上の請求権で，共益債権，一般優先債権又は再生債権であるもの以外を開始後債権（123条1項）と規定し，このような債権については，劣後的再生債権という取扱いをせずに，再生手続が開始されてから，再生計画で定められた弁済期間が満了する時（ただし，その期間満了前に，再生手続や弁済が終了したり，再生計画が取り消された時は，その時）までは，免除を除いて，これらの債務を消滅させる行為をすることができないこととした（同条2項）。

また，同様に，弁済等が禁止される期間は，開始後債権に基づく再生債務者の財産に対する強制執行や保全処分はこれを行えないこととされている（同条3項）。なお，再生計画認可確定に基づく免責の効力（178条）は，再生計画においてその内容に関する定めがなされたとしても（154条1項4号）生じない。

【土岐　敦司】

44　債権の届出

再生債権の届出にはどのような意義，効果があり，届出をしなかった場合には，再生手続上，どのように扱われるか。再生債権の届出及び別除権者の届出はどのように行うか。

また，債権届出期間経過後の届出の追完はどのような場合に認められ，届出事項等の変更の届出はどのような場合に必要となるか。

解　説

［Ｉ］　再生債権の届出の意義，効果

再生手続開始後，再生債権は再生計画の定めによらなければ弁済を受けることができず，個別的な権利行使が禁止される（85条1項）。

その一方で，再生債権者は，その有する再生債権をもって再生手続に参加し（86条1項），再生計画に従って弁済を受けることができる。しかし，再生債権者が再生手続に参加するには，債権届出期間内に，裁判所に対して，再生債権の届出をする必要がある（94条1項）。

再生債権者が期間内に債権届出をした場合，再生手続への参加ができることになるが，その具体的内容として，債権者集会の期日の呼出を受け（115条1項），集会で議決権を行使すること，一般調査期間内及び特別調査期間内に，認否書記載の他の債権者の再生債権の内容若しくは議決権に対して異議を述べること（102条1項・103条4項），再生計画案を作成して裁判所に提出すること（163条2項），他の再生債権者の議決権につき異議を述べること（170条1項），再生計画案に対する議決権を行使すること（170条2項・171条1項），再生計画認可後に再生計画の変更の申立てをすること（187条1項），再生手続の廃止決定の申立てをすること（192条1項）等の権利行使が挙げられる。

また，再生債権者が届け出た再生債権の内容及び議決権についての認否は，認否書に記載され（101条1項），再生債権者表が作成される（99条1項）。再生債務者が認否書で認め，また，調査期間内に他の届出再生債権者の異議がないことにより確定した再生債権については，再生計画に従った弁済を受けることができる。

　以上に加えて，再生債権の届出の実体法上の効果として，「再生手続参加」としての時効中断効が生じる（民152条）。ただし，再生債権者がその届出を取下げ又はその届出が却下された場合には，時効中断の効力は生じない（民153条）。

［Ⅱ］　再生債権の届出をしなかった場合の再生手続上の取扱い

　再生債権を届けなかった場合の取扱いは，再生債務者がその債権の存在を知っているかどうか，再生計画案の付議決定前に届出ができない事由があったかどうかによって異なる。

　①　再生債権を届け出なかった場合で，再生債務者がその債権の存在を知っているときは，その債権は通常自認債権として認否書に記載される（101条3項）。

　自認債権は届出債権と同様に再生計画に基づく権利変更及び弁済の対象となる。しかし，自認債権者には，再生計画案に対する議決権行使を始めとする前述Ⅰで列挙した届出再生債権者に認められる各種権利行使が認められない。

　②　再生債権を届け出なかった場合で，再生債務者がその債権の存在を知らなかったときは，その債権は失権し（178条本文），債権者は，再生計画に基づく弁済を受けることができない。

　③　再生債務者が知りながら自認債権として認否書に記載しなかった債権（181条1項3号）及び再生計画案の付議決定前に届出ができない事由があった債権（181条1項1号及び2号）は失権せず，再生計画に基づく権利の変更及び弁済の対象となる。ただし，これらの債権は，再生計画に定める他の再生債権についての弁済期間が満了するまでの間は弁済されない（181条2項）。

以上のとおり，再生債権を届け出なかった場合にも，①及び③の債権は失権せず，再生計画に基づく権利の変更及び弁済の対象となるが，再生債権の届出をした再生債権者に認められる前述Ⅰの権利行使は認められない。加えて，③の債権は弁済時期について劣後的な取扱いを受ける。このような不利益を避け，再生手続に積極的に参加するためには，再生債権者は，後述Ⅲの方式により，再生債権の届出をする必要がある。

［Ⅲ］ 再生債権，別除権者の届出の方式

1　開始決定及び届出期間等の通知

裁判所は，再生手続開始の決定と同時に，再生債権の届出をすべき期間及び再生債権の調査をするための期間を定め（34条1項），開始決定の主文と共にこれらの期間を公告し（35条1項），かつ，知れたる再生債権者に対して通知する（35条2項）。この知れたる再生債権者に対する通知は，実務上，再生手続開始申立書添付の再生債権者一覧表に記載された者に対して，開始決定通知に再生債権届出書の書式，記載例等を同封して送付することによって行われている。

再生債権者は，開始決定通知に記載された債権届出期間末日までに，再生債権届出書の書式に法定の届出事項を記載して再生債権を届け出る。

2　届出権者

届出は，再生債権者本人のみならず代理人によることも可能であり，代理人には法定代理人及び任意代理人の双方を含む。代理人は弁護士であることを要しない。代理人による届出の場合は，再生債権届出書に代理権を証する書面（委任状）を添付する必要がある（規則31条4項）。

差押債権者（民執145条1項）や債権者代位権者（民423条）も届出が可能である。

3 届出の方式

届出は，書面により行う。再生債権者は，上記1のとおり再生債権届出書の書式に法定の届出事項を記載し，裁判所に提出する。裁判所には，債権届出書のほか，その写しを提出する必要がある（規則32条1項）。

届出時に証拠書類の写しを添付する必要はないが，届出後，再生債務者が債権調査を行う過程で，届出債権者に対して証拠書類の送付を求める場合があり得る（規則37条）。

4 届出書記載事項

再生債権者は，その有する各債権について，その内容及び原因，議決権の額その他民事再生規則で定める事項を裁判所に届け出なければならない（94条1項）。

再生債権届出書の具体的な記載事項は以下のとおりである。

① 再生債権の内容及び原因（94条1項）

他の債権と区別して特定できるだけの記載をする。

再生債権の内容としては，その法律上の性格（売掛金，貸付金，請負代金などの債権の種類）に加えて，金銭債権であれば債権額，弁済期，利率等を記載する。非金銭債権であればその目的，履行期，条件等を記載する。

再生債権の原因としては，その債権の発生日と発生根拠（例えば，貸付金債権であれば，平成○年○月○日付金銭消費貸借契約）を記載する。

利息及び遅延損害金債権を届け出る場合には，計算期間と利率を記載した上で，開始決定日前日までに発生した確定金額と，同日以後に発生する債権に分けて記載する。後者の債権額は未確定であるので，「額未定」と記載する。

② 議決権の額（94条1項）

金銭債権については，原則として議決権額と届出債権額は一致する。ただし，確定期限付債権で無利息のもの，定期金債権や非金銭債権など一部の債権には，議決権の算定方法について特則があるので（87条），これらの特則に従い算出する。

③ 再生債権者及び代理人の氏名，住所等（規則31条1項1号及び2号）

④　再生手続開始後の利息，損害金等の請求権を含むときはその旨（規則31条1項3号）

⑤　執行力ある債務名義又は終局判決のある債権であるときはその旨（規則31条1項4号）

該当する債権の届出に際しては，執行力のある債務名義の写し又は判決書の写しを添付しなければならない（規則31条3項）。

⑥　再生債権に関し，再生手続開始当時に訴訟が係属するときは，その訴訟が係属する裁判所名，当事者名，事件番号（規則31条1項5号）

5　社債に関する債権の届出

(1)　社債に関する債権の届出については，社債管理者が設置されている社債の場合とそうでない場合とで異なる。

(2)　社債管理者が設置されている場合

　(a)　社債管理者による届出

社債管理者は，「社債に係る債権の実現を保全するために必要な」行為として，総社債権者のために再生債権の届出を行うことができる（会社705条1項）。

債権届出の後，社債管理者は社債権者集会を招集し，特別決議による同意を得て，個々の社債権者に代わり，再生計画案に対する議決権を行使することができる（会社724条2項・706条1項2号・724条2項）。

　(b)　個々の社債権者による届出と社債管理者による届出の優先関係

個々の社債権者も，自ら再生債権の届出をして，再生計画案に対して議決権を行使することが可能である。

しかしながら，再生計画案に対する議決権行使についての社債権者集会の決議が成立した場合には，個々の社債権者が個別に届出を行い，議決権行使をすることができない。個々の社債権者が個別の届出，議決権行使を行ったとしても，社債管理者による届出，議決権行使が優先することになる。以上の取扱いは，決議に反対した社債権者も含めて全ての社債権者が社債権者集会の決議に拘束されることに基づくものである（会社734条2項）。

(c) 社債権者等の議決権の行使に関する制限

　社債権者等の議決権の行使については，平成16年法律第76号改正により民事再生法169条の２が追加されており，社債管理者が設置されている場合には，以下①又は②の場合に限り，それぞれ届出をなした者に議決権行使が認められる。

① 個々の社債権者が自ら有する再生債権の届出を行ったとき（個々の社債権者は議決権を行使する意思の申出をする必要はない。）
② 社債管理者が総社債権者のために再生債権の届出を行った上で，裁判所に対し，（個々の社債権者に代わり）届け出た再生債権について議決権を行使する意思がある旨の申出をしたとき

　例えば，社債管理者が設置されている場合に，発行総額の10％に該当する個々の社債権者が自ら有する再生債権の届出を行う一方で，発行総額の100％について社債管理者が再生債権の届出を行った場合において，社債権者集会で社債管理者が議決権行使の授権を得ることができなかったときは，次のとおりとなる。すなわち，社債管理者は，議決権行使の授権を得ることができなかったことから，裁判所に対し，届け出た再生債権（発行総額の100％）について議決権を行使する意思の申出を行わず，再生計画案に対する議決権行使をしない。一方で，届出を行った発行総額の10％に該当する個々の社債権者は，再生計画案に対して議決権を行使することができる。結局，発行総額の90％に該当する再生債権については，再生計画案に対する議決権行使がされないことになる。

　民事再生法169条の２が追加された背景には，以下のような事情があるとされている。すなわち，社債管理者が設置されている場合には，社債管理者は，個々の社債権者から善管注意義務違反を問われないようにするため，再生債権の届出を行う。そして，届出後に社債管理者は議決権行使の授権を得るために社債権者総会を開くが，個々の社債権者は投資目的で社債を購入していることから再生計画案に対する関心が薄く，社債権者総会で定足数をみたすことが困難である。しかし，社債権者の授権がなければ，社債管埋者は

再生計画案に対する議決権を行使できない。以上のような状況からすると、社債が多数を占める再生事件では、どんなに合理的な内容の再生計画案を策定しても可決されないという事態になりかねない。

しかしながら、民事再生法169条の2が定められたことにより、社債管理者が社債権者集会で議決権行使の授権を得ることができなかった場合には、前述のとおり議決権を行使する意思がある旨の申出を行わず、議決権を行使しないということができる。上記申出を行わなかった社債管理者が管理する社債にかかる再生債権は可決要件の分母に算入されない。これにより（再生計画案に対する関心がある債権者が議決権を行使するから）、社債が多数を占める再生事件でどんなに合理的な内容の再生計画案を策定しても可決されないという不都合が回避されることになる。

(3) **社債管理者が設置されていない場合**

個々の社債権者が自ら再生債権の届出を行う。貸金債権などの通常の再生債権と同じである。

6　別除権の届出

別除権を有する債権者は、前述4、①ないし⑥の記載事項に加えて、別除権の目的である財産及び別除権の行使によって弁済を受けることができないと見込まれる債権の額（いわゆる予定不足額）を届け出なければならない（94条2項）。

別除権の行使によって弁済を受けることができない部分の債権（不足額）は、別除権の行使等によって確定するものであり、債権調査の対象にならない。それにもかかわらず、予定不足額が届出対象とされているのは、再生計画案の策定にあたり、不足額を含めた弁済総額を把握する必要があるため、及び、別除権者の議決権額を定める基準とするためである。なお、予定不足額の届出は、議決権が定める際の基準になるにとどまり、別除権の対象物の評価額を拘束するものではない。

［Ⅳ］ 届出の追完等の要件

1 届出の追完等とその効果

前述Ⅲ，1のとおり，再生債権の届出は，債権届出期間内に行わなければならないが，同期間経過後も一定の場合には届出の追完等が認められる。

まず，再生債権者が「責めに帰することができない事由」によって，債権届出期間内に再生債権の届出をすることができなかった場合には，その事由が消滅した後1か月内に届出の追完ができる（95条1項）。

また，債権届出期間の経過後に生じた再生債権（例えば，双方未履行双務契約が債権届出期間経過後に解除された場合の相手方の損害賠償請求権（49条5項，破54条1項））は，その権利が発生した後1か月内に限り再生債権の届出ができる（95条3項）。

届出の追完等の対象債権は，一般調査期間のために作成される認否書に記載され，一般調査期間に調査されるか（103条1項ただし書・102条1項及び2項），特別調査期間のために作成される認否書に記載され，特別調査期間で調査されることになる（103条1項本文・3項及び4項）。

2 届出の追完等の要件

「責めに帰することができない事由」とは，例えば，双方未履行双務契約が解除された場合に損害賠償請求権の届出を行う場合や，相殺が有効であることを前提に貸金債権の届出をしていなかったが，相殺が否定されたため貸金債権の届出を行う場合などが考えられる。

「責めに帰することができない事由」が存在することは，届出の追完等を行う者が疎明する必要がある。

届出の追完等は，「責めに帰することができない事由」が消滅した後1か月内，又は，債権届出期間経過後に生じた再生債権が発生した後1か月内に行う必要があり，この期間を伸長又は短縮することができない（95条1項ないし3項）。

また，届出の追完等は，付議決定までに行う必要がある（95条4項）。付議

決定までに追完等をするものとされているのは、再生計画案において対象とする再生債権の範囲を確定し、再生債務者が速やかに再生計画案を立案できるようにするためである。付議決定までに届出の追完等ができなかった債権については、前述Ⅱ、③のとおり、失権せず、再生計画に基づく権利の変更及び弁済の対象となるが、弁済時期において劣後的な取扱いを受けることになることになる。

3　届出の追完等の方法

　民事再生法95条1項に基づく届出を行う場合には、前述Ⅲ、4の一般的な再生債権の届出事項に加えて、債権届出期間内に届出をすることができなかった事由とその事由が消滅した時期を再生債権の届出書に記載する必要がある（規則34条1項）。民事再生法95条3項に基づく届出を行う場合も、前述Ⅲ、4の一般的な再生債権の届出事項に加えて、届出をする再生債権が発生した時期を再生債権の届出書に記載する必要がある（規則34条2項）。

　いずれも再生債権の届出書のほかにその写しを裁判所に提出する必要がある（規則34条4項・32条1項）。

［Ⅴ］　届出事項等の変更の要件

1　届出事項等の変更の届出が必要となる場合

　再生債権の届出を行った後に、実体法上、相続、合併、債権譲渡、弁済による代位等が生じ、これにより再生債権者の主体に変更が生じた場合には、その変更を再生手続に反映するため、届出名義の変更手続を行う必要がある（96条、規則35条）。再生債権の一部譲渡の場合にも、届出名義の変更手続が必要である。

　また、実体法上、再生債権者の主体以外の事項に変更が生じた場合には、届出事項の変更手続を行う必要がある（95条5項、規則34条）。

2 届出事項等の変更の要件
(1) 届出名義の変更
債権届出期間の前後に関係なく認められる。

届出名義の変更届出の終期は再生計画認可決定確定時である。再生計画認可決定確定時以降の債権者の変更は，通常の判決確定後に債権譲渡を行う場合と同様，債権譲渡手続によることになり，強制執行等を行う場合は，承継文付与の手続によることになる。

(2) 届出事項の変更
債権届出期間内の届出事項の変更は自由に認められるが，同期間経過後の変更が認められる要件は，その変更が他の再生債権者の利益を害するものか否かで異なる。

① 他の再生債権者の利益を害する変更である場合

典型的には，届け出た再生債権を増額する場合がこれに該当する。

債権届出期間経過後は，同期間内に変更届出をしなかったことが再生債権者の「責めに帰することができない事由」による場合でなければ，届出事項の変更届出は認められない（95条5項）。

② 他の再生債権者の利益を害さない変更である場合

例えば，届け出た再生債権の消滅や減額，再生債権者の名称や住所の変更がこれに該当する。

債権届出期間経過後も上記①のような制限はなく変更届出が認められる。

該当する再生債権者は，遅滞なく，届出事項の変更を裁判所に届け出なければならない（規則33条1項）。

3 届出名義，届出事項の変更の方式
(1) 届出名義の変更
届出名義の変更届出書に，届出名義の変更を受けようとする者の氏名，住所等，取得した権利，その取得の日及び原因を記載しなければならない（規則35条1項）。

取得した権利として，届出済みの再生債権との同一性が明らかになるように，再生債権者名，再生債権の内容，原因，認否書記載の届出番号等を記載

する必要がある。再生債権の一部譲渡の場合には，上記に加えて，一部譲渡であることが分かるよう譲り受けた債権額を記載する必要がある。その取得の日及び原因としては，相続，合併，債権譲渡等の債権の取得原因と取得日を記載する。

いずれも再生債権の届出書のほかにその写しを裁判所に提出する必要がある（規則35条3項・32条1項）。

届出名義の変更届出書には，証拠書類の写しを添付する必要がある（規則35条2項）。証拠書類は，実体法上の債権取得原因に応じて，相続の場合は戸籍謄本等，合併の場合は合併登記済みの商業登記簿謄本，債権譲渡の場合は債権譲渡通知等である。

(2) 他の再生債権者の利益を害する変更

「責めに帰することができない事由」が消滅した後1か月内に，かつ付議決定までに変更届出をしなければならない（95条5項，同条1項・2項及び4項）。

届出事項の変更届出書に，届出事項の変更の内容及び原因，債権届出期間内にその変更を届け出なかったことが再生債権者の「責めに帰することができない事由」によること，並びに当該事由が消滅した時期を記載しなければならない（規則34条3項）。

裁判所に届出書のほかにその写しを提出する必要がある（規則34条4項・32条1項）。

(3) 他の再生債権者の利益を害さない変更

届出事項の変更届出書に，届出事項の変更の内容及び原因を記載する（規則33条4項）。

裁判所に届出書のほかにその写しを提出する必要がある（規則33条6項・32条1項）。

【片山英二＝小島亜希子】

■参考文献

1　西謙二＝中山孝雄編，東京地裁破産再生実務研究会著『破産・民事再生の実務〔新版〕下　民事再生・個人再生編』（金融財政事情研究会，2008）

2 園尾隆司＝小林秀之編『条解民事再生法　第2版』（弘文堂，2007）
3 伊藤眞＝田原睦夫監修，全国倒産処理弁護士ネットワーク編『新注釈民事再生法【上】』（金融財政事情研究会，2006）
4 最高裁判所事務総局民事局監修『条解民事再生規則（新版）』（法曹会，2005）
5 山本和彦＝長谷川宅司＝岡正晶＝小林信明編『Q&A 民事再生法　第2版』（有斐閣，2006）
6 全国倒産処理弁護士ネットワーク編『通常再生の実務 Q&A120問　全倒ネットメーリングリストの質疑から』（金融財政事情研究会，2010）
7 才口千晴ほか編『民事再生法の理論と実務　上・下』（ぎょうせい，2000）
8 須藤英章監修，企業再建弁護士グループ編『民事再生 QA500　第2版』（信山社，2008）
9 深山卓也ほか著『一問一答　民事再生法』（商事法務研究会，2000）

45 債権の調査と確定

再生債権の調査と確定はどのように行われるのか。

解　説

[Ⅰ] 民事再生法における再生債権の取扱い

1 通常の民事再生手続

　民事再生法は，民事再生法の成立により廃止となった和議法と異なり，再生債権の調査，確定を，再生手続の中で行うことにしている（法第4章第3節，99条以下）。一方で，再生債権の調査，確定には，多大の時間と労力がかかることから，多数の再生債権者の意向により，再生債権の調査，確定を行わない手続として，簡易再生（211条以下），同意再生（217条以下）の手続が特則として用意されている（216条・220条で，法第4章第3節の規定の適用が除外されている。）。簡易再生，同意再生での再生債権の扱いについては，本書第1章の「**12**　簡易再生と同意再生」を参照。

2 個人再生手続

　個人再生手続（211条・239条）では，通常の民事再生手続による再生債権の調査，確定の手続は排除されている（238条・245条で，法第4章第3節の規定の適用が除外されている。）。個人再生手続では，再生計画に対する議決権の額（230条8項）や，最低弁済額等の算定の基礎（231条2項）など，個人再生手続の遂行上重要な事項に限定して再生債権額を確定する手続（222条1項・227条・230条8項など）が取られているにすぎない。個人再生手続での再生債権の扱いについては，本書第1章の「**13**　再生手続と個人再生手続」を参照。

［Ⅱ］ 再生債権の調査

1 期間方式，書面方式による調査

　民事再生法による再生債権の調査は，債権調査期間内において，裁判所書記官が作成した再生債権者表に記載した事項について，再生債務者等が作成した認否書，並びに再生債権者及び再生債務者（管財人が選任されている場合）による異議書面に基づいて行われる（102条・103条・100条）。このように，民事再生法では，再生債権の調査方法として，期間方式，書面方式が採用されている。破産法では，債権調査に関し，期間方式（破116条1項）のほか，期日方式（破116条2項）も定められており，債権調査期日において債権者に対する破産管財人からの報告がなされていること，配当が行われない事案では期日方式が便利であることなどの理由から，破産手続では，実務上，期日方式による債権調査が一般的に行われている。

2 債権調査期間，認否書提出期限の決定

　裁判所は，再生手続開始決定と同時に，再生債権の届出期間，再生債権の一般調査期間を定める（34条）。一般調査期間は，原則として，再生債権届出期間の末日と一般調査期間の初日との間には1週間以上2月以下の期間をおき，1週間以上3週間以下の範囲で定められる（規則18条1項2号）。実務上，裁判所は再生手続開始決定と同時に，再生債務者等が提出する認否書の提出期限（提出期限と一般調査期間との間に1週間程度の期間が置かれている。101条5項）も定めている。

3 認否書の作成・提出，開示，変更
(1) 認否書の作成・提出

　再生債務者等は，届出期間内又は一般調査期間前に届出のあった再生債権について，その内容及び議決権についての認否書を作成し，裁判所が定めた期限内に認否書を裁判所に提出しなければならない（101条）。再生債務者等は，裁判所から交付される再生債権の届出の副本（規則32条）に基づいて，

認否書を作成する。再生債務者等は，認否書の作成のため必要があるときは，届出再生債権者に対し，届出再生債権に関する証拠書類の送付を求めることができる（規則37条）。再生債務者等は認否書に届出再生債権の内容又は議決権を認めない旨を記載するときは，理由の要旨を付記することもできる（規則38条1項）。

再生債務者は，届出のない再生債権につきあること知っている場合には，自認債権として認否書に記載しなければならない（101条3項）。認否書に自認債権の記載を求めるのは，債権の存在を知っている再生債権について免責による失権（178条）を防止することが，公平と考えられたからである（181条1項3号）。自認債権に関しての認否書の記載は，自認する旨のほか，再生債権の届出書の記載事項とほぼ同様であるが（規則38条2項・31条1項），議決権は認められないので議決権額の記載は必要ない。

再生債務者等には，認否書提出に際し，再生債権者らによる閲覧，謄写に供するため（規則42条），副本の添付が要求されている（規則38条3項）。

(2) 認否書の開示

再生債務者等は，認否書を裁判所に提出したときは，再生債権者の閲覧に供するため，一般調査期間中は認否書の写しを，再生債務者の主たる営業所又は事務所に備えなければならず，主たる営業所又は事務所以外での営業所又は事務所にも備え置くことができる（規則43条）。再生債務者等が認否書の写しを備え置きしている場合には，再生債権者は再生債務者等に対し，当該再生債権に係る記載がされた部分の写しの交付を求めることができる（規則43条3項）。

再生債務者等が届出再生債権の内容又は議決権を認めない旨を記載した認否書を裁判所に提出した場合，当該認否をされた届出債権者に対しては，裁判所からも，再生債務者等からも，その結果についての通知はなされない。民事再生法が債権調査に関して期間方式を採用したことにともない，再生債権者は一定の日時に裁判所に出頭する必要はなくなり，調査期間においていつでも認否書を閲覧することによって，再生債務者等による認否を把握することができるようになったことから，認否書で認められなかった再生債権を有する再生債権者に対する通知は，必要がないと考えられたからである。破

産法では，期日方式による債権調査が採用されており，調査期日に出席しない破産債権者について破産管財人が異議を述べた場合には，破産管財人には，当該異議を述べた破産債権者に対する通知が要求されており（破規43条4項），異なっている。

(3) 認否の変更

再生債務者等が認否書提出後に，再生債権の内容又は議決権についての認否を認める旨に変更することは可能と解されている（規則41条は変更が可能であることを前提としている。）。認否を認める旨に変更する場合には，再生債務者等は変更内容を記載した書面を裁判所に提出するとともに，当該再生債権者に対しその旨を通知しなければならず，再生債務者等が異議を撤回する場合についても同様である（規則41条1項・2項）。

4 届出再生債権者からの異議書面の提出

届出再生債権者は，一般調査期間内に，裁判所に対し，再生債務者等が作成した認否書に記載された再生債権の内容若しくは議決権（自認債権については再生債権の内容）について，書面（異議書面）で異議を述べることができる（102条1項）。管財人が選任されている場合の再生債務者も，裁判所に対し，再生債務者等が作成した認否書に記載された再生債権の内容に関し，異議書面を提出することができる（102条2項）。

濫用的な異議を防止するため，届出再生債権者及び再生債務者による異議書面には，異議を述べる事項のほか，異議の理由を記載しなければならない（規則39条1項）。異議書面を裁判所に提出するに際しては，その副本も添付しなければならない（規則39条2項）。再生債務者等による認否書と同様，利害関係人（再生債権者）らによる副本の閲覧等の便宜を図るためである（規則42条）。

届出再生債権者が他の再生債権の内容等について異議を述べたときは，裁判所書記官は，異議を述べられた再生債権者に対し，その旨の通知をしなければならない（規則44条）。再生債務者等による認否書による異議の場合と異なり，再生債権者が自己の再生債権に関して，他の届出債権者からの異議の有無を把握することが困難な場合もあり得ることから，裁判所書記官による

通知を義務づけたものである（最高裁判所事務総局民事局『条解民事再生規則』105頁（法曹会，2005））。

5 特別調査期間における調査

再生計画案の付議決定（95条4項・169条）前に，再生債権者の責めに帰することができない事由によって債権届出期間内に届出することができなかった届出再生債権（95条1項），債権届出期間経過後に生じ，権利発生後1月以内に届出のあった再生債権（95条3項）で，一般調査期日での債権調査の認否書に記載されなかった当該再生債権（101条2項・103条1項ただし書）に関しては，裁判所は，当該再生債権を有する再生債権者の費用負担で，特別調査期間を定めて債権調査を行わなければならない（103条）。特別調査期間での債権調査は，一般調査期間での調査と同様に，裁判所は，特別調査期間を決定すると同時に再生債務者による認否書の提出期限を定め，再生債務者等は当該期限までに特別調査の対象となった再生債権の内容及び議決権に関して認否書を提出しなければならない（103条3項）。特別調査期間内に裁判所に対し，届出再生債権者は認否書に記載された再生債権の内容及び議決権に関して書面で異議を述べることができ，管財人が選任されている場合の再生債務者は認否書に記載された再生債権の内容に関して書面で異議を述べることができる（103条4項）。再生債務者等によって作成される認否書の記載事項等（規則37条・38条），届出再生債権者，管財人が選任されている場合の再生債務者による異議書面の記載事項等（規則39条），裁判所書記官による異議の通知（規則44条）などは，一般調査期間による債権調査の場合と同様である。

6 異議のない再生債権の確定

一般調査期間，特別調査期間での債権調査において，再生債務者等が認め，かつ，調査期間内に届出再生債権者の異議がなかったときは，その再生債権の内容又は議決権の額が確定し，自認債権（101条3項）についてはその内容が確定する（104条1項）。管財人が選任されている場合の再生債務者の異議は（102条2項・103条4項），再生債権の確定を妨げるものではない（当該再生債務者の異議は，再生計画不認可決定が確定した場合等における再生債権者表の記載

の確定判決と同一の効力を阻止するにすぎない。185条・189条8項・190条2項・195条7項）。

7　再生債権者表の作成と記載の効力

再生債権者表の作成と記載の効力については，本章の「46　再生債権者表の作成とその効力」を参照。

［Ⅲ］　再生債権の確定

1　査定の裁判
(1)　査定の申立て

再生債権の調査において，認否書で異議を述べられ又は届出再生債権者から異議を述べられた再生債権者は，異議等のある再生債権の内容を確定するため，異議者等（当該再生債務者等及び当該異議を述べた届出再生債権者）の全員を相手方として，裁判所に査定の申立てをすることができる（105条1項本文）。ただし，異議等のある再生債権に関して，再生手続開始当時訴訟が係属する場合（107条1項），執行力ある債務名義等が存在する場合（109条1項），執行力ある債務名義等に関する訴訟が係属している場合（109条2項）には，当該訴訟等の手続によるものとして，査定の申立てはできない（105条1項ただし書）。

再生債権の議決権に関して異議等がある場合は，厳密な確定を図る必要性が乏しいと考えられることから，査定の申立てではなく，議決権を行使させるべきか否か，いくらの議決権額を行使させるべきか否かは，裁判所が別途定めることになる（170条2項3号）。

(2)　査定申立ての期間

査定の申立ては，異議等のある再生債権に係る調査期間の末日から1月の不変期間内にしなければならず（105条2項），期間内に査定の申立てがなされない場合には，異議等のある再生債権は，再生債権として認められず，再生手続へ参加することはできない。

(3) 査定の申立書

査定の裁判は，債権の存否及び内容という実体法の権利関係を対象としていることから，民事訴訟による主張，立証に準じた取扱いがなされる。査定の申立書には，当事者の氏名又は名称等のほか，申立ての趣旨及び理由を記載しなければならず，申立ての理由には，申立てを理由づける事実を具体的に記載し，立証を要する事由ごとに証拠を記載しなければならない（規則45条1項・2項）。異議等のある再生債権の内容及び原因については，再生債権者表で記載されている事項のみを主張することができるにすぎない（108条）。査定の申立書には，立証を要する事由につき，証拠書類の写しを添付しなければならず（規則45条3項），査定手続を迅速に進めるために，査定の申立てをした再生債権者は，相手方に申立書を直送しなければならない（直送は写しの交付又はファクシミリを利用しての送信による。18条，民訴規47条1項）。

(4) 査定の決定

裁判所は，査定の申立てを不適法却下する場合を除いて，査定の裁判をしなければならず，査定の裁判において，異議等のある債権の存否及びその内容を定める決定をする（105条3項・4項）。裁判所は，査定の裁判をする場合には，相手方である異議者等を審尋しなければならない（105条5項）。査定申立ての裁判は決定によって行われ，再生債権が存在しない場合には，再生債権が0円と査定する内容の決定をする。裁判書は当事者に送達され，送達に代わる公告は認められない（105条6項・10条3項本文）。

(5) 決定の効力

査定の裁判に関して出訴期間内（106条1項）に異議の訴えがなされなかった場合，又は異議の訴えが却下された場合には，査定の決定にしたがった内容で再生債権の存否及びその内容が確定する。

裁判所書記官は，再生債務者等又は再生債権者の申立てにより，当該裁判の内容を再生債権者表に記載する（110条）。再生債権の確定に関する裁判の結果を記載して，未確定であった再生債権の処理を再生債権者表において明らかにするためである。

当該査定の裁判は，再生債権者の全員に対し，確定判決と同一の効力を有する（111条2項）。再生手続での再生債権の集団的処理との関係で，画一的

に処理する必要があることから，当該査定の裁判に確定判決と同一の効力を認めたものであり，ここでの確定判決と同一の効力は，既判力を意味するものと解される。

2 異議訴訟
(1) 異議の訴え
査定の裁判に不服がある者は，裁判書の送達を受けた日から1月の不変期間内に，異議の訴えを提起することができる（106条1項）。ここでの期間は出訴期間である。

(2) 管轄と移送
異議の訴えは，再生裁判所（再生事件が係属する裁判体を含む官署としての裁判所）が管轄裁判所となる（106条2項）。再生裁判所が民事再生事件の大規模再生事件としての管轄（5条8項・9項）により生じた場合において，異議の訴えの提起を受けた第一審の裁判所が，著しい損害又は遅滞を避けるため必要があると認めるときは，職権で，異議訴訟を当該再生事件が本来係属する予定であった裁判所（5条1項）に移送することができる。

(3) 訴訟の目的物の価額
異議訴訟の訴訟の目的物の価額は，再生計画によって受ける利益の予定額を標準として受訴裁判所が定める（規則46条）。破産規則45条，会社更生規則47条と同趣旨の規定である。

(4) 異議訴訟の当事者
異議の訴えは，異議等のある再生債権を有する再生債権者が提起するときは異議者等の全員を，異議者等が提起するときは異議等のある再生債権を有する再生債権者を被告としなければならない（106条4項）。したがって，異議者等が複数ある場合には，①異議のある再生債権を有する再生債権者が異議の訴えを提起するときは必ず異議者等の全員を必要的な共同被告とすることになるが，②異議者等が異議の訴えを提起する場合には，各自，異議等のある再生債権を有する再生債権者を被告として，異議の訴えを提起すれば足りることになる（園尾隆司＝小林秀之編『条解民事再生法第2版』485頁〔笹波恒弘〕（弘文堂，2007））。このように，法106条4項は，複数の異議者等が異議の

訴えを提起すべき場合には，異議者等がそれぞれ異議の訴えを提起することができる旨を定めるが，同一の債権に関し異議者等による数個の訴えが係属する場合には，法106条6項により，合一確定の要求から，弁論及び裁判は併合され，民事訴訟法40条1項から3項の規定を準用し，いわゆる必要共同訴訟として，共同訴訟人に同時に同一内容の裁判をすべきこと（合一確定）が定められている。

(5) 口頭弁論の開始時期

異議の訴えに関する口頭弁論は，出訴期間（106条1項）の経過した後でなければ開始することができない（106条5項）。これは，同一債権に関し新たな異議の訴えが提起される可能性がある間は口頭弁論を禁止し，同一債権に関し複数の訴え提起された場合には併合し，一体として審理・判断することを確保する趣旨である。

(6) 主張の制限

異議訴訟手続では，査定の裁判の場合と同様に，再生債権者は，異議等のある再生債権の内容及び原因について，再生債権者表に記載されている事項のみに主張が制限されている（108条）。

(7) 確定の効力

裁判所書記官は，異議訴訟の結果を，再生債務者等又は再生債権者の申立てにより，再生債権者表に記載しなければならない（110条）。再生債権の確定に関する訴訟の結果を記載して，未確定であった再生債権の処理を再生債権者表において明らかにするためである。

異議訴訟の判決は，訴訟当事者のみならず，再生債権者の全員に対し，その効力を有する（111条1項）。再生手続での再生債権の集団的処理との関係で，画一的に処理する必要からのものであり，訴訟当事者以外のすべての再生債権者に対して既判力を拡張したものと解されている（伊藤眞＝田原睦夫監修『新注釈民事再生法（上）』344頁〔小林康彦〕（金融財政事情研究会，2006），宮脇幸彦ほか編『注解会社更生法』563頁〔安藤一郎〕（青林書院，1986），斎藤秀夫編『注解破産法（下）』554頁〔林伸太郎〕（青林書院，1999））。

3 執行力ある債務名義のある債権等に対する異議

　異議等のある再生債権のうち，執行力ある債務名義（確定した給付判決など）や終局判決のあるものについては，当該再生債権者と再生債務者との間で形成されたそれらの訴訟状態を尊重して，異議者等は，再生債務者がすることのできる訴訟手続の方法（確定した給付判決などの場合には請求異議，終局判決の場合には上訴等）で，異議者等から訴訟を提起しなければならない（109条1項・2項）。したがって，異議者等は査定の申立てはすることはできない（105条1項ただし書）。

　前記の異議者等による訴え，受継は，異議等のある再生債権に関する調査期間の末日から1月の不変期間内にしなければならず，同一の債権に関し異議の訴えが複数係属する場合には，弁論及び裁判を併合しなければならず，口頭弁論は，異議の訴え提起の不変期間経過後でなければ開始できないことは，前記2の異議訴訟の場合と同様である（109条3項）。

　1月の不変期間内に異議の裁判又は受継の申立てがなされなかった場合には，異議者が再生債権者である場合には異議はなかったものとみなされ，異議者が再生債務者である場合には，当該再生債権を認めたものとみなされる（109条4項）。異議等が一切なかったものとみなされる場合には，当該再生債権の内容は確定し，再生債権者表の記載は，確定判決と同一の効力を有する（194条1項・3項）。

4 訴訟費用の償還

　再生債権の確定に関する訴訟（査定の申立てを含む。）によって，再生債務者財産が利益を受けたときは，異議を主張した再生債権者は，その利益の限度において，再生債務者財産から訴訟費用の償還を請求できる（112条）。再生債権の確定に関する訴訟の結果，異議等のある再生債権が否定された場合などには，当該再生債権に関し再生計画において弁済される額を免れることが再生債務者財産の利益になる。訴訟費用の償還請求権は，再生債務者財産の利益を受けた範囲において認められにすぎず，また，訴訟費用であることから再生債権の確定に関する訴訟での弁護士費用は含まれない。請求可能な訴訟費用の償還請求権は，共益債権である（119条4号）。

[Ⅳ] 再生手続終了と再生債権の確定手続の取扱い

1 再生手続が再生計画認可決定の確定前に終了する場合（再生手続開始決定の取消し（37条），再生計画認可前の再生手続廃止（191条ないし193条）により再生手続が終了する場合）

(1) 査定の裁判

査定の裁判手続（105条1項本文）は終了する（112条の2）。査定の裁判は，再生手続が認可確定前に終了する場合には，その手続を維持する必要性が乏しいからである。

(2) 異議訴訟

異議訴訟手続（106条1項）は，再生債務者等が当事者でない場合には中断する（112条の2の4項）。中断の日から1月以内に牽連破産（249条・250条・252条1項3号）が開始されなかった場合には終了する（254条6項・4項）。中断の日から1月以内に牽連破産が開始され，破産管財人がその額等を認めなかった場合には，破産管財人は債権確定のため当該訴訟を受継する（破127条1項）。

異議訴訟手続の当事者が再生債務者等である場合には，当該訴訟は係属するが（法112条の2第4項の反対解釈），再生手続において管財人が選任されている場合には，当該訴訟は中断し（68条2項），再生債務者は当該訴訟を受継しなければならない（68条3項）。異議手続の訴訟当事者が再生債務者等である場合には，再生手続終了後も，異議訴訟手続を利用して実体法の権利関係を解決するのが適切と考えられるからである。再生手続終了後，破産手続に移行した場合（249条・250条・252条）には，異議訴訟手続は中断し（破44条），破産管財人がその額等を認めなかった場合には，破産管財人は債権確定のため当該訴訟を受継する（破127条1項）。

(3) 再生債権の確定のため受継されていた訴訟手続

再生債権の確定のため受継されていた訴訟手続（107条1項・109条1項）は，再生債務者等が当事者でない場合には中断する（112条の2第5項）。再生債務者は当該訴訟を受継しなければならない（112条の2第6項・68条3項）。すでに

係属していた訴訟手続について再生手続の開始を理由に再生債権確定のために受継されたことから，再生手続が終了したことにともない，原状回復を図る趣旨からである（小川秀樹編著『一問一答新しい破産法』422頁（商事法務，2004））。

受継されていた訴訟手続の当事者が再生債務者等である場合には，当該訴訟は係属するが（112条の2第5項の反対解釈），再生手続において管財人が選任されている場合には，当該訴訟は中断し（68条2項），再生債務者は当該訴訟を受継しなければならない（68条3項）。その趣旨や，再生手続終了後，破産手続に移行した場合の当該訴訟の取扱いは，前記(2)の異議訴訟の当事者が再生債務者等の場合と同様である。

2 再生手続が再生計画認可決定確定後に終了する場合（再生手続の終結（18条），再生計画の取消し（189条），再生手続認可後の廃止（193条・194条）により再生手続が終了する場合）

再生計画が認可された場合には，再生計画において権利の変更がなされ（179条），未確定再生債権に対する的確な措置が要求され（159条），再生債権者の権利行使には再生債権の確定が必要である（179条2項）など，未確定再生債権の確定が必要とされている。そのため，再生手続が再生計画認可決定確定後に終了する場合であっても，再生債権確定のための手続は引き続き係属するものとされている。

(1) 査定の裁判

査定の裁判手続（105条1項本文）は，引き続き係属する（112条の2第1項）。管財人が査定の裁判手続の当事者になっている場合には，再生手続の終了により管財人の任務は終了することから（188条4項・194条・195条7項），査定の裁判手続は中断し，再生債務者が受継しなければならない（112条の2第2項・68条2項3項）。ただし，再生債務者が牽連破産に移行した場合には，簡易，迅速な査定の裁判手続を活用する必要性はないことから，査定の裁判は当然に終了し，異議訴訟の提起もできない（254条5項）。

再生計画認可確定後に再生手続が終了し，再生手続終了後に査定の裁判があったときは，裁判に不服がある者は，法106条1項による査定の裁判に対

する異議訴訟を提起することができる（112条の2第3項）。査定の裁判に対する判決による手続を保障する必要があるからである。

(2) 異議訴訟

　異議訴訟手続（106条1項）は，再生債務者等が当事者でない場合であっても，引き続き係属する（112条の2第4項）。ただし，再生債務者が牽連破産に移行した場合には，当該訴訟は中断し（破44条1項），破産管財人がその額等を認めなかった場合には，破産管財人は債権確定のため当該訴訟を受継する（破127条1項）。

　異議訴訟手続の当事者が再生債務者等である場合には，当該訴訟は引き続き係属するが（112条の2第4項の反対解釈），再生手続において管財人が選任されている場合には，当該訴訟は中断し（68条2項），再生債務者は当該訴訟を受継しなければならない（68条3項）。再生手続終了後，牽連破産に移行した場合（249条・250条・252条）の取扱いは，再生債務者等が当事者でない場合と同様である。

(3) 再生債権の確定のため受継されていた訴訟手続

　再生債権の確定のため受継されていた訴訟手続（107条1項・109条1項）は，再生債務者等が当事者でない場合であっても中断しない（112条の2第5項）。

　受継されていた訴訟手続の当事者が再生債務者等である場合には，当該訴訟は係属するが（112条の2第5項の反対解釈），再生手続において管財人が選任されている場合には，当該訴訟は中断し（68条2項），再生債務者は当該訴訟を受継しなければならない（68条3項）。再生手続終了後，牽連破産に移行した場合の当該訴訟の取扱いは，前記(2)の異議訴訟の当事者が再生債務者等の場合と同様である。

［Ⅴ］　再生手続開始前の罰金等についての不服申立て

　裁判所に届出のあった再生手続開始前の罰金等（97条）の調査，確定については，前記Ⅱ以下の再生債権の調査，確定の手続は適用されない（113条1項）。

【加々美博久】

46 再生債権者表の作成とその効力

再生債権者表に記載すべき事項は何か。また，再生債権者表の記載にはどのような効力が与えられるか。

解　説

［I］　再生債権者表の作成

1　作成目的

再生債権者表の作成目的は，まず，再生債権の調査の対象を明確にすることである。異議ある再生債権の確定手続においては，再生債権者は，再生債権者表に記載されている事項のみしか主張できない。次に調査の結果と確定の内容を明確にすることである。再生債権者表には，調査の結果等と成立した再生計画の条項が記載され，これにより，再生計画の定めによって認められた権利を行使できる者が定まり，再生債権者表の記載は確定判決と同一の効力を有する。そして，履行確保の手段を確保するため強制執行力を認めることである。旧和議手続においても債権者表は作成されたが，議決権を行使する程度の意味しか有しておらず，実体的な確定力まで持つものではなく，さらに執行力も有していないがゆえに，履行が確保されないことが欠点として指摘されていたが，これを改善したものである。

2　作成者及び作成時期

作成者は裁判所書記官である。作成の時期であるが，一般調査期間の開始後遅滞なくである（規則36条1項）。一般調査期間開始前になされる同意再生及び簡易再生の決定の場合には，再生債権者表を記載する必要はないが，他方で，一般調査期間終了後一定期間内になされるべき異議等のある再生債権

に係る査定の手続等においては，再生債権者表に記載されている事項のみを主張することができるとされていることから，一般調査期間終了前の一般調査期間開始後遅滞なく作成する必要がある。

　記載の対象となるのは，届出があった再生債権及び届出がないが再生債務者等が知っているいわゆる自認債権として認否書に記載した再生債権である。

3　作成の方法

　再生債権者表の作成は，届出書及び認否書に基づいて行われる。再生債権者表の記載に確定力と執行力が付与されたこともあり，その作成に当たっては，法律的に不明確な点や疑義が生じないように整理したうえで作成することが望ましい。したがって，届出書の記載内容が不明確であるなど，不完全・不適切な届出等に対しては，補正，変更を示唆する等の配慮が必要となろう。しかしながら，補正等に応じない限り，裁判所書記官は，届出書等に基づいて記載するべきであり，法的な判断を加えて修正補正をすることは許されない。

4　形　　式

　再生債権者表の形式に関する規定は特に設けられていない。再生手続が係属する裁判所によって様々な形式があり，各庁により取扱いが異なるようである。旧破産法の時代には各債権者ごとに別個独立した債権者表を作成する取扱いも多くなされていたようである。

　通常，債権者表には相当多数の債権者が記載され，その内容は具体的かつ個別的になされることが要求されるところ，裁判所書記官が債権の額及び内容等を個々的に記載するとなると，多大の時間と労力を要することになる。したがって，集団的債務処理手続における事務処理の効率化のためには，債権届出書や認否書等を再生債権者表に綴じ込み，あるいはこれらを引用した形式の，全体として一体となった再生債権者表とする取扱いにすべきであろう。

　東京地裁における再生債権者表の形式は，再生債権者表の表紙部分に記載

事項の項目のみを列記し，その内容については，債権届出書，認否書，再生計画案等を別紙として添付して引用する形式を採用している。

［Ⅱ］ 再生債権者表の記載事項

1 記載すべき事項
(1) 概　　要

再生債権者表の記載事項は次のとおりとなる。
① 再生債権者の氏名又は名称及び住所（規則36条2項）。
② 再生債権の内容（約定劣後再生債権であるかどうかの別を含む。）及び原因（99条2項）。
③ 再生手続開始後の利息・損害金等を含むときはその旨（規則36条2項）。
④ 別除権であるときは別除権の目的及び別除権行使不足見込額（99条2項・94条2項）。
⑤ 執行力ある債務名義又は終局判決のある債権であるときはその旨（規則36条2項）。
⑥ 議決権の額（99条2項）。
⑦ 再生債権の調査の結果（104条2項）。
⑧ 再生債権の確定に関する訴訟の結果等（110条）。
⑨ 再生計画の条項（180条1項）。
⑩ 届出があった再生債権の消滅その他届け出た事項について他の再生債権者の利益を害しない変更が生じたときに届出事項変更の届出があった場合には，当該届出の内容（規則33条7項）。
⑪ 認否書に記載された事項について他の再生債権者の利益を害しない変更が生じたときに当該変更の内容を記載した書面が裁判所に提出された場合には，当該変更された内容（規則33条8項）。
⑫ 届出名義の変更の届出があった場合には，当該届出の内容（規則35条3項）。
⑬ 再生債権者表の記載に誤りがあり，裁判所書記官が更正処分をしたときは，その内容（99条3項）。

(2) 実務上の記載方法

東京地裁において再生債権者表は引用方式を用いているが，実務上の記載方法については，再生債権者表の表紙そのものは2枚程度にして，前記(1)の①ないし⑦については，債権届出書及び再生債務者等提出の認否書を添付し，⑧については，再生債権の確定に関する訴訟の結果等についての記載の申立書等を添付し，⑨については，確定した再生計画の条項について，再生計画案を添付し，⑩及び⑫の再生債権の消滅や名義変更等については，債権取下書や債権者名義変更届出書等を添付し，⑪の認否変更については，認否変更書等を添付する取扱いとしている。

2 債権調査の結果

再生債権の調査は，再生債務者等が作成した認否書並びに再生債権者及び再生債務者の書面による異議に基づいて行われ（100条），裁判所書記官は，その結果を再生債権者表に記載しなければならない（104条2項）。調査の結果は，債権者の議決権行使額及び再生計画に基づく履行を受ける際の基礎となるとともに，再生債権の査定の申立ての対象を明らかにするため，再生債権者や再生債務者に開示する必要があるからである。この結果の記載自体は，判断作用を伴うものではなく，調査等の結果という客観的事実を確認する行為であると考えられることから，裁判所書記官が行うこととされた。

再生債権者表に記載すべき調査の結果とは，調査の対象となった法99条2項に掲げる事項についての認否の結果及び異議の有無をいう。異議が述べられたときは，異議を述べた者，異議が述べられた債権及びその額を具体的に記載する。異議の理由までは記載することを要しない。

再生債権の調査において，再生債務者等が認め，かつ，調査期間内に他の再生債権者の異議がなかった再生債権については，再生債権の内容又は議決権の額は確定する。この確定した再生債権の債権者表への記載は，再生債権者の全員に対して，確定判決と同一の効力を有する（104条1項・3項）。

3 再生債権の確定に関する訴訟の結果

債権調査において，再生債務者等が認めず，又は他の再生債権者から異議

が述べられたときは，その旨が再生債権者表に記載され，その債権の存否あるいは内容は，当該再生債務者等及び異議者との間の査定の申立てについての裁判等によって確定されることになる。したがって，当該債権の存否あるいは内容にどのような判断が下されたのかを明らかにするため，裁判所書記官は，再生債務者等又は再生債権者の申立てにより，再生債権の確定に関する訴訟の結果を再生債権者表に記載すべきものとした（110条）。

この場合に記載されるべき訴訟の結果とは，異議を述べられた再生債権を確定するための訴訟における最終的に確定した結論である。具体的には，法106条1項の異議の訴え，法107条の規定により受継された訴訟手続又は法109条の規定による訴訟手続等の結果のほか，法105条の規定による査定の申立てについての裁判があった場合に，法定の出訴期間内にこれに対する異議の訴えが提起されず，又は提起された異議の訴えが却下されたときは，査定の申立てについての裁判の内容を意味する。

4　再生計画の条項

再生計画認可決定が確定すると，届出再生債権者及び法101条3項の規定により認否書に記載された再生債権を有する再生債権者の権利は，再生計画の定めに従って変更される（179条1項）。したがって，この変更後の権利の内容を明確にし，その後の再生計画遂行の過程におけるこれらの権利行使を確実なものとするために，再生計画認可決定が確定したときは，裁判所書記官は，再生計画の条項を再生債権者表に記載すべきものとした（180条1項）。

この再生債権者表への記載は，再生債務者，再生債権者及び再生のために債務を負担し，又は担保を提供する者に対して，確定判決と同一の効力が与えられる（180条2項）。

5　再生債権者表の更正

再生債権者の債権額や異議の有無等の記載に誤りがあるときは，裁判所書記官が，申立てによりまた職権で，いつでもその記載を更正する処分をすることができる（99条3項）。破産法が平成16年に改正されたのに伴い，本項が新設されたものである。本項新設前においても，誤りが明白なものである場

合においては，民事訴訟法の類推適用により裁判所書記官による更正処分を求めることができると解されてきたが，誤りが明白でない場合については見解が分かれており，立法による解決が望まれていたところであった。

そこで，債権者表の記載に誤りがある場合には，これをそのまま放置することは，利害関係人に誤った情報を与えるなど不利益を与えることになるので，当該記載を適切かつ迅速に修正する必要性があること，債権者表の記載は，判断作用を含むものではなく，たんなる公証行為としての事実の記載にすぎないことから，明白性の区別をせず，裁判所書記官の固有の権限として更正することができるとされた。

なお，裁判所書記官の更正処分に異議のある場合には，裁判所書記官の処分に対する異議の申立てによることになる（18条，民訴121条）。

［Ⅲ］ 再生債権者表記載の効力

1 総 論

旧和議手続においては，債権調査・確定手続を設けていないため，和議債権の届出は，和議手続に参加して議決権を行使する程度の意味しか有しておらず，債権表の記載も，和議債権の存否につき，実体的確定の効力を有するものではないから，債権表の記載に確定判決と同一の効力が与えられていないことはもとより，手続終結後に債権表の記載に基づく強制執行もできなかった。そのため，和議認可後の和議条件の履行確保の保障がないという手続不備に対する批判があった。

そこで民事再生手続においては，このような批判を踏まえ，再生債権の調査・確定の手続を設けて実体的な権利関係を確定させ，再生債権者表の記載に確定判決と同一の効力を与えるとともに，認可決定確定後の履行確保の手段として，個々の債権者が再生債権者表に基づいて強制執行ができるように，再生債権者表の記載に執行力を与えることとした。

2 不可争効（確定判決と同一の効力）

(1) 法104条3項

　法104条3項は，同条1項により確定した再生債権については，再生債権者表の記載は，再生債権者全員に対して確定判決と同一の効力を有すると規定しているが，この「確定判決と同一の効力」の意味するところについては，会社更生法及び破産法上も見解に対立があり，①既判力説，②既判力否定説，③手続内における特別の拘束力説等がある。確定判決の効力のうち，判断の不可争性を保障するものは既判力であるから，「確定判決と同一の効力」については，既判力を意味すると解するのが自然であり，既判力説の主要な根拠はこの点にあると考えられる。しかし，既判力説に対しては否定説の立場から様々な不都合が指摘されている。現在は両説の折衷的な立場である手続内における特別の拘束説が有力とされている。

　なお，本項の規定する効力は，「第1項の規定により確定した再生債権」，すなわち，再生債権の調査において，再生債務者等が認め，かつ，届出再生債権者の異議がなかったことにより確定した再生債権について定められているものであることから，異議のある再生債権を有する再生債権者が査定の申立て等をすることができる期間を徒過した場合には，異議が出された部分についての再生債権が存在しないものとして確定するのではなく，再生債権者は，もはや再生手続においてその有する再生債権の確定を求める手段を失うことになるにすぎない。

(2) 法180条2項

　法180条2項は，再生債権に基づき再生計画によって認められた権利について，再生債権者表の記載が確定判決と同一の効力を有することを規定している。再生計画による変更前の債権については法104条3項の規定により，再生債務者，再生債権者の間で争いえないものとなっているが，再生計画により変更した後の権利については，この効力は及ばない。したがって，再生計画の履行のなかで変更された権利の内容については争う余地があり，そのような争いは，再生債務者の再建にとって好ましくない。そこで，本項は，再生債権者表への記載により変更後の権利についても争いえないものとした。

本項で変更後の権利を争いえない者は，再生債務者，再生債権者，再生のために債務を負担し，又は担保を提供する者である。再生計画に認められる実体法上の効力（177条1項）に対応して，再生計画の効力の及ぶ者と同範囲とされている。

ここでいう「確定判決と同一の効力」の意味については，前記(1)に記載した内容と同様である。

3　執　行　力

法180条3項は，再生計画により変更された権利が金銭の支払又はその他の給付を求める内容である場合，再生債権者は再生債権者表の記載により，再生債務者及び再生のために債務を負担した者に対して強制執行ができる旨を規定している。

これは旧和議法における履行確保手段が保障されていないことに対する批判を受けて規定されたものであるが，再生債権者表の記載は民事執行法22条7号の確定判決と同一の効力を有するもの（債務名義）に該当するので，裁判所書記官より執行文の付与を受けて強制執行することができる（民執26条）。

また，再生計画の不認可，取消し，履行完了前の破産手続開始又は新たな再生手続開始，手続の廃止の場合には，確定した再生債権につき確定判決と同一の効力及び執行力を与えている（185条・189条8項・190条2項・195条7項）。

4　時効期間の伸長

民法174条の2第1項によれば，確定判決又はこれと同一の効力を有するものによって確定された権利は，10年より短い時効期間の定めがあるものも，その後の時効期間は10年となる。したがって，再生債権者表の記載により確定判決と同一の効力が認められた権利についても，その消滅時効期間は10年になるものと解するのが相当である。

5　簡易再生手続及び同意再生手続に関する特則

以上に述べた効力は，簡易再生の決定及び同意再生の決定がなされた場合

には生じない。簡易再生や同意再生の手続では，再生債権の調査・確定の手続はなされず，再生債権者表も作成されない（216条・220条）ので，確定判決と同一の効力や執行力が付与されることはない。

【乾　俊彦】

■参考文献
園尾隆司＝小林秀之編『条解民事再生法　第2版』（弘文堂，2007）
伊藤眞＝田原睦夫監修『新注釈民事再生法　上・下』（金融財政事情研究会，2006）
小川秀樹編著『一問一答　新しい破産法』（商事法務，2004）

第 6 章

担保権等の処遇

47 担保権の処遇

担保権はどのように取り扱われるのか。また，どのように行使するのか。

解　説

[Ⅰ] 民事再生法における担保権

1 別除権構成

再生債務者の財産の上に存する特別の先取特権，質権，抵当権，商法また会社法の規定による留置権（商事留置権）若しくは仮登記担保権を有する者は，その目的である財産について，別除権を有する（53条1項，仮登記担保19条3項）。別除権は，再生手続によらないで，これを行使することができる（53条2項）。担保権の目的である財産が，再生債務者等による任意売却等の事由により再生債務者財産に属しないこととなった場合においても，当該担保権が存続するときは，担保権者は別除権を有する（同条3項）。

民事再生法は，担保権について，破産法と同様に，別除権の構成をとった。別除権とは，目的財産に対して有している権利を当該倒産手続（破産手続，再生手続等）から分離独立して行使できる権利である。別除権としたことにより，前記の担保権は，原則として自由に再生手続外で行使できる。

2 民事再生法における担保権の特質

担保権は，本来債務者が債務不履行したときにその換価権を実行して債権の回収をはかりうるものであり，担保権者は物の交換価値を把握している。

一般に財務状態が悪化している場合には，企業の重要な資産はほとんどすべてが担保に入っている。債務者企業の経営が破綻し，債務不履行になったときに，担保権者が担保権の大半を実行したならば，その企業は再生でき

ず，解体清算せざるを得なくなる。再生債務者の事業の再生を図ることを目的とする（1条）民事再生法は，担保権の実行手続の中止命令（31条）及び担保権消滅請求（148条以下）の制度を設け，担保権が実行されないことにより，再生債務者の事業価値が維持され，再生債権者の一般の利益に適合するとき（31条1項），あるいは担保権の目的物が事業の継続に欠くことができないものであるときは（148条1項），担保権に制約を加えることができるとした。

担保権消滅請求の制度は，再生債務者の事業の継続に不可欠な資産について，目的物価額の弁済により担保権を消滅させることで，事業の継続を可能にする制度である（148条以下）。この場合の担保目的の評価基準は，処分価額である（規則79条1項）。処分価額を担保権者に弁済することによって担保権を消滅させることになる。担保権者が本来把握している価値は，担保権の実行手段である競売の場合の換価額であるから妥当である。

現存する資産のすべて及び将来取得するであろう債権及び動産についても担保権を設定できるようになった。全資産を担保提供していた債務者企業が経営破綻に瀕した場合，担保権すべてが実行されると，担保余剰が生ずる例外的なケースを除いては，労働債権や公租公課も弁済できず，担保権者にすべて弁済されることになる。これでは事業再生はできない。

事業の再生による社会全体の利益を図るため，担保権制約の傾向は，容認すべきである。

3　個別の担保権
(1)　商事留置権

商事留置権は，破産の場合と異なり（破66条1項），特別先取特権とみなす定めはなく，優先弁済権を付与する定めもない。したがって，留置権限と換価権限のみ有し，換価すると，換価金についての留置権を有せず，被担保債権と換価金返還債務との相殺もできない（93条1項1号）。銀行が手形について商事留置権を有する場合，銀行取引約定書に取立・弁済充当権限が定められていても，弁済充当は許されず，取立金は不当利得になるとした判例がある（東京高判平成21年9月9日金法1879号28頁，東京地判平成21年1月20日金法1861号26頁）。

商事留置権者としては、換価せず目的物の留置を続け、別除権の目的である財産の受戻し（41条1項9号）や担保権消滅請求（148条）あるいは少額債権の弁済許可（85条5項後段）による弁済に期待することになる。

(2) 民事留置権

民事留置権は、破産の場合と異なり手続開始決定によって失効する旨の規定はなく（破66条3項参照）、他方、別除権とする規定もない。再生債権を被担保債権とする民事留置権の留置的効力は再生手続の開始決定あるいは再生計画の成立によって当然には失われない（東京地判平成17年6月10日判タ1212号127頁）。

民事留置権者は、目的物の留置を続け、少額債権の弁済許可を期待するしかない（別除権でないので、担保権消滅請求や受戻しの対象にならない。）。

(3) 譲渡担保権

譲渡担保権などの非典型担保権については、民事再生法においても、担保権として扱う旨の明文の規定が設けられていない。しかし、破産法・会社更生法において別除権を認めることが通説判例であり、再生手続においても、同様と解すべきである。

(4) リース債権

ファイナンス・リース契約のリース債権は、一般に別除権として扱っている（最判平成7年4月14日（民集49巻4号1063頁）は、更生手続において双方未履行双務契約の規定の適用はなく、リース料債権は共益債権とならないとする。最判平成20年12月16日（民集62巻10号2561頁）は、リース物件は、リース料が支払われない場合には、リース業者においてファイナンス・リース契約を解除してリース物件の返還を求め、その交換価値によって未払いリース料や規定損害金の弁済を受けるという担保としての意義を有するとして、担保であることを明示している。）。

(5) 一般先取特権

一般の先取特権は、民事再生法において、別除権とならず、一般優先債権とされ、再生手続によらないで随時弁済するものとされる（122条1項・2項）。再生手続に組み込まれず、再生手続外の債権と構成された。

[Ⅱ] 担保権の行使

1 担保権の行使

別除権とされる担保権は，再生手続によらないで，権利行使できる（53条2項）。

担保権者が再生手続開始後，担保権を行使するためには，手続開始前に対抗要件を具備していなければならない。再生債務者は民法177条の第三者に該当するためである。

不動産又は船舶に関し再生手続開始前に生じた登記原因に基づき再生手続開始後にされた登記又は不動産登記法105条1号の規定による仮登記は，再生手続の関係においては，その効力を主張することができない（45条1項本文）。ただし，登記権利者が再生手続開始の事実を知らないでした登記又は仮登記については，その効力を主張できる（同項ただし書）。

不動産登記法105条2号の仮登記，すなわち権利の設定，移転，変更又は消滅の請求権保全の仮登記については，民事再生法45条1項に規定はないが，再生手続開始前の登記原因に基づき，再生手続開始後になされた2号仮登記は，権利変動の実体的要件は備わっているにも拘わらず，登記申請に必要な手続上の要件が備わっていないだけという1号仮登記よりも不利な状態のもの（権利変動の実体的要件が具備されていない。）であり，仮登記権利者が善意か否かを問わず，再生手続において効力を有しないと解する（花村良一『民事再生法要説』146頁（商事法務研究会，2000），福永有利監修『詳解民事再生法［第2版］』270頁〔三木浩一〕（民事法研究会，2009））。

再生手続開始前の原因に基づき再生手続開始前になした1号仮登記及び2号仮登記とも，再生手続開始後，本登記請求ができると解する（2号仮登記につき，旧破産法55条に関して同旨，大判大正15年6月29日民集5巻9号602頁，最判昭和42年8月25日判時503号33頁）。

再生手続開始決定前になされた登記でも，支払の停止又は再生手続開始の申立てがあった後に登記をした場合に，権利変動があった日から15日を経過した後，悪意でしたものであるときは，対抗要件具備行為を否認できる

(129条)。

2 不足額の行使
(1) 不足額責任主義
別除権者は，その別除権の行使によって弁済を受けることができない債権の部分についてのみ，再生債権者として，その権利を行使できる（88条本文）。いわゆる不足額責任主義（又は残額責任主義）である。

不足額について，現実に権利行使するためには，その前提として，本来，担保権の実行が必要である。しかし，常に担保権の行使が完了しない限り，不足額について全く権利行使できないとすると，競売に時間を要する場合など，競売手続が終了するまで再生債権の行使ができず，担保権者に酷な場合も生ずる。そこで，不足額の確定について，担保権者と再生債務者等との話合いによって，部分的に解決できる方法が設けられている。

別除権が認められる担保権によって担保される債権の全部又は一部が，再生手続開始後に担保されないこととなった場合には，その債権の当該全部又は一部について，再生債権者として，その権利を行使できるというものである（同条ただし書）。

(2) 担保権の放棄・解除
別除権者は，担保権の全部又は一部を放棄して，あるいは再生債務者等との合意により担保権の全部又は一部を解除して，再生債権者として，その権利を行使することができる。

例えば，第1順位に極度額1億円の根抵当権が設定されており，第2順位に4億円を被担保債権額とする抵当権が設定されている担保不動産の時価が2億円と見込まれる場合に，第2順位の抵当権者が，再生債務者等と，右抵当権の被担保債権額を1億円に変更する旨の合意ができたときは，担保されないこととなった3億円の債権部分について再生債権者として権利行使できることになる。

(3) 担保権解除等による変更登記の要否
担保権解除等の場合，被担保債権額の変更について登記手続が必要か否かについて，見解が分かれている。

必要説（花村良一『民事再生法要説』256頁（商事法務研究会，2000），伊藤眞ほか編著『注釈民事再生法［新版］（上）』284頁〔木内道祥〕（金融財政事情研究会，2002））は，当該変更の合意がされた後に，変更登記がされないまま被担保債権の譲渡がされた場合に，その譲受人が，当該変更前の被担保債権の全額につき別除権を行使して満足を得るという不都合が生ずるおそれがあるとする。

他方，不要説（福永有利監修『詳解民事再生法［第2版］』313頁〔山本和彦〕（民事法研究会，2009），才口千晴＝伊藤眞監修『新注釈民事再生法（上）［第2版］』474頁〔中井康之〕（金融財政事情研究会，2010），松下淳一『民事再生法入門』96頁（有斐閣，2009））は，登記はそのままでも，抵当権の内容は当然かつ自動的に縮小し（附従性），登記はその限度で無効となり，譲り受けた債権の一部が担保権の被担保債権になっていないことは債務者が譲受人に対抗することができた事由に該当し，譲受人に対抗できるとする。

なお，理論的には，減額の登記がなされなくとも抵当権の内容は自動的に減縮すると考えることもできるが，手続運用の明確性を期するために，変更登記を要するとすべきであるとの見解もある（伊藤眞『破産法・民事再生法［第2版］』701頁（有斐閣，2009））。

善意の第三者の保護及び再生債権者への情報開示の趣旨から，変更登記を要すると解すべきである。

(4) 別除権の目的物の受戻し

別除権の目的物の受戻し（41条1項9号）とは，被担保債権を弁済して担保権を抹消させることである。担保権の不可分性の原則から，別除権者との合意が成立した場合等を除き，被担保債権全額を弁済しない限り，担保権を消滅させることはできない。

被担保債権は再生債権であり，本来，弁済禁止の効力（85条1項）があるが，別除権の行使による弁済を受けることができることから，受戻しが認められている。

被担保債権額が目的物価額を下まわっているときは，債権全額を弁済して受け戻すことが，事業継続に機能することが多い。しかし，被担保債権額が目的物価額を上まわるときは，被担保債権全額を弁済して受け戻すことは，無担保である再生債権部分をも弁済することになり，原則として許されな

い。

裁判所は，別除権の目的物の価額の評価が重要であることから，別除権の目的物の受戻しをするには，裁判所の許可を得なければならないものとすることができ（41条1項），また監督委員による監督を命ずる処分をする場合には，監督委員の同意を得なければ再生債務者ができない行為に指定することもできる（54条2項後段）。実務上，監督命令発令の際，監督委員の要同意事項に指定していることがほとんどである。

(5) 別除権協定

別除権者の権利行使及び別除権者への弁済について，民事再生法において定められた方法は，前述のとおりである。しかし，実務上，担保権の目的物が事業継続に不可欠である場合には，再生債務者等は，（担保目的物の価額を一括弁済して担保権消滅手続をとることができるケースが少ないため）別除権者との間で，別除権実行に代わる弁済方法について合意することによって別除権付債権を解決することが多い。別除権を実行する代わりに，再生債務者等と別除権者との間で，担保目的物の時価評価額を合意し，その評価額をもとに，被担保債権部分と別除権によって弁済を受けない再生債権部分とに分け，各々について弁済方法（後者については，再生計画によることになる。）を定める，いわゆる別除権協定である。

別除権協定は，別除権目的物の受戻しの合意を含んでおり，受戻しは，一般に（特に再生計画認可決定前において）裁判所の許可事項又は監督委員の同意事項とされている（54条2項・41条1項6号9号）ことから，受戻しを含む別除権協定を締結するには，裁判所の許可又は監督委員の同意を要する。

別除権協定の内容は，①別除権の評価額（受戻し額），②その支払方法，③支払われている間の別除権実行の禁止と支払終了時における担保権抹消の約束，④債務不履行等の事由とその効果の定め，⑤別除権不足額の確定とその取扱い，⑥破産等の倒産手続へ移行した場合の取扱い等が考えられる（三上徹「別除権協定の諸問題」商事法務編『再生・再編集事例集4事業再生の思想—主題と変奏』38頁（商事法務，2005）参照））。

別除権協定の中には，再生債務者等に協定上の債務の弁済について債務不履行があった場合には当該協定が解除され，別除権によって弁済を受けない

とした再生債権部分が，被担保債権額として復活する定めをすることがあるが，その定めでは，別除権の行使によって弁済を受けないことが確定したことにならず，不足額について，再生債権として再生計画による弁済を受けられないと解すべきである（前掲『詳解民事再生法［第 2 版］』312 頁〔山本和彦〕，前掲『新注釈民事再生法［上］［第 2 版］』474 頁〔中井康之〕）。

後順位担保権者がいる場合は，先順位担保権者との別除権協定成立時には無剰余であっても，先順位担保権者への弁済が行われると，担保価値が出ている。再生債務者としては，後順位担保権者すべてとの間で各々別除権協定を締結する（無剰余の担保権者には抹消料を支払って抹消してもらう。）ことが必要である。

3 別除権の届出
(1) 別除権の届出の要否

再生債権者が再生手続に参加しようとする場合には，債権届出期間内に，各債権について，その内容及び原因，議決権の額その他最高裁判所規則で定める事項を裁判所に届け出なければならない，別除権者は，そのほか，別除権の目的である財産及び別除権の行使によって弁済を受けることができないと見込まれる債権の額（予定不足額）を届け出なければならない（94 条 1 項・2 項）。

しかし，別除権の行使により被担保権全額の弁済を受けられる場合には，債権届出の必要はない。

別除権の行使により債権全額の弁済を受けられないと判断する債権者は，債権届出を行う必要があり，その場合，通常の届出事項のほかに，別除権の目的物及び予定不足額を届出なければならない。

別除権者が別除権の届出，すなわち別除権の目的物及び予定不足額の届出をせず，一般再生債権の届出のみをしたとしても，それによって別除権の行使ができなくなるものではない（前掲伊藤眞『破産法・民事再生法［第 2 版］』701 頁）。

別除権の届出は，別除権者がいくら位の債権額で再生手続に参加するか，再生債務者や再生債権者に目安を知らせておく趣旨のものである。

(2) 予定不足額届出の意味

再生手続に参加できるのは，不足額に限定されているため，別除権の目的物及び予定不足額の届出を求めている。別除権者の届出に対して，再生債務者等は，再生債権及び議決権についての認否書を作成しなければならない（101条1項）。

裁判所書記官は，再生債権の内容及び原因，議決権の額，予定不足額を記載した再生債権者表を作成しなければならない（99条2項）。

別除権者の届出については，再生債権の内容の調査・確定と議決権の額，すなわち予定不足額の調査・確定とがある。前者である再生債権の確定手続は，査定の裁判・異議の訴えによる。

予定不足額の届出は，不足額の見込み額の届出であり，確定した不足額の届出ではないから，再生手続においては，議決権額を判断する資料として意味を有する。予定不足額について，再生債務者等が認めず，又は他の再生債権者が異議を述べた場合には，裁判所が議決権額を定める（170条2項3号・171条1項2号）。異議等がなければ，予定不足額が議決権額としてそのまま確定する（104条1項・170条1項ただし書・同条2項1号2号・171条1項1号）。

(3) 届出予定不足額を上まわる議決権額の認否

別除権者による別除権の目的物の評価額は，再生債務者等の評価額よりも高額であることが多い。それ故に，別除権者の届出による予定不足額，即ち議決権額は，再生債務者等の評価より低額であることが多いと言える。

再生債務者等は，別除権者の届出した予定不足額即ち議決権額より高額の議決権額を認めることができるかという問題がある。

見解が分かれている。大阪地方裁判所の平成17年10月時点での取扱いでは，予定不足額の増額変更は，他の再生債権者の利益を害すべき変更（95条5項）に該当し，原則としてできないとしている（安木健＝四宮章夫＝林圭介＝小松陽一郎＝中井康之編著『新版一問一答民事再生の実務』292頁〔木内道祥〕（経済法令研究会，2006））。

また予定不足額についての争いは，議決権額に関するものであり，担保目的物の評価がそれによって確定するものではないから，届出予定不足額より高い議決権額を認める理由がないとの見解もある（前掲伊藤眞『破産法・民事再

生法』702頁)。

他方，東京地方裁判所では，届出された予定不足額より高額の議決権額を認めることができるとしている (中澤智「書記官からみた民事再生実務 Q&A」NBL736号 (2002) 32頁, 同旨の見解として園尾隆司＝小林秀之編『条解民事再生法［第2版］』434頁〔岡正晶〕(弘文堂, 2007), 才口千晴＝伊藤眞監修『新注釈民事再生法［上］［第2版］』552頁〔林圭介〕(金融財政事情研究会, 2010))。

再生債務者は，債権者に対し，公平かつ誠実に，業務遂行権及び財産の管理処分権を行使し，再生手続を追行する義務を負うこと (38条2項)，再生債務者等は，届出がされていない再生債権があることを知っている場合には，当該再生債権について，自認する内容を認否書に記載しなければならないこと (101条3項) 等考えると，再生債務者は，予定不足額を公平誠実に評価し，その結果，予定不足額が届出額を上まわったと評価するならば，届出予定不足額に基づく議決権額を上まわる議決権額を認めることはできると解する。

届出再生債権者は，別除権者が届出した予定不足額，議決権額について認めることも異議を述べることもできる。

届出議決権額について争いがある場合には，裁判所が議決権額を定める。その際，届出予定不足額に基づく議決権額の上限に拘束されず，予定不足額を適正に判断して，定めることができると解する。

なお，予定不足額を額未定とする届出の場合，大阪地方裁判所では，再生債務者の認める金額を議決権額としているが (前掲『新注釈民事再生法［上］［第2版］』552頁〔林圭介〕)，妥当である。

［Ⅲ］ 再生計画の定め

1 別除権未行使者の適確措置条項

別除権の行使によって弁済を受けることができない債権の部分が確定していない再生債権者があるときは，再生計画において，その債権の部分が確定した場合における再生債権者としての権利の行使に関する適確な措置を定めなければならない (160条1項)。

不足額未確定の債権は，異議等のある再生債権で，その確定手続が終了し

ていない未確定の再生債権（159条）と同様に，確定後の権利行使の方法が不明確であり，再生計画に何らかの定めをしておかないと，同種の権利で再生計画においてその取扱いが定められているものとの間で不平等が生ずることがある。そこで，民事再生法160条1項は，適確な措置を定めるべきとした。適確な措置とは，他の同種の確定債権と原則として平等に取り扱う趣旨である。具体的には，いつから，どのように支払うか，また他の再生債権者より支払開始が遅れることにつき，遅延損害金を付するか否か等々である。

適確措置条項の具体例としては次のような例が多い。「別除権の行使によって弁済を受けることができない債権の部分（以下，「不足額」という）が確定したときは，前記第2項（再生債権に対する権利変更の一般的基準）の定めを適用する。なお，再生債権者から不足額が確定した旨の通知を受けた日に既に弁済期が到来している弁済金については，当該通知を受けた日から1か月以内に支払う。」（オロ千晴＝田原睦夫＝林道晴『民事再生手続の運用モデル（補訂版）』129頁（法曹会，2002），事業再生研究機構編『新版再生計画事例集』81頁，100頁，120頁，145頁，166頁，182頁，201頁，217頁，233頁，261頁，328頁，343頁等（商事法務，2006年））。

なお，ユニークなものとして，予定不足額に基づく暫定弁済金を弁済期に仮払いし，不足額確定時に清算する定め（同書336頁，396頁）や予定不足額に基づく暫定弁済金相当額を預金し，当該再生債権者は右預金債権に質権を設定する定め（同書249頁）もある。

2　根抵当権の特則

再生計画において，根抵当権の元本が確定している場合には，あらかじめ根抵当権者の同意を得ているときに限り，その根抵当権の被担保債権のうち極度額を超える部分について，再生債権の権利の変更の一般的基準に従い，仮払いに関する定めをすることができる。この場合，その根抵当権の行使によって弁済を受けることができない債権の部分が確定した場合における精算に関する措置をも定めなければならない（160条2項・165条2項）。

仮払いの措置は，根抵当権者の利益のためであるから，根抵当権者がそれを望まない場合には，仮払いの措置を定める必要がない。そこで，その定め

をする場合には，あらかじめ根抵当権の同意を得ることとした。

仮払いの措置を定めている再生計画案例は，不足額についての適確措置条項を定める再生計画案ほど多くはない。むしろ少ない。不足額の確定を急いで行い，仮払いによる2度手間を避けたいという考えによるものかと思われる。

具体的な定めとしては，「再生債権を担保する根抵当権の元本が確定している場合には，その根抵当権の被担保債権のうち極度額を超える部分について，前記第2項（再生債権に対する権利の変更の一般的基準）の定めに従い，仮払いする。この場合，不足額が確定し，仮払金と前記第2項の定めによる金額との差額が生じたときは，当該再生債権者から不足額が確定した旨の通知を受けた日から1か月以内に前記差額を支払う。」（同書235頁，300頁参照）。

3 再生計画の効力

再生計画は，再生債務者，すべての再生債権者及び再生のために債務を負担し，また担保を提供する者のために，かつ，それらの者に対して効力を有する（177条1項）。

再生計画は，別除権者が有する担保権，再生債権者が再生債務者の保証人その他再生債務者と共に債務を負担する者に対して有する権利及び再生債務者以外の者が再生債権者のために提供した担保に影響を及ぼさない（同条2項）。

［Ⅳ］ 担保権の中止命令及び担保権の消滅請求

再生手続における担保権の処遇としては，以上に論じたことのほかに，担保権実行手続の中止命令（31条）と担保権の消滅請求（148条ないし153条）が重要な制度として存在する。これについては，本書の別稿で論じられているので，ここでは割愛した。

【多比羅　誠】

48 担保権消滅請求

1 民事再生手続における担保権消滅制度とは、どのような制度か。
2 担保権消滅の許可決定後、担保権が消滅するまでの手続はどのようになっているか。

解説

[I] 担保権消滅制度の意義

　再生手続においては、手続の簡易・迅速化を図るため、担保権は別除権として手続外に位置付けられたため、担保権者は、再生手続によらないで、これを行使することができる（53条2項）。しかし、再生債務者の事業の継続に不可欠な財産について担保権が実行された場合には、事業の継続が不可能となり、その一事をもって再建型倒産手続としての目的を達し得なくなってしまう。このような場合の対処方法としては、被担保債権の全額を弁済して担保権の目的である財産（以下「目的財産」という。）を受け戻すことができる（41条1項9号参照）。しかし、担保権の不可分性から、被担保債権額が目的財産の価額を超える場合や後順位の担保権者が存在する場合には、目的財産の価額を超える弁済をしなければ受け戻すことができず、担保権を有しない再生債権者との間の平等を害することになる。
　そこで、このような事態を回避するものとして、目的財産の価額分の満足を担保権者に与えることにより、目的財産の上に再生手続開始時に存する担保権のすべてを消滅させる担保権消滅制度が再生手続に創設された。これにより、再生債務者は、担保権者との別除権協定等の交渉において有効なカードを有することとなった。

[Ⅱ]　担保権消滅の要件

1　対象となる担保権
(1)　典型担保
　担保権消滅制度の対象となる担保権は，特別の先取特権，質権，抵当権又は商法若しくは会社法の規定による留置権（148条1項・53条1項）に加えて，仮登記担保権（仮登記担保19条3項）である。民事留置権，一般先取特権，企業担保権等は対象から除外されている。民事留置権は実体法上，優先弁済権がないこと等が考慮されたためであり，また，一般先取特権及び企業担保権は一般優先債権として扱われることになる（122条）。なお，消滅する担保権は，再生手続開始の時に，再生債務者に帰属する財産に設定されていなければならない（148条1項）。したがって，再生手続開始後に再生債務者が融資を受けたことに伴って設定された担保権や，開始時には物上保証の状態にあったものを開始後に再生債務者が譲り受けた場合の担保権は，本制度の対象とはならない。

(2)　非典型担保
　譲渡担保，所有権留保，ファイナンス・リース等の非典型担保は，再生手続においては，一般的に別除権として取り扱われる。そこで，非典型担保も担保権消滅制度の対象となるかが問題となる。
　事業の継続に不可欠な財産の確保という同制度の趣旨は非典型担保についても妥当するとして，民事再生法148条以下の規定を非典型担保に類推適用することを認める見解が有力である。この考え方は，担保権を消滅させるために裁判所に納付された金銭の配当について，非典型担保に関する独自の規律を提言する（福永有利監修『詳解民事再生法』409頁〔山本和彦〕（民事法研究会, 2009））。
　しかしながら，民事再生法153条3項は，配当について民事執行法の規定を準用しており，配当の順位及び額は，民法，商法その他の法律の定めるところによることとされている（民執85条5項）ことからすれば，担保権消滅制度が典型担保を前提としていることは明らかである。例えば，複数の非典型

担保が設定されていたり，典型担保と非典型担保が競合する場合には，担保権の存在や配当順位をどのように確定するか明確ではない。また，目的財産に登記がある場合に，譲渡担保か単なる譲渡か登記上明らかでないと抹消登記の嘱託をすることができるか一義的に決めることができない。非典型担保については，実体法によってその位置付けが明確に規定され，他の担保権等との間における配当のルールが執行法に定められない限りは，同制度を類推適用するとしても，実務上はワークしないように思える。よって，原則として，非典型担保に担保権消滅制度を類推適用することは困難であると言わざるをえない（松下淳一『民事再生法入門』104頁（有斐閣，2009），西謙二＝中山孝雄編『破産・民事再生の実務（下）』170頁〔松井洋〕（金融財政事情研究会，2008））。

　もっとも，①非典型担保の目的である財産に当該非典型担保のみが設定されている場合，又は，②複数の担保権者がいたとしても，裁判所に納付された金銭によって，すべての担保権者の被担保債権の全額や費用を弁済できる場合には，弁済金交付（民執84条2項・139条1項）と同様に，民事執行法の配当ルールによることなく担保権を消滅させることができることから，このような場合に限定して，非典型担保への類推適用を認めることは可能であると考えられる。

2　事業継続のための不可欠性

(1)　意　　義

　担保権消滅許可の申立てが認められるには，「当該財産が再生債務者の事業の継続に欠くことができないものである」ことが必要となる（148条1項）。この「事業継続不可欠性要件」は，担保権が実行されて当該財産を利用することができない状態になった場合には，再生債務者の事業の継続が不可能となるよう代替性のない財産をいう（深山卓也ほか『一問一答民事再生法』191頁（商事法務，2000））。これは，担保権消滅許可の申立てが認められると，目的財産の上に存するすべての担保権が消滅することになるため，担保権の不可分性を否定し，かつ，担保権の実行時期選択権を奪うという重大な制約を担保権者に課すため，担保権消滅が認められる範囲を，再生債務者の事業の継続を図るという再生手続の目的を達成するのに必要不可欠な範囲に限定する

のが相当であると考えられたことによる。

(2) 審　理

　事業継続不可欠性要件の有無，すなわち，いかなる財産が再生債務者の事業の継続に不可欠かの審理は，再生計画の内容と密接に関係する。つまり，再生計画において継続する事業に不可欠な財産であれば認められやすいのに対し，撤退することが予定されている事業に関連する財産については否定せざるをえない。

　また，継続の見込みのない事業に不可欠な財産についてまで担保権の消滅を認めて担保権者に制約を課すのは相当ではないことから，事業継続不可欠性要件の判断の前提又は内容として，当該事業の継続の見込みがあることが必要である。もっとも，事業の継続の見込みがあることを再生手続の初期の段階で確定的に判断することは困難であるから，明らかに見込みのないものを排除する程度の審査にとどまらざるをえない。

(3) 具体例

　事業継続不可欠性要件を満たすには，目的財産自体が事業の継続に不可欠であることが必要である。たとえば，製造業を営む再生債務者の工場の土地や建物に担保権が設定されている場合や，小売業を営む再生債務者の店舗の土地や建物に担保権が設定されている場合の土地や建物がこれに当たる。また，再生債務者の「事業」の継続が要件とされていることから，事業譲渡の場合であっても，譲渡先において「事業」が継続され，目的財産が当該事業の継続に不可欠であるときは，事業不可欠性要件を満たす（伊藤眞編集代表『民事再生法逐条研究（ジュリスト増刊）』(2002) 148頁，142頁)。もっとも，保養所などの遊休資産を売却して事業資金を捻出する場合は，「当該財産が……欠くことができないものである」という条文の文言や，担保権者に重大な制約を課すこととのバランスより本要件が要求されている趣旨からして，本要件を満たさないと考えられる。

　なお，土地付き戸建分譲等を営む再生債務者の販売用不動産について，その事業の仕組み（金融機関からの融資を受けて用地を取得し，同土地に抵当権を設定し，数筆に分筆のうえ，それぞれ住宅建物を建築し，土地付き戸建住宅として売り出し，買い手がつけば，売却代金から融資の返済を行い，抵当権を抹消させて，顧客に土地建物

の所有権登記を移転するというもの）に即して事業不可欠性要件の有無を検討することが必要であるとして、目的財産そのものは事業の継続に不可欠ではない場合にも事業不可欠要件を肯定した裁判例もある（東京高決平成21年7月7日判タ1308号89頁）。

［Ⅲ］ 担保権消滅許可の申立て

担保権消滅許可の申立てをすることができるのは、再生債務者又は管財人に限定される（148条1項）。申立ては書面でしなければならず、申立書には、①目的財産の表示、②目的財産の価額、③消滅を求める担保権の表示、④その被担保債権額（148条2項）、⑤担保権者の氏名又は名称及び住所、⑥目的財産が事業の継続に欠くことのできないものである事由（規則70条）などを記載することを要する。

また、申立書とともに、①目的財産の価額の根拠を記載した書面、②登記又は登録のできない担保権が消滅の対象となっている場合には、その存在を証する書面も提出しなければならない（規則71条1項）。

［Ⅳ］ 担保権消滅許可の決定

担保権消滅許可の決定がされた場合には、裁判所は、その裁判書を申立書の写しと共に、担保権者（消滅すべき担保権を有する者）に送達しなければならず、担保権者の不服申立ての機会を保障するため、この送達について代用公告はできない（148条3項）。また、担保権者の全員に送達されたら、裁判所書記官は、その旨を申立人に通知しなければならない（規則72条2項）。なお、消滅すべき担保権が根抵当権である場合には、根抵当権者がこの送達を受けた時から2週間を経過したときは、根抵当権の担保すべき元本が確定する（148条6項）。

[V] 担保権者の不服申立て

担保権消滅許可の決定に対しては，担保権者は，即時抗告をすることができる（148条4項）。事業継続不可欠性要件に関する判断に不服がある場合は，この手段によることとなる。また，目的財産の価額に異議がある場合には，価額決定の請求をすることとなる（149条1項。Ⅵ以下参照）。

[Ⅵ] 価額決定の請求

1　概　　要

担保権者は，担保権消滅許可の申立書に記載された目的財産の価額（申出額）について異議がある場合には，申立書の送達を受けた日から1か月以内に，目的財産について価額の決定を請求することができる（149条1項）。1か月という請求期間の制限は，目的財産の適正な価額を算定するに際して，不動産鑑定士等の専門家の鑑定を求めることが不可欠な場合等のやむを得ない事由がある場合には，担保権者の申立てにより，伸長され得る（149条2項）。また，担保権者は，価額決定の請求をするに際しては，裁判所が定めた手続費用（主として，評価人の鑑定費用）を予納しなければならず（同条4項），予納がない場合には，当該請求は却下される（同条5項）。

価額決定の請求書には，①再生事件の表示，②当事者・代理人の氏名又は名称及び住所，③目的財産の表示及び当該目的財産について価額の決定を求める旨を記載しなければならない（規則75条1項）。そして，価額決定の請求をした担保権者は，再生債務者等にその旨を通知しなければならない（同条3項）。また，目的財産に複数の担保権者が存在する場合には，裁判所書記官は，その全員に対して価額決定の請求があった旨を通知しなければならない（規則77条1項）。

2　評価人の選任

価額決定の請求があった場合には，裁判所は，当該請求が却下される場合

を除いて，必ず評価人を選任して，目的財産の評価を命じ（150条1項），評価人の評価に基づき，目的財産の価額を決定する（同条2項）。評価人には，経験豊富な不動産鑑定士が選任される運用が行われている（前掲西謙二＝中山孝雄編『破産・民事再生の実務（下）』172頁〔松井洋〕）。このように，裁判所は，専門家の意見に基づいて目的財産の価額を決定することにより，価額決定の適正さを担保し，担保権者の利益の保護が図られている。そして，評価人が適正な評価ができるように，再生債務者等は，目的財産の登記事項証明書，不動産登記法上の地図の写し，建物所在図の写し，固定資産評価証明等を提出し（規則76条），また，再生債務者等及び価額決定の請求をした担保権者は，評価人の事務が円滑に処理されるようにするため，必要な協力をしなければならない（規則78条1項）。

3 目的財産の評価

再生手続においては，担保権は別除権として扱われ，担保権者は手続に拘束されることなく自由に担保権を実行できるのが原則であるところ（53条），担保権消滅制度は，この原則の例外として担保権者に重大な制約を課すものであるから，目的財産の評価基準は，担保権を実行した場合と同様なもの，すなわち，担保権実行による競売手続において実現される価値である処分価額となる（規則79条1項）。もっとも，この価額は不動産競売における最低売却価額とは異なり，競売によって換価される見込額になるものと考えられる（規則79条2項には，民執58条2項後段に相当する規律がない。前掲福永有利監修『詳解民事再生法』417頁〔山本和彦〕）。なお，目的財産が不動産の場合には，取引事例比較法，収益還元法，原価法その他の評価方法を適切に用いなければならないとされている（規則79条2項）。

第1順位の担保権に対抗することができない用益権が目的財産に設定されている場合の評価においては，担保権消滅制度では用益権は消滅しないものの（152条2項参照），担保権実行による競売手続において実現される価値を評定するという観点から，当該用益権は消滅するものとして評価がされる。この場合には，その増加分については一般債権者の利益を侵害するおそれがあるが，このような点も含めて裁判所が担保権消滅許可の申立ての許否を判断

することになる。もっとも，用益権が設定されている不動産について，事業継続不可欠性要件が満たされるということは例外的にしか生じないと思われる。

4　価額決定

目的財産に複数の担保権者が存在する場合には，目的財産の価額を合一に確定することが相当である。そこで，このような場合には，担保権者の全員について請求期間が経過した後でなければ価額決定をすることができず，また，数個の価額決定の請求事件が係属している場合には，これらの事件を併合して裁判しなければならない（150条3項）として，異なる価額決定がされることがないようにされている。そして，価額決定の効力は，価額決定の請求をしなかった担保権者にも及ぶものとされている（同条4項）。

価額決定の請求についての決定に対しては，再生債務者等及び担保権者は即時抗告をすることができる（150条5項）。上記のとおり，価額決定の効力は価額決定の請求をしなかった担保権者にも及ぶことから，このような担保権者も即時抗告をすることができる。したがって，価額決定の請求についての決定に係る裁判書は，消滅する担保権に係る担保権者の全員への送達を要し，代用公告はできない（同条6項）。

5　費用負担

(1)　価額決定の請求に係る費用

価額決定の請求に係る裁判は非訟事件であるため，原則は，その手続費用は申立人の負担となる（非訟26条参照）。しかし，価額決定の請求においては，担保権消滅許可の申立てをした再生債務者等の申出額について，異議のある担保権者が予納金を納めて請求するという手続構造になっていることからすると，申出額が適正でなかった場合等に一律に担保権者に手続費用を負担させることは，手続費用が一般に高額になることをも考慮すると，公平に反する。そこで，担保権者に費用負担に関する予測可能性を与え，公平性を確保するために，次のような規律が定められている。

すなわち，決定額が申出額を超えない場合には，再生債務者等の主張が認

められたことになるから、費用は全額につき価額決定の請求をした担保権者の負担となる（151条1項本文）。これとは逆に、決定額が申出額を超える場合には、その超過額が費用額を上回るときは再生債務者の負担となり、超過額が費用額に満たないときは超過額のみが再生債務者の負担となる（同項ただし書）。このように公平な費用負担の規律を設けることにより、適正な申出額が確保されると共に、不合理な価額決定の請求が抑止されることとなり、円滑な手続の進行を図ることができる。

(2) 即時抗告に係る費用

即時抗告に係る費用は、即時抗告をした者の負担となる（151条2項）。原裁判所の判断が示された後においては、前記の公平性の確保や手続の円滑化の観点からの要請が弱まるため、非訟事件における費用負担の原則どおり、抗告人の負担とされたものである。

(3) 再生債務者に対する費用請求権の優先弁済

前記(1)により、価額決定の請求に係る費用の負担が再生債務者とされた場合には、費用を予納した担保権者は再生債務者に対して、費用請求権を有する。この費用請求権については、再生債務者等が裁判所に納付した金銭から他の担保権者に優先して弁済を受けることができる（153条3項）。これは、再生債務者の負担とされた費用は、その性質上、各担保権者の共同の利益のために生じたものと評価できることによる。

(4) 再生債務者等が金銭を納付しなかった場合の規律

再生債務者等が目的財産の価額に相当する金銭を裁判所に納付しなかった場合には、担保権消滅許可の決定は取り消されることになるが（152条4項前段）、この場合には、すべての費用が再生債務者の負担とされ、その費用請求権は共益債権となる（同項後段）。担保権者としては、再生債務者等による金銭納付がされることを当然の前提として手続を進行していることから、このような担保権者の期待権を保護するため、政策的に共益債権とした上で、再生債務者に費用負担させることにしたものである。

[Ⅶ] 金銭の納付と担保権の登記の抹消

　目的財産の価額は，①担保権者から請求期間内に価額決定の請求がされなかった場合及び価額決定の請求がされても，そのすべてが取り下げられたり却下された場合には再生債務者が評価した申出額で，また，②価額決定の請求がされて価額決定が確定した場合には決定額で，それぞれ確定する。このように目的財産の価額が確定すると，再生債務者等は，裁判所の定める期限内に確定価額に相当する金銭を納付しなければならない（152条1項）。納付期限は，目的財産の価額が確定した事由ごとに1か月以内を基準として定められ（規則81条1項），再生債務者等に通知される（同条2項）。納付期限内に再生債務者等が納付しない場合には，担保権消滅許可の決定は取り消される（152条4項）。

　再生債務者等が納付期限内に金銭を納付したときは，その時に担保権は消滅する（152条2項）。この場合には，裁判所書記官は，消滅した担保権に係る登記又は登録の抹消を嘱託しなければならない（同条3項）。

　担保権消滅許可の申立書に記載されていない担保権は，目的財産の上に存在したとしても消滅しない。これは，商事留置権のように登記簿等では存在を把握できない担保権も消滅の対象とされていることや，納付された金銭を配当するに当たってその範囲を明確化させる必要があることから，消滅する担保権の範囲を形式的に画することとされたことによる。なお，担保権消滅許可の申立書が担保権者に送達された後に，担保権が第三者に移転した場合には，当該第三者は担保権消滅の対象となった担保権者の地位を承継したといえることから，金銭の納付により消滅する。

[Ⅷ] 担保権者に対する配当

　裁判所は，再生債務者等が納付した金銭を民事執行法の規定に基づいて担保権者に配当又は弁済金交付しなければならない（153条）。すなわち，担保権者が一人である場合には，納付された金銭の分配について利害対立が生ず

る可能性がないので、当該金銭の交付計算書を作成して、担保権者に弁済金を交付し、剰余があれば再生債務者に交付する（同条3項）。担保権者が複数いる場合でも、納付された金銭で各担保権の被担保債権及び価額決定の請求費用のうち再生債務者等が負担すべき費用の全額を弁済することができる場合は、弁済金の交付で足りる（同条2項）。これに対し、担保権者が複数おり、納付された金銭では各担保権の被担保債権及び価額決定の費用のうち再生債務者等が負担すべき費用の全額を弁済することができない場合は、裁判所は、配当手続を実施しなければならない（同条1項）。具体的な配当手続、配当異議の手続等については、不動産執行に関する規定が準用されている（同条3項、規則82条）。

【髙山　崇彦】

49　動産，債権及び手形の譲渡担保

民事再生手続において，動産，債権及び手形の譲渡担保はどのように取り扱われるのか。

解説

[Ⅰ]　民事再生手続における非典型担保の取扱い

民事再生手続において特別の先取特権，質権，抵当権又は商事留置権といった担保権は別除権とされ，再生手続によらずに，これを行使することができる（53条）。破産手続（破2条9項・65条）においても同じである（なお，会社更生手続（会更2条10項）においては，担保権は，更生担保権として扱われ更生手続に参加しなければ権利行使できない。）。また，根担保でない仮登記担保は，立法により抵当権として取り扱われることとなっている（仮登記担保19条）。

しかし，譲渡担保などの所謂，非典型担保については明文の定めをおいておらず，これらを別除権として扱うか否かは解釈に委ねられている。

[Ⅱ]　動産譲渡担保権と民事再生手続

1　特定動産譲渡担保
(1)　譲渡担保権の法的性質

譲渡担保の法的性質をめぐっては，所有権的構成をとるものと担保権構成をとるものとに大別されるが，最高裁判所は，譲渡担保権者は，担保目的物から優先弁済を受けることができるが，譲渡担保権者は，帰属型（原則）であろうと処分型であろうと，差額の清算義務を負い，目的物の価額が被担保債権額を超えるときは，その差額を清算金として債務者に支払うことを要

し，清算金の支払と目的物の引渡請求とは引換給付の関係にあるとしている（最判昭和46年3月25日判時625号50頁）。

また，債務者（譲渡担保設定者）は，帰属清算型にあっては，①目的物の評価額が債務額を上回る場合には，清算金の支払又はその提供があるまでの間，②目的物の評価額が債務額を上回らない場合には，その旨の通知を受けるまでの間，処分清算型にあっては，第三者に処分されるまでの間に債務の全額を弁済して譲渡担保権を消滅させ，目的物の所有権を回復することができる（受戻権あり）とされている（最判昭和62年2月12日判時1228号80頁）。

(2) 動産譲渡担保権の対抗要件

動産譲渡担保権を第三者に対抗するためには，対抗要件として引渡しが必要である（民178条）が，最高裁判所は，占有改定（民183条）で足りるとしている（最判昭和62年11月10日判時1268号34頁）。

また，法人の譲渡担保権設定の場合には，動産・債権譲渡特例法による動産譲渡登記がなされた場合には，動産の「引渡し」があったものとみなされる（同法3条1項）。

(3) 動産譲渡担保権の実行

動産譲渡担保権の行使は，私的実行による。すなわち，動産譲渡担保契約の定めに従い，設定者に実行通知を行い，帰属清算や処分清算の方法により譲渡担保権を実行し，被担保債権に充当する。譲渡担保権の実行により，譲渡担保権者は目的物の完全な所有権を取得するので，その後に民事再生手続が開始された場合には，所有権に基づき取戻権（52条）を行使できる。

(4) 動産譲渡担保権の民事再生手続上の取扱い

(a) 譲渡担保権と別除権

最高裁判所は，民事再生手続に関して，譲渡担保権に基づく動産の引渡請求事件において「真正な売買契約であることを前提に，……所有権に基づく引渡請求（取戻権の行使）を認めることはできない」と判示し，譲渡担保権を担保権（別除権）としている（最判平成18年7月20日判タ1220号90頁）。会社更生手続に関しても，最高裁判所は，動産譲渡担保権を更生担保権に準ずるものと解している（最判昭和41年4月28日判時453号31頁）。また，破産手続（破2条9項・65条）において，譲渡担保権は別除権として扱うのが通説である。

(b) 譲渡担保権の消滅請求及び中止命令

　民事再生手続において，譲渡担保権は別除権とされるため，目的物が工場の機械など事業の継続に不可欠のものであり，その実行により再生が困難となる場合は，譲渡担保設定者である債務者は，裁判所に対し担保権消滅の許可の申立てをすることができる（148条）。また，裁判所は，申立て又は職権で相当の期間を定めて担保権の実行としての競売の手続の中止を命じうるとされているところ（31条），譲渡担保権に，この中止命令の類推適用がされるか否かについては争いがある。しかし，譲渡担保権の実行により事業の再生が困難となることのあることは典型担保権の実行の場合と異ならないので，譲渡担保権についても民事再生法31条の中止命令の規定の類推適用があると解される（東京高判平成18年8月30日金判1277号21頁［なお，最決平成19年9月27日金判1277号19頁］，大阪高決平成21年6月3日金法1886号59頁，福岡高那覇支決平成21年9月7日金判1333号55頁）。

(c) 譲渡担保権者の民事再生手続への参加

　譲渡担保権者が，民事再生手続に参加するためには，被担保債権の内容及び原因，議決権の額等のほか，譲渡担保の目的物及び譲渡担保の実行によって弁済を受けることができないと見込まれる債権額（予定不足額）を届け出る必要がある（94条2項）。譲渡担保権者は，予定不足額についてのみ再生債権者として権利を行使することができ，予定不足額が確定した場合に限り，再生計画に従って弁済を受けることができる（不足額主義。88条本文・182条本文）。しかし，民事再生法88条ただし書は，上記不足額主義の例外として，被担保債権の「全部又は一部が再生手続開始後に担保されないこととなった場合」に再生債権者としての権利行使を認めているので，実務では，別除権者と再生債務者が「別除権協定」を締結して予定不足額を確定し，別除権者の再生手続における権利行使を認めることが一般的である。

2　集合動産譲渡担保

(1) ABL と流動資産の譲渡担保

　近年，不動産担保や保証に過度に依存しない融資という観点から，ABL（アセット・ベースト・レンディング）の手法によるファイナンスが定着してき

いる。ABLは、企業が保有する増減変動する在庫や売掛金を担保として、資金を融資するものであり、法的スキームは、集合動産譲渡担保や集合債権譲渡担保（後述Ⅲ参照）である。

(2) 集合動産譲渡担保の意義と法的構成

集合動産譲渡担保とは、企業の有する原材料や在庫商品などのように、搬出・搬入が常態的に行われ構成部分が変動する動産を集合体として一括して譲渡担保の目的物とするものである。

この集合動産譲渡担保の法的構成としては、個々の動産上の譲渡担保が集合したものとする立場（分析説）と流動する動産を全体として一つの物（集合物）とみて、この集合物が譲渡担保の目的物とみる立場（集合物説）があるが、最高裁判所は、集合物説をとっている（最判昭和54年2月15日判時922号45頁、前掲最判昭和62年11月10日）。

(3) 目的物の範囲の特定

集合動産譲渡担保は、倉庫内の在庫商品などのように事業活動によって搬出・搬入が繰り返される集合物を対象とするものであるから、その範囲が特定されなくとも集合動産譲渡担保権の効力が認められるとするならば、設定者や他の債権者の利益が害されることになるので、特定性を欠く集合動産譲渡担保は効力を有しない。

最高裁判所は、目的物である集合動産の特定の基準について、「種類、所在場所及び量的範囲の指定」などを掲げ、これにより目的物の範囲が特定されるとし（前掲最判昭和54年2月15日）、具体例では「目的動産の種類及び量的範囲を普通棒鋼、異形棒鋼等一切の在庫商品」、「所在場所を第一乃至第四倉庫内及び同敷地、ヤード内」と指定することにより、目的物の範囲は特定されていると判示している（前掲最判昭和62年11月10日）。

(4) 集合動産譲渡担保の対抗要件

集合動産譲渡担保権の対抗要件は、引渡し（民178条）であり、これには、占有改定（民183条）も含むこと、また、動産・債権譲渡特例法による動産譲渡登記（同法3条1項）も対抗要件となることは、特定動産譲渡担保権の対抗要件と同じである（Ⅱ1(2)参照）。

(5) **集合動産譲渡担保の効力の及ぶ範囲と設定者の処分権**

対抗要件が具備された集合動産譲渡担保権は，その後集合物の構成部分が変動したとしても，集合物として同一性が損なわれない限り，新たに構成部分となった動産についても，当然に対抗要件具備の効力が及ぶと解するのが最高裁判所の判例（前掲最判昭和62年11月10日）であり，通説である。

また，集合動産譲渡担保にあっては，譲渡担保設定者は，「通常の営業の範囲内」で，譲渡担保の目的動産を処分する権限を有しており，この権限内でされた処分の相手方は，当該動産について，譲渡担保の拘束を受けることなく，確定的に所有権を取得することができる（前掲最判平成18年7月20日）。

これに対し，譲渡担保設定者が，通常の営業の範囲を超えて譲渡担保の目的動産を処分した場合の効力については，争いがあるが（宮崎地日南支判平成16年1月30日金判1248号37頁，福岡高宮崎支判平成17年1月28日金判1248号33頁参照），最高裁判所は，譲渡担保契約に定められた保管場所から搬出されるなどして「当該譲渡担保権の目的である集合物から離脱しない限り」，処分の相手方は，所有権を承継取得できないとしている（前掲最判平成18年7月20日）。

(6) **集合動産譲渡担保権の重複設定とその効力**

集合動産譲渡担保にあっては，占有改定による引渡しによって第三者対抗要件具備が認められているため，占有改定が二重になされることによる集合動産譲渡担保権の重複設定が生じうる。

最高裁判所は，譲渡担保を重複して設定すること自体は許されると判示し，後順位の集合動産譲渡担保権の成立を否定していない（前掲最判平成18年7月20日）。

問題は，重複設定された集合動産譲渡担保権の効力，とりわけ後順位の集合動産譲渡担保権者による実行の可否である。この点，最高裁判所は，後順位の譲渡担保権者に担保権の実行を認めると「先行する譲渡担保権者には優先権を行使する機会が与えられず，その譲渡担保は有名無実のものになりかねない。」として，後順位譲渡担保権者による担保権の実行を否定している（前掲最判平成18年7月20日）。

そうしてみると，後順位集合動産譲渡担保権を認めたとしても，その実効性は大きなものとはいえない（せいぜい，先順位の被担保債権の弁済による順位上

昇や先順位譲渡担保権の清算金からの弁済の可能性が見込まれる程度であろう（渡邊博己「集合動産譲渡担保権設定者の担保目的物処分とその効力」NBL867号25頁（2007），池田雅則「動産譲渡担保目的物の処分と効力の及ぶ範囲からの離脱」金法1823号82頁（2008），渡部晃「集合動産譲渡担保契約の目的動産についての債務者（譲渡担保設定者）の処分行為と相手方（目的動産の譲受人）の承継取得の可否（下）」金法1795号56頁（2007））。

(7) **集合動産譲渡担保権と動産売買先取特権との競合**

集合動産譲渡担保権が設定された場合に，その集合物の中に動産売買先取特権の目的となる動産が流入した場合，いずれが優先すると解すべきかは一つの問題である。

この点については，争いがあるが，最高裁判所は，対抗要件を備えた動産譲渡担保権者は，動産売買先取特権者に優先するとしている（前掲最判昭和62年11月10日）。

(8) **集合動産譲渡担保の固定化**

集合動産譲渡担保契約において，設定者が法的倒産手続の申立てをしたり，債務の弁済を怠るなどの事由が発生した時点で，担保目的動産を確定し，その時点で存在する動産が集合動産譲渡担保権の目的財産とされる旨の約定がなされることが一般的である。この集合動産譲渡担保権の目的となる動産を確定することを固定化という。

集合動産の固定化については，債務不履行や法的倒産手続開始の申立てなど一定の事由が生じたときに，何らの手続を要することなく当然に固定化すると定められる場合と集合動産譲渡担保権者（債権者）から設定者に対する通知によって固定化するものと定められる場合がある。

以上のほか，譲渡担保権が実行された場合も，設定者は，集合動産を構成する動産の処分権限を失い，譲渡担保権者は目的動産の所有権を取得するので，集合動産の固定化が生ずる。

固定化が生じた場合には，その時点で担保目的動産の範囲は確定するので，それ以後に設定者が取得する動産については，集合動産譲渡担保権の効力が及ばないと解されている。

(9) **集合動産譲渡担保の実行**

集合動産譲渡担保の実行は，私的実行であるが，通常は譲渡担保権者から

設定者に対する通知である。これにより譲渡担保設定者は動産の売却処分権を失い，譲渡担保権者は，帰属清算又は処分清算により，被担保債権の弁済に充当できることは，特定動産譲渡担保権の実行と同じである（Ⅱ1(3)参照）。

(10) 集合動産譲渡担保権の民事再生手続上の取扱い

(a) 別除権

集合動産譲渡担保権は，前述した特定動産譲渡担保権と同様，民事再生手続上別除権（53条）として処遇され（Ⅱ1(4)(a)参照），固定化が生じた以降の集合動産譲渡担保権の実行手続も特定動産譲渡担保権（Ⅱ1(3)参照）と同じである。

(b) 民事再生手続開始申立て・手続開始と担保目的動産の固定化の有無

民事再生手続開始の申立て又は手続開始がなされた場合，集合動産譲渡担保権者による担保権実行がなくとも固定化が生じ，以後，流入・取得した動産に集合動産譲渡担保の効力は及ばなくなるのかということが問題となる。

この点については，再生手続開始により集合物の固定化が生じ，集合動産譲渡担保権は手続開始決定後に流入した動産には効力が及ばないとするのが多数説といえる。

これに対し，第三者対抗要件を具備した集合動産譲渡担保権が，再生手続の開始という事実をもって，以後設定者が取得する動産に効力が及ばないとする理由はなく（伊藤眞『破産法・民事再生法［第2版］』705頁（有斐閣，2009）），集合動産譲渡担保権の実行によって固定化が生じる（伊藤眞「倒産処理手続と担保権―集合債権譲渡担保を中心として」NBL872号66頁（2008）），あるいは，別除権として，法定の制限を除き，担保権者にいつ実行するか否かの選択権を保障する必要性，実行時期を制限することによる担保価値減少のリスクを担保権者に負担させることの不当性及び固定化させないことによる設定者側にとっての有益性等（伊藤達哉「倒産手続における将来債権・集合動産譲渡担保権の取扱い」金法1862号10頁～11頁（2009））を理由として，再生手続開始後も譲渡担保権の効力が及ぶという考え方も有力である。

(c) 集合動産譲渡担保権の担保権消滅許可及び中止命令

別除権者である集合動産譲渡担保権者は民事再生手続開始後であっても担保権の実行は可能であるが，担保権消滅許可（148条）や担保権実行中止命令

(31条)の対象となりうることは特定動産譲渡担保と同様である（Ⅱ１⑷⒝参照）。

　　⑷　再生手続開始申立てを理由とする設定者の動産処分権限付与を解除する特約の効力

　最高裁判所は，フルペイアウト方式によるファイナンスリース契約における再生手続申立解除特約（以下「再生申立解除特約」という。）について，民事再生手続の趣旨，目的に反するとして無効としており（最判平成20年12月16日判タ1295号183頁），また，会社更生手続に関しても，所有権留保特約付売買契約の買主に生じた更生手続開始申立てに伴う解除特約についても，会社更生手続の趣旨・目的を害するもので無効であるとしている（最判昭和57年３月30日判タ469号181頁）。

　上記のような倒産申立解除特約の効力を否定する最高裁判所の判例の趣旨を踏まえると，集合動産譲渡担保契約において再生手続開始の申立て又は手続開始によって，設定者に付与された動産の処分権限付与特約を解除する条項の効力は否定されるリスクが高いといえよう。

　そこで，実務では，集合動産譲渡担保権者と債務者との間で別除権協定を締結し，債務者に動産の処分権を認めるとともに，再生手続開始申立後又は手続開始後新規に債務者が取得した動産についても集合動産譲渡担保権の効力を及ぼすことを認め，再生債務者の動産売却代金から一定額の弁済を受けるといった別除権協定を締結することにより解決が図られている。

［Ⅲ］　債権譲渡担保と民事再生手続

　　１　個別債権譲渡担保と集合債権譲渡担保

　債権譲渡担保には，設定者が保有する個別の債権を対象とする個別債権譲渡担保と集合債権譲渡担保があるが，実務上重要なのは，ABLの法的スキームとして用いられる（Ⅱ２⑴参照）集合債権譲渡担保である。

　集合債権譲渡担保は，集合動産譲渡担保と同様に営業循環により増減変動する資産の譲渡担保権として，共通するところが多い。

　そこで，以下，集合債権譲渡担保権について，集合動産譲渡担保権との異

同を中心として述べることとする。

2 集合債権譲渡担保
(1) 集合債権譲渡担保の意義
　集合債権譲渡担保とは，設定者が現在及び将来取得する債権を担保のために譲渡するものであり，典型的には営業取引によって増減変動する売掛金債権を担保の目的とするものである。このほかに，賃料債権やリース料債権といった営業循環型ではなく累積的な債権も集合債権譲渡担保の目的となるが，ここでは，営業循環型の集合債権譲渡担保を中心に検討する。

(2) 集合債権譲渡担保の成立（目的債権の特定）
　集合債権譲渡担保が有効となるためには，目的債権の特定性が必要であることは，集合動産譲渡担保と同様である（Ⅱ2(3)参照）。
　最高裁判所は，将来の一定期間に発生し，又は弁済期が到来する幾つかの債権を譲渡の目的とする場合の債権の特定性について，期間の始期と終期を明確にするなどして特定されるべきであるとし（最判平成11年1月29日判タ994号107頁），また，将来発生すべき債権の特定性について，譲渡の目的となる債権を譲渡人が有する他の債権から識別できる程度に特定されていれば足りるとしている（最判平成12年4月21日判タ1037号97頁）。

(3) 集合債権譲渡担保の対抗要件
　集合債権譲渡担保の第三者対抗要件は，指名債権譲渡の対抗要件である確定日付のある証書による通知又は承諾（民467条2項）であるが（最判平成13年11月22日判タ1081号315頁，最判平成19年2月15日判時1963号57頁），このほか，法人の債権譲渡の場合には，動産・債権譲渡特例法による債権譲渡登記も第三者対抗要件となる（同法4条1項）。また，債権譲渡登記がなされた場合，設定者又は集合債権譲渡担保権者が，債権譲渡及び債権譲渡登記がなされたことについて第三債務者に対し登記事項証明書を交付して通知又は第三債務者の承諾を得た場合には，第三債務者に対しても対抗できる（同条2項）。

(4) 集合債権譲渡担保の効力の及ぶ範囲
　将来発生する債権を目的とする集合債権譲渡担保権は，譲渡担保設定契約で定めた特定の範囲に入る将来の債権についても効力を及ぼすことは，集合

動産譲渡担保と同様である（Ⅱ2(5)参照）。

そして，対抗要件を具備した集合債権譲渡担保権の目的とされた債権は，債権譲渡の効果の発生を留保する特段の事情がない限り，集合債権譲渡担保契約が締結された時点で，将来発生するものを含め譲渡担保権者に「確定的に譲渡されている」とするのが最高裁判所の判例である（前掲最判平成19年2月15日）。

(5) 集合債権譲渡担保権の実行

集合債権譲渡担保権は，債務者（設定者）に期限の利益喪失事由や倒産手続の開始申立て又は手続開始など設定契約において定められる一定の事由が生じた場合には，集合債権譲渡担保権を実行することができるが，実行手続は，第三債務者に対する取立権行使の通知又は動産・債権譲渡特例法に定める登記事項証明書を交付して行う債権譲渡の通知（同法4条2項）である。この通知を発した後，集合債権譲渡担保権者は，債権を取り立てて回収することができる。

(6) 集合債権譲渡担保権の民事再生手続上の取扱い

(a) 別除権

集合債権譲渡担保権が，民事再生手続上，別除権（53条）として扱われることは集合動産譲渡担保権と同様であり，その実行手続は，前述した通りである（Ⅲ2(5)参照）。

(b) 民事再生手続開始申立て又は手続開始と固定化の有無

民事再生手続開始の申立て又は手続が開始された場合，その後に取得する債権について集合債権譲渡担保権の効力が及ぶかが問題となる。

この点，集合動産譲渡担保については，再生手続開始の申立てや手続開始により，集合物の固定化が生じ，その後に取得した動産には集合動産譲渡担保の効力が及ばないというのが多数説である（Ⅱ2(10)(b)参照）。

これに対し，集合債権譲渡担保については，再生手続開始の申立てや手続開始後に取得する債権について，集合債権譲渡担保の効力が及ばないとする理由はないとして集合債権譲渡担保の効力は認めるものの，これを肯定することにより譲渡担保権の実行後に発生する債権についても全て効力が及ぶことにより生ずる問題点に対応するために，①集合債権譲渡担保権の実行によ

り固定化し，それ以後に流入（発生）する債権には及ばないとする説（前掲伊藤眞67頁），②更生手続開始後，DIPファイナンスを原資として取引を継続し新たな貸付けを行った場合，新たな債権は，集合債権譲渡担保権の対象にならないとする説（鹿子木康「東京地裁における会社更生事件の実情と課題」NBL800号141頁（2005），前掲伊藤達哉12頁），③集合債権譲渡担保設定契約の解釈問題として，倒産手続開始時の債権にしか譲渡担保の効力は及ぼさず，それ以外の債権については譲渡担保の効力の範囲外である旨の合意があると考えられ，この合意の効力として集合動産譲渡担保の固定化と同様の現象が債権についても生じると考えられるとする説（山本和彦「債権法改正と倒産法（上）」NBL924号18頁（2010），なお，ABLの場合には担保権が実行された後に発生する債権については，譲渡担保の効力が及ばないとするのが当事者の意思ではないかと思われるとするものに，中村廉平「再建型法的倒産手続におけるABLの取扱に関する考察」NBL908号33頁（2009）がある。山本和彦「民事再生手続における手形商事留置権の扱い」金法1864号6頁（2009））等が唱えられている。

　以上のように，民事再生手続開始申立て又は開始後に発生する債権に対する集合債権譲渡担保権の効力について争いがあるので，実務上は，別除権協定を締結することで対応している。

　　(c)　集合債権譲渡担保権と担保権消滅許可及び中止命令
　担保権の実行に対しては，集合動産譲渡担保権と同様，担保権消滅許可や中止命令の対象となりうる（Ⅱ2⑽(c)参照）。

　　(d)　再生手続開始申立てを理由とする設定者の債権取立権限の付与を解約する特約の効力
　この特約の効力については，集合動産譲渡担保権について述べたと同様に（Ⅱ2⑽(d)参照）無効とする説が有力である。

[Ⅳ]　手形の譲渡担保と民事再生手続

1　手形の譲渡担保権の法的性質

　銀行等の債権者が，債務者に融資をするにあたり，債務者から第三者振出の手形の裏書譲渡を受けることがある。典型例は，銀行の「商業手形担保貸

付」(「商担手貸」という。)がそれである。商担手貸とは，銀行が，取引先の持ち込んだ多数の商業手形（子手形）を割り引く手間を省くため，これらの子手形を担保として提供してもらい，その合計額に相当する約束手形（親手形）を銀行宛に振り出させ貸付けをするものである。銀行は，担保として徴求した子手形について，譲渡裏書を受けるのが通常である。この場合，子手形は担保の目的で授受されるので，この譲渡裏書は譲渡担保と解される。

ところで，手形の譲渡担保の法的性質については，担保権のみを有するとする担保権説と手形債権自体を取得するとする手形債権譲渡説，手形担保の実質に応じて実質担保であるものは担保権となり手形割引の代用としてのものは手形債権譲渡になるとの折衷説の争いがある。

裁判例は，手形の譲渡担保権者は，破産手続において別除権と解し（名古屋高判昭和53年5月29日金法877号33頁），また，更生手続においても更生担保権となると解し（東京地判昭和56年11月16日判時1024号109頁），担保権説をとっている。

2 民事再生手続における取扱い
(1) 手形の譲渡担保権の民事再生手続における取扱いと実行手続

手形の譲渡担保権は，上記のように担保権説によれば，別除権（53条）として取り扱われる。

手形の譲渡担保権の実行手続は，他の譲渡担保と同様に私的実行による。具体的には，手形の譲渡担保権者が，民事再生手続によらずに期日ごとに手形を取り立て，取り立てた代金を以って債権の弁済に充当することができる。

(2) 商事留置手形の取立てと債権への充当の可否

約束手形の取立委任を受けた銀行（債権者）が，委任者（債務者）の民事再生手続開始決定後，同手形を取り立て，銀行取引約定の弁済充当条項（債務不履行の場合には，銀行は，占有している動産，手形等につき，法定手続によらず，一般に適当と認められる方法，時期，価格等により取立て又は処分の上，諸費用控除後，法定の順序にかかわらず，債務の弁済に充当できる旨の条項）に基づき債権に充当することの可否が問題になる。

取立委任を受けた銀行が，商人である委任者に対し弁済期が到来した債権を有する場合には，取立委任を受けた手形について商事留置権（商521条本文）を有する。商事留置権は，破産法上は特別の先取特権とみなされ（破66条1項）優先弁済権が認められるのに対し，民事再生手続においては，優先弁済権は認められていない。また，手形の取立委任は，破産手続では当然終了（民653条2号）となるが，民事再生手続ではそうではない。そこで，委任者（債務者）について倒産手続が開始された後に，銀行が手形を取り立てた場合，その取立金を弁済充当条項に基づき自己の債権に充当することができるかが問題になるのである。

この点，破産手続においては，商事留置権は特別の先取特権とみなされ，優先弁済権を有するので，銀行が約定に基づき，手形を取り立てて破産会社に対する債権の弁済に充当することができるとされている（最判平成10年7月14日判時1663号140頁）。

これに対し，民事再生手続においては，商事留置権に法律上優先弁済権が付与されていると解することはできないこと，手形の取立て及び取立金の債務への充当を認める銀行取引約定の条項は，優先弁済権を含む担保権を設定する趣旨の定めであるとはいえないこと等を理由として，債権の弁済に充当することはできないとした裁判例がある（東京高判平成21年9月9日金法1879号28頁〔第一審：東京地判平成21年1月20日金法1864号6頁〕。なお，本判決については上告及び上告受理申立てがなされている。）。この裁判例は，手形の取立金について商事留置権の留置的効力を否定しているものと考えられるが，この裁判例の結論について，支持する学説もある（山本和彦「民事再生手続における手形商事留置権の扱い」金法1864号6頁（2009））。

しかし，多くの学説は反対しており，①商事留置権の留置的効力は，本件の如き商事留置手形の価値変形物である取立金については及ぶと考えられるとした上で（村田渉「民事再生手続における取立委任手形の商事留置権の取扱い」金法1896号31頁〜32頁（2010），座談会「商事留置手形の取立充当契約と民事再生法との関係」金法1884号15頁（伊藤眞発言）など（2009）），弁済充当条項は，留置権者の側で取立金を弁済に充当する権限を与えたという担保権実行方法の合意として有効であるとの説（前掲座談会25頁，30頁（伊藤発言），同旨前掲村田32頁，佐藤勤「民事

再生手続における手形商事留置権の取扱い」金判1320号5頁（2009））、②手形の取立金を債務の弁済に充当することは「別除権の目的である財産の受戻し」であり、裁判所の許可を要するが（41条1項9号）、弁済充当条項は、この規律を排除する特約であり、別除権である商事留置権は、事実上優先弁済が確保されているのであるから、民事再生法41条の受戻しの規律を事前に排除する私法上の効力も否定されないとする説（岡正晶「商事留置手形の取立て・充当契約と民事再生法53条の別除権の行使」金法1867号10頁～13頁（2009））、③商事留置権者は、弁済充当条項のような約定の有無にかかわらず、本来的に弁済充当権を有するとする説（畠山新「民事再生と手形の商事留置権」事業再生と債権管理124号105頁～106頁（2009））などがあり、いずれも、取立金を債権の弁済に充当することを肯定している。

この件については、最高裁判所の判断が待たれるところである。

【加茂　善仁】

50 預金・ゴルフ会員権担保

預金，ゴルフ会員権の担保は，民事再生手続においてどのように取り扱われるのか。

解　説

[Ⅰ] 預金担保の取扱い

1 預金担保の意義と法的性質

預金担保は預入銀行に対する預金払戻請求権（指名債権）を担保の目的とするものであり，銀行取引において広く利用されている。預金担保といっても，担保の目的に供されるのは定期預金がほとんどである。

また，預金担保は自行預金が大部分であり，他行預金を担保とすることはあまりない。自行預金担保は，預金が貸出先債務者のものであるにせよ，第三者のものにせよ，担保の取得や管理に手間がかからず，担保価値が低下するおそれもなく，容易に担保の実行がなしうることから，担保としての適格性は高い。

預金担保の設定方法は，質権又は譲渡担保がありうるが，銀行取引実務で使われる「担保差入証」においては，質権と明示されている（実際には，銀行取引から生ずる一切の債務を担保する根質権である。）。

預金債権は指名債権であり，指名債権の法定担保は質権とされていることから，特段の事情がない限り預金担保は質権と解してよい。

2 預金担保の要物性と対抗要件

預金担保は質権（債権質）であるところ，債権質の設定は，債権の目的が譲渡に当たって「証書を交付することを要する」ときは証書の交付によって

効力を生ずるとされているが（民363条），預金債権は指名債権であり，譲渡に当たって証書の交付は必要ではない。したがって，預金担保権者は預金証書の交付を受けなくとも質権の効力に影響はない。

また，預金債権は指名債権であるから，預金担保権（債権質権）を第三債務者に対抗するには，質権設定者から第三債務者への通知又は第三債務者の承諾を必要とする（民364条・467条1項）。そして，質権設定を第三債務者以外の第三者に対抗するには，通知又は承諾が確定日付ある証書でなされることが必要となる（民364条・467条2項）。

なお，預金は，譲渡・質入禁止の特約がついているので，預金を担保とするには，この特約を解除してもらう必要がある（民466条2項）。そこで以下，自行預金と他行預金に分けて預金担保の対抗要件を検討する。

(1) 自行預金担保の場合

金融機関が自行預金を担保とする場合，第三債務者と担保権者（質権者）が同一人であるから，第三債務者に対する通知又は承諾は不要である。これに対し，第三者に対抗するには確定日付が必要であるので，質権設定契約である担保差入書に確定日付をとっておくことが必要となる。

しかし，現実には，担保差入書に確定日付をとっておく例はあまりない。それは，担保にとった自行預金に対し第三者が差押え等をしても，担保権者である金融機関は，貸付金あるいは連帯保証人に対する債権と自行預金を相殺しうるからである（最大判昭和45年6月24日判時595号29頁）。

(2) 他行預金担保の場合

他行預金を担保にとる例は多くはないが，他行預金を担保とする場合には，法定どおり，通知又は承諾が第三債務者に対する対抗要件となる。しかし，前記のように預金には質権設定禁止特約が付されているので，これを担保として取得する（質権を設定する）ためには，第三債務者たる他行（金融機関）の承諾が必要となる。したがって，他行預金を担保とするには，単に他行に対する通知だけでは足りず，質権設定禁止特約を解く意味と対抗要件を兼ねた他行の承諾が必要となる。

また，質権設定を第三債務者たる他行（金融機関）以外の第三者に対抗するには，承諾が確定日付のある証書によりなされる必要があるため（民467条

2項), 他行の承諾書の交付を受けたら, これに確定日付を得ておく必要がある。

3 預金の書替えと質権の効力

担保設定された預金が書き替えられた場合, 新定期預金に質権の効力が及ぶかという問題がある。書き替えられた預金に書替前の預金との同一性があれば, 書替後の預金に対しても質権の効力が及ぶとするのが通説である。

最高裁判所も, 書替えにあたり預金名義が仮名から本名に改められ, 既経過分の利息を任意に支払った事情があっても, 質権の効力は書替後の預金に及ぶとしている（最判昭和40年10月7日判時427号27頁）。また, 預金者の認定について, 最高裁判所は, 客観説（出捐者説）をとっているから（最判昭和52年8月9日判時865号46頁), 仮名から本名に改められたとしても新旧預金の同一性には影響がない。また, 経過利息が支払われても, それは質権者が質権の一部を放棄したと解すれば足り, 同一性に影響はないし, 預金が減額して書き替えられても, 同様に解することができる。さらに, 利息が元加されて書き替えられた場合でも, 質権の効力は利息にも及ぶと解されていることからみて, 新旧預金に同一性はあると考えられるから, 新預金に質権の効力は及ぶと解してよい。しかし, 増額書替えの場合には, 問題があろう。

4 預金担保権の民事再生手続上の取扱いと担保権の実行

預金担保は, 前述したように質権（債権質）である。民事再生手続上, 質権は別除権とされ, 再生手続によらずに行使することができるとされている（53条1項・2項）。したがって, 預金担保権者は質権の実行により被担保債権を回収することになるが, 自行預金を担保とした場合には, 質権の実行よりも相殺権を行使することが簡便・確実である。しかし, 他行預金を担保とした場合には, 相殺権の行使によることはできないので, 質権の実行の方法によるほかない。

質権の実行は, 目的たる債権（預金）を直接に取り立てることにより行う（民366条1項）が, 取り立てうるのは, 債権額に対する部分に限られ（同条2項), また, 預金の満期日が到来してないと取り立てることはできない。

[Ⅱ] ゴルフ会員権担保

1 ゴルフ会員権の形態と会員権の内容

一口にゴルフ会員権といっても，その形態には大別して，社員会員権，株主会員権，預託金会員権の3種類がある。

(1) **社員会員権**

社員会員制は，ゴルフ場を所有し，管理・運営する一般社団法人を設立し，その社員がクラブの会員となる形態である。この社員会員制においては，社団法人の組織運営と会員たる地位とが分離されておらず，一般社団法人と会員との関係は，一般社団法人の社員に関する定款の規定により定まり（一般法人11条1項5号），また，社員の地位は一身専属的であり，譲渡性がなく，解散の場合にも社員に残余財産分配請求権はない（同条2項）ことから，担保の目的とすることはできない。

(2) **株主会員権**

株主会員制は，ゴルフ場を所有し経営する株式会社を設立し，会員の入会金は，その会社の株式払込金に充当し，会員が株主となる形態である。

株主会員制においては，会員の地位は株主である面とゴルフクラブの会員という二面をもち，前者は会社法の，後者は会則の規制を受ける。

株主会員制の会員権の内容は，ゴルフ場施設の優先的利用権，入会金払戻請求権等の権利及び入会金・年会費等の納入義務を包含するゴルフクラブに対する権利義務の総体たる契約上の地位であるとされている（東京地判平成7年12月1日判時1578号67頁）。株主会員制においては，会員たる地位は株式の譲渡とともに移転するので，株主会員権は担保権の目的となる。

(3) **預託金会員権**

預託金会員制は，ゴルフ場を所有し運営する会社に対し，会員が，入会金・保証金あるいは預託金名下に金銭を預託し会員となる形態である。

預託金会員制においては，会員は，ゴルフ場の経営には関与できず，その会員権の内容は，ゴルフ場施設の優先的利用権，預託金を据置期間経過後に返還請求しうる権利及び年会費納入等の義務を負担する債権的法律関係であ

り，この会員権は譲渡しうるものとされている（最判昭和50年7月25日判時790号55頁）。したがって，預託金会員権は担保の目的となりうる。

ところで，預託金会員制においては，会員が預託した預託金に対し，預託金証書が交付されるのが一般的である。この預託金証書は，有価証券か否か争いがあるが，通説・判例（最判昭和57年6月24日判時1051号84頁）は，単なる会員たる事実を証明する証拠証券であり，有価証券ではないとしている。

以上のように，ゴルフ会員権には3種類があるが，社員会員権は担保の目的とはなり得ない。また，我が国のゴルフ場の会員権の形態は，預託金会員権が圧倒的多数を占めているといわれる。

2　ゴルフ会員権担保の方法

ゴルフ会員権に担保を設定する方法としては，譲渡担保と質権（債権質）がある。そして，ゴルフ会員権の担保にあたっては，譲渡担保であろうと質権であろうと，担保設定について，ゴルフ場会社に通知をしたり，承諾を得たりすることはないのが一般であり，両者は実質的には差違はないが，通常は譲渡担保の方法がとられる。

(1)　譲渡担保権の設定

  (a)　預託金会員権の場合

預託金会員権に譲渡担保を設定する場合は，預託金証書の交付を受けるとともに，会員の名義書換申請書など必要書類（会員権証書，脱会届，印鑑証明書，委任状など）の交付を受けておく必要がある。

預託金会員権の譲渡担保において，会員は理事会の承認を得て会員権を他に譲渡できるが，承認のない譲渡も当事者間においては有効であり，ゴルフ場会社に対する関係で，ゴルフ場会社の理事会等の承認が得られるまでは，譲渡の効力を主張し得ないだけである（前掲最判昭和50年7月25日，最判平成8年7月12日判時1608号95頁）。

また，ゴルフ会員権の譲渡担保のゴルフ場会社以外の第三者に対する対抗要件については，名義書換手続を完了した譲受人は，債権譲渡の対抗要件を具備していなくとも，確定的に権利を取得するとの立場もあるが（大阪地判平成5年7月23日判時1482号128頁），最高裁判所は，指名債権の譲渡の場合に準

じて，ゴルフ場会社に対する確定日付のある証書による通知又はゴルフ場会社の確定日付ある証書による承諾が必要であるとしている（前掲最判平成8年7月12日）。

　(b)　株主会員権の場合

　株主会員権に譲渡担保を設定する場合において，株券発行会社の場合には，株券を交付する必要があるが（会社128条1項），株券不発行会社の株主会員権の場合には当事者の合意のみで成立する（会社127条）。

　株主会員権においては，通常，定款において株式の譲渡に取締役会の承認を要するとする株式の譲渡制限が付されている。取締役会の承認のない譲渡制限株式の譲渡は，会社に対する関係では効力を生じないが，当事者間では，株式移転の効力を生ずると解するのが通説・判例である。この譲渡制限株式を譲渡担保とする場合についてみるに，最高裁判所（最判昭和48年6月15日判時710号97頁）は，株式を譲渡担保に供することは株式の譲渡に該当するので，同様に，取締役会の承認を得なくても当事者間では権利移転の効力を生ずるとしている。

　株式の譲渡担保を株式譲渡に該当すると解することには批判があるが，株券発行会社における譲渡制限株式の譲渡担保の場合，株券の交付により，当事者間では有効に権利移転の効力が生ずることに異論はない。

　問題は，株券の交付だけで第三者対抗要件を具備したといえるかである。この点，株券が株主会員権を完全に表章していると言えれば，株券の交付だけで譲渡の第三者対抗要件を具備したことになろう。しかし，株主になったとしても会員たる資格を得たに過ぎず，入会するとは限らないことから，株券は会員としての地位そのものを表章するものとはいえない。したがって，株主会員制のゴルフ会員権の譲渡について第三者に対抗するには，株券の交付のほかに，指名債権譲渡の場合に準じ，確定日付のある証書による通知又は承諾が必要である（前掲東京地判平成7年12月1日）。

　また，株券不発行会社における株式の譲渡担保の場合，前述したように，当事者の合意により，当事者間では有効に権利移転の効力を生ずることになるが，株式会社及びその他の第三者への対抗要件として，担保権者の氏名・住所を株主名簿に記載又は記録する必要があり（会社130条1項），譲渡制限株

式の場合，株式取得者による株主名簿への記載又は記録の請求権が認められていない（会社134条・133条）ので，対抗要件具備のために取締役会の承認が必要になる。

(2) 質権の設定

(a) 預託金会員権の場合

預託金会員権に質権を設定する場合には，預託金証書は証拠証券にすぎない（Ⅱ1(3)参照）ので，法律上は必ずしもその交付を受ける必要はない（前述したように，譲渡に当たって「証書を交付することを要するものを質権の目的とするときは」証書の交付によって効力を生ずるとされている（Ⅰ2参照））が，ゴルフ場会社との関係では，名義書換や，ゴルフクラブの理事会の承認を受ける際に必要になるので，現実的には預託金証書の交付を受けておく必要がある。

預託金会員権の質権設定をゴルフ場会社に対抗するためには，ゴルフクラブ理事会の承認が必要であり，その他の第三者に対抗するためには，質権設定者からゴルフ場会社への確定日付のある証書による通知又はゴルフ場会社からの承諾が必要である（民364条・467条）。

(b) 株主会員権の場合

株券発行会社の株主会員権に質権を設定する場合において，略式株式質にあっては質権設定の合意（会社146条1項）の他株券の交付が効力要件であり（同条2項），株券の継続占有が株式会社及びその他の第三者に対する対抗要件である（会社147条2項）。登録株式質にあっては，上記に加えて，質権者の氏名・住所を株主名簿に記載又は記録する必要がある（同条1項）。

株券不発行会社の場合，登録株式質の方法によってしか質権を設定することができず，株券発行会社の場合と同様，質権者の氏名・住所を株主名簿に記載又は記録する必要がある（同147条1項）。

3 ゴルフ会員権担保の民事再生手続上の取扱いと担保権の実行

民事再生手続において，担保権者は別除権を有するとされ，再生手続によらないで権利を行使できるものとされている（53条）。

ゴルフ会員権の譲渡担保も担保権である以上，別除権を有すると解される（本書「**49** 動産，債権及び手形の譲渡担保」Ⅱ1(4)(a)参照）。

ゴルフ会員権の譲渡担保の実行方法は，設定契約により定まるが，一般的には処分清算と帰属清算の2つの方法のいずれか又はいずれもが定められる。多くの場合は，会員権を第三者に売却し，担保権取得時に交付を受けた名義書換申請書，脱会届等を利用して買受人へ名義書換を行い，売却代金から優先弁済を受ける処分清算の方法が採られる（東京地判平成7年10月31日（判タ906号247頁）は，ゴルフ会員権の市場価格が形成されていることや，名義書換料が高額であることから，処分清算型が原則であるとする。）。この場合，換価額が被担保債権額を超えるときは，譲渡担保権者は超過額について設定者に対し清算金を支払う義務を負うが，設定者は買受人である第三者に対し，譲渡担保権者からの清算金の支払と引換えにのみ名義書換の手続の履行に応ずるとの同時履行の抗弁権を行使することはできないとされている（前掲最判昭和50年7月25日）。

　また，譲渡担保設定契約において，設定者が債務不履行の場合には，譲渡担保権者が会員権を譲渡した第三者に名義書換手続を行うことを承諾する旨の合意をしても，現実に設定者が第三者に譲渡していない時点においては，第三者への名義書換手続を行う義務はないとされている（東京地判平成7年2月22日判タ903号146頁，東京地判平成8年1月30日判タ903号146頁）。

　これに対し帰属清算の方法は，担保権者が，設定者に通知をすることにより，自己にゴルフ会員権を確定的に帰属させ，適正な評価額をもって債務の弁済に充当するものである。

　また，近時ゴルフ会員権の暴落により市場での会員権価格が預託金を大きく下回ることから，譲渡担保権者は，会員権を市場での売却ではなく，ゴルフ場会社から預託金の償還を受けることにより被担保債権の回収を図る動きが多くなっている。そこでゴルフ会員権の譲渡担保の実行方法として，上記処分清算型，帰属清算型の他に預託金の償還期限が到来している場合において，譲渡担保権者が，設定者に代位してゴルフクラブの退会通知をした上，自ら預託金の返還請求をすることができるか否かが争われている。

　この点，裁判例（東京地判平成14年11月20日金判1286号226頁）は，預託金の償還期限が到来した場合には，設定者が，預託金の返還を受けると譲渡担保の目的物が消滅するに等しい結果となるので，目的物の消滅を防止するために

譲渡担保権者は，譲渡担保権に基づき設定者に代わって自ら預託金の返還を求めうるとしている。

　しかし，ゴルフ会員権の譲渡担保について，ゴルフ場会社に譲渡通知等がなされ対抗要件が具備されているならば，譲渡担保権者は，ゴルフ場会社に対し，ゴルフ会員権の譲渡担保権を対抗することができるので（仮にゴルフ場会社が，設定者に預託金の返還をしても，譲渡担保権者は，ゴルフ場会社に対して預託金の返還を請求できる。），担保目的物の消滅防止を理由に，預託金の返還請求を認めることは根拠として薄弱である。また，ゴルフクラブの会員たる地位は一身専属的なものであり退会するかしないかは，あくまで会員の判断すべきことであるとの批判もある（服部弘志＝榎本一久『ゴルフ場事件判例』287頁（青林書院，2005））。しかし，預託金の償還期限が到来している場合に，帰属清算の方法による譲渡担保権の実行の一態様とみて，自ら預託金の返還を請求することが出来ると考えられる。この場合，設定者のゴルフクラブからの退会が条件とされている場合が多いが，譲渡担保権者には，設定者から，退会通知を発する権限を授与されていると考えられる（野本彰「預託金会員制ゴルフクラブの会員権の譲渡担保権者が，ゴルフ場事業者に対し，譲渡担保権設定者に代位してゴルフクラブの退会通知をしたうえ，自ら預託金の返還を請求することの可否（積極）」金判1286号226頁（2008））。

【加茂　善仁】

51 リース料債権について

民事再生手続におけるリース料債権の扱いはどのようなものか。

解　説

[Ⅰ] リース料債権の種類と扱い

　リース契約は，金融色の強いファイナンス・リース契約と，リース会社がメンテナンスの義務を負うなど賃貸借色の強いオペレーティング・リースの二つに大別される。むろん，リース契約とは別個にメンテナンス契約が締結されており，契約として可分であるような場合など，中間的な領域が存在する。

　判例（最判平成7年4月14日民集49巻4号1063頁）は，フルペイアウト（リース会社がリース期間中にリース目的物の取得費その他の投下資本の全額が回収できる）方式でリース目的物のメンテナンスはユーザー負担とするなどの合意のあるファイナンス・リースについて，会社更生手続では全額を更生債権として扱う旨を述べる。現在のところ，民事再生手続におけるフルペイアウト方式のファイナンス・リース料債権の扱いは，この判例の立場に立ち，別除権付の再生債権であるとの考えが一般的である。

　なお，賃貸借の色の強いオペレーティング・リースについては，そのリース料債権は法49条により共益債権となる。中古市場の存在する物件（重機・航空機・医療機器など）はオペレーティング・リースであるといわれる。

　フルペイアウト方式ではないファイナンス・リース契約の扱いについては，個別的な契約内容によることになると思われる。リース期間終了時のリース目的物の残存価値の割合の大小やリース契約終了後に他のユーザーに再度リースする可能性の大小，リース会社がどの程度メンテナンスの義務を

負うかなどに応じて決定されると思われる。

以下では、リースの中でも数が多いフルペイアウト方式のファイナンス・リースを念頭に置いて検討する。

[Ⅱ] リース債権の別除権の扱い

1 別除権の対象

別除権の目的物がリース物件そのものであるのか、リース物件の利用権であるのかについては争いがあるが、近時は利用権説が有力であり（山本和彦「倒産手続におけるリース契約の処遇」金法1680号8頁）、下級審はこの説をとる傾向がある（東京高判平成19年3月14日判タ1246号337頁など）。

2 再生債務者の対応

再生債務者としては、再生手続の開始後に、リース物件の使用継続が必要と考えた場合どのように行動するべきか。まず、リース会社が担保権の実行として必要なリース物件を引き上げられないようにするためにリース契約の継続や再締結、又は別除権協定の締結をすることが考えられる。別除権協定等が上手く締結できない場合は、担保権消滅請求制度（148条以下）や担保権実行中止命令（31条）を利用することが考えられる。なお、リースについて、担保権消滅請求制度や担保権実行中止命令の条文が適用されるかについては、争いがあったが、後述の最判平成20年12月16日の田原補足意見で一応の決着をみた。

3 別除権協定等について

リース会社が担保権を実行してリース物件を引き上げることを防ぐために別除権協定等を締結する必要があることは上記の通りであるが、その別除権協定等の法的性格としては、「別除権の目的である財産の受戻し」（リース契約の継続や再締結がこれにあたろう。）又は「和解」（リース目的物を新たに賃貸借する場合や別除権協定の場合がこれにあたろう。）であると考えられる。双方とも、法41条により監督委員の同意事項である。両者の差異は、前者であれば再生債

務者がリース会社に支払う金額は，リース会社の再生債権の額を減少させることになるが，後者は，必ずしもそうはならないという点である。

　リース会社と締結した別除権協定等がどちらの性質であるのか，たとえば，上記の効果の有無を巡って問題になることも考えられる。判断要素としては，別除権目的物の価格と再生債務者の支払う金銭の額のバランスや，従来のリース料との比較，中途解約条項の有無などが考えられる。

［Ⅲ］　最高裁判決平成20年12月16日について

1　平成20年判決の内容について

　最高裁判決平成20年12月16日（民集62巻10号2561頁）は，ユーザーについて民事再生手続開始の申立てがあったことを契約解除の事由とする旨の特約（いわゆる倒産解除条項）について「民事再生手続開始の申し立てがあったことを解除事由とする部分は，民事再生手続の趣旨，目的に反するものとして無効と解するのが相当である。」と述べた。

　その理由として，平成20年判決は，「このような担保としての意義を有するにとどまるリース物件を，一債権者と債務者との間の事前の合意により，民事再生手続開始前に債務者の責任財産から逸脱させ，民事再生手続の中で債務者の事業等におけるリース物件の必要性に応じた対応をする機会を失わせる」ことを述べる。この理由付けの意味するところは，①本来別除権でしかないものを債権者の債務者の事前の合意により取戻権としてしまうこと，及び②再生債務者の再生の機会を失わせることの二つを理由として，法の目的に反するということであると思われる。

　上記の理由づけからは，賃貸借契約における倒産解除条項や継続的売買の基本契約における倒産解除条項については，平成20年判決の射程外であると考えられる。また，平成20年判決の述べる理由付けの②は，再生債務者の事業継続を前提とするものであり，清算型の破産手続における倒産解除条項の有効性は，平成20年判決の射程外であると思われる。

　また，平成20年判決は，倒産解除条項自体を無効としている。理論的には，倒産解除条項自体を無効とはせず，「民事再生手続の中で債務者の事業

等におけるリース物件の必要性に応じた対応をする機会を失わせる」ような解除のみを無効とすることも考えられる。しかし，リース契約における倒産解除条項は，専ら上記のような機会を失わせるような解除を行うための条項であることから，倒産解除条項自体を無効としたものと考えられる。

2 債務不履行解除について

平成20年判決には田原裁判官の補足意見が付けられており，その中でリースに関する様々な派生的な問題が論じられている。以下には，田原補足意見を参考にしつつ，リース契約の解除に関する様々な問題を検討する。まず，リース料不払いを理由とするリース契約の解除について検討する。

(1) 民事再生手続開始前の不払いを理由とする解除について

民事再生手続開始前の不払いを理由とする解除は，手続開始前の解除は当然，手続開始後の解除も認められると考えられる。しかし，手続開始後の解除については，リース物件の必要性に応じた対応をする機会を失わせるという意味で，そのような解除を無効と考えるべきかは，問題となりうる。しかし，解除の意思表示が手続開始前になされていれば，リース契約は解除されていたのであり，このような場合にまで上述の機会を再生債務者に与える必要があるのかは疑問である。また，「一債権者と債務者との間の事前の合意により，民事再生手続開始前に債務者の責任財産から逸脱させる」という要素がない。以上から，手続開始前の不払いを理由とする解除は，開始後であっても可能であると考える。

(2) 保全処分期間中の不払いを理由とする解除について

保全処分によりリース料の弁済が禁止されたことで，リース料の弁済がなされなかった場合に，それを理由としてリース契約を解除することができるかについて検討する。保全処分は会社に対して任意弁済を禁止する事実上の効果を有するにすぎず，弁済期を変更したり債務の履行期到来の効果を発生させないなどの対外的な効果を伴うものではないが，保全処分がされた後は，債務者は弁済しないことに正当な利益を有することになるので，以降の履行の遅滞は債務者の責めに帰すべからざる事由によるものとして，債務不履行による解除権を行使することができなくなると考えられる。最高裁判決

昭和57年3月30日（民集36巻3号484頁）は，会社更生手続において「保全処分が命じられたときは，これにより会社はその債務を弁済してはならないとの拘束を受けるのであるから，その後に会社の負担する契約上の債務につき弁済期が到来しても，債権者は，会社の履行遅滞を理由として契約を解除することはできない」と述べた。

　以上から，保全処分期間中の不払いを理由とする債務不履行解除は認められないと考えられる。

(3) 手続開始決定後の不払いを理由とする解除について

　手続開始決定後の弁済禁止による不払いを理由とする解除について検討する。田原補足意見は，「民事再生手続きが開始された場合，その開始決定の効果として，再生債権の弁済は原則として禁止される（民事再生法85条1項）が，弁済禁止の保全処分は開始決定と同時に失効するので，再生債務者は，リース料金について債務不履行状態に陥ることになる。したがって，リース業者は，別除権者としてその実行手続としてのリース契約の解除手続等を執ることができる」と述べる。このように考えた場合，平成20年判決は，手続開始後にリース料の不払いが生じるまでの間のみ再生債務者が別除権協定等を締結するなどの機会を付与するものと言うことになる。

　他方，保全処分中の不払いを理由とする解除を否定する根拠が上述のようなものである以上，開始決定後の不払いにも当てはまるのであり，開始決定後の不払いを理由とするリース契約の解除は認められないとの考えもありえる。しかし，このように開始決定後の不払いを理由とするリース契約の解除を否定してしまうと，裁判所による弁済許可がなされた時は別として，開始決定前の不払いのない限りリース会社が担保権を実行する余地はないことになってしまう。これではせっかくの担保権も意味が大きく減殺される。また，期間が比較的短期間である保全処分とまったく同一に扱うことが妥当なのかも疑問がありうる。

　そこで，原則として，手続開始後の不払いを理由とする解除は可能であるが，1か月以内に必ず生じる不払いを待ちさえすれば自由に解除できるというのでは，別除権の実質しかないものを取戻権とするのと同じである。よって，当該解除が平成20年判決の言う機会を失わせるような解除については，

無効として制限される可能性があると思われる（「民事再生手続におけるリース契約の処遇」NBL907号で示した私見を改める。）。

3　期限の利益喪失約款について

多くのリース契約には，期限の利益喪失約款が特約としてついている。特に，民事再生手続の申立てを期限の利益喪失事由とする当然喪失約款が付けられている場合，手続開始前に残リース料金額について債務不履行となり，リース会社は，そのことを理由として解除ができてしまうことになる。

田原補足意見は，期限の利益喪失条項の効力は一般的に否定されないと述べる。しかし，他方で，期限の利益喪失条項については，相殺権という担保を特別に保護する合意であるという意味で，「一般債権者と債務者との間の事前の合意により，民事再生手続開始前に債務者の責任財産を逸脱させ」るという平成20年判決の理論により無効とされるという考えもありうるところである。

期限の利益喪失約款は，倒産解除条項とは異なり，専ら平成20年判決の言う機会を失わせるような解除等の担保権実行をするための条項ではないことから，必ずしも条項自体を無効とする必要性はなく（「民事再生手続におけるリース契約の処遇」NBL907号で示した私見を改める。），個別の解除等を無効とすることで足りると思われる。特に上述したような再生申立てを期限の利益喪失事由とした解除を認めることは，事実上，倒産解除条項による解除を認めることと同一であり，平成20年判決の理論により，解除が無効と扱われると考えられる。期限の利益喪失約款を利用した相殺については，不当なものは，相殺制限の規定により対処することが考えられる。

【中島　肇】

52 流動化取引の取扱い

民事再生手続において資産の流動化取引はどのように取り扱われるか。流動化の対象となる資産の種類，取引の態様に応じ，どのような法的問題があるか。

解　説

［Ⅰ］　流動化の対象資産と取引類型

1　対象資産

　流動化の対象となる資産としては，金銭債権，不動産，ビジネス（事業）から，コンテンツ等の著作権その他の知的財産権など多岐にわたっている。金銭債権の流動化対象としては，消費者ローン債権等の貸金債権，オートローン債権等の割賦債権，売掛債権，リース債権などを SPV（Special Purpose Vehicle：流動化の受け皿となる法人・信託などの箱）に譲渡する流動化方式の他，複数の債権（社債などの債券（Bond）や貸金債権（Loan））を一つのビークル（SPV）に譲渡して SPV がこれを責任財産として新たな債券などを発行する CDO（Collateral Debt Obligation）もある[*1]。その他，SPV が市場から調達した資金をもって映画の製作費に投資し，完成された映画の著作権を取得する流動化や，事業の将来キャッシュフローを SPV にプールしてこれを責任財産として証券を発行する事業の証券化（Whole Business Securitization）（WBS）スキームもある[*2]。

2　流動化による資金調達類型

　流動化取引においては，対象資産である金銭債権，不動産などの属性に応じて多様なストラクチャーがあり，かつ，資金の調達方法も債券（ABS），

ローン（ABL），信託受益権の発行などがあって一義的ではない。ストラクチャー図はこれら金銭債権・不動産流動化の一例を示すものである[*3]。

(1) 資金調達のビークル

オリジネーターにとって流動化取引は，企業としての格付けとは切り離された特定の財産を責任財産として通常のファイナンスより有利な条件で資金を調達し，かつ，企業本体の有利子負債を削減できる手段であるが，同時に資産をバランスシートから切り離すにあたって税務コストを抑えることが重要である。この税務コストとしては流動化の箱であるSPVに対する法人税と資産を譲渡するにあたっての譲渡所得課税・登録免許税があるが，SPVの法人税低減化のためのビークルとして資産の流動化に関する法律（平成10年法第105号）に定められた特定目的会社（TMK）があり[*4]，配当の損金算入が認められるほか，匿名組合においても，匿名組合事業に出資された財産は全て営業者の単独事業で運用され，匿名組合員に配当が分配された後の金額のみが営業者の課税所得を構成する仕組みとなっている。また不動産の所有権移転に関する登録免許税に関しては，租税特別措置法72条により土地所有権の信託の登記は通常の売買の5分の1の不動産価額の0.2％とされている[*5]。

(2) 資金調達形態

ストラクチャー図は不動産開発案件の一例を盛り込んだものであるが，流動化取引における資金調達形態は多岐にわたり，社債，ローンなどの債権（Debt）と出資（Equity）という幾層もの調達手段から構成され，Debt又はEquityの中でもシニア，メザニンという優先順位の異なる複数の権利に分類されている。また，SPV及びその保有の形態も信託とTMK，有限会社（会社法上の特例有限会社），合同会社などがあり，取引の目的に応じて債権とエクイティ出資持ち分などが複層的に組み合わされている。

［Ⅱ］ 流動化における倒産リスクと倒産隔離

流動化取引における倒産リスクは，オリジネーターが民事再生を申し立てることにより，①ストラクチャー図にあるSPC，投資家が保有する資産が

566　第 6 章　担保権等の処遇

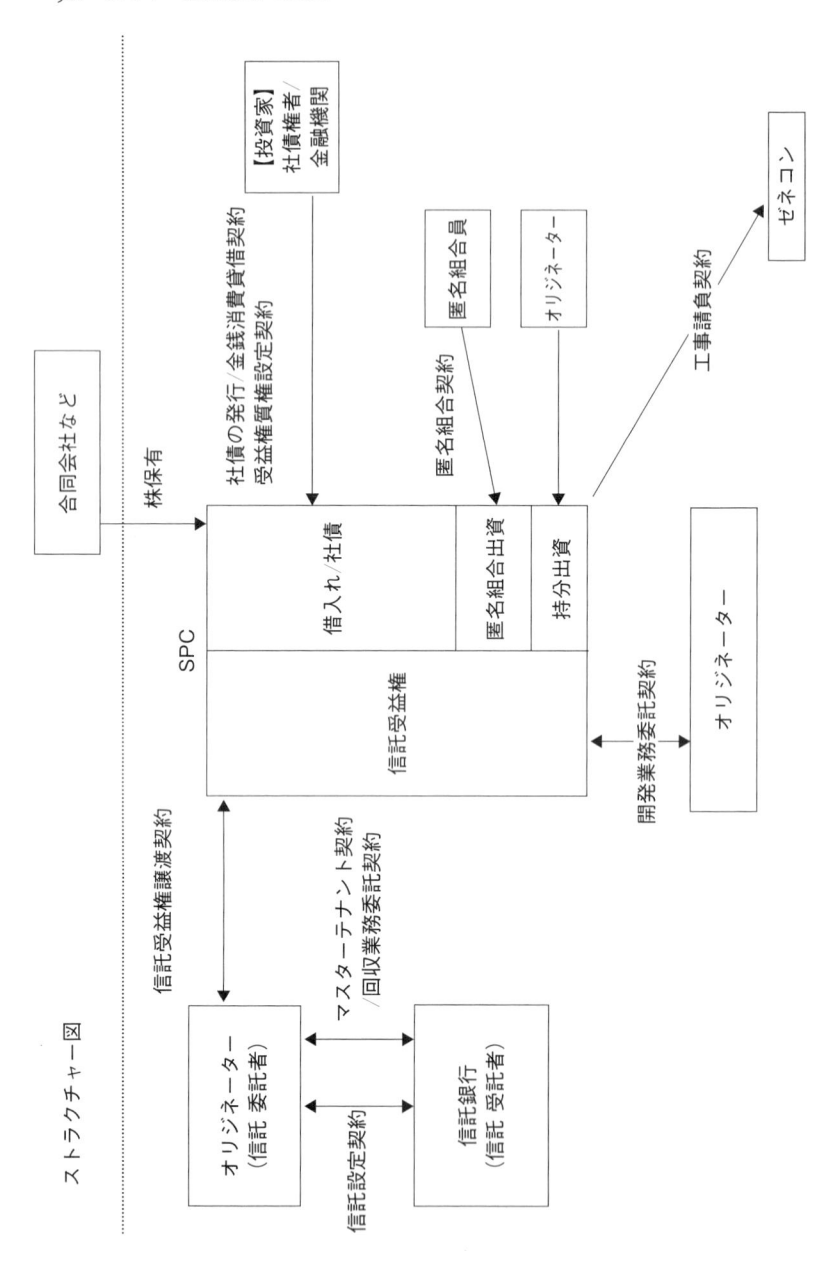

ストラクチャー図

```
合同会社など ──株保有──> SPC
                         ├─ 借入れ/社債  ← 社債の発行/金銭消費貸借契約・受益権質権設定契約 ── [投資家] 社債権者/金融機関
                         ├─ 匿名組合出資 ← 匿名組合契約 ── 匿名組合員
                         ├─ 持分出資     ← ── オリジネーター
                         │                              └── 工事請負契約 ──> ゼネコン
                         └─ 信託受益権 ←─開発業務委託契約─> オリジネーター

SPC <──信託受益権譲渡契約──> オリジネーター（信託委託者）
     <──マスターテナント契約/回収業務委託契約──> 信託銀行（信託受託者）
     オリジネーター（信託委託者）<──信託設定契約──> 信託銀行（信託受託者）
```

劣化するリスクと，②倒産隔離が否認されて SPC，投資家の資金回収が止まるリスクとがある。②の倒産隔離は，流動化による資金調達の見返りに責任財産を引当とする債権・エクイティを取得する投資家を保護するための手段であり，投資家としては，引当となる責任財産がオリジネーターと SPV の倒産リスクから隔離された安全な資産であることが重要である。

1 オリジネーターからの倒産隔離（真正売買）

倒産隔離の要件に関する従来の考え方（総合考慮説）は，資産がオリジネーターから SPV に真に譲渡されたかどうかについて，①当事者の合理的意思，②対抗要件の具備，③譲渡価格の適正[*6]，④買戻部分の対象資産全体に対する比率の合理性，⑤会計上のオフバランス化[*7]などの要件を充たすかどうかを総合的に判断する[*8]。これに対し，2001年9月のマイカルの破綻を契機に倒産隔離が争点となってからは，資産の譲渡の実体が担保設定と判断される要件として，①被担保債権の存在，②担保目的物の処分に関し，債務不履行時に処分できる「実行権」と債務不履行までは処分できない「補充性」，③担保設定者による受戻権の存在が挙げられている（被担保債権重視説）[*9]。この両説の考え方は相容れないものではなく，真正売買における資産のリスクの SPV への移転という基本において重なるものであり，被担保債権重視説は具体的案件に対する総合考慮説の適用を更に進め，オリジネーターから SPV への資産の移転が，譲渡ではなく経済的価値の把握のみである担保設定とみるべき事例はどのような場合かという，より機能的な議論を進めるものである。実際に流動化取引の真正売買が問題となった過去の事例においては，ABS など多数の投資家から資金を集めて行う流動化について真正売買が否認された事例は殆どなく，金融機関が単独で SPV に取得資金を貸し付け，かつ，オリジネーターがエクイティの一部を保有し，SPV から回収・不動産開発などの業務委託を受けることによって資産の管理を継続しているなど，被担保債権の存在を推認させる事例において真正売買が否認されるケースが多い。

2　SPV の倒産隔離

　SPV の倒産隔離の要件としては，SPV に倒産状態が生じないようにするための SPV の①事業目的の制限，②債務負担の制限が挙げられる。また，SPV に倒産状態が生じても倒産手続が開始されないための要件として③責任財産限定特約（流動化対象資産のみを SPV の債務の責任財産とする旨の特約）及び④債権者となる信託受託者，アセットマネージャー，ノンリコースローン債権者，エクイティ・ホルダーによる倒産申立権の放棄がある。

　ただ，SPV が破綻状況となった場合には，引当資産の受け皿にすぎない SPV については事業継続のメリットは少なく，通常は破産申立てによるであろう。

3　民事再生における倒産隔離の扱い

　流動化対象である資産の譲渡について真正売買が認められない場合は，資産の譲渡は SPV からオリジネーターに対する譲渡担保の設定として扱われることとなる[*10]。民事再生においては，譲渡担保は別除権として扱われる[*11]ため，流動化取引において真正売買が否認されても，SPV は譲渡担保権者として再生手続に縛られることなく別除権を行使できるのが原則である。

(1)　担保消滅請求

　再生債務者が担保権消滅請求（148条）を行使する可能性については，流動化した資産について，オリジネーターがバランスシートから切り離して他に処分するような財産につき，法148条1項の「再生債務者の事業の継続に欠くことのできないもの」という要件が認められるかが問題となる。

　多数説は対象財産を売却して事業資金を捻出するために，再生債務者がこの制度を利用することは認められないとしているが，販売用不動産や在庫商品についてはこの制度の利用可能性を認める考え方も有力である[*12]。再生債務者がマンション・戸建て住宅の分譲事業を営む場合，又は貸金業者で多数の小口貸金債権をプールして流動化している場合には，事業再生のために適正価格を納付して再生債務者の事業に戻した方が有益な場合もあるであろう。東京高決平成21年7月7日[*13]の事案は，戸建住宅の分譲事業を営む再生債務者がその販売用財産である土地を対象として申し立てた担保権消滅請求

が許可された事例であるが，判決は「〔担保権者の権利行使を〕制約するには再生債務者が事業再生を図るという民事再生手続の目的を達成するのに必要不可欠な範囲に限定されることが相当である……そのような趣旨で，事業継続不可欠要件を充たす財産とは，担保権が実行されて当該財産を活用できない状態になったときには再生債務者の事業の継続が不可能となるような代替性のない財産であることが必要である。」としたうえで，戸建分譲住宅の敷地に設定された担保権の消滅なくしては戸建住宅を通常の不動産市場で売却して利益を得るという事業の仕組みそのものが機能しなくなる……蓋然性が高いと判示し，担保権消滅請求を認めた原審を支持した。

流動化事例において，このような在庫商品についても担保権消滅請求が常に認められるとすると，真正売買が否認された場合は更に SPV が有する譲渡担保権自体についても消滅のリスクが発生することになる。

(2) 担保権実行の中止命令

流動化取引が否認され担保権設定とみなされた場合，再生債務者は法31条に基づく担保権の実行中止命令を申し立てることができ，この中止命令がなされれば，当該命令によって定められた相当の中止期間中[14]は，担保権者の権利行使は凍結され流動化のキャッシュフローに影響が生じることになる。

集合債権の譲渡担保に関する東京高判平成18年8月30日[15]は「31条の趣旨は，担保権者が担保権の実行としての競売手続を進めることにより再生債務者の事業の再生が達成できなくなるおそれが生じる場合に，その競売手続を相当の期間にわたり一時的に中止し，再生債務者に対して事業の再生のために担保権者と交渉して和解等をすることにより当該目的財産を維持・利用する機会を確保させるための時間的猶予を与えるところにある」として，集合債権を対象とする譲渡担保についても同様の趣旨が妥当するとし，同31条1項の類推適用を認めたものである。なお同判例は，集合債権譲渡担保について実行中止命令の適用を認めた結果，法31条2項により裁判所が担保権者の意見を聴取しなければならないと判示しているが，その結果，担保権者は裁判所からの意見聴取に関する通知によって再生債務者が中止命令を申し立てたことを知り，中止命令の発令前に先んじて担保権を実行して回収してしまう可能性があるという問題点が指摘されている[16]。

小口の貸金債権を流動化した ABL のケースなどにおいては，後掲＊10の格付機関による評価のように倒産隔離について疑義が発生するケースもあるが，上記判例のように担保権実行の中止命令が発令された場合には，SPVと流動化の投資家である債権者は担保権の実行，すなわち流動化対象資産の回収を一時停止して，オリジネーターである再生債務者との間で弁済協定の交渉を行うことを余儀なくされる可能性もある。

[Ⅲ] 流動化をめぐるその他の取扱い

オリジネーターが民事再生を申し立てた場合の流動化資産の劣化の問題は，倒産隔離すなわち対象資産の真正売買が否認されない場合にも起こる問題である。

金銭債権の流動化取引においては，オリジネーターがSPVから対象債権の回収業務を受託する事例が多いが，オリジネーターの倒産によりこの回収金を引当とするSPV，投資家への弁済の流れに支障をきたすというリスクが発生する。また，不動産の流動化業務においても，開発型ではオリジネーターが引き続きデベロッパーとして案件の中心的役割を果たしているし，賃貸不動産の流動化においては，オリジネーターやその関連会社などがマスターレッシーとして個々のテナントと不動産所有権を取得する信託との間で賃料債権を取りまとめる役割を果たす事例が多く，オリジネーターの破綻によりこれらのプロジェクトが事実上停止してしまう場合の取扱いが問題となる。

1 信託の終了

平成19年9月に全面改正された信託法163条8号は「委託者が再生手続開始の決定を受けた場合において，民事再生法第49条第1項の規定による信託契約の解除がされたとき」は信託は終了すると定めている。したがって，信託を利用した流動化スキームにおいて，委託者であるオリジネーターが再生手続開始決定を受けたときに，委託者と受託者が双方共に未履行の債務を負担している場合には，委託者は信託契約を解除することができ，その結果信

託も終了することになる。信託方式の流動化取引の場合，SPVは流動化の対象資産そのものを取得するのではなくこれが信託設定された信託の受益権を取得し，これに対しABLを供与する金融機関は受益権について質権を設定して権利を保全するが，信託が終了してしまえばこの金融機関債権者の質権も無効となる。

このような結果を回避するためには，信託設定後に委託者が負担する債務が無いように手当てする必要があるが，信託契約においては委託者の受託者に対する費用・報酬支払義務，追加信託義務などが定められている。他方，委託者の受託者に対する権利については，信託行為において委託者が信託法に基づき有する権利の全部又は一部を有しない旨を定めることができる（信託法145条1項）とされている。受託者は信託事務遂行義務，その他信託法及び信託契約に基づく多数の義務を負担しているが，信託契約において委託者はその権利を全て有しないことを定め，受託者の義務の履行は受益権者の利益のために行うと明記することで，双方未履行の双務契約となる状態を回避できるのではないかと思われる[17]。

2　金銭債権の流動化—コミングル・リスク

(1)　コミングル・リスクの発生

再生手続開始の申立時に裁判所は再生債務者の資産の保全のため弁済禁止の保全処分を発令するが，流動化取引においてはこの保全処分により再生債務者であるオリジネーターからSPVに対する回収金の送金の流れも止まることになる[18]。

金銭債権の流動化においては，対象債権を保有するSPV自体は対象債権の管理・回収を行う人的・物的機能を持たないため，オリジネーターに対象債権の管理・回収を委託するのが一般的であり，オリジネーターが債務者から受領した回収金はSPVとオリジネーターとの間の回収委託契約に定めるところに従い，一定期間ごとにSPVに引き渡すという仕組みである。この仕組みにおいては，オリジネーターが債務者から回収金を受領した後SPVに引き渡す前に再生手続開始の申立てがなされた場合，SPVがオリジネーターに対して有する回収金相当額の引渡請求権について優先的な権利を主張

することができず，結果として回収金の支払を受けることができないリスク（いわゆる「コミングル・リスク」）が存在する。また，SPVとしてはオリジネーターの民事再生の申立てによる回収金の不払いを理由として対象債権の回収委託を解除するであろうが，このような解除が認められない可能性もある[19]。

(2) コミングル・リスク回避のための手段

このコミングル・リスクを回避するためには，後掲＊18の事例のように保全命令において裁判所が定める再生債務者の禁止行為の中で弁済禁止の例外を定め，SPVに対する回収金の引渡しを禁止行為から除外することが可能である。しかし，このような再生手続における実務的な取扱いは，証券化による債券の発行（ABS）についてはほぼ妥当するものの，SPVの資金調達手段がアセット・バック・ローン（ABL）の場合は，ローンの出し手である金融機関に対する担保設定と解される余地があり，ABSのように多数の社債権者を保護する必要性がなく，また流動化資産である金銭債権がオリジネーターの業務継続に欠かせない重要な資産である場合には再生債務者にとって対象資産の譲渡を否認し，これを事業資産として取り戻そうとするインセンティブが強く働く可能性も高い。実務的にはオリジネーターのSPVに対する回収金の引渡しが裁判所によって弁済禁止の対象外と認められる可能性も高いが，裁判所によって流動化がこのように保護されるという制度的な保証はない。

金銭債権流動化のストラクチャーとして，このようなコミングル・リスクを制度的に回避するためには，サービサー的な役割を果たすオリジネーターの倒産リスクが及ばないよう，この回収金をプールするオリジネーターの預金口座に質権を設定するか，あるいは別に回収金の受け皿としての「箱」を用意しなければならない。

(a) 回収金口座への質権設定

オリジネーターが回収金をプールする預金口座に質権を設定することは，外形的にはSPVのオリジネーターに対する回収金引渡請求権を被担保債権とするものの，実質的には流動化によってSPVからオリジネーターに対して交付された金銭（流動化の対価）の回収のため回収金口座に質権を設定した

と認定される可能性がある。したがって，実務的にはこの質権設定により，オリジネーターとSPVとの間の譲渡契約が真に債権を譲渡する意図でなされたものではなく，譲渡担保の設定と認定されてしまうリスクがある。また，真正譲渡が否認されないとしても，回収金口座に設定された質権について，法148条の担保消滅請求の対象となる可能性もある。

(b) 自己信託

回収金をオリジネーターの資産から切り離す手段として，自己信託を用いる考え方もある[20]。自己信託は平成19年9月施行の信託法において，新しく認められたものだが，オリジネーターが金銭債権信託の委託者と受託者を兼任することで，信託財産をオリジネーターの資産から切り離そうとする考え方である。

この信託の対象となる信託財産を回収金とするのか，回収金口座そのものを信託財産とするのかについて，回収金を信託財産とする場合は，オリジネーターが債務者から一旦回収してから自己信託を設定するまでのコミングル・リスクが避けられないし，回収金口座を信託財産とする場合も，オリジネーターが有する回収金口座が流動化の対象となっていない他の債権の回収金をプールする一般口座である場合に，信託財産である流動化対象債権の回収金とどのようにして分別管理するのか，信託自体に完全な倒産隔離の効力が認められるのかなど，実務的に解決すべき問題が多い。

(c) バックアップサービサー

金銭債権の流動化においては，回収委託を受けるオリジネーターの破綻に備えバックアップサービサーが設置され，オリジネーターの破綻をトリガーとしてバックアップサービサーがオリジネーターに代わって回収する旨の通知を債務者に対して行い，以後はバックアップサービサーの回収口座に入金させることが予定されている。

しかし，オリジネーターが複数の小口債権をプールとして流動化する場合，流動化対象債権の債務者が，同じオリジネーターに対して流動化対象ではない債務を負っている事例も多数あり，バックアップサービサーによる回収の通知によって実務的に混乱を招き，再生債務者であるオリジネーターの業務継続に支障をきたす可能性が高い。このような実務の混乱を避けるた

め，後掲＊18記載のライフの事例のようにバックアップサービサーの発動を債務者に通知しても，引き続きオリジネーターの回収口座に振込みさせることによりこの混乱は解消できるが，それではオリジネーターの回収金口座におけるコミングル・リスクを完全に回避することにはならない。

このように，いずれの方法によっても制度的にコミングル・リスクを回避できる手段は確立していないため，結局，このコミングル・リスクを回避するためには，保全命令において回収金のSPVへの引渡しを弁済禁止対象から除外するか，再生債務者とSPVとの間で回収金の引渡請求権を共益債権として取り扱うという和解をするしかないであろう。

3　デベロッパーの倒産

不動産開発案件における対象資産の流動化においては，ストラクチャー図に記載のようにオリジネーターが流動化後にSPVの委託を受けて開発業務を行う事例も多い。他方，建築工事を請け負う請負業者は，着工から竣工まで数段階に分割して工事代金を受け取る仕組みであり，この工事代金の保全のため担保は設定されていないケースが殆どである。また，金融機関がSPVに対し流動化資金として直接ローンを供与している場合，金融機関はこのローンの担保としてSPVが流動化により取得する信託受益権に質権を設定している。

流動化取引においては，オリジネーターの民事再生申立ては，真正売買が否認されない限りSPVには及ばないし，建築請負契約の注文者は信託の受託者その他のSPVであるため，オリジネーターの倒産により請負契約が解除されることは原則として無い。しかし，このようにオリジネーターが開発プロジェクトの中心的役割を果たしている事例において，オリジネーターの倒産が流動化プロジェクト全体に及ぼす影響は大きい。具体的には，マンション開発プロジェクトでデベロッパーが民事再生となれば，完成したマンションの販売に影響が出ることが懸念され，投資家はプロジェクトへの追加資金の提供を止める可能性もある。その場合，建築を請け負ったゼネコンには完成建物に対する請負代金の残額が支払われなくなることとなり，また，敷地の取得資金を供与した金融機関も，マンションの販売によって債権を回

収することができなくなる。

(1) 建物が完成している場合

　上記のような状況において，建築請負業者は建物の竣工引渡しと共に工事代金の残額の支払を受けるが，その支払前に開発業者が民事再生を申し立てた場合には工事代金残額の弁済を受けられないため，商事留置権に基づき建物だけでなく土地についても留置する可能性もある[*21]。この商事留置権が認められれば建築請負業者は他の担保権者に対し，①被担保債権全額の弁済を受けるまで目的物の返還を拒否できるため事実上の優先弁済権を確保でき，②民事執行法195条による競売権により目的物を換価処分できるが，この換金返還債務と被担保債権である工事代金の残額を相殺することによって事実上の優先弁済を受けることができる。

　他方，SPVに対し貸付債権を有する金融機関は，多くの場合土地を信託設定した受益権に対する質権を設定しているが，この質権を実行して受益権を取得しても，信託契約が解除されない限り不動産については直接の権利は有しないため，建築請負業者その他の債権者に優先権を主張できない可能性もある。

(2) 建物が未完成の場合

　建物が未完成の場合で，当該未完成の建物が不動産としての独立性を有するに至らない土地の付着物である場合に，建築中の建物の出来高部分の所有権が誰に帰属するかが問題となる。

　この問題について，最判平成5年10月19日（民集47巻8号5061頁）は「請負契約が中途で解約された場合，出来高部分の所有権は注文者に帰属する旨の約定があるときには，特段の事情がない限り出来高部分の所有権は注文者に帰属する」と判示した。この事例は元請人が破綻した場合の下請業者と注文者との間の争いであり，必ずしも全ての場合に当てはめられるわけではないが，示唆に富むものである。これを流動化取引に当てはめると，建築途中の出来高部分の所有権は信託財産として残り，建築請負業者は出来高部分についての請負代金の支払を受けていれば何ら権利を有しないこととなる。しかし，この結果は建物が完成して初めて投資した資金を回収できる流動化取引にとってはプラスではなく，逆に建築請負業者が工事から離脱することに

よって引受手の無い物件となる可能性も高い。

【森　順子】

* 1　我が国でも，東京都が主導して中小企業の発行する社債やこれに対する貸金債権を引当にSPCが社債を発行する債券発行CBOスキーム・CLOスキーム（東京都債券発行（CLO））などの実績がある。
* 2　実例としてはソフトバンクモバイルの携帯電話事業の流動化，英国のパブ事業の流動化などがあるが，先例は余り多くは無い。
* 3　不動産の流動化事例においては，不動産特定共同事業法（平成6年法第77号）などの業規制のため，匿名組合が二層に設定される等の手当がされている。
* 4　租税特別措置法67条の14により，TMKについては利益配当の額がその事業年度の配当可能所得の90％超であるなどの要件を充たす場合には配当の損金算入が認められるため，TMKに法人税が課税されるのは配当を支払った後の利益のみとなっている。
* 5　土地の売買等に係る登録免許税の特例により平成25年3月末までの時限措置として本則の2分の1に軽減されている。
* 6　それまでの古い判例では不動産を金銭に換価する行為は財産の隠匿，贈与等の債権者を害する処分がされる危険性が客観的に高まるとして否認対象とされていたが，平成17年の破産法などの改正により，破161条の新設と同様の趣旨の法127条の2が定められ，不動産売却に関する否認の成立範囲が限定された。その結果，相当の対価を得てした財産の処分行為は，不動産については再生債務者が隠匿，無償の供与など債権者を害する処分をするおそれを現に生じさせるものでない限り，否認の対象とはならないとされた。
* 7　会計上のオフバランス化については，「不動産が特別目的会社に適正な価額で譲渡されており，かつ，当該不動産に係るリスクと経済価値のほとんどすべてが，譲受人である特別目的会社を通じて他の者に移転している場合」にオフバランス化が認められ，このリスクと経済的価値の移転が認められるかどうかは，「流動化する不動産の譲渡時の適正な価額（時価）に対する〔オリジネーターによる〕リスク負担の金額の割合がおおむね5％の範囲内であれば」よいとされている（「特別目的会社を活用した不動産の流動化に係る譲渡人の会計処理に関する実務指針についてのQ&A」平成13年5月25日日本公認会計士協会会計制度委員会）。
* 8　この総合考慮説は，流動化の歴史の長い米国におけるtrue saleをめぐっての裁判例を参考にして我が国の学者・実務家が議論してきたところを集積したものである。
* 9　近時の有力説。マイカル事件を契機とする「マイカル証券化スキームに関する山

本和彦教授意見書の全文」金法1653号（2002）44頁。
* 10 Standard & Poor's 他の格付機関によれば，受益者が委託者のみの信託 ABL スキームの場合などにおいては，真正譲渡性に関する疑義が残る，とされている。
* 11 会社更生におけるリーディング・ケースとして最判昭和41年4月28日民集20巻4号900頁。
* 12 多数説については，伊藤眞＝田原睦夫監修『新注釈民事再生法（上）』728頁〔木内道祥〕（金融財政事情研究会，2006），伊藤眞『破産法・民事再生法〔第2版〕』766頁（有斐閣，2009）他。反対説としては園尾隆司＝小林秀之編『条解民事再生法〔第2版〕』701頁〔小林秀之〕（弘文堂，2007）。
* 13 判タ1308号（2009年12月15日号）89頁他。
* 14 実務的には概ね3か月とされている。
* 15 上告審の最判平成19年9月27日金判1277号（2007年11月1日号）19頁によって支持された。
* 16 池田靖編著『民事再生法の実務』290頁（銀行研修社，2010）。なお，この問題点は流動化取引の資金の出し手である金融債権者から見れば，意見聴取の通知を受け取ってから直ちに担保権を実行する機会があるということになる。
* 17 この問題については，破産事件に関する最判平成12年2月29日（民集54巻2号553頁）が契約を解除することにより相手方に著しく不公正な状況が生じるような解除は制限されるべきであるという判例法理を用いているとして，これを本件に当てはめて，委託者による双方未履行双務契約の解除も制限されるとする考え方もあるが（福田政之他著『詳解　新信託法』（清文社，2007）），流動化取引においては投資家保護のため，オリジネーターの倒産にまつわる法的リスクをできる限り阻止すべきであって，この問題に射程範囲が必ずしも明確ではない判例の一般法理を適用すべきではないと考える。
* 18 1998年9月の日本リース事件のリース料債権の流動化，2000年5月のライフ事件のオートローン債権の流動化その他の過去の事例においては，この保全処分の中で回収金などの弁済は禁止対象から除外されているものが多い。
* 19 最判平成20年12月16日（民集62巻10号2561頁）は，フルペイアウト方式のファイナンス・リースについて，ユーザーが民事再生を申し立てたことをリースの解除事由とする特約は無効であるとする。
* 20 「サービサー・リスクの回避策としての自己信託活用の可能性」金融法委員会（金法1843号（2008年8月25日号）24頁）。
* 21 建物建築請負において敷地に関する商事留置権を認めるかどうかについては，判例は必ずしも常にこれを認めているわけではない。これを認めるものとして，最判平成3年7月16日（民集45巻6号1101頁）。

第 7 章

再生計画

53　再生計画の類型と条項

再生計画の意義，類型，守るべき条件は何か。

解　説

[I]　再生計画の意義

再生手続は，「経済的に窮境にある債務者について，……その事業……の再生を図ること」（1条）を目的としており，そのために再生計画案が策定される。再生計画案につき可決，認可決定がなされ，認可決定が確定したときは，再生計画の定めにしたがって再生債権者の権利は変更され（179条1項），株式会社である再生債務者についての組織再編等の効力が生じ（183条以下），かつ再生債務者等は，速やかに再生計画を遂行する義務を負う（186条1項）。

このように，再生計画は，再生債務者の事業再生の根幹をなす規範である。

[II]　再生計画案の類型

1　自力再生型とスポンサー型

法的倒産手続に入った債務者は信用を喪失し，顧客の離反，支払条件の悪化，資金調達上の困難等，様々な問題に直面する。そこで，我が国の法的再建手続においては伝統的に「スポンサー」を求めることが行われてきた。スポンサーとは，手続の過程で，又は出口において，債務者ないしその事業を「譲り受ける」ことを前提として，手続係属中から債務者に対し，様々な支援を行う者の通称であり，法令上の用語ではない。

伝統的にはスポンサーはほとんど事業会社に限られており，かつ現金支出

の少ない減増資型による救済色が強かったが，1990年代後半以降，外国投資家らがスポンサーの座を求めて集まる傾向が急速に強まり，その手法もより迅速な事業譲渡型が主流となりつつある。

これに対して，スポンサーの付かないケースも少なくない。これを通常，自力再生型と呼ぶ。自力再生型が選択されるケースとしては，①魅力ある資産や収益力のある事業を有しないため投資家型スポンサーにとってうまみのある投資先とならない場合，②現オーナーがいてはじめて事業価値が生まれる債務者であって，第三者がスポンサーとして現オーナーに取って代わっても事業価値の生まれてこない場合[*1]などが考えられる。スポンサー型においては，旧株主からスポンサーへの「譲渡」(支配の移転)が起こる。一般的に用いられている手法を類型化すると以下のとおりである。

(1) 減増資型

かつての我が国の会社更生手続においては，計画案の多くは減増資型であった[*2]。これは，既存株主の有する株式の全部又は一部を消却し，同時に新株を発行してこれをスポンサーが引き受けることにより，債務者を既存株主からスポンサーに対して「譲渡する」(支配を移転する)ことを企図する計画案である。したがって債務者の債務は計画案により変更された後も債務者の債務として残る。減増資型においては伝統的に，債務者が将来生み出す事業収益をもって長期分割弁済する収益弁済型が通常のパターンであった。

自力再生型の場合，事業譲渡に必要な資金の供給者が不在のため殆どが減増資型となるが，増資新株の引受主体につき工夫が必要である。従業員や取引先債権者，債権者金融機関等が引き受ける場合が多いが，将来スポンサーが現れた場合に備えて，債務者の選択によりその株式を消却してスポンサーに対してあらためて新株を割り当てたり，スポンサーの提供する資金をもって一括弁済して手続を終結する途を盛り込んだ計画案も見られる。

(a) 特　色

減増資型においては，再生債務者の法人格は維持され株主が変更されるに留まる。したがって原則として，①取引先との取引契約，主力工場等の土地賃貸借契約，その他，事業の継続のため不可欠な契約が維持される[*3]，②事業の継続に不可欠な許認可が維持される[*4]，③資産の個別移転を伴わない結

果，不動産取得税，登録免許税等，資産移転に伴うコストを要しない，などの利点がある。その結果減増資型においては，一般に事業のスムーズな移管が可能である。④また減増資型の場合，計画外事業譲渡・一括弁済型に比較して，手続進行速度は遅く手続係属期間が長くなるが，その間再生債務者は，再生法上与えられた手段[*5]を利用してビジネス効率の改善を進めることができる場合もあり得る[*6]。

しかし，その反面，再生債務者は減増資の前後を通じて同一法人であるが故に，①スポンサーとして意図せざる潜在負債を承継するリスクを払拭し得ないほか[*7]，②不採算部門も一体として承継せざるを得ず，また③債務免除益を繰越欠損金，財産評価損等により吸収しきれない場合には課税が発生してしまう不利益がある。

(b) 減資・株式消却・株式併合手続

債務者が債務超過である場合には（166条2項），再生計画に減資規定を置くことにより，会社法所定の手続（株主総会における特別決議，債権者保護手続等）を経ることなく（183条），減資手続を行うことができる。

即ち，①あらかじめ裁判所の許可を受けて（166条1項），②計画案中に，(i)資本の減少に関する条項（161条3項），(ii)株式の取得に関する条項（161条1項），及び(iii)株式の併合に関する条項（161条2項）を記載したときには，当該計画案の認可決定の確定をもって②記載の各事項の効果が発生する。異議のある株主は，①の減資許可決定に対して即時抗告をすることができるが（166条4項），そこで争うことのできるのは債務超過の有無に限られる[*8]。また，株主には，当該減資を定めた再生計画案の認可決定に対する即時抗告権も認められる（175条1項，東京高決平成16年6月17日金判1195号17頁）。

(c) 増資手続

第三者割当増資についても，債務者が債務超過に陥っている場合，裁判所の許可を得て再生計画に記載することにより，会社法上の手続によることなくこれを実行することができる。ただしこのような取扱いが許されるのは，譲渡制限株式に限られている（154条4項・162条・166条の2）。

(d) DES（Debt-to-equity swap）

DESとは，債務と株式の交換を意味する。債務者は株式と交換された債

務につき現金の出捐を免れ，また債権者は受領した株式の価値上昇の可能性にメリットを見出すことができる。しかし我が国の実務上，法的手続を終えたばかりの債務者が，高率の配当をし，さらには株式上場を達成する例は極めて少ない[*9]ので，現金弁済に換えてあえてDESを望む債権者は少数に留まる上，2006年の税制改正により，債務者に対する債務免除益課税の取扱い上，DESにより発行される株式の価値を券面額ではなく評価額により算定することが明確化された結果，DESが債務免除益課税に対する解決方法たり得なくなり，近時積極的に用いられることは少なくなってきている。

再生計画においてDESと現金弁済とを併用する場合は，債権者平等原則（155条1項）に留意する必要がある。

(2) 合併型

(a) 特　色

合併により，吸収合併存続会社又は新設合併設立会社は，消滅会社の権利義務を当然かつ包括的に承継する（会社750条・756条1項）。その結果，再生会社の事業に必要な財産及び契約関係のスポンサー側への移転はよりスムーズに行われるが，反面意図せざる潜在債務が承継されるリスクが残らざるを得ない[*10]。

(b) 合併手続

再生法は合併につき会社法の特別規定を設けていないので，再生会社は会社法所定の手続を踏襲する必要がある。そのためスポンサーによる支配権取得のため合併が利用される例は少ない。むしろ，グループ会社数社が再生手続に服している場合，スポンサーへの支配権移転後の経営効率化の目的でそれらグループ会社を合併させる例が多い。

(3) 事業譲渡型

(a) 特　色

事業譲渡は，移転対象資産負債を選別することができるため，①スポンサーとしては不採算部門の取り込みを回避することができること，また②再生計画可決認可前に事業譲渡を実行することにより取引完結までに要する時間を短縮することができ，事業価値の毀損を極力抑えつつ再生会社事業に対する支配の移転を行うことができること，など減増資や合併とは異なった特

色を有する。また③従業員の雇用の観点からも，減増資や合併とは異なり，当然に全員の雇用が承継されるものではない。このように，事業譲渡，特に再生計画の可決認可前の事業譲渡は，スポンサーとなることを投資の一環と考える当事者にとって利用しやすいスキームであるということができる。

しかしその反面，事業譲渡においては，④各資産ごとに対抗要件を具備することが要求され，⑤不動産については不動産取得税や登録免許税の負担が発生する。また⑥契約関係の移転については各相手方ごとにその同意を受けることが必要とされ，⑦行政上の許認可は法令により承継が認められる場合を除き，再取得が必要となる。

(b) 再生計画による事業譲渡

再生計画において事業譲渡を定めて可決，認可を経ることにより債務者の事業譲渡が可能となる。株主総会の特別決議要件は，債務者が債務超過の場合，裁判所の許可（「代替許可」と呼ばれる。）により代替可能である（43条1項）。

(c) 開始決定後再生計画提出前の事業譲渡

債務者の事業譲渡は債権者の権利に重大な影響を与えるので，計画案に対する債権者の承認を経て行うのが本筋である（上記(b)参照）。しかし，債務者の事業価値が短期に劣化することが予想される場合，再生計画認可前に裁判所の許可を得て債務者財産の譲渡を行う途が認められている。即ち，債務者は，再生手続開始後であれば，再生債務者の事業の再生のために必要な場合，裁判所の許可を得て，債務者事業の全部又は重要な一部の譲渡をすることができる（42条1項）。裁判所は，当該許可をする場合には，知れている再生債権者（又は債権者委員会）及び労働組合等の意見を聴かなければならない（42条2項・3項）。債務者が債務超過にある場合は，株主総会の特別決議に代えて裁判所の許可（代替許可）をもって事業譲渡を行うことができる（43条1項）。なお，開始決定前における事業譲渡は現行法上認められない[*11]。緊急の事業譲渡が必要な場合は，申立前に裁判所と協議の上，迅速に開始決定を得て直ちに事業譲渡許可申立てを行うなど，工夫が必要である。

(4) 純粋清算型

再生手続は再建型手続であるが，当初から清算を見込みつつ再生手続開始

の申立てを行い，清算型の計画案を策定する場合も少なくない。事業譲渡型とは異なり，スポンサーの下において事業が存続することはない。破産，特別清算等，清算手続ではなく再生手続が採られるのは，そうした手続をとることにより直ちに債務者の事業活動が停止し，その結果財産の処分価格が暴落することを回避すること，債務者の取引先に対して取引先変更の時間的余裕を与えること，その他突然の清算型倒産手続申立てにより発生する可能性のある混乱を極力回避することを目的としている。

(5) 会社分割の濫用事例

近時，倒産状態において会社分割を行い，分割会社の優良事業や重要資産を新設会社に移転した後に法的処理を申し立てるという濫用事例がみられる。

かかる会社分割を対象とする詐害行為取消権や否認権行使を認める裁判例が続いている（福岡地判平成21年11月27日金法1902号14頁，東京地判平成22年5月27日金法1902号144頁，東京高判平成22年10月27日金法1910号77頁）[12]。

2 プレパッケージ型

法的倒産処理手続を申し立てた後にスポンサーを求めるよりも，むしろ申立前からスポンサーを探索し，さらにはそのスポンサーとの間で計画案の内容についてまで合意しておくことができれば，申立後の手続をより迅速かつ安定的に進行させることが可能となる。このように（主としてスポンサーの選任につき）事前のアレンジをした上で申し立てられた手続を，プレパッケージ型手続と呼ぶことがある。プレパッケージ型手続には上記のような特長がある反面，スポンサー候補者間の競争により回収を最大化する機会を債権者から奪う可能性があるので，留意が必要である[13,14]。

3 収益弁済型と一括弁済型

再生債務者が，将来の事業収益から弁済を行っていく場合には，弁済原資の中心は事業収益となり，再生計画は収益弁済型となる。この場合には，再生債務者は，事前の債権者説明会や再生計画案中において，今後の事業計画の内容や収益改善策等を詳細に説明し，再生債権者の理解を得ることが重要

となる。
　しかし近時においては，スポンサーが付く場合には，スポンサーから出資金・融資金，あるいは事業譲渡代金として弁済原資を調達し，これをもって再生債権に対して一括弁済を行う一括弁済型の例が多い。

4　一律弁済型と傾斜弁済型
　債権額にかかわらず，一定の弁済率で一律に弁済する一律弁済型と，債権額の増加に応じて段階的に弁済率を漸減させる傾斜弁済型がある。後者については，債権者平等の原則に対する配慮が必要である。

5　選 択 方 式
　分割弁済と一括弁済などの選択条項を設ける例もみられる。両者の間に合理的な割引率が設定されていれば衡平を害しないと解されている（園尾隆司＝小林秀之編『条解民事再生法』738頁〔松嶋英機〕（弘文堂，2007））。

［Ⅲ］　再生計画案の記載事項

1　絶対的必要的記載事項
　絶対的必要的記載事項とは，その記載がないと再生計画が不適法なものとして不認可の理由（174条2項1号）となるものをいう。
⑴　再生債権者の権利の変更（154条1項1号）
　ここでいう再生債権者は，届出や確定の有無を問わず，手続開始後の利息等の請求権（84条2項），約定劣後再生債権（35条4項），手続開始前の罰金等（97条・181条3項）を含む，全ての再生債権者を意味する。また権利の変更とは，全部又は一部の免除，期限の猶予，権利内容の変更（DESなど），第三者による債務引受け・担保提供など，再生債権の権利内容に関するあらゆる変更を含む[*15]。
　再生計画は，まず再生債権（約定劣後再生債権を含む。）につき権利変更の一般的基準を定めなければならない（156条）。届出のない再生債権等は一定の場合失権せず，この一般基準にしたがって変更される（181条1項）。

再生計画は，届出再生債権及び自認債権（101条3項）のうち変更されるべき権利を明示し，かつ一般的基準に従って変更した後の権利の内容を定めなければならない（157条1項本文）。未確定の再生債権や別除権者の不足額（88条本文）の未確定部分については，その権利が確定した場合のため「適確な措置」を定めるべきこととされている（159条・160条1項）。

　再生計画認可決定が確定すると，その条項は再生債権者表に記載されて（180条1項），確定判決と同一の効力を生ずるとともに（180条2項），再生債務者だけでなく債務引受けした第三者に対する執行力が与えられる（180条3項本文）。

　(a)　**平等原則**（155条1項本文）

　再生計画によって再生債権者の権利を変更する場合には，再生債権者の間では平等でなければならないという原則をいう。しかし法は，平等原則につき以下の例外を認めている。即ち，①不利益を受ける再生債権者の同意のある場合，②少額の再生債権について別段の取扱いを定める場合，③手続開始後の利息につき劣後的取扱いをする場合，④その他，差を設けても衡平を害しない場合[*16]である（同条項ただし書）。同ただし書のような例外的取扱いの一例として，会社代表者や役員，親会社等の再生債務者に対する貸付債権について，経営責任を負わせる趣旨で，これらの者の弁済率を低下させたり，弁済しないこととする例が存在する。

　(b)　**約定劣後再生債権**（155条2項）

　約定的劣後債権（34条4項）も再生債権であるが，他の再生債権者に劣後するよう，再生計画の内容において公正かつ衡平な差を設けなければならない。

　(c)　**弁済期間**（債務の期限）（155条3項）

　再生計画に基づく再生債務の弁済期間は，原則として10年以内であるが，特別の事情がある場合にはこの期間を超えることも許容される。

　(d)　**権利変更をすることができない債権**（155条4項）

　再生手続開始前の罰金等は，共益債権や一般優先債権とされるもの以外は再生債権であるが（84条1項・97条），かかる請求権は，その主体が国や地方公共団体であり，また，再生債務者に対する制裁としての性質を有するもの

であるため，そのような性質に応じ，再生計画において金額の減免その他権利に影響を及ぼす定めをすることを禁じている。他方，このような優遇を認める代わりに，再生計画において定められた弁済期間満了時までは弁済及び弁済受領行為等が禁じられるという，劣後的取扱いがなされている（181条3項）。

(e) 敷金返還請求権に関する権利変更

再生債務者を賃貸人とする賃貸借契約が存在する場合，再生債務者が再生手続開始後に弁済期が到来する賃料を手続開始後その弁済期に支払ったときには，再生債権者が再生債務者に対して有する敷金返還請求権は，賃料6か月分に相当する額の範囲内におけるその弁済額を限度として，共益債権とされる（92条3項）。これを前提として，再生計画認可時に明渡しの完了していない敷金返還請求権について，再生計画による権利変更を行う場合に，差入敷金の額面において権利変更の対象とする考え方（権利変更先行説）と，将来敷金返還請求権が再生債権として現実化した時点での金額を権利変更の対象とする考え方（共益債権化先行説）がある。実務上は，いずれの立場による計画も適法として扱われている（西謙二＝中山孝雄編『破産・民事再生の実務〔新版〕下』138頁（きんざい，2008））。

(2) 共益債権及び一般優先債権の弁済（154条1項2号）

共益債権及び一般優先債権の債権額，弁済期等は，再生計画の当否や履行可能性の判断において不可欠であるため，記載が義務づけられている。

(3) 知れている開始後債権の内容に関する条項（154条1項3号）

開始後債権（123条1項）は，破産手続への移行等に備えて，必要的記載事項とされている。

2 相対的必要的記載事項

相対的必要的記載事項とは，その規定がなくとも再生計画は不適法とはならないが，再生計画に記載しなければ所定の効力が生じないものであり，①債権者委員会の費用負担に関する条項（154条2項），②債務の負担及び担保の提供に関する条項（158条），③未確定の再生債権に関する条項（159条）がこれに当たる。

3 任意的記載事項

　任意的記載事項とは，再生計画案に記載することを要求されておらず，記載されていない場合にも，再生計画外で別途手続を踏襲することにより実行することは可能であるが，再生計画に記載した場合はそれによって効力が生じるものをいい，再生計画の遂行可能性の判断もこれらの事項を前提としてなされる。再生債務者が債務超過の場合には（166条2項・166条の2第2項），あらかじめ裁判所の許可を得た上（166条1項・166条の2第1項），再生計画案中に①株式の取得に関する条項（154条3項），②株式の併合に関する条項（同項），③資本金の額の減少に関する条項（同項），④再生債務者が発行することができる株式の総数（授権資本枠）についての定款の変更に関する条項（同項），⑤募集株式（会社法199条1項に規定する募集株式をいい，譲渡制限株式であるものに限る。）を引き受ける者の募集に関する条項（154条4項）などの事項を記載して，その計画案につき認可決定を得た場合には，同決定の確定によりそれら事項につき法的効力が発生し，当該会社法の手続を回避することができる。上記①ないし⑤の各事項のほか，⑥根抵当権の極度超過額の仮払いに関する条項（160条2項前段）などが任意的記載事項に当たる。

4 説明的記載事項

　説明的記載事項とは，再生計画案の認可確定により法的効力は発生しないが，再生計画案の内容及びその適法性，履行可能性等につき理解を助ける目的で記載される事項をいう。実務上しばしば記載される事項としては「再生計画の基本方針」「事業計画」「弁済資金の調達方法」「破産配当率との比較」「別除権者に対する弁済計画の概要」「役員変更等の会社組織の変更に関する条項」「子会社，関連会社の処理に関する条項」等がある[17]。

【坂井　秀行】

---

*1　自力再生型において従前のオーナーを残すとき，その保有する株式を全額消却することは事実上困難である。会社更生手続とは異なり民事再生手続においては，債権をカットするにもかかわらず株主の権利を温存する計画案が，特に中小企業の再生事例においてしばしば見られる。

*2 　事業再生研究機構編『更生計画の実務と理論』33頁以下（商事法務，2004）。
*3 　契約中に，所謂チェンジオブコントロール条項（当事者につき支配株主が変更となったときは，他方当事者に契約解除権が付与される，などの条項）がある場合は，減増資型であってもそうした条件に服する。
*4 　法令上，又は運用上，再吟味が行われる場合もあるので留意が必要である。
*5 　民再49条，148条以下など参照。
*6 　我が国の法的手続においては法律家の経営関与は一般に謙抑的であり，これが，特にスポンサーが不在の場合，倒産手続を債務者の経営体質改善のために活用しきれていない一因となっているとも考えられる。
*7 　再生手続においては，更生手続と異なり失権効がない（会更204条1項参照）。
*8 　ここにいう債務超過は，継続企業価値による資産評価を前提とするが（規則56条1項ただし書参照），清算価値によれば資産超過であるときは，許可をすることはできない（伊藤眞『破産法・民事再生法［第2版］』785頁注25，才口千晴ほか監修『新注釈民事再生法　下　第2版』51頁（金融財政事情研究会，2010））。
*9 　民事再生法施行後10年間（2000年4月から2010年3月）に民事再生手続開始申立てをした上場企業103社のうち再上場したのは僅か1社（川﨑電気株式会社，現・株式会社かわでん）のみである（帝国データバンク2010年4月8日「民事再生法施行10年間の申請動向調査」1，3頁）。このほか最近では，プロパストが，上場を維持したまま手続を終結した例が報告されている（鈴木学＝森浩志＝大西雄太「企業が上場を維持したまま民事再生手続を進めた初めての事例」金法1909号60頁）。なお，会社更生手続についても，1962年以降申し立てられた上場企業138社中，再上場を果たしたのは9社に留まる（帝国データバンク2010年11月29日「会社更生法を申請した上場138社の追跡調査」1，4頁）。
*10 　*7参照。
*11 　再生法は，「再生手続開始後において」と明確に定めているので（42条1項），再生法に則って裁判所の許可を得て行う事業譲渡は開始決定前には認められない（新注釈民再　上　第2版201頁）。
*12 　なお，民事再生手続上のその他の問題点を指摘するものとして，岡伸浩・NBL922号6頁参照。
*13 　申立前に行われたスポンサー選定が相当な手続，実質を備えている限り手続開始後においても尊重されるべきであるとの観点から，その要件を論じた論文として，須藤英章「プレパッケージ型事業再生に関する提言」事業再生研究機構編『プレパッケージ型事業再生』101頁以下（商事法務，2004）。
*14 　プレパッケージ型の語源は，アメリカチャプターイレブン手続にある。まず計画案を策定し，十分な情報開示をした上で多数決により債権者の賛成を得，その後に申立てを行い，同手続中において認可決定を受けることにより少数の反対者を拘束

するという実務がこのように呼ばれている。チャプターイレブン手続においては，認可決定に先立ち，債権者ら利害関係人に対して十分の情報開示と異議申立ての機会が保障されていることに留意が必要である。

*15 伊藤眞『破産法・民事再生法［第2版］』775頁（有斐閣，2009）

*16 衡平に基づく差違としては，より不利に扱う場合と，より有利に扱う場合が考えられる。前者としては，再生債務者の親会社や内部者の再生債権，後者としては，事業再生ADR手続中に一定の手続を踏襲した上で債務者に対して提供された融資につき，後に法的倒産手続が開始されたときには他の再生債権と異なる取扱いをしても衡平を害しないものと判断する余地を，法が明示的に残している例が挙げられる（産活法153条）。また，「再生債務者が悪意で加えた不法行為に基づく損害賠償請求権」など一定の類型の債権が個人再生手続において非免責債権とされた（229条3項・244条）こととの関連で，同様の債権は，通常再生手続においては必要的に優先的な取扱いがなされるべきであるとの議論があり得るであろう。

*17 須藤英章編著『民事再生の実務』490頁〔宮川勝之〕（新日本法規出版，2005）。

54　再生計画の決議

再生計画の決議は債権者集会で行われるのか。可決の要件はどのようなものか。

解　説

［Ｉ］　付議決定

1　再生計画案の提出

再生手続は，経済的窮境にある債務者について，債権者多数の同意の下に，再生計画を定めて，権利関係を適切に調整し，債務者事業等の再生を図る手続であり（1条），再生債務者は，再生手続開始を自ら申し立てたか，再生債権者が申し立てたかにかかわらず，再生計画案を作成して，裁判所に提出しなければならない（163条1項）。

届出再生債権者も，再生計画案の作成・提出権を有する（163条2項）。しかし，再生債務者の事業の遂行権及び財産管理処分権は，管財人が選任される例外的な場合を除き，再生手続開始後も再生債務者に属するから（38条1項・66条），再生債権者が再生計画案を作成・提出することは少ない。

再生計画案の提出期間は，原則として，再生債権の一般調査期間の末日から2か月以内で，裁判所が定めた日までである（163条1項，規則84条1項）。再生債務者は，提出期間伸長の申立てをすることができ，裁判所は，職権で伸長決定をすることもできるが，伸長は，特別の事情がある場合を除き，2回が限度である（163条3項，規則84条3項）。東京地裁は，伸長の回数は1回，期間は1か月位を原則とする運用をしているようであるが，運用上の原則というに過ぎず，伸長が必要かつ有益・相当な事情があれば，1回に限る理由は全くない。

再生計画案の提出者は，決議に付する旨の決定（付議決定）がされるまで，裁判所の許可を得て，提出した再生計画案を修正することができ（167条），裁判所は，修正命令を発することもできる（規則89条）。修正命令は，提出された再生計画案に不認可事由があるが，それを解消する修正が可能と考えられる場合に発せられる。修正後の内容は，修正前との比較で，再生債権者に不利な影響を与えるものであっても差し支えない（167条・172条の4対照）。

2　付議決定の要件

　裁判所は，提出された再生計画案について付議の障害事由の有無を審査する。障害事由には，形式的事由と実質的事由とがある（169条1項1号～4号）。

(1)　形式的障害事由

　①一般調査期間が終了していないこと，②財産状況報告集会における再生債務者等（2条2号）による報告又は法125条1項の報告書が裁判所に提出されていないこと，③再生手続開始決定時に定められ又はその後伸長された提出期間内に再生計画案が提出されないこと。

　一般調査期間は，再生手続開始決定時に定められた再生債権届出期間（34条1項）内に届出があった再生債権の内容及び議決権について，再生債務者等が認めるか否かを認否書をもって明らかにし，届出再生債権者及び再生債務者（管財人選任の場合）に認否の当否を検討して書面異議を述べる機会を与えるための期間である（102条1項・2項）。

　認否書において認められ，一般調査期間内に届出再生債権者の異議がなかった再生債権の内容及び議決権額は，それによって確定する（104条1項）。一般調査期間の終了前は，再生計画案の決議における議決権の行使者及び行使額が定まらないので，決議を行う前提が欠ける。

　法125条1項報告書には，再生手続開始に至った事情，再生債務者の業務及び財産に関する経過及び現状等が記載される。財産状況報告集会では，同報告書の記載事項の要旨が報告され，再生債務者等及び届出再生債権者の意見が聴取される（126条1項・2項）。再生債務者等は，財産状況報告集会に代えて，債権者説明会を開催し，再生債務者の業務及び財産に関する状況等を説明することが予定されており（規則61条），実務上，財産状況報告集会は原

則として開催されない。したがって，法125条1項報告書の未提出は，議決権者に対し，議決権行使をする上で必要な情報の提供が行われていないことを意味し，やはり決議を行う前提が欠ける。

再生計画案が提出されたとしても，提出期間経過後の提出である場合，裁判所は再生手続廃止の決定をしなければならないので（191条2号），そのような再生計画案は付議するに足りない。再生計画案の提出期間伸長の申立ては，その期間経過前にある程度の時間的余裕をもってする必要がある。

(2) 実質的障害事由

①再生計画案に再生計画の不認可事由（174条2項1号2号4号。3号は性質上除く。）があること，②提出期間内に提出された再生計画案がいずれも付議するに足りないこと。

不認可事由のある再生計画案は，付議すること自体が手続経済に反する。提出された再生計画案がいずれも付議するに足りない場合も同様である。不認可事由のある再生計画案を直ちに排除して，再生手続の廃止決定をするか，再生計画案の修正命令を発するかは，裁判所の裁量による。

3 議決権行使方法の決定

裁判所は，付議決定をするときは，議決権を行使することができる再生債権者（議決権者）の議決権行使の方法及び議決権の不統一行使をする場合の裁判所に対する通知期限を定める（169条2項）。法は，議決権の行使方法につき，集会開催型，書面投票型及び併用型の3通りを規定する。

(1) 集会開催型

債権者集会の期日において議決権を行使する方法であり，決議の原則的方法である。裁判所は，書面投票の方法を定めた場合でも，債権者集会の招集申立権者（114条前段）から，書面投票期間内に再生計画案決議のための債権者集会の招集申立てがされたときは，書面投票の方法を取り消して，債権者集会の開催又はそれと書面投票の併用の方法を定めなければならない（169条5項）。

集会開催型及び併用型では，再生計画案の付議決定後においても，再生債権者に不利な影響を与えない限度で，再生計画案を変更することが可能であ

り（172条の4），再生計画案が否決された場合においても，一定の要件の下で期日の続行が可能である（172条の5）など，それらが不可能な書面投票型に比べて，手続の柔軟性が高い。

(2) 書面投票型

再生計画案に対する賛否を，裁判所の定める期間内（規則90条4項）に書面（議決票）で回答する方法である。この期間は，議決権者確定のための基準日を定めた場合は，基準日の翌日から起算して，その他の場合は，付議決定の日から起算して，いずれも2週間以上3か月の範囲内で定められる（規則90条4項）。

裁判所に議決票を提出した者が議決権を行使することができる再生債権者かどうかを確認する必要上，回答は裁判所から送達された議決票によらなければならないとされるのが通常である（規則90条3項）。法は書面「等」投票とし（169条2項2号），規則は電磁的方法による投票も可能なように手当てをしている（規則90条2項2号）。

(3) 併用型

議決権を債権者集会の期日において行使するか，書面投票によって行使するかを，議決権者の選択に任せる方法である。併用型では，書面投票の期間の末日は，債権者集会の期日の前日以前でなければならない（169条2項3号）。そうでないと，債権者集会の期日において，可決・否決の確定ができないからである。

4 公告及び通知

裁判所は，付議決定をしたときは，議決権の不統一行使をする場合の裁判所に対する通知期限を公告し，その期限及び再生計画案の内容又は要旨を，再生債務者等，議決権を行使することができる届出再生債権者及び再生のための債務負担者又は担保提供者に通知する（169条3項・115条1項2項）。

集会開催型の場合は，債権者集会の期日及び会議の目的事項の公告を要し，債権者集会の期日に，再生計画案の内容又は要旨の通知先である者を呼び出す（115条1項・2項・4項）。書面投票型の場合は，その旨を公告し，議決権者に対し，書面投票は裁判所の定めた期間内に限ってすることができる

旨を通知する（169条4項）。併用型の場合は，集会開催型と書面投票型の双方の手続を要する。

再生計画案の通知の内容的程度について，集会開催型と書面投票型とで区別する規定はない。しかし，書面投票の場合，集会決議と異なり，期日における補充説明はできないので，要旨の通知では足りず，内容の通知すなわち再生計画案を記載した書面の送付を要すると思われる。

監督委員は，再生債務者の業務及び財産の管理状況等を裁判所に報告しなければならず（125条3項），実務上，再生計画案の不認可事由の有無等についての意見書を提出する。監督委員の意見の内容を議決権者に通知する旨の規定はないが，意見書は，議決権者が再生計画案に対する賛否の検討をする重要な資料となるので，実務上，再生計画案と一緒に送付される。

[Ⅱ] 議 決 権

1 議 決 権 者
(1) 再生債権者

再生計画案の決議において議決権を行使することができるのは，再生債権の届出をし，議決権を認められた再生債権者である。別除権を有する再生債権者は，再生手続によらずに別除権を行使して，被担保債権（再生債権）の弁済を受けることができるので（53条2項），それによって弁済を受けることができないと予定される不足額についてのみ議決権を行使することができる（88条）。

届出再生債権者でも，手続開始後の利息・損害金及び手続参加費用，手続開始前の罰金等の劣後的再生債権については，議決権を有しない（87条2項・84条2項・97条）。約定劣後再生債権者（35条4項）は，再生債務者が再生手続開始時に債務超過状態にあるときは，議決権を有しない（87条3項）。再生手続開始後に外国所在の再生債務者財産に対して権利を行使したことにより弁済を受けた再生債権額については，手続参加は認められるが，弁済に当たって劣後的な取扱いを受け，議決権の行使は認められない（89条）。

共益債権者及び一般優先債権者は，再生手続によらずに随時弁済を受ける

ので (121条1項・122条2項), 議決権を含む手続参加権を有しない。開始後債権者は, 原則として再生計画上の弁済期間満了まで弁済を受けることはできないが (123条2項・3項), 再生計画によって権利を変更されないので, 手続参加権を有しない。

(2) 基準日

再生計画案の決議においては, その時の再生債権者が議決権を行使すべきである。届出又は自認された再生債権の取得者は, 債権届出期間の経過後でも届出名義の変更を受けることができるので (96条), 再生計画案の決議までの間に, 債権譲渡・代位などによって再生債権者が変動することがある。

決議の直前まで議決権者及び議決権額が確定しないと, 議決票の作成や集計などの事務に支障が生じ, 手続の円滑な進行が妨げられる。そこで, 裁判所は, 相当と認めるときは, 付議決定と同時に, 一定の日 (基準日) を定めて, 基準日における再生債権者表に記載されている再生債権者を議決権者と定めることができる (172条の2第1項)。

2 議決権額

(1) **再生債権調査において異議等がなかった届出再生債権**

再生債権調査において, 再生債務者等が認め, 調査期間内に届出再生債権者の異議がなかった届出再生債権の内容及び議決権の額は, それによって確定する (104条1項)。額の確定した議決権については, 集会開催型及び併用型の債権者集会の期日においても, 再生債務者等及び届出再生債権者は, 異議を述べることはできず, 確定額について議決権を行使することができる (170条1項ただし書・2項1号・171条1項1号)。

(2) **再生債権調査において異議等があり未確定の届出再生債権**

集会開催型及び併用型では, 再生債務者等及び届出再生債権者は, 再生債権調査において異議等があって未確定の届出再生債権者の議決権のみについて, 債権者集会の期日において異議を述べることができる (170条1項本文)。

未確定の届出再生債権者が行使することができる議決権の額は, 集会開催型及び併用型と書面投票型とで若干異なる。債権者集会が開催される前二者における行使することができる議決権の額は, 次のとおりである。

①債権者集会の期日において異議を述べられなかった議決権は，届出額。②同期日において異議を述べられた議決権は，裁判所が定める額。

裁判所は，前記②の場合，議決権を行使させない旨を定めることもでき，また，利害関係人の申立てにより又は職権で，議決権行使額を定めた決定又は議決権を行使させない決定を変更することができる（170条2項・3項）。

書面投票型の場合，債権者集会は開催されないから，同集会での異議の有無を基準に，前記のような区分をすることはできない。そのため，書面投票型における未確定の届出再生債権者が行使することができる議決権の額については，債権者集会の期日において異議を述べられた前記②の場合と同様に取り扱われる（171条1項2号・2項）。

3 社債権者の議決権

会社は，社債を発行する場合，社債権者の保護に欠けるおそれがない場合を除き，社債管理者を定め，社債権者のために，社債の管理を行うことを委託しなければならない（会社702条）。社債管理者は，社債権者集会の決議によらずに，債権保全行為に属する再生債権の届出を行うことができる（会社705条1項・706条1項2号かっこ書）。しかし，再生計画案の決議における議決権の行使は，社債権者集会の決議によらなければならない（会社706条1項2号）。

ところが，社債権者の多くは投資家であって，再生手続に関心が乏しく，その数も多いため，社債権者集会における決議の定足数（会社724条2項）の確保が難しく，社債管理者は，再生計画案の決議において議決権を行使することができない場合が多い。議決権を行使しない社債権者は，再生計画案に不同意として取り扱われるため，合理的な内容の再生計画案でも否決されてしまう不都合があった（172条の3第1項）。

そこで，社債権者が，①再生債権の届出をし又は届出名義の変更を受けたとき，又は②社債管理者が再生債権の届出をした場合に，付議決定前に，裁判所に対し，議決権行使の意思がある旨の申出をし又は申出名義の変更を受けたときは，議決権行使の積極的意思が認められるので，このような社債権者には議決権の行使を認め（169条の2第1項・第2項），再生手続に無関心な社債権者のために，再生計画案が否決される事態を回避しようとした。

しかし，再生計画案の決議における議決権の行使について，社債権者集会の決議が成立したときは，裁判所の認可により，社債権者全員に対して決議の効力が及ぶので（会社734条1項・2項），個々の社債権者は決議に拘束され，個別的な議決権の行使はできない（169条の2第3項1号）。社債募集事項として，社債管理者が社債権者集会の決議によらずに倒産手続に属する行為等をすることができる旨の定めがされている場合も同様である（169条の2第3項2号，会社676条8号・706条1項2号）。

再生手続においては，会社法等の定める社債に限らず，これと類似する債権を「社債等」，その管理者を「社債管理者等」として，前記の規制が適用される（169条の2第1項第3項・120条の2第6項1号～5号）。

4　議決権行使の方法
(1)　代理人による行使

議決権は，代理人によって行使することができる（172条1項）。代理人の権限は，書面で証明しなければならない（規則90条の4）。議決票に議決権者（代表者）と異なる氏名が記入された場合，第三者が議決権を行使したと推認されるから，通常は，その第三者（記入者）宛委任状，資格証明書及び印鑑証明書の添付が必要になる。

しかし，東京地裁では，民事再生法施行時から，議決権者宛に議決権額等をバーコード印刷した議決票を送付し，その議決票によって議決権を行使する場合には，議決票を代理権を証する書面とみなして，委任状や資格証明書の添付は不要としている。この運用は，東京高裁によって是認されている（東京高決平成13年12月5日金判1138号45頁）。

(2)　議決権の不統一行使

議決権者は，その有する議決権を統一しないで行使することができる（172条2項前段）。

議決権の不統一行使は，再生計画案について意見の異なる複数債権者から回収委託を受けるサービサー（債権回収業者）・信託受託者等が，委託者等の指図に従って議決権を行使する場合に必要となる。代理人が委任を受けた議決権についても，不統一行使をすることができる（172条3項）。

議決権を不統一行使する場合，付議決定において定められた期限までに，裁判所に対し，その旨を通知しなければならない（172条2項後段・169条2項3項）。事前通知が必要とされた理由は，議決結果の集計などの事務手続上の混乱回避にあるが，東京地裁では通知期限を定めずに不統一行使を認めている。

［Ⅲ］　可　決　要　件

1　必要な議決権者数及び議決権額

再生計画案の可決には，①債権者集会に出席し又は書面投票をした議決権者（代理人による場合を含む。）の過半数の同意，かつ②集会出席・書面投票の有無にかかわらず，議決権総額の2分の1以上の議決権者の同意を要する（172条の3第1項）。

集会出席も書面投票もしない場合，前記①の頭数要件においては，反対の議決権を行使したことにはならない。しかし，前記②の議決権額要件においては，同意の議決権（分子）には加算されず，反対の議決権を行使したのと同様の結果となる。

再生計画案について，金融機関は，積極的な賛成も反対もせず，議決権を行使しないことが少なくない。可決要件が低いため，棄権による不都合が実際に生ずることは多くないが，一人又は少数の大口議決権者の棄権によって否決に至ることもある。

2　約定劣後再生債権の取扱い

約定劣後再生債権（35条4項）の届出がある場合，それを除く再生債権者と約定劣後再生債権者との間に，再生計画の内容に公正・衡平な差を設けること，すなわち後者の劣後的取扱いを定める必要がある（155条2項）。

再生債務者が手続開始時に債務超過に陥っていなかったため，届出約定劣後再生債権者が議決権を有する場合に（87条3項），再生計画案の決議において，約定劣後再生債権者に，それを除く再生債権者と同等に議決権を行使させたのでは，劣後的取扱いに反する。

そこで，約定劣後再生債権者と，それを除く再生債権者とは，原則として，それぞれの組に分かれて議決権を行使する。裁判所は，相当と認めるときは，組分けをしないで決議する旨の決定をすることができるが，その決定は，付議決定前であれば取り消すことができる（172条の3第2項～第4項）。前記の決定及びその取消決定は，債権者集会の期日においてその決定の言渡しをした場合を除き，決定書を議決権者に送達する（172条の3第5項）。組分けをして決議をする場合は，双方の組において頭数及び議決権額の要件を満たして可決されなければ，再生計画案の可決に至らない（172条の3第6項）。

3 議決権の不統一行使がされた場合の議決権の計算方法

議決権の不統一行使がされた場合，再生計画案の可決要件である頭数要件は，不統一行使をした議決権者1人につき，集会出席又は書面投票をした議決権者の数（分母）に1を加え，議決権の一部のみを同意するものとして行使し，その余の議決権を行使しなかった（棄権した）場合は，同意の議決権を行使した議決権者の数（分子）に1を加える。議決権の一部のみを同意するものとして行使し，その余の議決権の全部又は一部について反対の議決権を行使した場合は，分子に2分の1を加算する（172条の3第7項）。

4 再生計画案の変更

集会開催型及び併用型では，再生債権者に不利な影響を与えない場合に限り，債権者集会において，裁判所の許可を得て，再生計画案を変更することができる（172条の4）。したがって，付議決定後に生じ又は判明した事情の変化を，その限度で再生計画案に反映させることが可能となる。

［Ⅳ］ 集会期日の続行

集会開催型及び併用型では，再生計画案が否決されても，次の場合には，再生計画案提出者の申立てにより又は職権で，原則として債権者集会の期日が続行される（172条の5第1項1号・2号）。①可決要件である頭数要件及び議決権額要件のいずれかを満たした場合，②出席議決権者の過半数かつ出席議

決権者の議決権総額の過半数を有する議決権者が期日の続行について同意した場合。

　期日続行の要件を満たした場合においても，再生計画案の可決は，第1期日から2か月以内にされなければならない（172条の5第2項）。裁判所は，必要があると認めれば，再生計画案提出者の申立てにより又は職権で，この期間を伸長することができるが，伸長期間は1か月が限度である（172条の5第3項）。

　書面投票型では，性質上，期日の続行はなく，再生計画案が否決されれば，直ちに再生手続廃止決定がされる（191条3項）。まさに1回勝負であり，再生債権者の意向を入れての再生計画案変更，再生債権者に対する再考要請・説得の機会は与えられない。

【永島　正春】

55 再生計画の認可の要件

債権者の多数が賛成しても再生計画が認可されなかったり，いったんなされた再生計画認可決定がその後の裁判で取り消されることがあるようだが，どういう場合か。

解　説

［Ⅰ］　再生計画の認可決定

　再生計画は，提出された再生計画案についての再生債権者による決議と，決議において可決された再生計画案の裁判所による認可という，2つの手続を経て成立する。

　再生計画案が可決された場合には，不認可事由がない限り，裁判所は再生計画認可の決定をする（174条1項）。逆に，不認可事由がある場合には，再生計画不認可の決定をしなければならない（同条2項）。

　法定多数の債権者の賛成で可決された再生計画案について，さらに裁判所が不認可要件の有無を審査するのは，多数決で決められない事項を確認するためであり，手続の適正さの担保，少数債権者の保護などのためとされる。

　会社更生手続では，認可要件（積極的要件）をすべて満たすと認められた場合にのみ認可決定がなされるが（会更199条1項・2項），再生手続では，不認可要件（消極的要件）を法が定め，それが認められない限り認可決定をするという構造になっている。この違いは，大規模会社を典型的に想定する更生手続では，その社会的影響の大きさを反映して，裁判所の手続への関与の度合いが再生手続よりも高いからであるとされている（松下，後掲147頁）。

　再生計画の認可又は不認可の決定に対しては即時抗告をすることができる（175条1項）。後に述べる不認可要件をめぐる判例は，いずれも抗告審（1件

のみ許可抗告審）の判断である。

［Ⅱ］ 再生計画の不認可要件

　法174条2項は，再生計画について，1号から4号までの4つの不認可要件を定めている。既に述べたように，この不認可要件が認められない限り，裁判所は認可決定をしなければならない。
　ところで，裁判所が事前に再生計画案について不認可要件を認識していれば，そもそも決議に付する決定をすべきではない（169条1項3号）。東京地裁の実務でも，提出された再生計画案について，監督委員に再生手続や再生計画案の適法性について意見書を提出させ，これを再生計画案に同封して債権者に送付する扱いとなっているので，監督委員及び裁判所は不認可要件を事前にチェックすることとなっている。
　他方，付議決定がなされたからといって，不認可要件の不存在が確定したわけではない。付議決定はあくまでもその時点での一応の判断であるから，その後事実が明らかになったり，新しい事実が生じるなどして不認可要件が裁判所に明らかになることは，十分ありうることである。

1　再生手続又は再生計画の補正不能な法律違反（1号）
(1)　補正不能な法律違反
　1号では，再生手続又は再生計画が法律の規定に違反し，かつ，その不備を補正することができないことを不認可事由として定める。
　再生手続の法律違反が定められたのは，違法な手続の実施によって再生債権者ら利害関係人の利益が害されるのを防止するためである。同様に，再生計画の法律違反が定められたのは，再生計画の策定は基本的には当事者の自治に委ねられているが，当事者自治によっても侵すことのできない利害関係者の権利を保護するためである。

(2)　再生手続の法律違反
　再生手続が法律に違反するときとは，再生手続開始後になされる裁判所，再生債務者などの行為に関する違法を含む。また，再生手続開始申立てにつ

いての取締役会決議が存在しない場合など，再生手続開始前の事由も含むと解されている。

再生手続の法律違反の例として学説が挙げるものには，文書の閲覧等の手続が法律に従って行われなかった場合（16条），申立資格を有していない者の申立てによって手続が開始された場合（21条），手続開始決定の公告や送達の規定に違反した場合（35条），債権者集会の期日への呼出しを欠いた場合（115条），再生計画案の決議の時期が法律の定めに従っていなかった場合（169条1項1号・2号），法定多数の同意がないのに可決と認めた場合（172条の3）などがあり（後掲三木811頁），手続の広範囲にわたる事項が対象となる。そこで，法は，再生手続が法律の規定に違反している場合でも，違反の程度が軽微である場合には，裁判所の裁量により認可の決定ができるものとした（174条2項2号ただし書）。せっかく再生債権者の法定多数の同意を得て可決された再生計画が，軽微な手続上の瑕疵で無に帰することのないようにする趣旨である。

(a) 東京高決平成14年9月6日判時1826号72頁（茨城ロイヤルCC事件）

本号が問題とされたケースである。東京地裁の実務では，債権者集会における出席債権者の確認は予め裁判所が郵送した入場票や議決票で行うこととし，事務処理能力の向上をはかっていたが，本件はその手続の可否が争われた事案である。決定は，いかなる書面を規則51条の「代理権を証する書面」とみなすべきかは裁判所の裁量に属するが，議決票をこの書面として扱った原裁判所（東京地裁）の扱いは違法とはいえない，とした。

(3) 再生計画の法律違反

再生計画の法律違反の例として，学説では，必要な記載事項を欠いている場合（154条），権利変更の内容が再生債権者間で不平等である場合（155条）などが挙げられている（後掲三木811頁）。中でも平等原則違反はしばしば問題となり，民事再生手続では，破産手続とは異なり再生債権が金銭化するわけではないので，金銭債権と非金銭債権の比較，特にゴルフ会員権の扱いをめぐっていくつかの判例がある。

(a) 東京高決平成16年7月23日金判1198号11頁（鹿島の杜CC事件）

本決定は，ゴルフ場経営会社が認可決定を受けた再生計画は，会員プレー

権の継続を希望する債権者間の扱いの差につき合理的な説明がないこと，プレー権の存続を希望しない債権者及び一般債権者と，プレー権の存続を希望する債権者との間の差についても，存続を希望する債権者を著しく有利に扱うもので，実質的衡平を害することなどを理由に，本号所定の不認可事由に該当するとして，再生計画認可決定を取り消した。

(b) 東京高決平成14年9月6日判時1826号72頁（茨城ロイヤルCC事件）

本件は，前記の手続違背とともに，再生計画の法律違反などが主張されたゴルフ場再生事件である。本決定では，前記鹿島の杜CCの決定とは逆に，プレー継続会員と退会会員及び一般債権者を別個に取り扱うことには合理的理由があり，会員は認可決定確定後に，退会するか会員契約を継続するかの選択ができることも合わせ考慮すると，再生計画が本項に反するとはいえない，と判示した。

ゴルフ場の再生事件ではないが，特殊な例としては，次の決定がある。

(c) 東京高決平成16年6月17日金法1719号51頁（日本コーリン事件）

本件は，営業譲渡について株主総会の特別決議に代わる許可（43条1項）及び減資を定める再生計画案提出の許可（166条1項）が，その要件である債務超過と認めるには疑問があるとして，いずれも抗告審の判断で取り消され，これらの取消決定の結果，再生計画案は本号に該当してその認可決定が取り消されたものである。

2 遂行可能性の不存在（2号）

(1) 遂行可能性

2号では，再生計画が遂行される見込みのないことが不認可事由となる。旧会社更生法の解釈論では，ここでいう「遂行される見込み＝遂行可能性」を，「更生計画の実行可能性（債務弁済条項の実行可能性）」と理解する説と，「企業自体の更生可能性」（更生計画が企業を立ち直らせ，再び更生手続に舞い戻ることのないような健全な財政状態におきうる適性を備えていること）と理解する説があった（詳しくは，兼子一＝三ケ月章『条解会社更生法 下』616頁以下（弘文堂，1986）参照））。民事再生法の解釈としては，我が国の実務では，監督委員や裁判所が会社の経営的な面に深く立ち入って企業自体の更生可能性まで判断

することは難しいので，再生計画の実行可能性又は債務弁済条項の実行可能性（の不存在）と理解する意見が妥当であろう（後掲三木813頁参照）。

再生手続では，認可の積極的要件としている会社更生法と異なり，裁判所は遂行可能性の存在を積極的に認定する必要はなく，遂行可能性の不存在を基礎付ける事情が明らかな場合に限って不認可決定をすれば足りる。

(2) 具体例

本号にあたる典型的な不認可事由としては，弁済原資の調達が極めて困難であることが明らかで，再生計画に定める弁済が実行される可能性が低い場合があげられる。その他に，事業遂行に不可欠な不動産についての担保権者が再生計画に反対しており，しかも，その担保権について消滅許可を申し立てるだけの資金手当ての見込みがない場合もこれにあたるとされる（伊藤，後掲804頁）。

(3) 裁判例

(a) 東京高決平成14年9月6日判時1826号72頁（茨城ロイヤルCC事件）

本決定は，前記のゴルフ場事件であるが，遂行可能性も問題となった。再生計画について，監督委員の委嘱を受けた公認会計士が弁済計画の不確実性を指摘しながらも遂行の見込みがないとは結論付けていないこと，監督委員は意見書において遂行される見込みを肯定していること，再生債権者の大多数は再生計画案に賛成したことから，再生計画にかかわる大多数の者が再生計画が遂行されるものと判断しているとして，遂行される見込みがないと断定できないと結論付けた。

3 不正の方法による決議の成立（3号）

(1) 「不正の方法」の従来の解釈

3号では，再生計画の決議が不正の方法によって成立するに至ったことが不認可要件となる。

この規定は，旧和議法の和議不認可事由を定めた51条3号の規定をそのまま引き継いだものであり，和議法時代の通説は，「和議の決議が不正の方法によって成立するに至ったとき」に該当する典型例として，「議決権を行使する債権者に対して詐欺，賄賂の交付，脅迫があったとき」や「虚偽の債権

を届け出て議決権を行使したとき」を挙げていたが，それ以外に何が「不正の方法」に当たるかといった議論はあまりなされていなかった。

また，旧会社更生法233条1項3号（「決議が誠実，公正な方法でされたこと」）の解釈論では，決議の不正は1号の手続の違法に当然包含されるが，3号にあらためて定めたのは，決議は手続の中でもとりわけ重要な意義を有するためと，単に法の定めに形式的に合致するだけでは足りないとの趣旨を明らかにするためである，とし，債権者・株主に対して詐欺・脅迫をし，あるいは賄賂その他計画の条件によらないで特別な利益を与え，又は与える約束をするなどして，計画案に賛成せしめた場合などがこれに当たると解されてきた（前掲条解会社更生法（下）627頁参照）。

さらに，民事再生法の解釈論としても，旧会社更生法の議論を踏まえ，「不正の方法」とは信義誠実に反するあらゆる行為をさす，との学説があった（後掲三木813頁）。

そして，近時，原々審の再生計画認可決定を原審が取り消したケースで，原審決定を維持した最高裁決定が登場する。

(2)　最高裁決定——最決平成20年3月13日民集62巻3号860頁（平林ビル事件）

　(a)　事案の概要

不動産賃貸業を営んでいた株式会社である再生債務者A社（代表取締役X）は，実質的に唯一の不動産であるビルをB社，C社に賃貸していたが，株式投資の失敗から経営が破綻し，担保権者D社からの担保権実行が避けられない状況にあった。Xの2人の子YとZは，A社の取締役であり，A社には債権を有していなかった。他方，E社はF社（代表取締役X）に対して貸金債権を有し，A社がその債務を連帯保証していたところ，平成18年1月31日，Yは，回収可能性のないことを知りながらE社のF社に対する債権を譲り受け，（保証債務履行請求権を有する）A社の債権者となった。さらに，同年2月10日，YはZに対し上記貸金債権及び保証債務履行請求権の一部を譲渡し，ZもA社の債権者となった。

平成18年3月9日，A社は再生手続開始を申し立て，同月14日，再生手続開始決定を得た。その後，債権者集会において，再生計画案は，届出再生

債権者7名のうち，議決権総額の約64％を有する X，Y，Z，F の同意を得て可決された。原々審はこれを受けて再生計画を認可する決定をし，B社とD社から抗告がなされ，原決定は，再生計画を認可した原々決定を，本項3号及び4号違反を理由に取り消した。これに対し，再生債務者A社より最高裁に許可抗告（民訴337条）がなされた。

　(b)　決定の理由

　本決定は本項3号違反を認め（4号違反の有無は判断せず），抗告を棄却した。その理由は次のとおりである。

　「法174条2項3号所定の「再生計画の決議が不正の方法によって成立するに至ったとき」には，議決権を行使した再生債権者が詐欺，脅迫又は不正な利益の供与等を受けたことにより再生計画案が可決された場合はもとより，再生計画案の可決が信義則に反する行為に基づいてされた場合も含まれるものと解するのが相当である（法38条2項参照）。」（要旨1）

　「本件再生計画案は，議決権者の過半数の同意が見込まれない状況にあったにもかかわらず，Aの取締役であるYから同じくAの取締役であるZへ回収可能性のない債権の一部が譲渡され，Aの関係者4名がAに対する債権者となり，議決権者の過半数を占めることによって可決されたものであって，本件再生計画の決議は，法172条の3第1項1号の少額債権者保護の趣旨を潜脱し，再生債務者であるAらの信義則に反する行為によって成立するに至ったものといわざるを得ない。本件再生計画の決議は不正の方法によって成立したものというべきであり，これと同旨をいう原審の判断は是認することができる。」（要旨2）

　(c)　決定の意義

　本決定は，「不正の方法」について最高裁として初めて一般的準則を定立し，要旨1で，「再生計画案の可決が信義則に反する行為に基づいてされた場合」が不認可事由になるとした。この点について，原決定は，「再生計画の決議の結果を左右する法が容認しない不公正な方法」としていたが，表現を改めた。本決定の背後には，「法が容認しない」とはいえない場合にも不認可事由を認める場合があるとの考え（債権譲渡一般は当然として，本件債権譲渡も不法な行為とはいえない可能性がある。），信義則を持ち出すことで行為者の土

観的要素をより重視する判断枠組みとした考え，があると指摘されている。

本決定は，要旨2で信義則違反を認めるにあたり，決議がいわゆる頭数要件の趣旨を潜脱したものであるとした。頭数要件（172条の3第1項1号）の意義については，議決権額要件（同項2号）では少数派だが頭数要件では多数派となる債権者（典型的には取引債権者）を，多額の議決権額を有するが頭数は少ない債権者（典型的には金融債権者）から政策的に保護するため，などと説明されている（松下，後掲144頁ないし146頁）。本件での再生債務者の多数派工作（YからZへの債権の「分割」譲渡によって，賛成派の頭数を増やす手法）は，法が頭数要件を設けた趣旨を潜脱していると評価された。

ここで重要なのは，債務者及びその内部者の意図的作為によって多数決要件が作出されたこと，そのような作為に経済的合理性がなかったことで，特に，作為者の意図・目的の有無が，信義則違反の重要な判断要素であると指摘されている（後掲山本論文50頁）。また，最高裁の判断の考慮要素として，再生手続開始申立て直前という時期，分割譲渡の主体，債権の回収可能性の有無をあげ，特に，分割譲渡を行った主体，すなわち，本件債権譲渡がYからZというA社の取締役間で行われた点を重視した，との理解もみられる（後掲村田論文182頁）。

ただ，一般論としては，債権の分割譲渡が債権者の経済合理性に基づくのか，単に頭数要件を充足する目的によるのかを判断することは，かなり難しい。また，問題となる行為が手続の結果に影響を与えたか否か（因果関係）の判断も困難を伴う。本件は，債権者数が限られ半数が再生債務者の関係者であったこと，従前の経緯から債権者が計画案に反対することが予想されたことなど，因果関係を認定しやすい特殊な事案であった。

　　(d)　本決定に関連する問題

本件は特殊な事例のようにもみられるが，実務家に問題を提起している。本決定に接した実務家の関心事は，再生計画案成立に向けた債権譲渡による多数派工作が全て「不正な方法」となるか，であろう。以下，評釈などに現れた意見を整理する。

まず，本決定に関しては，譲渡人あるいは譲受人が内部者でなかった場合にはどうか，との問題がある。例えば，外部者E社から内部者Y，Zに債

権が直接分割譲渡された場合が考えられるが，この場合も頭数要件の潜脱として信義則違反とする意見がある（後掲山本論文51頁）。他方，外部者 E 社が，破産よりはましと考え，債務者 A の要請に応じて，自己の債権を Y, Z 以外の第三者（外部者）に分割譲渡した場合には，E 社は再生債権者として独自の立場で有利不利を判断しているので，A の要請は「不正の行為」といえない，との意見もある（後掲永島論文7頁）。

　次に，賛成派の頭数を増やした本件とは異なり，反対派の頭数を減らす行為（債権買取など）についてはどうか。これも再生計画案成立を目指す行為ではあるが，反対派が賛成派に債権を譲渡することは，説得により賛成派に転じたのと同視できるとして，容認されるとの意見がある（後掲山本論文51頁）。別の見地から同じ結論を導くものとして，頭数要件の規定を，多数だが少額の債権者に積極的に手続に参加して不同意票を投じる機会を付与し，多数債権者に対する拒否権を与えたと理解する立場がある（後掲服部論文123頁）。これによれば，賛成派が反対派の債権を買い集め，反対派の頭数が減少するとしても，それ自体は，多数少額債権者が債権を売却することと引換えに，頭数による拒否権を放棄したものと捉えれば足りることになる。この立場では，本件は「頭数の水増し」が行われ，その結果，不同意債権者の拒否権が「その意思によらずに」相対的に減少し，計画案が可決された事案と理解される（後掲服部論文124頁）。

　なお，債権の買取りをめぐっては，無価値な債権を買い漁るなどして議決権者が自らの債権を水増しし，議決権を増加させることを不正な方法とする意見（後掲三上論文185頁）があるが，これに対しては，債権買取りによる多数派の形成は基本的に合理的な行動であり，原則として信義則違反とならないとしつつも，計画弁済額を上回る買取価額によった場合は，実質的には特別利益の提供と同視でき信義則違反になりうるとの意見（後掲山本論文51頁）がある。

4　再生債権者の一般の利益との抵触（4号）
(1)　清算価値保障原則
　4号は，再生計画の決議が再生債権者の一般の利益に反することを不認可

要件として定める。

ここで，「再生債権者の一般の利益」とは，破産による清算が行われた場合の弁済額（配当額）を意味する。そこで，再生計画案において破産手続による予想配当未満の弁済しかできない場合には，再生債権者の一般の利益に反することになる。予想破産配当額は債権者の個別の同意なしに奪われることのない利益であり，これを保障することを清算価値保障原則といい，4号はこれを定めたものである。

東京地裁の実務では，再生計画案には清算貸借対照表を添付して，破産となったときの予想配当率を計算するなど，清算価値保障原則を満たしていることを債務者自ら示す扱いになっており，監督委員も公認会計士らを補助として，清算貸借対照表の正確性を検証している。

清算価値保障原則を充たしているかどうかの判断は，再生計画に基づく弁済額と破産手続による予想配当額のほか，手続に要する時間の長短，費用の多寡，財産の換価の難易，履行の確実性などを総合的に考慮して行うべきとされる（後掲三木814頁）。この要件が充足されているかどうかは，形式的な弁済率のみならず，実質的に判断する必要があり，第1回の弁済までの期間（いわゆる据置期間）が長期にわたる場合には，その点を考慮してこの要件に反する可能性も出てくるとの指摘もなされている（伊藤，後掲805頁）。ただ，どこまで実質的に考慮すべきかは難しい問題である（後記の平成19年東京高裁決定参照）。

(2) 裁判例——東京高決平成15年7月25日金法1688号37頁（個人再生事件）

本件は，いささか特殊なケースで，再生債務者の関連会社への債務免除行為を対象とする詐害行為取消訴訟が係属していたにもかかわらず，監督委員が法140条2項によって訴訟を受継しないまま認可決定に至った事案である。抗告裁判所は，受継していれば再生計画より多額の弁済が可能となる蓋然性が高いとして，監督委員が詐害行為取消訴訟を受継しないのは再生債権者の利益に反する行為であり，信認上の義務違反となるし，また，少なくとも再生裁判所もこの視点から監督委員を指導監督すべきである，と指摘し，再生計画に，勝訴するか和解金が得られた場合を想定した条件付きの弁済計画条項も予備的に付加すべきであるとした。そして，認可決定後でも再生計画変

更は可能であると考え，不認可決定とせずに認可決定を取り消し，本件を原審に差し戻した。

(3) **最高裁決定の原審—東京高決平成19年4月11日金法1821号44頁（平林ビル事件）**

本件は前記最決平成20年3月13日の原審（抗告審）である。本項3号違反以外に4号違反も主張されていて，抗告審はこれを認めた。

抗告審は，本項4号の「再生計画の決議が再生債権者の一般の利益に反するとき」とは，再生計画を総合的に判断して，再生債務者が破産したと仮定した場合に再生債権者が受けうる利益を下回る結果，再生債権者全体の利益に反する場合をいうものであるとの解釈を示した。この点は異論のないところであろう。

それに続いて，A社関係者については，A社破綻の経緯，YZの債権取得の経緯及びA社関係者の法的地位に照らし，その利害を重視するのは相当でなく，その余の3名の債権者（BCD）の利益に重きを置いて，再生債権者全体の利益に反するかを具体的に決するとした。この点については，従来の通説的見解は，本号の「債権者一般の利益」は特定の債権者の利益ではなく再生債権者全体の利益と解しているので，理論的な疑問が出されている。

また，3名の債権者について具体的にその利益を検討しているが，①賃借人債権者BCは，敷金・保証金等の期限付債権が，破産手続では破産開始決定時に弁済期が到来し将来の賃料債務と相殺できるのに，民事再生手続では届出期間満了前に相殺適状になった債権に限って相殺できるにすぎない，②建物の別除権者Dは，破産手続では建物の処分価値の全部が回収可能であり，また，破産管財人と協力して時価による任意売却も可能であるが，本件再生計画では，担保権消滅請求手続の評価命令による評価価額に基づく弁済がなされ，別除権予定不足額の1％の弁済に止まるので，その利益にかなうとはいえない，とした。

評釈には，判旨に賛成の立場のもの（後掲三上論文186頁）と，清算価値保障原則をこれほどまでに個別的，具体的な要請として捉えることに疑問を呈するもの（後掲永島論文9頁，後掲服部論文391頁）がある。実務的にも，再生計画認可のためにここまで様々な要素を考慮して債権者の利益の比較をすること

は，かなり難しいと思われるし，個別具体的に将来の破産手続の展開を想定することも，簡単ではない（例えば，管財人による建物の任意売却が奏功するとは限らないし，反対に，建物が早期売却されれば賃料による相殺はできなくなる。）。最高裁が4号違反について判断をするまでもないとしているのを，抗告審の判断に疑問を感じていたからとみるのは，うがち過ぎであろうか。

【内田　実】

■参考文献
伊藤眞『破産法・民事再生法［第2版］』803頁（有斐閣，2009）
松下淳一『民事再生法入門』141頁（有斐閣，2009）
園尾隆司＝小林秀之編『条解民事再生法（第2版）』807頁〔三木浩一〕（弘文堂，2007）
福永有利監修『詳解　民事再生法（第2版）』541頁〔森恵一〕（民事法研究会，2009）
伊藤眞＝田原睦夫監修『新注釈　民事再生法　下』100頁〔須藤力〕（金融財政事情研究会，2006）
西謙二＝中山孝雄編『破産・民事再生の実務（新版）下』286頁〔西謙二＝小河原寧〕（金融財政事情研究会，2008）
全国倒産処理弁護士ネットワーク編『通常再生の実務Q&A120問』263頁〔小堀秀行〕（金融財政事情研究会，2010）

■参考判例評釈（最決平成20年3月13日関連のみ）
永島正春・NBL882号6頁
吉田光碩・金融法務事情1839号4頁
野村秀敏・金融・商事判例1299号10頁
市川多美子・ジュリスト1373号121頁
服部　敬・民商法雑誌139巻3号114頁
木川裕一郎・私法判例リマークス38　134頁
村田典子・法学研究（慶応義塾大学）82巻4号172頁
山本和彦・金融判例研究19（金融法務事情1876号）48頁
倉部真由美・平成20年度重要判例解説（ジュリスト臨時増刊1376号）159頁
三上威彦・判例時報1999号180頁（原決定の評釈）
佐瀬裕史・ジュリスト1356号227頁（原決定の評釈）
（注）本稿執筆時点で調査官執筆の最高裁判所判例解説には接していない。

56 認可決定確定の効力

再生計画の認可決定が確定することにより，どのような効力が生じるか。

解　説

［Ⅰ］　再生計画認可の決定の確定の意義

　再生計画案が可決され，法174条2項に定める不認可要件に該当しない場合には，裁判所は再生計画認可の決定をするが（174条1項），認可された再生計画は，その認可決定が確定した時点ではじめて効力が生じることとされている（176条）。

　したがって，認可決定の確定は，再生手続開始の申立て以降，再生債務者等が再生計画の成立に向けて手続を進めてきたある種不安定なステージから，効力の発生した再生計画を再生債務者等が遂行していくステージに移り変わる一つの節目としての意義を有している[1]。

［Ⅱ］　再生計画の効力の発生時期

　上述のとおり，再生計画は，認可決定の確定により効力が生じる（176条）。つまり，認可決定に対する即時抗告期間満了時，又は即時抗告が棄却若しくは却下されたときに効力が生じることになる。即時抗告期間は，認可決定が送達された日から1週間（18条，民訴332条）又は官報公告日の翌日から2週間である（10条1項・2項，9条）。実務上は送達に代えて官報公告が行われるのが通例であり（10条3項参照），官報に掲載されるまでに通常約2週間の期間を要するから，即時抗告がなされない限り，認可決定から約1か月後に認可決定が確定することになる。

認可決定時ではなく確定時に再生計画が効力を生じるとしたのは，認可決定により効力が発生し，再生計画に基づく弁済や組織変更等が履行された後，即時抗告による認可決定の取消し等がなされた場合に，その事後処理が極めて困難で収拾がつかなくなるおそれがあることを考慮したからとされている[*2]。

[Ⅲ] 再生計画の効力の及ぶ人的範囲

1 再生計画の効力の及ぶ者

(1) 再生債務者及びすべての再生債権者

再生計画の効力は，再生債務者及びすべての再生債権者に対して及ぶ（177条1項）。

再生計画は再生債務者の事業の再生のために策定されるものであるから，その性質上当然，その効力は再生債務者に及ぶ。また，再生計画は再生債権の権利変更等を定めることにより，再生債務者の事業の再生を図るものであるため，再生計画の決議に参加した再生債権者に限らず，決議に参加しなかった者や届出を行わず決議に参加し得なかった者を含むすべての再生債権者に効力を及ぼしている。

(2) 再生のために債務を負担し又は担保を提供する者

再生債務者以外の者で，再生計画において再生債務者の債務を引き受けたり，保証を行ったり，連帯債務を負担するなど再生のために債務を負担した者や，再生計画により変更された権利の履行確保のために担保を提供した者に対しても，再生計画の効力は及ぶ（177条1項）。再生債務者以外の者が再生計画において債務を負担したり担保を提供した場合に再生計画の効力を及ぼさないと再生計画の実効性が何ら担保されないことになり妥当でないし，それらの者は再生計画にその旨の条項が定められることに予め同意しているのであるから（165条1項），その者に再生計画の効力を及ぼしても問題はないからである。

2 再生計画の効力の及ばない権利

(1) 共益債権及び一般優先債権

共益債権（119条）及び一般優先債権（122条）は，再生計画による権利変更の対象にはならない性質の債権であるから，再生計画の効力は及ばない。

(2) 別除権者が有する担保権

別除権者が有する担保権（特別の先取特権，質権，抵当権，商法又は会社法の規定による留置権のような53条1項所定のものに限らず，譲渡担保権等の非典型担保権を含む。）に対しては，再生計画の効力は及ばない（177条2項）。別除権は，再生手続によらずに権利行使できるものである以上（53条2項），再生計画による権利変更の対象とならず，また，被担保債権である再生債権が再生計画により権利変更されても別除権を行使する際の被担保債権の範囲に影響はない。

(3) 保証人に対して有する権利

再生債権者が再生債務者の保証人に対して有する権利にも再生計画の効力は及ばない（177条2項）。保証人には，単純な保証人のほか，連帯保証人も含まれる。

主債務が再生債務が再生計画により権利変更された場合には，附従性により保証債務も減免されるのが原則であるが（民448条），保証制度は主債務者が弁済できない事態に備えて責任を負う制度であるから，再生計画の効力が及ばないこととしたものである。

(4) 共同債務者に対して有する権利

再生債務者と共同して債務を負う者に対する権利にも再生計画の効力は及ばない（177条2項）。共同して債務を負う者とは，連帯債務者，不真正連帯債務者，合同債務者などをいう。

再生計画の効力が及ばないとした趣旨は，保証人の場合と同じである。

(5) 物上保証人等に対して有する担保権

再生債務者以外の者が再生債権者のために提供した担保に対しても再生計画の効力は及ばない（177条2項）。物上保証人に対して有する担保権のほか，担保目的物の第三取得者に対する権利，第三者の財産に対する留置権や先取特権等もこれに該当する。

別除権や保証人等の場合と同様，担保権は被担保債権の債務者が弁済でき

(6) 例　　外

　住宅資金貸付特別条項を定めた再生計画の認可決定が確定した場合は，法177条2項の適用を排除し，民法の原則に戻って，住宅資金貸付債権にかかる担保権や保証人に対しても効力を有するものとした（203条）。再生債務者の住宅の保持を目的とした住宅資金貸付特別条項付再生計画の制度趣旨を貫徹するには，担保権の実行や保証人への保証履行を制限する必要があるからである。

　なお，法178条により被担保債権や主債務が失権した場合も，177条2項の適用を排除すべきとの議論があるが，原則どおり，177条2項を適用すべきである。

［Ⅳ］　再生計画の効力の内容

1　再生債権の権利変更と権利行使
(1)　届出再生債権者及び自認債権者の有する再生債権

　再生計画の認可決定が確定し再生計画の効力が生じたときは，届出再生債権者及び自認債権者の有する再生債権（101条3項参照）は，再生計画の定めに従って権利変更される（179条1項）。

　再生計画の定めとは，債務の免除や期限の猶予など権利変更の一般的基準（156条参照）を定める再生計画の各条項をいう。したがって，たとえば再生計画に，再生債権の80％の免除を受け，残額を認可決定が確定した日の属する月の翌月末日に一括して弁済するという条項が定められている場合には，再生計画の認可決定が確定すると，債権額が元の再生債権額の20％に変更され，弁済期限が認可決定確定日の属する月の翌月末日まで猶予された権利内容に変更されることになる。

　この権利変更は，再生手続内に限った変更ではなく，実体的な権利変更である。もっとも，この権利変更は，再生計画の認可決定が確定して再生計画の効力が生じたことにより，その再生計画の権利変更に関する各条項に従い生じるものであるから，再生計画が取り消されれば権利変更の効力は遡及的

に失われる（189条7項）。また，再生計画の履行完了前に，再生債務者について破産手続の開始決定又は新たな再生手続の開始決定がなされた場合も同様である（190条1項本文）。

届出再生債権者及び自認債権者は，その有する再生債権が未確定の再生債権でない限り，再生計画により認められた権利変更後の債権を行使できる（179条2項）。未確定の場合に権利行使が認められないのは，権利の行使を認めると，その後権利の一部又は全部が否定された場合に，弁済として受領した金員の精算等の複雑な問題が生じるからである。

同様の理由から，届出再生債権者及び自認債権者であって，かつ別除権者（53条1項参照）である場合には，担保権を行使しても弁済を得られない債権の部分（別除権不足額）が確定した場合にはじめて，再生計画に認められた権利変更後の債権を行使できる（182条本文）。ただし，有する担保権が根抵当権でありその根抵当権の元本が確定している場合で，かつ，根抵当権者が同意しているときは，再生計画に仮払いに関する定めを設けることができ（161条2項・165条2項），かかる場合には，別除権不足額が確定する前であっても，極度額を超える部分について再生計画に定められた権利変更の一般的基準適用後の権利内容にて仮払いを受けることが出来る（182条ただし書）。

(2) **法181条1項各号に定める要件に該当する再生債権等**

届出再生債権者及び自認債権者が有する再生債権以外でも，後述する法181条1項各号に定める要件に該当する再生債権については，再生計画に定める一般的基準に従って権利変更される。ただし，再生債務者に知れたる債権で再生債務者が自認しなかった再生債権（181条1項3号）は，その権利行使について劣後的に取り扱われる（181条2項）。

また，再生手続開始前の罰金等（97条参照）については，再生計画に減免その他権利に変更を及ぼす定めをすることができないため（155条4項），権利変更はなされないが，権利行使については同様に劣後的取扱いを受ける（181条3項・2項）。

2 再生債権の免責（失権）

(1) 免責（失権）

再生計画の認可決定が確定したときは，届出再生債権者及び自認債権者が有する再生債権，法181条1項各号に該当する再生債権及び再生手続開始前の罰金等を除く再生債権については，再生債務者はその責任から免れ，再生債権者が有する再生債権は失権する（178条本文）。

手続に参加しなかった債権者の権利の処遇については，旧和議法のように免責を認めない考え方（非免責主義，旧和議法57条，旧破産法326条1項参照）と，会社更生法のように免責を認める考え方（免責主義，会更204条参照）があるが，民事再生法においては，再生計画に定めのない債権が存続することにより，再生計画の履行の確実性が損なわれ，再生債務者の再生に支障を来す等の理由から，原則，免責主義を採用することとし，失権させることによる不利益を緩和するため，自認制度（101条）や失権の例外規定（181条1項）といった制度的手当を施すとともに，失権効を有しない簡易再生や同意再生などの簡易型手続（第12章）を創設した。

免責の効果については，自然債務となるにすぎないとする考え方が有力であるが，自然債務として責任を残すことにより，事実上の弁済を期待する債権者の圧力等を助長し再生債務者の再生を阻害する危険性が大きく，また，自然債務として認める意義も少ないことから，債務が消滅するとの考えを支持したい[*3]。

(2) 失権しない再生債権

(a) 届出債権者等の有する再生債権（179条）

届出債権者が有する再生債権及び自認債権のように，再生計画に定めによって権利変更されその内容が確定される権利は，「再生計画の定め」によって認められた権利であり，失権しない（178条本文）。

(b) 再生手続開始前の罰金等（97条）

法97条に定める再生手続開始前の罰金等は再生債権であるが（97条において共益債権又は一般優先債権であるものが除かれている。），届出がなくても失権しない（178条ただし書）。ただし，再生計画で定められた弁済期間の終了後でなければ権利行使できない（181条3項・2項）。再生計画において減免その他の権

利変更を定めることができないため（155条4項），再生計画に記載を求める意味はなく，また，弁済時期が他の再生債権者より劣後しているため，弁済期間に弁済を受ける再生債権者の権利にも影響しないことから失権しないものとされている。

　(c)　**法181条1項各号に該当する再生債権**

　法178条本文にて失権の対象から除外されている「この法律の規定によって認められた権利」とは，181条1項各号に該当する債権である。

　前述のように，民事再生法が，原則失権主義を採用したことによる不利益を緩和するために認められたものである。なお，この規定は届出のない約定劣後債権については適用がない（181条本文かっこ書）。

　①　再生債権者がその責めに帰することができない事由によって債権届出期間内に届出ができなかった再生債権で，その事由が再生計画案の付議決定までに（95条4項）消滅しなかったもの（181条1項1号）

　この場合は，再生債権者に届出期間内の債権届出は期待できず，再生債権者に何ら落ち度がないことから失権を認めることは酷であり，また，失権させることは却って再生債権者間の平等にも反することから，例外的に失権しないこととしたものである。具体例としては，開始前に原因のある不法行為に基づく損害賠償請求権で具体的な損害が付議決定後に生じた場合などがあげられる[*4]。なお，再生債務者が消費者金融業者である場合のいわゆる過払金返還請求債権について，本号と後に述べる181条1項3号の適用をめぐって議論がある[*5]。

　これらの権利は，再生計画に定められた権利変更の一般的基準（156条参照）に従って権利変更され（181条1項本文），変更された内容に従って再生計画に定められた再生計画と同時期に支払われる（181条2項）。

　②　再生計画案の付議決定後に生じた再生債権（181条1項2号）

　たとえば，双方未履行双務契約について再生債務者により解除された場合の相手方の損害賠償請求権（49条5項）や否認の相手方の反対給付の価額償還請求権等（132条の2第2項2号・3号）など，例外的に付議決定後に生じうる再生債権についても，①同様，届出期間内の債権届出は期待できないことから，失権しないこととした。

権利変更等の取扱いについても①と同様である。

③ 再生債権者に知れたる債権で，再生債務者が自認しなかった再生債権（181条1項3号）

上述のとおり，再生債務者等が自認した債権については，再生計画に取り入れられ（101条3号・157条1項），債権届出がなされていなくても免責されない（179条）。再生債務者が再生債権の存在を知りながら自認しなかった場合に，その再生債権が失権するものとすれば，再生債務者が自認義務を履行しない事態が想定される。かような事態を防止するために，再生債務者が知っているにもかかわらず自認されなかった再生債権を政策的に失権しない取扱いとしたものである。なお，管理型における管財人も自認義務を負うが（101条3号参照），管財人が自認しなかった債権は原則どおり失権する。管財人が故意に任務懈怠を行うことは想定しがたいからである。

ただし，再生債権者にも届出を行わなかったという点において落ち度があることを考慮し，弁済時期については，開始前の罰金等と同様，再生計画が定める弁済期間の終了後とされている（181条2項）。弁済時期の終了後は，期限の猶予の定めまで適用する必要がなく，一括して請求できると考えられる[*6]。

(d) 簡易型手続

簡易再生手続（211条以下）及び同意再生手続（217条以下）においては，免責の規定（178条）及び179条の規定が排除されているから（216条・220条1項），再生計画に記載のない再生債権も失権せず，届出のない約定劣後再生債権及び開始前の罰金等を除くすべての再生債権が再生計画の権利変更の一般的基準に従い権利変更される（215条1項・219条2項）。

3 資本構成の変更

再生債務者が株式会社であって，再生計画に再生債務者の株式の取得，株式併合，減資，株式の総数についての定款変更及び募集株式（譲渡制限株式に限る。）を引き受ける者の募集に関する条項を定めたときは（154条3項・4項，161条及び162条），再生計画の認可決定の確定により再生計画の効力が生じると，株式の総数についての定款は株主総会の特別決議[*7]を経ることなく確定

と同時に再生計画の定めに従い変更され（183条6項），再生債務者の株式の取得，株式併合及び減資についても，株主総会の特別決議等[*8]を経ることなく，再生計画の定めに従い効力が生じ（183条1項・2項及び4項），募集株式の募集事項については，株主総会の特別決議ではなく[*9]取締役（取締役会設置会社においては取締役会の決議）によって定めることができることとなる（183条の2第1項）。

［V］ 再生債権者表への記載とその効力

再生計画の認可決定が確定したときは，裁判所書記官は，再生計画の条項を再生債権者表に記載しなければならない（180条1項）。

これにより，再生債権者表の記載は，再生計画により権利変更された再生債権について，再生債務者，再生債権者及び再生計画において再生のために債務を負担し，又は担保を提供する者に対して，確定判決と同一の効力を有することとなる（180条2項）。認可決定確定前は，再生債権者間でのみ確定判決と同一の効力が生じさせれば足りるが（104条3項・111条参照），認可決定が確定した後は，再生計画の履行を確保し，再生の目的を達成するために，再生計画の効力が及ぶ者すべてに対して，再生計画により権利変更された再生債権の内容について不可争性を確保することが必要だからである。

また，確定判決と同一の効力を有することにより，再生債権者は，再生債権者表を債務名義として再生債務者及び再生のために債務を負担した者に対し，強制執行することができる（180条3項）。更生手続終了後でないと強制執行ができない会社更生手続とは異なり（会更240条），原則 DIP 型である民事再生手続においては，再生計画の履行の確保を担保するために，再生手続の係属中であっても強制執行を認めることとしたものである。

なお，この制度は，債権調査及び確定の手続が前提となっているから，簡易再生及び同意再生においては本条の適用が排除されている（216条・220条）。

［Ⅵ］　中止した手続の失効

　再生計画の認可決定が確定したときは，法39条1項によって中止された破産手続及び再生債権に基づく強制執行，仮差押え，仮処分並びに財産開示手続は失効する（184条本文）。ただし，法39条2項に基づき続行された手続は失効しない（184条ただし書）。

　法39条1項は，再生手続が開始したことにより暫定的に手続を中止したものであるところ，再生計画の認可決定が確定し再生計画の効力が生じた場合に，清算手続である破産手続を維持する必要はなく，また，再生計画の効力により再生債権が権利変更され，計画に従った弁済がなされるステージに入っていることに鑑みれば，変更前の債権の実現を前提とする強制執行等を維持する必要もないからである。

　失効とは遡及的に手続の効力が失われることを意味すると解される。

［Ⅶ］　再生手続の終結

　再生計画の認可決定が確定したときは，監督委員又は管財人が選任されている場合を除き，再生手続は終結する（188条1項）。監督命令が取り消された場合も同様である。現実的には，ほとんどのケースにおいて，監督委員が選任されており，認可決定の確定により再生手続が終結するケースは多くない。

【南　　賢一】

＊1　本稿においては，いわゆる通常再生を中心に解説を加えており，原則として，小規模個人再生及び給与所得者等再生は解説の対象から除外した。

＊2　これに対し，更生計画は更生計画認可の決定時から効力を生ずるものとされている（会更201条）。①更生手続は管財人が手続遂行主体であるのに対し（会更72条1項），再生手続は原則再生債務者が手続遂行主体であり（38条1項），取消しに伴う事後処理に困難が生じる恐れが高いこと，②更生手続では裁判所の後見的機能が期待されること，③それが故に取り消されるリスクも少ないこと，④早期に更生計

画の遂行を始める必要があること，などがその理由として掲げられている。しかしながら，①いざ取り消されたときに事後処理が大変なのは同じであること，②近時会社更生実務においても更生会社の役員等が管財人となるいわゆる DIP 型会社更生手続という運用が行われている反面，再生手続における管理命令の発令も東京地裁における旧来の極めて謙抑的な態度が改められつつあり，またそうでない場合でも事実上申立代理人が主体的に手続を遂行していることが多いこと，などの事情を考慮すると，効力発生時期に差異を設ける合理性は見出しがたい。更生手続においても再生手続同様スポンサーが支援することが多いところ，スポンサーの立場としては，出資等を行うなどした後更生計画の効力が覆されるリスクはとれないものであり（実際，スポンサー型の更生案件では，スポンサーの出資等や弁済の開始時期を更生計画の認可決定確定時以降に定めている更生計画が数多く見られる。），立法論としては，更生計画の効力発生時期を民事再生同様，認可決定の確定にかからしめることを検討すべきではないかと考える。

* 3 法53条2項及び177条2項が，被担保債権又は主債務が減免（失権を含む。）された場合でも別除権や保証人への債権の行使に影響がないとしていることとの関係は，民事再生法が，これらの規定によりかような権利行使を認めたと考えれば問題ない（伊藤眞『破産法・民事再生法［第2版］』552頁（有斐閣，2009）参照）。

* 4 適用を認めた事例として，東京地判平成16年3月24日（判タ1160号292頁）。

* 5 議論の詳細は，山本和彦「過払金返還請求権の再生手続における取扱い―クレディア再生事件を手がかりとして」NBL892号12頁以下，高井章光「（株）クレディア再生事件について」事業再生と債権管理123号（2009）93頁以下，柴原多「消費者金融事業の再生」事業再生と債権管理123号（2009）101頁以下，中島弘雅「消費者金融会社の民事再生をめぐる問題点―過払金債権の取扱いを中心に」事業再生研究機構編『民事再生の理論と実務』312頁以下（商事法務，2010），才口千晴＝伊藤眞監修・全国倒産処理弁護士ネットワーク編『新注釈民事再生法下［第2版］』140頁以下〔馬杉榮一〕（金融財政事業研究会，2010）ほか参照。

　過払金返還請求権は，過払請求の前提である消費者金融会社からの借入れの事実を家族・親族などの親しい人に知られたくないといった特色があり，請求するかどうかが当人の意思にかなりの部分依存している債権であるといえる。かかる特色を前提とすれば，付議決定前に具体的に取引履歴の開示請求がなされた請求権以外は「知っている」（101条3項参照）債権とはいえず，自認義務はないと解すべきではないだろうか。（過払金返還請求権の時効の起算点や取引履歴の書類保管義務を考えると現実的ではないが）短期間にすべての過払金の計算が可能なシステムを有していた場合には自認義務を認めるべきとの見解もあるが，かかる見解によると，すべての過払金が失権せず弁済すべき債務として再生計画の履行の対象となり，履行義務を果たさない場合は再生計画の取消事由に該当することになるところ（189条

1項2号），現実問題としては，膨大な数の届出をしない債権者が予想され，かつ，それらの者の多くにおいて住所の変更等がなされている可能性があるため，弁済を完了することは極めて困難であるといわざるを得ない。また，権利行使をよしとしない債権者に対し，プライバシーを侵害する危険性も省みず弁済することが妥当なのかどうかも検討する必要があろう。かような観点から，過払金返還請求権に関する自認義務は，101条3項も「知っている」という文言を用いている以上，権利行使により再生債務者が現実に知っているかどうかを基準にすべきであると考える。

次に，181条1項1号に該当するかどうかが問題となるが，近時は，弁護士や司法書士の啓蒙活動もあり，過払金問題は社会問題として極めてポピュラーになっていることから，過払金返還請求権が性質上届出を期待できない権利であるとはいえず，当然に当号に該当するとはいえないと考えられる。もっとも，過払金の有無や金額は取引履歴の開示がないとわからないこと，権利行使するか否かについて検討する期間を与える必要があること，過払金返還請求権を有する債権者は一般消費者がほとんどであること等を考慮すると，届出期間や付議決定までの期間の長短，再生債務者に対する周知徹底の度合い（新聞やテレビ等のメディア等を使った啓蒙活動等）によっては，届出を期待できないと評価すべき場合もあるだろう。したがって，ケースごとの個別具体的な事情に基づき当号の該当性を考えるべきである。そういう意味では，沖縄の信販会社であるオークスの再生計画において，付議決定までの事情を考慮し，認可決定確定後1年以内に請求のあった過払金債権を失権させず，逆に1年経過後の請求について失権させているのは，181条1項1号の要件を具体的事情に従い再生計画の条項として具体化したものとして評価できる。

＊6 　前掲『新注釈民事再生法下［第2版］』138頁〔馬杉榮一〕，伊藤眞編集代表『民事再生法逐条研究　解釈と運用（ジュリスト増刊）』202頁〔深山卓也発言〕（有斐閣，2002）
＊7 　会社法466条・309条2項11号参照
＊8 　株式併合につき会社法180条2項・309条2項4号，減資につき447条1項・309条2項9号参照。なお，再生計画の定めによる再生債務者の株式の取得の制度は民事再生法によって創設的に定められた制度である。
＊9 　会社法199条2項・309条2項5号参照

■参考文献
注にて紹介したもの以外では，伊藤眞『破産法・民事再生法［第2版］』809頁以下（有斐閣，2009），松下淳一『民事再生法入門』150頁以下（有斐閣，2009），深山卓也＝花村良一＝筒井健夫＝菅家忠行＝坂本三郎『一問一答民事再生法』234頁以下〔花村良一〕（商事法務研究会，2000），園尾隆司＝小林秀之編『条解民事再生法（第2版）』825頁以下〔三木浩一・村上正子・畑宏樹〕（弘文堂，2007），才口千晴＝伊藤眞監修・全国倒産処理

弁護士ネットワーク編『新注釈民事再生法下［第 2 版］』117 頁以下〔須藤力・矢吹徹雄・馬杉榮一・土岐敦司〕（金融財政事情研究会，2010），西謙二＝中山孝雄編，東京地裁破産再生実務研究会著『破産・民事再生の実務［新版］下』289 頁以下〔西謙二＝小河原寧〕（金融財政事情研究会，2008）

57　再生計画認可決定確定後の手続

再生計画認可の決定が確定した後，再生計画の履行はどのようになされ，手続終結に至るのか。また，再生計画が取り消されたり，再生手続が廃止になったりするのは，どのような場合か。

解　説

[I]　再生計画の遂行

1　再生計画の遂行義務の対象

再生計画認可の決定が確定したときは，再生債務者等（管財人が選任されている場合は管財人。2条2号）は，速やかに，再生計画を遂行しなければならない（186条1項）。

再生計画の条項・記載事項を類型化すると，次の4種類に分類できる。

① 　絶対的必要的記載事項

再生計画に必ず定めなければならない事項として，全部又は一部の再生債権者の権利の変更に関する条項（154条1項1号），共益債権及び一般的優先債権の弁済に関する条項（同項2号）がある。また，該当事項があれば必ず再生計画に定めなければならない事項として，開始後債権の内容に関する条項（同項3号），未確定の再生債権に関する適確な措置の定め（159条），別除権者の権利行使に関する適確な措置の定め（160条）がある。

② 　相対的必要的記載事項

実行しない場合は再生計画への記載を要しないが，実行する場合は再生計画への記載が必要的とされる事項として，債権者委員会の費用負担に関する条項（154条2項），債務の負担及び担保の提供に関する定め（158条）がある。

③ 　法定の任意的記載事項

法定の任意的記載事項として，株式の取得に関する条項，株式の併合に関する条項，資本金額の減少に関する条項，発行可能株式総数についての定款変更に関する条項（154条3項），募集株式を引き受ける者の募集に関する定め（同条4項）がある。これらの事項は，再生計画に記載しなくても，会社法の規定に基づき実行することが可能であるが，再生計画に定めることにより，会社法の特例として特別な効力を持たせることができる。

④ その他の任意的記載事項

特別な法的効力を持たせることは出来ないが，再生計画に，①～③以外の事項を定めることも可能である。実務上，よく記載される事項として，株主の変更，将来の事業方針（リストラ策など），組織変更の方針（合併，事業譲渡，解散・清算など），人事変更の方針（役員変更など），弁済資金の調達方針（増資，借入れ，資産売却など），締結予定の別除権協定の内容などが挙げられる。

再生計画の中核は，再生債権者の権利変更，すなわち再生債権に対する弁済方法に関する条項であるが，遂行義務の対象となるのはこれに限られず，原則として，再生計画の条項すべてが遂行義務の対象になる。ただし，④のその他の任意的記載事項の中には，過去の事実の報告や，今後のことについても計画・努力目標にすぎず，遂行を約束する趣旨とは解されない事項が含まれることもある。このような記載事項は，遂行義務の対象ではない。遂行義務に違反した場合の効果は，遂行義務の対象となる事項によって異なる。この点は後述する。

2 再生計画遂行の監督

監督委員が選任されているときは，監督委員は，再生計画が遂行されるまで又は認可決定確定後3年間（188条2項），再生債務者の再生計画の遂行を監督する（186条2項）。実務上，全国のほぼ全ての裁判所が，原則として全件で監督委員を選任しており（全国各地の監督委員の選任状況や監督委員の役割については，村田典子「民事再生における監督委員の役割」事業再生研究機構編『民事再生の実務と理論』357頁（商事法務，2010）が詳しい。），再生計画遂行の場面において監督委員の果たすべき役割は決して小さくない。

監督委員は，指定事項について再生債務者に同意を与える権限（54条），指

定行為について再生債務者から報告を受ける権限（規則22条），並びに再生債務者から業務及び財産の状況につき報告を求め，再生債務者の帳簿等を検査する権限（59条）を有しており，これらの権限に基づき，再生計画の遂行状況を監督することになる[*1]。

再生計画の遂行が困難になったと認めた場合，監督委員は，再生計画の変更の申立て（187条1項）や再生手続廃止の申立て（194条1項）を検討することになる。

3 再生計画の遂行に困難を来した場合

再生計画の遂行が困難となる事情が生じた場合，再生債務者（代理人弁護士）としては，直ちに監督委員に状況を説明することが求められる。そして，再生債務者（代理人弁護士）と監督委員との間で，また必要に応じて，裁判所も交えて対応策が協議される。

具体的には，一時的に弁済が遅れるが，債権者に対して適切に説明することで了解が得られそうであれば，まずはそのような対応を行う。一時的な弁済の遅れに止まらず，弁済率や弁済時期を変更する必要があるのであれば，再生計画の変更を検討する。それでも対応できないほど収益状況が悪化している場合は，再生手続を廃止して破産手続に移行することも検討することになる。

［Ⅱ］ 再生計画の変更

1 再生計画変更の必要性

再生計画認可決定後，やむを得ない事由により，再生計画に定める事項を変更する必要が生じたときは，裁判所は，再生手続終了前に限り，再生債務者，管財人，監督委員又は届出再生債権者の申立てにより，再生計画を変更することができる（187条1項）。

再生計画は約定どおりに遂行されるべきである。しかし，再生債務者が誠実に努力したにもかかわらず，外部環境の変化により，再生計画の遂行に困難を来すこともある。このような場合に，常に再生手続を廃止して破産手続

に移行するとしたのでは，再生債務者の事業の再生が頓挫するばかりか，再生債権者としても回収できる債権額が減少し，さらには，民事再生手続制度と再生計画認可という事実とを信頼して，再生債務者との取引を継続し，あるいは新たに取引関係に入った者に重大な悪影響を与えることになる。

したがって，民事再生法の目的（1条）を達成し，再生手続に対する信頼を確保するためには，一定の要件と手続に基づき，再生計画の変更を認めて，計画の遂行を図ることが必要である。

2 再生計画の変更に当たるか否か

(1) 再生計画の変更の意義

再生計画の変更とは，再生計画によらなければなしえない実体的法律関係の変更又は形成に関する再生計画の条項を変更することをいう（伊藤眞＝田原睦夫監修全国倒産処理弁護士ネットワーク編『新注釈民事再生法下』154頁（金融財政事情研究会，2006）の定義による。）。

(2) 必要的記載事項の変更

再生債権に対する弁済率や弁済時期を変更することは，再生債権者の権利の変更に関する事項であり（154条1項1号。絶対的必要的記載事項，前述Ⅰ1①参照），再生計画の変更に当たる。

また，再生計画では，通常認可決定確定時に債務免除を受ける旨定められるケースが多いが，債務免除益課税への対応として，債務免除の時期を調整することがある（事業再生研究機構編『新版 再生計画事例集』29頁（商事法務，2006）。なお，合理的な理由なく，債務免除の発生時期を調整した場合は，法人税法上否認されるリスクがある点に注意が必要である（同書同頁）。）。そこで，認可決定確定後，債務免除の効力が生じる前に，債務免除の時期について変更する必要が生じた場合も，再生計画の変更の手続を行うことになる。

絶対的必要的記載事項でも，共益債権及び一般的優先債権の弁済に関する条項については，これらの債権は再生手続外で随時弁済されるものであり（121条1項・122条2項），再生計画によらなければなしえない実体的法律関係の変更又は形成に関する条項ではないので，再生計画変更の対象とはならない。

(3) 法定の任意的記載事項の変更

株式の取得や募集株式を引き受ける者の募集に関する定め等（154条1項3号・4号。法定の任意的記載事項，前述Ⅰ1③参照）について，再生計画に基づき株式の取得等が実行された後に，再度これらの手続を実行する必要が生じた場合は，会社法の規定に基づき行えばよいのであって，再生計画の変更の問題ではない。

これに対し，再生計画に定められた株式の取得等を遂行する前の時点で，これらの事項を変更する場合は，再生計画の変更が必要になる。

(4) その他の任意的記載事項の変更

その他の任意的記載事項（前述Ⅰ1④参照）については，再生計画によらなければなしえない実体的法律関係の変更又は形成に関する条項ではないので，これらの事項について変更の必要が生じたとしても，再生計画変更の問題ではない。

3 再生計画変更の要件

(1) やむを得ない事由の存在

再生計画の変更は，やむを得ない事由の存在を要する（187条1項）。

やむを得ない事由とは，再生計画策定時には予測困難な事由であって，仮にそのような事由を予想していれば，異なる内容の再生計画を策定していたであろうと考えられる程度に重大なものである。ただし，再生計画の変更が，再生債務者のみならず再生債権者と利害関係人の利益に資すること，また再生計画の変更のためには，法187条に定める手続を踏む必要があり，再生債権者の保護が確保されていることからすると，上記の予測困難性や重大性をあまり厳格に捉えることは適切でない。

やむを得ない事由の具体例としては，自然災害，経済情勢の変化，得意先や主要仕入先の倒産，火災などによる事業用設備の消失などが挙げられる。

(2) 再生手続終了前であること

再生計画の変更は，再生手続終了前に限られる（187条1項）。

したがって，監督委員が選任されている場合は，認可決定確定から3年経過で再生手続が終結するので（188条2項），再生計画の変更はこの期間に行わなければならない。再生手続終了後に，再生計画に定める弁済率や弁済時

期を変更する必要が生じた場合は，再生債権者との間で個別合意をするほかない。

　そこで，長期分割弁済を内容とする再生計画の事案で，業績が計画に比して下振れしているような場合，再生債務者（代理人弁護士）としては，認可決定確定から3年が経過する前の時点で，その後の収益状況を予測し，再生計画変更の必要がないかを検討することが望ましい。

4　再生計画変更の手続
(1)　申立ての方法

　申立権者は，再生債務者，管財人，監督委員又は届出再生債権者である（187条1項）。申立てに際しては，申立書に，変更を必要とする事由を具体的に記載し，申立てと同時に変更計画案を提出する（規則94条）。なお，変更計画案の内容は，債権者平等原則，清算価値保障原則など，再生計画と同様の要件を満たさなければならない

(2)　再生債権者に不利な影響を及ぼす場合

　変更案が再生債権者に不利な影響を及ぼす場合は，再生計画案の提出があった場合の手続に関する規定（決議方法につき169条2項，可決要件につき172条の3第1項）が準用される（187条2項）。ただし，変更案によって不利な影響を受けない再生債権者は，手続に参加させることを要せず，また，変更計画案について議決権を行使しない者（決議をするための債権者集会に出席した者は除く。）であって，従前の再生計画に同意したものは，変更計画案に同意したものとみなされる（187条2項ただし書）。

(3)　有利・不利の具体例
(a)　弁済率・弁済時期の変更

　再生債権について，弁済率を低くしたり，弁済時期を遅らせたりすることが，再生債権者にとって不利な変更であることは明らかである。これに対し，弁済時期の単なる繰上げは再生債権者にとって有利であるが，弁済期までの中間利息を控除するような場合は，債権者にとって一概に有利とは言えない。

(b) 債務免除の時期の変更

　債務免除の時期の変更（前述2(2)参照）について，債務免除の時期を遅らせることは，債権者にとって特に不利ではない。逆に，債務免除の時期を早めることは，形式的には債権者にとって不利のようにも思われるが，再生債権は，再生計画の定めるところによらなければ弁済をすることも弁済を受けることもできないため（85条），債務免除の時期が前倒しになっても，有利不利は生じない。仮に，再生債務者が再生計画の履行を怠り，再生計画が取り消された場合は，再生計画によって変更された再生債権は，原状に復するため（189条7項），再生計画による減免や期限の猶予の効力は消滅し，再生債権者は，再生債権者表のとおり執行力を有する（189条8項・185条）。また，再生債務者に廃止事由が認められ，再生手続が廃止した場合，運用上，ほとんどの裁判所において，法人については全件職権破産がなされていると思われ，破産手続開始決定がされた場合，再生債権は原状に復するので（190条1項2項・185条），取消しの場合と同様である。以上のとおり，再生債務者が，再生計画どおりに履行した場合，仮に再生計画が履行できなかった場合，さらには廃止になった場合，いずれの場合も，債務免除の時期の前倒しは，債権者にとって不利でなく，債務免除の時期の変更は債権者に不利な影響を及ぼすものではない。

(c) 株式の取得や募集株式を引き受ける者の募集に関する定め等の変更

　株式の取得や募集株式を引き受ける者の募集に関する定め等（前述2(3)参照）は，会社の資本の問題であり，これらに関する事項を変更しても，再生債権者にとって直接不利益は生じないようにも思われる。しかし，再生計画に基づく資本構成の再構築は，再生債務者の財務内容・財務体質を改善するという側面があり，再生債権に対する弁済の履行に重大な影響を与える。したがって，これらの事項の変更は，内容により，再生債権者に不利な影響を及ぼす場合があると言うべきである。

　変更案が再生債権者に不利な影響を及ぼすと認められる場合は，再生計画案の提出があった場合の手続に関する規定が準用され（187条2項），債務超過要件の存否（166条2項・166条の2第3項）が問題となる。この点，変更の手続も同一の再生手続でされるものである以上，債務超過の基準時は再生手続

開始時と解すべきである。
  (4) 再生計画変更の効力等
  再生計画変更の決定に対しては，即時抗告することが出来る（187条3項・175条）。棄却の決定に対しては，即時抗告できない（9条）。再生計画変更の効力は，変更決定の確定により生じる（187条3項・176条）。

［Ⅲ］ 再生手続の終結

1 監督委員が選任されている場合

実務上は，認可決定確定時点で，監督委員が選任されているケースが大半である。この場合，裁判所は，再生計画が遂行されたとき，又は再生計画認可決定が確定した後3年を経過したときは，再生債務者若しくは監督委員の申立てにより又は職権で，再生手続終結の決定をする（188条2項）。

再生計画が遂行されることが確実であって，監督の必要性が乏しい場合であっても，再生手続を終結させることは出来ない（188条3項参照）。ただし，実務上，このような場合には，裁判所が監督命令を取り消して，終結決定をすることもある。

2 管財人が選任されている場合

管財人が選任されている場合，裁判所は，再生計画が遂行されたとき，又は再生計画が遂行されることが確実であると認めるに至ったときは，再生債務者若しくは管財人の申立てにより又は職権で，再生手続終結の決定をする（188条3項）。

3 監督委員も管財人も選任されていない場合

監督委員も管財人も選任されていない場合は，再生計画認可決定が確定したときは，ただちに再生手続は終結する（188条1項）。ただし，実務上，全国のほぼ全ての裁判所が，原則として全件で監督委員を選任しており，このようなケースは，あまりないと思われる。

[IV] 再生計画の取消し

1 再生計画の取消事由と申立権者
(1) 再生計画の不正成立
再生計画が不正な方法により成立した場合は、裁判所は、再生債権者の申立てにより、再生計画取消しの決定をすることができる（189条1項1号）。ただし、再生債権者が再生計画認可の決定に対する即時抗告で再生計画の不正成立を主張したとき、若しくはこれを知りながら主張しなかったとき、再生債権者が不正成立を知ってから1月を経過したとき、又は認可決定確定から2年を経過したときは、取消しの申立てができなくなる（189条2項）。

「再生計画が不正な方法により成立した」とは、再生計画の不認可事由である「再生計画の決議が不正の方法によって成立するに至ったとき」（174条2項3号）と同義であり、議決権を行使した再生債権者が詐欺、強迫又は不正な利益の供与等を受けたことにより再生計画案が可決された場合はもとより、計画案の可決が信義則に反する行為に基づいてされた場合も含まれる（民再174条2項3号の解釈に関する最高裁判例として、最決平成20年3月13日民集62巻3号860頁。）。

(2) 再生計画の不履行
再生債務者等が再生計画の履行を怠った場合は、裁判所は、未履行債権の10分の1以上の債権を有する再生債権者の申立てにより、再生計画取消しの決定をすることができる（189条1項2号・3項）。

なお、「再生計画の履行を怠った場合」の「履行」は、再生計画の「遂行」（186条）概念とは異なり、再生債権に対する弁済義務の履行（154条1項1号・156条・157条）を意味する。再生債務者が、再生債権に対する弁済以外に関する再生計画の条項を怠ったとしても、再生計画を取り消すことはできない。

(3) 再生債務者の違反行為
再生債務者が、要許可事項とされた事項（41条1項）を許可なく行い、若しくは許可事項（42条1項）である事業譲渡を許可なく行い、又は監督委員の同意事項として指定された事項（54条2項）を同意なく行った場合は、裁

判所は，再生債権者の申立てにより，再生計画取消しの決定をすることができる（189条1項3号）。

2　再生計画取消しの効果等

再生計画取消しの決定，棄却する決定のいずれに対しても，即時抗告をすることが出来る（189条5項）。再生計画取消しの決定は，確定により効力が生じる（189条6項）。

再生計画取消しの決定が確定すると，再生計画よって変更された再生債権は，原状に復する。すなわち，再生計画による減免や期限の猶予の効力は消滅し，再生債権者は，再生債権者表のとおり執行力を有することとなる（189条8項・185条）。ただし，再生債権者が再生計画によって得た権利に影響を及ぼさない（189条7項）。したがって，再生計画取消決定の確定までになされた再生債権の弁済の有効性は失われない。

［V］　再生計画認可後の手続廃止

1　再生計画認可後の手続廃止

再生計画認可決定の確定後，再生計画が遂行される見込みがないことが明らかになったときは，裁判所は，再生債務者等若しくは監督委員の申立てにより又は職権で，再生手続廃止の決定をしなければならない（194条）。

再生債務者は，原則として，再生計画の条項すべてを遂行すべき義務を負っているが（186条1項。前述Ⅰ1），再生計画の中核は，再生債権者の権利変更，すなわち再生債権に対する弁済方法に関する条項（154条1項1号）である。再生債権に対する弁済が可能であるにもかかわらず，再生計画の他の条項が遂行されないからといって，手続を廃止したのでは，かえって再生債権者に不利な影響を及ぼす。したがって，再生手続が廃止されるのは，再生債権に対する弁済を履行する見込みがないことが明らかな場合に限ると解する。

この考え方に対しては，たとえば再生計画にいわゆる100％減増資に関する定めがある場合，再生債権者としては，株主責任が果たされることを前提

に賛成票を投じたのであるから，これが遂行されない場合は，手続の廃止がされるべきであるとの見解もあり得えよう。

しかし，このような場合は，事案の内容により，議決権の行使が詐欺に基づく，あるいは再生計画案の可決が信義則に反する行為に基づいてされたとして，再生計画の取消しで対応すれば足りると解する。

2 再生手続廃止の効果等

再生手続廃止の決定に対しては，即時抗告をすることが出来る（195条2項）。再生手続廃止の決定は，確定により効力が生じる（195条5項）。

再生計画遂行の見込みがないことを理由として，再生手続が廃止になるケースでは，当該再生債務者には，破産原因となるべき事実が存する可能性が極めて高く，法人の再生手続の場合は，裁判所は職権で破産手続開始の決定をするのが大半と思われる（250条）。この場合，再生債権は原状に復することになる（190条1項2項・185条）。

【簔毛　良和】

* 1　もっとも東京地裁では，再生計画認可決定後は，要同意事項・要報告事項の指定がされない運用となっており，これらの権限が再生計画遂行の監督に用いられてはいない。しかし，これは運用の問題であり，再生計画の遂行状況に問題が生じるケースが多発するような事態になれば，上記の東京地裁の運用が変わる可能性もある。これに対し，たとえば大阪地裁では再生計画認可後も，①重要な財産の処分及び譲受け，②多額の借財が要同意事項として，①従業員の給与改定及び賞与等の一時金の支給，②従業員の解雇並びに退職金及び解雇予告手当等の一時金の支給，③再生債務者の会社組織変更に関する行為が要報告事項として，それぞれ指定されており（全国倒産処理弁護ネットワーク編『通常再生の実務Q&A120問　全倒ネットメーリングリストの質疑から』336頁（金融財政事情研究会，2010）），監督委員の同意権限・報告受領権限が再生計画遂行の監督に用いられている。

■参考文献
園尾隆司＝小林秀之編『条解民事再生法』（弘文堂，2007）
伊藤眞＝田原睦夫監修全国倒産処理弁護士ネットワーク編『新注釈民事再生法（下）』（金融財政事情研究会，2006）

福永有利監修四宮章夫＝高田裕成＝森宏司＝山本克己編『詳解民事再生法　理論と実務の交錯』（民事法研究会，2009）
兼子一＝三ケ月章『条解会社更生法（下）』（弘文堂，1986）
深山卓也ほか『一問一答民事再生法』（商事法務，2000）
東京地裁破産再生実務研究会著『破産・民事再生の実務［新版］』（下）（金融財政事情研究会，2008）
伊藤眞『破産法・民事再生法［第2版］』（有斐閣，2009）
全国倒産処理弁護士ネットワーク編『通常再生の実務Q&A120問　全倒ネットメーリングリストの質疑から』（金融財政事情研究会，2010）
事業再生研究機構編『新版　再生計画事例集』（商事法務，2006）
事業再生研究機構編『民事再生の実務と理論』（商事法務，2010）

感慨と追想をこめて跋文

　民事再生法（以下「本法」という。）の制定・施行に尽力された三宅省三先生が逝去されて瞬く間に10年の歳月が過ぎ去った。本書が三宅省三先生追想編集として刊行されることは，先生の実務法曹家としての実績，特に通称「倒産弁護士」としての活躍と本法をはじめとする倒産法制の改正及びその展開とを併せ考えれば感慨深くかつ意義のあることである。

　三宅先生は，才気煥発にして実践力の卓抜した弁護士であり，東京弁護士会の各種役職を歴任し，また同弁護士会の法律研究部の一つである倒産法部会（1981年）や東西倒産実務研究会（1986年）の発足に尽力されたのみならず，法制審議会の委員として民事訴訟法部会や倒産法部会において八面六臂の活躍をされた。そして，奇しくも本法が施行された年である2000年10月17日，弁護士としての熟年期である66歳で志半ばにして夭折された。先生の早世は法曹界にとって大きな痛手であったが，その意思を継ぐ門下生はあまたを数え，現在，倒産処理手続に関与して活躍中の弁護士のみならず学者や裁判官にも先生の謦咳に接し，あるいは薫陶を受けた者が多いのがせめての慰めである。

　本書の初版は，本法が施行されてその定着と運用が危ぶまれていた時期である2000年4月25日，実務書の先駆けとして刊行され，編集者であった三宅先生は，その序文において，「民事再生法の成否は法施行の5年間の運用にかかっている。」と予測された。新再生手続は首尾よく定着して施行後10年を経過し，運用の実をあげているが，今や先生ご指摘の「民事再生法の成否」につき真価が問われる時期に至った。往時の先生の面影を追憶しつつ，改めてその慧眼に感服するものである。

　かくいう自分は，先生の後任の倒産法部会委員として倒産法制の改正作業に携わり，本法制定の直前には，先生とともに本書の編集者である園尾隆司判事（当時東京地裁破産部裁判長）が試みた和議手続を題材にした民事再生手続

の試行作業に協力するなどして和議の「新再建手続」移行への確信を深めたりもした（園尾隆司「民事再生法の制定とその後の倒産処理手続の展開」本書1参照）。そして，制定・施行後は申立代理人や監督委員を経験し，青天の霹靂で弁護士任官判事として最高裁判所に赴き，在任中は膨大な事件処理の中で稀に担当する倒産事件の決定や判決にも関与するなどして約5年の職責を終えて無事退官し，再び弁護士に登録して古巣に戻った。昨今は往時を振り返り，折りに触れて各種事件の実情を垣間見ながら，倒産事件の来し方行く末を改めて見定めているところである。

　「10年一昔」の譬え言があるが，本法制定の道行きとその展開の10年は刮目に価するものがあり，立法関与者そして実務家かつ裁判官であった者としてひとまずの安堵を覚えるとともに行く末については自省の念を含めて憂慮することもある。

　そもそも，本法は，硬直的で予見可能性に乏しいうえに使い勝手が悪く，巷間「詐欺法」とまで喧伝された旧和議法を特化させて立法化した再生手続である。その淵源は米国連邦倒産法CHAPTER11（再建手続）にあるが，我が国の倒産事件処理の実情を踏まえ，「簡素」「迅速」「予測可能」な手続の創設として立案された。施行後，運用の成果が確認された後は，その手法は会社更生法にも移入されて我が国の倒産処理法制整備を牽引し，今や倒産法制の一般法的な役割を務めるところとなった。

　しかし，再生の手法は，いわゆる「DIP」（債務者自らの管理）による再建であり，前記CHAPTER11のような厳重な制裁や罰則等は規定されておらず，かつ手続は管理型ではなく，監督委員による第三者的な監督型にとどめている。経済状況の変動に伴う倒産事件の激増への法的対応は「DIP」型の再生に依拠を求め，この方式は再生債務者あるいは代理する弁護士の属性や資質ともいうべき公平にして誠実かつ倫理性に依存せざるを得ない宿命を背負った手続である。そのため立法過程においても再生債務者の地位や第三者性，特に公平誠実義務については議論を尽くしてできるかぎり条文化に努め，あるいは手続の担い手である弁護士の研鑽のため『民事再生手続と弁護士業務Q&A』（日本弁護士連合会民事再生法に関する倫理問題検討ワーキンググループ編，2003年3月）を刊行し，これを倒産事件関与の弁護士にとどまらず全会員に

無償で配付するなどして手続の健全な定着と啓蒙などにも努めた。

　その結果，手続は重宝がられて早期に定着し，いまや事業再生の手段として広く経済社会に認知されるまでに成長したことは喜ばしいことであるが，昨今，手続の幅広い利用に伴い安易な申立てや手続の逸脱や違法な事例が散見されるようになったことはゆゆしきことである。さらに2004年の破産法改正に伴い，本法の全体的見直しのみならず破産犯罪その他の倒産犯罪の処罰条項が整備されたものの，所詮，手続の骨格は再生債務者を「信頼に足りる機関」であると認識して設定・運用されている制度であるから今後も安易あるいは濫用的な申立てがなくなるとは思えない。使い勝手がよく優れた制度の恒常的発展は，これを利用する当事者並びに運用の担い手である関係者の良心と自律・自戒等に待つしかなく，今まさに三宅先生がご懸念の「民事再生法の成否」が問われる正念場に立ち至ったと言える。

　かかる時機に実務書として先鞭をつけた本書が装いも新たにして刊行されることは時宜を得たものである。特に，編集者には園尾隆司，山本和彦，中島肇，池田靖氏という斯界の第一線で活躍する実務家，学者，愛弟子があたり，執筆者には，実務に通暁しているのみならず，これを理論的に検証し，あるいは体系化することの力量を備える各エキスパートを配して，裁判所，関係機関，学者の方々の協力を得て刊行されたことに対して深甚の敬意と三宅先生追想の念を表するものである。

　終わりに，本書の企画，編集，校正作業等の万端にわたり格別のご尽力を頂いた倉成栄一氏をはじめとする株式会社青林書院編集部の諸氏に心より感謝を申し上げる。

　民事再生法施行10年，同法の産みの親ともいうべき三宅省三先生の温顔を瞼に偲びつつ，10年目のご命日に跋文としてこれを捧げる。

　2010（平成22）年10月17日

前最高裁判所判事・弁護士
才　口　千　晴

事項索引

【あ行】

アセット・マネジャー……………… 320
アメリカ連邦倒産法における自動停止制度
　………………………………………… 173
異議書面……………………………… 491
異議訴訟……………………………… 495
異議の訴え…………………………… 376
意見書提出…………………………… 430
意見聴取……………………………… 139
　営業譲渡に関する――……………… 240
移送事例……………………………… 157
一時停止の通知……………………… 50
一括清算ネッティング……………… 296
一般先取特権………………………… 514
一般優先債権……………………… 41, 458
一般優先債権者の申立権…………… 147
茨城ロイヤルCC事件……………… 606
違約金特約…………………………… 289
ウィルコム…………………………… 202
請負契約……………………………… 277
閲覧謄写……………………………… 76
お台場アプローチ…………………… 104
オプション取引……………………… 295
オペレーティング・リース………… 558
オリジネーターからの倒産隔離…… 567

【か行】

外国管財人…………………………… 148
　――による承認申立て……………… 65
外国財産を原資とする任意弁済…… 64
外国人及び外国法人………………… 150
外国倒産処理手続の承認援助に関する法律… 66
外資系のファンド…………………… 131
開始決定の時期……………………… 243
開始決定前の借入金等の共益債権化… 469
開始後の不履行による損害賠償及び違約金
　………………………………………… 474
開示制限……………………………… 78
会社分割…………………………… 23, 90
　――と消費税………………………… 95
　――と不動産取得税………………… 95
　――の詐害行為取消し……………… 98
回収金口座への質権設定…………… 572
価額決定の請求……………………… 529
家電量販店…………………………… 166
株主…………………………………… 42
簡易再生……………………………… 126
簡易再生決定の要件………………… 128
管轄
　――に関する立法上の提言………… 159
　――の拡大…………………………… 7, 155
　――のない申立て…………………… 156
管財人………………………………… 437
監督委員…………………………… 28, 427
管理型民事再生……………………… 38
企業再生支援機構…………………… 53
議決権
　――の不統一行使…………………… 599
　社債権者の――……………………… 598
期限切れ欠損金の損金算入制度…… 401
期限の利益喪失約款………………… 563
共益債権……………………………… 467
　――化の許可・承認……………… 204, 263, 428
許認可の承継………………………… 95
記録の閲覧謄写……………………… 74
銀行債権……………………………… 456
金銭の納付と担保権の登記の抹消… 533
金融機関団との交渉………………… 216
金利スワップ契約…………………… 306
クロス・ライセンス………………… 291
継続企業価値………………………… 393
契約関係の承継……………………… 94
欠損金の繰越し……………………… 400

646　事項索引

欠損金の取扱い……………………………400
建設機材等リース業………………………167
現存利益の有無についての判断基準……344
牽連破産……………………………………465
　　──の開始…………………………379
高額の商取引債権への弁済………………165
公告・送達・通知…………………………83
公租公課・労働債権………………………41
公認会計士による補助……………………429
公認会計士報酬……………………………213
衡平公正原則………………………………43
衡平考慮規定………………………………56
公平誠実義務………………………………408
公募ファンド…………………………319,323
国際倒産……………………………………61
国際倒産事件の債権者平等………………64
国内倒産処理手続優先の原則と例外……66
個人再生手続………………………………134
コミングル・リスク………………………571
雇用契約……………………………………282
ゴルフ会員権担保の方法…………………553
ゴルフ会員権の形態………………………552
ゴルフ場……………………………………167

【さ行】

債権者委員会………………………………444
債権者会議………………………………49,55
債権者集会…………………………………26
債権者説明会……………………………22,199
債権者申立事件の審理……………………247
債権譲渡担保………………………………542
債権届出の追完……………………………483
債権の調査と確定…………………………488
債権の届出…………………………………476
再建の見通し………………………………215
財源不足の場合の措置……………………464
財産…………………………………………267
財産評定……………………………………391
　　──と監督委員の関与…………429
財産目録及び貸借対照表…………………397
再生計画

──取消しの効果等………………………637
──によらない事業譲渡…………………24
──の決議…………………………………592
──の遂行…………………………………628
──の認可の要件…………………………603
──の変更…………………………………630
──の類型と条項…………………………580
──の履行…………………………………26
再生計画案………………………………23,25
　　──の作成提出……………………270
再生債権
　　──に関する訴訟手続……………256
　　──の調査・確定…………………269
　　──の届出……………………………478
再生債権者表………………………………501
　　──記載の効力………………506,623
再生債務者
　　──の権限の拡張…………………263
　　──の第三者性…………………17,410
　　──の地位…………………………261,406
再生事件連絡メモ…………………………21
再生手続の終結……………………………635
最低弁済基準額……………………………138
裁判地（venue）の概念……………………161
債務者の財産関係に関する訴訟手続……255
債務超過の判断……………………………394
債務の承継…………………………………96
債務不履行解除……………………………561
裁量移送制度………………………………154
詐害行為否認………………………………334
詐害信託の否認……………………………309
詐害的会社分割……………………………97
差額償還……………………………………344
詐欺再生罪…………………………………8
先物取引・先渡取引………………………294
査定
　　──の決定……………………………494
　　──の裁判…………………………370,493
サービサー・リスクの回避策……………577
産活法……………………………………50,55
仕入れの停止………………………………224

事項索引 647

敷金返還請求権の共益債権化…………286	――の保護…………………………162
事業再生ADR……………………………49	情報開示………………………………79
事業承継……………………………………91	情報公開………………………………72
事業譲渡………………………90,254,265	消滅時効の中断の効力………………122
事業譲渡・スポンサー契約と監督委員……432	書面投票型……………………………595
事業の証券化……………………………564	自力再生型とスポンサー型…………580
資金調達のビークル……………………565	信託……………………………………308
時効中断…………………………………378	信託財産と再生手続との関係………314
――と認否書………………………382	新聞公告………………………………230
自己信託…………………………………573	遂行可能性……………………………606
資産管理会社（プロパティ・マネジャー）…321	水道，電気，ガス……………………471
資産の評価損益と所得計算……………398	スケジュール………………………21,27
事前相談……………………………………22	スポンサー………………………103,132
下請先・材料納入業者への配慮………218	スポンサー契約………………………107
自庁処理を許容する規定の創設………160	スワップ取引…………………………294
失権しない再生債権……………………620	清算価値………………………………391
執行停止効の制限…………………………83	清算価値保障原則…………………391,612
私的整理……………………………2,11,48	清算を目的とする申立て…………12,584
私的整理ガイドライン…………11,48,171	瀬戸内海国際マリンホテル…………166
資本（株主）構成の変更…………39,622	セール・アンド・リースバック……133
社会保険の保険料………………………460	相殺と相殺禁止………………………353
社債管理者等の費用……………………470	増資手続………………………………325
収益執行中止命令………………………185	双方未履行契約………………………272
収益弁済型と一括弁済型………………585	双方未履行双務契約の解除…………310
集会開催型………………………………594	即時抗告…………………………………83
集会期日の続行…………………………601	即日面接……………………………………3
従業員対策………………………………221	そごう…………………………………454
集合債権譲渡担保………………189,514,542	組織再編…………………………………43
集合動産譲渡担保………………………514,537	租税債権………………………………460
住宅資金貸付債権の特則………………140	ソフトバンクモバイル………………576
住宅資金特別条項に関する特例………122	損害金の算定…………………………306
受益者についての民事再生……………317	損害賠償及び違約金…………………474
少額管財手続………………………………3	損害賠償の査定………………………366
少額債権	損金経理………………………………398
――の早期弁済制度………………252	
――の弁済…………………………202	【た行】
商社金融……………………………………54	第三国にある財産等……………………71
上場廃止基準……………………………328	第三者性の付与と公平・誠実義務…417
商事留置権………………………………513	第三者弁済……………………………120
譲渡担保権………………………………514	代替許可…………………………………92
商取引債権………………………………455	代表者以外の役員の会社事件への併合申立て

648　事項索引

……………………………………… 161
代用公告…………………………… 229
代理委員…………………………… 441
担保権実行手続の中止命令……… 40,141
担保権者の権利変更………………… 9
担保権消滅許可における申出額… 396
担保権消滅請求………………… 99,524
　　──と監督委員………………… 433
担保権の実行手続の中止命令…… 183
担保権の処遇……………………… 512
担保権の登記の抹消（金銭納付による）… 533
担保取引…………………………… 295
担保の実行………………………… 203
チェンジオブコントロール条項… 590
チャプター11…………………… 9,109
中止命令の効果…………………… 194
中止命令の類推適用……………… 190
中小企業再生支援協議会………… 51
中小企業弁済……………………… 202
中途解約の正当性………………… 306
調査委員……………………… 22,435
　　──による調査………………… 263
賃貸借契約……………………… 279,284
賃貸人からの契約解除…………… 288
賃料債権等の取扱い……………… 288
通知費用…………………………… 210
定額予納金………………………… 213
抵当権の実行手続の中止命令…… 141
手形の譲渡担保………………… 514,545
手続開始の効力…………………… 249
手続競合…………………………… 45
手続参加と催告の抗弁，検索の抗弁… 113
手続参加の費用の請求権………… 474
デベロッパーの倒産……………… 574
デポジット制……………………… 455
デューディリジェンス…………… 105
デリバティブ取引………………… 293
電気通信事業……………………… 169
ドイツの自己管理手続…………… 413
同意再生…………………………… 126
　　──の決定の要件……………… 128

導管性要件………………………… 327
登記・通知の簡素化……………… 7
東京・大阪地裁の競合管轄……… 160
倒産解除条項……………………… 560
　　──の有効性…………………… 288
倒産解除特約………………… 190,258
倒産隔離機能……………………… 308
動産，債権及び手形の譲渡担保… 535,545
投資運用会社（アセット・マネジャー）… 321
特定通常実施権登録簿への通常実施権の登録
……………………………………… 291
特別条項付再生計画……………… 142
特別清算…………………………… 409
届出のない債権と消滅時効……… 387
取立金返還債務…………………… 364

【な行】

二次破綻…………………………… 10
日本航空……………………… 168,202
ニューシティレジデンス投資法人… 319
認可決定確定の効力……………… 616
認否書……………………………… 489
根抵当権の特則…………………… 522

【は行】

売買契約と双方未履行…………… 281
破産手続移行等と監督委員……… 433
バックアップサービサー………… 573
非典型担保………………………… 525
　　──の中止命令………………… 186
否認権……………………………… 331
　　──の行使……………………… 432
　　──の相対的効力……………… 341
　　──の物権的効果……………… 340
　　──を行使する主体…………… 348
否認権行使の効果………………… 340
否認権・相殺禁止………………… 304
否認の登記………………………… 345
被申立適格………………………… 149
100％増減資………………………… 39,42
平等原則（155条1項本文）……… 587

平林ビル事件·················608
ファイナンス・リース·············558
ファースト・レフューザル・ライト·····108
付議決定····················26
普及主義····················62
複数の債権のうち一つの債権の弁済·····118
「不正の方法」の解釈·············607
不足額責任主義················516
不足額の行使·················516
物権的請求権·················449
物上代位中止命令···············185
物上保証人··················119
不動産の流動化事例··············576
不動産流通税軽減措置·············327
フランスの簡易手続··············413
ブレイクアップフィー·············109
プレ DIP ファイナンス··········56,111
プレパッケージ型············102,585
——の語源·················590
分別の利益··················115
並行倒産····················65
——手続における管財人間の協力等·····68
米国連邦倒産法 CHAPTER11········9,642
併用型····················595
別除権
　——の届出·················519
　——の被担保債権の届出と時効中断····380
　——の目的物の受戻し············517
別除権協定············40,216,270,559
別除権者の届出················478
別除権未行使者の適確措置条項········521
別除権予定不足額の判断············395
弁済禁止の除外債務··············163
弁済禁止の保全処分··············562
弁済等の禁止·················250
弁済率···················9,14
偏頗行為否認···············338,347
包括的禁止命令···············7,172
　——の解除·················179
　——の効力·················175
　——の発令要件···············174
　——の濫用·················179
包括的ライセンス契約·············291
報告書の提出·················266
保証債務
　——の時効中断効··············386
　——の附従性の例外·············121
保証人····················114
　——以外の役員の会社事件への併合申立て
　························161
　——による一部弁済·············116
　——による相殺···············118
保全管理人··················439

【ま行】

民事再生手続の対外的効力············63
民事留置権··················514
免除益····················217
免責（失権）·················620
申立棄却事由·················245
申立代理人の立場···············416

【や行】

役員の民事再生·················21
約定劣後再生債権の取扱い···········600
預金・ゴルフ会員権担保············549
預金担保の要物性と対抗要件··········549
予測可能性·············3,6,7,14,641
予定不足額届出の意味·············520
予納金····················207
　——の分割予納方式·············143
予納金額の定額化···············214

【ら行】

ライセンサー·················289
ライセンス契約················284
リース契約は双方未履行双務契約か·····275
リース債権··················514
リース料債権·················558
利息の請求権·················472
流動化取引··················564
流動化における倒産リスクと倒産隔離····565

劣後債権……………………………… 467
連鎖倒産の防止 ……………………… 219
労働者保護手続 ………………………… 95

【わ行】

和議………………………… 4, 6, 13, 631

【アルファベット】

ABL と流動資産の譲渡担保 ………… 537
CDO（Collateral Debt Obligation）……… 564
CHAPTER11 …………………… 9, 641
DES（Debt-to-equity swap）………… 582
DIP ……………………… 4, 6, 12, 37, 641
DIP 型 ……………………… 135, 367, 406
DIP 型会社更生 ………………………… 37
DIP ファイナンス …………………… 109
RCC 企業再生スキーム ………………… 52
RCC 金外信託……………………………… 52
REIT ……………………………………… 319
──とスポンサー……………………… 323
──の倒産原因の特殊性……………… 324
SPV（Special Purpose Vehicle）……… 564
──の倒産隔離………………………… 568
UNCITRAL（国連国際商取引法委員会）モデル法………………………………………… 63

判例索引

【明治】

大判明治37年12月9日民録10輯1578頁 …………………………………………381

【大正】

大判大正5年10月13日民録22輯1886頁 ……………………………………382
大判大正6年4月28日民録23輯812頁 …………………………………………115
大判大正15年6月29日民集5巻9号602頁 ……………………………………515

【昭和】

大判昭和4年7月10日民集8巻717頁 ……………………………………………312
大判昭和12年7月16日判決全集4巻14号7頁 ……………………………………116
大判昭和14年3月29日民集18巻287頁 …………………………………………347
東京地判昭和34年4月6日判夕90号59頁 ………………………………………119
東京高判昭和38年5月9日下民集14巻5号904頁 ……………………………342
最判昭和40年4月22日民集19巻3号689頁 ……………………………………347
大阪地判昭和40年4月30日判夕185号171頁 …………………………………383
最判昭和40年10月7日判時427号27頁 …………………………………………551
最判昭和41年4月28日民集20巻4号900頁・判時453号31頁 ………………536,577
最判昭和42年8月25日判時503号33頁 …………………………………………515
最判昭和43年10月17日集民92号601頁 ………………………………………123
最判昭和45年6月10日民集24巻6号499頁 ……………………………………122
最大判昭和45年6月24日判時595号29頁 ………………………………………550
最判昭和45年9月10日民集24巻10号1389頁 …………………………………382
最判昭和46年3月25日判時625号50頁 …………………………………………536
東京高判昭和47年4月27日下民集23巻1～4号197頁 ………………………122
最判昭和47年6月15日民集26巻5号1036頁 ……………………………………335
最判昭和48年2月2日民集27巻1号80頁 ………………………………………287
最判昭和48年6月15日判時710号97頁 …………………………………………554
最判昭和48年11月22日民集27巻10号1435頁 …………………………………348
最判昭和49年6月27日民集28巻5号641頁 ……………………………………345
最判昭和50年7月25日判時790号55頁 ……………………………………553,556
最判昭和52年8月9日判時865号46頁 …………………………………………551
名古屋高判昭和53年5月29日金法877号33頁 …………………………………546
最判昭和53年11月20日民集32巻8号1551頁 ……………………………122,123,386
最判昭和54年2月15日判時922号45頁 …………………………………………538
東京地判昭和56年11月16日判時1024号109頁 …………………………………546
最判昭和56年12月22日判時1032号59頁 ………………………………………276

最判昭和57年1月29日民集36巻1号105頁 …………………………………………………………379
最判昭和57年3月30日民集36巻3号484頁・判タ469号181頁 ………………………258,542,561
最判昭和57年6月24日判時1051号84頁 ……………………………………………………………553
最判昭和60年2月14日判時1149号159頁 ……………………………………………………………336
最判昭和61年4月3日判時1198号110頁 ……………………………………………………………342
最判昭和62年2月12日民集41巻1号67頁・判時1228号80頁 …………………………………190,536
最判昭和62年7月3日民集41巻5号1068頁 …………………………………………………………337
最判昭和62年11月10日判時1268号34頁 ……………………………………………536,538,539,540
最判昭和62年11月26日民集41巻8号1585頁 …………………………………………………274,278
最判昭和62年12月18日民集41巻8号1592頁 …………………………………………………………457

【平　成】

大阪高判平成2年6月21日判タ738号169頁 …………………………………………………………380
最判平成3年7月16日民集45巻6号1101頁 …………………………………………………………577
大阪地判平成5年7月23日判時1482号128頁 ………………………………………………………553
最判平成5年10月19日民集47巻8号5061頁 …………………………………………………………575
最判平成6年2月22日民集48巻2号414頁 …………………………………………………………190
東京地判平成7年2月22日判タ903号146頁 …………………………………………………………556
最判平成7年4月14日民集49巻4号1063頁 …………………………………………188,275,514,558
東京地判平成7年10月31日判タ906号247頁 …………………………………………………………556
東京地判平成7年12月1日判時1578号67頁 ……………………………………………………552,554
東京地判平成8年1月30日判タ903号146頁 …………………………………………………………556
最判平成8年7月12日判時1608号95頁 ………………………………………………………………553
最判平成10年7月14日判時1663号140頁 …………………………………………………………359,547
最判平成11年1月29日民集53巻1号151頁・判タ994号107頁 ……………………………………196,543
最判平成11年11月9日判タ1017号108頁 ……………………………………………………………387
東京地判平成12年2月24日金判1092号22頁 …………………………………………………………277
最判平成12年2月29日民集54巻2号553頁 …………………………………………………276,312,577
最判平成12年3月9日民集54巻2号55頁 ……………………………………………………………290
最判平成12年4月21日判タ1037号97頁 ……………………………………………………………543
最決平成12年7月26日民集54巻6号1981頁・判タ1040号132頁 ……………………………………88
最決平成13年3月23日判タ1060号170頁・判時1748号117頁 ………………………………………88
京都地決平成13年5月28日判タ1067号274頁 ………………………………………………………195
大阪地決平成13年6月20日金法1641号40頁～42頁 …………………………………………………419
大阪地決平成13年7月19日判時1762号148頁・金法1636号58頁 ………………………………188,190
最判平成13年11月22日民集55巻6号1056頁・判タ1081号315頁 …………………………………196,543
東京高決平成13年12月5日金判1138号45頁 ………………………………………………………599
最判平成14年3月28日民集56巻3号689頁 …………………………………………………………287
東京高決平成14年9月6日判時1826号72頁 …………………………………………………605,606,607
東京地判平成14年11月20日金判1286号226頁 ………………………………………………………556
東京高決平成15年7月25日金法1688号37頁 ………………………………………………………613
東京地判平成15年12月5日金法1711号43頁 …………………………………………………………94

判例索引 653

東京地判平成15年12月22日判タ1141号279頁・金法1705号50頁	188, 190
宮崎地日南支判平成16年1月30日金判1248号37頁	539
東京地判平成16年2月27日金法1722号92頁	187
東京地判平成16年3月24日判タ1160号292頁	625
東京高決平成16年6月17日金判1195号17頁・金法1719号51頁	92, 143, 255, 265, 266, 582, 606
東京高判平成16年7月23日金判1198号11頁	605
大阪高決平成16年12月10日金法1750号58頁	195
最判平成17年1月17日判時1888号86頁	356, 357
大阪地判平成17年1月26日判時1913号106頁	278
福岡高宮崎支判平成17年1月28日金判1248号33頁	539
東京地判平成17年6月10日判タ1212号127頁	514
東京高判平成17年6月30日金法1752号54頁	460
高松高決平成17年10月25日金判1249号37頁	143
福岡高決平成18年2月13日判時1940号128頁・判タ1220号262頁	185, 194
福岡高決平成18年3月28日判タ1222号310頁	185
東京地判平成18年6月26日判タ1243号320頁	277
最判平成18年7月20日判タ1220号90頁	536, 539
東京高判平成18年8月30日金判1277号21頁	188, 194, 195, 537, 569
東京地判平成19年1月24日判タ1247号259頁	420
最判平成19年2月15日民集61巻1号243頁・判時1963号57頁	196, 543, 544
東京高判平成19年3月14日判タ1246号337頁	188, 195, 559
東京高判平成19年3月15日金法1851号8頁	460
東京高決平成19年4月11日判時1969号59頁・金法1821号44頁	143, 613
最判平成19年9月27日金判1277号19頁	188, 194, 195, 537, 577
最決平成20年3月13日民集62巻3号860頁・判時2002号112頁	143, 608, 613, 636
福岡地小倉支判平成20年3月28日判時2012号95頁	379, 380
大阪高判平成20年4月17日金法1841号45頁	118
大阪高判平成20年5月30日判タ1269号103頁	118
大阪地判平成20年10月31日判時2039号51頁	411, 414
最判平成20年12月16日民集62巻10号2561頁・判タ1295号183頁	188, 196, 259, 275, 288, 514, 542, 559, 560, 561, 562, 563, 577
東京地判平成21年1月20日金法1861号26頁	513, 547
大阪高判平成21年5月27日金法1876号46頁	119
大阪高決平成21年6月3日金判1321号30頁・金法1886号59頁	188, 189, 195, 537
東京高決平成21年7月7日判タ1308号89頁	528, 568
福岡高那覇支決平成21年9月7日金判1333号55頁	195, 537
東京高判平成21年9月9日金判1325号28頁・金法1879号28頁	365, 513, 547
福岡地判平成21年11月27日金法1902号14頁	585
最判平成22年3月16日判時2078号13頁・金法1339号26頁	118, 456
東京地判平成22年5月27日金法1902号144頁	60, 585
最判平成22年6月4日判時2092号93頁	411, 412
東京高判平成22年10月27日金法1910号77頁・金判1355号42頁	98, 585

名古屋高金沢支判平成22年12月15日金法1914号34頁……………………………………365

三宅省三先生追想編集

園尾 隆司（そのお　たかし）
　東京高等裁判所部総括判事

山本 和彦（やまもと　かずひこ）
　一橋大学大学院法学研究科教授

中島　肇（なかじま　はじめ）
　桐蔭横浜大学法科大学院教授
　中島肇法律事務所　弁護士

池田　靖（いけだ　やすし）
　三宅・今井・池田法律事務所　弁護士

最新　実務解説一問一答
民事再生法

2011年4月25日　初版第1刷印刷
2011年5月16日　初版第1刷発行

©編者　　三宅省三先生追想編集
　　　　　園尾　隆司
　　　　　山本　和彦
　　　　　中島　　肇
　　　　　池田　　靖
発行者　　逸見　慎一

発行所　東京都文京区本郷6丁目4の7　株式会社　青林書院
振替口座　00110-9-16920／電話03(3815)5897～8／郵便番号113-0033
http://www.seirin.co.jp

印刷・三松堂印刷㈱　落丁・乱丁本はお取り替え致します。
Printed in Japan　ISBN978-4-417-01533-8
JCOPY〈(社)出版者著作権管理機構　委託出版物〉
本書の無断複写は著作権法上での例外を除き禁じられています。複写される場合は，そのつど事前に，(社)出版者著作権管理機構（電話 03-3513-6969，FAX 03-3513-6979，e-mail：info@jcopy.or.jp）の許諾を得てください。